令和 6 年11月改訂

プロフェッショナル

PROFESSIONAL

消費税
の実務

税理士 金井恵美子 著

清文社

はしがき

　「消費税とは何か」については、多くの議論がありますが、現行の消費税は、「消費支出に広く負担を求める」税であり、事業者を納税義務者としたうえで、国内において事業者が行う資産の譲渡等を課税の対象とし、税の累積を排除する前段階税額控除の仕組みをとっています。事業者が納付すべき税額は、売上げの税額から仕入れの税額を控除して算定されますが、これは、他者との一つひとつの取引について、それぞれの拠出額を基礎に、最終消費に係る税負担を測定しようとするものです。

　売上げの税から仕入れの税を控除する仕組みは、益金の額から損金の額を控除する法人税の所得金額の計算に近いものに見えます。消費税と法人税とは、その帳簿を共有し、売上げや仕入れの認識の基準は重なり合うことが多く、消費税は、できる限り法人税における処理に準じる、という態度も見せています。

　しかし、所得の金額の計算は、収益と費用との差額を利益とする会計に由来し、期間利益を求めることが基本であり、両者のロジックは全く異なっています。消費税は、法人税とは違った独自のロジックに従って課税要件を定めているということを絶えず意識しながら、課税関係の確認を行うことが重要であるといえるでしょう。

　もとより、課税要件は法令に定められたところによりますが、租税法の適用にあたっては、通達その他の方法による課税庁の解釈の表明を確認する必要があり、それは課税要件事実の認定にあたっても重要な作業であるといえます。

　また、納税者と課税庁とに争いが生じた場合には、不服申立て又は訴訟によってその行政処分の是非が決せられます。その判断は、ときに判例となり、あるいは実務にあたってのリファレンスとなります。本書は、このような点を踏まえ裁判例及び裁決例を紙幅の許す範囲で適宜選択して掲載しました。国税不服審判所の裁決事例集に公表された裁決事例については、その掲載箇所を示し、非公開裁決及び裁判事例については、日税連税法データベース（TAINS）よりデータの提供を受けて、その内容を筆者が要約しています。

　本書は、平成20年8月に、三木義一教授監修のもとに発刊し、翌年「税務力UP」シリーズの1つとなったものです。平成25年にはシリーズを卒業して新版とし、10度の改訂版を経て、令和6年11月改訂版（十二訂版）の発行となりました。

　　令和6年9月

　　　　　　　　　　　　　　　　　　　　　　　　　　　　金井　恵美子

CONTENTS /目次

近年の改正のポイント ———————————————————————— 1
- ❶ 平成28年度の税制改正　1
- ❷ 平成29年度の税制改正　7
- ❸ 平成30年度の税制改正　12
- ❹ 令和元年度の税制改正　18
- ❺ 令和２年度の税制改正　20
- ❻ 令和３年度の税制改正　24
- ❼ 令和４年度の税制改正　31
- ❽ 令和５年度の税制改正　35
- ❾ 令和６年度の税制改正　40

第1章 ◆◆◆ 総 説

第1節　消費税の位置づけ ———————————————————— 52
第2節　消費税法創設までの経緯 —————————————— 53
第3節　改正の沿革 ———————————————————————— 56
第4節　消費税の概要と基本構造 —————————————— 62
- ❶ 納税義務者　62
- ❷ 課税の対象　62
- ❸ 非課税　63
- ❹ 免税　63
- ❺ 課税標準　64
- ❻ 税率　64
- ❼ 仕入税額控除　65
- ❽ 中小事業者に対する特例　67

第5節　取引の区分 ———————————————————————— 68
第6節　納付すべき消費税額の計算 ———————————— 70

第2章 ◆◆◆ 軽減税率制度と適格請求書等保存方式

第1節　軽減税率の対象 ———————————————————— 72
第2節　飲食料品の譲渡 ———————————————————— 73

[1]

第3節　飲食料品の輸入 —————————————————————— 96

第4節　定期購読契約による新聞の譲渡 ————————————— 97

第5節　適格請求書等保存方式（インボイス制度）の概要 ————— 105
　❶「納税の義務」と「控除の権利」 106
　❷ 経過措置 106

第6節　適格請求書発行事業者登録制度 ——————————————— 107
　❶ 適格請求書発行事業者（インボイス発行事業者）の登録 107
　❷ インボイス発行事業者の事業を相続により承継した場合 110
　❸ 免税事業者の登録 111
　❹ 登録の失効 114
　❺ 登録の取消し 116
　❻ インボイス発行事業者の公表 116

第7節　インボイス発行事業者の義務 —————————————————— 119
　❶ 適格請求書（インボイス） 119
　❷ 適格簡易請求書（簡易インボイス） 121
　❸ 適格返還請求書（返還インボイス） 123
　❹ 電子インボイスとデジタルインボイス 125
　❺ 写しの保存期間 126
　❻ 適格請求書類似書類等の交付の禁止 126
　❼ 免税事業者が交付する請求書等 127

第8節　仕入税額控除の要件 —————————————————————————— 154
　❶ 保存するべき帳簿 154
　❷ 保存するべき請求書等 155
　❸ 帳簿及び請求書等の保存期間 157
　❹ 帳簿及び請求書等の保存を要しない場合 157
　❺ 請求書等の保存を要しない場合 158
　❻ 一定規模以下の事業者に対する事務負担の軽減措置（少額特例） 160
　❼ 免税事業者からの仕入れに係る経過措置（8割控除・5割控除） 161
　❽ 小規模事業者に係る税額控除に関する経過措置（2割特例） 162
　❾ 金又は白金の地金である場合 182

第3章 ◆◆◆ 課税の対象となる国内取引

第1節　課税の対象の判断 ———————————————————————————— 184
　❶ 消費税の課税の対象となる要件 185
　❷ 対価を得て行う資産の譲渡、貸付け、役務の提供 187

❸ 内外判定　195

第2節　国境を越えた役務の提供に係る課税の特例 ──────── 201

❶ 用語の定義　201

❷ 役務の提供が行われた場所が明らかでない取引の内外判定　202

❸ 電気通信利用役務の提供　205

❹ リバースチャージ方式　207

❺ 特定課税仕入れの経理処理　211

❻ 国外事業者申告納税方式　212

❼ 「電気通信利用役務の提供」の取扱いのまとめ　216

❽ 国外事業者が行う芸能・スポーツ等の役務の提供　222

第3節　裁判例・裁決例 ───────────────────── 224

第4章 ◆◆◆ 非課税

第1節　非課税の特徴 ──────────────────────── 236

第2節　非課税の判断 ──────────────────────── 239

❶ 土地の譲渡及び貸付け　240

❷ 有価証券等及び支払手段等の譲渡　244

❸ 金融取引　248

❹ 郵便切手類・印紙・証紙・物品切手等の譲渡　251

❺ 国等が行う役務の提供、外国為替取引等に係る役務の提供　255

❻ 医療の給付　258

❼ 介護サービス・社会福祉事業　259

❽ 助産に係る資産の譲渡等　266

❾ 埋葬料又は火葬料を対価とする役務の提供　267

❿ 身体障害者用物品の譲渡等　268

⓫ 学校教育　269

⓬ 教科用図書の譲渡　273

⓭ 住宅の貸付け　273

第3節　裁判例・裁決例 ───────────────────── 277

第5章 ◆◆◆ 免 税

第1節　免税の特徴 ──────────────────────── 284

❶ 内外判定と輸出免税の判定　284

[3]

❷ 免税の趣旨　285

❸ 課税、非課税、免税の違い　285

第2節　輸出取引等に係る免税 ——————————— 286

❶ 本邦からの輸出として行われる資産の譲渡又は貸付け　289

❷ 外国貨物の譲渡又は貸付け　293

❸ 国際輸送・国際通信　295

❹ 外航船舶等の譲渡、貸付け、修理、水先等　297

❺ 外国貨物の荷役等　298

❻ 非居住者に対する無体財産権等の譲渡又は貸付け　301

❼ 非居住者に対する役務の提供　303

❽ 外航船等への積込物品の譲渡　305

❾ 外国公館等への資産の譲渡等　306

❿ 輸出証明等の保存要件　306

第3節　輸出物品販売場における免税 ——————————— 308

❶ 輸出物品販売場　308

❷ 免税の対象　311

❸ 免税手続　314

❹ 輸出しない場合の即時徴収　314

❺ 譲渡した場合等の即時徴収と連帯納付義務　316

❻ リファンド型免税制度（出国時に払い戻す還付型免税制度）の導入　316

❼ 沖縄型特定免税店制度　317

第4節　裁判例・裁決例 ——————————— 317

第6章 ●●● 課税標準

第1節　課税標準額の計算 ——————————— 327

❶ 資産の譲渡等の時期　329

❷ 課税標準額の計算の留意点　329

❸ 土地及び建物の譲渡　340

❹ 代物弁済・負担付き贈与・現物出資・交換　345

❺ みなし譲渡と低額譲渡　348

❻ 「収益認識に関する会計基準」との相違点　351

第2節　延払基準 ——————————— 356

❶ 長期割賦販売等に係る延払基準　356

❷ リース譲渡に係る延払基準　358

第3節　工事の請負に係る課税標準 ——————————— 358

- ❶ 長期大規模工事と工事　359
- ❷ 工事完成基準による場合　360
- ❸ 工事進行基準による場合　361

第4節　裁判例・裁決例 ——————————————— 362

第7章 ◆◆◆ 税率及び税率の経過措置

第1節　消費税の税率 ———————————————— 368

- ❶ 標準税率と軽減税率　368
- ❷ 新旧税率の判断基準　369
- ❸ 課税資産の譲渡等を行った場合　370

第2節　税率の経過措置 —————————————— 371

- ❶ 指定日と施行日　371
- ❷ 工事の請負等に適用される税率　373
- ❸ 工事進行基準に係る資産の譲渡等の時期の特例に関する経過措置　380
- ❹ 資産の貸付けに係る経過措置　382
- ❺ 長期割賦販売等に関する経過措置　387
- ❻ 予約販売に関する経過措置　387
- ❼ 特定新聞の譲渡に関する経過措置　388
- ❽ 通信販売に関する経過措置　388
- ❾ 旅客運賃等に関する経過措置　389
- ❿ 電気料金等に関する経過措置　389
- ⓫ 指定役務の提供に関する経過措置　389
- ⓬ 有料老人ホームの入居に係る一時金に関する経過措置　390
- ⓭ 現金主義に係る資産の譲渡等の時期等の特例に関する経過措置　390
- ⓮ 売上対価の返還等に係る税額控除に関する経過措置　390
- ⓯ 貸倒れの税額控除に関する経過措置　391

第3節　裁決例 ————————————————————— 391

第8章 ◆◆◆ 課税標準額に対する消費税額

第1節　原則 ——————————————————————— 393
第2節　積上げ計算の特例 ———————————————— 394

❶ 売上税額の積上げ計算　394

❷ 仕入税額の計算方法　396

第9章 ◆◆◆ 仕入税額控除

第1節　仕入税額控除とは ——————————————————— 404

第2節　控除対象仕入税額の計算方法 ——————————— 405

第3節　全額控除 ————————————————————————— 408

❶ 全額控除とは　408

❷ 全額控除の要件　409

第4節　個別対応方式 ——————————————————————— 411

❶ 個別対応方式を適用するための要件　411

❷ 用途区分　412

❸ 課税売上割合に準ずる割合　419

❹「課税売上割合に準ずる割合」と「合理的な基準による区分」　424

第5節　一括比例配分方式 —————————————————— 427

第6節　課税仕入れ ———————————————————————— 428

❶ インボイスの保存　428

❷ 課税仕入れの留意点　429

❸ 給与等の取扱い　434

❹ 密輸品の課税仕入れについての仕入税額控除の制限　438

❺ 免税購入品の仕入れについての仕入税額控除の制限　438

第7節　居住用賃貸建物に係る仕入税額控除 ——————— 438

❶ 居住用賃貸建物に係る仕入税額控除の制限　439

❷ 居住用賃貸建物に係る仕入税額の調整　444

第8節　カジノ業務に係る仕入税額控除の特例 ————— 455

❶ 仕入税額控除の不適用　456

❷ 転用した場合の調整　456

第9節　課税仕入れ等の時期 ———————————————— 457

❶ 課税仕入れの時期の原則　457

❷ 課税仕入れの時期の特例　459

❸ リース取引の取扱い　462

第10節　課税売上割合 —————————————————————— 467

❶ 課税売上割合の計算　467

❷ 非課税資産の輸出取引等と国外移送　469

❸ 有価証券等の取引に係る取扱い　471

第11節　仕入れに係る対価の返還等を受けた場合の調整 ————— 476

第12節　調整対象固定資産に係る調整 ————————————— 478

❶ 仕入時の処理と調整との関係　478

❷ 一般課税による申告が強制される特例　479

❸ 調整対象固定資産　479

❹ 調整対象固定資産を転用した場合　481

❺ 課税売上割合が著しく変動した場合　483

第13節　棚卸資産に係る調整 ————————————————— 487

❶ 課税事業者となった場合　487

❷ 相続等により免税事業者の棚卸資産を引き継いだ場合　488

❸ 翌課税期間から免税事業者となる場合　488

❹ 棚卸資産及びその消費税額　489

第14節　裁判例・裁決例 ————————————————————— 491

第10章 ◆◆◆ 簡易課税制度

第1節　簡易課税制度の概要 ————————————————————— 527

第2節　簡易課税制度による控除対象仕入税額の計算 ————— 529

❶ 税額の計算とみなし仕入率の計算　529

❷ 事業区分の判定　532

❸ 事業区分の方法　538

第3節　簡易課税制度の適用・不適用の手続 ————————— 539

❶ 適用上限　539

❷ 簡易課税制度選択の手続　541

❸ 不適用の手続　544

❹ ２年間の継続適用　545

❺ 提出の留意点　545

❻ 災害があった場合の特例等　546

第4節　裁判例・裁決例 ————————————————————— 546

第11章 ▪▪▪ 売上げに係る対価の返還等をした場合の消費税額の控除

第1節　売上返還税額控除とは ──────────────────── 558

第2節　売上返還税額控除の計算 ──────────────────── 559

  ❶ 売上返還税額控除の対象　559

  ❷ 控除額の計算等　559

  ❸ 帳簿の保存要件　563

第12章 ▪▪▪ 貸倒れに係る消費税額の控除

第1節　貸倒れの税額控除とは ──────────────────── 565

第2節　貸倒れの税額控除の計算 ──────────────────── 566

  ❶ 貸倒れの税額控除の対象　567

  ❷ 控除額の計算等　568

  ❸ 償却済債権の回収　569

  ❹ 書類の保存要件　570

第3節　裁決例 ──────────────────── 572

第13章 ▪▪▪ 納税義務者

第1節　納税義務の原則 ──────────────────── 574

  ❶ 納税義務者　574

  ❷ 資産の譲渡等を行った者の実質判定　574

  ❸ 人格のない社団等と任意組合　575

  ❹ その他の取扱い　577

第2節　小規模事業者に係る納税義務の免除 ──────────────────── 578

  ❶ 事業者免税点制度　578

  ❷ 届出・経理方式　582

  ❸ 基準期間における課税売上高　583

  ❹ 特定期間における課税売上高　588

第3節　新たに設立された法人の納税義務 ──────────────────── 595

  ❶ 新設法人の特例　596

  ❷ 特定新規設立法人の特例　598

第4節　課税事業者の選択 ——————————— 608

- ❶ 課税事業者の選択　608
- ❷ 課税事業者選択の手続　609
- ❸ 不適用の手続　611
- ❹ 継続適用　611
- ❺ 提出の留意点　614
- ❻ 災害があった場合の特例等　616

第5節　高額特定資産を取得した場合等 ——————————— 617

- ❶ 改正の背景　617
- ❷ 高額特定資産を取得した場合　618
- ❸ 自己建設高額特定資産である場合　620
- ❹ 棚卸資産に係る調整の適用を受けた場合　622
- ❺ 金又は白金の課税仕入れ等が200万円以上である場合　623

第6節　裁判例・裁決例 ——————————— 624

第14章 ◆◆◆ 信 託

第1節　課税関係の概要 ——————————— 634
第2節　受益者等課税信託 ——————————— 635

- ❶ 信託財産に係る資産取引等の帰属　635
- ❷ 受益者の範囲　635

第3節　法人課税信託 ——————————— 636

- ❶ 固有事業者と受託事業者　636
- ❷ 法人課税信託の納税義務等　637

第4節　令和6年度改正による見直し ——————————— 639

第15章 ◆◆◆ 課税期間

第1節　課税期間の原則 ——————————— 640

- ❶ 法人の課税期間の原則　640
- ❷ 個人事業者の課税期間の原則　642

第2節　課税期間の特例 ——————————— 643

- ❶ 法人の課税期間の特例　643

❷ 個人事業者の課税期間の特例　645

❸ 課税期間特例選択（変更）の手続　645

❹ 不適用の手続　647

❺ 期間の末日が休日である場合等　647

第3節　課税期間の特例の活用　——————————————　648

第16章 ◆◆◆ 申告と納付

第1節　課税資産の譲渡等についての確定申告　——————　651

❶ 租税債務の確定と履行　651

❷ 電子申告　652

❸ 法人の申告期限　653

❹ 法人税法における申告期限の延長がある場合　654

❺ 大法人の電子申告の義務（e-Taxによる申告の特例）　654

❻ 個人事業者の申告期限　658

❼ 災害等による期限の延長　658

❽ 提出の留意点　659

第2節　還付申告　————————————————————　661

第3節　修正申告と更正の請求　——————————————　662

❶ 修正申告　663

❷ 更正の請求　663

第4節　決定、更正　————————————————————　665

❶ 決定等の処分と手続　665

❷ 更正、決定等の期間制限　665

第5節　中間申告　————————————————————　666

❶ 中間申告書の提出義務　667

❷ 中間申告による納付　669

❸ 任意の中間申告制度　671

第6節　加算税等　————————————————————　672

❶ 租税法における制裁措置　672

❷ 加算税　672

❸ 延滞税　675

❹ 罰則　677

第7節　納税地 — 678

- ❶ 法人の納税地　678
- ❷ 個人事業者の納税地　679
- ❸ 納税地の異動の届出　680
- ❹ 納税地の指定　681

第8節　税務調査 — 681

- ❶ 課税処分のための調査　681
- ❷ 事前通知　684
- ❸ 調査終了の際の手続　686
- ❹ 処分の理由付記　688

第9節　申告書等閲覧サービス — 688

- ❶ 課税処分のための調査　688

第10節　裁判例・裁決例 — 692

第17章 ••• 公益法人等の取扱い

第1節　公益法人等の消費税の概要 — 696
第2節　特定収入に係る仕入税額控除の特例 — 699

- ❶ 特定収入に係る仕入税額控除の特例の概要　700
- ❷ 対象となる公益法人等　700
- ❸ 特例による控除対象仕入税額の計算　701
- ❹ 控除過大調整税額　704
- ❺ 課税売上割合・特定収入割合・調整割合　704
- ❻ 収入の区分　706
- ❼ 特定収入と非特定収入　707
- ❽ 補助金等の使途　711
- ❾ 通算調整割合による調整　714
- ❿ インボイス発行事業者以外の者からの課税仕入れに充てられた特定収入がある場合の調整　716

第3節　特定収入に係る帳簿の記載事項の特例 — 717
第4節　資産の譲渡等の時期の特例 — 718
第5節　確定申告期限の特例 — 718
第6節　課税期間の特例 — 719
第7節　裁決例 — 720

第18章 ◆◆◆ 個人事業者の取扱い

第1節　所得区分との関係 ———————————— 723

第2節　課税の対象 ———————————————— 724

- ❶ 個人事業者と消費者　724
- ❷ 個人事業者と給与所得者　725
- ❸ 「事業として」の判断　725
- ❹ 個人事業者のみなし譲渡　727

第3節　個人事業者の仕入れ ———————————— 729

- ❶ 仕入れと必要経費　729
- ❷ 所得税における必要経費の範囲　729

第4節　現金基準 ———————————————— 735

- ❶ 現金基準の適用　735
- ❷ 適用をやめる場合　735

第5節　裁判例・裁決例 ————————————— 736

第19章 ◆◆◆ 相続による事業の承継

第1節　相続があった場合の納税義務の免除の特例 ——— 740

- ❶ 相続開始の年に遺産分割が行われた場合　740
- ❷ 年末までに事業承継者が確定していない場合　742

第2節　課税事業者の選択、簡易課税制度、課税期間の特例 —— 744

第3節　事業用資産の受入れ等 ——————————— 745

第4節　被相続人の確定申告 ———————————— 748

第5節　裁決例 ————————————————— 751

第20章 ◆◆◆ 合併・分割による事業の承継

第1節　合併があった場合の納税義務の免除の特例 ——— 752

- ❶ 新設合併の場合　752
- ❷ 吸収合併の場合　753

第2節　分割があった場合の納税義務の免除の特例 ——— 756

❶ 会社分割の態様　756

❷ 新設分割子法人の場合　757

❸ 新設分割親法人の場合　758

❹ 吸収分割の場合　761

第3節　合併・分割があった場合の課税期間 ──── 762

第4節　課税事業者の選択、簡易課税制度、課税期間の特例 ──── 763

❶ 合併があった場合　763

❷ 分割があった場合　764

第5節　事業用資産の受入れ等 ──── 765

第6節　被合併法人の確定申告 ──── 768

第21章 ◆◆◆ 輸入の消費税

第1節　課税の対象と納税義務者 ──── 769

❶ 課税の対象　769

❷ 納税義務者　771

第2節　輸入に係る消費税の申告と納付等 ──── 772

❶ 賦課課税方式による場合の申告　772

❷ 申告納税方式による場合の申告　773

❸ 納付又は徴収　774

❹ 納税地　774

❺ 罰則　774

第3節　輸入に係る消費税の非課税 ──── 775

第4節　輸入に係る消費税の免税 ──── 775

第5節　輸入に係る消費税の課税標準と税率 ──── 778

❶ 課税標準　778

❷ 税率　779

第6節　輸入に係る消費税額の仕入税額控除 ──── 779

❶ 仕入税額控除の適用を受ける事業者　779

❷ 仕入税額控除の時期　779

❸ 輸入に係る消費税の額　780

❹ 仕入税額控除の要件　781

❺ 還付を受けた場合の特例　782

❻ 調整対象固定資産の輸入　783

❼ 棚卸資産の輸入　784

❽ 高額特定資産の輸入　784

第7節　裁決例 ———————————————————— 784

第22章 ◆◆◆ 地方消費税

第1節　地方消費税の課税標準と税率 ———————————— 786
第2節　納税義務者と申告納付の手続 ————————————— 787

❶ 譲渡割の納税義務者　787

❷ 貨物割の納税義務者　787

❸ 申告納付の手続　787

第23章 ◆◆◆ 価格の表示と経理処理

第1節　総額表示義務 ————————————————————— 788

❶ 総額表示義務の概要　788

❷ 総額表示義務がないもの　789

❸ 総額表示が義務付けられるもの　791

❹ 具体的な表示方法　792

第2節　経理処理 ——————————————————————— 793

❶ 税込経理方式と税抜経理方式　794

❷ 税込経理方式　794

❸ 税抜経理方式　795

❹ 期末一括税抜経理方式　795

❺ 経理処理の選択　796

❻ 法人の選択　798

❼ 個人事業者の選択　799

❽ 設備投資に係る消費税の還付がある場合　801

❾ 勘定科目・補助科目設定のポイント　802

❿ 控除対象外消費税額等　803

第3節　インボイスの保存がない課税仕入れの税抜経理 ————— 807

第24章 ◆◆◆ 災害があった場合等の特例

第1節　期限の延長と納税猶予 ———————————————— 813

- ❶ 申告期限等の延長　813
- ❷ 納税猶予　813

第2節　事業者免税点制度又は簡易課税制度に係る特例 ———— 814

- ❶ 特定非常災害の指定を受けた場合の特例　815
- ❷ 簡易課税制度に係る災害特例　819
- ❸ やむを得ない事情がある場合の届出特例　822

第3節　その他の特例 ———————————————————— 824

◆　索引　826

誤りやすい事例 目次

第2章　軽減税率制度と適格請求書等保存方式

登録通知を受けるまでのインボイス交付と価格設定　128

小売業者が交付するインボイス　130　／　簡易インボイスを交付することができる業種　131

インボイスに記載する消費税額等　132　／　インボイスに記載する消費税額等の端数処理　132

複数の書面による交付　134　／　納品書における端数処理　135

データと書面による交付　136　／　端数値引きがある場合　136

長期前受に係るインボイス　138　／　売手が負担する振込手数料　138

インボイスの記載事項に誤りがあった場合　140　／　翌月のインボイスによる訂正　141

農協特例　141　／　インボイスの代理交付と媒介者交付特例　142

媒介者交付特例の適用範囲　143　／　不動産管理会社によるインボイスの交付　144

公売等の執行機関によるインボイスの交付　145　／　共有資産の譲渡等　146

軽油の委託販売　146　／　人格のない社団等のインボイスの交付　149

任意組合等のインボイスの交付　150　／　紙のインボイスを交付した場合の写しの保存　151

書面で交付したインボイスのデータの保存　151

電子インボイスを提供した場合の写しの保存　152

公表サイトの利用方法　167　／　インボイス制度下の税務調査　168

災害特例による救済　169　／　受け取ったインボイスの記載事項に誤りがあった場合　170

経費の立替払い　170　／　口座振替又は口座振込による場合のインボイスの保存　172

インボイスの保存を要しない出張旅費特例の対象　173

派遣社員や出向社員へ支払った出張旅費等　174　／　委託販売手数料　176

電子インボイスの交付を受けた場合の保存方法　177　／　ＥＤＩによる請求レス取引　178

仕入明細書の相手方への確認方法　178

インボイスと仕入明細書等を一の書類で交付する場合　179

仕入明細書等による仕入税額控除の制限　180

古物商等が行う個人事業者からの家事用資産の購入　181

インボイス発行事業者でないことの確認　181

第3章　課税の対象となる国内取引

損害を受けた商品を引き渡す場合の損害賠償金　194　／　同業者間の商品の融通　194

国内で契約し国外で販売する商品　199　／　海外の研究室における電子ジャーナルの購入　217

リバースチャージ適用の判断時期　219　／　リバースチャージの適用がある場合の計算　220

特定仕入れに係る控除対象外消費税額等の処理　221

第4章　非課税

土地建物の貸付けと譲渡　242　／　駐車場の貸付け　243　／　ゴルフ会員権の譲渡　247

売掛債権に係る利子　250　／　郵便はがきの印刷と販売　253

身体障害者用物品の製造販売　269　／　給食とスクールバス　272　／　民泊　274

ホテル住まい　274

第5章　免税

国内で契約し国外へ納品する商品の販売　291　／　国外仕様の機械の販売　292

仕入先から国外に直送させる自動車部品の販売　292

100％子会社に対する船荷証券の譲渡　294　／　保税地域でのリース資産の引渡し　295

国際輸送に付随する梱包作業　297　／　外国法人から支払を受ける設計料　304

第6章　課税標準

対価補償金とみなされる移転補償金　344

自社ポイントの付与（論点：履行義務の識別）　353

契約における重要な金融要素（論点：履行義務の識別）　353

割戻しを見込む販売（論点：変動対価）　354　／　返品権付き販売（論点：変動対価）　355

商品券等（論点：非行使部分）　355　／　消化仕入（論点：本人・代理人）　355

第8章　課税標準額に対する消費税額

売上税額：簡易インボイスに消費税額等の記載がない場合の積上げ計算の適用　396

売上税額：顧客がレシートを受け取らない場合の積上げ計算　397

売上税額：小売業者がインボイスに記載する消費税額等の端数処理　397

仕入税額：兼業の場合の割戻し計算の制限　398

仕入税額：財務会計システムによる帳簿積上げ計算　399

仕入税額：帳簿積上げ計算における「課税仕入れの都度」の範囲　399

仕入税額：帳簿積上げ計算における仮払消費税額等の端数処理　401

仕入税額：積上げ計算への変更の時期　401

仕入税額：決算を跨ぐ期間の合計額が記載されたインボイスを受領した場合の積上げ計算　402

仕入税額：免税事業者からの課税仕入れに係る経過措置を適用する場合　402

第9章　仕入税額控除

土地取得のための費用　416　／　仲介手数料　418　／　公共施設の負担金　433

受け入れた損害賠償金で支払う資産の取得費　433

住宅の貸付けの用に供しないことが明らかな建物　441　／　社宅の取得に係る課税仕入れ　442

住宅の貸付けの用に供しないことが明らかな部分　442　／　転売目的で購入した中古マンション　443

調整期間後の譲渡　448　／　契約締結日を譲渡の日とすることの可否　449

自己建設高額特定資産と調整対象自己建設高額資産　450

原価の累計額が1,000万円に達しない課税期間の課税仕入れ等　452

居住用賃貸建物に係る控除対象外消費税額等　453　／　仕入税額の調整を行った場合の所得の計算　454

仕入税額控除の制限と高額特定資産を取得した場合等の特例との関係　455

車両のリサイクル料金　458　／　リース料についての仕入税額控除の時期　465

契約解除に伴う残存リース料の支払　466　／　信販取引に係る課税売上割合の計算　475

事業年度が1年でない場合の第三年度　486

第11章　売上げに係る対価の返還等をした場合の消費税額の控除

販売奨励金と売上割引　564

第12章　貸倒れに係る消費税額の控除

取引先が破産した場合の貸倒れ　571　／　保証債務を履行するために行った土地建物の譲渡　571

第13章　納税義務者

設立の翌事業年度の特定期間①　590　／　設立の翌事業年度の特定期間②　591

設立の翌事業年度の特定期間③　591　／　設立の翌事業年度の特定期間④　592

６か月決算法人の特定期間　593　／　設立した事業年度に増資した場合　598

法人の第１期及び第２期の納税義務　604　／　課税売上高が5億円を超える会社の孫会社　605

課税売上高が5億円を超える会社の兄弟会社　606　／　支配する者が複数ある場合　607

特定新規設立法人の簡易課税制度の適用　608

第17章　公益法人等の取扱い

宗教法人が行う物品の販売　699

第18章　個人事業者の取扱い

事業と称するに至らない不動産の貸付け　728　／　自己が居住する家屋の建設　731

店舗併用住宅の取得　731　／　家事用資産の事業用への転用　732

車両の買換え　732　／　親族に賃料として支払った減価償却費相当額　733

顧客の接待のために購入したゴルフ会員権　734

第19章　相続による事業の承継

相次相続の場合の納税義務の判定　749

第23章　価格の表示と経理処理

税込経理から税抜経理に変更した場合　797　／　譲渡所得に係る譲渡収入金額　800

裁判例・裁決例 目次

第3章　課税の対象となる国内取引 ···

- 裁判例　賃貸借契約を合意解除した場合の立退料（東京地裁平成9年8月8日判決）　224
- 裁判例　賃貸借契約の合意解除／賃貸人以外の者からの収受金（広島地裁令和6年1月10日判決）　225
- 裁決例　事業用資産であるマンションの物納（平成12年10月11日裁決）　225
- 裁判例　ゴルフ会員権の裁判外の和解による第三者への譲渡（名古屋高裁平成18年1月25日判決）　226
- 裁決例　公的機構から受領する処理料（平成8年2月28日裁決）　226
- 裁決例　損害賠償金（平成11年3月25日裁決）　227
- 裁判例　移転補償金（札幌地裁平成17年11月24日判決）　228
- 裁決例　組合員に賦課した一般賦課金（平成10年11月27日裁決）　228
- 裁決例　マンション管理組合の管理費（平成23年3月22日裁決）　229
- 裁判例　電力会社から支払を受けた電化手数料（大阪地裁平成21年11月12日判決）　229
- 裁判例　スポンサー契約に基づくカーレース参戦等の役務提供に係る内外判定（東京地裁平成22年10月13日判決）　230
- 裁判例　消費税相当額を受領しなかった取引（東京地裁平成14年4月18日判決）　230
- 裁判例　日割賃料等を清算しない旨の合意（東京地裁平成24年12月13日判決）　231
- 裁判例　会員制リゾートクラブが会員から入会時に収受した金員（東京地裁平成26年2月18日判決）　232
- 裁決例　労働者派遣料か従業員給料か（平成26年7月31日裁決）　233
- 裁決例　原状回復費用に充当する敷金（平成21年4月21日裁決）　234
- 裁判例　ポイント交換サービス（大阪高裁令和3年9月29日判決）　234

第4章　非課税 ···

- 裁判例　賃貸人が路面舗装等をした場合の土地の貸付け（大阪地裁平成24年4月19日判決、大阪高裁平成24年11月29日判決、最高裁平成29年1月19日決定）　277
- 裁判例　採石のための土地の購入（名古屋地裁平成24年7月26日判決）　278
- 裁判例　加盟店がカード会社に支払うクレジット手数料（東京地裁平成11年1月29日判決、東京高裁平成11年8月31日判決、最高裁平成12年6月8日決定）　279
- 裁決例　登録等事務の非課税取引該当性（平成25年10月10日裁決）　279
- 裁決例　予備校の授業料（平成13年4月9日裁決）　280
- 裁決例　NPO法人が行うフリースクールの運営（平成22年6月16日裁決）　280
- 裁決例　有料老人ホーム施設として賃貸した建物（平成22年6月25日裁決）　281
- 裁決例　助産施設として利用されていた建物の譲渡（平成24年1月31日裁決）　281
- 裁決例　物品切手等の販売（平成29年8月7日裁決）　282
- 裁判例　介護付有料老人ホームにおける食事の提供（福岡地裁令和3年3月10日判決、福岡高裁令和3年12月7日判決、最高裁令和4年6月21日決定）　282

裁決例 学校教育に関する役務の提供（平成30年１月９日裁決）　283

第5章　免税

裁判例 ロシア人に対する中古自動車の販売取引／輸出物品販売場の許可（東京地裁平成18年11月９日判決）　317

裁判例 外国船舶乗組員に対する土産品等の販売（東京地裁平成25年７月10日判決、東京高裁平成25年11月21日判決、最高裁平成26年４月25日決定）　318

裁決例 国内における運送（平成10年２月27日裁決）　319

裁決例 非居住者の従業員を対象に国内で行うセミナー（平成15年４月24日裁決）　319

裁決例 海外旅行者向けパッケージツアー（平成26年２月５日裁決）　320

裁決例 船荷証券の発行手数料及び荷渡指図書の発行手数料（平成25年11月26日裁決）　320

裁決例 輸出を証明する書類の保存がない場合（平成７年７月３日裁決）　321

裁決例 売買契約書どおりの船積みができなかった取引（平成20年４月１日裁決）　322

裁判例 輸出物品販売場での家電製品の販売等（山口地裁平成25年４月10日判決、広島高裁平成25年10月17日判決、最高裁平成27年３月３日決定）　322

裁判例 輸出物品販売場での免税販売と仕入税額控除の否認（東京地裁令和４年１月21日判決、東京高裁令和５年１月25日決定）　323

裁決例 価格が20万円を超える郵便物として資産を輸出した場合の免税の要件（平成29年９月15日裁決）　324

裁決例 輸出申告時点で資産の価格が未確定である郵便物に係る免税（平成30年６月５日裁決）　324

第6章　課税標準

裁判例 原材料部品の有償譲受け（静岡地裁平成９年10月24日判決、東京高裁平成10年４月21日判決、最高裁平成10年11月６日決定）　362

裁決例 法人税法上寄附金とされた金額（平成22年９月21日裁決）　363

裁判例 入湯税（東京地裁平成18年10月27日判決）　363

裁決例 一括譲渡した土地建物の対価の区分①（平成31年３月26日裁決）　363

裁判例 一括譲渡した土地建物の対価の区分②（東京地裁令和４年６月７日判決）　364

裁判例 土地建物の譲渡／契約締結日と引渡しの日（津地裁平成８年10月17日判決、名古屋高裁平成９年４月９日判決、最高裁平成９年10月17日判決）　365

裁判例 課税売上高の推計／軽油引取税（徳島地裁平成10年３月20日判決、高松高裁平成11年４月26日判決、最高裁第一小法廷平成11年９月30日決定）　365

裁判例 推計課税（大阪地裁平成14年３月１日判決）　366

裁決例 指定管理者が事業管理者から交付を受けた金員の補助金該当性（平成30年３月５日裁決）　366

裁判例 資産の譲渡等の時期／自動販売機の販売手数料（東京地裁令和２年12月22日判決）　366

第7章　税率及び税率の経過措置

裁決例 工事の請負に係る契約締結日（平成30年１月11日裁決）　391

目　次

第9章　仕入税額控除 ‥‥‥

裁決例　横断地下道設置工事負担金（平成15年6月13日裁決）　491

裁決例　漁業協同組合に支払った漁場迷惑料（平成6年11月2日裁決）　491

裁決例　増資に関する業務委託料（平成26年6月5日裁決）　492

裁決例　関係会計法人に対する支払手数料の対価性（平成25年12月13日裁決）　492

裁決例　加盟店からの使用済みのお買物券の引取り（平成26年7月2日裁決）　493

裁決例　軽油引取税（平成23年12月13日裁決）　494

裁判例　架空の外注委託（名古屋地裁平成21年11月5日判決）　495

裁判例　弁護士会役員の交際費等（東京地裁平成23年8月9日判決、東京高裁平成24年9月19日判決、最高裁平成26年1月17日決定）　495

裁決例　アマゾン契約におけるサービスの提供（平成30年10月19日裁決）　496

裁決例　役員の親族に支払った外注加工費（平成29年6月6日裁決）　497

裁決例　出向契約に基づく業務分担金（平成11年11月4日裁決）　498

裁決例　販売員に支払った金員の給与該当性（平成26年2月17日裁決）　498

裁決例　人材派遣業（平成30年6月14日裁決）　499

裁決例　自動車通勤者の通勤手当（平成30年7月9日裁決）　500

裁決例　一括取得した土地建物の対価の区分①（平成20年5月8日裁決）　501

裁決例　一括取得した土地建物の対価の区分②（令和2年2月17日裁決）　501

裁判例　輸入消費税の仕入税額控除（東京地裁平成20年2月20日判決）　502

裁決例　建物の課税仕入れの時期①／当事者が定めた引渡しの日（平成19年2月8日裁決）　503

裁決例　建物の課税仕入れの時期②／引渡しの日の判断（平成22年11月8日裁決）　504

裁決例　建物の課税仕入れの時期③／建築請負における引渡しの日（平成24年7月24日裁決）　504

裁判例　建物の課税仕入れの時期④／契約基準（通達ただし書）の適用（東京地裁平成31年3月14日判決、東京高裁令和元年12月4日判決、最高裁令和2年10月15日決定）　504

裁決例　課税期間内に完成していない工事代金の支払（平成29年12月6日裁決）　506

裁決例　個別対応方式の適用／用途区分をしていない場合（平成30年6月14日裁決）　507

裁決例　個別対応方式における用途区分／調剤薬局①（平成18年2月28日裁決）　508

裁決例　個別対応方式における用途区分／調剤薬局②（令和元年7月17日裁決）　508

裁決例　個別対応方式における用途区分／信託不動産（平成17年11月10日裁決）　509

裁判例　個別対応方式における用途区分／転売目的で取得した入居中のマンション（最高裁令和5年3月6日判決）　509

裁決例　個別対応方式における用途区分／建築費の使用面積割合による区分（平成13年12月21日裁決）　511

裁決例　個別対応方式における用途区分／介護施設（平成22年12月8日裁決）　511

裁決例　個別対応方式における用途区分／区分の判定単位（平成19年2月14日裁決）　512

[21]

裁決例 個別対応方式における用途区分／区分の時期①（平成23年3月23日裁決）　513

裁判例 個別対応方式における用途区分／区分の時期②（さいたま地裁平成25年6月26日判決）　513

裁判例 個別対応方式における用途区分／区分の時期③（名古屋地裁平成26年10月23日判決）　514

裁決例 サービス付賃貸住宅事業における個別対応方式の適用（平成30年6月14日裁決）　515

裁決例 土地及び建物を信託財産とする信託受益権の取得に要した手数料の用途区分（平成30年4月25
日裁決）　516

裁決例 課税売上割合に準ずる割合の合理性（平成7年2月16日裁決）　516

裁判例 更正の請求において一括比例配分方式から個別対応方式に変更（福岡地裁平成9年5月27日判
決）　517

裁決例 個別対応方式における用途区分／合理的な基準による区分の撤回（平成23年3月1日裁決）
518

裁判例 銀行預金口座の入出金履歴による帳簿及び請求書等の代用（大阪高裁平成30年9月14日判決）
518

裁判例 税務調査時における帳簿の保存と提示①（前橋地裁平成12年5月31日判決、東京高裁平成13年1月
30日判決、最高裁平成16年12月16日判決）　519

裁判例 税務調査時における帳簿の保存と提示②（静岡地裁平成14年12月12日判決、東京高裁平成15年10月
23日判決、最高裁平成16年12月20日判決）　520

裁判例 税務調査時における帳簿の保存と提示③／本坊事件（熊本地裁平成15年11月28日判決、福岡高裁
平成16年6月15日判決、最高裁第一小法廷平成17年3月10日判決）　522

裁決例 調査中に取り寄せた資料（平成15年6月26日裁決）　522

裁決例 帳簿等の記載事項（平成16年9月9日裁決）　523

裁決例 出面帳の帳簿該当性（平成23年3月30日裁決）　523

裁決例 通謀虚偽表示には当たらないとした事例（令和2年5月19日裁決）　523

裁判例 調整対象固定資産に係る調整の時期（福岡地裁平成7年9月27日判決、福岡高裁平成8年7月17日判
決、最高裁平成11年6月24日判決）　524

裁判例 国家賠償請求／社会保険診療報酬につき転嫁できない消費税（神戸地裁平成24年11月27日判決）
525

裁決例 課税仕入れの時期（平成12年12月14日裁決）　525

第10章　簡易課税制度 ……………………………………………………………………………………

裁判例 パチンコ業における課税資産の譲渡等の対価の額と事業区分（新潟地裁平成15年2月7日判決、
東京高裁平成15年12月18日判決）　546

裁判例 クレーン車による総合工事等の事業区分（前橋地裁平成15年2月7日判決、東京高裁平成15年6月
26日判決、最高裁第二小法廷平成15年11月7日決定）　547

裁判例 建売住宅販売業の事業区分（さいたま地裁平成15年3月5日判決、東京高裁平成15年9月16日判決、

[22]

最高裁第三小法廷平成16年6月8日決定）　547

裁判例　歯科技工所の事業区分（名古屋地裁平成17年6月29日判決、名古屋高裁平成18年2月9日判決、最高裁第三小法廷平成18年6月20日決定）　548

裁決例　ボーリング業務の下請けの事業区分（平成26年9月19日裁決）　549

裁判例　飲食店業か営業委託料を対価とする役務の提供か（福岡地裁令和3年7月14日判決、福岡高裁平成4年1月13日判決、最高裁令和4年6月10日決定）　550

裁判例　簡易課税制度選択届出の効力／事業区分の空欄（名古屋地裁平成15年5月28日判決、名古屋高裁平成15年8月19日判決、最高裁第一小法廷平成15年12月18日決定）　551

裁決例　簡易課税制度選択／課税事業者選択（平成15年12月12日裁決）　551

裁判例　簡易課税制度選択届出の撤回（名古屋地裁平成17年12月22日判決、名古屋高裁平成18年5月18日判決）　552

裁決例　簡易課税制度選択届出の効力／喪失の時期（平成17年1月7日裁決）　553

裁決例　税理士の病気により提出が遅れた簡易課税制度選択届出書の効力（平成26年7月11日裁決）　553

裁判例　簡易課税制度の合理性（静岡地裁平成29年3月16日判決、東京高裁平成29年10月4日判決）　554

裁判例　税理士が提出した簡易課税制度選択届出書の有効性（東京高裁令和2年9月10日判決）　555

裁判例　簡易課税制度選択不適用届出書を提出することができなかった「やむを得ない事情」（東京地裁令和4年4月12日判決）　556

第12章　貸倒れに係る消費税額の控除

裁決例　貸倒れの事実に係る立証（平成30年3月6日裁決）　572

第13章　納税義務者

裁判例　免税であった場合の基準期間における課税売上高／張江訴訟（東京地裁平成11年1月29日判決、東京高裁平成12年1月13日判決、最高裁第三小法廷平成17年2月1日判決）　624

裁決例　ジョイントベンチャー内部取引（平成18年2月15日裁決）　625

裁決例　基準期間における課税売上高／受託販売（平成16年3月29日裁決）　625

裁判例　破産財団における基準期間（福井地裁平成19年9月12日判決、名古屋高裁平成20年6月16日判決、最高裁平成22年3月30日決定）　625

裁決例　特定期間の課税売上高か給与等支払高か（平成29年9月7日裁決）　627

裁判例　誤って提出した課税事業者届出書（京都地裁平成16年10月13日判決、大阪高裁平成17年5月20日判決、最高裁平成17年10月13日決定）　628

裁決例　信用を出資の目的とした出資の額（平成29年6月15日裁決）　629

裁判例　事業を開始した課税期間（長野地裁平成16年3月26日判決、東京高裁平成16年8月31日判決）　629

裁決例　新設法人の納税義務の判定（平成30年2月23日裁決）　630

裁決例　課税資産の譲渡等に係る事業を開始した日（平成24年6月21日裁決）　631

裁決例　事業を開始する前に提出した消費税課税事業者選択届出書（平成27年6月11日裁決）　631

[23]

裁決例 課税資産の譲渡等に係る事業を開始した日の属する課税期間（平成29年6月16日裁決）　632

第16章　申告と納付 ....

裁判例 納付をしたものの申告書の提出を失念した場合／関西電力事件（大阪地裁平成17年9月16日判決）　692

裁決例 信書便によらない納税申告書の提出（平成17年1月28日裁決）　692

裁決例 重加算税／仮装の事実（平成20年1月11日裁決）　693

裁決例 相談担当職員の誤った指導があり無申告には「正当な理由」があると主張したが、認められなかった事例（平成30年5月29日裁決）　693

裁判例 審査請求期間の徒過（東京地裁平成30年9月19日判決）　695

第17章　公益法人等の取扱い ....

裁決例 宗教法人が行った絵画の譲渡（平成19年11月26日裁決）　720

裁決例 宗教法人が収受した拝観料（平成7年7月7日裁決）　720

裁決例 寄附金名目で受領した金銭（平成8年1月22日裁決）　721

裁決例 免税期間の借入金等の返済に使途が特定された補助金（平成17年1月26日裁決）　721

裁決例 収益事業部門と非収益事業部門との区分（平成24年2月7日裁決）　722

第18章　個人事業者の取扱い ....

裁判例 消費税における事業の意義（富山地裁平成15年5月21日判決、名古屋高裁平成15年11月26日判決、最高裁平成16年6月10日決定）　736

裁判例 「事業として」の意義／40年に一度の立木の譲渡（平成15年12月17日裁決）　737

裁決例 事業付随行為（平成14年10月8日裁決）　738

裁決例 稲作農地であった土地の譲渡（平成23年3月8日裁決）　739

第19章　相続による事業の承継 ....

裁決例 相続があった場合の納税義務の免除の特例（平成17年6月10日裁決）　751

第21章　輸入の消費税 ....

裁決例 郵便物に添付された税関告知書に基づく賦課決定処分（令和2年5月7日裁決）　784

凡例	本書において、各法令の条文を引用する場合は、消費税法は消法、同施行令は消令、同施行規則は消規、所得税法は所法、同施行令は所令、同施行規則は所規といった表示をしています。 　また、改正の法律、政令及び省令については、例えば、「所得税法等の一部を改正する法律（平成28年法律第15号）」は「平28改法」、「消費税法施行令等の一部を改正する政令（平成28年政令第148号）」は「平28改令」、「消費税法施行規則等の一部を改正する省令（平成28年財務省令第20号）」は「平28改規」といった表示をしています。 　通達その他の資料については、以下のように略しています。

消基通　……………………　消費税法基本通達
平25経過措置通達　………　平成26年４月１日以後に行われる資産の譲渡等に適用される消
　　　　　　　　　　　　　　費税率等に関する経過措置の取扱いについて（平成25年３月25
　　　　　　　　　　　　　　日）
適用税率Q＆A基本編　……　平成31年（2019）10月１日以後に行われる資産の譲渡等に
　　　　　　　　　　　　　　適用される消費税率等に関する経過措置の取扱いQ＆A【基本
　　　　　　　　　　　　　　的な考え方編】
適用税率Q＆A事例編　……　平成31年（2019）10月１日以後に行われる資産の譲渡等に
　　　　　　　　　　　　　　適用される消費税率等に関する経過措置の取扱いQ＆A【具体
　　　　　　　　　　　　　　的事例編】
軽減Q＆A制度概要編　……　消費税の軽減税率制度に関するQ＆A（制度概要編）（平成28年
　　　　　　　　　　　　　　４月（令和５年10月改訂）、国税庁）
軽減Q＆A個別事例編　……　消費税の軽減税率制度に関するQ＆A（個別事例編）（平成28年
　　　　　　　　　　　　　　４月（令和５年10月改訂）、国税庁）
インボイスQ＆A　…………　消費税の仕入税額控除制度における適格請求書等保存方式に関
　　　　　　　　　　　　　　するQ＆A（平成30年６月（令和５年10月改訂）、国税庁）
経理通達　…………………　消費税法等の施行に伴う法人税の取扱いについて
所得税経理通達　…………　消費税法等の施行に伴う所得税の取扱いについて

（引用例）
消法33①二　………………　消費税法33条１項２号
消基通１－１－１　………　消費税法基本通達第１章第１節の１－１－１

本書は、令和６年９月１日現在の法令・通達等によっています。

近年の改正のポイント

「近年の改正のポイント」は、財務省による毎年度の「税制改正の解説」を参照しています。

平成28年度の税制改正

1．平成28年度の改正事項

　平成28年度の税制改正では、軽減税率及び適格請求書等保存方式（いわゆるインボイス制度）を導入する改正が行われました。

　軽減税率の導入は、平成24年12月の第二次安倍内閣の発足以来の懸案でしたが、ついに、平成28年度の税制改正においてその導入が定められました。

◆平成28年度の改正事項◆

(1) 単一税率制度から複数税率制度への変更とインボイス制度の導入
- 平成29年4月1日に、軽減税率を導入する。
- 令和3年4月1日に、適格請求書等保存方式（いわゆる「インボイス制度」）を導入する。
- 軽減税率の導入から令和3年3月31日までの4年間は、区分記載請求書等保存方式とする。
- 軽減税率の導入から1年間（中小事業者は4年間）は、売上税額を簡便に計算する特例を設ける。
- 軽減税率の導入から1年間は、仕入税額を簡便に計算する特例を設ける。
- 適格請求書等保存方式の導入から6年間は、免税事業者からの仕入れの一部について仕入税額控除を認める経過措置を設ける。

(2) 高額特定資産の仕入れ等をした場合の、事業者免税点制度及び簡易課税制度の適用除外規定の創設

(3) 外国人旅行者向け消費税免税制度（輸出物品販売場制度）の、免税販売の要件の緩和と、免税対象物品から金又は白金の地金の除外

(4) 「事業者向け電気通信利用役務の提供」に係る内外判定の基準の見直し

(5) マイナンバー制度の見直し

(6) その他の改正
- 学校教育法の改正により創設された義務教育学校に係る教科用図書の譲渡、授業料等について、消費税を非課税とする。
- 原子力発電における使用済燃料の再処理等のための積立金の積立て及び管理に関する法律の改正に伴い、使用済燃料再処理機構を消費税法別表第三に追加する。
- 環太平洋パートナーシップ（TPP）協定に係る関税暫定措置法の改正を前提に、消費税について所要の措置を講ずる。

- 農林中央金庫及び特定農水産業協同組合等による信用事業の再編及び強化に関する法律の改正に伴い、農林中央金庫が主務大臣の認可を受けて子会社とした特定業務を営む特定承継会社については、消費税に関する法令の適用上、銀行と同様の取扱いとする所要の措置を講ずる。
- 国民健康保険法等の改正により創設された患者申出療養に基づく保険外併用療養費の支給に係る療養について、消費税を非課税とする。
- 児童福祉法等の改正に伴い、新たに社会福祉事業に位置付けられる事業等について、消費税を非課税とする。
- 障害者の日常生活及び社会生活を総合的に支援するための法律等の改正に伴い、改正後の障害福祉サービス事業等について、消費税を非課税とする。
- 関税の輸出入申告官署の自由化に係る関税法の改正に伴い、内国消費税の申告書の提出先等に関する所要の措置を講ずる。

２．税率引上げ時期の再延期

　平成28年度の「所得税法等の一部を改正する等の法律」（平成28年法律第15号）を成立させた第190回国会は、平成28年6月1日に閉幕しました。その夕刻、安倍首相は、消費税率引上げの時期を令和元年10月1日に延期する旨を表明し、平成28年秋の臨時国会においては、消費税率引上げ、軽減税率及び適格請求書等保存方式の実施時期を2年6か月延期する「社会保障の安定財源の確保等を図る税制の抜本的な改革を行うための消費税法の一部を改正する等の法律等の一部を改正する法律」（以下「抜本改革法等改正法」といいます。）が成立し、同年11月28日に公布されました。

①　消費税の「軽減税率制度」の概要

　税制抜本改革法（社会保障の安定財源の確保等を図る税制の抜本的な改革を行うための消費税法の一部を改正する等の法律（平成24年法律第68号））7条に基づく消費税率引上げに伴う低所得者対策として、令和元年10月から、「軽減税率制度」を実施することとされました。「軽減税率制度」の概要は、次のとおりです。なお、詳細については、**第2章**「軽減税率制度と適格請求書等保存方式」を参照してください。

※ 「軽減税率制度」という用語は、平成28年度税制改正の大綱及び平成28年度の所得税法等の一部を改正する法律において使用されています。

○軽減税率の対象品目

- 酒類及び外食を除く飲食料品
- 定期購読契約が締結された週2回以上発行される新聞

○適格請求書等保存方式の導入

　令和5年10月1日に、適格請求書等保存方式（インボイス制度）を導入する。

　（適格請求書等保存方式導入までの経過措置）

- 令和元年10月1日から令和5年9月30日までの間は、現行の請求書等保存方式を維持しつつ、区分経理に対応するための区分記載請求書等保存方式による。

- 中小事業者について、売上税額・仕入税額の計算の特例を設ける。

（適格請求書等保存方式導入後の経過措置）

- 適格請求書等保存方式の導入後6年間、免税事業者からの仕入れについて、一定割合の仕入税額控除を認める。

○財政健全化目標を堅持し、「社会保障と税の一体改革」の原点に立って安定的な恒久財源を確保する（平28改法附）。

i．平成30年度末までに歳入及び歳出における法制上の措置等を講ずることにより、安定的な恒久財源を確保する。

ii．「経済・財政再生計画」の中間評価等を踏まえ、歳入及び歳出の在り方について検討し、必要な措置を講ずる。

○軽減税率制度の実施・運用に当たり混乱が生じないよう、政府・与党が一体となって万全の準備（平28改法附）。

i．必要な体制を整備するとともに、事業者の準備状況等を検証し、円滑な実施・運用のための必要な措置を講ずる。

ii．適格請求書等保存方式に係る事業者の準備状況、軽減税率制度の実施による簡易課税制度への影響等を検証し、必要な措置を講ずる。

② 高額特定資産の仕入れ等をした場合の特例の創設

　　近年、PFI事業を行うために設立された特別目的会社が、PFI事業用の資産を取得したときには一般課税によりその資産の課税仕入れについて仕入税額控除を行い、そのPFI事業用の資産の譲渡については簡易課税制度を適用してみなし仕入率により仕入税額控除を行うといったスキームが見られ、会計検査院は、平成24年度の決算検査報告においてこれを指摘し、制度の見直しを促していました。

　　これに対応するため、平成28年度税制改正において、課税事業者が、一般申告を行う課税期間において、一取引単位につき支払対価の額が税抜1,000万円以上の棚卸資産又は調整対象固定資産（高額特定資産）の課税仕入れ等を行った場合には、その高額特定資産の仕入れ等の日の属する課税期間の翌課税期間から、その課税期間の初日以後3年を経過する日の属する課税期間までの各課税期間においては、事業者免税点制度及び簡易課税制度は適用しないものとされました。

　　なお、高額特定資産を自ら建設等をした場合には、事業者免税点制度及び簡易課税制度を適用することができない期間は、建設等に要した費用に係る課税仕入れ等の額が税抜1,000万円以上となった日の属する課税期間の翌課税期間から、その建設等が完了した日の属する課税期間の初日以後3年を経過する日の属する課税期間までの各課税期間となります。

　　この改正は、平成27年12月31日までに締結した契約を除き、平成28年4月1日以後に高額特定資産の仕入れ等を行った場合（自己建設高額特定資産については建設等が完了した場合）について適用されます。

③ 輸出物品販売場制度の見直し

　輸出物品販売場を経営する事業者が、外国人旅行者（非居住者）に対し、通常生活の用に供する物品を所定の手続により販売した場合には、輸出免税が適用されます。

　輸出物品販売場の制度は、平成26年度に消耗品を免税の対象とする等の改正、平成27年度に免税手続カウンターによる委託型輸出物品販売場の制度の創設等の改正が行われ、平成28年度税制改正においても、地方を訪れる外国人旅行者の利便性を高めるため、免税制度を拡充する改正が行われました。

ⅰ．免税対象物品の見直し

　免税販売の対象となる購入下限額は、同一の非居住者に対する同一の輸出物品販売場における1日の販売価額（税抜）の合計額が、一般物品は1万円超、消耗品は5,000円超とされていましたが、それぞれ5,000円以上に引き下げられました。この改正は、平成28年5月1日以後に行う課税資産の譲渡等について適用されます。

　また、免税の対象となる物品から、金又は白金の地金が除外されました。この改正は、平成28年4月1日以後に行う課税資産の譲渡等について適用されます。

ⅱ．直送の場合の手続緩和

　運送契約により、購入した免税対象物品を輸出物品販売場から直接海外の自宅や空港等へ直送する場合には、購入記録票の作成の省略等、免税手続を簡略化することとされ、外国人旅行者はパスポートの提示だけで免税の適用を受けることができるようになりました。免税制度の利用がより簡便になり、自ら購入物品を持ち運ぶことなく旅行する「手ぶら観光」が可能となることから、外国人旅行者の利便性を高めると期待されています。

　この改正は、平成28年5月1日以後に行う課税資産の譲渡等について適用されます。

ⅲ．免税手続カウンターの要件緩和

　商店街の中に存在するショッピングセンターが商店街組合員である場合には、そのショッピングセンターのテナント等が商店街の組合員でなくとも、そのテナントでの購入と商店街の組合員の店舗での購入を免税手続カウンターで合算することが可能となりました。商店街に所在する幅広い店舗が免税手続カウンター制度を利用できるようになり、地方における免税商店街化の促進が期待されています。

　この改正は、平成28年5月1日以後に行われる輸出物品販売場の許可申請について適用されます。

ⅳ．購入者誓約書のデータ保存

　免税販売の要件として、輸出物品販売場を経営する事業者は、外国人旅行者から提出を受けた購入者誓約書を7年間保存する必要がありますが、この購入者誓約書のデータ保存が可能となりました。紙ベースで購入者誓約書を保管する必要がなくなり、輸出物品販売場を経営する事業者の負担が軽減されます。

　この改正は、平成28年5月1日以後に行われる課税資産の譲渡等について適用されます。

④ 「事業者向け電気通信利用役務の提供」の内外判定の見直し

平成27年度税制改正により、デジタルコンテンツの提供は、「電気通信利用役務の提供」と位置付けられ、平成27年10月1日以後は、日本国内に本店を有する法人及び日本国内に住所等を有する個人が受ける電気通信利用役務の提供は、国内取引と判断することとなりました。

平成28年度税制改正においては、平成29年1月1日以後の取扱いとして、次のような見直しが行われました。

> ① 国外事業者が所得税法又は法人税法上の恒久的施設において受ける事業者向け電気通信利用役務の提供のうち、国内において行う資産の譲渡等に要するものについては、当該事業者向け電気通信利用役務の提供に係る特定仕入れが国内において行われたものとする。
> ② 国内事業者が所得税法又は法人税法上の国外事業所等において受ける事業者向け電気通信利用役務の提供のうち、国外において行う資産の譲渡等にのみ要するものは、国外において行われたものとする。

⑤ マイナンバー制度の見直し

平成25年5月24日、「行政手続における特定の個人を識別するための番号の利用等に関する法律」（平成25年法律第27号）が成立し、平成28年1月から運用が開始しています。

関連する手続を行うにあたっては、平成28年1月1日以後に開始する課税期間等に係る申告書及び平成28年1月1日以後に提出すべき申請書や届出書等には、個人番号又は法人番号を記載しなければなりません。

ただし、マイナンバーの記載に係る本人確認手続やマイナンバーを記載した書類の管理負担に配慮し、平成28年度税制改正により、次に掲げる書類については、提出者等の個人番号（マイナンバー）の記載を要しないこととされました。

> (i) 申告等の主たる手続と併せて提出され、又は申告等の後に関連して提出されると考えられる書類（例：所得税の青色申告承認申請書、消費税簡易課税制度選択届出書、納税の猶予申請書）
> (ii) 税務署長等には提出されない書類であって提出者等の個人番号の記載を要しないこととした場合であっても所得把握の適正化・効率化を損なわないと考えられる書類（例：非課税貯蓄申込書、財産形成非課税住宅貯蓄申込書、非課税口座廃止届出書）

上記(i)の改正は、平成29年1月1日以後に提出すべき書類について適用されます。

上記(ii)の改正は、平成28年4月1日以後に提出すべき書類について適用されます。

また、改正の趣旨を踏まえ、上記(i)の書類については、施行日前においても、運用上、個人番号の記載がなくとも改めて求めないこととされています。

改正により、消費税について、個人番号（マイナンバー）を記載する書類は、次のとおりとなります。

マイナンバーを記載する書類	マイナンバーを記載しない書類
● 消費税及び地方消費税の（確定、中間（仮決算）、還付、修正）申告書 ● 消費税及び地方消費税の中間申告書 ● 付表6　死亡した事業者の消費税及び地方消費税の確定申告明細書 ● 消費税課税事業者選択届出書 ● 消費税課税事業者選択不適用届出書 ● 消費税課税事業者選択（不適用）届出に係る特例承認申請書 ● 消費税課税事業者届出書 ● 消費税の納税義務者でなくなった旨の届出書 ● 事業廃止届出書 ● 個人事業者の死亡届出書 ● 消費税異動届出書 ● 消費税課税期間特例選択不適用届出書（事業廃止の場合に限り番号要） ● 消費税簡易課税制度選択不適用届出書（事業廃止の場合に限り番号要） ● 任意の中間申告書を提出することの取りやめ届出書（事業廃止の場合に限り番号要） ● 輸出物品販売場購入物品譲渡（譲受け）承認申請書 ● 輸出物品販売場購入物品亡失承認申請書（国際第二種貨物利用運送事業者用） ● 登録国外事業者の死亡届出書 ● 申告・申請等事務代理人届出書	● 消費税課税期間特例選択・変更届出書 ● 消費税課税期間特例選択不適用届出書（事業廃止の場合には番号要） ● 消費税簡易課税制度選択届出書 ● 消費税簡易課税制度選択不適用届出書（事業廃止の場合には番号要） ● 消費税簡易課税制度選択（不適用）届出に係る特例承認申請書 ● 任意の中間申告書を提出する旨の届出書 ● 任意の中間申告書を提出することの取りやめ届出書（事業廃止の場合には番号要） ● 消費税課税売上割合に準ずる割合の適用承認申請書 ● 消費税課税売上割合に準ずる割合の不適用届出書 ● 輸出物品販売場許可申請書（一般型用） ● 輸出物品販売場許可申請書（手続委託型用） ● 承認免税手続事業者承認申請書 ● 事前承認港湾施設承認申請書 ● 事前承認港湾施設に係る臨時販売場設置届出書 ● 手続委託型輸出物品販売場移転届出書 ● 免税手続カウンター設置場所変更届出書 ● 事前承認港湾施設に係る臨時販売場変更届出書 ● 輸出物品販売場廃止届出書 ● 承認免税手続事業者不適用届出書 ● 事前承認港湾施設不適用届出書 ● 災害等による消費税簡易課税制度選択（不適用）届出に係る特例承認申請書 ● 登録国外事業者の登録申請書 ● 登録国外事業者の登録事項変更届出書 ● 登録国外事業者の登録の取消しを求める旨の届出書

近年の改正のポイント

② 平成29年度の税制改正

平成29年度の税制改正では、消費税について、次の改正が行われました。

◆平成29年度の税制改正◆

1. 到着時免税店制度の創設
   入国旅客が到着時免税店において購入して輸入する外国貨物について、携帯品免税制度の対象として内国消費税を免除する。
2. 暗号資産（仮想通貨）の譲渡に係る課税関係の見直し
   資金決済に関する法律に規定する暗号資産（仮想通貨）の譲渡について、消費税を非課税とする。
3. 災害に対応するための特例措置の常設化
   特定非常災害の指定を受けた災害の被災者である事業者が、被災した日の属する課税期間から消費税の課税事業者となることを選択する場合等において、国税庁長官が指定する日までに課税事業者選択届出書等を提出したときは、本来の提出時期までに提出したものとみなす。
   また、この場合等において、課税事業者を選択した場合の２年間の継続適用要件は適用しないこととする等の措置を講ずる。
4. 災害等があった場合の中間申告の特例
   消費税の中間申告書の提出について、国税通則法の規定による申告期限の延長により、その提出期限と確定申告書の提出期限とが同一の日となる場合は、その中間申告書の提出を要しないこととする。
5. 異動届出書の提出先のワンストップ化
   納税地の異動届は、異動後の納税地の所轄税務署長への提出は要しないこととする。

1．到着時免税店制度の創設

　輸入される物品には、輸入申告の際に消費税が課税されますが、輸入品に対する内国消費税の徴収等に関する法律（以下「輸徴法」といいます。）において、関税が免税となるもの（一部を除きます。）については、消費税も併せて免税とすることが定められています。

　関税の免税に併せて内国消費税も免税となるものには、携帯品、引越荷物、慈善・救じゅつ用の寄贈物品、外交官用貨物、再輸出免税貨物等があります（輸徴法13）。

　「携帯品免税制度」は、本邦に入国する海外旅行者等がその入国の際に携帯して輸入する物品等のうち、個人的な使用に供すると認められる一定量・金額のものに限り、引取りに係る関税及び消費税を免除する制度です（関税定率法14七、輸徴法13①一）。

　また、「再輸入免税制度」は、本邦から輸出された貨物でその輸出の許可の際の性質及び形状が変わっていないものについて、引取りに係る関税及び消費税を免除する制度です（関税定率法14十、輸徴法13①一）。

　平成29年度の税制改正においては、入国旅客の利便性の向上を図る等の観点から、本邦国際空港等の到着エリア内に免税店（以下「到着時免税店」といいます。）を設置する制度を設け、入国旅客が到着時免税店において購入して輸入する外国貨物については、携帯品免税制度の対象とすることとされました。

具体的には、海外旅行者等が、外国の免税店等で販売されている免税品と同等のものを到着時免税店において購入した場合には、海外で購入した物品と合算した上で、個人的に使用すると認められる一定量・金額のものに限り、消費税等が免除されることとなります。

　この改正は、平成29年4月1日に施行されています。

　なお、到着時免税店で販売される物品の国内への持ち込みについて、携帯品免税制度又は再輸入免税制度のどちらが適用されるのかという疑義が生じないように整理するため、再輸入免税制度の適用については、「消費税法第7条第1項（輸出免税等）又は第8条第1項（輸出物品販売場における輸出物品の譲渡に係る免税）の規定により消費税の免除を受けていないものに限る」ものと改正されました（輸徴法13①一）。これにより、到着時免税店で販売する物品を海外旅行者等が携帯して輸入する場合には、再輸入免税制度ではなく、携帯品免税制度の規定が適用されることが明確となっています。

２．暗号資産（仮想通貨）の譲渡に係る課税関係の見直し

(1)　改正前の取扱い

　消費税法別表第一第二号は、有価証券等及び支払手段等の譲渡を非課税として掲げ、支払手段等の譲渡については、課税売上割合の計算に含めないこととされています（消法6①、30⑥、別表第一第二号、消令48②一）。

　支払手段とは、外国為替及び外国貿易法（以下「外為法」といいます。）6条1項7号に規定する支払手段であり、具体的には、銀行券、政府紙幣、小額紙幣、硬貨、小切手、為替手形等が該当します。

　ビットコイン（bit coin）に代表される暗号資産は、インターネットを通じて電子的に取引されるものであり、外為法上の支払手段には該当しません。また、暗号資産の売買に係る内外判定は、譲渡を行う者のその譲渡に係る事務所等の所在地が国内であるかどうかにより行うこととなります。したがって、暗号資産の譲渡は、譲渡を行う者のその譲渡に係る事業所等の所在地が、国内にあれば課税取引、国外にあれば課税対象外の取引と判断されていました。

(2)　改正資金決済法

　平成28年5月25日、「情報通信技術の進展等の環境変化に対応するための銀行法等の一部を改正する法律」が成立し、

① 暗号資産交換業について登録制の導入

② 利用者保護のための暗号資産交換業者に対する規制の整備

③ マネー・ローンダリング、テロ資金供与対策

等の手当てが行われました。

　改正後の「資金決済に関する法律」（以下「改正資金決済法」といいます。）には、「第三章の二　仮想通貨」が追加され、改正資金決済法2条5項は、暗号資産を次のように定義しています。

一　物品を購入し、若しくは借り受け、又は役務の提供を受ける場合に、これらの代価の弁済のために不特定の者に対して使用することができ、かつ、不特定の者を相手方として購入及び売却を行うことができる財産的価値（電子機器その他の物に電子的方法により記録されているものに限り、本邦通貨及び外国通貨並びに通貨建資産を除く。次号において同じ。）であって、電子情報処理組織を用いて移転することができるもの

二　不特定の者を相手方として前号に掲げるものと相互に交換を行うことができる財産的価値であって、電子情報処理組織を用いて移転することができるもの

(3)　金融庁の要望を受けて改正

　EUでは、暗号資産は、平成27年10月に欧州司法裁判所がEU付加価値税指令上の「通貨、銀行券、硬貨」のカテゴリーに該当する旨を判決し、非課税とされています。

　平成29年度税制改正にあたり、金融庁は、今後、暗号資産の利用の増加が見込まれることから、国際的な課税上のバランスや改正資金決済法の規制の整備を踏まえ、銀行券や小切手、電子マネー等、外為法上の支払手段等との平仄をあわせ、その譲渡について消費税を非課税とする措置を要望しました。

　これを受け、消費税が非課税とされる支払手段に類するものの範囲に、改正資金決済法2条5項に規定する暗号資産が追加されました（消令9④）。

　また、法定通貨等の支払手段と同様に、暗号資産の譲渡の対価の額は、課税売上割合の計算に含めないこととされました（消令48②一）。

(4)　適用関係

　この改正は、平成29年7月1日以後に国内において事業者が行う資産の譲渡等及び課税仕入れについて適用されています（平29改令附2）。

　改正前に譲り受けた暗号資産について、個別対応方式により仕入控除税額を計算する場合の仕入れ区分は、「課税資産の譲渡等にのみ要する課税仕入れ」となります。

　ただし、駆け込みで行われる仕入れが暗号資産の市場に大きな影響を及ぼすことを回避する観点から、次の経過措置が設けられています（平29改令附8）。

①　平成29年6月30日に100万円（税抜き）以上の暗号資産（国内において譲り受けたもの）を保有する場合において、

②　同日の暗号資産の保有数量が平成29年6月1日から平成29年6月30日までの間の各日の暗号資産の保有数量の平均保有数量に対して増加したときは、

③　その増加した部分の課税仕入れに係る消費税については、仕入税額控除制度の適用は認めない。

　また、基準期間における課税売上高の計算等の経過措置も設けられています（平29改令附3〜7、9〜14）。

3．災害に対応するための特例措置の常設化

　これまで、災害が発生した場合には、その災害の状況等に応じ、臨時的に税制上の特例措置を設けて対応してきたところです。近年、災害が頻発していることを踏まえ、被災者の不安を

早期に解消するとともに、復旧や復興の動きに税制が遅れをとることがないよう、災害に対応するための特例的な税制措置を常設することとされました。

(1) 改正に至る経緯

消費税の課税事業者選択制度又は簡易課税制度の適用（不適用）に関する届出書は、原則として、その適用を受け、又はやめようとする課税期間の開始前に提出する必要があります（消法9①④⑤⑧、37①⑤⑦）。

災害により被災した事業者については、国税通則法11条の規定に基づき、その申告、納付、届出等の期限が延長されることとなります。しかし、消費税の課税事業者選択制度、簡易課税制度の届出に関する規定は、その届出書が提出された場合の適用関係を定めたものであり、提出期限を定めたものではないことから、国税通則法11条の規定による申告、納付、届出等の期限延長の対象とはなりません。

そこで、平成6年度の税制改正において、災害等のやむを得ない事情が生じたため、所定の時期に「課税事業者選択届出書」、「課税事業者選択不適用届出書」、「簡易課税制度選択届出書」又は「簡易課税制度選択不適用届出書」を提出できなかった場合には、税務署長の承認を受けて本来の届出の時期に提出があったものとみなす特例が創設されました（消法9⑨、37⑧。以下「やむを得ない事情がある場合の届出特例」といいます。）。

また、特に簡易課税制度については、災害等によって被害を受けた事業者が、その被害により簡易課税制度の適用の変更の必要が生じた場合において、税務署長の承認を受けたときは、その災害等が生じた課税期間について簡易課税制度の適用を変更することができる特例が、平成18年度税制改正により設けられています（消法37の2。以下「簡易課税制度に係る災害特例」といいます。）。

その後、平成23年に発災した東日本大震災においては、その被害が甚大であること等から、多くの事業者において、課税事業者選択制度及び簡易課税制度につき、課税期間の開始後に適用を変更する必要があるものと想定され、税務署長の承認を要することなく、その課税期間の開始前に届出書を提出した場合と同様の効果が生ずることとなる震災特例措置が講じられました（震災税特法42）。

(2) 被災事業者の特例措置の常設化

平成29年度税制改正においては、「特定非常災害の被害者の権利利益の保全等を図るための特別措置に関する法律」2条1項の規定により特定非常災害として指定された非常災害（以下「特定非常災害」といいます。）の被災者である事業者（以下「被災事業者」といいます。）を対象に、やむを得ない事情がある場合の届出特例及び簡易課税制度に係る災害特例とは別に、租税特別措置として、東日本大震災の際に臨時的に設けられたものと同様の特例措置を常設する改正が行われました（措法86の5）。

また、課税事業者選択制度又は簡易課税制度には、2年間の継続適用の要件があります（消法9⑥、37⑥）。さらに、課税事業者を選択した事業者が、2年間の継続適用期間中に調整対象

固定資産の仕入れ等を行った場合には、その課税期間において簡易課税制度を適用する場合を除き、その仕入れ等を行った課税期間以後3年間は、事業者免税点制度及び簡易課税制度の適用はありません（消法9⑦、37③一）。資本金の額が1,000万円以上である「新設法人」、一定の大規模事業者等が設立した「特定新規設立法人」についても、同様の取扱いがあります（消法12の2②、12の3③、37③二）。平成28年度税制改正においては、一般課税により申告する事業者が高額特定資産仕入れ等を行った場合には、その仕入れ等を行った課税期間以後3年間は、事業者免税点制度及び簡易課税制度の適用をしないこととする改正が行われました（消法12の4①、37③三）。

これらの継続適用等の規定は、簡易課税制度に係る災害特例及び震災特例と同様に、特定非常災害の被災者には適用されません。

この改正は、原則として、平成29年4月1日以後に特定非常災害に係る指定日が到来する場合の被災日の属する課税期間から適用されています（平29改法附1、90①）。

4．災害等があった場合の中間申告の特例

国税通則法11条の規定による申告、納付等に関する期限延長が適用されると、中間申告書の提出期限と確定申告書の提出期限とが同一の日となる場合が生じ得ます。

この場合には、確定申告で清算される中間申告は必要がないため、その旨を法令上明らかにする改正が行われました。

この改正は、平成29年4月1日から適用されています（平29改法附1）。

5．異動届出書の提出先のワンストップ化

納税地の異動届は、その異動前及び異動後の納税地の所轄税務署長に提出しなければならないこととされていましたが、通信環境やシステム機器等のインフラが整備され、税務署間において遅滞なく異動情報の連絡・共有をすることが可能となっていることを踏まえ、行政手続を簡素化して納税環境整備を図る観点から、異動後の納税地の所轄税務署長への提出は不要とされました。

この改正は、平成29年4月1日以後の納税地の異動について適用されています（平29改法附1、32）。

平成30年度の税制改正

平成30年度税制改正において、消費税は、次のような改正が行われました。

◆平成30年度の税制改正◆

1. **大法人の電子申告の義務化**
   資本金の額等が1億円を超える法人等である事業者は、電子申告によらなければならないこととする特例制度を創設する。
2. **有価証券等の譲渡に係る内外判定の明確化**
   有価証券等のうち振替機関等が取り扱うものは、「振替機関等の所在地」によって内外判定を行うこととする。
3. **長期割賦販売等に係る延払基準の廃止**
   長期割賦販売等に係る延払基準は、経過措置を経て廃止する。
4. **輸出物品販売場における免税下限額の緩和**
   輸出物品販売場における免税販売について、一般物品と消耗品の合計額が5,000円以上であるものを対象に加える。
5. **免税販売手続の電子化**
   輸出物品販売場における免税販売手続を電子化する。
6. **輸入に係る消費税の脱税犯に係る罰金刑の上限の引上げ**
   輸入に係る消費税の脱税犯に係る罰金刑について、脱税額の10倍が1,000万円を超える場合におけるその上限を脱税額の10倍（改正前：脱税額）に引き上げる。
7. **簡易課税制度のみなし仕入率の見直し**
   簡易課税制度の適用において、農林水産業のうち食用の農林水産物を生産する事業を「第二種事業」とする。
8. **電子インボイスの範囲の拡大**
   適格簡易請求書について、その記載事項に係る電磁的記録によることができるものとする。
9. **地方消費税の清算基準の見直し**
   地方消費税の清算基準を抜本的に見直す。

1．大法人の電子申告の義務化

(1) 行政手続簡素化の3原則

　政府は、平成28年6月2日に「日本再興戦略2016」を閣議決定し、行政手続コストの削減に取り組んでいます。

　「日本再興戦略2016」には、「本年度中を目途に、本格的に規制改革、行政手続の簡素化、IT化を一体的に進めるべき重点分野の幅広い選定と規制・行政手続コスト削減目標の決定を行い、計画的な取組を推進する」と示され、規制改革推進会議行政手続部会が平成29年3月29日に決定した「行政手続部会取りまとめ～行政手続コストの削減に向けて～」は、政府全体で次の「行政手続簡素化の3原則」に沿って取組を進めるものとしています。

> 原則1　行政手続の電子化の徹底（デジタルファースト原則）
> 　　　　電子化が必要である手続については、添付書類も含め、電子化の徹底を図る。
> 原則2　同じ情報は一度だけの原則（ワンスオンリー原則）
> 　　　　事業者が提出した情報について、同じ内容の情報を再び求めない。
> 原則3　書式・様式の統一
> 　　　　同じ目的又は同じ内容の申請・届出等について、可能な限り同じ様式で提出できるよう
> 　　　　にする。

　これを受け、各省庁は、「『行政手続コスト』削減のための基本計画」を策定し、各分野における目標や施策の内容を明らかにしました。

　財務省が策定した「『行政手続コスト』削減のための基本計画」（以下「財務省基本計画」といいます。財務省基本計画は、平成29年6月30日に公表され、平成30年度税制改正を受けて平成30年3月末日付けで改定されています。）には、「経済社会のICT化等を踏まえ、税務手続においても、ICTの活用を推進し、利便性の高い納税環境を整備するとともに、データの円滑な利用を進めることにより社会全体のコスト削減を図ることが重要」とされています。

⑵　e-Tax利用率100％に向けて

　所得税、法人税、消費税等の申告や申請、届出等の各種手続については、国税の電子情報処理組織（e-Tax）により、インターネット等を利用してオンラインで行うことができます。平成28年度のオンライン利用率の実績は、法人税申告は79.3％、法人の消費税申告は77.3％となっていますが、国税局調査部所管法人（原則、資本金が1億円以上の法人）の法人税申告は56.9％に留まり（財務省基本計画2頁）、大法人のオンライン利用率の低さが顕著となっています。大企業は独自の経理会計システムを構築しており、事業計画の中で電子申告への移行が劣後する場合も多いと考えられます。

　そこで、平成30年度税制改正により、「電子情報処理組織による申告の特例」（以下「e-Taxによる申告の特例」といいます。）が創設されました。

　また、申告データの円滑な電子提出のための環境整備として、提出情報等のスリム化、データ形式の柔軟化、提出方法の拡充、提出先の一元化（ワンスオンリー化）、認証手続の簡便化等の見直しが行われます。これらの措置は、「電子申告の義務化」の対象とならない中小法人にも適用されることから、財務省基本計画は、「大法人の法人税・消費税のe-Tax利用率100％」とあわせて「中小法人の法人税・消費税のe-Tax利用率85％以上」を目標に掲げ、将来的には、中小法人についても、電子申告の義務化が実現されることを視野に入れています（財務省基本計画3頁）。

⑶　e-Taxによる申告の特例

　事業年度開始の時における資本金の額等が1億円を超える法人等である事業者は、課税資産の譲渡等及び特定課税仕入れに対する消費税の申告については、電子申告（申告書記載事項又は添付書類記載事項を電子情報処理組織を使用する方法により提供すること）により行わなければならないこととなります。

この特例は、令和2年4月1日以後に開始する課税期間について適用され、電子申告によることが困難であると税務署長の承認を受けた場合でなければ、紙による申告は、無申告となります。

なお、特定法人については、社会保険・労働保険に関する一部の手続について、電子申請によることが義務化されています（平成31年厚生労働省令第19号）。

２．有価証券等の譲渡に係る内外判定の明確化

有価証券等の譲渡について、内外判定基準が明確化されました。

有価証券等のうち振替機関等が取り扱うものは、「振替機関等の所在地」によって内外判定を行います。例えば、外国債は、振替機関等の所在地がその外国となるため、日本の企業が譲渡した場合であっても国外取引（課税対象外）となり、非課税売上げにはなりません。

券面のない有価証券等の譲渡で振替機関等が取り扱うものでない場合は、その有価証券等に係る法人の「本店、主たる事務所その他これらに準ずるものの所在地」によって判定します。

この改正は、平成30年4月1日以後に行う有価証券等の譲渡に適用されています。

３．長期割賦販売等に係る延払基準の廃止

長期割賦販売等に係る延払基準は、経過措置を経て廃止されます。

企業会計基準委員会は、平成30年3月30日に、企業会計基準第29号「収益認識に関する会計基準」及び企業会計基準適用指針第30号「収益認識に関する会計基準の適用指針」を公表しました。これを受け、平成30年度税制改正において、法人税法に22条の2が創設され、「資産の販売等」に係る収益の額は、別段の定めがあるものを除き、その資産の販売等に係る目的物の引渡し又は役務の提供の日の属する事業年度の所得の金額の計算上、益金の額に算入することが定められ、返品調整引当金制度及び長期割賦販売等の延払基準は、経過措置を経て廃止することとされました。

消費税においても、長期割賦販売等に係る延払基準は、経過措置を経て廃止されることとなりました。経過措置終了後は、延払基準の対象は、リース取引のみとなります。

４．輸出物品販売場における免税下限額の緩和

輸出物品販売場における免税販売の対象となるのは、一般物品又は消耗品のそれぞれに、同一の非居住者に対する同一店舗における1日の販売額の合計が5,000円以上であることという下限が設けられています。

平成30年度税制改正においては、一般物品と消耗品の販売価額が5,000円未満であったとしても、合計額が5,000円以上であれば、一般物品を消耗品として取り扱い、消耗品に定められた方法により包装することで、免税販売ができることとされました。

この改正は、平成30年7月1日以後行う免税販売から適用されます。

５．免税販売手続の電子化

令和2年4月1日以後、輸出物品販売場における免税販売については、購入記録票のパスポートへの貼付・割印といった現行の紙による免税販売手続を廃止して電子化することとされ

ました。

6．輸入に係る消費税の脱税犯に係る罰金刑の上限の引上げ

　金地金の密輸入は、消費税率が8％に引き上げられた平成26年から急激に増え、以後毎年増加しています。財務省が公表した平成29年の全国の税関における金地金密輸入事犯の摘発状況によると、金地金（金塊に加えて一部加工された金製品も含む。）密輸入事犯の件数は前年比66％増の1,347件、押収量は前年比約2.2倍の6,236キログラムにのぼっています。

　こうした金の密輸入の増加を背景に、密輸入に係る罰則が大幅に強化されました。輸入に係る消費税の脱税犯に係る罰金刑は、脱税額の10倍が1,000万円を超える場合におけるその上限が、脱税額の10倍（改正前：脱税額）に引き上げられました。

　この改正は、平成30年4月10日以後にした違反行為について適用されています。

7．簡易課税制度のみなし仕入率の見直し

　消費税法創設当時の簡易課税制度は、基準期間における課税売上高が5億円以下であることを適用要件に、その事業区分は、卸売業（みなし仕入率90％）と卸売業以外（みなし仕入率80％）の2区分とされていました。

　ただし、消費税法の趣旨を説明する税制改革法は、「消費税の中小事業者の事務負担等に配慮した諸措置については、納税者の事務負担、消費税の円滑かつ適正な転嫁の実現の状況、納税者の税負担の公平の確保の必要性等を踏まえ、消費税の仕組みの定着状況等を勘案しつつ、その見直しを行うものとする。」（税制改革法17③）としており、簡易課税制度は、これまで幾度かの改正を経ています。

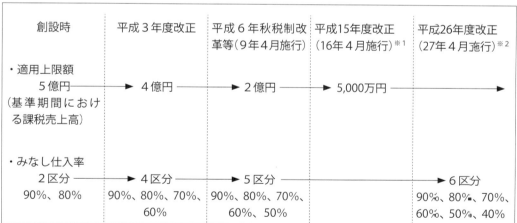

※1　事業年度が1年である法人については平成17年3月決算期から、個人事業者については平成17年分から、それぞれ適用されました。
※2　平成26年10月1日前に簡易課税制度選択届出書を提出した場合の経過措置があります。

　平成30年度の税制改正においては、消費税率10％への引上げと同時に軽減税率が導入されることに伴い、農林水産業のうち食用の農林水産物を生産する事業を「第二種事業」とし、みなし仕入率を80％（改正前：70％）とする改正が行われました。

飲食料品に該当し軽減税率8％が適用される売上げであっても、そのための仕入れには標準税率10％が適用されるものが存在するはずです。しかし、簡易課税制度においては、控除対象仕入税額は、売上げの税額から自動的に算出されるため、そのような仕入れの存在は考慮されません。そのため、飲食料品の譲渡を行う事業においては、改正前のみなし仕入率では、仕入控除税額が過少となる可能性があります。この度の改正では、農業、漁業、林業のうち軽減税率の対象となる飲食料品の譲渡を行う事業のみなし仕入率が見直されました。

　改正後のみなし仕入率は、令和元年10月1日（軽減税率の施行日）以後に行う事業に適用されます。

区　分	改正前	令和元年10月1日以後
農林水産業のうち 飲食料品の譲渡を行う事業	第三種事業 みなし仕入率70％	第二種事業 みなし仕入率80％
上記以外の農林水産業（改正なし）		第三種事業 みなし仕入率70％

8．電子インボイスの範囲の拡大

　消費税の複数税率化から4年後の令和5年10月1日には、「適格請求書等保存方式」が導入されます。適格請求書発行事業者は、原則として、取引相手の求めに応じ、①適格請求書又はその記載事項に係る電磁的記録（いわゆる電子インボイス）、②適格簡易請求書のいずれかを交付するものとされていましたが、②の適格簡易請求書についても、その記載事項に係る電磁的記録によることができるものとされました。

9．地方消費税の清算基準の見直し

⑴　仕向地主義

　消費税は、消費者による「消費」を課税物件としていますが、間接税として設計され、事業者による資産の譲渡等を課税の対象としています（消法4①）。これは、市場における消費者の購買を納税義務者の立場から定義したものです。消費税法が課税の対象とする「消費」は、市場における消費者の購買であり、物を利用して消耗するという意味での消費ではありません。そして、その内外判定の基準は、従来、原則として、資産の譲渡又は貸付けについては「当該譲渡又は貸付けが行われる時において当該資産が所在していた場所」（消法4③一）、役務の提供については「当該役務の提供が行われた場所」（消法4③二）とされてきました。課税の対象となる行為が行われた場所は、事業者による販売行為が行われた場所です。購入する者からみると、居住する場所や購入のために資力を得る場所ではなく、買い物をする場所（商業施設等の所在地）であるということになります。

　ただし、付加価値税についての国際的な課税権の分配は、仕向地主義によるものとされています。そのため、平成27年度の税制改正により、電子書籍・音楽・広告の配信などのインターネット等を介して行われる役務の提供は「電気通信利用役務の提供」と位置付けられ、その内

外判定の基準は、「当該電気通信利用役務の提供を受ける者の住所若しくは居所又は本店若しくは主たる事務所の所在地」（消法4③三）と定められ、国内に住所等を有する者に対して行われるものは、消費税の課税の対象となりました。また、消費税法は、輸出免税の制度（消法7、8）を設け、国内において「最終消費」が行われないことが明らかであるものについては課税しません。

つまり、消費税は、一次的には、市場における消費者の購買と最終消費とがいずれも国内で行われるという一致を前提に課税の対象を定め、その前提が成立しない場合には、付加価値税の税収を最終消費地に帰属させるための定めを置いているものといえるでしょう。

(2) 地方消費税の清算基準

地方消費税は、平成6年度の税制改正により創設され、平成9年4月1日から施行されています。平成26年4月には税率が引き上げられ、その引上げ分の税収の使途は、「制度として確立された年金、医療及び介護の社会保障給付並びに少子化に対処するための施策に要する経費その他社会保障施策（社会福祉、社会保険及び保健衛生に関する施策）に要する経費」に充てるものとされています（地法72の116）。平成30年度地方財政計画によれば、地方税収39兆5,022億円のうち、地方消費税は4兆7,068億円で11.9％を占めるに至っています。これは、固定資産税8兆9,434億円（地方税収に占める割合22.6％）、個人市町村民税7兆9,833億円（同20.2％）、個人道府県民税の4兆8,402億円（同12.3％）に次ぐ税収であり、法人事業税の4兆356億円（同10.2％）を上回っています。令和元年10月の税率の引上げ後は、さらに基幹税としての存在感を増すことになります。

地方消費税は、課税主体である都道府県が賦課徴収するものですが、納税者の便宜を図る等の観点から、当分の間、その徴収を国に委託し、国から払い込まれたものを都道府県間で清算することとされており、清算後の税収の2分の1は、市町村に交付されます（地法2章3節、地法附9の4〜9の16）。都道府県間の清算基準は、従前、「小売年間販売額」（商業統計）と「サービス業対個人事業収入額」（経済センサス活動調査）との合算額（以下「消費額」といいます。）75％、「人口」（国勢調査）17.5％、「従業者数」（経済センサス調査）7.5％というウエイトでした。この方式については、商業施設が多い地方への配分が多くなり、最終消費の実態が適切に反映されず、結果として大都市への税収の偏りが顕著になるという批判がありました。

平成30年度税制改正においては、「従業者数」が廃止され、「消費額」と「人口」の比率がそれぞれ50％となり、「消費額」の内容についても、「小売年間販売額」について、従前の額から、商業統計の「医療用医薬品小売」、「自動販売機による販売」、「百貨店」、「衣料品専門店」、「家電大型専門店」及び「衣料品中心店」による「年間商品販売額」の欄の額が除外されました。また、「サービス業対個人事業収入額」について、従前の額から、経済センサス活動調査の「建物売買業、土地売買業」、「不動産賃貸業（貸家業、貸間業を除く）」、「不動産管理業」、「火葬・墓地管理業」、「娯楽に附帯するサービス業」、「社会通信教育」及び「医療、福祉」の欄の額が除外されました。耐久財（家電等）及び半耐久財（衣料等）の持ち帰り消費や、非課税取

引及び本社に一括計上される取引が反映することを防ぐ措置です。

　地方消費税は社会保障施策の財源となる重要な税であり、適切な税収帰属を図るため、その清算については、市場における消費者の購買と最終消費とが国内の異なる地域（地方公共団体）において行われる場合を考慮する必要があります。今次の改正によって、清算基準の「人口」のウエイトが３倍近い50％にまでに引き上げられたことは、地方消費税の清算基準に、仕向地主義の考え方がより強く反映されたと評価するべきでしょう。消費者が居住する地域の地方公共団体が提供する公共サービスが他の地方公共団体で実現した消費者の購買を支えていることを評価し、地方消費税に消費者が居住する地域（住所地）で受ける受益に対する費用負担を担うべきことが求められた結果であるといえます。この意味において、地方消費税の性質は、大きく個人住民税に近づいたということもできます。

令和元年度の税制改正

　令和元年度税制改正において、消費税は、次のような改正が行われました。

◆令和元年度の税制改正◆

1. **金地金等の密輸に対応するための仕入税額控除制度の見直し**
   - 金又は白金の地金の課税仕入れについて、本人確認書類の保存を仕入税額控除の要件に加える。
   - 密輸品と知りながら行った課税仕入れについては、仕入税額控除制度の適用を認めない。
2. **輸出物品販売場制度の見直し**
   - 輸出物品販売場の許可を受けている事業者が、あらかじめその納税地を所轄する税務署長の承認を受けた上で、設置の日の前日までにその設置期間等を記載した届出書を提出したときは、その設置する臨時販売場を輸出物品販売場とみなす制度を創設する。
   - 手続委託型輸出物品販売場許可申請書について、承認免税手続事業者の承認通知書の写しの添付を要しないこととする。
3. **その他の改正**
   - 農業協同組合中央会を消費税法別表第三に掲げる法人とみなす。
   - 行政手続等における情報通信の技術の利用に関する法律の改正に伴う所要の改正を行う。
   - 消費税が非課税とされる身体障害者用物品について、所要の見直しを行う。

１．金地金等の密輸に対応するための仕入税額控除制度の見直し

(1) 金の密輸抑止

　近年、消費税を免れて密輸した金を国内の買取業者に対して消費税込みの価格で売却し、その消費税相当額を不正に稼得する犯罪が問題となっています。このような犯罪は、多くの場合、組織的に行われ、手口も巧妙化し、密輸形態が多様化しています。税関当局は、平成29年11月７日「『ストップ金密輸』緊急対策」（財務省関税局）を策定し、検査の強化、処罰の強化、情報収集及び分析の充実を３つの柱に据え、金の密輸を阻止するための緊急かつ抜本的な対策を講じ、対策を進めてきました。

　また、平成30年度税制改正においては、金地金等の密輸に対する関税法・消費税法等における罰金上限額の大幅な引上げを行いましたが、依然として摘発件数は高止まりしている現状に

あり、消費税制度における更なる対策を求められています。

そこで、金地金等に係る取引の適正化を図り、より一層の密輸抑止を進める観点かう、令和元年度税制改正においては、仕入税額控除制度について以下の見直しを行うこととされました。

(2) 仕入税額控除の要件強化

金又は白金の地金に係る仕入税額控除について、課税仕入れの相手方の本人確認書類（電磁的記録を含みます。）の保存を要件に追加し、その保存がない場合には、その課税仕入れに係る仕入税額控除の適用を認めないこととされました（消法30⑩）。

この改正は、令和元年10月1日以後に国内において事業者が行う課税仕入れに適用されています（平31改法附1五イ、25①）。

(3) 仕入税額控除の制限

課税仕入れに係る資産が納付すべき消費税を納付しないで保税地域から引き取られた課税貨物（密輸品）であることを、課税仕入れの時点で課税仕入れを行う事業者が知っていた場合には、その仕入税額控除の適用を認めないこととされました（消法30⑪）。金に限らず、全ての密輸品が対象です。

税関当局においても、密輸品と知りながら買い取った者を罰する「密輸品譲受等の罪」の適用も視野に入れた調査等が実施されており、税務当局と税関当局とが連携することにより、より一層の密輸抑止につながるものと考えられます。

この改正は、平成31年4月1日以後に国内において事業者が行う課税仕入れに適用されています（平31改法附1、25②）。

２．外国人旅行者向け消費税免税制度（輸出物品販売場制度）の見直し

(1) 改正の背景

訪日外国人旅行者数はここ数年で劇的に増加しており、外国人旅行者向け消費税免税制度（輸出物品販売場制度）についても、わが国におけるショッピングツーリズムの魅力をさらに高めるべく、近年、数度にわたり大きな改正が行われ、これに伴い平成26年4月には全国で5,777店だった輸出物品販売場の数は、平成31年4月には50,198店に増加しています。

また、観光立国推進閣僚会議において平成30年6月に取りまとめられた「観光ビジョン実現プログラム2018」では、地方の商店街等における伝統工芸品等の消費拡大に向け、取り組みを実施するとともに、地方における輸出物品販売場数については、2018年に2万店規模への増加に向け、その拡大に取り組むこととされました。

このような中、観光庁は、地域のイベント等における特産品等の外国人旅行者への販売機会を増やし、外国人旅行消費額のより一層の拡大と地方を含めた輸出物品販売場の増加を図る観点から、地域のお祭りや商店街のイベント等に出店する場合において、簡素な手続により免税販売することが可能となる臨時販売場制度の創設を要望していました。

(2) 臨時販売場に係る届出制度の創設

令和元年度税制改正においては、既に輸出物品販売場の許可を受けている事業者で、7か月

以内の期間を定めた臨時販売場を設置しようとするものが、

・あらかじめ臨時販売場を設置する事業者としてその納税地を所轄する税務署長の承認を受け、
・その設置の日の前日までに、臨時販売場を設置する具体的な場所、期間等を記載した届出書を当該税務署長に提出したときは、

その臨時販売場を輸出物品販売場とみなす「臨時販売場に係る届出制度」が創設されました。

本制度の創設に伴い、従前の港湾施設臨時販売場制度は廃止され、本制度に統合されました。

この改正は、令和元年7月1日以後に行われる課税資産の譲渡等について適用されています（平31改法附1三二）。

(3) 手続委託型輸出物品販売場許可申請書の添付書類の簡略化

デジタル・ガバメント実行計画（平成30年7月20日デジタル・ガバメント閣僚会議決定）においては、①デジタルファースト、②ワンスオンリー、③コネクテッド・ワンストップの3原則に沿い、行政サービスの100%デジタル化を実現するとされ、既に行政機関が保有している情報については、添付書類の必要性の精査や行政機関間の情報連携等によって添付書類の提出を省略することで、ワンスオンリーの実現を目指すこととされています。

輸出物品販売場制度における手続委託型輸出物品販売場許可申請については、許可要件の確認の観点から、免税販売手続を委託する承認免税手続事業者の承認通知書の写しを許可申請書に添付することとされていました。しかし、この申請書には承認免税手続事業者の氏名又は名称及び納税地の記載があり、その記載事項と国税当局の部内情報を照合することにより許可要件を確認することが可能であることから、承認免税手続事業者の承認通知書の写しの提出は不要とする改正が行われました（消規10②二）。

この改正は、平成31年4月1日以後に提出する申請書について適用されています（平31改規附1）。

5 令和2年度の税制改正

令和2年度税制改正において、消費税は、次のような改正が行われました。

◆令和2年度の税制改正◆

1. 申告期限の特例の創設
   法人税の申告期限の延長の特例の適用を受ける法人について、消費税の申告期限を1か月延長する特例を創設する。
2. 居住用賃貸建物の取得等に係る仕入税額控除制度の適正化
   ● 住宅の貸付けの範囲を見直し、居住用賃貸建物の課税仕入れについては、仕入税額控除制度の適用を認めないこととする。
   ● 第三年度の末日までに課税賃貸用に転用した場合又は譲渡した場合には、貸付の対価及び譲渡の対価の額を基礎として、仕入税額に加算する調整を行う。
3. 高額特定資産を取得した場合の特例の整備

高額特定資産を取得した場合の特例の対象に、高額特定資産である棚卸資産について「棚卸資産の調整」の適用を受けた場合を加える。

4. その他の改正

- 敷地分割組合（仮称）を消費税法別表第三に掲げる法人とみなす。
- 国有林野の管理経営に関する法律の改正に伴い、樹木採取権を調整対象固定資産とする。
- 輸出物品販売場制度において、所定の基準を満たす自動販売機については人員配置の許可要件を適用しないものとする。
- 適格請求書の交付義務が免除される卸売市場の範囲を、中央卸売市場、地方卸売市場及び所定の基準を満たす卸売市場とする。
- 総合取引所を介して行われる金又は白金の地金の課税仕入れにおける本人確認書類の保存について、媒介者の本人確認書類によることを認める。
- 社会福祉事業等に係る非課税範囲に、小規模認可外保育施設のうち所定の要件を満たすものが行う保育を加える。

また、新型コロナウイルス感染症拡大の影響を受けた事業者のために、課税事業者選択の変更等に係る特例が設けられました。

1. 申告期限の特例の創設

申告に係る事務負担を軽減する観点から、法人税の確定申告書の提出期限の延長の特例の適用を受ける法人について、消費税の確定申告書の提出期限を1か月間延長する特例が創設されました（消法45の2）。

⑴ 従前の考え方

課税事業者は、課税期間ごとに所定の事項を記載した確定申告書をその課税期間の末日の翌日から2か月以内に提出しなければなりません（消法45①）。

法人税の確定申告書についても、原則として各事業年度終了の日の翌日から2か月以内に提出することとされています（法法74①、81の22①、144の6①）が、法人税においては、決算が確定しない場合の確定申告書の提出期限の延長の特例が設けられています（法法75の2①、81の24①、144の8）。これは、法人税が確定決算主義を採用しており（法法74）、各事業年度の所得の金額の計算は、株主総会における承認等により確定した決算を基礎とするからです。

他方、消費税は、課税資産の譲渡等をした時に納税義務が成立します（通法15②七）。確定申告書の作成に当たって決算の確定を待つ必要はありませんから、申告期限の延長を定める規定は設けられていませんでした。

両者の申告期限の違いは、例えば、法人税の確定申告書の作成の過程で、先に行った消費税の申告内容に誤りを発見し、修正申告や更正の請求を行う必要が生じるといった事態を招くことになります。そのため、法人税について申告期限の延長の特例の適用を受けているにもかかわらず、消費税の申告期限に合わせたスケジュールによらざるを得ないといった実務上の問題が生じていました。

過去には、法人税の申告期限の延長の適用を受ける関西電力が、消費税の法定申告期限内の申告書の提出を失念し、12億円余りの無申告加算税の賦課決定処分を受けるという事件が発生

しています（大阪地判平成17年9月16日税資255号順号10134）。平成18年度の税制改正では、このような事務的なミスについて、申告期限後2週間以内の自主申告等を要件として無申告加算税を賦課しない特例が創設され、さらに平成27年度税制改正において、2週間が1か月となりました（通法66⑦、通令27の2①）。

(2) 働き方改革の一環

近時、働き方改革が税制に大きな影響を与えています。この改正もその系譜にあり、経済産業省が要望したものです。延長された法人税等の申告期限と消費税等の申告期限が異なることにより生じている非効率な業務プロセスの見直し等を行い、納税事務負担を削減することで、ビジネス環境を改善し、企業の生産性の向上・働き方改革の推進を図ることを目的としています。

2．居住用賃貸建物の取得等に係る仕入税額控除制度の適正化

住宅の貸付け（消法別表第一に掲げられている住宅の貸付けをいいます。）の用に供しないことが明らかな建物以外の建物であって、高額特定資産又は調整対象自己建設高額資産に該当する建物を「居住用賃貸建物」といいます。

居住用賃貸建物に係る課税仕入れ等の税額については、仕入税額控除制度の適用を認めないこととされ（消法30⑩）、その後第三年度の課税期間の末日までの間に、課税賃貸用に用途を変更した場合又は譲渡した場合には、課税賃貸割合又は課税譲渡等割合に応じた消費税額を仕入れに係る消費税額に加算することとされました。

(1) 消費税還付スキーム

住宅の家賃収入は非課税売上げであるため、住宅として貸付けを行う建物の取得に係る課税仕入れ等は非課税資産の譲渡等にのみ要するものであり、本来、仕入税額控除の適用を受けることができません。

しかし、住宅の賃貸事業を行うに当たり、自動販売機を設置するなどにより課税売上げを発生させ、課税期間の末日直前に建築が完成するように設定して非課税売上げの発生を抑え、仕入れ時の課税売上割合を高くすれば、全額控除又は一括比例配分方式による還付を行うことができます。調整対象固定資産については、**第9章第12節**に示した「調整対象固定資産に係る仕入税額の調整」の取扱いがありますが、調整を行うべき課税期間において納税義務が免除され、あるいは簡易課税制度が適用されると、いわゆる「還付逃げ」が可能となります。このように、事業者免税点制度、簡易課税制度、仕入税額控除の即時一括控除のルール等をうまく組み合わせて、賃貸住宅の課税仕入れに係る消費税額の還付を受けるスキームが見られました。

(2) 3年縛りの創設

この消費税還付スキームの防止策として、調整対象固定資産の仕入れ等をした場合に第三年度まで事業者免税点制度の特例及び簡易課税制度を適用しない「調整対象固定資産を取得した場合の特例」（いわゆる「3年縛り」）が設けられたのは、平成22年度税制改正でした。

しかし翌年度の改正では、新たに設立した法人の納税義務の免除の期間が2年間に及ぶこと

への批判から、特定期間における課税売上高によって納税義務を判定する特例が設けられました。これにより、開業の翌年には課税事業者を選択しないでも課税事業者となることができ、平成22年度税制改正による防止策は、有効なものとはいえなくなりました。

また、平成28年度税制改正においては、「高額特定資産を取得した場合の特例」が設けられました。これは、会計検査院が、「平成24年度決算検査報告」において、事業規模が大きく、消費税の事務負担に配慮する必要がないと思われる事業者が事業者免税点制度又は簡易課税制度をその趣旨に沿わない形で適用し納税額を減少させる事例が見られる、と指摘したことから設けられたものです。

「調整対象固定資産を取得した場合の特例」は、課税事業者選択の継続適用期間中に調整対象固定資産の仕入れ等を行うことが要件となっているので、継続適用期間後に調整対象固定資産の仕入れ等を行った場合には対象となりません。「高額特定資産を取得した場合等の特例」には、これをフォローする効果があります。

ただし、金地金の売買を繰り返す等の方法で通算課税売上割合を高く保つスキームは温存されました。

(3)　仕入税額控除の適用除外

令和2年度税制改正においては、消費税が非課税となる住宅の貸付けの範囲が見直され、消費税還付スキームの封じ込めの決定版として、全額控除又は一括比例配分方式による場合であっても、個別対応方式と同様に、居住用賃貸建物の仕入れ等を控除の対象から除外する制度が創設されました。

(4)　非課税範囲の拡大

居住用賃貸建物の課税仕入れ等を仕入税額控除の対象から除外する措置は、非課税となる住宅の貸付けの範囲の見直しによって補強されています。住宅の貸付けに該当するかどうかは、非課税の範囲を限定するための消極的判断から、仕入税額控除を厳格化するための積極的判断に転換しました。

3.　高額特定資産を取得した場合の特例の整備

高額特定資産を取得した場合の特例は、課税事業者である課税期間中に高額特定資産の仕入れ等を行うことが要件とされていました。したがって、免税事業者である課税期間に高額特定資産に該当する棚卸資産の仕入れ等を行い、その後、課税事業者となった課税期間に「棚卸資産に係る調整」の適用を受けた場合には、高額特定資産について仕入税額控除の適用を受けたにもかかわらず、その後、事業者免税点制度及び簡易課税制度の対象になるという制度の矛盾がありました。

そこで、高額特定資産又は調整対象自己建設高額資産について「棚卸資産に係る調整」の適用を受けた場合にも、事業者免税点制度及び簡易課税制度の適用を制限することとされました。

令和3年度の税制改正

令和3年度税制改正において、消費税は、次のような改正が行われました。

◆令和3年度の税制改正◆

1. 「課税売上割合に準ずる割合」の適用開始時期の見直し
   課税売上割合に準ずる割合を用いようとする課税期間の末日までに承認申請書を提出し、同日の翌日以後1か月を経過する日までに税務署長の承認を受けた場合には、その承認申請書を提出した日の属する課税期間から課税売上割合に準ずる割合を用いることができることとする。
2. 金又は白金の地金の課税仕入れに係る本人確認書類の見直し
   金又は白金の地金の課税仕入れに係る仕入税額控除の要件として保存することとされている本人確認書類のうち、在留カードの写し並びに国内に住所を有しない者の旅券の写し及びその他これらに類する書類をその対象から除外する。
3. 電磁的記録に記録された事項に関する重加算税の創設
   電子帳簿保存法の改正に対応して、電磁的記録に記録された事項に関する重加算税の特例を創設する。
4. その他の改正
   - 産後ケア事業として行われる資産の譲渡等を非課税とする。
   - 郵便物の輸出免税の適用について、日本郵便株式会社より交付を受けた郵便物の引受証及び発送伝票の控え等を保存しなければならないこととする。
   - 社会医療法人制度における認定要件のうち、救急医療等確保事業に係る業務の実績が一定の基準に適合することとの要件について、関係法令の改正により夜間等救急自動車等搬送件数及びへき地診療所に対する医師の延べ派遣日数等の基準値に係る特例を追加する見直しが行われた後も、その見直し後の社会医療法人を引き続き消費税法別表第三法人とする。
   - 農水産業協同組合貯金保険法の改正を前提に、農水産業協同組合貯金保険機構の業務範囲の見直しが行われた後も、引き続き消費税法別表第三法人とする。
   - 地方自治法の改正を前提に、認可地縁団体の認可要件の見直しが行われた後も、引き続き消費税法別表第三に掲げる法人とみなす。

消費税転嫁対策特別措置法による税抜価格の表示を容認する特例は、令和3年3月31日で終了しました。

また、担保提供関係書類等を除き、税務署長に提出する書類の押印義務が廃止されました。

1．課税売上割合に準ずる割合の適用開始時期の見直し

(1) 制度の趣旨

消費税の仕入税額控除は、売手が行う課税資産の譲渡等に対応する税の累積を排除する手続であり、課税仕入れ等を行った課税期間において、即時に一括して行うルールとなっています。

個別対応方式による場合には、共通対応分の課税仕入れ等は、その課税期間の課税売上割合を乗じて控除税額を計算することになります。しかし、その課税期間において生じる課税資産の譲渡等は、必ずしもその課税期間において行った課税仕入れ等の実態を反映しているものであるとは限りません。課税売上割合よりも合理的な割合を適用することがその事業者にとって事業内容等の実態を反映したものとなるのであれば、その合理的な割合を認めることが妥当であると考えられます。

このような趣旨から、所轄税務署長の承認を要件として、その合理的な割合（課税売上割合に準ずる割合）を用いることができるものとされています。

(2)　改正の内容

　課税売上割合に準ずる割合は、その承認を受けた日の属する課税期間から用いることとされており、課税期間の末日間際に課税売上割合に準ずる割合を用いることが必要となる事実が生じた場合には、その時点で承認申請書を提出したとしても、その課税期間の末日までに税務署長の承認を受けることができない事態が生じます。また、税務当局においては承認手続に急を要するなど、納税者・税務当局双方にとって負担が生じる場面がありました。

　そこで、課税売上割合に準ずる割合を用いようとする課税期間の末日までに承認申請書の提出があった場合において、その課税期間の末日の翌日から1か月以内に税務署長の承認があったときは、その課税期間の末日において承認があったものとみなすこととされました。

(3)　適用関係

　この改正は、令和3年4月1日以後に終了する課税期間から適用されています（令三改令附）。

2．金又は白金の地金の課税仕入れに係る本人確認書類の見直し

(1)　改正の背景

　近年、消費税を免れて密輸した金を国内の買取業者に対し消費税込みの価格で売却し、その際生じる消費税相当額を不正に稼得するという犯罪が、社会的に大きな問題となっています。多くの場合、組織的に行われ、また、手口も巧妙化し、密輸形態が多様化しています。

　こうした現状に対して、税関当局は平成29年11月「『ストップ金密輸』緊急対策」（財務省関税局）を策定し、検査の強化、処罰の強化、情報収集及び分析の充実を3つの柱に据え、金の密輸を防止するための緊急かつ抜本的な対策を講じ、対策を進めてきました。平成30年度税制改正において金又は白金の地金（以下「金地金等」といいます。）の密輸に対する消費税法等における罰金上限額の大幅な引上げが行われ、令和元年度税制改正においては、金地金等に係る仕入税額控除について、課税仕入れの相手方の本人確認書類の保存を要件に追加し、また、課税仕入れに係る資産が密輸品であることを課税仕入れの時点で課税仕入れを行う事業者が知っていた場合には、その仕入税額控除の適用を認めないこととされました。

　しかし、税務調査において密輸者と買取業者が通謀していると考えられるような事案が見られたこともあり、より一層の密輸抑止を進める必要がありました。

(2)　改正の内容

　令和3年度税制改正においては、「税務調査において不正が強く疑われる事案で利用されている本人確認書類」や税務当局による確認が困難な「外国政府発行の本人確認書類」について、仕入税額控除を適用するために保存が必要とされる本人確認書類から除外する見直しが行われました。具体的には、次の書類が除かれます。

① 国内に住所を有する者

　　在留カードの写し

② 国内に住所を有しない者

旅券の写し、在留カードの写し及び官公署から発行・発給された書類その他これらに類するもの又は写し

※ 官公署から発行・発給された書類のうち、「戸籍の附票の写し、印鑑証明書又はこれらの写し」や「国民健康保険、健康保険の被保険者証等の写し」、「国民年金手帳等の写し」、「運転免許証又は運転経歴証明書の写し」、「特別永住者証明書の写し」、「国税・地方税の領収証書、納税証明書、社会保険料の領収証書又はこれらの写し」は、改正後も本人確認書類の対象となります。

⑶ 適用関係

この改正は、令和３年10月１日以後に国内において事業者が行う課税仕入れについて適用されます（令３改規附１一、３）。

３．電磁的記録に記録された事項に関する重加算税の特例の創設

⑴ 電子帳簿等保存制度

平成10年度税制改正の一環として、適正公平な課税を確保しつつ納税者等の帳簿保存に係る負担軽減を図る観点から、電子帳簿保存法（「電子計算機を使用して作成する国税関係帳簿書類の保存方法等の特例に関する法律（平成10年法律第25号）」）が制定され、国税関係帳簿書類等の電磁的記録による保存制度（以下「電子帳簿等保存制度」といいます。）が創設されました。

電子帳簿等保存制度は、次の３つからなります。

---

① 国税関係帳簿書類の電子保存制度

所轄税務署長等の承認を前提として、国税関係帳簿書類について、自己が一貫して電子計算機を使用して作成する場合のそのデータの保存を認める。

② スキャナ保存制度

所轄税務署長等の承認を前提として、国税関係書類について、真実性・可視性を確保できる要件（タイムスタンプの付与や重要な項目の検索機能等）の下で、スキャナを利用して記録された電磁的記録による保存（スキャナ保存）を認める。

③ 電子取引の取引情報の保存制度

電子取引を行った場合のその電子取引の取引情報はデータ保存しなければならない。

---

①及び②は、消費税法令上、保存が義務づけられている帳簿や書類等も対象に含まれます。

③の電子取引の取引情報に係る電磁的記録の保存については、電子帳簿保存法では所得税（源泉徴収に係る所得税を除きます。）及び法人税に係るもののみがその対象であり（電帳法７）、消費税は対象外ですが、消費税法令上、保存が義務づけられている書類等についても取引先から電磁的記録で受け取ることも十分に考えられることから、消費税法令により、電子帳簿保存法に規定されている方法に準じてデータ保存することとされています。

⑵ 電子帳簿保存法の改正

電子帳簿等保存制度は、平成27年度及び平成28年度税制改正において、スキャナ保存制度の対象拡大や保存要件の緩和などの大幅な見直しが行われるなど累次の改正が行われました。

その後、政府税制調査会は、「経済社会の構造変化を踏まえた税制のあり方に関する中間報告②」（平成29年11月20日）、「経済社会の構造変化を踏まえた令和時代の税制のあり方」（令和元年9月26日）を経て、同調査会の下に外部有識者も交えて設置された「納税環境整備に関する専門家会合」における議論の内容として、「納税環境整備に関する専門家会合の議論の報告（令和2年11月13日政府税制調査会資料）」を公表しました。

こうした政府税制調査会における指摘や経済社会のデジタル化の状況を踏まえ、令和3年度税制改正における電子帳簿保存法の改正では、経理の電子化による生産性の向上、テレワークの推進、クラウド会計ソフト等の活用による記帳水準の向上に資する観点から、帳簿書類等を電子的に保存する際の手続について、その適正性を確保しつつ、抜本的に簡素化するための各種の措置を講ずることとされました。

見直しの概要は、次のとおりです。

---

① 国税関係帳簿書類に係る電磁的記録による保存制度
- 税務署長による事前承認の廃止
- モニター、説明書の備付け等の最低限の要件を満たす電子帳簿（正規の簿記の原則に従って記帳されるものに限ります。）も、電子データのまま保存することが可能
- 信頼性の高い電子帳簿（優良な電子帳簿）については、インセンティブにより差別化（過少申告加算税を5％軽減、青色申告特別控除を10万円上乗せして65万円）等の見直し

---

② スキャナ保存制度
- 税務署長による事前承認の廃止
- 紙原本による確認の不要化（スキャン後直ちに原本の廃棄が可能）
- タイムスタンプ付与までの期間を最長約2か月以内に統一
- 検索要件について、「日付、金額、取引先」に限定するとともに、一定の小規模事業者については不要化等の見直し
- 電子データの改ざん等による不正に対しては、重加算税を10％加算

---

①及び②の見直しは、消費税法令上、保存が義務づけられている帳簿や書類について、電磁的記録により保存する場合又はスキャナ保存制度により保存する場合にも適用されることとなります。

---

③ 電子取引の取引情報の保存制度
- 電磁的記録の出力書面等による保存措置の廃止
- 真実性の確保の要件を満たす措置の整備
- 検索機能の確保の要件の整備
- 電子データの改ざん等による不正に対しては、重加算税を10％加算

電子データによる保存は、紙による保存に比して、複製・改ざん行為が容易であり、その痕

跡が残りにくいという特性にも鑑みて、こういった複製・改ざん行為を未然に抑止する観点から、電子取引の取引情報等に係る電磁的記録に記録された事項について改ざん等が行われた場合にもスキャナ保存制度と同様に「電子データの改ざん等による不正に対しては、重加算税を10％加算」する措置を適用することとされました。

電子帳簿等保存制度の全体像

	国税関係書類			データで授受した請求書等
国税関係帳簿	決算関係書類	取引関係書類 （紙で授受した請求書等）		
		紙で発行	紙で受領	
原則：紙で保存 特例：データ保存 　（電帳法4①）	原則：紙で保存 特例：データ保存 　（電帳法4②）	原則：紙で保存 特例：スキャナ保存 　（電帳法4③）		原則：データ保存 特例：紙出力で保存 　（電帳法10） 対象：申告所得税及び法人税
①国税関係帳簿書類の電子保存制度		②スキャナ保存制度		③電子取引の取引情報の保存制度

↓

令和4年1月1日以後は、データ保存・スキャナ保存の要件を大幅に緩和

承認制度の廃止	紙出力で保存不可※
優良電子帳簿は、過少申告加算税を5％軽減	電子データの改ざん等は重加算税を10％加算

※　令和4年度の改正により紙を出力して保存できる期間が、実質的に2年間延長されました。

(3)　消費税法の改正

　電子帳簿保存法における上記表内の③「電子取引の取引情報の保存制度」は、申告所得税と法人税に係るもののみがその対象となっているため、重加算税を10％加算する措置も所得税と法人税に係るもののみが対象となります。

　そこで、消費税法においても、データ保存している事項に関する改ざん等が行われた場合に、重加算税を10％加算する特例が創設されました（消法59の2、消令71の2、消規27の2、27の3）。

　具体的な内容は、次のとおりです。

① 電磁的記録に記録された事項に関する重加算税の特例の概要

　消費税法令の規定に基づき事業者により保存されている電磁的記録に記録された事項について消去・改ざん等の隠蔽・仮装が行われたことを基因として、期限後申告書若しくは修正申告書の提出、更正又は決定があった場合の重加算税の額については、通常課される重加算税の金額に、その重加算税の基礎となるべき税額（電磁的記録に記録された事項に係る事実に基づく本税額に限ります。）の10％に相当する金額を加算した金額とすることとされました（消法59の2①）。

② 重加算税の特例の対象となる電磁的記録の範囲

本特例の対象となる電磁的記録は以下のとおりです（消令71の2①）。

イ 輸出物品販売場を経営する事業者が保存すべき一定の物品が非居住者によって一定の方法により購入されたことを証する電磁的記録（消法8②）

ロ 国外事業者から電気通信利用役務の提供を受けた者が仕入税額控除を受けるために保存すべき電磁的記録（平27改法附38③）

ハ 承認送信事業者が保存すべき市中輸出物品販売場に提供した購入記録情報（消令18の4②）

ニ 金又は白金の地金の課税仕入れを行った者が保存すべきその相手方の本人確認書類に係る電磁的記録（消令50②）

ホ 登録国外事業者が保存すべき電気通信利用役務の提供を受けた者に提供した電磁的記録（平27改令附6①）

③ 電子インボイスへの対応

令和5年10月1日の適格請求書等保存方式の導入における電子インボイスへの対応等の所要の規定の整備が行われています（平30改令 等）。

令和5年10月1日以降に本特例の対象となる電磁的記録は以下のとおりです。

イ 輸出物品販売場を経営する事業者が保存すべき一定の物品が非居住者によって一定の方法により購入されたことを証する電磁的記録（消法8②）

ロ 仕入税額控除を受けるために保存すべき適格請求書発行事業者から提供を受けた電子インボイス（平28改法改正後の消法30⑨二）

ハ 適格請求書発行事業者が取引先に提供した電子インボイス（平28改法改正後の消法57の4⑤）

ニ 承認送信事業者が保存すべき市中輸出物品販売場に提供した購入記録情報（消令18の4②）

ホ 仕入税額控除を受けるために保存すべき仕入明細書等及び農協等の媒介者から提供を受けた書類の記載事項に係る電磁的記録（平30改令改正後の消令49⑦）

ヘ 金又は白金の地金の課税仕入れを行った者が保存すべきその相手方の本人確認書類に係る電磁的記録（消令50②）

ト 適格請求書を媒介者が交付する特例の適用がある場合における当該媒介者が保存すべき電磁的記録（平30改令改正後の消令70の12①後段）

④ 重加算税の特例の不適用

電子帳簿保存法の改正においては、電子取引の取引情報に係る電磁的記録を出力書面等で保存している場合に電磁的記録の保存が不要となる措置は、税務手続の電子化を進める上での電子取引の重要性に鑑み、他者から受領したデータとの同一性が十分に確保されないことから廃止されましたが、消費税法令においては、その保存の有無が税額計算に影響を及ぼす

ことなどを勘案して、存置することとされました。

この取扱いにより、紙出力した書面等を保存している場合には、電磁的記録の保存は不要となり、電磁的記録の保存があったとしても、重加算税の特例が適用されません（消規27の2）。

⑤ 適用関係

この改正は、令和4年1月1日以後に法定申告期限が到来する消費税について適用されます（令3改法附1、12）。

4．その他の改正

(1) 産後ケア事業の非課税化

平成27年度より予算事業として実施されてきた「産後ケア事業」について、令和3年4月1日以後、法定化され、各市町村にその実施の努力義務が課されることとなりました（母子保健法17の2）。

産後ケアを受ける対象者の経済的負担を軽減する等の観点から、「母子保健法第17条の2第1項（産後ケア事業）に規定する産後ケア事業として行われる資産の譲渡等」が「社会福祉事業として行われる資産の譲渡等に類するもの」として非課税の範囲に加えられました。

また、産後ケアには、助産に係る資産の譲渡等として既に非課税とされている役務の提供（例：乳房マッサージ）も一部含まれることから、消費税法別表第一第八号により消費税が非課税となる点が明らかにされています。

(2) 郵便物として輸出した場合の輸出証明書類の見直し

消費税は、国内において消費される財貨やサービスに対して税負担を求めていることから、輸出取引等については、消費税を免除することとしています（輸出免税）。

輸出免税の対象となる「本邦からの輸出として行われる資産の譲渡又は貸付け」について、現実の決済金額が20万円以下の郵便物として輸出した場合には、輸出免税の要件として一定の事項が記載された帳簿又は物品受領書等のどちらかを保存することとされていました（旧消規5①二）。

しかし、近年、郵便物として資産を輸出したものとして帳簿へ虚偽の記載をすることで、輸出免税の適用を受けるような事例が散見されることから、輸出した郵便物に貼付した発送伝票の控えや日本郵便株式会社から交付を受けた郵便物の引受証等の書類の保存を求めることとされました（消規5①二）。

なお、改正前において保存することとされていた帳簿については、別途保存義務が課されている（消法58）ため、改めて輸出免税の適用のための個別の保存義務は課さないこととされました。

(3) 押印等規定の見直し

我が国では、行政手続及び民間における契約手続等に際して、本人確認や文書の真正性を担保するために書面への押印が広く行われてきましたが、「デジタル時代の規制・制度について」（令和2年6月22日規制改革推進会議）において、押印については、「オンライン化を前提とし

て、本人確認のための押印については印鑑証明を求める場合など真に必要な場合、文書の真正性担保のための押印については、契約書等に限定すべき」であるとの提言が行われ、「規制改革実施計画」（令和２年７月17日閣議決定）において、「各府省は、緊急対応を行った手続だけでなく、原則として全ての見直し対象手続について、恒久的な制度的対応として、年内に、規制改革推進会議が提示する基準に照らして順次、必要な検討を行い、法令、告示、通達等の改正やオンライン化を行う」こととされました。

　このような政府全体の議論を踏まえ、政府税制調査会の納税環境整備に関する専門家会合において検討が行われ、税務関係書類への押印については、書類提出者の意思確認が真に必要な書類として実印による押印及び印鑑証明書の添付を求めているものを除き、押印を要しないこととされました。

 令和４年度の税制改正

　令和４年度税制改正において、消費税は、次のような改正が行われました。

◆令和４年度の税制改正◆

１．適格請求書等保存方式に係る見直し
(1) 適格請求書発行事業者の登録に関する見直し
- 免税事業者が、令和５年10月１日から令和11年９月30日までの日の属する課税期間中に適格請求書発行事業者の登録を受ける場合には、その登録日から適格請求書発行事業者となることができることとする。
- 上記の適用を受けて登録日から課税事業者となる適格請求書発行事業者（その登録日が令和５年10月１日の属する課税期間中である者を除く。）のその登録日の属する課税期間の翌課税期間からその登録日以後２年を経過する日の属する課税期間までの各課税期間については、事業者免税点制度を適用しない。
- 事業者が適格請求書発行事業者の登録申請書に虚偽の記載をして登録を受けた場合には、税務署長はその登録を取り消すことができることとする。
- 特定国外事業者以外の者であって納税管理人を定めなければならないこととされている事業者が、納税管理人を定めていない場合には、税務署長はその登録を拒否し、又はその登録を取り消すことができることとする。
- その他適格請求書発行事業者の登録に係る所要の措置を講ずる。
(2) 仕入明細書等による仕入税額控除は、その課税仕入れが他の事業者が行う課税資産の譲渡等に該当する場合に限り、行うことができることとする。
(3) 区分記載請求書の記載事項に係る電磁的記録の提供を受けた場合について、適格請求書発行事業者以外の者から行った課税仕入れに係る税額控除に関する経過措置の適用を受けることができることとする。
(4) 適格請求書発行事業者以外の者から行った課税仕入れに係る税額控除に関する経過措置の適用対象となる棚卸資産については、その棚卸資産に係る消費税額の全部を納税義務の免除を受けないこととなった場合の棚卸資産に係る消費税額の調整措置の対象とする。
(5) 公売等により課税資産の譲渡等を行う事業者が適格請求書発行事業者である場合には、公売等の執行機関は通知を受けることなく、その事業者に代わって適格請求書等を交付することができることとする。
(6) 特定収入に係る仕入税額控除の特例について所要の整備を行う。

２．その他の改正
- 輸出物品販売場における免税購入対象者の範囲等について、所定の見直しを行う。
- 個人事業者の消費税の納税地の異動があった場合に提出することとされている届出書について、その提出を不要とするほか、所要の整備を行う。
- 児童福祉法の改正を前提に、改正後の障害児通所支援事業等について、引き続き消費税を非課税とする。
- 障害者の日常生活及び社会生活を総合的に支援するための法律等の改正を前提に、改正後の障害福祉サービス事業等について、引き続き消費税を非課税とする。
- 消費税の仕入税額控除の要件として保存することとされている輸入許可書等及び輸出免税の要件として保存することとされている輸出許可書等の範囲に、これらの書類に係る電磁的記録を含めることとする。
- 郵便物を輸入する際に納付する内国消費税について、キャッシュレス納付を可能とするほか、所要の整備を行う。

１．適格請求書等保存方式に係る見直し

(1) 適格請求書発行事業者の登録に関する見直し

① 免税事業者が登録する場合の原則的な取扱い

適格請求書発行事業者の登録は、課税事業者であることが前提とされており、免税事業者が適格請求書発行事業者の登録を受ける場合には課税事業者を選択する必要があるため、その登録は原則として課税期間を単位として行うこととなります。

② 免税事業者の登録に関する経過措置

令和４年度税制改正前は、令和５年10月１日の属する課税期間においては、課税事業者選択届出書を提出することなく、登録申請書の提出によって課税期間の途中であっても登録日から課税事業者になることができる経過措置が設けられていました。

令和４年度税制改正においては、免税事業者が登録の必要性を見極めながら柔軟なタイミングで登録を受けられるようにするため、この経過措置の対象となる課税期間が、令和５年10月１日から令和11年９月30日までの日の属する課税期間とされました（平28改法附44④）。

この場合に、免税事業者が予見可能性をもってその登録を受けることができるようにするため、登録申請書には、登録を希望する年月日を記載することができることとされました（平30改規附4四）。

③ 課税事業者の継続

課税事業者選択届出書を提出して課税事業者となった場合に、２年間は免税事業者に戻ることができないこととされていること（消法9⑥）とのバランスを考慮し、上記②の経過措置の適用を受ける場合には、登録日の属する課税期間が令和５年10月１日を含む課税期間である場合を除き、登録日の属する課税期間の翌課税期間から登録日以後２年を経過する日の属する課税期間までの各課税期間については、事業者免税点制度を適用しないこととされました（平28改法附44⑤）。

※ 特定非常災害の被災者には、この取扱いは適用されません。

④　簡易課税制度選択届出書の提出時期の特例

　　上記②の経過措置の適用を受けて課税期間の途中から適格請求書発行事業者の登録を受けた事業者が、その登録日を含む課税期間中（改正前：令和5年10月1日を含む課税期間中）にその課税期間から適用を受ける旨を記載して簡易課税制度選択届出書を提出した場合には、その課税期間の初日の前日に提出したものとみなして、その課税期間から簡易課税制度を適用できることとされました（平30改令附18）。

⑤　登録拒否要件等の見直し

　　税務署長が職権で登録を取り消すことができる取消事由に、登録申請書に虚偽の記載をして適格請求書発行事業者の登録を受けた場合が加えられました（消法57の2⑥一ヘ・二チ）。

　　また、国外事業者については、国税通則法117条1項の規定により納税管理人を定めなければならないにもかかわらず納税管理人の届出をしていないときは、その事業者が特定国外事業者であるか否かにかかわらず、税務署長は、その登録を拒否し（消法57の2⑤一イ・二ロ）、又はその登録を取り消すことができることとされました（消法57の2⑥一二・二二）。

⑵　**仕入明細書等による仕入税額控除の適用要件の明確化**

　　適格請求書発行事業者である個人事業者が家事用資産を売却する場合、その売上げは消費税の課税対象外であり、適格請求書を交付することができません。

　　他方、買手は、適格請求書の記載事項を記載した仕入明細書等を作成して売手の確認を受けたときは、その仕入明細書等の保存により、仕入税額控除の要件を満たすことができます。そのため、売手の家事用資産の譲渡について、買手が仕入明細書等により仕入税額控除を行うことが懸念されました。

　　そこで、仕入明細書等による仕入税額控除は、その課税仕入れが売手において課税資産の譲渡等に該当する場合に限ることとされました（消法30⑨三）。

⑶　**適格請求書発行事業者以外からの課税仕入れに係る6年間の経過措置の見直し**

①　6年間の経過措置

　　適格請求書等保存方式を円滑に実施する観点から、適格請求書発行事業者以外の者から行う課税仕入れであっても、区分記載請求書等を保存することにより、令和8年9月30日まではその80%相当額を、その後令和11年9月30日まではその50%相当額を、控除対象仕入税額の計算の基礎とすることができる経過措置（以下「課税仕入れに係る6年間の経過措置」といいます。）が設けられています。

②　区分記載請求書等のデータ保存

　　区分記載請求書等保存方式においては、保存が必要となる区分記載請求書等は、所定の事項が記載された「書類」をいいます。そのため、紙の区分記載請求書等を受け取って保存する必要がありましたが、課税仕入れに係る6年間の経過措置の適用については、その区分記載請求書等に記載すべき事項に係るデータの保存を認めることとされました（平28改法附52①、53①）。

⑷　棚卸資産の調整措置の見直し

　免税事業者から課税事業者となる場合における棚卸資産の調整措置について、課税仕入れに係る6年間の経過措置の対象となる棚卸資産については、その消費税額の80％又は50％相当額を調整することとされていましたが、免税事業者である間に行う仕入れの相手方が課税事業者であるか免税事業者であるかの区分を不要とするため、棚卸資産に係る消費税額の全額を仕入税額控除の対象とすることとされました（消法36①③、平28改法附52④、53④）。

　なお、課税事業者から免税事業者となる場合における棚卸資産の調整措置（消法36⑤）の適用を受ける場合には、引き続き、その消費税額相当額の80％又は50％が、調整の対象になることとされています（平28改法附52④、53④）。

⑸　公売等の執行機関が適格請求書を交付する場合の特例の整備

　国税等の滞納者である事業者の財産を公売等の強制換価手続により売却する場合については、消費税法上、滞納者から買受人への資産の譲渡等に該当することとなります。このため、改正前の適格請求書等保存方式においては、買受人は、次のいずれかにより交付された適格請求書を保存することで仕入税額控除ができることとされていました。

　①　滞納者が適格請求書を交付

　②　消費税法施行令70条の12に定める「媒介者交付特例」により、公売等の執行機関が、滞納者から適格請求書発行事業者の登録を受けている旨の通知を受けた上で適格請求書を交付

　ただし、買受人が滞納者から適格請求書の交付を受けることや、公売等の執行機関が「媒介者交付特例」を適用するために滞納者から登録を受けている旨の通知を受けることは、困難であると考えられます。

　そこで、執行機関は、滞納者から適格請求書発行事業者の登録を受けている旨の通知を受けることなく、滞納者に代わって、執行機関の名称及びこの特例の適用を受ける旨を記載した適格請求書の交付、又は適格請求書に記載すべき事項に係るデータを提供することを可能とする特例が設けられました（消令70の12⑤）。

⑹　特定収入に係る仕入控除税額の特例の整備

　公益法人等における控除対象仕入税額の計算に当たっては、特定収入により賄われる課税仕入れ等の税額として算出した金額を課税仕入れ等の税額の合計額から控除する（仕入税額控除を制限する）調整規定が設けられています。

　この場合、課税仕入れ等に係る特定収入により適格請求書発行事業者以外の者から課税仕入れを行った場合においては、仕入税額控除の制限が過大となるため、課税仕入れ等に係る特定収入を適格請求書発行事業者以外の者からの課税仕入れに充てたことが客観的な文書により確認できる場合には、その課税仕入れに係る消費税相当額を取り戻すことができることとされました。

　具体的には、適格請求書発行事業者以外の者から行った課税仕入れに係る支払対価の額の合

計額に係る消費税相当額に「1－調整割合」を乗じた金額を、その課税期間の控除対象仕入税額に加算することができることとなりました（消令75⑧）。

2．その他の改正
(1) 輸出物品販売場制度の見直し
　従前、輸出物品販売場制度では、外為法6条1項6号に規定する非居住者が免税購入可能な者とされ、輸出物品販売場を経営する事業者は、外国人旅行者等からパスポート等の提示を受け、非居住者であることの確認をして免税販売を行っていますが、非居住者の在留資格によっては、パスポートに加えて海外に在住していることや日本で就労していないことについての確認書類等を求める必要が生じるなど確認手続が煩雑になることがあり、改善を求める声が上がっていました。

　こうした状況を踏まえ、令和4年度税制改正においては、免税購入可能な者の範囲を見直し、外国人旅行者等が旅券等に係る情報を電子的に提供することができることとされました。

　また、税関事務の簡素化の一環として、輸出物品販売場において免税購入した者が免税購入した物品を出国時までに輸出しない場合に即時徴収を行うこととされている税関長の権限についても見直されました。

(2) 個人事業者に係る納税地の異動の届出等の廃止
　個人事業者の納税地の変更届出書（旧所法16①～④、旧消法21①②）、納税地の異動届出書（旧消法25）は、納税者の納税地の変更又は異動の状況を税務署長が的確に把握し円滑な事務処理を行うために提出することとされていましたが、ワンスオンリー（一度提出した情報は二度提出することは不要とする）を徹底する観点や、変更後及び異動後の納税地については、提出された確定申告書等に記載された内容や住民基本台帳ネットワークシステムを通じて入手した個人事業者の住民票情報から課税当局において把握することが可能であることを踏まえ、その提出が不要とされました。

令和5年度の税制改正

　令和5年度税制改正において、消費税は、次のような改正が行われました。

◆令和5年度の税制改正◆

1．適格請求書等保存方式（インボイス制度）に係る見直し 　(1) 登録制度の手続の見直し 　　免税事業者の登録手続に要する期間が15日に短縮されました。 　(2) 1万円未満の返還インボイスの交付義務の免除 　　1万円未満の返還インボイスについて、交付義務が免除されることになりました。 　(3) 小規模事業者に係る税額控除に関する経過措置（2割特例） 　　制度開始から3年間、免税事業者がインボイス発行事業者になった場合は、納税額を売上税額の2割とすることができることとされました。 　(4) 一定規模以下の事業者に対する事務負担の軽減措置（少額特例） 　　制度開始から6年間、一定規模以下の事業者の1万円未満の課税仕入れについて、インボイス

の保存を必要とせず、帳簿のみで仕入税額控除を可能とする経過措置が設けられました。

2．輸出物品販売場制度の見直し

輸出物品販売場において免税購入された物品について、税務署長の承認を受けない譲渡又は譲受けがされた場合には、その物品を譲り受けた者に対して譲り渡した者と連帯して免除された消費税を納付する義務を課すこととされました。

3．電子決済手段に係る課税関係の見直し

消費税が非課税とされる支払手段に類するものの範囲に、資金決済に関する法律に規定する電子決済手段を加えることとされました。

4．カジノ業務に係る仕入れに係る消費税額の控除の特例

特定複合観光施設区域整備法に規定する認定設置運営事業者が行ったカジノ業務に係る課税仕入れ等については、仕入税額控除制度を適用しないこととされました。

5．その他の改正

(1) 特例輸入者が帳簿への記載を省略する場合に保存することとされている輸入許可書等の帳簿代用書類の範囲に、その帳簿代用書類に記載すべき事項を記録した電磁的記録を含むこととされました。

(2) 税関事務管理人制度について、税関長は、税関事務管理人及び引取納税管理人の届出がない場合において、税関事務管理人と併せて引取納税管理人となることを求めた者を特定税関事務管理人として指定するときは、その特定税関事務管理人を特定引取納税管理人として併せて指定することができることとする等の見直しが行われました。

(3) 国家戦略特別区域内に所在する施設に係る外国の保育士資格を有する者の人員配置基準の特例が適用される認可外保育施設における利用料について、消費税非課税の対象とすることとされました。

(4) 消費税が非課税とされる身体障害者用物品について、個別商品についての所要の見直しが行われました。

1．適格請求書等保存方式（インボイス制度）に係る見直し

(1) 登録制度の手続の見直し

① 免税事業者の登録申請

免税事業者がインボイス発行事業者の登録を受けようとする場合には、登録申請書をその納税地を所轄する税務署長に提出しなければなりません。

この提出について、免税事業者が課税事業者となる課税期間の初日からインボイス発行事業者の登録を受けようとする場合には、その課税期間の初日から起算して15日前の日（改正前：その課税期間の初日の前日から起算して1か月前の日）までに登録申請書をその納税地を所轄する税務署長に提出しなければならないこととされました（消令70の2①）。

また、免税事業者がインボイス発行事業者の登録に関する経過措置の適用を受けて課税期間の途中でインボイス発行事業者の登録を受ける場合には、事業者の予見可能性を確保する観点から、登録申請書に登録希望日（事業者が登録を希望する日であって、登録申請書を提出する日から15日を経過する日以後の日）を記載することとされました（平30改令附15②）。

② インボイス発行事業者の登録の取消届出

インボイス発行事業者がその登録の取消しを求めようとする場合には、その旨の届出書をその納税地を所轄する税務署長に提出しなければなりません。

その届出書が、提出日の属する課税期間の翌課税期間の初日から起算して15日前の日（改正前：提出日の属する課税期間の末日から起算して30日前の日の前日）までに提出されたときは、その翌課税期間の初日から登録の効力を失うこととされました（消法57の2⑩一、消令70の5③）。

③　令和5年10月1日の登録申請に係る運用

令和5年10月1日に登録を受けようとする事業者が、令和5年3月31日後に登録申請書を提出する場合には、同日までに提出できなかったことにつき困難な事情の記載が必要とされています（平30改令附15①）が、今般のインボイス制度の見直しに伴う登録の判断への影響を踏まえ、運用上、困難な事情の記載は求めないこととされ、事実上の申請期限は、令和5年9月30日となりました。

⑵　1万円未満の返還インボイスの交付義務の免除

インボイス発行事業者は、売上げに係る対価の返還等を行った場合には、その対価の返還等を受ける事業者に対して、返還インボイスを交付しなければなりません。

例えば、商慣行により売手の負担となる振込手数料の額を値引きとして処理する場合、その振込手数料相当額の返還インボイスを交付する必要が生じるなど、その事務負担に対する懸念がありました。

そこで、売上げに係る対価の返還等に係る税込価額が1万円未満である場合については、返還インボイスの交付義務を課さないこととされました（消法57の4③、消令70の9③二）。

⑶　小規模事業者に係る税額控除に関する経過措置（2割特例）

インボイス制度においては、インボイス発行事業者以外の者から行う課税仕入れについては、原則として仕入税額控除制度の適用が認められません。そのため、インボイスを交付することができない免税事業者との取引に与える影響を緩和しインボイス制度を円滑に実施する観点から、インボイスの保存がない課税仕入れであっても、令和5年10月1日から令和8年9月30日までの間は仕入れに係る消費税額相当額の80％、令和8年10月1日から令和11年9月30日までの間は50％の控除を認める経過措置が設けられています（平28改法附52①、53①）。

これは、売手が免税事業者であり続けた場合の影響を緩和する措置であり、売手が課税事業者となって登録する場合に影響を緩和する措置は設けられていませんでした。

そこで、両者のバランスを取りながら、免税事業者がインボイス制度に対応するために課税事業者となる場合の転嫁の困難さや事務負担を一定期間にわたって緩和する等の観点から、2割特例が設けられました。

令和8年9月30日までの日の属する課税期間において、免税事業者がインボイス発行事業者の登録を受けることにより課税事業者となる場合には、その課税期間の、課税標準額に対する消費税額から売上げに係る対価の返還等の金額に係る消費税額の合計額を控除した残額に8割を乗じて計算した額（特別控除税額）を控除対象仕入税額とすることができます（平28改法附51の2①②）。

⑷　一定規模以下の事業者に対する事務負担の軽減措置（少額特例）

　区分記載請求書等保存方式においては、課税仕入れに係る支払対価の額が３万円未満である場合には所定の事項が記載された帳簿のみの保存で仕入税額控除ができるものとされています（消令49①）。しかし、複数税率制度下ではその適用税率や消費税額を適切に把握する必要があることから、インボイス制度ではこの取扱いは廃止されます。

　ただし、一定規模以下の事業者の事務負担の軽減を図る観点から、基準期間における課税売上高が１億円以下である課税期間又は特定期間における課税売上高が5,000万円以下である課税期間のうち、インボイス制度開始から令和11年９月30日までの間に行った課税仕入れに係る支払対価の額が、１回の取引で税込１万円未満である場合には、所定の事項が記載された帳簿のみの保存で仕入税額控除制度の適用を認めることとされました（平28改法附53の２、平30改令附24の２①）。

２．輸出物品販売場制度の見直し

　平成30年度税制改正において輸出物品販売場での免税販売手続が電子化され、税務当局において購入記録情報をデータで把握することが可能となったことにより、免税購入された物品の譲渡・横流しが疑われる事案の存在がより明らかになってきています。

　組織的な不正が疑われる事例においては、ブローカーが手数料を渡して実際に免税手続を行ってくれる者を募り、免税購入された物品をブローカーが譲り受けた上で転売等を行う構図となっており、この場合、国内における譲渡の事実（ブローカーに対する譲渡）を捉えて実際に免税手続を行った者に対する即時徴収を行ったとしても、資力が乏しい場合が多く、消費税の徴収を確保することには限界があります。このため、譲渡人が判明しているか否かにかかわらず、譲受人（ブローカー）に対して即時徴収を行う必要が生じていました。

　輸出物品販売場制度については、令和５年度の与党税制改正大綱において「外国人旅行者の利便性や免税店の事務負担等を踏まえつつ、引き続き効果的な不正対策を検討していく」こととされており、今般の改正では、免税購入された物品の税務署長の承認を受けない譲渡又は譲受けがされた場合には、その物品を譲り受けた者（その委託又は媒介のために物品を所持した第三者を含みます。）に対して譲り渡した者と連帯してその免除された消費税を納付する義務を課すこととされ（消法８⑥）、免税購入された物品の譲渡人が判明しているか否かにかかわらず、税務署長はその譲受人に対しても即時徴収を行うことができることとされました。

　この改正は、令和５年５月１日以後に行われる免税販売に係る譲渡又は譲受けについて適用され、同日前に行われた免税販売に係る譲渡又は譲受けについては、なお従前の例によることとされています（改法附１一イ、20①）。

３．電子決済手段に係る課税関係の見直し

　令和４年６月に成立した安定的かつ効率的な資金決済制度の構築を図るための資金決済に関する法律等の一部を改正する法律（令和4年法律第61号）において、海外における電子的支払手段（いわゆるステーブルコイン）の発行・流通の増加を背景として、適切な利用者保護を確

保する等の観点から、電子決済手段等取引業の創設等を内容とする資金決済法の改正が行われました。

この改正後の資金決済法において、電子決済手段が「不特定の者に対して代価の弁済に使用すること等ができる通貨建資産であって、電子情報処理組織を用いて移転することができるもの」等として支払いの手段として位置づけられたことを踏まえ、電子決済手段の譲渡については消費税を非課税とする消費税法施行令の改正が行われました。

具体的には、消費税が非課税とされる支払手段に類するものの範囲に、改正後の資金決済法2条5項に規定する電子決済手段が追加されました（消令9④）。なお、資金決済法における電子決済手段については、消費税法で非課税とされる有価証券、金銭債権又は前払式支払手段と概念上重複が生じ得る部分が存在するため、重複する部分については、消費税去令上は支払手段に類するものとして取り扱われることとなるよう、重複を排除するための規定の整備が行われています（消令9①一・四、11）。

４．カジノ業務に係る仕入れに係る消費税額の控除の特例

IR（統合型リゾート）をめぐっては、地域の創意工夫及び民間の活力を生かした国際競争力の高い魅力ある滞在型観光を実現すること等を目的として、特定複合観光施設区域整備法（平成30年法律第80号。以下「IR整備法」といいます。）が制定され、その整備が進められています。

IR整備法においては、都道府県等が民間事業者と共同で区域整備計画を作成・認定申請し、国土交通大臣の認定を受けた上で特定複合観光施設の設置を行うこととされており、また特定複合観光施設は、カジノ施設と国際会議場施設、宿泊施設等から構成される一群の施設であって、民間事業者により一体として設置・運営することとされています。

現在、IR整備法に基づく区域整備計画の認定プロセスが進められており、認定後は、認定設置運営事業者による特定複合観光施設の建設工事など、開業に向けた準備が進められることとなります。

このカジノ施設において行われるカジノ行為については、「カジノ事業者と顧客との間又は顧客相互間で（中略）偶然の事情により金銭の得喪を争う行為（後略）」と定義されており（IR整備法2⑦）、消費税法上、対価性がない取引としていわゆる“不課税取引”に該当するものと考えられます。消費税における従来からの考え方によれば、対価性のない収入によって賄われる課税仕入れ等は、課税売上げのコストを構成しない最終消費的な性格を持つものであり、消費税の課税の累積を排除する必要はないものと考えられます。このため、恒常的に不課税収入の発生が見込まれるカジノ事業については、これに係る仕入税額控除を制限することが適当であるとして、これまでの与党税制改正大綱においても以下の方向性が示されていました。

（参考）令和３年度与党税制改正大綱第１章

(2) IRに関する税制
　　IRに関する税制については以下の方向で検討し、令和４年度以降の税制改正で具体化する。

② 消費税
　　カジノに係る売上げが不課税となることを前提に、カジノに係る事業に対応する課税仕入れについて仕入税額控除制度の適用を制限する。その際、消費税法上の他の制度と同様、カジノに係る事業の収入がIR事業全体の収入に比して少ない場合（５％以下）は、仕入税額控除制度の適用を可能とする。
　　なお、カジノ以外の事業に対応する課税仕入れについては、仕入税額控除制度の適用を可能とする。

(1)　カジノ業務に係る仕入れに係る消費税額の控除制限

　　令和５年度税制改正においては、観光庁から税制改正要望が提出され、上記与党税制改正大綱の方向性に沿った検討が行われた結果、カジノ事業を運営できることとされている認定設置運営事業者（IR整備法２条９項に規定する認定設置運営事業者をいいます。以下同じです。）がカジノに係る仕入れを行った際の消費税額の控除の特例を租税特別措置法に設けることとされました。

　　具体的には、認定設置運営事業者が行う課税仕入れ等のうちカジノ業務（IR整備法２条８項に規定するカジノ業務をいいます。以下同じです。）に係るものとして経理されるべきものの税額については、仕入税額控除制度を適用しないこととされました。

　　ただし、その課税期間における資産の譲渡等の対価の額の合計額にカジノ業務収入の合計額を加算した金額のうちにそのカジノ業務収入の合計額の占める割合が５％以下である場合には、カジノ業務に係る仕入れに係る消費税額の控除制限は適用されないこととなります（措法86の６①、措令46の４）。

(2)　カジノ業務と非カジノ業務との間で資産を転用した場合の仕入れに係る消費税額の調整

　　上記(1)の措置に併せて、カジノ業務と非カジノ業務との間で資産をその課税仕入れ等の日から３年を経過する日までの間に転用した場合の仕入れに係る消費税額の調整措置が設けられました。

⑨ 令和６年度の税制改正

　　令和6年度税制改正において、消費税は、次のような改正が行われました。

◆令和６年度の税制改正◆

１．プラットフォーム課税制度の創設
　令和７年４月１日以後に国外事業者が行う消費者向け電気通信利用役務の提供が、国税庁長官が指定した特定プラットフォーム事業者を介して行われる場合には、その特定プラットフォーム事業者がその電気通信利用役務の提供を行ったものとみなされます。

２．事業者免税点制度及び簡易課税制度の適用の適正化

　(1)　国外事業者

- 特定期間における課税売上高について、給与等の金額の合計額をもって課税売上高とすることができる措置の対象から、国外事業者が除外することとされました。
- 新設法人の納税義務の免除の特例及び特定新規設立法人の納税義務の免除の特例について、その事業年度の基準期間がある外国法人が、国内において課税資産の譲渡等に係る事業を開始した場合には、基準期間がないものとみなして、これらの特例を適用することとされました。
- その課税期間の初日において恒久的施設を有しない国外事業者については、簡易課税制度及び２割特例（小規模事業者に係る税額控除に関する経過措置）の適用ができないこととされました。

　(2)　全ての事業者

- 特定新規設立法人の納税義務の免除の特例について、判定対象者の基準期間に相当する期間における総収入金額が50億円を超える場合、その新規設立法人は特定新規設立法人に該当するものとされました。
- その課税期間中のその金地金等の仕入れ等の金額の合計額が200万円以上であるときは、その金地金等の課税仕入について、高額特定資産の仕入れ等と同様に、事業者免税点制度及び簡易課税制度の適用を制限することとされました。

３．免税購入品の仕入税額控除の制限

　事業者が行った課税仕入れに係る資産が輸出物品販売場制度により消費税が免除された物品に係るものであり、その事業者が免税購入されたものであることを知っていた場合には、仕入税額控除制度を適用できないこととされました。

４．適格請求書等保存方式（インボイス制度）に係る見直し

- 自動販売機特例が適用される取引及び３万円未満の回収特例が適用される取引における帳簿の記載事項については、令和５年10月１日に遡って「住所又は所在地」の記載を不要とすることとされました。
- ８割控除・５割控除について、一の適格請求書発行事業者以外の者からの課税仕入れの額の合計額がその年又はその事業年度で10億円を超える場合には、その超えた部分の課税仕入れは経過措置の適用を認めないこととされました。
- 税抜経理方式を適用した場合に、適格請求書発行事業者以外からの仕入れに係る仮払消費税等として計上する金額につき、事務負担を緩和する特例が設けられました。

５．その他の改正

- 新公益信託の受託者について、信託資産等及び固有資産等ごとに、受託者をそれぞれ別の者とみなして消費税法の規定を適用することとされました。新公益信託に係る受託事業者は、特定収入がある場合の仕入控除税額の調整措置の対象となります。
- 特例輸入者による特例申告の納期限の延長において必須とされている担保について、消費税の保全のために必要があると認められる場合にのみ提供を求めることができることとされました。
- 偽りその他不正の行為により消費税の還付を受けた者に対する罰則の適用対象に、更正の請求に基づく更正による還付を受けた者を加えられました。
- 脱炭素成長型経済構造移行推進機構が消費税法別表第三法人に加えられました。

１．プラットフォーム課税制度の創設

⑴　「電気通信利用役務の提供」についての課税方式

　国外事業者が国内向けに行う電気通信利用役務の提供については、「事業者向け電気通信利用役務の提供」と「消費者向け電気通信利用役務の提供」とに分けて課税方式が定められています。

41

「事業者向け電気通信利用役務の提供」は、納税義務を売手から買手に転換し、その役務の提供を受ける事業者に納税義務を課す、いわゆるリバースチャージ方式です。

他方、「消費者向け電気通信利用役務の提供」については国外事業者申告納税制度であり、その役務の提供をする国外事業者が申告納税を行い、提供を受けた国内事業者においては、国内の事業者から提供を受ける場合と同様に、売手がインボイス発行事業者である場合にのみ仕入税額控除の対象となります。

※ 日本国内に何らの拠点も持たない国外事業者に対する税務執行には一定の限界があります。制度が設けられた平成27年度税制改正当時はインボイス制度が導入されていなかったため、消費者向け電気通信利用役務の提供については、売手が課税事業者であることを明らかにする仕組みとして登録国外事業者制度が設けられました。登録国外事業者制度は、令和5年10月に開始したインボイス制度における適格請求書発行事業者登録制度に吸収されています。

※ 国外事業者から受けた「消費者向け電気通信利用役務の提供」については、「適格請求書発行事業者以外の者からの課税仕入れに係る経過措置」(平28改法附52、53)(以下、この経過措置を「8割控除・5割控除の経過措置」といいます。)の適用はありません。

(2) 「プラットフォーム課税に関する研究会」の報告

インターネットを通じたデジタルサービスの分野では、プラットフォーム運営事業者の登場により、日本に一切拠点を持たない国外事業者であっても容易に日本の市場に参入することが可能となり、近年、著しい市場の拡大が見られます。

令和5年度の与党税制改正大綱には、プラットフォーム課税制度について、「国境を越えた役務の提供に係る消費課税のあり方については、諸外国での制度面の対応や執行上の課題、プラットフォーム運営事業者の役割等を踏まえ、国内外の競争条件の公平性も考慮しつつ、適正な課税を確保するための方策を検討する」こととされており、経済産業省からも、プラットフォーム課税制度の創設を念頭に、国内外の事業者間の競争条件の公平性と中立性の観点から国外事業者の適切な課税を確保するための方策の導入について要望がなされていました。そこで、国境を越えたデジタルサービスに対する消費税の課税のあり方について、諸外国の制度面の対応やプラットフォーム運営事業者の役割等を踏まえて、国内外の競争条件の公平性を確保する観点から、技術的・専門的視点から考え方の整理を行うことを目的に、主税局税制第二課を事務局として「プラットフォーム課税に関する研究会」(国境を超えたデジタルサービスに対する消費税の課税のあり方に関する研究会)が開催され、令和5年11月に報告書がまとめられました。

報告書は、国外事業者の捕捉や調査・徴収といった課題に対して、「諸外国では、取引に係る情報や決済等が集約されるプラットフォームの役割等に着目し、サプライヤーの売上げに係る付加価値税等の円滑な納税を求める観点から、プラットフォーム運営事業者にその納税義務を課す制度(以下「プラットフォーム課税」という。)を導入している。我が国においても、国外事業者の適正な納税を担保し、国内外の事業者間における課税の公平性を実現することによって、国内外の競争条件の中立性を確保していくべきであり、諸外国の対応を参考にしながら、消費税の課税のあり方について検討することが必要である」※としています。

※　国境を越えたデジタルサービスに対する消費税の課税のあり方に関する研究会「国境を越えたデジタルサービスに対する消費税の課税のあり方について」（令和5年11月）5頁。

(3)　プラットフォーム課税の創設

デジタルサービスのうち、例えば、電子書籍や音楽・動画などの配信については、プラットフォーム事業者がコンテンツを仕入れ、自ら消費者に提供する方式（バイセル方式）が一般的です。この場合の消費税の納税義務者はプラットフォーム事業者自身となります。

他方、オンラインゲームを中心とした消費者向けモバイルアプリ等の提供については、通常、個々のサプライヤーが消費者に対してコンテンツを提供する方式（セールスエージェント方式）であり、プラットフォーム事業者は取引の仲介を行うだけです。したがって、消費税の納税義務者は個々のサプライヤーとなります。サプライヤーが日本国内に拠点を持たない国外事業者である場合は、税務当局によるサプライヤーの情報の入手手段が限られ、その特定は容易ではありません。また、特定できたとしても、その調査には困難が伴い、納税義務者の捕捉や調査・徴収には自ずと限界があります。

セールスエージェント方式において、プラットフォーム事業者は、契約関係からすれば取引主体とはならないものの、金銭の流れも含めて取引を管理しうる立場にあります。そこで、適正な課税の確保の観点から、プラットフォーム事業者に申告納税を担わせるプラットフォーム課税制度が、欧州、アジア、北米など多くの国で導入されています。財務省の調べによると、2023年1月時点で、確認できた85か国のうち、導入していない国は、日本、スイス、イスラエルの3か国でした。

我が国においても、令和6年度税制改正においてプラットフォーム課税制度が創設され、令和7年4月1日から実施することとされました（令6改法附1、13⑥）。

国際的な巨大企業であるプラットフォーム事業者の高いコンプライアンスにより、適正な課税の確保が見込まれています。

(4)　プラットフォーム課税の仕組み

プラットフォーム課税は、決済まで含めて実質的に取引を管理しているプラットフォーム事業者の果たす役割に着目して、納税主体を転換する仕組みです。

具体的には、国外事業者が国内において行う消費者向け電気通信利用役務の提供がデジタルプラットフォームを介して行われるものであって、その対価について国税庁長官の指定を受けたプラットフォーム事業者（以下「特定プラットフォーム事業者」といいます。）を介して収受するものである場合には、その特定プラットフォーム事業者が当該消費者向け電気通信利用役務の提供を行ったものとみなされます（消法15の2①）。これにより、国外事業者が行った消費者向け電気通信利用役務の提供については、契約上の取引主体である国外事業者ではなく、特定プラットフォーム事業者自身が行ったものとして、消費税法の規定が適用されることとなります。

なお、プラットフォーム課税は納税主体を国外事業者から特定プラットフォーム事業者へ転

換する仕組みであるため、特定プラットフォーム事業者は、国外事業者が課税事業者か否かを把握する必要はありません。

「デジタルプラットフォーム」とは、不特定かつ多数の者が利用することを予定して電子計算機を用いた情報処理により構築された場であって、当該場を介して当該場を提供する者以外の者が電気通信利用役務の提供を行うために、当該電気通信利用役務の提供に係る情報を表示することを常態として不特定かつ多数の者に電気通信回線を介して提供されるものをいいます（消法15の2①）。

⑸　特定プラットフォーム事業者の義務

特定プラットフォーム事業者の指定を受けた者は、消費者向け電気通信利用役務の提供に係る国外事業者に対して、その認識の共有を図るため、プラットフォーム課税が適用されることとなる旨及び適用されることとなる年月日を速やかに通知する義務があります（消法15の2⑤）。

特定プラットフォーム事業者は、プラットフォーム課税が適用される課税期間について、一般課税で申告を行うこととなり（消法15の2⑭）、確定申告書にプラットフォーム課税の適用を受ける対価の額及びその明細を記載した明細書を添付することとされています（消法15の2⑮、消規11の5⑤）。

また、特定プラットフォーム事業者がインボイス発行事業者である場合には、プラットフォーム課税の対象となる消費者向け電気通信利用役務の提供について、特定プラットフォーム事業者自身の登録番号を記載した簡易インボイスを交付する義務があります。

２．事業者免税点制度及び簡易課税制度の適用の適正化

⑴　国外事業者

国外事業者とは、所得税法2条1項5号に規定する非居住者である個人事業者及び法人税法2条4号に規定する外国法人をいいます。

①　特定期間における課税売上高による納税義務の免除の特例の見直し

特定期間における課税売上高については、その課税売上高に代替して、売上高と一定の相関がある指標として、給与等の金額の合計額によることができることとされています（消法9の2③）。給与等の金額は、居住者に対する国内給与の額であり、「所得税法231条1項及び所得税法施行規則100条1項により、給与等について給与支払明細書の交付義務対象となる金額」とされています。

給与等の金額による判定は、事業年度等の途中で売上げを把握していない小規模事業者に配慮して、所得税法により給与支払明細書の交付義務があり（所法231①）、かつ、源泉徴収義務者は源泉所得税を毎月あるいは6月ごとに納付していることからその支払額を把握することが一般に容易と考えられること等を踏まえて設けられているものです。

他方、その本拠が国外にある国外事業者については、国内における居住者への給与等の金額によってその事業規模を測ることはできず、特定期間における課税売上高について給与等を用いることは適当でないと考えられます。

このため、令和6年度税制改正において、国外事業者については、給与等の金額の合計額によることはできないこととされました（消法9の2③）。

　この改正は、令和6年10月1日以後に開始する個人事業者のその年又は法人のその事業年度から適用されます（令6改法附1三ロ、13①）。

② 外国法人が国内で事業を開始した場合の納税義務の免除の特例の見直し

　法人が新たに設立された場合、設立当初は免税事業者となりますが、基準期間がない事業年度開始の日において資本金等の額が1,000万円以上である新設法人、又は、一定の大規模事業者等が設立した特定新規設立法人については、申告に必要な事務処理能力を有すると考えられるため、その基準期間がない事業年度につき事業者免税点制度を適用しないこととされています（消法12の2①、12の3①）。

　ただし、外国法人（法人税法第2条第4号に規定する外国法人）については、設立された後、一定期間を経過してから日本に進出するためその時点で基準期間を有することが一般的であり、新設法人又は特定新規設立法人に該当することはなく、また、基準期間は日本における課税売上げが生じていないことから、納税義務が免除されることとなります。

　そこで、外国法人については、日本に進出する時点の資本金等や支配関係を考慮することとし、基準期間がある外国法人が、その基準期間の末日の翌日以後に、国内において課税資産の譲渡等に係る事業を開始した場合には、その事業年度については基準期間がないものとみなして、新設法人又は特定新規設立法人に該当するかどうかの判定を行うこととされました（消法12の2③、消法12の3⑤）。

　この改正は、令和6年10月1日以後に開始する事業年度から適用されます（令6改法附1三ロ、13②）。

③ 簡易課税制度及び2割特例の適用の制限

　国外事業者は、日本で事業を開始する時点では基準期間における課税売上高が存在しないため、事業者の規模にかかわらず簡易課税制度を適用することが可能です。しかし、国内に拠点がない国外事業者については、そもそも国内における課税仕入れ等がないものと想定され、みなし仕入率によって控除額を計算する簡易課税制度を適用することは適切ではないと考えられます。

　そこで、その課税期間の初日において恒久的施設（所得税法2条1項8号の4又は法人税法2条12号の19に規定する恒久的施設）を有しない国外事業者は、簡易課税制度の適用を受けられないこととされました（消法37①）。

　また、2割特例は、みなし仕入率を一律80％とすると措置であり、簡易課税制度と同様に、課税期間の初日において恒久的施設を有しない国外事業者については適用できないこととされました（平28改法附51の2①）。

　この改正は、令和6年10月1日以後に開始する課税期間から適用されます（令6改法附1三ロリ、13⑩、63）。

⑵　すべての事業者

①　特定新規設立法人の納税義務の免除の特例の見直し

　　特定新規設立法人は、新規設立法人の株式等の50％超を直接又は間接に保有する他の者の
うち株主等に該当する者及びその者の特殊関係法人（判定対象者）について、基準期間相当
期間における課税売上高が5億円を超えている場合に、これに該当するものと判定します。

　　課税売上高は国内取引から生じるものに限られるため、新規設立法人を支配する法人が全
世界で相当規模の売上げを有し、十分な事務処理能力を有する法人であっても、国内での課
税売上高が5億円超に達していなければ一律に特定新規設立法人に係る納税義務の免除の特
例の対象外となります。

　　そこで、判定対象者の基準期間相当期間の全世界における総収入金額の合計額が50億円を
超えている場合には、この特例を適用することとされました（消法12の3①、消令25の4②）。

　　総収入金額は、売上金額、収入金額その他の収益の額であり、損益計算書上の売上高以外
にも、営業外収益、特別利益といった全ての収益の額が含まれます。

　　この改正は、令和6年10月1日以後に開始する事業年度から適用されます（令6改法附1三
ロ、13③）。

②　金地金等の仕入れ等を行った場合の納税義務の免除の特例

　　事業者免税点制度及び簡易課税制度の恣意的な制度選択を通じた租税回避的な行為を防ぐ
ため、事業者が、高額特定資産の課税仕入れ等を行い一般課税により申告をした場合には、
その高額特定資産の仕入れ等の日の属する課税期間の翌課税期間から、仕入れ等の日の属す
る課税期間の初日以後3年を経過する日の属する課税期間までの各課税期間においては、事
業者免税点制度を適用できないこととされています（消法12の4）。

　　また、その高額特定資産の仕入れ等の日の属する課税期間の初日から、同日以後3年を経
過する日の属する課税期間の初日の前日までの期間は、簡易課税制度選択届出書の提出がで
きません（消法37③）。この場合、高額特定資産の仕入れ等を行った課税期間中に既に簡易課
税制度選択届出書を税務署長に提出しているときは、その課税期間から適用する場合を除
き、その届出書の提出はなかったものとみなすこととされています（消法37④）。

　　「高額特定資産」とは、棚卸資産又は調整対象固定資産であって、その税抜価額が、一の取
引の単位につき、1,000万円以上のものをいいます（消法12の4①、消令25の5①）。

　　近年、金地金等の取引を利用する租税回避や消費税還付のスキームが散見されることか
ら、本特例の恣意的な潜脱を防止するため、令和6年度税制改正において、その課税期間中
の金地金等の仕入れ等の税抜きの合計額が200万円以上である場合には、高額特定資産の仕
入れ等をした場合と同じく、事業者免税点制度の適用及び簡易課税制度選択届出書の提出を
制限する改正が行われました。

　　「金地金等」とは、金又は白金の地金、金貨又は白金貨、及び金製品又は白金製品をいいま
すが、金製品又は白金製品については、「金又は白金の重量当たりの単価に重量を乗じて得た

価額により取引されるものに限る」ものとされ、金製品又は白金製品の仕入れ等を行った事業者において、その製造する製品の原材料として使用されることがその事業者の事業の実態などから明らかなものは除くこととされています（消規11の3）。

　この改正は、令和6年4月1日以後に事業者が行う金地金等の課税仕入れ及び金地金等に該当する課税貨物の保税地域からの引取りについて適用されます（令6改法附13④）。

3．免税購入物品に係る課税仕入れについての仕入税額控除の制限

(1)　輸出物品販売場制度の見直し

　輸出物品販売場を経営する事業者が、外国人旅行者等の免税購入対象者に対して、その免税購入対象者が出国の際に国外に持ち出す一定の物品を所定の手続により譲渡した場合には、結果的に国外の消費となるものであることから、譲渡の時点で消費税が免除されます。これを「輸出物品販売場制度」といいます（消法8①）。

　輸出物品販売場制度は、外国人旅行者等が購入した物品を国外へ持ち出すことを前提とした仕組みであるため、外国人旅行者が免税購入した物品を出国するまでに輸出しない場合や税務署長の承認なく国内において譲渡した場合等には、免除された消費税を即時徴収することとされています（消法8③⑤⑥）。具体的には、免税販売手続の完全電子化が図られており、免税店が購入記録情報を国税庁にデータ送信し、税関がそのデータの提供を受けて出国のときに所持しない物品を確認し、徴収することになります。

　しかし、実際には，全ての物品を確認しているわけではなく、発見して徴収処分を行っても、納付せずに出国してしまうものを止めることはできず、即時徴収のしくみは実効性が高いとはいえません。

　免税購入した物品を国内で売りさばいて消費税相当額の利ザヤを得る不正行為は、消費税率の引上げに伴って増加しており、大口の事案、多額の事案の背後には、SNS（交流サイト）などで集めた旅行客を使って稼ぐ組織的な転売ブローカーの存在があるといわれています。

　こうした横流しだけでなく、免税店を経営する事業者が、関係者で共謀して免税販売を装った事件もあります（東京地判令和2年6月19日、最決令和4年3月15日確定）。

　また、免税店の甘さも指摘されています。令和6年6月には、全国でドラッグストアを展開しているグループ企業2社が、本人確認を怠るなど消費税の免税要件を満たさない外国人客に商品の販売を繰り返したとして、大阪国税局は2年間で約3億円の申告漏れを指摘しました。当局はデパート等の免税店に対して大量購入については免税販売を慎重に行うよう行政指導を行っていますが、転売目的であることを見過ごした免税店が多額の更正処分を受ける例が後を絶ちません。

　問題の解決は、制度の変更に託されています。

　購入時に消費税を免除する日本の制度は利便性が高く、これにより外国人旅行者の消費を伸ばした側面がありますが、諸外国では、購入時に課税したVATを出国時に払い戻す還付型免税制度、いわゆる、リファンド型免税制度が一般的です。令和6年度税制改正の大綱では，リファ

ンド型への改正が提言され、「外国人旅行者の利便性の向上や免税店の事務負担の軽減に十分配慮しつつ、空港等での混雑防止の確保を前提として、令和7年度税制改正において制度の詳細について結論を得る」と記載されました。

リファンド型は、空港カウンターでの手続が外国人旅行者の負担となります。インバウンドの利便性と不正防止のバランスを検討する必要があり、少額の購入については現行の制度を維持するなどの折衷型も検討されているようです。

(2) 免税購入品の課税仕入れに係る仕入税額控除の制限

令和6年度税制改正では、国内の事業者が、免税購入物品の横流しに加担することを防止するため、課税仕入れに係る資産が輸出物品販売場制度により消費税が免除されたものであることを、その課税仕入れを行う事業者が課税仕入れの時点で知っていた場合には、その仕入税額控除の適用を認めないこととされました（消法30⑫）。

免税購入物品であることを課税仕入れの時点で知っていたという事実は、例えば、免税購入物品の横流しを行った者と買取業者とのやり取りの履歴等の明白な事実により認定することが想定されますが、そのような明白な事実がない場合であっても、買取時の本人確認、買い受けた資産の数量及び頻度などの購入した物品の仕入れに係る事実関係を総合的に勘案し、認定することになると考えられます。

この改正は、令和6年4月1日以後に国内において事業者が行う課税仕入れについて適用されます（令6改法附1、13⑨）。

4．適格請求書等保存方式（インボイス制度）関連の見直し

(1) 仕入税額控除に係る帳簿の記載事項の見直し

インボイス制度では、インボイスの交付を受けることが困難である取引について、所定の事項を記載した帳簿のみの保存で仕入税額控除制度の適用を認める特例が設けられています。

この場合、帳簿には、困難事由のいずれかに該当する旨を記載し、あわせて、公共交通機関特例（消令70の9②一イ〜ニ）、郵便切手特例（消規26の6二）、出張旅費特例（消規15の4二・三）等の所定の取引を除き、課税仕入れの相手方の住所等を記載するものとされていました（令和5年国税庁告示第26号）。

令和5年12月22日に閣議決定された「令和6年度税制改正の大綱」においては、事業者における事務負担等を踏まえ、以下のとおり、その方針が示されました。

> 一定の事項が記載された帳簿のみの保存により仕入税額控除が認められる自動販売機及び自動サービス機による課税仕入れ並びに使用の際に証票が回収される課税仕入れ（3万円未満のものに限る。）については、帳簿への住所等の記載を不要とする。
> （注） 上記の改正の趣旨を踏まえ、令和5年10月1日以後に行われる上記の課税仕入れに係る帳簿への住所等の記載については、運用上、記載がなくとも改めて求めないものとする。

この閣議決定に基づき、自動販売機特例が適用される取引や3万円未満の回収特例が適用される取引における帳簿の記載事項については、公共交通機関等と同様に、「住所又は所在地」の

記載を不要とする取扱いが整備されました（令和5年国税庁告示第26号②一・五）。

「自動販売機特例」とは、自動販売機又は自動サービス機により行われる課税資産の譲渡等のうちその課税資産の譲渡等に税込価額が3万円未満の取引について、売手のインボイス交付の義務が免除され、その買手は、一定の事項を記載した帳簿のみの保存で仕入税額控除の適用を受けることができる特例です（消法57の4①、消令49①一イ、70の9②三、消規26の6一）。

「回収特例」とは、入場券のような物品切手等で適格簡易請求書の記載事項（取引年月日を除きます。）が記載されているものが、引換給付の際に適格請求書発行事業者により回収される場合、その物品切手等により役務の提供等を受ける買手は、一定の事項を記載した帳簿のみの保存で仕入税額控除の適用を受けることができる特例です（消令49①一ロ）。

⑵　8割控除・5割控除の経過措置の見直し

インボイス制度の開始にあたっては、制度を円滑に実施する観点から8割控除・5割控除の経過措置が設けられており、免税事業者等から行う課税仕入れであっても、区分記載請求書等保存方式において仕入税額控除が認められるものについては、令和5年10月1日から令和8年9月30日までの間は仕入れに係る消費税額相当額の80％、令和8年10月1日から令和11年9月30日までの間は50％の控除が認められます。

8割控除・5割控除の経過措置は、インボイス制度の施行に伴い免税事業者等との取引への影響を緩和するための措置です。免税事業者等との間で想定される一般的な規模をはるかに超える規模の取引が関係会社等との間で行われ、経過措置による仕入税額控除が行われるとすれば、それは制度の予定するところではありません。そこで、免税事業者との間では想定され難い規模の取引が行なわれた場合、具体的には、免税事業者等である一人又は一社からの課税仕入れの合計額（税込価額）が個人事業者のその年又は法人のその事業年度で10億円を超える場合、その超えた部分の課税仕入れについては、8割控除・5割控除の経過措置の適用を受けることができないこととされました（平28改法附52、53）。

この改正は、令和6年10月1日以後に開始する課税期間から適用されます（令6改法附1三リ、63）。

⑶　免税事業者からの課税仕入れに係る税抜経理の特例

法人税においては、税抜経理方式における仮払消費税等は、仕入税額控除の適用を受ける課税仕入れ等の消費税額等をいうこととされています（法令139の4⑤⑥、法規28②）。インボイス制度では、インボイス発行事業者以外の者（消費者、免税事業者又は登録を受けていない課税事業者）から行った課税仕入れは、原則として仕入税額控除の適用を受けることができません（消法30①）から、税抜経理方式によって経理している場合においても、インボイスの保存がない課税仕入れについては、仮払消費税等の額として取引の対価の額と区分して経理する金額はありません。

したがって、消費税等の影響を損益計算から排除する目的や、会計ソフトが対応していないなどの理由で、インボイスの保存がない課税仕入れについて仮払消費税等を計上する経理処理

を行った場合には、所得金額の計算に当たって、それぞれの取引の対価の額は、その仮払消費税等の額を含めた支払総額に修正しなければなりません（経理通達14の２）から、法人税申告書別表による申告調整が必要となります。

また、８割控除・５割控除の経過措置の適用を受ける場合には、３年ごとに段階的な経理処理を行う必要があります。

そこで、事業者の事務負担に配慮して、次の特例が設けられました。

【特例①】簡易課税又は２割特例を適用する場合

簡易課税制度を適用している事業者（以下「簡易課税制度適用事業者」といいます。）は、仕入税額控除を適用するに当たってインボイスの保存は不要です。

そこで、税抜経理方式を適用している簡易課税制度適用事業者が、仕入先が、インボイス発行事業者であるか否かを区分する事務負担を軽減する観点から、簡易課税制度を適用している課税期間を含む事業年度における継続適用を条件として、インボイスの保存の有無にかかわらず全ての課税仕入れについて、課税仕入れに係る支払対価の額に110分の10（軽減税率の対象となるものは108分の８。以下同じ。）を乗じて算出した金額を仮払消費税等の額とする経理処理が認められることとされました（経理通達１の２）。

この取扱いの適用を受ける場合は、例えば、控除対象外消費税額等についても、支払対価の額に110分の10を乗じて算出して仮払消費税等の額とした金額を基礎に計算することになります。

なお、免税事業者は税込経理方式を適用して法人税の所得金額を計算することになりますが（経理通達５）、一の事業年度中に免税事業者となる期間と課税事業者となる期間が存在する場合において、課税事業者である期間に簡易課税制度を適用するときは、課税事業者である期間の課税仕入れについて支払対価の額に110分の10を乗じて算出した金額を仮払消費税等の額として経理をすることになります。

２割特例（平28改法附51の２①②）を適用する事業者も同様の経理が認められています（経理通達令和５年12月経過的取扱い⑵）。

【特例②】８割控除・５割控除の経過措置を適用する場合

８割控除・５割控除の経過措置を適用する場合は、控除できない部分の金額を仮払消費税等の額として経理をすることになりますが、段階的にシステムの改修を行うことや処理方法を変更することといった事務負担に配慮する観点から、経過措置期間終了後の原則となる取扱いを先取りし、仮払消費税等の額はないものとして法人税の所得金額の計算を行うことも認められることとされました（経理通達令和３年２月経過的取扱い⑶）。

この取扱いは、簡易課税制度や２割特例制度を適用していない事業者についても適用できることとされています。

５．新たな公益信託制度の創設に伴う見直し

企業や国民が公益的活動を展開していく手段として公益信託を広く活用できるようにすると

の観点から、「公益信託に関する法律」（令和6年法律第30号）が令和6年5月14日に成立し、同月22日に公布されました。公益信託に関する法律の施行期日は、原則として、公布の日から起算して2年を超えない範囲内において政令で定める日とされています（公益信託に関する法律附則1）。

　新たな公益信託制度においては、公益信託の認可・監督の仕組みを公益法人制度と整合的にすることに加え、信託事務及び信託財産の範囲が実質的に拡充され、美術館の運営等の事業型の信託事務も行うことができるようになるとともに、受託者の範囲も拡大することとされました。

　これらに対する税制上の対応として、各税目において見直しが行われ、消費税については、次の見直しが行われました。

(1) 受託者課税への見直し

　公益信託に関する信託財産に係る資産の譲渡等及び課税仕入れ等の帰属について、委託者課税から受託者課税に見直すこと（特定公益信託については、引き続き受託者課税）とされました（消法14①ただし書）。

(2) 申告単位の見直し

　公益信託は受託者課税となりますが、公益信託毎に下記(3)の措置の適用を行う必要があるため、各公益信託の信託資産等及び固有資産等ごとに、それぞれ別の者とみなして、消費税法の規定を適用することとされました。具体的には、現行の法人課税信託と同様の扱いとすることとされ、法人課税信託及び公益信託を合わせて「法人課税信託等」と定義した上で、消費税法第15条の各規定を適用することとされました（消法15①）。

(3) 特定収入がある場合の仕入控除税額の調整措置の適用

　国、地方公共団体、公共法人等（消費税法別表3に掲げる法人）及び人格のない社団等（以下「国等」といいます。）には、特定収入がある場合の仕入控除税額の調整措置（特定収入により賄われる課税仕入れ等の税額として算出した金額を課税仕入れ等の税額の合計額から控除することで仕入税額控除を制限する措置）が設けられています（消法60④）。

　公益信託については、新たに消費税の課税の対象となる事業を行うことが想定され、また、消費税法別表第3に掲げる公益社団法人や公益財団法人と同様、恒常的に特定収入を受け入れることも想定されるため、今般の見直しに併せて、特定収入がある場合の仕入除税額の調整措置の対象に位置付けることとされました（消法60④）。

(4) 適用関係

　この改正は、公益信託に関する法律の施行の日以後に効力が生ずる公益信託（移行認可を受けた信託を含みます。）について適用し、同日前に効力が生じた公益信託に関する法律による改正前の公益信託ニ関スル法律第1条に規定する公益信託（移行認可を受けたものを除きます。）については、なお従前の例によることとされています（令6改法附1九二、13⑤）。

第 **1** 章

総　説

第 1 節　消費税の位置づけ

　租税は、種々の観点から分類されますが、そのひとつに、直接税と間接税の区分があります。これは、税負担の転嫁の有無を基準とする分類です。直接税とは、立法段階において、法律上の納税義務者と実質的な税の負担者とが一致することを予定しているものであり、間接税とは、両者が一致せず税の負担が転嫁されることを予定しているものです。

　消費税法に規定する消費税は、税の負担者は消費者、納税義務者はその消費を提供する事業者として設計された間接税です。

　また、課税物件（課税の対象となるもの）を基準にする収得税、財産税、消費税、流通税の区分があります。収得税は所得や収益に、財産税は財産の保有に、消費税は物品やサービスの消費に、流通税は権利の移転などの行為にそれぞれ課税するものです。消費税には、特定の物品やサービスの消費を課税対象とする個別消費税と、全ての消費行為を課税対象とする一般消費税とがあります。消費税法に規定する「消費税」は、原則として、全ての消費行為を課税の対象と考えており、多段階一般消費税と位置づけられることとなります。

　納付すべき「消費税」の税額は、課税資産の譲渡等の対価の額を基礎として課税標準額を計算し、これに税率を乗じて算出した売上げの税額から、その取引の前段階で課税された仕入れの税額を控除して計算します。

　この前段階の税額の控除により、税の累積は排除され、「消費税」は各取引段階において移転、付与される付加価値に着目して課される付加価値税の性質を有することとなります。

第1章　総説

第2節　消費税法創設までの経緯

(1) 昭和46年長期答申

　消費税法は、昭和63年12月24日に成立し、12月30日に公布・施行され、平成元年4月1日から適用されています。

　消費に対する課税については、昭和40年代から、個別消費税から一般消費税への転換を促す議論がなされていました。

　昭和46年「長期税制のあり方についての答申」は、消費税について次のような指摘をしています。

① 　より豊かな国民生活の実現のため財政需要の大幅な拡大の要請がある場合、所得税の画期的減税を必要とする事態が生じた場合には、一般消費税が具体的な課題となることが予想される。

② 　消費に対する課税では、人的控除などの個別的配慮を行うことが困難であり、所得に対する課税の方がより担税力に即した負担を求めることができるといわれている。しかし、所得税の現実は、制度や執行面での個別的な負担に差別が生じており、そのような差別が生じることは、消費税では比較的少ない。

③ 　所得税と消費税とは、両者が適当に組み合わされることによって垂直的、水平的公平が確保され、全体として実質的な公平が実現されよう。

④ 　消費税の逆進性は、税体系全体の中で、また、社会保障等歳出面の所得再分配機能を含めて、調整が可能である。

⑤ 　わが国の消費に関連する課税は、物品税等により、個々の物品やサービスを課税対象とする個別消費税体系をとっており、消費一般に広く課税する西欧諸国の消費税体系とは対照的である。

⑥ 　物品税は、高価な便益品や趣味・娯楽品に限定して課税する趣旨から、所得水準の上昇とともに従来は高級な消費と見られていたものが一般化するにつれて、課税範囲が縮小され、消費の動向に必ずしも適応していない。

⑦ 　消費者の趣味・嗜好が広範にわたり、消費選択の余地がある消費の実態に鑑み、物品税の課税対象が狭い範囲の物品に限定されていることは適当でない。

⑧ 　今後、消費の態様が一層多様化していく中で国民の消費構造により適応した消費課税の実現のためには、物品税の課税範囲の拡大についての検討と並行して、消費一般に課税するような一般消費税への移行も検討する必要がある。

(2)「一般消費税」

その後、日本経済は、昭和48年のオイルショックを経験し、景気の低迷、景気対策による歳出需要の増加、税収の落ち込み等から赤字国債の発行に至り、財政状態は危機的状況と評価されるようになりました。

昭和52年10月「今後の税制のあり方についての答申」は、「今後一般的な税負担の増加を求める方策としては、最終的には、広く一般的に消費支出に負担を求める新税を導入することを考えざるを得ない」としています。

そして、昭和53年12月には、「昭和54年度の税制改正に関する答申」において「一般消費税大綱」がまとめられました。

「一般消費税」は昭和55年度の導入を目指して検討され、大平内閣は繰り返しその必要性を説きましたが、国民の理解が得られず、ついに実現しませんでした。

(3)「売上税」

次に大型間接税として現れたのが売上税でした。

「一般消費税」の後も、税制改革について多くの議論が交わされました。

税制調査会及び政府の考え方は、税制の見直しにおいては大型間接税の導入が不可欠であるとするものでした。多様化する消費の実態と高まる所得税減税の要望を踏まえれば、高級品、嗜好品に課税する物品税を間接税の基本としておくことは適当ではなく、課税ベースの広い大型間接税を導入する間接税体系の抜本的見直しが必要であるとされたのです。

昭和61年10月「税制の抜本的見直しについての答申」においては、「所得・消費・資産等の課税ベースを適切に組み合わせつつ、全体として、バランスのとれた税体系を構築することが肝要である。…今後、間接税が税体系においてより適切な地位を維持するよう検討を加えるべきであると考える。」とされ、12月に自由民主党税制調査会の「税制改革の基本方針」において「売上税」が示されました。

「売上税法案」は翌昭和62年2月に国会に提出されましたが、昭和62年度予算の国会審議は予算委員会の空転や野党の牛歩戦術などにより混乱を極め、「売上税法案」は、この国会の閉会とともに廃案となります。

法案に示された「売上税」の概要は次のとおりです。

① 売上げに課税し、前段階の税額を控除する方式による。

② 税額控除は、請求書等の代用を認める税額票（インボイス）による。

③ 税率は5％の単一税率とする。

④ 課税売上高1億円以下の事業者を免税事業者とする。

⑤ 非課税品目は51品目。土地、有価証券等消費の対象とならないもののほか、食料品等、政策的配慮から多くの非課税を認める。

(4)「消費税法」の創設

　売上税法案廃案後も税制改革の議論は所得税の減税を急務として高まり、昭和62年9月には、改革に先行して所得税を減税する改正法が成立します。

　昭和62年11月に発足した竹下内閣は、その前月に政府・与党首脳会議で決定した「税制の抜本的改革に関する基本方針」に従い、安定した財源の確保、直間比率の是正、所得・消費・資産等に対する課税のバランス等を踏まえた税制全体の見直しに力を注ぐことになります。

　政府税制調査会からは、昭和63年2月「税制改革の基本問題」、3月「税制改革についての素案」、4月「税制改革についての中期答申」、6月「税制改革についての答申」が次々に公表され、自民党は、6月に「税制の抜本改革大綱」を公表します。

　これを受けて政府は、6月27日に「税制改革要綱」を閣議決定し、7月29日には次の税制改革関連6法案が臨時国会に提出され、12月24日、衆議院本会議で可決成立しました。

　「税制改革法案」

　「消費税法案」

　「所得税法等の一部を改正する法律案」

　「地方税法の一部を改正する法律案」

　「地方譲与税法案」

　「地方交付税法の一部を改正する法律案」

(5)「税制改革法」

　税制改革法は、税制改革の趣旨、基本理念及び方針を明らかにすることを目的とする法律であり、消費税法創設の趣旨は、この法律に示されています。

　すなわち、税制改革は、「国民の租税に対する不公平感を払しょくするとともに、所得、消費、資産等に対する課税を適切に組み合わせることにより均衡がとれた税体系を構築することが、国民生活及び国民経済の安定及び向上を図る上で緊要な課題であることにかんがみ、これに即応した税制を確立するために行われるもの」（税制改革法2）であり、「租税は国民が社会共通の費用を広く公平に分かち合うためのものであるという基本的認識の下に、税負担の公平を確保し、税制の経済に対する中立性を保持し、及び税制の簡素化を図ることを基本原則として行われる」（税制改革法3）ことを理念とし、「税体系全体として税負担の公平に資するため、所得課税を軽減し、消費に広く薄く負担を求め、資産に対する負担を適正化すること等により、国民が公平感をもって納税し得る税体系の構築を目指して行われる」（税制改革法4）としています。

　具体的には、「所得税の負担の軽減及び合理化」（税制改革法7）、「法人税の負担の軽減及び合理化」（税制改革法8）、「相続税の負担の軽減及び合理化」（税制改革法9）を図り、「現行の個別間接税制度が直面している諸問題を根本的に解決し、税体系全体を通ずる税負担の公平を図ると

ともに、国民福祉の充実等に必要な歳入構造の安定化に資するため、消費に広く薄く負担を求める消費税を創設する。」（税制改革法10①）というものです。

消費税の創設に伴い、個別消費税（砂糖消費税、物品税、トランプ類税、入場税及び通行税、地方税のうち電気税、ガス税及び木材引取税）は廃止されました（税制改革法10③、14②）。

また、所得税等の負担軽減措置は消費税の実施に先行して行い（税制改革法17①）、消費税の定着のため、国は「消費税の仕組み等の周知徹底を図る等必要な施策を講ずるもの」（税制改革法11②）であり、国税当局においては、昭和64年9月30日までは、「その執行に当たり、広報、相談及び指導を中心として弾力的運営を行うもの」としています（税制改革法17②）。

税制改革法は、昭和63年12月24日に成立し、同30日に公布・施行されています。

第3節　改正の沿革

消費税法は、昭和63年12月30日に公布・施行され、平成元年4月1日以後の取引について適用されています。その後、順次改正が行われ、現在に至っています。

■ 創設時

① 創設当時の消費税は、消費一般に広く薄く負担を求める税としての性格から、税率は3％と定められました。また、非課税範囲は極めて限定したものとされており、土地の譲渡等、消費行為に当たらないもののほか、政策的配慮に基づくものとしては、医療・福祉・教育の一部に限定して非課税とされていました。

② 中小事業者に対する特例は、諸外国に比して手厚いものでした。事業者免税点は3,000万円、簡易課税制度の適用上限は5億円とされ、そのみなし仕入率は、卸売業90％その他の事業80％とされました。また、その課税期間における課税売上高が6,000万円未満の事業者については、限界控除制度が適用され、納付税額が軽減されました。

③ 仕入税額控除は、帳簿等又は請求書等の保存が適用要件とされ、いわゆる帳簿方式が採用されました。

■ 平成2年度の動き

税制調査会は、平成元年6月28日、消費税の実施状況を把握するためフォローアップ小委員会を設置し、11月24日には「中間報告」を、12月19日には「平成2年度の税制改正に関する答申」をとりまとめました。

これを受け、政府は、消費税見直し法案（「消費税法及び租税特別措置法の一部を改正する法律案」）を第118回特別国会に提出しましたが、審議未了・廃案となりました。

■ 平成3年度の改正

税制調査会のフォローアップ小委員会は、平成2年10月30日「消費税の中小事業者の事務負担等に配慮した諸措置に関する基本的考え方」を報告しました。

これに沿って、平成3年4月25日に開かれた両院合同協議会において、日本共産党を除く各党会派の間で合意が得られ、「消費税法の一部を改正する法律」が衆議院及び参議院において可決され、同月15日に公布されました。

① 消費税の逆進性を考慮し、次のものが非課税とされました。
- 社会福祉事業法に規定する第2種社会福祉事業として行われる一定の資産の譲渡等
- 医師、助産婦等による助産に係る資産の譲渡等
- 埋葬及び火葬
- 身体障害者用物品の譲渡、貸付け等
- 学校教育法に規定する学校等における教育に係る入学金、授業料、施設設備費等を対価とする役務の提供
- 教科用図書の譲渡
- 住宅の貸付け

② また、制度の公平性について問題があるとの指摘から次の見直しが行われました。
- 簡易課税制度の適用限度額は5億円から4億円に引き下げられ、みなし仕入率は2区分から4区分に変更されました。
- 限界控除制度の適用限度額は6,000万円から5,000万円に引き下げられました。

③ 直前の課税期間の確定税額が500万円を超える事業者の中間申告・納付回数は年3回とされました。

■ 平成4年度の改正

① 普通乗用自動車の譲渡等に係る税率は、消費税導入時の経過措置として、平成4年3月31日までの3年間は6％とされていました。この年、2年間延長、税率4.5％と改められ、平成6年3月末日をもって複数税率は廃止されました。

② 個人事業者の消費税の確定申告書の提出期限をその年の翌年3月末とする特例は、創設時に設けられた3年間の特別措置でしたが、この年、期限が延長され、平成6年の改正において期限を定めない措置とされました。

■ 平成5年度の改正

改正はありません。

■ 平成6年度の改正

平成6年は、消費税の抜本的改正の年となりました。所得税、法人税等の大型減税措置が先行実施され、消費税は平成9年4月1日からの適用として大幅な改正が行われました。

① 消費税の税率を3％から4％に引き上げるとともに地方消費税が創設され、税率は国税、地方税を合わせて5％とされました。

税率の変更に際しては、経過措置が設けられました。

② 中小事業者に対する特別措置の見直しは、次のとおりです。

- 資本金1,000万円以上の法人の設立当初の２年間については、納税義務を免除しない。
- 簡易課税制度の適用上限を４億円から２億円に引き下げる。
- 限界控除制度を廃止する。

③ 仕入税額控除の要件は、かねて、帳簿方式とインボイス方式のいずれが適切か議論されていましたが、「帳簿又は請求書等の保存」から、「帳簿及び請求書等の保存」に見直され、一応の決着をみました。

④ 確定申告書の添付書類が定められました。

■ 平成７年度、８年度の改正

平成７年、８年は、平成６年の抜本的改正の施行に向け、制度の細目を整える施行令の改正が行われています。

① やむを得ない事情により、課税事業者の選択及び不適用、簡易課税制度の選択及び不適用の届出書を提出できなかった場合の宥恕規定について、承認申請の手続が定められました。

② 課税仕入れに係る支払対価の額の合計額が３万円未満の場合には、請求書等の保存を要しないこととされました。

③ 簡易課税制度のみなし仕入率について、第五種事業（不動産業、運輸・通信業、サービス業）が、みなし仕入率を50％として定められました。

④ 国税庁は、「消費税法取扱通達」及び「消費税法関係法令の一部改正に伴う消費税の取扱いについて」通達を整理・統合するとともに、その後の質疑応答事例を踏まえて「消費税法基本通達」を制定し、平成８年４月１日以降これによるものとしました。

■ 平成９年度の改正

改正はありません。

平成６年の抜本的改正は、平成９年４月１日を施行日としています。

■ 平成10年度の改正

法人税及び所得税の課税所得の計算方法等の改正に伴い、割賦販売等及び工事の請負に係る資産の譲渡等の時期の特例等について、所要の規定の整備が行われました。

■ 平成11年度の改正

改正はありません。

■ 平成12年度の改正

法人税に対応して償還有価証券の調整差損益の認識、信託財産の資産の譲渡等の帰属、公社債等運用投資信託の信託報酬を非課税とするなどの整備が行われました。

■ 平成13年度の改正

企業組織の再編成について、数年間にわたり商法が大幅に改正されました。これを受け、法

人税法に企業組織再編税制が創設され、消費税においても、その納税義務の免除の特例等に関し、その形態に応じた所要の措置等が行われました。

■ 平成14年度の改正

消費税法施行令の整備が行われました。

■ 平成15年度の改正

平成15年には、はじめて事業者免税点の見直しが行われました。

① 事業者免税点制度の適用上限は、3,000万円から1,000万円に引き下げられました。

② 簡易課税制度の適用上限は、2億円から5,000万円に引き下げられました。

③ 直前の課税期間の年税額が4,800万円（地方消費税込6,000万円）を超える事業者について、毎月中間申告の制度が創設されました。

④ 課税期間の特例につき、課税期間を1月とする特例が創設されました。

⑤ 消費者に対して予めその取引価格を表示する場合には、消費税額・地方消費税額を含めた価格を表示（総額表示）することを義務付ける制度が創設されました。

■ 平成16年度の改正

消費税法施行令の整備が行われました。

■ 平成17年度の改正

消費税法施行令の整備が行われました。

■ 平成18年度の改正

災害等があった場合の簡易課税制度の選択の変更につき、特例制度が創設されました。

また、国税通則法の改正により、郵便又は信書便による場合の各種届出書の提出日が、到達主義による認識から発信主義による認識に改められることとなりました。

■ 平成19年度の改正

信託法の抜本的改正を受けて、法人課税信託等これに対応する改正が行われました。

■ 平成20年度の改正

公益法人改革に対応して、一般社団法人、一般財団法人等を加えるなど、消費税法別表第三に掲げる法人の範囲が見直されました。

■ 平成21年度の改正

改正はありません。

平成21年度の改正法附則には、複数税率の検討を含め、消費税について総合的な取組を検討することが示されました。

■ 平成22年度の改正

課税事業者を選択した者がその継続適用期間内に、又は新設法人が納税義務が免除されない設立から2事業年度の間に調整対象固定資産を取得した場合には、その取得から3年間は課税事業者として調整対象固定資産に係る控除対象仕入税額の調整を行うものとされました。

■ 平成23年度の改正

免税事業者の要件に、特定期間（前年又は前事業年度の上半期6か月）における課税売上高が1,000万円以下であることが追加されました。

また、課税売上割合が95％以上であっても、その課税期間の課税売上高が5億円を超える場合には全額控除の適用をしないこととし、個別対応方式又は一括比例配分方式により、控除対象仕入税額を計算することとされました。

■ 平成24年度の改正

税制抜本改革法により、消費税を社会保障制度の財源とすること及び消費税等の税率を2段階で引き上げることが定められ、特定新規設立法人について納税義務を免除しない特例及び任意の中間申告制度が創設され、平成6年の改正と同様に、適用する税率についての経過措置が設けられました。

■ 平成25年度の改正

対消費者取引について、平成26年4月1日以後、旧消費税法施行規則22条1項に定める積上げ計算方式による課税標準額に対する消費税額の計算の特例の取扱いが復活することとされました。

■ 平成26年度の改正

簡易課税制度のみなし仕入率に、第六種事業が創設されました。

課税売上割合の計算上、金銭債権の譲渡については、有価証券等の譲渡と同様に、その譲渡対価の5％相当額を資産の譲渡等の対価の額に算入することとされました。

所定の方法により譲渡する消耗品が、輸出物品販売場の免税対象物品に加えられました。

■ 平成27年度の改正

消費税率（国・地方）の10％の施行日が、平成29年4月1日に延期されました。

手続委託型輸出物品販売場制度が創設されました。

国境を越えた役務の提供について内外判定の基準が見直され、リバースチャージ方式が導入されました。

■ 平成28年度の改正

平成29年4月1日に軽減税率を導入すること及び令和3年4月1日に適格請求書等保存方式を導入することが定められましたが、その実施は、2年半延期することとされました。

高額特定資産を取得した場合の特例が創設されました。

■ 平成29年度の改正

非課税となる支払手段に類するものに暗号資産（仮想通貨）が追加されました。

到着時免税店制度が創設されました。

災害に対応するための特例措置の常設化が行われました。

■ 平成30年度の改正

大法人に係るe-Taxによる申告の特例が創設されました。

券面のない有価証券等の譲渡に係る内外判定が明確化されました。

長期割賦販売等について延払基準が廃止されました。

輸入に係る消費税の脱税犯に係る罰金刑の上限が引き上げられました。

地方消費税の清算基準について、抜本的な見直しが行われました。

■ 令和元年度の改正

臨時販売場の届出制度が整備されました。

密輸品と知りながら行った課税仕入れは仕入税額控除制度を適用しないこととされ、金又は白金の地金の課税仕入れについては、本人確認書類の写しの保存が仕入税額控除の要件に加えられました。

■ 令和2年度の改正

法人税の申告期限の延長の特例の適用に合わせた申告期限の延長制度が創設されました。

住宅の貸付けの範囲が見直され、居住用賃貸建物の取得等に係る課税仕入れ等を仕入税額控除から除外する制度が創設されました。

高額特定資産を取得した場合の特例の対象に、棚卸資産に係る調整の適用を受けた場合が加えられました。

■ 令和3年度の改正

課税売上割合に準ずる割合を用いようとする課税期間の末日までに承認申請書を提出し、同日の翌日以後1か月を経過する日までに税務署長の承認を受けた場合には、その承認申請書を提出した日の属する課税期間から課税売上割合に準ずる割合を用いることができることとされました。

■ 令和4年度の改正

適格請求書等保存方式について、免税事業者の登録に関する手続が緩和され、免税事業者等からの仕入れに係る6年間の特例につき、区分記載請求書等のデータの提供を受けて保存することが可能とされるなど、所定の見直しが行われました。

■ 令和5年度の改正

適格請求書等保存方式について、登録手続や1万円未満の対価の返還等について返還インボイスの交付義務を免除する整備が行われ、免税事業者の登録を支援する2割特例の経過措置、一定規模以下の事業者の1万円未満の課税仕入れについて帳簿のみで仕入税額控除を可能とする少額特例の経過措置が設けられました。

■ 令和6年度の改正

国外事業者が行う消費者向け電気通信利用役務の提供について、令和7年4月1日以後適用されるプラットフォーム課税制度が創設されました。その前段階として、国外事業者についての事業者免税点制度及び簡易課税制度の適用について適正化が図られました。

また、免税購入品を購入した場合に仕入税額控除を制限する措置が設けられました。

第 4 節 消費税の概要と基本構造

消費税の基本構造は、税制改革法において明らかにされています。

① 消費税は、事業者による商品の販売、役務の提供等の各段階において課税し、経済に対する中立性を確保するため、課税の累積を排除する方式による（税制改革法10②）。

② 消費税の仕組みについては、我が国における取引慣行及び納税者の事務負担に極力配慮したものとする（税制改革法10②）。

③ 事業者は、消費に広く薄く負担を求めるという消費税の性格にかんがみ、消費税を円滑かつ適正に転嫁するものとする。その際、事業者は、必要と認めるときは、取引の相手方である他の事業者又は消費者にその取引に課せられる消費税の額が明らかとなる措置を講ずるものとする（税制改革法11①）。

④ 消費税の中小事業者の事務負担等に配慮した諸措置については、納税者の事務負担、消費税の円滑かつ適正な転嫁の実現の状況、納税者の税負担の公平の確保の必要性等を踏まえ、消費税の仕組みの定着状況等を勘案しつつ、その見直しを行うものとする（税制改革法17③）。

これを受けて、具体的な課税要件を定める消費税法は、その納税義務者を事業者とし、課税物件である「消費」をそれを供給する事業者の側から「資産の譲渡等」と定義するとともに、納付すべき消費税額の算出にあたっては、税の負担を最終消費にまで転嫁するため、前段階で課税された消費税額を控除するものとしています。

1 納税義務者

消費税は消費支出に広く負担を求めるものですが、消費者が直接に申告納税を行うのではなく、消費を供給する事業者を納税義務者としています。

消費税は、最終消費者が負担した税が事業者を通して間接的に国庫に納入されることを予定しており、事業者は、商品の販売やサービスの提供に際して、その価格に消費税相当額を上乗せして受領し、自らは負担しない消費税を自らの名で納付するものとされています。消費税が間接税となる所以です。

間接税の制度は、本来の納税義務者から税を徴収する義務を事業者に課して源泉徴収義務者とする源泉徴収制度や特別徴収制度とは異なるものです。

2 課税の対象

消費税は、物品税を中心とした課税ベースを限定する個別間接税制度における諸問題を根本的に解決するものとして創設されました。したがって、その課税は全ての消費に及ぶものとするのが基本原則です。

消費税は、課税物件である「消費」を事業者の側から「資産の譲渡等」と定義し、「国内において事業者が行った資産の譲渡等」を課税の対象としています。

また、輸入品については、その後国内で消費されることを前提に、全ての輸入貨物を課税の対象としています。

国内における「消費」に課税する ⟶ 課税の対象 { 国内における資産の譲渡等 / 輸入する外国貨物

③ 非課税

非課税とされる取引には、「その性質上消費税になじまない」と説明されるもの、及び「特別の政策的配慮に基づく」と説明されるものがあります。

消費税の課税物件である「消費」の概念とこれを事業者の立場から定義した「資産の譲渡等」とは、その範囲に多少のズレが生じます。例えば、土地は消費財ではなくその譲渡や使用によって価値が低下したり減耗したりするものではありませんが、法人が土地を売却した場合には、「国内において事業者が行った資産の譲渡等」に該当し、課税の対象となります。このような取引は、「その性質上消費税になじまない」と説明され、課税除外となる非課税とされています。

また、「消費」と認識され、なおかつ「国内において事業者が行った資産の譲渡等」に該当するものであっても、医療や教育など税負担を求めにくいものについては、「特別の政策的配慮に基づく」非課税が定められています。

ただし、「その性質上消費税になじまない」とされるものについては、例えば、土地の譲渡又は貸付けは、その用益が提供されている点を捉えて課税する余地があり、また、事業資金の融資は、金融機関が行う事業資金のもつ用益の提供という意味で役務の提供であると評価することもできます。したがって、これらは、技術的に消費税を課税することが困難であるという理由で非課税とされている、と説明することもできます。

事業者が行う資産の譲渡等が非課税とされた場合は、たとえその前段階に課税された消費税があっても、これを税額控除の対象とすることはできません。その意味において非課税は、課税しない措置ではなく、消費者の税負担を事業者の負担に付けかえるものです。

また、輸入取引については、資産の譲渡等に係る非課税と平仄を合わせ、有価証券等が非課税物品として定められています。

④ 免税

消費税は、日本国内における消費に課税するという、いわゆる消費地課税主義を前提としています。これは、諸外国の付加価値税に通じる国際的ルールです。

国内から国外に向けて行われる資産の譲渡等は、国外において行う消費のための供給といえます。消費地課税主義の原則からすれば、このような取引に課税することはできません。

したがって、消費税の課税標準は、国内において行った課税資産の譲渡等の対価の額から、輸出取引等に係る対価の額を除いたものとされています。

また、売上げに課税しなくてもその前段階の税を控除することができなければ、控除することができない税に相当する額は輸出事業者の利益を圧迫することとなり、結果的に輸出品の価格上昇を招き、企業の国際競争力にマイナスに作用することになります。そこで、輸出取引等については売上げに課税しない一方で、それに係る仕入れの税を控除する免税（０％課税）の措置がとられています。

⑤ 課税標準

消費税の課税標準は、「課税資産の譲渡等の対価の額」とされています。

法人税法が益金の額から損金の額を控除した所得の金額を課税標準とし、所得税法が総収入金額から必要経費の額を控除した所得の金額を課税標準とするのに対し、消費税の課税標準は、これら益金ないしは総収入金額に符合する課税売上げとされています。消費税は、消費に課税することを目的としているため、消費を供給する事業者の利益ではなく、消費を行う者の消費のための負担額を知る必要があるからです。

したがって、課税標準として測定するべきは、消費を行う者がその消費のために拠出した金額であり、課税資産の譲渡等についての現実の取引額であるということになります。

ただし、課税資産の譲渡等の対価の額を課税標準とすることは、前段階の税を排除する仕入税額控除の手続があることを前提として成り立っているといえるでしょう。

⑥ 税率

消費税の税率は、「消費に広く薄く負担を求める」（税制改革法10①）という理念に沿って、導入当初は３％とされていました。

平成６年度税制改正において、消費税の税率が４％に引き上げられるとともに地方消費税が創設され、国税及び地方税をあわせた税率５％が平成９年４月１日から実施されました。以来、消費税は、増加の一途を辿る社会保障給付費を賄う安定財源として期待され、平成26年４月１日には８％（うち、地方消費税1.7％）に引き上げられ、消費税法１条に、社会保障４経費（年金、医療、介護、子育て）のための特定財源であることが明記されました。令和元年10月１日以後の税率は、10％（うち、地方消費税2.2％）となっています。

また、消費税創設当時、普通乗用車の譲渡については６％の税率が適用されていましたが、平成４年４月１日以後は4.5％に引き下げられ、平成６年３月31日をもってこの割増税率は廃止され、以後、完全な単一税率制度となっていました。しかし、令和元年10月１日以後は、酒類を除く飲食料品の譲渡（外食を除きます。）及び酒類を除く食料品の輸入、１週に２回以上発行する新聞の定期購読契約に基づく譲渡には、８％（うち、地方消費税1.76％）の軽減税率が

適用されています。

7 仕入税額控除

(1) 前段階税額控除

　消費税は、対消費者取引だけに限らず事業者間取引をも課税の対象としており、1つの商品が消費者に届けられるまでには、流通の各段階で幾重にも課税されることになります。取引の度に税が累積することを避けるため、消費税は前段階の税を排除する前段階税額控除方式を採用しており、その手続を仕入税額控除といいます。

　したがって、仕入税額控除は、他の税においてみられるような一定の納税者に対する優遇や特典として存在する税額控除とはその位置づけが異なります。

　売上げに係る消費税額と仕入れに係る消費税額のいずれもが正しく把握されてこそ、その事業者が納付すべき適正な税の算定が可能となります。

　消費税は、申告納税手続を行う事業者を通して、消費者が税を負担することを予定している間接税ですから、消費に対する課税を実現するためには、税の転嫁が確実に行われなければなりません。

(2) 付加価値税の性格

　仕入税額控除には、もう1つ重要な論点があります。消費税は、前段階の税を控除することによって付加価値税の性格をもつものとなる、ということです。

　日本の消費税は、昭和40年頃からEU諸国の付加価値税を参考に研究されていました。

　付加価値とは、原材料の製造から製品の小売までの各段階において事業が国民経済に新たに付加した価値のことです（金子宏『租税法（24版）』805頁、2021年）。

　例えば、A材料を200円、B材料を100円で購入し、これらを加工して製品を製造し、1,000円で販売したとします。材料のままでは300円しか価値がなかったものが1,000円の製品となりました。これが付加価値です。また、問屋街に出かけて、10個入り1パックの商品を10,000円で仕入れ、商店街にある店舗に運び、1つずつ分けて陳列し、1個2,000円、計20,000円で販売したとします。事業者が行った一連の行為が、単価1,000円の商品の価値を2,000円に引き上げたことになります。各事業者がつくりだした付加価値はこのように測定されます。

　付加価値を構成するのは、主に企業の利益と人件費ということになるでしょう。

　売上げに係る消費税額から仕入れに係る消費税額を控除する計算は、企業の付加価値に対する税額を算出する計算に等しく、各事業者が納付する付加価値に対する税額の総和は、最終消費者が負担する消費税の額と一致することになります。

　付加価値の算定方法には、「加算法」と「控除法」があります。「加算法」とは、賃金、地代、利子及び企業利潤を合計して付加価値を算出する方法であり、「控除法」とは、事業の総売上金

額から、その事業が他の事業から購入した土地、建物、機械設備、原材料、動力等に対する支出を控除して付加価値を算出する方法です（前掲書、806頁）。

　ただし、付加価値税の税額算定の仕組みとして実際にEU諸国で採用されているのは、日本の消費税と同様の「仕入税額控除法」です。「仕入税額控除法」は、「加算法」や「控除法」よりも計算が簡便で、国境間調整が可能である等の長所があります（前掲書、806頁）。

(3) 益税と損税

　仕入税額控除は税の累積を排除する手続であり、非課税資産の譲渡等のためにする課税仕入れ等の税額については控除を許しません。控除対象仕入税額の計算は、全ての仕入税額を控除するべき税額と控除するべきでない税額とに分ける作業です。

① 一般課税

　課税売上高が5億円を超える場合又は課税売上割合が95％未満である場合には、課税仕入れ等の税額の全額を控除することができないものとされています。また、一括比例配分方式においては控除する税額は課税売上割合によって計算し、個別対応方式においても共通対応分の税額については課税売上割合を乗じて控除する税額を計算します。

　しかし、消費税は売上げと仕入れとの期間的な対応という概念をもたないため、課税売上割合は、課税仕入れの発生の実態を反映するものではありません。課税売上割合は、その課税期間において実現した売上高によって算出されますが、控除対象仕入税額は、売上げの実現にかかわらず、その課税期間において生じた課税仕入れ等を計算の基礎とするのであり、この限りにおいて、課税売上割合とその課税期間において生じた課税仕入れ等とに因果関係はないのです。したがって、控除額の計算において課税売上割合を用いる限り、非課税資産の譲渡等に対応する課税仕入れ等の税額が控除額を構成することを防止することはできません。諸外国では、課税売上割合を用いず、他の適当と認められる基準で計算を行うことも一般化しています。

　事業者の事務負担に配慮して全額控除などの簡便な計算方法を設けることは必要ですが、その場合の判定や個別対応方式、一括比例配分方式の計算が課税売上割合を拠りどころとする点については、今後の検討課題といえるでしょう。

　ただし、これは、仕入税額控除が税の累積を排除する手続であることを踏まえ、非課税資産の譲渡等に対応する課税仕入れ等は控除の対象とならないということを前提とするものです。この前提には、非課税措置の目的に照らして、疑義はないのでしょうか。医療、教育、介護、社会福祉等は、消費者に税の負担を求めることが難しいため、政策的な配慮から非課税とされていますが、非課税資産の譲渡等に対応する課税仕入れ等は仕入税額控除の対象となりません。非課税は、消費税の負担を解消するものではなく、転嫁の流れを切断して消費者から事業者に負担を付け替えるものとなります。市場において優位に立つ事業者ならば、価格に織り込んでそれをカバーすることになりますが、そうすれば、結局は消費者の負担となり、政策目的の非課税にどれほどの存在意義を見いだせるのか疑問が生じるでしょう。

消費者の税負担に配慮して課税しない非課税であるならば、その配慮による不利益は課税権者が負うべきと考えることもできます。そのように考えれば、仕入税額控除に由来する「益税」の問題の多くは、事業者が負担する「損税」の問題へと姿を変えることになります。

② 簡易課税

簡易課税制度は、売上げの消費税額の一定割合を仕入れの消費税額とみなす方法です。実際に課税仕入れがなくても、計算上は仕入れの消費税額が生じ、その分は益税となります。実際に生じた課税仕入れの割合がみなし仕入率を超えていれば事業者が負担する部分が生じますが、ここで生じる負担は、事務手数を省略するためのコストと評価されます。

❽ 中小事業者に対する特例

中小事業者の納税事務負担等に配慮して、次のような制度が設けられています。

① 事業者免税点制度

その課税期間の基準期間及び特定期間における課税売上高が1,000万円以下である事業者は、原則として、国内における課税資産の譲渡等に係る消費税の納税義務が免除されます。

② 課税仕入れ等の税額の全額控除

その課税期間における課税売上高が5億円以下である事業者は、その課税期間における課税売上割合が95％以上であるときは、売上げとの対応関係にかかわらず、課税仕入れ等の税額の全額を控除対象仕入税額とします。

③ 簡易課税制度

その課税期間の基準期間における課税売上高が5,000万円以下である事業者は、控除対象仕入税額につき、売上げに係る消費税額に事業の区分に応じた6段階のみなし仕入率を乗じて計算する簡易課税制度を選択することができます。

④ 2割特例

令和5年度税制改正において、インボイス制度の開始から令和8年9月30日の属する課税期間までの間は、免税事業者がインボイス発行事業者の登録のために課税事業者となる場合に、その納付税額を課税標準額に対する消費税額の20％（売上税額の2割）相当額とすることができる経過措置が設けられています。

⑤ 少額特例

基準期間における課税売上高が1億円以下又は特定期間における課税売上高が5,000万円以下の事業者が、インボイス制度の開始から令和11年9月30日までの間において行う税込1万円未満の課税仕入れについては、インボイスの保存を要せず、帳簿の保存のみで仕入税額控除の要件を満たすことができる経過措置が設けられています。

⑥ 限界控除制度

消費税創設時は、事業者免税点を超えると、突然、納付税額が発生することに配慮して、その課税期間における課税売上高が6,000万円未満である事業者については、売上げの規模に応

じて納付税額が減額される限界控除制度が設けられていました。

　しかし、限界控除制度は、制度の透明性と信頼性の確保の面から問題があるとして、平成6年に廃止されました。

第5節　取引の区分

　納付すべき消費税額の計算の仕組みは、全ての取引を課税、免税、非課税、課税対象外（便宜的に不課税とよぶ場合があります。）の4つに区分することを基本としています。この4つの区分のいずれに該当するかの判断を、一般に課否判定といいます。

　消費税の課否判定は、「資産の譲渡等」であるかどうかの判断を出発点にして、国内取引に該当するか、非課税に該当するか、輸出取引等に該当するか、順を追って判断していきます。

ステップ1 資産の譲渡等	・第一に、全ての取引は、「資産の譲渡等」と「資産の譲渡等」以外とに区分する ・「資産の譲渡等」に該当しないものは課税対象外（不課税）となる ・ただし、輸入取引については、「資産の譲渡等」に該当するかどうかとは別枠で、輸入する貨物が課税の対象となる

ステップ2 内外判定	・第二に、「資産の譲渡等」を国内で行われたものと国外で行われたものとに区分する ・国外で行われた取引は、全て課税対象外（不課税）となる

ステップ3 非課税	・第三に、国内で行われた「資産の譲渡等」から、非課税となる取引を抽出する ・非課税取引は別表第一に限定列挙され、「非課税資産の譲渡等」と呼ばれる ・ここで「非課税資産の譲渡等」を除いた残りが国内における「課税資産の譲渡等」である

ステップ4 免税と課税	・第四に、国内における「課税資産の譲渡等」のうち、輸出取引及び輸出関連取引を免税の扱いにすれば、残ったものが消費税の課税取引となる ・課税取引は、課税標準額及び控除対象仕入税額の計算の基礎となる

68

第1章 総説

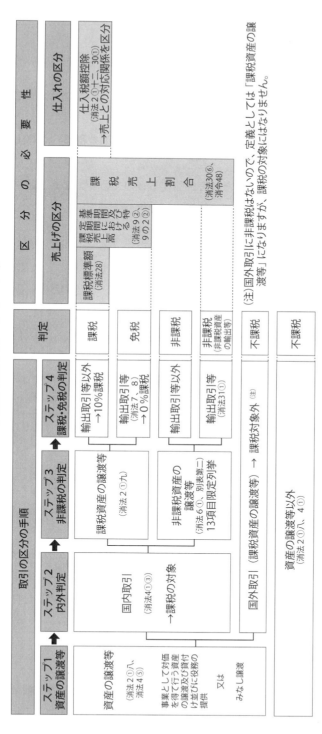

◆課否判定フローチャート◆

① **課税対象外取引**……消費税の課税関係は生じません。便宜的に不課税とよぶ場合もあります。
② **非課税取引**……非課税売上高は課税売上割合の計算に影響します。
③ **免税取引**……0％課税が適用され、課税標準額の基礎とならないことを除いては、課税取引と同様の取扱いとなります。
④ **課税取引**……売上げについては課税標準額、仕入れについては控除対象仕入税額の基礎となります。

※ 輸入（保税地域からの外国貨物の引取り）については、輸入する外国貨物が課税の対象となります（消法2①十、4②）。外国貨物は、課税貨物、非課税貨物、免税貨物に分けられ、課税貨物の引取りについて課せられた消費税は、国内取引に係る消費税の計算の基礎となります（消法2①十一、6②、30①、別表第二の二、関税定率法14〜17、輸徴法13）。
※ 「電気通信利用役務の提供」には、リバースチャージの取扱いがあります。

第6節 納付すべき消費税額の計算

(1) 3つの税額控除

消費税には「仕入税額控除」「売上返還税額控除」「貸倒れの税額控除」の3つの税額控除があります。

納付すべき消費税額は、課税標準額に対する消費税額（売上げに係る消費税額）を算出した上で、3つの税額控除を適用して計算します。

仕入税額控除は取引の前段階において課せられた税を排除するものであり、売上返還税額控除及び貸倒れの税額控除は、売上げに係る消費税額の修正項目です。

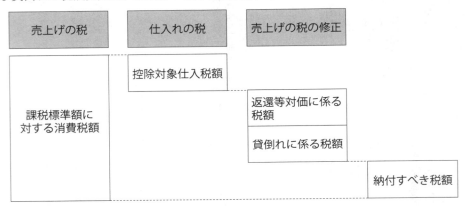

(2) 適用要件

① 仕入税額控除

仕入税額控除は、原則として、その課税期間の課税仕入れ等の税額の控除に係る帳簿及び請求書等を、次の期間、納税地等の所在地に保存しなければ適用できません。

- 帳簿は、その閉鎖の日の属する課税期間の末日の翌日から2か月を経過した日に保存を開始し、その後7年間
- 請求書等は、その受領した日の属する課税期間の末日の翌日から2か月を経過した日に保存を開始し、その後7年間

ただし6年目以後は、いずれか一方の保存で足ります。

② 売上返還税額控除

売上返還税額控除は、原則として、その売上げに係る対価の返還等をした金額の明細を記録した帳簿をその閉鎖の日の属する課税期間の末日の翌日から2か月を経過した日から7年間、納税地等の所在地に保存しなければ適用できません。

③ 貸倒れの税額控除

　貸倒れの税額控除は、原則として、債権につき貸倒れの事実が生じたことを証する書類をその貸倒れが生じた日の属する課税期間の末日の翌日から2か月を経過した日から7年間、納税地等の所在地に保存しなければ適用できません。

第2章

軽減税率制度と適格請求書等保存方式

第1節 軽減税率の対象

　軽減税率の適用対象は、飲食料品の譲渡と輸入及び新聞の定期購読契約に基づく譲渡です（消法2①九の二、十一の二、別表第一、第一の二）。

飲食料品の譲渡	「飲食料品」とは、次の①及び②をいう。 　①　食品表示法に規定する食品（酒類を除く。） 　②　食品と食品以外の資産で構成された一体資産のうち所定の要件を満たすもの 「飲食料品の譲渡」には次のイ及びロは含まない。 　イ　外食（食事の提供） 　ロ　ケータリング（有料老人ホームの給食及び学校給食は軽減税率の対象）
飲食料品の輸入	保税地域から引き取られる課税貨物のうち飲食料品に該当するものには、軽減税率を適用する。
新聞の譲渡	新聞の定期購読契約に基づく譲渡には、軽減税率を適用する。

　これらを軽減税率の対象としたのは、「飲食料品等の消費実態や、低所得者対策としての有効性、事業者の事務負担等を総合的に勘案し」（平成28年与党大綱12頁）た結果であると説明されています。

　以下では、軽減税率の対象となる取引を「軽減対象資産の譲渡等」といい、その譲渡を行った場合に軽減税率が適用されるものを「軽減対象資産」といいます。なお、国税庁のQ&A等にあわせて、「軽減税率対象品目」という場合もあります。

第 2 節　飲食料品の譲渡

　飲食料品の範囲や外食サービスの線引き、食品と食品以外とが一体となって販売される場合の取扱い等、飲食料品に係る軽減税率の適用範囲は、次のとおりです。消費税は転嫁を予定する間接税ですから、価格決定の段階で正確に判断する必要があります。

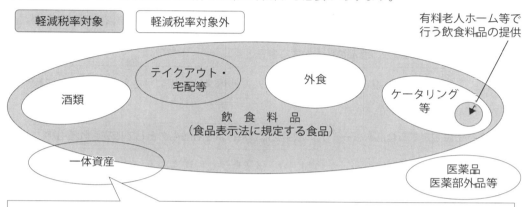

（出典：軽減Q＆A制度概要編）

　「飲食料品」とは、食品表示法に規定する食品（酒税法に規定する酒類を除きます。）及び一体資産のうち所定の要件を満たすものです（消法別表第一）。

1. 食品の範囲

(1) 食品表示法に規定する食品

　食品表示法において、「食品」とは、「全ての飲食物（医薬品等を除き、食品添加物を含みます。）」ものとされています（食品表示法2①）。

> **食品表示法 2 条 1 項**
> 　この法律において「食品」とは、全ての飲食物（医薬品、医療機器等の品質、有効性及び安全性の確保等に関する法律第2条第1項に規定する医薬品、同条第2項に規定する医薬部外品及び同条第9項に規定する再生医療等製品を除き、食品衛生法第4条第2項に規定する添加物を含む。）をいう。

　また、食品表示法5条は、「食品関連事業者等は、食品表示基準に従った表示がされていない食品の販売をしてはならない」と定めています。

> **食品表示法5条**
> 　食品関連事業者等は、食品表示基準に従った表示がされていない食品の販売をしてはならない。

　食品関連事業者等とは、その業種にかかわりなく、食品を販売する者をいいます（食品表示法2③）。

> **食品表示法2条3項**
> 　この法律において「食品関連事業者等」とは、次の各号のいずれかに該当する者をいう。
> 一　食品の製造、加工（調整及び選別を含む。）若しくは輸入を業とする者（当該食品の販売をしない者を除く。）又は食品の販売を業とする者（以下「食品関連事業者」という。）
> 二　前号に掲げる者のほか、食品の販売をする者

　つまり、「食品表示法に規定する食品」とは、人の飲用又は食用に供されるものとして販売されるものということになります。

「食品表示法に規定する食品」　→　人の飲用又は食用に供されるものとして販売されるもの

　軽減税率が適用される取引か否かの判定は、事業者が課税資産の譲渡等を行う時、すなわち、飲食料品を提供する時点（取引を行う時点）で行うこととなります（消基通5－9－1、軽減Q＆A制度概要編問11）。

軽減税率	標準税率
販売する事業者が、人の飲用又は食用に供されるものとして譲渡した場合	販売する事業者が、人の飲用又は食用以外に供されるものとして譲渡した場合
顧客がそれ以外の目的で購入し、又はそれ以外の目的で使用したとしても、「飲食料品の譲渡」に該当し、軽減税率の適用対象となる。	顧客がそれを飲用又は食用に供する目的で購入し、又は実際に飲用又は食用に供したとしても、「飲食料品の譲渡」に該当せず、軽減税率の適用対象とならない。

(2) 酒税法に規定する酒類

　酒税法に規定する酒類の譲渡は、軽減税率の対象となりません。酒税法において酒類は、「アルコール分1度以上の飲料」と定められています（酒税法2①）。

> **酒税法2条1項**
> 　この法律において「酒類」とは、アルコール分1度以上の飲料（薄めてアルコール分1度以上の飲料とすることができるもの（アルコール分が90度以上のアルコールのうち、第7条第1項の規定による酒類の製造免許を受けた者が酒類の原料として当該製造免許を受けた製造場において製造するもの以外のものを除く。）又は溶解してアルコール分1度以上の飲料とすることができる粉末状のものを含む。）をいう。

① ノンアルコール

ノンアルコールビールや甘酒など、アルコール分が1度未満の飲料は、軽減税率の適用対象である「飲食料品」に該当します（軽減Q&A個別事例編問15）。

② みりん

みりんは、アルコール分1度以上の飲料と評価され酒類に該当しますが、アルコール分が1度未満のみりん風調味料は「飲食料品」となり、軽減税率対象品目です（軽減Q&A個別事例編問14）。

③ 料理酒

アルコール分が1度以上であるものの、塩などを加えることにより飲用できないようにした料理酒（発酵調味料）は、酒税法に規定する酒類に該当せず、「飲食料品」に該当します（軽減Q&A個別事例編問14）。

④ 酒の原料

日本酒やワインは、アルコール分が1度以上ですから食品の原料として販売しても軽減税率の適用はありませんが（軽減Q&A個別事例編問13）、日本酒を製造するための米の販売に、軽減税率の対象です（軽減Q&A個別事例編問17）。

⑤ アルコール含有菓子類

酒類を原料とした菓子については、令和元年6月27日に改正された「酒税法及び酒類行政関係法令等解釈通達」に、「アルコール含有菓子類等の取扱い」が新設されています。

これによれば、菓子類のうち、「融解又は溶解により飲用することができ、かつ、アルコール分が1度以上のもの」は酒類に該当することになります。ただし、次の3つの事項を満たすものについては、強いて酒類には該当しないものとして取り扱うこととされています。

　イ　一般に飲用に供されるものではないと認知されているもの

　ロ　実態として、通常飲料として供されるものとは認められないもの

　ハ　製品の形状を維持することを目的とした製造行為が行われるもの又は食品添加物等が使用されるもので、氷菓以外のもの

つまり、アルコール分が1度以上のかき氷は酒類に該当し、ブランデーケーキはアルコールの度数に関係なく軽減税率対象品目となるということです。

(3) 包装材料等

① 別途対価を徴収する場合

贈答用の包装など、包装材料等につき別途対価を定めている場合のその包装材料等の譲渡は、「飲食料品の譲渡」には該当しません。

また、保冷剤についても、別途対価を徴している場合は、飲食料品の譲渡とは別に行う保冷剤の譲渡であり、軽減税率の適用対象となりません（消法別表第一第一号）。

② 別途対価を徴収しない場合

「通常必要なものとして使用される包装材料等」である場合

　飲食料品の販売に際し使用される包装材料及び容器（包装材料等）が、その販売に付帯して通常必要なものとして使用されるものであるときは、その包装材料等も含め軽減税率の適用対象となる「飲食料品の譲渡」に該当します。

　「通常必要なものとして使用される包装材料等」とは、飲食料品の販売に付帯するものであり、通常、飲食料品が費消され又はその飲食料品と分離された場合に不要となるようなものが該当します。

●桐の箱

　高額な飲食料品にあっては、桐の箱等の高価な容器に入れられて販売されることがありますが、このような場合にあっては、桐の箱にその商品の名称などを直接印刷等して、その飲食料品を販売するためにのみ使用していることが明らかなときは、その飲食料品の販売に付帯して通常必要なものとして使用されるものに該当します（消基通５－９－２）。

　ただし、容器等に商品の名称などを直接印刷等したとしても、その飲食料品を販売するためにのみ使用していることが明らかでないもの、例えば、その形状や販売方法等から、装飾品、小物入れ、玩具など、他の用途として再利用させることを前提として付帯しているものについては、その飲食料品の販売に付帯して通常必要なものには該当しません（軽減Q&A個別事例編問27）。

●キャラクター等が印刷された缶箱等

　キャラクター等が印刷されたお菓子の缶箱等は、基本的には、お菓子の販売に付帯して通常必要なものとして使用されるものに該当し、その缶箱入りのお菓子の販売は、軽減税率の適用対象となります。ただし、例えば、その形状や販売方法等から、装飾品、小物入れ、玩具など、顧客に他の用途として再利用させることを前提として付帯しているものは、通常必要なものとして使用されるものに該当せず、その商品は、次の「一体資産」に該当します（軽減Q&A個別事例編問26）。

「通常必要なものとして使用される包装材料等」でない場合

　例えば、陶磁器やガラス食器等の容器のように飲食の用に供された後において食器や装飾品等として利用できるものを包装材料等として使用しており、食品とその容器をあらかじめ組み合わせて一の商品として価格を提示し販売している場合には、その商品は次の「一体資産」に該当します（消法別表第一第一号、消基通５－９－２）。

2. 一体資産

　食品と食品以外の資産が一つの商品を構成している場合には、その商品に標準税率又は軽減税率のいずれを適用するのかという問題が生じます。この問題は、「一体資産」という新しい概念により整理されることになります。

食品と食品以外の資産があらかじめ一の資産を形成し、又は構成しているものであって、その一の資産に係る価格のみが提示されているものを「一体資産」といいます（消令2の3一）。

	一体資産
要件	次のいずれも満たすもの ① 食品と食品以外の資産があらかじめ一の資産を形成し、又は構成している ② その一の資産に係る価格のみが提示されている
具体例	・菓子と玩具で構成されている「食玩」 ・食器として再利用できる陶器に入れて販売する洋菓子 ・紅茶とティーカップのセット商品 ・カステラとカーネーションをセットにした母の日ギフト商品 ・ビールとジュースをセットにした歳暮商品 ・食品と食品以外の商品で構成された福袋

(1) 一体資産の税率

「一体資産」の譲渡は、原則として軽減税率の適用対象ではありません。したがって、その全体に標準税率10%が適用されます。これは、食品以外の資産を食品と抱き合わせた場合に、その譲渡の全体に軽減税率を適用することとすれば、租税回避的な商品の組成を助長することになる恐れがあるからです。

ただし、少額で食品の占める割合が大きい、例えば「食玩」のようなものについてまで厳格な取扱いを貫くと、一般消費者の理解を得られないと考えられます。そこで、次のいずれの要件も満たす場合には、その一体資産は飲食料品の範囲に含め、その譲渡全体に軽減税率を適用することとされています（消法別表第一第一号、消令2の3一）。

① 一体資産の譲渡の対価の額（税抜価額）が1万円以下であること
② 一体資産の価額のうちに当該一体資産に含まれる食品に係る部分の価額の占める割合として合理的な方法により計算した割合が3分の2以上であること

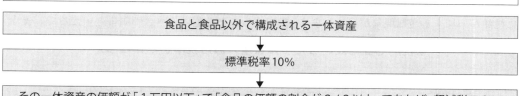

(2) 対価の額が1万円以下

1万円以下の判定は、課税標準額となる本体の価額によります（消令2の3一）。時価や希望小売価格ではなく、現実に対価として収受した金額のうち本体部分の金額です。

① 値引き等があった場合

値下げ販売やポイント利用等による値引き販売を行った場合には、その値下げ又は値引き等

を行った後の現実の譲渡の対価によります。定価が1万円を超えるものであっても、値引きにより1万円以下となれば、軽減税率が適用されます。値引きを行う際には、税率の適用関係が流動的になるという点に注意する必要があります。

② 税込価額10,801円から11,000円までの一体資産

税抜価額10,000円で軽減税率の対象となる一体資産の税込価額は、10,800円（1万円＋1万円×8％）です。また、税抜価額10,001円の一体資産には標準税率が適用され、その税込価額は11,001円（10,001円＋10,001円×10％）となります。したがって、税抜価額を設定して適用される税率に見合う消費税額を加算する価格設定では、税込価額10,801円から11,000円までの一体資産は存在しないことになります。

しかし、政府は、「価格設定についてのガイドライン」を公表して、消費税率の引上げにこだわらず自由な時期に価格改定を行うことを推奨しています。自由な時期に価格改定を行うためには、税込みによる設定が前提となります。税抜きで価格設定をした場合には、必然的に税率引上げの日に税込価格の改定となるからです。

税込みによる価格設定をした場合には、税込価額10,801円の本体価額は、軽減税率で割り戻せば10,001円（1万円超）、標準税率で割り戻せば9,820円（1万円以下）となり、どちらの税率も適用することができません。また、税込価額11,000円では、軽減税率で割り戻せば10,186円（1万円超）、標準税率で割り戻せば10,000円（1万円以下）となり、やはりどちらの税率も適用することができないのです。

この問題について、国税庁は、税込価額10,800円以下の場合に軽減税率の対象になると判断しているようです。そうすると、税込価額10,801円から11,000円までの一体資産は、本体価額が1万円以下であるけれど軽減税率の対象とならないということになり、理論的な説明が難しいものと思われます。

③ 本体価額と消費税等の額の逆転現象

10,801円から10,998円までの税込価額は、10,800円と比べて、顧客の支払が増加する以上に税額が増加する逆転現象が起こります。設定することを避けるべき価額帯といえるでしょう。

≪税込で価格設定した一体資産の適用税率と本体価額≫

税込価額	適用税率	本体価額	消費税等
10,800円	軽減税率 8％	10,000円	800円
10,801円	標準税率 10％	9,820円	981円
10,802円	標準税率 10％	9,820円	982円
〜	〜	〜	〜
10,998円	標準税率 10％	9,999円	999円
10,999円	標準税率 10％	10,000円	999円
11,000円	標準税率 10％	10,000円	1,000円

※　本体価額の計算に当たっては、税額の端数を切捨処理して算出しています。したがって、税込価額10,801円である場合の本体価額計算は次のようになります。

$$10,801円 \times \frac{10}{110} = 981.90\cdots円 \quad \rightarrow 981円$$

$$10,801円 - 981円 = 9,820円$$

(3) 合理的な方法により計算した割合

　上記の「一体資産の価額のうちに当該一体資産に含まれる食品に係る部分の価額の占める割合として合理的な方法により計算した割合」とは、販売する商品や販売実態等に応じて、事業者が合理的に計算した割合です（消基通5－9－4）。

合理的な割合と認められるもの
● 一体資産の譲渡に係る売価のうち、合理的に計算した食品の売価の占める割合
● 一体資産の譲渡に係る原価のうち、合理的に計算した食品の原価の占める割合

　原価に占める割合により計算を行う場合において、原価が日々変動するなど、その割合の計算が困難なときは、前課税期間における原価の実績等により合理的に計算することができます。

　売価又は原価と何ら関係のない重量・表面積・容積等といった基準のみにより計算した割合は、「価額の占める割合」ではないので認められません。

(4) 小売事業者等の判断

　小売業や卸売業等を営む事業者が、一体資産に該当する商品を仕入れて販売する場合において、販売する対価の額（税抜）が1万円以下であれば、その課税仕入れのときに仕入先が適用した税率をそのまま適用することができます（軽減Q&A個別事例編問96）。

　一体資産を仕入れた場合には、「一体資産の価額のうちに食品に係る部分の価額の占める割合として合理的な方法により計算した割合」による判定ができないことに配慮した取扱いです。

　販売する税込価額を10,801円以上に設定した場合は、上記（2）②で示したとおり、軽減税率は適用されないこととなります。

3.　一体資産か、一括譲渡か

　食品と食品以外の資産を同時に販売する場合であっても、それが一体資産の譲渡に該当しない一括譲渡であるときは、資産ごとに各別の税率が適用されます。すなわち、各別の税率が適用されるか、あるいは全体に一つの税率が適用されるか、一括譲渡と一体資産とは、必ず異なる判定結果になるということです。

(1) 一括譲渡となるもの

　次のような場合は、食品と食品以外の資産が一の資産を形成し又は構成しているものであっ

ても、一体資産に該当しません（消法別表第一第一号、消令2の3、消基通5－9－3）。軽減対象資産の譲渡等と標準税率適用の課税資産の譲渡等とを一括して行う「一括譲渡」となります。

① 顧客が組合せを選択できる場合

　個々の商品の価格を提示しているか否かにかかわらず、商品（食品と食品以外）を、例えば 　このワゴンボックス内の商品は、よりどり3品△△円 との価格を提示し、顧客が自由に組み合わせることができるようにして販売している場合には、一体資産となる（要件1）「食品と食品以外の資産があらかじめ一の資産を形成し、又は構成している」に欠けるため、一体資産には該当しません（消基通5－9－3）。

② 内訳価格を表示している場合

　例えば、 セット価格1,000円（内訳：A商品400円、B商品300円、C商品300円） と表示するなど、食品と食品以外の資産を組み合わせた一の詰め合わせ商品について、その詰め合わせ商品の価格とともに、これを構成する個々の商品の価格を内訳として提示している場合には、一体資産となる（要件2）「その一の資産に係る価格のみが提示されている」に欠けるため、一体資産には該当しません（消基通5－9－3）。

(2) 食品と非売品の組合せ

　例えば、ファストフード店では、ハンバーガーとドリンク、非売品のおもちゃをセットにした子供セットといった商品があります。セット価格が食品の単品価格の合計額以下である場合や、おもちゃなしでもセット価格が変わらない場合は、おもちゃの価格をゼロとして、全体に軽減税率を適用します。

　しかし、セット価格が食品の単品価格の合計額を超えている場合には、そのセット商品に適用される税率を判断するためには、一体資産であるかどうかの検討が必要です。非売品が組み合わされている場合であっても、①あらかじめ一の資産を形成し、②その一の資産に係る価格のみが提示されているときは、一体資産となります。

【ファストフード店のおもちゃ付きセット】

【ハンバーガー、ドリンク、おもちゃのセット】＝500円 内容を選ぶことはできないが、**内訳価格が表示されている**	→	一体資産 でない
【ハンバーガー、ドリンク、おもちゃのセット】＝500円 セット価格のみが提示されているが、**ハンバーガー、ドリンク又はおもちゃを選べる**	→	一体資産 でない
【ハンバーガー、ドリンク、おもちゃのセット】＝500円 あらかじめセットをされ、セット価格のみが提示されている （単品メニューが別にあってもかまわない）	→	一体資産

※　セット商品を構成する食品又は食品以外の資産について、選択可能な組合せのパターンを提示し、それぞれ

組合せに係る価格のみを提示している場合には、一体資産に該当します（軽減Q&A個別事例編87）。

※　一括譲渡に該当する場合、セット商品の売価から実際に販売されている商品の単品の価格を控除した後の残額を非売品の売価とすることができます（軽減Q&A個別事例編問88）。

※　一括譲渡に該当する場合、実態として、おもちゃが付かない場合でもセット商品の価格が変わらない場合には、おもちゃの対価を求めていないと認められるので、非売品の売価を0円とすることも合理的に区分されたものと考えられます（軽減Q&A個別事例編問88）。

（3）販促品付きペットボトル飲料

販売促進の一環として、特定のペットボトル飲料に非売品のおもちゃを付けた状態で販売する場合、特定の食品にあらかじめ販促品を付けて販売されているため、「食品と食品以外の資産があらかじめ一の資産を形成し、又は構成しているもの」であり、また、一の資産に係る価格のみが提示されているものであるため、「一体資産」に該当します。

なお、おもちゃが非売品であり、また、おもちゃが付かない場合でも価格が変わらないのであれば、おもちゃの価格は0円であると認められるため、一体資産の価額のうち食品に係る部分の価額の占める割合は3分の2以上となり、一体資産の譲渡の対価の額（税抜価額）が1万円以下である場合、その販売は「飲食料品の譲渡」に該当し、全体が軽減税率の適用対象となります（軽減Q&A個別事例編89）。

4．一括譲渡

軽減対象資産の譲渡等と標準税率適用の課税資産の譲渡等とを一括して行う「一括譲渡」である場合には、個々の商品ごとに適用税率を判定することとなります。

個々の商品に係る対価の額が明らかでないときは、商品の価額を適用税率ごとに合理的に区分することとなります（平28改令附6）。これは、単一税率制度の下で土地建物の譲渡など課税資産と非課税資産とを一括譲渡した場合と同様の取扱いです。

したがって、次に掲げる資産を一括譲渡した場合において、契約等において対価の額が合理的に区分されているときは、その契約等における合理的な区分によることになります。

対価の額が合理的に区分されていないときは、これらの資産の譲渡の時におけるこれらの資産の価額の合計額のうちに、①に掲げる資産の価額、又は、②に掲げる資産の価額の占める割合を乗じて課税標準額を計算します（平28改令附6）。

①　標準税率適用の課税資産の譲渡等に係る資産

②　軽減対象資産の譲渡等に係る資産

③　非課税資産の譲渡等に係る資産

5. 役務の提供等

(1) 製作物供給契約

　飲食料品メーカーとの間で、いわゆる製作物供給契約を締結し、受託製造した飲食料品を
メーカーに納品する場合、その取引が、「製造販売」に当たるか「賃加工」に当たるかにより適
用税率が異なることとなります。「製造販売」であれば、「飲食料品の譲渡」として軽減税率の
適用対象となり、「賃加工」であれば、「役務の提供」として軽減税率の適用対象となりません
（軽減Q&A個別事例編41）。

　「製造販売」に当たるか「賃加工」に当たるかは、その契約内容等により個別に判断すること
となりますが、例えば、次のような点等を踏まえて判断することとなります。

- ► 受託者の使用する原材料や包装資材は、どのように調達されるか（委託者からの無償支
  給か、有償支給か、自社調達か）
- ► 契約に係る対価の額はどのように設定されるか
- ► 完成品の所有権がどちらにあるか

　したがって、次のような契約は、一般に製造業者が原材料等を仕入れて製品を製造して販売
する取引と何ら変わらず、飲食料品の「製造販売」に該当すると考えられ、その取引は「飲食
料品の譲渡」に該当し、軽減税率の適用対象となります。

- ► 原材料及び包装資材は、飲食料品メーカーから有償支給を受ける
- ► 原材料代と包装資材代に加工賃を加算した金額を、販売代金として飲食料品メーカーに
  請求する
- ► 完成品の引渡時に、その所有権が当社から飲食料品メーカーへ移転する

(2) 自動販売機の手数料

　清涼飲料の自動販売機を設置し、飲料メーカーから受領する自動販売機による清涼飲料の販
売数量等に応じて計算された販売手数料は、「役務の提供」の対価に該当することから、軽減税
率の適用対象となりません（軽減Q&A個別事例編43）。

(3) 委託販売等

　委託販売その他業務代行等（以下「委託販売等」といいます。）を通じて商品を販売する委託
者について、原則として受託者が委託商品を譲渡等したことに伴い収受した又は収受すべき金
額が委託者における資産の譲渡等の金額となり、受託者に支払う委託販売手数料が課税仕入れ
に係る支払対価の額となります（以下「総額処理」といいます。）。

　単一税率の下では、その課税期間中に行った委託販売等の全てについて、その資産の譲渡等
の金額からその受託者に支払う委託販売手数料を控除した残額を委託者における資産の譲渡等
の金額とすることが認められています（以下「純額処理」といいます。）（消基通10−1−12(1)）。

取扱商品が飲食料品である場合には、委託販売等を通じて受託者が行う飲食料品の譲渡は軽減税率の適用対象となりますが、受託者が行う委託販売等に係る役務の提供は、その取扱商品が飲食料品であったとしても、軽減税率の適用対象となりません。

したがって、受託者が行う販売と委託販売に係る役務の提供の適用税率が異なるため、純額処理をすることはできないこととなります（消基通10−1−12）。

※ 飲食料品の委託販売等を行っていても、標準税率が適用される委託販売等については純額処理によることができます。

その場合には、標準税率が適用される委託販売等の全てについて、純額処理による必要があります。

※ 受託者においても、飲食料品の譲渡に係る委託販売等には、その飲食料品の仕入れと売上げを計上する処理は認められず、委託販売手数料を標準税率適用の課税売上げとしなければなりません。

(4) カタログギフト

贈答を受けた者（受贈者）がカタログに掲載された商品の中から任意に選択した商品を受け取ることができる、いわゆるカタログギフトの販売は、贈与者による商品の贈答を代行すること（具体的には、様々な商品を掲載したカタログを提示するとともに、受贈者の選択した商品を手配する一連のサービス）を内容とする「役務の提供」を行うものです。カタログに、たとえ食品のみが掲載されていたとしても、「飲食料品の譲渡」に該当せず、軽減税率の適用対象となりません（軽減Ｑ＆Ａ個別事例編問35）。

百貨店等から購入者（贈与者）に対するカタログギフトの販売も、軽減税率の適用対象とはなりません。

(5) 飲用後に回収される空びん

① 容器等込みで飲料を仕入れる際に支払い、飲料を消費等した後に空の容器等を返却したときに返還を受けることとされているいわゆる「容器保証金」は、消費税の課税対象外です（消通基5−2−6）。

容器等が返却されないことにより返還しないこととなった保証金等の取扱いは次のとおりです（消通基5−2−6）。

▶ 当事者間においてその容器等の譲渡の対価として処理することとしている場合は、資産の譲渡等の対価に該当します。

▶ 当事者間において損害賠償金として処理することとしている場合は、その損害賠償金は資産の譲渡等の対価に該当しません。

▶ 上記のいずれによるかは、当事者間で授受する請求書、領収書その他の書類で明らかに

するものとされています。

② 飲食店等に対して清涼飲料を販売する際に使用するガラスびんは、その販売に付帯して通常必要なものとして使用されるものであるため、清涼飲料の販売は、ガラスびんも含めて「飲食料品の譲渡」として軽減税率の適用対象となります。

飲用後の空びんを回収する際に飲食店等に支払う「びん代」は、飲食店等から受けた「飲食料品の譲渡」の対価ではなく、「空びんの譲渡」の対価であることから、軽減税率の適用対象となりません（軽減Q&A個別事例編問30）。

6. 外食（食事の提供）

飲食店業等を営む者が、テーブル、椅子、カウンターその他の飲食に用いられる設備（飲食設備）のある場所において行う飲食料品を飲食させる役務の提供は、軽減税率の対象となりません（消法別表第一第一号）。

「外食」については、その消費税負担が逆進的とは言えないことや、諸外国においても軽減税率の適用対象外とされている事例が多く見受けられること等の事情を総合勘案し、軽減税率の適用対象外とされています。

消費税法令においては、従来、「飲食」は役務の提供と整理されており（消令17②七ロ）※、軽減税率の対象を「飲食料品の譲渡」とすれば、飲食サービスである「外食」が対象とならないとの解釈が導かれることになりますが、外食産業における飲食料品の提供形態には様々なものがあることから、「外食」が飲食料品の譲渡には含まれないことを確認するため、消費税法別表第一第一号イは、「テーブル、椅子、カウンターその他の飲食に用いられる設備のある場所において飲食料品を飲食させる役務の提供」が飲食料品の譲渡には含まれないことを確認的に規定しています。

これは、食料の調達であれば税負担を軽減するが、レストランサービスには通常の税負担を求めるものであるといえます。この線引きにより、ファストフード店の「持帰り」、喫茶店や蕎麦屋の「出前」には軽減税率が適用され、「店内飲食」には標準税率が適用されることとなります。

※ 消費税法施行令17条2項7号ロは、非居住者に対して行われる「役務の提供」のうち、「国内における飲食又は宿泊」は、輸出免税の対象とならない旨を規定しています。

（1）飲食店業等を営む者

「飲食店業等を営む者」とは、食品衛生法施行令に規定する飲食店営業、喫茶店営業その他の飲食料品をその場で飲食させる事業を営む者をいうものとされていますが、このような業種に限らず、飲食設備のある場所において飲食料品を飲食させる役務の提供を行う全ての事業者が該当します（消令2の4①、消基通5-9-6）。

（2）飲食設備

　テーブル、椅子、カウンターその他の飲食に用いられる設備（飲食設備）とは、飲食料品の飲食に用いられる設備であれば、その規模や目的を問わず、飲食のための専用の設備である必要もありません。次のような設備も、「飲食設備」に該当します（消法別表第一第一号イ、消基通5－9－7）。

- テーブルのみ、椅子のみ、カウンターのみの設備
- 飲食目的以外の施設等に設置されたテーブル等で飲食に用いられる設備

　また、飲食料品の提供を行う者と設備を設置又は管理する者（設備設置者）が異なる場合であっても、飲食料品の提供を行う者と設備設置者との間の合意等に基づき、その飲食設備を飲食料品の提供を行う者の顧客に利用させることとしているときは、「飲食設備」に該当します（消基通5－9－8）。

①　屋台における飲食料品の提供

　例えば、屋台や移動販売車による営業は、次のように判断します（軽減Q&A個別事例編51、66）。

屋台における飲食料品の販売	
軽減税率（飲食設備がない）	標準税率（飲食設備がある）
• テーブル、椅子、カウンター等がない場合 • 公園などの公共のベンチ等を顧客が使用することもあるが、特段の使用許可等をとっておらず、その他の者も自由に使用している場合	• 屋台の経営者自らテーブル、椅子、カウンター等を設置している場合 • 自ら設置はしていないが、ベンチ等の設備設置者から使用許可等を受けている場合

②　遊園地の売店

　「飲食設備」とは、個々のテーブルや椅子等の飲食に用いられる設備を指し、遊園地といった施設全体を指すものではありません。遊園地の売店にとっての「飲食設備」は、例えば、売店のそばに設置したテーブルや椅子など、売店の管理が及ぶものが該当するのであり、園内に点在している売店の管理が及ばないベンチ等は、その売店にとっての飲食設備に該当するものではないと考えられます。

　したがって、売店の管理が及ぶテーブルや椅子などで顧客に飲食料品を飲食させる場合は、「食事の提供」に該当し、顧客が飲食料品を園内において食べ歩く場合や、売店の管理の及ばない園内に点在するベンチで飲食する場合は、売店にとっては、単なる飲食料品の販売に該当します（軽減Q&A個別事例編問68）。

③　ショッピングセンターのフードコート

　ショッピングセンターのフードコートにテナントとして出店した場合、フードコートのテーブル、椅子等はショッピングセンターの所有であり、出店している事業者の設備ではありません。このような場合であっても、ショッピングセンターのフードコートが、設備設置者と飲食料品を提供している事業者との間の合意等に基づき、その設備を顧客に利用させることとされ

ている場合には、出店している事業者が行う飲食料品の提供は、飲食設備のある場所において飲食料品を飲食させる役務の提供に該当します。軽減税率の適用対象となりません。

ただし、フードコートにおいても、次に示すように持帰り用に販売する場合は、軽減税率の対象となります。

(3) イートイン（店内飲食）とテイクアウト（持帰り）

飲食店業等を営む者が行うものであっても、飲食料品を持帰りのための容器に入れ、又は包装をして行う譲渡（いわゆる「テイクアウト」）は、テーブル、椅子等の飲食設備のある場所において、飲食料品を飲食させる役務の提供には当たらない単なる飲食料品の販売であることから、軽減税率が適用されます（消法別表第一第一号イ）。

① 持帰りのための容器に入れ、又は包装を施して行う飲食料品の譲渡

消費税法別表第一第一号イにおいては、食事の提供には、「持帰りのための容器に入れ、又は包装を施して行う譲渡は、含まない」とされていますが、これに該当するかどうかについて、消基通5−9−10は、「当該飲食料品の提供等を行う時において、例えば、当該飲食料品について店内設備等を利用して飲食するのか又は持ち帰るのかを適宜の方法で相手方に意思確認するなどにより判定することとなる。」としています。法律に規定する「持帰りのための容器に入れ、又は包装をして行う譲渡」という結果は、持ち帰るのかどうかを顧客に確認して得られるということでしょう。

また、消基通5−9−10は、「課税資産の譲渡等の相手方が、店内設備等を利用して食事の提供を受ける旨の意思表示を行っているにもかかわらず、事業者が『持ち帰り』の際に利用している容器に入れて提供したとしても、当該課税資産の譲渡等は飲食料品の譲渡に該当しないのであるから、軽減税率の適用対象とならないことに留意する」と説明しています。

「持帰りのための容器に入れ、又は包装を施して行う譲渡は、含まない」という条文の規定からこの解釈が当然に導かれるかどうかについては疑問が生じるところですが、コンビニエンスストアはイートインコーナーがあってもあらかじめ持帰り用の包装を行っている、店内飲食か持帰りかにかかわらず同じ包装をするファストフード店もある等の例も考慮して、このような解釈が示されたものと考えられます。

② 適用税率の判定時期

持帰りの意思表示をした消費者に「持帰りのための容器に入れ、又は包装を施して」飲食料品を提供した場合であっても、その後、その消費者が何らかの事情で店内飲食をするケースもないとは限りません。その場合、その課税資産の譲渡等の税率を標準税率に変更する必要があるのか、税率差額分を消費者に請求するべきかと、いう疑問が生じます。

しかし、消費税の納税義務は、個々の課税資産の譲渡等をした時に成立するため（通法15②七）、納税義務が成立した後の消費者の行動によって課税関係が変更されることはありません。

「店内飲食」と「持帰り販売」のいずれも行っている飲食店等において飲食料品を提供する場

合に、どちらに該当するかは、事業者が飲食料品の譲渡等を行う時に判断することとなります。例えば、注文等の時点で「店内飲食」か「持帰り」かを判断すれば、その後、顧客がこれを変更しても、その変更によって適用する税率を訂正する必要はありません（軽減Q＆A制度概要編問11）。

③ 料理の残りの持帰り

その場で飲食するために提供されたものは、提供の時点で「食事の提供」に該当し、顧客が注文した料理の残りを折り詰めにして持ち帰っても、「飲食料品の譲渡」に該当せず、軽減税率の適用対象となりません（軽減Q＆A個別事例編問59）。

④ 店内飲食と持帰り販売の両方を行っているファストフード店等

事業者が行う飲食料品の提供が、「食事の提供」に該当するのか、又は「持帰り」に該当するのかは、その飲食料品の提供を行った時において、例えば、その飲食料品について、その場で飲食するのか又は持ち帰るのかを相手方に意思確認するなどの方法により判定するものとされています（消基通5－9－10、軽減Q＆A個別事例編問58）。

⑤ セット商品のうち一部を店内飲食する場合

ファストフード店において、一の商品であるハンバーガーとドリンクのセット商品を販売する際に、ドリンクだけを店内飲食すると意思表示された場合には、一のセット商品の一部をその場で飲食させるために提供することになり、そのセット商品の販売は、「食事の提供」に該当します。

単品販売である場合は、持ち帰るものは軽減税率の適用対象となり、店内飲食するものは軽減税率の適用対象となりません（軽減Q&A個別事例編問60）。

⑥ イートインコーナーがあるコンビニエンスストア

イートインコーナーがあるコンビニエンスストアで、ホットスナックや弁当等を、店内で飲食するか否かにかかわらず、持帰りの際に利用している容器等に入れて販売している場合には、顧客に対して店内飲食か持帰りかの意思確認を行うなどの方法で、軽減税率の適用対象となるかならないかを判定することとされています（消基通5－9－10、軽減Q＆A個別事例編問52）。

ただし、大半の商品（飲食料品）が持帰りであることを前提として営業しているコンビニエンスストアにおいては、全ての顧客に店内飲食か持帰りかを質問することを必要とするものではなく、例えば、「イートインコーナーを利用する場合はお申し出ください」等の掲示をして意思確認を行うなど、営業の実態に応じた方法で意思確認を行うこととすることができます（軽減Q＆A個別事例編問52）。

また、イートインコーナーではなく、休憩場所を提供する場合には、その場所で飲食できない旨を掲示するなど、その休憩場所が飲食設備ではないことを明らかにする措置を取っていれば、その店舗における飲食料品の譲渡の全てが軽減税率の対象となります。

⑦ 休憩スペースのあるスーパーマーケット

「飲食設備」とは、テーブル、椅子、カウンターその他の飲食に用いられる設備であれば、そ

の規模や目的を問わないため、スーパーマーケットの休憩スペースであっても、飲食設備に該当します（消基通 5 − 9 − 7）。そのため、その休憩スペースにおいて顧客に飲食料品を飲食させる役務の提供は「食事の提供」に該当し、軽減税率の適用対象となりません（消法別表第一第一号イ、消基通 5 − 9 − 9(3)）。

したがって、飲食料品の販売に際しては、顧客に対して店内飲食か持ち帰りかの意思確認を行うなどの方法で、軽減税率の適用対象となるかならないかを判定することとなります。

その際、大半の商品（飲食料品）が持ち帰りであることを前提として営業しているスーパーマーケットの場合において、全ての顧客に店内飲食か持ち帰りかを質問することを必要とするものではなく、例えば、「休憩スペースを利用して飲食する場合はお申し出ください」等の掲示を行うなど、営業の実態に応じた方法で意思確認を行うこととして差し支えありません。

なお、「飲食はお控えください」といった掲示を行うなどして実態として顧客に飲食させていない休憩スペースのように顧客により飲食に用いられないことが明らかな設備については、飲食設備に該当しません。そのため、ほかに飲食設備がない場合には、持ち帰り販売のみを行うこととなりますので、意思確認は不要となります（軽減Q＆A個別事例編問53）。

> ※ 「飲食はお控えください」といった掲示を行っている休憩スペース等であったとしても、実態としてその休憩スペース等で顧客に飲食料品を飲食させているような場合におけるその飲食料品の提供は「食事の提供」に当たり、軽減税率の適用対象となりません。したがって、店内飲食か持ち帰りかの意思確認を行うなどの方法で、軽減税率の適用対象となるかならないかを判定することとなります（軽減Q＆A個別事例編問53）。

⑧　飲食できる物の限定

多くの種類の飲食物を販売するスーパーマーケットであっても、イートインスペースにおいて、例えば飲み物とパンのみが飲食可能である旨の掲示を行って飲食できる物を限定し、実態として限定した飲み物とパン以外の飲食料品を顧客に飲食させていない場合には、飲み物とパン以外の飲食料品については、持帰り販売のみを行うこととなり、店内飲食か持帰りかを意思確認する必要はありません（軽減Q＆A個別事例編56）。

> ※ 飲み物とパンのみが飲食可能な旨の掲示を行っていたとしても、実態としてそれら以外の飲食料品も顧客に飲食させているような場合には、飲み物とパン以外についても店内飲食か持帰りかの意思確認を行うなどの方法で、軽減税率の適用対象を判定することになります（軽減Q＆A個別事例編56）。

⑨　コーヒーチケット

コーヒーチケット（物品切手）の発行は、消費税の課税の対象外です（消基通 6 − 4 − 5）。顧客にそのコーヒーチケットと引き換えにコーヒーを提供した時に消費税の課税の対象となります（消基通 9 − 1 − 22）。したがって、コーヒーを提供する時点で、店内飲食には標準税率を適用し、出前には軽減税率を適用することになります。しかし、例えば、本体価格を1,000円と決め、店内飲食は1,100円、出前は1,080円とする価格設定では、税率の区分に対応することができません。

しかし、このようなコーヒーチケットの売上計上とは別にコーヒーの提供時に課税売上げを認識する方法では、事務が煩雑になることから、継続適用を要件に、コーヒーチケットを発行

した時点で、売上計上と合わせて消費税の課税の対象とする方法も認められています。この場合には、店内飲食と出前の共用のコーヒーチケットでは、たとえ店内飲食と出前の税込価格を同額に設定していたとしても、適用税率を判定することはできません。

軽減Q＆A個別事例編問57は、「例えば、店内飲食用のチケットと持ち帰り用のチケットを区分して発行するといった対応も考えられます。」としています。

⑩ 食券方式の食堂

店頭に設置した自動券売機において食券を販売し、その食券に記載された料理を提供する食堂があります。数量管理及び現金管理の省力化、人員不足の解消、無銭飲食の防止等を図ることができます。

消費税の課税関係を考えてみると、コーヒーチケットと同様に、食券の販売は課税対象外となり、その食券と引換えに行う料理の提供が課税資産の譲渡等になります。しかし、そのような処理は現実的ではありません。ほとんど同時に行われる食券の販売と料理の提供とを分ける必要はなく、食券の販売を課税資産の譲渡等としています。

この場合にも、店内飲食用の食券と持帰り用の食券とを区分する必要があります。

食券の発行システムは、タッチパネルメニュー等を取り入れて新商品に即応できるものが普及しています。スマートフォン等によるキャッシュレスに対応するものも多くなっています。

このようなシステムを導入している場合には、随時、消費税の複数税率に対応したメニューを設定することができると考えられます。

⑪ 回転寿司店でパック詰めした寿司を持ち帰る場合

回転寿司店においては、顧客が食事中に寿司をパック詰めして持ち帰ることがあります。軽減税率の適用対象とならない「食事の提供」に該当するのか、又は「持ち帰り」となるのかは、その飲食料品の提供等を行った時点において判定することとされています（消法別表第一第一号イ、消基通5－9－10）。

したがって、店内で飲食する寿司と区別されずに提供されたものは、その時点で「食事の提供」に該当し、その後、顧客がパック詰めにして持ち帰ることとしても、「飲食料品の譲渡」に該当せず、軽減税率の適用対象となりません。

なお、顧客が持ち帰り用として注文し、パック詰めにして販売するものは、「飲食料品の譲渡」に該当し、軽減税率の適用対象となります（軽減Q＆A個別事例編問61）。

⑫ 列車内の弁当の販売

列車内の食堂施設において行われる飲食料品の提供は、軽減税率の適用対象となりません（消法別表第一第一号イ、消基通5－9－9(5)）。

他方、旅客列車の施設内に設置された売店や移動ワゴン等による弁当や飲み物等の販売は、次のイ、ロに該当する場合を除き、軽減税率の適用対象となります（消基通5－9－9 注)2、軽減Q＆A個別事例編問69）。

イ　座席等で飲食させるための飲食メニューを座席等に設置して、顧客の注文に応じてその座

席等で行う食事の提供

ロ　座席等で飲食するため事前に予約を受けて行う食事の提供

⑬　映画館の売店での食品の販売

映画館内に設置された売店で行われる飲食料品の販売は、単に店頭で飲食料品を販売しているものですので、「飲食料品の譲渡」に該当し、軽減税率の適用対象となります。

ただし、売店のそばにテーブル、椅子等を設置して、その場で顧客に飲食させている場合には、「食事の提供」に該当し、持帰りによる販売である場合を除き、軽減税率の適用対象となりません（消基通5－9－9⑷）。

持帰りの販売かどうかは、④のファストフード店の判断に準じます。

映画館の座席での次のような飲食料品の提供は、食事の提供に該当し、軽減税率の適用対象となりません（消法別表第一第一号イ、消基通5－9－9（注）2、軽減Q＆A個別事例編問71）。

イ　座席等で飲食させるための飲食メニューを座席等に設置して、顧客の注文に応じてその座席等で行う食事の提供

ロ　座席等で飲食するため事前に予約を受けて行う食事の提供

⑭　バーベキュー施設内での飲食

バーベキュー施設内での飲食は、そのバーベキュー施設を運営する事業者からしか食材の提供を受けることができない場合には、施設利用料と食材代を区分していたとしても、その全額が飲食に用いられる設備において飲食料品を飲食させる役務の提供に係る対価と認められ、その全額が「食事の提供」の対価に該当し、軽減税率の適用対象となりません（消法別表第一第一号イ、軽減Q＆A個別事例編問74）。

飲食料品を提供する事業者が、バーベキュー施設を運営する事業者自体ではなく、その運営事業者の契約等により、顧客にバーベキュー施設の飲食設備を利用させている事業者である場合についても同様です（軽減Q＆A個別事例編問74）。

7.　ケータリングサービス

軽減税率の適用対象となる「飲食料品の譲渡」には、「課税資産の譲渡等の相手方が指定した場所において行う加熱、調理又は給仕等の役務を伴う飲食料品の提供」（いわゆる「ケータリング」や「出張料理」）は含まれません（消法別表第一第一号ロ、消基通5－9－11）。

飲食店が行う出前やデリバリー専門の飲食店など飲食料品の提供形態には様々なものがあります。ケータリングサービスには、料理を届けるだけの出前から相手方の指定した場所に赴き、調理や配膳、給仕等を行うものまで様々な形態があります。このうち、相手方の指定した場所で、加熱、調理又は給仕等の役務を伴う飲食料品の提供については、「外食」と変わらないことから、軽減税率の適用対象となる「飲食料品の譲渡」には含まれないこととされています（消法別表第一第一号ロ）。

(1) 相手方が指定した場所において行う役務を伴う飲食料品の提供

次のような場合は、ケータリングサービスに該当し、軽減税率の対象になりません（消基通5−9−11）。

- 相手方が指定した場所で持参した食材等を調理して提供する場合
- 相手方が指定した場所で調理済みの食材を加熱して温かい状態で提供する場合
- 相手方が指定した場所で飲食料品の盛り付けを行う場合
- 相手方が指定した場所で飲食料品が入っている器を配膳する場合
- 相手方が指定した場所で飲食料品の提供とともに取り分け用の食器等を飲食に適する状態に配置等を行う場合

「相手方が指定した場所において行う加熱、調理又は給仕等の役務を伴う飲食料品の提供」には、盛り付けが該当します。しかし、「コーヒーを持ち帰り用のカップに注ぐ」等の飲食料品の譲渡に通常必要な行為は、ケータリングに該当しません（軽減Q&A個別事例編問79）。

(2) 出前、宅配

飲食料品の販売に際して、その飲食料品を運搬する行為は、税率の判定に影響しません。相手方が指定した場所で加熱、調理又は給仕等の役務を一切伴わない、いわゆる出前は、「飲食料品の譲渡」に該当し、軽減税率の適用対象となります（消基通5−9−11）。

ただし、配送料を別途収受する場合は、その配送料部分には標準税率が適用されます。

① そばの出前

そばの出前は、単に飲食料品を届けるだけであるため、軽減税率の対象です（軽減Q&A個別事例編問77）。

② ピザの宅配

宅配ピザの配達は、単に飲食料品を届けるだけであるため、軽減税率の対象です（軽減Q&A個別事例編問77）。

③ 簡易課税制度の事業区分と税率の判定

簡易課税制度は、第一種事業（卸売業）、第二種事業（小売業）、第三種事業（製造業等）、第五種事業（サービス業等）及び第六種事業（不動産業）以外の事業を第四種事業としています。飲食店業は、第四種事業となります。

出前とは、飲食店が客の指定した場所に飲食物を届けるという飲食店のサービスのひとつです。したがって、簡易課税制度の事業区分においては、出前は、飲食店の本来のサービスの延長線上にあるサービスとして、飲食店業に区分します。

　しかし、税率の判断は、「課税資産の譲渡等の相手方が指定した場所において行う加熱、調理又は給仕等の役務を伴う飲食料品の提供」であるかどうかにより判断することとされているので、相手方が指定した場所で加熱、調理又は給仕等の役務を一切伴わない出前は、飲食料品の譲渡に該当することになります。

　他方、飲食設備を設置しないピザの宅配事業はそもそも飲食店業ではありませんから、ピザの宅配は、自己が製造したピザを店頭販売に代えて客が指定した場所に届ける形式の販売であるということになります。したがって、簡易課税制度では第三種事業（製造業等）に該当し、適用する税率は軽減税率となります。

(3) 有料老人ホーム、学校給食

　有料老人ホームや小中学校などで提供される給食等は、これらの施設で日常生活や学校生活を営む者（入居者等）の求めに応じて、その施設の設置者等が調理等をして提供するものですから、ケータリングサービスに該当します。しかし、こうした給食等は、その都度自らの選択で受けるものではなく、日常生活や学校生活を営む場において他の形態で食事をとることが困難なことから、これらの施設の設置者等が提供する飲食料品を食べざるを得ないという面があります。そこで、次の給食等については、ケータリングサービスには該当しない飲食料品の譲渡（軽減税率の対象）とされています（消法別表第一第一号ロ、消令２の４②、軽減Ｑ＆Ａ制度概要編問10）。

施設	軽減税率の対象となる飲食料品の提供 (注1、2)
有料老人ホーム（老人福祉法29①）	有料老人ホームの設置者又は運営者が、入居者(注3)に対して行う飲食料品の提供
サービス付き高齢者向け住宅（高齢者の居住の安定確保に関する法律5①）	サービス付き高齢者向け住宅の設置者又は運営者が、入居者に対して行う飲食料品の提供
義務教育諸学校（学校給食法3②）の施設(注4)	義務教育諸学校の設置者が、その児童又は生徒の全て(注5)に対して学校給食として行う飲食料品の提供
夜間課程を置く高等学校（夜間課程を置く高等学校における学校給食に関する法律2）の施設	高等学校の設置者が、夜間課程で教育を受ける全ての生徒(注5)に対して夜間学校給食として行う飲食料品の提供
特別支援学校の幼稚部又は高等部（特別支援学校の幼稚部及び高等部における学校給食に関する法律2）の施設	特別支援学校の設置者が、その幼児又は生徒の全て(注5)に対して学校給食として行う飲食料品の提供
幼稚園（学校教育法1）の施設	幼稚園の設置者が、その幼児の全て(注5)に対して学校給食に準じて行う飲食料品の提供
特別支援学校の寄宿舎（学校教育法78）	寄宿舎の設置者が、寄宿する幼児、児童又は生徒に対して行う飲食料品の提供

（注１）次の基準が設けられています。
〔一食当たりの基準額〕
　　　飲食料品の提供の対価の額（税抜）が一食につき670円（令和６年５月までは640円）以下
〔一日当たりの上限額〕
　　　同一の日に同一の者に対する飲食料品の提供の対価の額（税抜）の累計額が2,010円（令和６年５月までは1,920円）に達するまで。一日当たりの上限額の算定は、原則として、その日の一番初めに提供される食事の対価の額から累計して判定することになりますが、各施設の設置者等が、算定対象となる飲食料品の提供をあらかじめ書面により明らかにしている場合には、当該明らかにしている飲食料品の提供の対価の額の累計額によって一日当たりの上限額を判定することも可能とされています。
（注２）有料老人ホーム等で提供される食事のうち介護保険サービスの一環として提供されるものは、（介護保険給付の対象ではありませんが）原則として消費税の非課税対象となります。自己選定による特別な食事に当たる部分については非課税対象から除かれ、標準税率が適用されます。
（注３）有料老人ホームとは、老人を入居させ、入浴、排せつ若しくは食事の介護、食事の提供又はその他の日常生活上必要な便宜の供与を行う施設を広く指すことから（老人福祉法29①）、その施設の入居者の中には老人以外の者も含まれ得ます。そのため、軽減税率の対象となる給食等の提供を受けることができる有料老人ホームの入居者の範囲について、サービス付き高齢者向け住宅の入居要件を参考として、次の基準が設けられています（消規１の２）。
　　　①　60歳以上の者
　　　②　要介護認定又は要支援認定を受けている60歳未満の者
　　　③　①又は②に該当する者と同居している配偶者（事実上婚姻関係にある者を含みます。）
（注４）義務教育諸学校とは、小学校、中学校、義務教育学校、中等教育学校の前期課程又は特別支援学校の小学部若しくは中学部をいいます（学校給食法３②）。
（注５）アレルギーなどの個別事情により全ての児童又は生徒に対して提供することができなかったとしても軽減税率の適用対象となります。

①　学生食堂・社員食堂

　学生食堂や社員食堂における食事の提供は、それが学生の支援や社員の福利厚生のために行われるものであっても、上記に該当せず、軽減税率の適用対象となりません（軽減Q＆A個別事例編問49、81）。

②　病院の給食

　健康保険法等の規定に基づく入院時食事療養費に係る病院食の提供は、非課税です（消法６①、消法別表第二第六号、消令14）。

　他方、患者の選択により、特別メニューの食事の提供を受けている場合に支払う特別の料金は、非課税となりません。また、病室等で役務を伴う飲食料品の提供を行うものであり、「飲食料品の譲渡」に該当せず、軽減税率の適用対象にもなりません（消法別表第一第一号ロ、軽減Q＆A個別事例編問82）。

8．店内飲食と持帰りの価格

　飲食店業等を営む者が行う食事の提供は、軽減税率の対象となる飲食料品の譲渡から除かれています（消法別表第一第一号）。食事の提供とは、飲食設備のある場所において飲食料品を飲食させる役務の提供をいい、その飲食料品を持帰りのための容器に入れ、又は包装を施して行う譲渡は、含みません。この線引きにより、ファストフード店の「持帰り」、喫茶店や蕎麦屋の「出前」には軽減税率が適用され、「店内飲食」には標準税率が適用されることとなります。

したがって、これらの外食店舗では、同一の商品について、提供方法の違いによって異なる税率が適用されるのであり、その販売価格をどのように設定するのかを検討する必要があります。

飲食料品の販売について、どのような価格設定を行うかは、事業者の任意です。販売価格の考え方は、次の①又は②に大別することができます。

① 本体価格に税率ごとの税額を乗せる

本体価格を決め、適用税率に応じた税額を上乗せする方法です。例えば、1,000円の商品は、持ち帰りであれば1,080円、店内飲食であれば1,100円になります。

顧客の申告により販売額が変動するので、顧客のモラルが問われます。ただし、顧客の申告がどうあれ、事業者の利益に変動はありません。また、受領した対価によりいずれの税率をもって販売したのかが明らかですから、申告書に記載した課税標準の透明性が高いといえます。

```
【具体例】 ファストフード店　テイクアウト等の税抜価格：1,000円（8％）→税込価格1,080円
　　　　　　　　　　　　　　　店内飲食の税抜価格　　：1,000円（10％）→税込価格1,100円

　　　　　　　そば屋　　　　　出前の税抜価格　　　　：1,000円（8％）→税込価格1,080円
　　　　　　　　　　　　　　　店内飲食の税抜価格　　：1,000円（10％）→税込価格1,100円
```

② 持帰り（出前）と店内飲食の税込価額を一律にする

適用する税率にかかわらず、販売価格を税込みで一律にする方法もあります。価格の設定は事業者の自由ですから、当然に認められます。

ただし、顧客の理解が得られなければ、商売は成り立ちません。価格を一律にする理由は、次のように説明することができます。

- 「出前」について、配送料分のコストを上乗せする
- 「テイクアウト」について、容器包装等のコストを上乗せする
- 「店内飲食」の需要を喚起する
- 従業員教育の簡素化や複数の価格を表示することに伴う客とのトラブル防止に資する

軽減税率8％の場合には、本体価格が大きくなり納税額は少なくなります。逆に標準税率10％の場合には、本体価格が小さくなり納税額が大きくなります。消費者の負担を軽減するという制度の目的とは違って、軽減税率の適用の有無によって事業者の利益が変動するだけです。

税務調査においては、適用税率が正しいことを説明することが困難になると考えられます。

また、持ち帰りであれば安く購入できるという期待感から、顧客が不満を持つ可能性があります。

```
【具体例】ファストフード店　テイクアウト等の税抜価格：1,019円（8％）→税込価格1,100円
　　　　　　　　　　　　　　　店内飲食の税抜価格　　：1,000円（10％）→税込価格1,100円

　　　　　　　そば屋　　　　　出前の税抜価格　　　　：1,019円（8％）→税込価格1,100円
　　　　　　　　　　　　　　　店内飲食の税抜価格　　：1,000円（10％）→税込価格1,100円
```

9. 売上対価の返還等についての特例の適用

売上げに係る対価の返還等をした場合には、その対価の返還等の対象となった課税資産の譲渡等の事実に基づき、標準税率又は軽減税率を適用して売上対価の返還等に関する処理を行います。

ただし、10日間特例又は卸小売特例（下記参照）の適用を受けた課税資産の譲渡等につき、その売上げに係る対価の返還等の金額を税率の異なるごとに区分することが困難な場合には、その対価の返還等の金額にその課税資産の譲渡等を行った課税期間における軽減売上割合又は小売等軽減仕入割合（これを50％とした場合は50％）を乗じて計算した金額によることができます（平28改法附38⑤）。

消費税の申告書を作成するに当たっては、全ての課税資産の譲渡等を税率が異なるごとに区分していなければなりません。しかし、それが困難である場合も考えられます。

そこで、令和元年10月1日の軽減税率導入から令和5年10月1日のインボイス制度の実施の前日までの間は、中小事業者（基準期間における課税売上高が5,000万円以下である事業者）は、国内において行う課税資産の譲渡等を税率の異なるごとに区分することにつき「困難な事情があるとき」は、次の方法により、売上税額を計算することができることとされていました（平28改法附38）。

なお、「困難な事情があるとき」については、その度合いは問わないものとされていました。

売上税額の計算の特例	
10日間特例 **（軽減売上割合の特例）**	課税売上げに、「軽減売上割合」を乗じて、軽減対象資産に係る課税売上げを算出し、売上税額を計算する方法 ※　50％特例…主として軽減対象資産の譲渡等を行う事業者は、「軽減売上割合」を50％とすることができる。
売上げの卸小売特例 **（小売等軽減仕入割合の特例）**	卸売業及び小売業に係る課税売上げに、「小売等軽減仕入割合」を乗じて、その事業の軽減対象資産に係る課税売上げを算出し、売上税額を計算する方法 ※　50％特例…主として軽減対象資産の譲渡等を行う事業者は、「小売等軽減仕入割合」を50％とすることができる。

10. 貸倒れについての特例の適用

課税資産の譲渡等に係る売掛金等の債権につき、貸倒れにより税込価額を領収することができなくなった場合には、その領収をすることができなくなった課税資産の譲渡等の事実に基づき、標準税率又は軽減税率を適用して貸倒れに関する処理を行います。

ただし、10日間特例又は卸小売特例（上記参照）の適用を受けた課税資産の譲渡等につき、その領収をすることができなくなった税込価額を税率の異なるごとに区分することが困難な場合には、その領収をすることができなくなった税込価額にその課税資産の譲渡等を行った課税期間における軽減売上割合又は小売等軽減仕入割合（これを50％とした場合は50％）を乗じて計算した金額によることができます（平28改法附38⑥）。

第 3 節　飲食料品の輸入

　保税地域から引き取られる課税貨物のうち、「飲食料品」に該当するものについては、軽減税率が適用されます（消法別表第一の二）。

1.　飲食料品の判断

　課税貨物が「飲食料品」に該当するかどうかは、輸入の際に、人の飲用又は食用に供されるものとして輸入されるかどうかにより判定します（軽減Q＆A個別事例編問46）。

　したがって、人の飲用又は食用に供されるものとして保税地域から引き取った課税貨物は、その後、国内において飼料用として販売した場合であっても、その国内における販売には標準税率が適用されますが、輸入が軽減税率の適用対象であることに変わりはありません（軽減Q＆A個別事例編問47）。

2.　一体貨物

　食品と食品以外の資産が一の資産を形成し、又は構成している外国貨物であって、関税定率法別表の適用上の所属の一の区分に属する物品に該当するものを「一体貨物」といい、その適用税率は、一体資産と同様に判断します（消令2の3二）。

3.　輸入の消費税

　令和元年10月1日以後に行う輸入に旧税率が適用されることはありません。

　輸入の許可を受ける際に、税関において飲食料品の輸入と認められた場合には、輸入許可書に6.24％の消費税額が記載され、飲食料品の輸入ではないと判断された場合には、輸入許可書に7.8％の消費税額が記載されます。

　また、輸入に係る消費税額は、国内における課税仕入れのように、その税込支払対価の額の合計額に税率を適用して計算するものではありません。その課税期間における保税地域からの引取りに係る課税貨物につき課された又は課されるべき消費税額の合計額が控除対象仕入税額の計算の基礎となります。つまり、輸入に係る消費税額は、輸入許可書に記載された消費税額を個別に積み上げる方法によってのみ把握することができるのです。

　令和元年10月1日以後も、従来どおり、輸入許可書に記載された消費税額を個別に積み上げる集計を行うことになります。

| 第2章 | 軽減税率制度と適格請求書等保存方式 |

第4節 定期購読契約による新聞の譲渡

「定期購読契約が締結された新聞（一定の題号を用い、政治、経済、社会、文化等に関する一般社会的事実を掲載する週2回以上発行する新聞に限る。）の譲渡」は軽減税率の対象となります（消法別表第一第二号）。

1. 販売方法による線引き

「一定の題号を用い、政治、経済、社会、文化等に関する一般社会的事実を掲載する週2回以上発行する新聞」であれば、一般紙、スポーツ紙、業界紙、政党機関紙、全国紙、地方紙、英字紙などの区別はなく、性風俗の記事を掲載しているかどうか等の区別もありません。

これらの新聞が、定期購読で宅配される場合には8％の軽減税率が適用され、駅やコンビニで即売される場合には10％の標準税率が適用されることになります。

2. 電子版

また、急速に普及している電子版も、軽減税率の対象になりません（軽減Q＆A個別事例編問101）。インターネットを通じて行う電子版の新聞の配信は、「電気通信利用役務の提供」に該当し、「新聞の譲渡」に該当しません。

紙の新聞と電子版の新聞をセット販売している場合には、セット販売の対価の額を軽減税率の適用対象となる「紙の新聞」の金額と、軽減税率の適用対象とならない「電子版の新聞」の金額とに区分する必要があります（軽減Q＆A個別事例編問102）。

3.「書籍」「雑誌」の検討

「書籍」「雑誌」については、軽減税率の対象から有害図書、不健全図書を排除しなければならないという課題がありますが、現状、これらを青少年に購入させないための取扱いは、出版社や販売店の自主努力に依拠しています。平成28年与党大綱では、「その日常生活における意義、有害図書排除の仕組みの構築状況等を総合的に勘案しつつ、引き続き検討する」とされています。

「平成31年度税制改正大綱（平成30年12月14日、自由民主党・公明党）」（以下「平成31年度与党大綱」といいます。）においても、「軽減税率制度の対象品目に関し、書籍・雑誌等について、平成28年度税制改正大綱に基づき、引き続き検討する」とされました。

◆軽減税率と標準税率の具体例◆

区分	【軽減税率】	【標準税率】	判定のポイント
食品表示法に規定する食品	・食用として販売される塩	・工業用として販売される塩	食品とは、食品表示法に規定する食品であり、人の飲用又は食用に供されるものとして販売されるものをいう。
	・食用の籾（もみ） ・調味料である塩麹 ・味噌や醤油などの原料として販売される「種麹（たねこうじ）」	・人の食用に供されるものではない「種籾（たねもみ）」	
	・ケーキの材料など食材として販売されるかぼちゃの種	・果物の苗木など栽培用として販売される植物及びその種子	
	・かき氷 ・かき氷に用いられる氷や飲料に入れて使用される氷などの食用氷	・保冷用の氷 ・ドライアイス	
	・ミネラルウォーターなどの飲料水	・水道水（ペットボトルに入れて食品として販売する場合を除く）	水道水は、飲用も含めた生活用水として供給されるものであり、食品に該当しない。
	・人の食用に供される活魚などの水産物	・食肉加工することを目的に販売する生きている牛、豚、鳥	水産物は生きた状態で食品に該当するが、畜産物は切断した状態から食品に該当する（食品表示基準）。
	・百貨店等における高級食材の販売	・高級食材とは別料金の箱代	高級食材であっても軽減税率の対象となる。
	・賞味期限近い「食品」の特売	・賞味期限切れの「食品」を廃棄するための譲渡	廃棄のために譲渡する食品は、人の飲用又は食用に供されるものではない。
	・人の食用として販売する果物（購入者は動物の餌にする目的）	・牛や豚等の家畜の飼料 ・人が食べることができるペットフード	購入者の使用目的は食品であるかどうかの判定に影響しない。
医薬品	・特定保健用食品、栄養機能食品、機能性表示食品 ・医薬品等に該当しない栄養ドリンク、エナジードリンク ・医薬品等に該当しない健康食品、美容食品	・医薬品等に該当する栄養ドリンクや食品	「医薬品」、「医薬部外品」「再生医療等製品」は食品に該当しない。

区分	【軽減税率】	【標準税率】	判定のポイント
酒類	・みりん風調味料 ・ノンアルコールビール ・甘酒	・みりん ・ビール、発泡酒	酒税法に規定する酒類は食品に該当しない。酒類とは、アルコール分1度以上の飲料をいう。
	・酒類を原料とした菓子	・「食品」の原材料となるワイン	酒類を原料とした菓子であっても、その菓子が酒類に該当しなければ、食品に該当する。
	・日本酒を製造するための米	・日本酒	原材料の米は、酒類ではないため食品に該当する。
添加物	・金箔（食品衛生法に規定する「添加物」として販売）	・工業用の金箔	食品衛生法に規定する添加物は食品に該当する。
	・食用及び清掃用に使用できる重曹を食品衛生法に規定する「添加物」として販売	・食用及び清掃用に使用できる重曹を清掃溶剤として販売	人の飲用又は食用に供されるものとして販売するかどうかによる。
	・化粧品メーカーが化粧品の原材料として購入する食用添加物の販売	・化粧品メーカーへの化粧品の原材料の販売	購入者の使用目的に食品であるかどうかの判定に影響しない。
貸付け・役務の提供	・ウォーターサーバー用の水の販売	・ウォーターサーバーのレンタル	サーバーレンタルに資産の貸付けであり、飲食料品の譲渡ではない。
	・コーヒーの生豆	・生豆の焙煎加工	加工は役務の提供に該当し、飲食料品の譲渡ではない。
	・パック旅行とは別に希望に応じて別料金で飲食料品を販売	・飲食料品のお土産付きパック旅行（内訳としてお土産代を明示していても）	飲食料品のお土産付きパック旅行は、様々な資産の譲渡等を複合して提供されるもので、旅行として包括的な一の役務の提供となる。
		・パック旅行とは別に希望に応じて別料金で飲食料品の購入をあっせん	購入のあっせんは飲食料品の譲渡ではない。
	・飲食料品の製造販売	・原材料等の無償支給を受けて行う飲食料品の製造加工	製造販売か、賃加工かの判断による。

区分	【軽減税率】	【標準税率】	判定のポイント
貸付け・役務の提供	・自動販売機による飲食料品の販売	・自動販売機の設置による販売手数料	飲料メーカー等から受ける販売手数料は飲食料品の譲渡の対価ではない。
	・送料込みの飲食料品の販売 ・インターネット等を利用した飲食料品の通信販売	・飲食料品の販売に伴い別途徴収する送料	飲食料品の譲渡に要する送料は、飲食料品の譲渡の対価ではない。 通信販売であっても飲食料品の譲渡には軽減税率を適用する。
	・会社宛ての領収書で実費精算する弁当代の支払い	・食事代として支給する出張の日当の支払	出張等のための日当は、仮に従業員等が軽減税率の適用対象となる飲食料品の譲渡に充てたとしても、事業者は飲食料品の譲渡の対価として支出するものとはならない。
包装材料等	・無料の容器に入れた飲食料品の販売 ・無料の保冷剤を付けた洋菓子の販売	・飲食料品の対価とは別に徴収する容器代 ・洋菓子の対価とは別に徴収する保冷剤代 ・無料で提供する容器の仕入れ	包装材料等について別途対価を定めている場合のその包装材料等の譲渡は、飲食料品の譲渡には該当しない。
	・名称や産地等を直接印刷した桐の箱に入れて販売するメロン（税抜売価10,000円超）	・食器として使用されると考えられる重箱入りのお節料理の販売（一体資産として判定）	箱に商品名などを直接印刷等して、その飲食料品の販売のみに使用していることが明らかなときは、飲食料品の販売に通常必要な包装材料と認められる。
	・キャラクター等が印刷された缶箱入りのお菓子	・キャラクター印刷された包装材料等が、その形状や販売方法等から、装飾品、小物入れ、玩具など、顧客に他の用途として再利用させることを前提として付帯しているもの（一体資産として判定）	キャラクター等が印刷された缶等も食品の販売に通常なものは一体資産とならない。 ただし、飲食の用に供された後に食器や装飾品として利用できる容器をあらかじめ食品と組み合わせて一の商品として価格を提示して販売しているものは一体資産に該当する。
	・割り箸やよう枝付、スプーン、お手拭きを付帯した状態で包装された弁当の販売 ・あらかじめ容器に接着する形で付帯しているストロー付き紙パック飲料の販売	・飲食後に再利用させることを前提に付帯しているもの（一体資産として判定）	

区分	【軽減税率】	【標準税率】	判定のポイント
一体資産	・食品と食品以外が入った税抜売価10,000円の福袋（仕入対価の割合は、食品が2/3以上）	・食品と食品以外が入った税抜売価10,000円の福袋（仕入対価の割合は、食品が2/3未満）	食品と食品以外の資産が一体として販売されるものは、次のいずれの要件も満たす場合、その全体が軽減税率の適用対象となる。 ① 一体資産の税抜価額が10,000円以下であること ② 食品の価額の占める割合が2/3以上であること
	・税抜売価10,000円のビールとジュースの詰め合わせ歳暮商品（単品価格の比でジュースが2/3以上）	・税抜売価10,000円のビールとジュースの詰め合わせ歳暮商品（単品価格の比でジュースが2/3未満） ・税抜売価11,000円のビールとジュースの詰め合わせ歳暮商品（単品価格の比でジュースが2/3以上）	
	・税抜売価10,000円の紅茶とティーカップのセット商品（紅茶の仕入価額2,000円、ティーカップの仕入価額1,000円）	・税抜売価10,000円の紅茶とティーカップのセット商品（紅茶の仕入価額2,000円、ティーカップの仕入価額1,100円）	
		・単品では各6,000円、セット販売なら10,000円と表示した紅茶とティーカップのセット販売（紅茶は軽減税率、ティーカップは標準税率）	価額の内訳を表示するものは一体資産に該当しない。セット販売（一括譲渡）であっても、資産ごとに税率を判定する。
	・仕入れに軽減税率が適用されたおもちゃ付きお菓子の販売（税抜売価10,000円以下）	・仕入れに軽減税率が適用されたおもちゃ付きお菓子の販売（税抜売価10,000円超） ・仕入れに標準税率が適用されたおもちゃ付きお菓子の販売	軽減税率が適用された一体資産を仕入れる小売業者等は、自己の税抜売価が10,000円以下であれば軽減税率を適用する。
	・税込売価10,800円（食品の価額の占める割合が2/3以上）の一体資産	税込売価10,801円（食品の価額の占める割合が2/3以上）の一体資産	税込で価格設定した場合、10,801円から11,000円までは、税率10%で割り戻すと本体価額が10,000円以下となるが、軽減税率の対象とならない。

区分	【軽減税率】	【標準税率】	判定のポイント
レストラン・ファストフード店等	・レストランにおけるレジ前のお菓子の販売 ・レストランへの食材の販売	・レストランにおける食事の提供	食事の提供又は持帰りのいずれに該当するかは、その飲食料品の提供を行った時点において判定する。
	・牛丼屋、ハンバーガー店等のテイクアウト（顧客が購入時に持帰りの意思表示）	・牛丼屋、ハンバーガー店等での店内飲食（顧客が購入時に店内飲食の意思表示） ・販売した飲食料品をトレイに載せて座席まで運ぶ場合	
	・お土産用に注文した寿司の持帰り	・寿司屋での店内飲食 ・店内で飲食する寿司と区別なく提供したものを顧客が自由に持帰り	
	・イートインとは別に注文したテイクアウト用の食品	・飲食した残り料理の持帰り	
	・セット商品の全部を持帰り	・セット商品の一部を店内飲食	
	・自動販売機によるジュース、パン、お菓子等の販売（店内飲食でない）	・飲食店で、飲料をコップに入れず、缶又はペットボトルのまま提供	ペットボトル飲料などをそのまま提供していても、店内で飲食させるものとして提供している場合は食事の提供に該当する。
		・飲食店のセルフサービスの飲食 ・カウンターのみの立食い	セルフサービスや立食いであっても、飲食設備における食事の提供に該当する。
	・コーヒーを持帰り用のカップに注いで販売	・持帰り用のカップを使用したが、顧客が店内飲食の意思表示をした場合	持帰り用のカップに注いでも顧客が店内飲食の意思表示をした場合は軽減税率の対象とならない。
	・そば屋の出前 ・ピザの宅配	・そば屋の店内飲食 ・ピザ屋の店内飲食	顧客の指定した場所まで単に飲食料品を届ける行為は、税率の判定に影響しない。

区分	【軽減税率】	【標準税率】	判定のポイント
コンビニエンスストア等	・イートインコーナーを利用しないことを前提に販売される飲食料品	・イートインコーナーでの飲食を前提に提供される飲食料品	食事の提供又は持帰りのいずれに該当するかは、その飲食料品の提供を行った時点において判定する。
	・「イートインコーナーを利用する場合はお申し出ください」と張り紙をして、販売時にその申し出がない場合	・「イートインコーナーを利用する場合はお申し出ください」と張り紙をして、販売時にその申し出がある場合	大半の商品が持帰りである店舗においては、張り紙と申出の有無により意思確認ができる。
	・休憩場所はあるが、飲食禁止である場合の飲食料品の販売	・建前は飲食禁止の休憩場所であるが、事実上飲食させる場合	実態として飲食できない休憩スペースに飲食設備ではない。
ホテル	・ホテルの売店における飲食料品の販売	・食事付きの宿泊サービス	ホテル宿泊という包括的な一の役務の提供となる。
		・ホテルのルームサービス	ルームサービスは、ホテル施設内の飲食設備において飲食させる食事の提供に該当する。
	・ホテルの客室に置かれたお菓子の販売 ・ホテルの客室の冷蔵庫に置かれたジュースの販売	・ホテルの宴会場、会議室での食事の提供	ホテルの客室に置いた菓子や客室冷蔵庫内の飲料の販売は、単なる飲食料品の販売に該当する。
		・ホテルの客室に冷蔵庫に置かれたビールの販売	酒税法に規定する酒類は食品に該当しない
その他の施設	・屋台での軽食（テーブル、椅子等の飲食設備がない場合）	・屋台の軽食（テーブル、椅子、カウンター等の飲食設備で飲食させる）	屋台であっても、飲食設備があれば食事の提供に該当する。
	・公園のベンチの前に出した屋台での軽食の販売（ベンチ使用許可等なし）	・公園のベンチの前に出した屋台での軽食の販売（使用許可等あり）	飲食料品の提供者と設備の設置者が異なる場合でも、双方の合意に基づきその設備を飲食料品の提供者の顧客に利用させるときは食事の提供に該当する。
	・フードコートで販売するが持帰りの意思表示により持帰り用に包装	・フードコートでの飲食	
	・果物狩りで収穫した果物を別途対価を徴収して販売	・果樹園での果物狩りの入園料（顧客に果物を収穫させ、その場で飲食させる）	顧客に収穫させ、その場で飲食させる役務の提供は飲食料品の譲渡ではない（潮干狩りや釣り堀等も同様）。
	・バーベキュー施設への宅配による食材の販売	・バーベキュー施設におけるバーベキュー用の食材の提供	配達先がたまたまバーベキュー施設である場合の食材の販売は、飲食料品の譲渡に該当する。

区分	【軽減税率】	【標準税率】	判定のポイント
その他の施設	・バーに届ける出前	・カラオケ店が行う料理の提供	配達先がたまたまバーなど飲食する施設である場合の飲食料品の出前は、飲食料品の譲渡に該当する。
	・映画館や球場などの売店や弁当の移動販売	・顧客の注文に応じてその座席等で行う食事の提供 ・売店のそばにテーブル等を設置し、その場で飲食させている場合	映画館や球場、飛行機や旅客列車等であっても、座席等で飲食させるために提供している場合は食事の提供に該当する。
	・機内でのお菓子の販売 ・列車、新幹線のワゴンサービスの弁当販売	・機内食の提供 ・食堂車における食事の提供 ・食事付き予約列車における座席での飲食	
	・遊園地の売店における食べ歩き用の販売	・売店の管理が及ぶテーブルやいすで飲食	園内のベンチ等であっても、その売店の管理が及ばないものは飲食設備ではない。
給食	・学校給食 ・老人ホーム及びサービス付き高齢者向け住宅等での食事の提供	・学生食堂 ・企業の社員食堂 ・病院の給食（医療の提供に該当するものは非課税）	軽減税率は、学校給食及び老人ホーム等の給食に限定されている。
		・老人ホームから受託した給食の調理	老人ホームとの給食調理委託契約に基づき行う食事の調理は、老人ホームの運営者が行う食事の提供ではない。
ケータリング	・企業の会議室に届ける宴会用の料理の販売	・企業の会議室などで料理を提供するケータリング	相手方の指定した場所において調理や給仕を行う場合は、軽減税率の適用対象とはならない。
	・顧客の指定した場所に届けるだけの仕出し料理の販売	・顧客の指定した場所で配膳を行う仕出し料理の販売	
	・調理用に加工した食材の宅配	・食材を持ち込んで行う出張料理、料理代行サービス ・家事代行サービス	
	・喫茶店が会議室までコーヒーを配達	・届けた会議室で給仕等の役務の提供	
	・配達先で味噌汁を取り分け用の器に注ぐ	・器に注いだ味噌汁を各席に配置する	

区分	【軽減税率】	【標準税率】	判定のポイント
輸入	・食品の輸入 ・輸入した食品の販売	・輸入した食品を飼料として販売	輸入の際に、人の飲用又は食用に供されるものとして輸入されるかどうかにより判定する。
	・課税標準額が10,000円以下で食品の価額の占める割合が 2/3 以上である一体貨物の輸入	・課税標準額が10,000円超、又は、食品の価額の占める割合が 2/3 未満である一体貨物の輸入	一体貨物の税率は一体資産に準じて判定する。
新聞	・定期購読契約による新聞	・駅売りの新聞 ・電子版の新聞	電子版の新聞の配信は、電気通信利用役務の提供であり、新聞の譲渡に該当しない。
	・日刊の「公明新聞」(公明党) ・日刊の「しんぶん赤旗」(共産党)	・週刊の「自由民主」(自民党)	1 週に 2 回以上発行される新聞が対象となる。

第 5 節　適格請求書等保存方式（インボイス制度）の概要

　インボイス制度は、「適格請求書等保存方式」として、軽減税率の導入から 4 年後の令和 5 年10月 1 日に開始しました。

　適格請求書等保存方式は、適格請求書発行事業者登録制度を基礎としています。国税庁に登録をした「適格請求書発行事業者」には、登録番号を記載した「適格請求書」を交付・保存する義務があり、仕入れをした事業者においては、原則として、帳簿及び適格請求書を保存することが仕入税額控除の要件となります。

　本書では、次の用語を使用しています。

インボイス制度‥‥‥‥‥‥	適格請求書等保存方式
事業者登録制度‥‥‥‥‥‥	適格請求書発行事業者登録制度
インボイス発行事業者‥‥‥	適格請求書発行事業者（登録事業者と呼ぶ場合もあります）
インボイス‥‥‥‥‥‥‥‥	適格請求書（適格簡易請求書及び適格返還請求書をあわせてインボイスと呼ぶ場合もあります）
簡易インボイス‥‥‥‥‥‥	適格簡易請求書
返還インボイス‥‥‥‥‥‥	適格返還請求書

「納税の義務」と「控除の権利」

インボイス発行事業者には、仕入れを行う課税事業者からの求めに応じ、インボイスを交付し、その写しを保存する義務があります（消法57の4①）。

売　手	買　手
インボイスを交付し、その写しを保存する義務がある。	帳簿及びインボイスの保存が仕入税額控除の要件となる。

免税事業者や消費者はインボイス発行事業者となることができないため、これらの者からの課税仕入れは、仕入税額控除の対象となりません。インボイスが交付されない課税仕入れは、仕入税額控除の対象から除外しなければなりません（消法30⑦）。

免税事業者が登録できない理由として、インボイスに記載した税率の適正性は、交付した事業者自らが申告することによって担保されるという点が挙げられるでしょう。

令和5年の税制調査会の中期答申には、「仮に、納税義務のない免税事業者がインボイスを交付できるような仕組みとした場合、免税事業者は、インボイスにどのような税額を記載しても、自らの納税額には影響がないため、買い手の求めに応じて、高い「税率」や「税額」を記載する誘因が働く可能性もあります。このため、免税事業者がインボイスを発行することは認められていません」「諸外国の付加価値税においても、一般的に、納税義務のない免税事業者が税額を記載したインボイスを発行することは認められていません」※とされています。

また、小規模事業者を納税事務負担から解放するという事業者免税点制度の趣旨からすると、免税事業者がインボイスを交付する、つまり、他者の申告のために適正な税率を記載したインボイスを交付することができる、という前提を置くと、事業者免税点制度の存在理由に疑問が生じてしまうという点を指摘することもできるでしょう。

※　税制調査会「わが国税制の現状と課題―令和時代の構造変化と税制のあり方―」（令和5年6月）160頁。

 経過措置

インボイス制度の実施に当たっては、次のような経過措置が設けられています。

(1)　売手の立場

① 　免税事業者が課税事業者選択届出書の提出をしないで登録申請書の提出により課税期間の途中での登録を可能とする特例……令和11年9月30日の属する課税期間まで
② 　免税事業者が登録した場合に納付税額を売上税額の2割とする特例（2割特例）……令和8年9月30日の属する課税期間まで

(2) 買手の立場

③ インボイスの保存がない課税仕入れにつき次の割合で控除を可能とする特例（8割控除・5割控除）
　・令和5年10月1日から令和8年9月30日までの期間……8割
　・令和8年10月1日から令和11年9月30日までの期間……5割
④ 基準期間における課税売上高1億円以下又は特定期間における課税売上高5,000万円以下の事業者が行う1万円未満の課税仕入れは、インボイスの保存を不要とする特例（少額特例）
　……令和11年9月30日まで

第6節　適格請求書発行事業者登録制度

適格請求書発行事業者（インボイス発行事業者）の登録

　インボイス発行事業者とは、課税事業者であって、適格請求書を交付することのできる事業者として登録を受けた事業者をいいます（消法57の2①～③）。
　登録は、課税事業者が自ら税務署長に申請して行うものであり、したがって、課税事業者であっても登録しない者が存在することになります。ただし、仕入れを行う事業者は、仕入税額控除を行うためにインボイスの交付を求めますから、大半の課税事業者は登録をするものと考えられます。

(1) 登録の申請と通知

　国内において行う課税資産の譲渡等についてインボイスの交付をしようとする課税事業者は、税務署長の登録を受けることができます（消法57の2①）。
　登録を受けようとする事業者は、「適格請求書発行事業者の登録申請書」をその納税地を所轄する税務署長に提出しなければなりません（消法57の2②）。
　申請書の提出を受けた税務署長は、登録拒否事由に該当しない場合にはインボイス発行事業者の登録を行うとともに、その旨を書面で通知します（消法57の2③⑤⑦）。
　郵送等により提出する場合の送付先は、各国税局のインボイス登録センターとなります。
　■ e-Taxによる申請
　国税庁は、e-Taxによる申請を推奨しています。
　e-Taxで申請する際に、申請書の「本申請に係る通知書等について、電子情報処理組織

(e-Tax) による通知を希望します」にチェック☑を入れると、税務署での処理後、速やかに登録通知がメッセージボックス内に格納され、1,900日間保管されます。

また、事前に登録したメールアドレスに、登録通知がメッセージボックス内に格納された旨を知らせるメールが送信されます。関与税理士のメールアドレスをあわせて登録しておけば、事業者と関与税理士の双方にメールが送信されます。

登録通知の電子データには、税務署による認証が付されているため、改ざんのないデータであることが確認でき、取引先に対しても、メールに登録通知のデータを添付して連絡することができます。

また、書面通知と同様の形式で印刷することができます。

(2) 登録の拒否

税務署長は、登録を受けようとする事業者が、次に掲げる事実に該当すると認めるときは、その登録を拒否することができます（消法57の2⑤）。

特定国外事業者以外の事業者	① 納税管理人を定めなければならないこととされている事業者が、国税通則法117条2項の規定による納税管理人の届出をしていないこと。 ② 消費税法の規定に違反して罰金以上の刑に処せられ、その執行を終わり、又は執行を受けることがなくなった日から2年を経過しない者であること。
特定国外事業者	① 消費税に関する税務代理の権限を有する国税通則法74条の9第3項2号に規定する税務代理人がないこと。 ② 国税通則法117条2項の規定による納税管理人の届出をしていないこと。 ③ 現に国税の滞納があり、かつ、その滞納額の徴収が著しく困難であること。 ④ 所定の取消事由により登録を取り消され、その取消しの日から1年を経過しない者であること。 ⑤ 消費税法の規定に違反して罰金以上の刑に処せられ、その執行を終わり、又は執行を受けることがなくなった日から2年を経過しない者であること。

※ 特定国外事業者とは、国内において行う資産の譲渡等に係る事務所、事業所その他これらに準ずるものを国内に有しない国外事業者をいいます（消法57の2⑤一）。

(3) 登録の効力

登録の効力は、通知の日にかかわらず、適格請求書発行事業者登録簿に登載された日（登録日）に発生します。

上述のとおり、「登録通知書の電子通知」に同意してe-Taxで申請すれば、税務署での処理後、速やかに登録通知がメッセージボックス内に格納されます※。しかし、書面による場合には、登録から日を経て通知を受け取ることになります。

※ 「登録申請書」を提出してから通知までの期間は、令和6年5月27日現在、e-Tax申請は1か月程度、書面申請の場合は1か月半程度とされています。

(4) 合併又は分割があった場合の登録の効力

合併又は分割があった場合におけるインボイス発行事業者の登録の効力は、それぞれ次のようになります（消基通1－7－6）。

① 合併

インボイス発行事業者である法人が合併により消滅し、「合併による法人の消滅届出書」を提出した場合には、法人が合併により消滅した日に登録の効力が失われます。被合併法人が受けたインボイス発行事業者の登録の効力は、合併法人には及びません。

したがって、合併法人がインボイス発行事業者の登録を受けようとするときは、新たに登録申請書を提出しなければなりません。

なお、新設合併により被合併法人の事業承継した日の属する課税期間、吸収合併によりインボイス発行事業者の登録を受けていた被合併法人の事業を承継した日の属する課税期間は、いずれも「事業を開始した日の属する課税期間」となります。

② 分割

分割があった場合において、分割法人が受けたインボイス発行事業者の登録の効力は、分割承継法人には及びません。したがって、分割承継法人がインボイス発行事業者の登録を受けようとするときは、新たに登録申請書を提出しなければなりません。

なお、新設分割により分割法人の事業を承継した課税期間、吸収分割によりインボイス発行事業者の登録を受けていた分割法人の事業を承継した課税期間は、いずれも「事業を開始した日の属する課税期間」となります。

(5) 新設法人等の登録時期の特例

新たに設立した法人が、事業を開始した日の属する課税期間の初日から登録を受けようとする旨を記載した登録申請書を、事業を開始した日の属する課税期間の末日までに提出した場合において、税務署長により適格請求書発行事業者登録簿への登載が行われたときは、その課税期間の初日に登録を受けたものとみなされます（消令70の4、消規26の4）。新設合併、新設分割、個人事業者の新規開業等の場合も同様です。

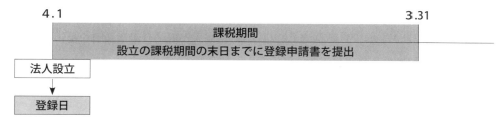

なお、「事業を開始した日の属する課税期間等」とは、次の課税期間をいいます（消規26の4）。

事業を開始した日の属する課税期間等
① 国内において課税資産の譲渡等に係る事業を開始した日の属する課税期間 　・原則として、個人事業者が新たに事業を開始した日の属する課税期間及び法人の設立の日の属する課税期間 　・非課税資産の譲渡等のみを行っていた事業者又は国外取引のみを行っていた事業者が、新たに国内において課税資産の譲渡等に係る事業を開始した課税期間 　・その課税期間開始の日の前日まで2年以上にわたって国内において行った課税資産の譲渡等又は課税仕入れ及び保税地域からの引取りがなかった事業者が、課税資産の譲渡等に係る事業を再び開始した課税期間 　・設立の日の属する課税期間においては設立登記を行ったのみで事業活動を行っていない免税事業者である法人が、その翌課税期間等において実質的に事業活動を開始した場合のその課税期間等 ② 法人が合併により登録を受けていた被合併法人の事業を承継した場合におけるその合併があった日の属する課税期間 ③ 法人が吸収分割により登録を受けていた分割法人の事業を承継した場合におけるその吸収分割があった日の属する課税期間

　免税事業者であっても、令和11年9月30日まで日の属する課税期間においては、免税事業者が登録する場合の経過措置（平28改法附44④）により、登録申請書を提出すれば、この特例の適用を受けることができます。

　その後の課税期間においては、免税事業者に該当する場合には、登録申請書にあわせて、課税事業者選択届出書の提出が必要です。

 インボイス発行事業者の事業を相続により承継した場合

(1) 被相続人の死亡届が必要

　インボイス制度が開始してからインボイス発行事業者が死亡した場合は、その相続人は「適格請求書発行事業者の死亡届出書」を提出する必要があります。

(2) 相続人の登録申請が必要

　相続により事業を承継した相続人がインボイス発行事業者の登録を受けるためには、被相続人がインボイス発行事業者の登録を受けていたか否かにかかわらず、相続人の名で登録申請書を提出する必要があります（消基通1－7－4）。相続人が既に登録申請書を提出している場合は、重ねて提出する必要はありません。

(3) 相続人をインボイス発行事業者とみなす措置

　相続人が登録通知を受けるまでの事業の継続に支障がないよう、相続によりインボイス発行事業者の事業を承継した相続人については、被相続人が死亡した日の翌日から、①相続人がインボイス発行事業者の登録を受けた日の前日、又は、②被相続人が死亡した日の翌日から4か

月を経過する日のいずれか早い日までの期間については、相続人をインボイス発行事業者とみなし、被相続人の登録番号を相続人の登録番号とみなす措置が設けられています（消法57の3③）。

相続人がみなし登録期間中に登録申請をした場合は、登録通知があるまでは、みなし登録期間が延長されます（消令70の6②）。

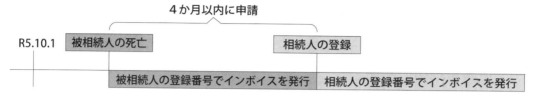

みなし登録期間は、被相続人の登録番号は相続人の登録番号とみなされます（消法57の3②③④、消基通1－7－4）。

この取扱いの適用を受けるためには、登録申請書に、相続によりインボイス発行事業者の事業を承継した旨を記載しなければなりません（消令70の6①）。

③ 免税事業者の登録

(1) 免税事業者が登録する場合の原則的な取扱い

インボイス発行事業者の登録は、課税事業者であることが前提とされており、免税事業者が登録を受ける場合には課税事業者選択届出書を提出して課税事業者を選択する必要があります（消基通1－7－1）。

課税事業者の選択は課税期間単位で行うものであるため、インボイス発行事業者の登録も、原則として課税期間を単位として行うこととなります。

(2) 免税事業者の登録に関する6年間の経過措置

インボイス制度の開始から令和11年9月30日までの日の属する課税期間においては、課税事業者選択届出書を提出することなく、登録申請書の提出によって課税事業者となり、インボイス発行事業者となる経過措置が設けられています（平28改法附44④）。

課税事業者選択届出書は、課税期間ごとに課税事業者となることを選択するものですが、この6年間は課税事業者選択届出書の提出が不要なので、課税期間の途中から登録することができます。これは、インボイス制度の開始当初においては、免税事業者が登録の必要性を見極めながら柔軟なタイミングで登録することができるように措置されたものです。

(3) 2年間の事業者免税点制度の不適用

「課税事業者選択届出書」を提出した場合は、「課税事業者選択不適用届出書」の提出の制限により、少なくとも2年間は継続して課税事業者となります。いわゆる「2年縛り」です。

免税事業者が「課税事業者選択届出書」を提出しないで登録申請書の提出のみでインボイス発行事業者となった場合は、「課税事業者選択不適用届出書」の提出という手続がありませんから、2年縛りの対象ではありません。

　ただし、「課税事業者選択届出書」を提出した事業者と平仄をあわせるために、令和5年10月1日の属する課税期間の翌課税期間以後は、登録開始日から2年を経過する日の属する課税期間までの間は、継続して課税事業者として申告するものとされています（平28改法附44⑤）。

(4) 申請書提出の時期

■ 課税期間の初日の登録

　免税事業者が、課税期間の初日から登録を受けようとする場合には、その課税期間の初日から起算して15日前の日までに登録申請書を提出しなければなりません。15日前の日までに提出すれば、登録の通知等が遅れても、翌課税期間の初日が登録日となります（消法57の2②、消令70の2）。

■ 課税期間の途中の登録

　令和11年9月30日までの日の属する課税期間において、免税事業者が課税期間の途中から登録を受けようとする場合は、申請書の提出日から15日を経過する日以後の日を登録希望日として記載します。15日を経過する日以後の日を登録希望日とした場合は、登録の通知等が遅れても、登録希望日が登録日となります（平30改令附15②③）。

　具体的には、登録希望日の「2週前の日の前日」が申請期限になると考えることができます。登録希望日が木曜日であれば、2週前の水曜日までに申請しなければなりません。

◆令和7年2月1日に登録を希望する場合◆

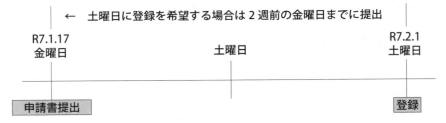

■ 15日前の日が休日である場合

① 国税通則法による期限の特例

　国税通則法10条2項は、次のように定めています。

> 国税通則法10条（期間の計算及び期限の特例）
> 2　国税に関する法律に定める申告、申請、請求、届出その他書類の提出、通知、納付又は徴収に関する期限（時をもって定める期限その他の政令で定める期限を除く。）が日曜日、国民の祝日に関する法律に規定する休日その他一般の休日又は政令で定める日に当たるときは、これらの日の翌日をもってその期限とみなす。

② 登録申請書の原則的な取扱い

消費税法57条の2第2項及び消費税法施行令70条の2第1項は、免税事業者が課税事業者となる課税期間の初日からインボイス発行事業者の登録を受けようとするときは、「その課税期間の初日から起算して15日前の日までに、その登録申請書を提出しなければならない」と定めています。

これは「期限の定め」であり、国税通則法10条2項が適用されますから、申請期限である「15日前の日」が土曜日、日曜日、祝日などの休日である場合は、その休日明けの日が提出期限となります。

③ 課税期間の途中で登録する場合

消費税法施行令平成30年改正令附則15条2項は、登録申請に関する6年間の経過措置によって、免税事業者が課税事業者選択届出書の提出をしないで登録する場合は、その登録申請書に「登録希望日を記載するものとする」と定めています。これは、期限を定めるものではありません。

課税期間の途中での登録は、免税事業者の登録に関する6年間の経過措置によって認められる取扱いです。したがって、附則15条2項に期限の定めがない以上、通則法10条2項の期限の特例を適用する余地はありません。

例えば、令和6年12月1日（日）が登録希望日である場合、15日前の日（2週前の日の前日）である令和6年11月16日は土曜日ですが、期限の特例によって延長されることはありません。次のような取扱いとなります。

◆15日前の日が11月16日（土曜日）である場合◆

・e-Taxの場合、11月16日（土）の23：59：59までの受付となります。
・郵送の場合、11月16日（土）の通信日付印のあるものまでとなります。
・窓口提出の場合、11月15日（金）の閉庁時間（17：00）までの受付となります。

④ 課税期間の初日に登録する場合

免税事業者の登録に関する6年間の経過措置の期間中に、登録申請書の提出のみで、課税期間の初日に登録する場合、期限の延長の適用があるでしょうか。

これについて、国税庁の「インボイス制度において事業者が注意すべき事例集」（令和5年10月改訂）は、「令和5年10月1日～令和11年9月30日までの日の属する課税期間」の注意書きに「期限が土日祝日の場合でもその翌日に期限が延長されない」とする一方で、「免税事業者である個人事業者が令和6年1月1日から登録を受けるために登録申請書を提出する場合、課税期間の初日から起算して15日前の日である令和5年12月17日は日曜日であるため、同月18日が登録申請書の提出期限になる」としています。

この説明によれば、消費税法57条の2第2により登録申請書を提出するにあたっての期限が定められ、その上で、経過措置を受けて登録希望日を記載するものと理解することになると考えられます。

(5) 簡易課税制度の届出時期の特例

簡易課税制度の適用は、事前の届出が原則とされていますが、令和5年10月1日から令和11年9月30日の属する課税期間において登録する免税事業者が、登録日の属する課税期間に「簡易課税制度選択届出書」を提出した場合には、その課税期間の初日の前日に提出したものとみなされ、提出した課税期間から簡易課税制度を適用することができます。

この場合、簡易課税制度選択届出書に、この提出時期の特例の適用を受ける旨を記載しなければなりません（平30改令附18）。

(6) 免税事業者が登録した場合の課税の範囲等

① 課税の対象

課税期間の途中からインボイス発行事業者の登録をして課税事業者となる場合は、その登録の日からその課税期間の末日までに行った課税資産の譲渡等及び課税仕入れ等を基礎に申告書を作成することになります。

② 棚卸資産に係る調整

一般課税による場合は、課税事業者となる日の前日において所有する棚卸資産（※）に係る消費税額を、課税事業者になった課税期間の仕入税額控除の対象とします（平30改令附17）。

※ 納税義務が免除されていた期間において仕入れた棚卸資産が対象です。

③ 2割特例の適用

免税事業者がインボイス発行事業者の登録により課税転換した場合は、2割特例を適用することができます（162頁参照）。

4 登録の失効

インボイス発行事業者が、次に掲げる場合に該当することとなったときは、それぞれ次に掲げる日に、登録はその効力を失います（消法57の2⑩）。

区分	登録の効力が消滅する日	
登録の取消しを求める旨の届出書を提出した場合	その課税期間の翌課税期間の初日から起算して15日前の日までに提出したとき	翌課税期間の初日
	上記の日の翌日からその課税期間の末日までの間に提出したとき	翌々課税期間の初日
事業廃止届出書を提出した場合	事業を廃止した日の翌日	
合併による法人の消滅届出書を提出した場合	その法人が合併により消滅した日	

(1) 免税事業者となるための登録の取りやめ

インボイス発行事業者には、事業者免税点制度は適用されません（消法9①、消基通1-4-1の2）。

したがって、インボイス発行事業者は、基準期間における課税売上高及び特定期間における課税売上高が1,000万円以下となっても、登録の取りやめの手続を行わない限り、免税事業者となることはできません。

インボイス発行事業者は、納税地を所轄する税務署長に、「登録取消届出書」（適格請求書発行事業者の登録の取消しを求める旨の届出書）を提出することにより、登録の効力を失わせることができます（消法57の2⑩一）。

① 届出の時期

登録取消届出書は、免税事業者になりたい課税期間の初日から起算して15日前の日までに提出しなければなりません（消法57の2⑩一）。「15日前の日」は、「2週前の日の前日」です。

取消しを希望する課税期間の初日が水曜日であれば、2週前の火曜日になります。

◆個人事業者の場合◆

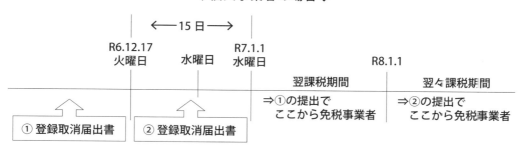

上記のとおり、令和6年12月17日までに提出すると、翌課税期間の初日（令和7年1月1日）に登録が失効し、令和7年から免税事業者となります。

また、令和6年12月18日に提出すると、翌々課税期間の初日（令和8年1月1日）に登録が失効し、令和8年から免税事業者となります。

15日前の日までの提出を失念した場合には、課税期間の特例を選択するなどの対応を検討しましょう。

② 15日前の日が休日である場合

取消届出書は「効力を失う」という規定振りであり、期限を定めるものではありません。

したがって、国税通則法10条2項による期限の特例の適用はありません。翌課税期間の初日が月曜日でありその15日前の日が日曜日であっても、翌日の月曜日に延長されることはありません。

(2) 事業の廃止

インボイス発行事業者が事業を廃止し、「事業廃止届出書」を提出した場合は、事業を廃止した日の翌日に登録の効力が失われます（消基通1－7－7）。

(3) 合併による法人の消滅

インボイス発行事業者である法人が合併により消滅し、「合併による法人の消滅届出書」を提出した場合には、法人が合併により消滅した日に登録の効力が失われます（消基通1－7－6）。

⑤ 登録の取消し

税務署長は、インボイス発行事業者が次の事実に該当すると認めるときは、その登録を取り消すことができます（消法57の2⑥）。

特定国外事業者以外の事業者	① 1年以上所在不明であること。 ② 事業を廃止したと認められること。 ③ 合併により消滅したと認められること。 ④ 納税管理人を定めなければならないインボイス発行事業者が国税通則法117条2項の納税管理人の届出をしていないこと。 ⑤ 消費税法の規定に違反して罰金以上の刑に処せられたこと。 ⑥ 登録拒否事由について、虚偽の記載をして登録申請書を提出し登録を受けた者であること。
特定国外事業者	① 事業を廃止したと認められること。 ② 合併により消滅したと認められること。 ③ 確定申告書の提出期限までに、消費税に関する税務代理の権限を有することを証する書面が提出されていないこと。 ④ 納税管理人を定めなければならないインボイス発行事業者が国税通則法117条2項の規定による納税管理人の届出をしていないこと。 ⑤ 消費税につき期限内申告書の提出がなかった場合において、その提出がなかったことについて正当な理由がないと認められること。 ⑥ 現に国税の滞納があり、かつ、その滞納額の徴収が著しく困難であること。 ⑦ 消費税法の規定に違反して罰金以上の刑に処せられたこと。 ⑧ 登録拒否事由について、虚偽の記載をして登録申請書を提出し登録を受けた者であること。

⑥ インボイス発行事業者の公表

取引の相手方がインボイス発行事業者であることを客観的に確認できるよう、適格請求書発行事業者登録簿に登載された事項は、国税庁ホームページの「適格請求書発行事業者公表サイト」（以下「公表サイト」といいます。）に公表されます（消法57の2④⑪、消令70の5②）。

公表サイトでは、受領した請求書等に記載されている番号が「登録番号」であるか、また、その記載された「登録番号」が取引時点において有効なものか（登録の取消し等を受けていな

いか）を確認することができます。

(1) 登録番号

登録番号の構成は、「T（ローマ字）」＋ 数字13桁（例：T 1234567890123）です。

法人は、マイナンバー法によって付番された法人番号が数字13桁の部分となります。

個人事業者はマイナンバーを使用しないで、新たな番号が付番されます（消基通1－7－2）。

区分	法人番号を有する者	法人番号を有しない者 （個人事業者、人格のない社団等）
登録番号	「T」＋ 法人番号	「T」＋ 数字13桁 マイナンバー（個人番号）は用いない

(2) 公表される事項

公表される事項は、次のとおりです（消令70の5①）。

国税庁ホームページに公表される事項	
法人	個人事業者
① インボイス発行事業者の名称 ② 登録番号 ③ 登録年月日 ④ 登録取消年月日、登録失効年月日 ⑤ 本店又は主たる事務所の所在地	① インボイス発行事業者の氏名 ② 登録番号 ③ 登録年月日 ④ 登録取消年月日、登録失効年月日
	個人事業者から申出があった場合には次の事項も追加 ⑤ 主たる事務所の所在地等（1つ） ⑥ 主たる屋号（1つ）

※ 特定国外事業者（事務所、事業所等を国内に有しない国外事業者）以外の国外事業者については、国内において行う資産の譲渡等に係る事務所、事業所その他これらに準ずるものの所在地が公表されます。

※ 人格のない社団等の本店又は主たる事務所の所在地は、申出があった場合に公表されます。

(3) 個人事業者の公表事項

個人事業者は、申出により、次の事項を公表することができます。

公表の申出をするとき、又は、その公表事項を変更するときは、「適格請求書発行事業者の公表事項の公表（変更）申出書」を提出する必要があります。

① 旧姓又は通称

「住民票に併記されている旧氏（旧姓）」を氏名として公表することや、氏名と旧姓を併記して公表することができます。また、外国人は、申出により、上記の旧姓使用と同様に、「住民票に併記されている外国人の通称」を使用することができます（インボイスQ＆A問23）。

② 事務所の所在地等と屋号

個人事業者は、氏名、登録番号、登録年月日に追加して、「事務所の所在地等」や「屋号」を

公表することができます。

(4) 掲載日

公表サイトへの掲載は、税務署での登録処理後、原則として、登録簿への登載日の翌日に行われます。

(5) 公表期間

公表サイトでは、過去に行われた取引についても取引時点での取引先の登録状況を確認できるよう、登録の取消しや失効があった場合でも、取消・失効後7年間は、適格請求書発行事業者情報と取消・失効年月日を公表サイトに掲載し、7年経過後に公表サイトから削除します。

(6) 検索機能

登録番号による検索が可能です。

例えば「氏名又は名称」などは、表記可能な字体に置き換えを行っている場合や同姓同名の場合など、正しく検索できない可能性もあるため、個人事業者は、「登録番号」以外では検索できません。法人は、法人番号を検索する「法人番号公表サイト」を利用して、法人の名称等で検索することができます。

(7) Web−API機能

公表サイトには、法人番号システムと同様に、Web-API機能が搭載されています。

Web-API機能は、インターネットを経由して、指定した登録番号で抽出した情報、指定した期間で抽出した更新（差分）情報を取得するための、システム間連携インターフェース（データ授受の方式）を提供するものです。

会計ソフト等に附属する機能として、公表サイトのWeb-API機能又は公表情報ダウンロード機能を利用して、名簿に入力された取引先について、自動で定期的に登録の確認を行うシステム等が開発されています。

ダウンロードできる情報は、「登録番号」「登録年月日」「登録の取消・失効の有無」「法人の本店又は主たる事務所の所在地」「法人の名称」です。個人事業者の場合、「氏名」、「事務所の所在地等」、「屋号」及び「通称・旧姓」などについては、ダウンロードデータから削除されています。

(8) 登録事項の変更

インボイス発行事業者は、適格請求書発行事業者登録簿に登載された事項に変更があったときは、その旨を記載した変更届出書（適格請求書発行事業者登録簿の登載事項変更届出書）を、速やかに、その納税地を所轄する税務署長に提出しなければなりません（消法57の2⑧）。

ただし、登載事項のうち法人の「名称」「所在地」については、異動届出書を提出すれば、重ねて変更届出書を提出する必要はありません（インボイスＱ＆Ａ問22）。

第7節　インボイス発行事業者の義務

 適格請求書（インボイス）

インボイスとは、売手が買手に対して、正確な適用税率や消費税額等を伝える手段です。

具体的には、次の事項を記載した請求書、納品書その他これらに類する書類をいいます（消法57の４①）。その書類の名称は問いません（消基通１－８－１）。

インボイスの記載事項
①　インボイス発行事業者の氏名又は名称※１
②　登録番号※１
③　課税資産の譲渡等を行った年月日※２
④　課税資産の譲渡等に係る資産又は役務の内容※３、４
⑤　税率ごとに区分して合計した対価の額（税抜価額又は税込価額）
⑥　適用税率
⑦　税率ごとに区分した消費税額等
⑧　書類の交付を受ける事業者の氏名又は名称※１

※１　取引先コード等の記号、番号等により表示することができます。ただし、その記号、番号等により、登録の効力の発生時期等の履歴が明らかとなる措置を講じておく必要があります（消基通１－８－３）。

※２　年月日は、課税期間の範囲内で一定の期間内に行った課税資産の譲渡等につきまとめてその書類を作成する場合には、その一定の期間を記載します。

※３　その課税資産の譲渡等が軽減対象課税資産の譲渡等である場合には、資産の内容及び軽減対象課税資産の譲渡等である旨を記載します（消令57の４①三）。その資産の譲渡等が課税資産の譲渡等かどうか、また、その資産の譲渡等が課税資産の譲渡等である場合においては、軽減対象課税資産の譲渡等かどうかの判別が取引の相手方との間で明らかとなるときは、商品コード等の記号、番号等により表示することができます（消基通１－８－３）。

※４　「軽減対象課税資産の譲渡等である旨」の記載については、軽減対象課税資産の譲渡等であることが客観的に明らかであるといえる程度の表示がされていればよく、個々の取引ごとに適用税率が記載されている場合のほか、例えば、次のような場合もその記載があるものと認められます（消基通１－８－４）。

　①　軽減対象課税資産の譲渡等に係る請求書等とそれ以外のものに係る請求書等とが区分して作成され、その区分された軽減対象課税資産の譲渡等に係る請求書等に、記載された取引内容が軽減対象課税資産の譲渡等であることが表示されている場合

　②　同一の請求書等において、軽減対象課税資産の譲渡等に該当する取引内容を区分し、その区分して記載された軽減対象課税資産の譲渡等に該当する取引内容につき軽減対象課税資産の譲渡等であることが表示されている場合

　③　同一の請求書等において、軽減対象課税資産の譲渡等に該当する取引内容ごとに軽減対象課税資産の譲渡等であることを示す記号、番号等を表示し、かつ、その記号、番号等の意義が軽減対象課税資産

の譲渡等に係るものであることとして表示されている場合

(1) 交付と保存の義務

インボイス発行事業者は、国内において課税資産の譲渡等※1を行った場合※2において、その課税資産の譲渡等を受ける課税事業者から求められたときは、原則として、インボイス又は簡易インボイスを交付し、その写しを保存しなければなりません（消法57の4①⑥）。

※1　消費税が免除されるものを除きます（消法57の4①）。
※2　みなし譲渡（消法4⑤）である場合や工事進行基準により資産の譲渡等を行ったものとされる場合等、所定の場合を除きます（消法57の4①、消令70の9①）。

ただし、事業の態様を考慮して、インボイスの交付義務が免除される特例が定められています。

(2) インボイスの交付義務が免除されるもの

インボイス発行事業者が行う事業の性質上、インボイスを交付することが困難な課税資産の譲渡等につき、交付義務の免除の取扱いが設けられています（消法57の4①）。

交付義務が免除されるのは、次に掲げる課税資産の譲渡等です（消令70の9②、消規26の6）。

インボイスの交付が免除される課税資産の譲渡等
① **公共交通機関特例** 　次に掲げる役務の提供※1のうち税込価額が3万円未満※2のもの 　イ　海上運送法2条5項に規定する一般旅客定期航路事業、同法19条の6の2に規定する人の運送をする貨物定期航路事業及び同法20条2項に規定する人の運送をする不定期航路事業（乗合旅客の運送をするものに限ります。）として行う旅客の運送 　ロ　道路運送法3条1号イに規定する一般乗合旅客自動車運送事業として行う旅客の運送 　ハ　鉄道事業法2条2項に規定する第一種鉄道事業又は同条3項に規定する第二種鉄道事業として行う旅客の運送 　ニ　軌道法3条に規定する運輸事業として行う旅客の運送
② **卸売市場特例** 　媒介又は取次ぎに係る業務を行う者を介して行われる課税資産の譲渡等のうち、卸売市場法に規定する卸売市場において、同法2条4項に規定する卸売業者が同項に規定する卸売の業務（出荷者から卸売のための販売の委託を受けて行うものに限ります。）として行う生鮮食料品等の譲渡
③ **農協特例** 　媒介又は取次ぎに係る業務を行う者を介して行われる課税資産の譲渡等のうち、組合※3が、その組合の組合員その他の構成員から販売の委託（販売条件を付さず、かつ、所定の方法※4により販売代金の精算が行われるものに限ります。）を受けて行う農林水産物の譲渡（その農林水産物の譲渡を行う者を特定せずに行われるものに限ります。）
④ **自動販売機特例** 　自動販売機又は自動サービス機※5により行われる課税資産の譲渡等のうち、その課税資産の譲渡等に係る税込価額が3万円未満※2のもの
⑤ **郵便局特例** 　郵便切手類のみを対価とする郵便法1条に規定する郵便の役務及び貨物の運送（同法38条1項に規定する郵便差出箱に差し出された郵便物及び貨物に係るものに限ります。）

※1 「旅客の運送」には、旅客の運送に直接的に附帯するものとして収受する特別急行料金、急行料金、寝台料金等を対価とする役務の提供は含まれますが、旅客の運送に直接的に附帯するものではない入場料金、手回品料金、貨物留置料金等を対価とする役務の提供は含まれません（消基通1－8－13）。

※2 「税込価額が3万円未満のもの」に該当するかどうかは、一回の取引の課税資産の譲渡等に係る税込価額が3万円未満であるかどうかで判定します。課税資産の譲渡等に係る一の商品（役務）ごとの税込価額によるものではありません（消基通1－8－12）。

※3 次の組合です。

イ 農業協同組合法4条に規定する農業協同組合及び農業協同組合連合会

ロ 水産業協同組合法2条に規定する漁業協同組合、漁業生産組合及び漁業協同組合連合会、水産加工業協同組合及び水産加工業協同組合連合会並びに共済水産業協同組合連合会

ハ 森林組合法4条1項に規定する森林組合、生産森林組合及び森林組合連合会

ニ 農業協同組合法72条の6に規定する農事組合法人

ホ 上記イからハに掲げる組合に準ずるものであって、中小企業等協同組合法3条1号に規定する事業協同組合及びその事業協同組合をもって組織する同条3号に規定する協同組合連合会

※4 組合による農林水産物の譲渡の対価の額に係るその組合の組合員その他の構成員に対する精算につき、一定の期間におけるその農林水産物の譲渡に係る対価の額をその農林水産物の種類、品質、等級その他の区分ごとに平均した価格をもって算出した金額を基礎として行う方法です。

※5 「自動販売機又は自動サービス機」とは、商品の販売又は役務の提供（課税資産の譲渡等に該当するものに限ります。以下「商品の販売等」といいます。）及び代金の収受が自動で行われる機械装置であって、その機械装置のみにより商品の販売等が完結するものをいい、例えば、飲食料品の自動販売機のほか、コインロッカーやコインランドリー等がこれに該当します。小売店内に設置されたセルフレジなどのように単に代金の精算のみを行うものは、これに該当しません（消基通1－8－14）。

①は公共交通機関、②は生鮮食料品の卸売市場への出荷、③は農協等への無条件委託、⑤は郵便局と、いずれも限られた業種となっています。したがって、一般の事業者がインボイス発行事業者となった場合には、④の「3万円未満の自動販売機による商品の販売等」に該当しない限り、消費税の課税事業者から求められた場合には、インボイスを交付しなければなりません。

なお、売手のインボイスの交付義務が免除される場合に、買手の仕入税額控除の要件は次のようになります。

売手のインボイスの交付義務の免除	買手の仕入税額控除の要件
① 公共交通機関特例	インボイスの保存不要
② 卸売市場特例	卸売業者が交付する書類を保存
③ 農協特例	農協等が交付する書類を保存
④ 郵便局特例	インボイスの保存不要
⑤ 自動販売機特例	インボイスの保存不要

2 適格簡易請求書（簡易インボイス）

インボイス発行事業者が、小売業、飲食店業、写真業、旅行業、タクシー業又は駐車場業等の不特定かつ多数の者に課税資産の譲渡等を行う事業を行う場合には、インボイスに代えて簡易インボイスを交付することができます（消法57の4②、消令70の11）。簡易インボイスは、レジスターから発行するレシートを想定しています。

インボイスは「適用税率」及び「税率ごとに区分した消費税額等」を記載事項としていますが、簡易インボイスでは「適用税率」又は「税率ごとに区分した消費税額等」のいずれかを記載すればよいとされています。また、「書類の交付を受ける事業者の氏名又は名称」は、省略することができます。

　インボイス及び簡易インボイスの具体的なモデルを示すと、次のようになります。

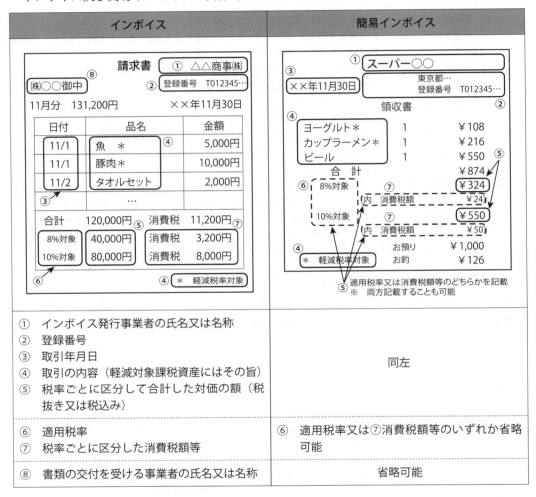

① インボイス発行事業者の氏名又は名称 ② 登録番号 ③ 取引年月日 ④ 取引の内容（軽減対象課税資産にはその旨） ⑤ 税率ごとに区分して合計した対価の額（税抜き又は税込み）	同左
⑥ 適用税率 ⑦ 税率ごとに区分した消費税額等	⑥適用税率又は⑦消費税額等のいずれか省略可能
⑧ 書類の交付を受ける事業者の氏名又は名称	省略可能

　簡易インボイスでは「適用税率」又は「税率ごとに区分した消費税額等」のいずれかを記載すればよいとされていますが、モデルが示すように、その両方を記載することに問題はありません。

　売上税額については、保存しているインボイスの写しに記録されている「税率ごとに区分した消費税額等」の合計額に$\frac{78}{100}$を乗じて計算する「積上げ計算」の特例（消法45⑤、消令62）があります。ただし、簡易インボイスに「税率ごとに区分した消費税額等」を記載していない場合は、この積上げ計算を行うことはできませんから、簡易インボイスによる場合であっても、「適用税率」及び「税率ごとに区分した消費税額等」の両方を記載するのが一般的であると考え

られます。

したがって、簡易インボイスのメリットとしては、「書類の交付を受ける事業者の氏名又は名称」の記載を省略できる点が大きいでしょう。

❸ 適格返還請求書（返還インボイス）

返還インボイスとは、次に掲げる事項を記載した請求書、納品書その他これらに類する書類をいいます（消法57の4③）。

返還インボイスの記載事項
① インボイス発行事業者の氏名又は名称
② 登録番号
③ 売上げに係る対価の返還等を行う年月日
④ その売上げに係る対価の返還等に係る課税資産の譲渡等を行った年月日
⑤ 売上げに係る対価の返還等に係る課税資産の譲渡等に係る資産又は役務の内容
⑥ 税率ごとに区分して合計した売上げに係る対価の返還等の金額（税抜価額又は税込価額）
⑦ 売上げに係る対価の返還等の金額に係る消費税額等又は適用税率

記載事項の注意点は、インボイスと同じです。

(1) 返還インボイスの交付義務

インボイス発行事業者は、売上げに係る対価の返還等を行った場合には、その売上げに係る対価の返還等を受ける他の事業者に対して、返還インボイスを交付しなければなりません（消法57の4③）。

例えば、販売奨励金に係る返還インボイスについては、次のようなモデルが考えられます。

ただし、返還インボイスは、必ずしも新たな書類を誂える必要はありません。一の事業者に

対して、インボイスと返還インボイスを交付する場合には、次のように一の書類にそれぞれの記載事項を記載することができます（消基通1－8－20）。

```
                            請  求  書

  ㈱○○御中                       △△商事㈱  電話（06）1234-5678
                                      登録番号 T012345········

              合計  お支払い金額      1,312,000 円

  ┌──────┬─────────────┬──────────┬──────────┐
  │  日付    │      品名       │   金額     │   備考     │
  ├──────┼─────────────┼──────────┼──────────┤
  │ 11/1    │ 魚※            │ 50,000 円  │          │
  ├──────┼─────────────┼──────────┼──────────┤
  │ 11/2    │ タオルセット     │ 80,000 円  │          │
  └──────┴─────────────┴──────────┴──────────┘
  〜〜〜〜〜〜〜〜〜〜〜〜〜〜〜〜〜〜〜〜〜〜〜〜〜〜〜〜〜〜〜〜〜
  ┌──────┬─────────────┬──────────┬──────────┐
  │ 11/10   │ タオル（単品）の返品│△20,000 円 │10/30 お買上分│
  ├──────┴─────────────┼──────────┼──────────┤
  │  ※は軽減税率対象    差引合計   │1,200,000 円│消費税等 112,000 円│
  ├───────────────────┼──────────┼──────────┤
  │              8 ％対象 400,000 円│          │  32,000 円│
  │              10％対象 800,000 円│          │  80,000 円│
  └───────────────────┴──────────┴──────────┘
              上記、ご請求申し上げます。××年 11 月 30 日
```

　この場合、インボイスに記載すべき「税率のごとに区分して合計した対価の額」と返還インボイスに記載すべき「税率ごとに区分して合計した売上げに係る対価の返還等の金額」については、継続適用を条件にこれらの金額の差額を記載することができます。インボイスに記載すべき消費税額等と返還インボイスに記載すべき売上げに係る対価の返還等の金額に係る消費税額等についても、その差額に基づき計算した金額を記載することができます（消基通1－8－20）。

インボイスの記載事項	返還インボイスの記載事項	両者を兼ねた書類
税率ごとに区分して合計した対価の額	税率ごとに区分して合計した対価の返還等の金額	差額を記載することが可能
税率ごとに区分した消費税額等	対価の返還等の金額に係る消費税額等	

(2)　返還インボイスの交付義務の免除

　インボイスを交付することが免除される課税資産の譲渡等（120頁(2)に掲げるもの）について行った売上げに係る対価の返還等である場合には、その返還インボイスの交付義務は免除されます（消法57の4③、消令70の9③一）。

　売上げに係る対価の返還等に係る税込価額が1万円未満である場合には、その返還インボイスの交付義務は免除されます（消法57の4③、消令70の9③二）。

(3)　登録前に行った課税資産の譲渡等に係る対価の返還等

　インボイス発行事業者が、インボイス発行事業者の登録を受ける前に行った課税資産の譲渡

等について、登録を受けた日以後に売上げに係る対価の返還等を行う場合には、その対価の返還等に関する返還インボイスの交付義務はありません（消基通1－8－18）。

(4) インボイス発行事業者でなくなった場合

インボイス発行事業者がインボイス発行事業者でなくなった後において、インボイス発行事業者であった課税期間において行った課税資産の譲渡等につき、売上げに係る対価の返還等を行った場合には、返還インボイスを交付しなければなりません（消基通1－8－19）。

電子インボイスとデジタルインボイス

(1) 電子インボイス

インボイス、簡易インボイス及び返還インボイスは、これらの書類の交付に代えて、その記載事項に係るデータ（以下「電子インボイス」といいます。）を提供することができます。

電子インボイスを提供する方法として、通達は、次のようなものを想定しています（消基通1－8－2）。

---
① 光ディスク、磁気テープ等の記録用の媒体による提供
② EDI取引における電子データの提供
③ Eメールによるデータの提供
④ インターネット上にサイトを設け、そのサイトを通じた電子データの提供

インボイスのPDFファイルをEメールに添付して送信すれば、それは、電子インボイスの提供であり、Webサイトからインボイスのデータをダウンロードさせる場合も、電子インボイスの提供に当たります。また、複合機等のファクシミリ機能を用いて送受信するデータ※も電子インボイスです。

つまり、紙以外のデータの提供は、全て、電子インボイスの提供になります。

※　受信と同時に書面に印字するだけのファックスは、該当しません。

(2) デジタルインボイス

インボイスの提供と保存に係るコストを最小化するためには、電子インボイスの活用は必須であると考えられます。

上記のとおり、インボイス通達には、電子インボイスの提供の方法として、Eメールによるデータの提供やWebサイトを通じたデータの提供が示されています。しかし、互換性のないデータのやり取りは単なるペーパーレスにとどまり、デジタルを前提として業務のあり方そのものを見直す「デジタル化」（Digitalization）とはいえません。

事業者が使用するシステムが様々に違っていても、標準化され構造化された電子インボイスである「デジタルインボイス」を受渡しすれば、バックオフィス業務とシームレスに連携することができます。

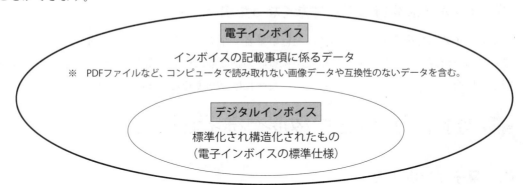

　日本のデジタルインボイスの標準仕様「JP PINT」は、グローバルな標準仕様である「Peppol（ペポル）」をベースとして開発され、デジタル庁が管理等を行っています。
　現在、適格請求書（Peppol BIS Standard Invoice JP PINT Version 1.0）と、仕入明細書（JP BIS Self Billing Invoice Version 0.9）の標準仕様が「Open Peppol」のウェブサイトにて公開されており、今後、必要な更新等が行われていくこととなります。
　「Peppol」とは、電子文書をネットワーク上でやり取りするための「文書仕様」「ネットワーク」「運用ルール」に関するグローバルな標準仕様です。国際的な非営利組織である「Open Peppol」という団体により管理されています。デジタル庁は、2021年9月より、Open Peppolのメンバーとして活動しています。

⑤ 写しの保存期間

　インボイス、簡易インボイス及び返還インボイスの写しは、交付した日又は提供した日の属する課税期間の末日の翌日から2か月を経過した日から7年間、納税地又はその取引に係る事務所、事業所その他これらに準ずるものの所在地に保存しなければなりません（消令70の13①）。

⑥ 適格請求書類似書類等の交付の禁止

　インボイス制度は、売手による消費税の納税がインボイスによって証明された場合に、買手における仕入税額控除を認める厳格な制度です。
　したがって、偽インボイスの交付は厳しく禁止されており、罰則が設けられています。

(1) 禁止行為

　インボイスを交付することができるのは、税務署長に申請して登録を受けたインボイス発行事業者だけです。インボイス発行事業者でない者が、インボイス発行事業者が作成したインボイスであると誤認されるおそれのある表示をした書類（適格請求書類似書類等）を交付するこ

とは禁止されています（消法57の5）。

また、インボイス発行事業者については、偽りの記載をしたインボイスを交付することが禁止されています（消法57の5）。

インボイス発行事業者	● 偽りの記載をしたインボイス又は簡易インボイスの交付 ● 上記書類の記載事項に係るデータの提供
インボイス発行事業者以外の者	● インボイス発行事業者が作成したインボイス又は簡易インボイスであると誤認されるおそれのある表示をした書類の交付 ● 上記書類の記載事項に係るデータの提供

「インボイス又は簡易インボイスであると誤認されるおそれのある表示」とは、具体的には、T＋13桁の数字といった登録番号と誤認されるような記載をすることです。

(2) 罰則

これら禁止行為を行った者は、1年以下の懲役又は50万円以下の罰金に処するものとされています（消法65四）。

免税事業者が交付する請求書等

(1) 消費税額等の記載は禁止されない

上述のとおり、免税事業者が作成する請求書等に登録番号と誤認されるおそれのある記載はできません。消費税額等の記載については、「免税事業者は、取引に課される消費税がないことから、請求書等に「消費税額」等を表示して別途消費税相当額等を受け取るといったことは消費税の仕組み上、予定されていません」（軽減Q＆A個別事例編問111）と説明しています。しかし、消費税額等の記載を禁止する法令はありません。

例えば、国税庁は、インボイス発行事業者でない者が消費税額等を明示して報酬等の請求をすることを前提に、その報酬・料金の源泉徴収について、「適格請求書発行事業者以外の事業者が発行する請求書等において、報酬・料金等の額と消費税等の額が明確に区分されている場合には、その報酬・料金等の額のみを源泉徴収の対象とする金額として差し支えありません」（令和3年12月9日「インボイス制度開始後の報酬・料金等に対する源泉徴収」、直法6－1、インボイス制度開始後の取扱い）と説明しています。

また、免税事業者であっても、軽減対象課税資産の譲渡等を行う場合には、区分記載請求書等に「軽減税率の対象にはその旨」を記載すること、対価の額については「税率ごとの合計額」を記載することが求められます。

(2) 消費税額等の記載は避けるべき

ただし、登録番号の記載のない請求書等に消費税額等の記載がある場合には、取引額として

買手の納得を得にくい状況となることは想像に難くありません。値下げ交渉の材料になるでしょう。登録をしないで免税事業者として事業を行う場合には、請求書等への消費税額等の表示や消費税額等を上乗せする価格表示は避けるべきです。

誤りやすい事例　登録通知を受けるまでのインボイス交付と価格設定

インボイス発行事業者の登録通知を受けるまでの間、インボイスの交付はどうすればいいですか。また、商品価格に消費税額等を上乗せした対価の額を設定することができますか。

解説

1．売手の対応

(1) 登録時期の特例と対価の額の設定

新たに設立された法人や新たに事業を開始した個人事業者が、事業を開始した日の属する課税期間の初日から登録を受けようとする旨を記載した登録申請書をその課税期間の末日までに提出した場合には、実際に登録やその通知の日にかかわらず、その課税期間の初日において登録を受けたものとみなされます（消令70の4、消規26の4）（登録拒否要件に該当して登録できない場合を除きます）。

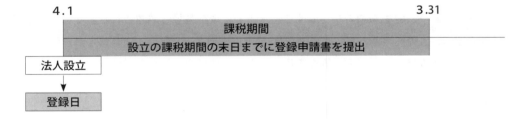

したがって、商品販売等の対価の額は、インボイス発行事業者であることを前提に、消費税等を上乗せした金額とするべきでしょう。

(2) インボイスの交付

この場合、登録日（課税期間の初日）からインボイスを交付する義務は生じますが、通知を受けるまでの間、インボイスを交付することはできません。したがって、顧客に事情を説明して、後日インボイスを交付することになります（消基通1－7－3）。

① 継続して取引を行う場合

継続して取引を行う顧客には、次のような対応が考えられます（インボイスQ＆A問37）。

- インボイスの交付が遅れる旨を伝え、通知後にインボイスを交付する
- 通知を受けるまでは暫定的な請求書を交付し、通知後に改めてインボイスを交付し直す
- 通知を受けるまでは暫定的な請求書を交付し、通知後にその請求書との関連性を明らかにした上で、インボイスに不足する記載事項（登録番号等）を通知する

② 小売店等である場合

事後にインボイスを交付することが困難な小売店などは、ホームページや店頭の掲示により、お知らせする方法が考えられます（インボイスＱ＆Ａ問37）。

【登録通知を受ける前の掲示】

弊社は、適法にインボイス発行事業者の登録申請を行っておりますが、未だ登録通知が届いていないため、登録番号は後日お知らせさせていただきます。

【登録通知を受けた後の掲示】

弊社の登録番号は「T1234…」となります。
令和〇年〇月〇日（通知を受けた日）までの間のレシートをお持ちの方で仕入税額控除を行う方は、当ページを印刷してレシートと併せて保存するなどのご対応をお願いいたします。

また、買手からの電話等に応じ、登録番号をお知らせし、相手方にその記録をレシートと併せて保存してもらうといった対応が可能です（インボイスＱ＆Ａ問37）。

※　個人事業者が登録通知書を紛失して自身の登録番号を確認する必要が生じた場合は、各国税局のインボイス登録センターに問合せてください（インボイスＱ＆Ａ問4）。

2．買手の対応

売手から上記のような説明を受けた場合は、それを信じて、消費税等を支払い、仕入税額控除をするべきでしょう。

国税庁は、売手から登録番号のないインボイスを受領したのち、登録番号のお知らせ等が届かないまま申告期限を迎えた場合であっても、「事前に売手がインボイス発行事業者の登録を受ける旨を確認できたときは、受領した登録番号のない請求書等に記載された金額を基礎として、仕入税額控除を行うこととして差し支えありません」（インボイスＱ＆Ａ問37）と説明しています。

ただし、事後的に交付されたインボイスや登録番号のお知らせを保存することが必要です。

保存できなかった場合には、その保存できなかったことが判明した課税期間において、仕入税額控除を調整することとなります。仕入れ等をした課税期間の修正申告をする必要はありません。

誤りやすい事例　小売業者が交付するインボイス

当社は、日用雑貨の販売を行っています。顧客の大半は消費者ですが、インボイス発行事業者となった場合には、全ての売上げについて、インボイスを交付する必要がありますか。

解　説

①　消費者に対する交付の義務はない

インボイス発行事業者のインボイスの交付の義務は、課税事業者から求められた場合に生じます（消法57の4①）。したがって、消費者に対してインボイスを交付する義務はありません。

②　業務の効率化の観点からの検討

買手が事業者であるか消費者であるかにかかわらず、全ての売上げについて交付することが、オペレーションの合理化・簡素化の観点から、より良い選択である場合も多いと思われます。

例えば、希には事業者が購入する場合もあるでしょうし、消費者であっても、登録番号のないレシートに消費税額の記載があることに疑問を抱くかもしれません。そのような場合には、課税事業者として納税しているけれども、法律上の義務がないことをもって登録番号を記載していないことを説明しなければなりません。

小売業者は、適格請求書に代えて、適格簡易請求書（簡易インボイス）を交付することができます。簡易インボイスには、「書類の交付を受ける事業者の氏名又は名称」の記載は不要です。また、「税率ごとに区分した消費税額等」と「適用税率」は、いずれか一方の記載で足ります。したがって、登録番号等の印字を設定しておけば、レジスターが発行するレシートを簡易インボイスとして交付することができます。

③　売上税額の計算方法からの検討

少額の売上げを大量に繰り返す小売業者が、その売上げに係る消費税額等の1円未満の端数を切り捨てて税込対価の額とした場合において、消費税の申告書の作成に当たり、「割戻し計算」によって売上税額（課税標準額に対する消費税額）を算出すると、切り捨てて受け取らなかった消費税額についてまで納税することになります。そこで、売上税額の計算には、「積上げ計算」の特例が設けられています。「積上げ計算」の特例は、保存するインボイス又は簡易インボイスに記載された消費税額等を基礎とするものです。

したがって、顧客のほとんどが消費者であっても積上げ計算の特例を適用するためには、インボイス又は「税率ごとに区分した消費税額等」の記載をした簡易インボイスを交付しておかなければなりません。

誤りやすい事例　簡易インボイスを交付することができる業種

簡易インボイスを交付することができるのは、小売業の他にどのような事業がありますか。

解説

簡易インボイスを交付することができる事業は、次の事業です。

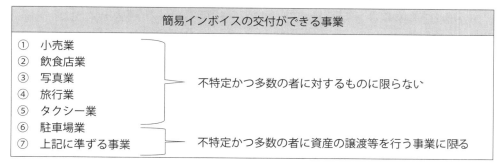

①から⑤までの事業については、「不特定かつ多数の者に対するもの」という限定はありません。例えば、小売業は会員制であるなどの運用形態を問わず、飲食店業は馴染み客であるか一見の客であるか、また、予約の有無などにかかわらず、簡易インボイスを交付することができます。

他方、⑥と⑦は、不特定かつ多数の者に対するものが対象です。⑦について、「不特定かつ多数の者に資産の譲渡等を行う事業」であるかどうかは、個々の事業の性質により判断しますが、例えば、資産の譲渡等を行う者が資産の譲渡等を行う際に相手方の氏名又は名称等を確認せず、取引条件等をあらかじめ提示して相手方を問わず広く資産の譲渡等を行うことが常態である事業などは、これに該当します。

また、相手方の氏名等を確認するものであったとしても、相手方を問わず広く一般を対象に資産の譲渡等を行う、ホテルや旅館等の宿泊サービスや航空サービス、レンタカー事業などもこれに含まれます。

他方、通常の事業者間取引や、消費者を含めた多数の者に対して行う取引であったとしても、その相手方を一意に特定したうえで契約を行い、その契約に係る取引の内容に応じて個々に課税資産の譲渡等を行うようなもの（電気・ガス・水道水の供給、電話料金など）は、一般的には、簡易インボイスの交付ができる事業には当たりません（インボイスQ＆A問24－2）。

誤りやすい事例　インボイスに記載する消費税額等

インボイスに記載する消費税額等は、どのように計算するのですか。

解 説

　インボイスに記載する消費税額等は、税率ごとに区分した消費税額及び地方消費税額の合計額です。

　次のいずれかによって算出します（消法57の4①五、②五、消令70の10）。

①　税抜価額を税率ごとに区分して合計した金額により計算する方法

イ　標準税率適用の課税資産の譲渡等の税抜価額の合計額 $\times \dfrac{10}{100}$ ＝ 標準税率の消費税額等

ロ　軽減税率適用の課税資産の譲渡等の税抜価額の合計額 $\times \dfrac{8}{100}$ ＝ 軽減税率の消費税額等

②　税込価額を税率ごとに区分して合計した金額により計算する方法

イ　標準税率適用の課税資産の譲渡等の税込価額の合計額 $\times \dfrac{10}{110}$ ＝ 標準税率の消費税額等

ロ　軽減税率適用の課税資産の譲渡等の税込価額の合計額 $\times \dfrac{8}{108}$ ＝ 軽減税率の消費税額等

誤りやすい事例　インボイスに記載する消費税額等の端数処理

インボイスに記載する消費税額等の端数処理は、どうなりますか。

解 説

　インボイスに記載する消費税額等は、消費税額及び地方消費税額の合計額です。

　消費税額等の1円未満は、税率ごとに、切上げ、切捨て、四捨五入など、一のインボイスにつき、1回の端数処理を行います（消令70の10、消基通1－8－15、インボイスQ＆A問57）。

　一のインボイスに記載されている個々の商品ごとに消費税額等を計算し、1円未満の端数処理を行い、その合計額を消費税額等として記載することは認められません。

第2章 軽減税率制度と適格請求書等保存方式

【一定期間の取引をまとめた請求書をインボイスとして交付する場合の記載例】

請求書

㈱○○御中　　　　　　　　　　　××年11月1日

10月分（10/1～10/31）100,000円（税込）

日付	品名	金額
10/1	小麦粉　＊	5,000円
10/1	牛肉　　＊	8,000円
10/2	キッチンペーパー	2,000円
⋮	⋮	⋮
合計	100,000円（消費税 8,416円）	
10%対象	60,000円	（消費税 5,454円）
8%対象	40,000円	（消費税 2,962円）

＊印は軽減税率対象商品

△△商事㈱

登録番号　T1234567890123

消費税額等の端数処理は、インボイス単位で、税率ごとに1回行います。

10%対象：

$60,000円 \times \dfrac{10}{110} ≒ 5,454円$

8%対象：

$40,000円 \times \dfrac{8}{108} ≒ 2,962円$

（注）商品ごとの端数処理は認められません。

　また、例えば、複数の事業所がある顧客に対して、その事業所ごとに契約を締結し取引を行っている場合であっても、複数の契約を一のインボイスにまとめて記載するときは、その合計額について算出し、1円未満の端数処理を行った消費税額等を記載しなければなりません（インボイスQ＆A問66）。

請求書

㈱○○御中　　　　　　　　　　　　　　　　　××年11月1日

10月分（10/1～10/31）

ご請求金額	消費税額等（10%）
96,745円	8,795円

【請求金額内訳】

契約種別	利用金額（税込）	参考：消費税額等
A契約	13,157円	1,196円
B契約	38,233円	3,475円
C契約	45,355円	4,123円

△△商事㈱

登録番号　T···········

消費税額等の計算方法は、課税資産の譲渡等の税込価額の合計額である96,745円を適用税率で割り返して算出しています。

$96,745円 \times \dfrac{10}{110} = 8,795円$

誤りやすい事例　複数の書面による交付

インボイスの記載事項は、1枚の請求書等に記載していなければなりませんか。

解説

インボイスの記載事項は、1枚の書類にその全てが記載されていなくてもかまいません。例えば、納品書と月まとめの請求書を交付する場合において、請求書に納品書番号を記載するなど、交付された書類相互の関連が明確であり、買手がインボイスの記載事項を正確に認識できるときは、その納品書と請求書の交付によって、インボイスの交付義務を果たすことができます（消基通1-8-1、インボイスQ&A問65）。

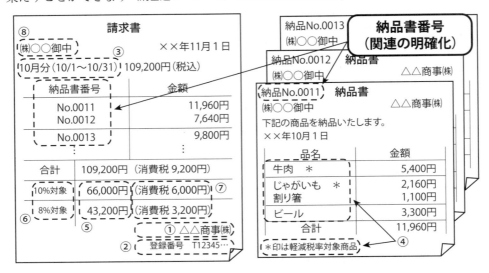

① インボイス発行事業者の氏名又は名称
② 登録番号
③ 取引年月日
④ 取引の内容（軽減税率の対象にはその旨）
⑤ 税率ごとに区分して合計した対価の額（税抜き又は税込み）
⑥ 適用税率
⑦ 税率ごとに区分した消費税額等
⑧ 書類の交付を受ける事業者の氏名又は名称

ただし、業務の効率を考えると、複数の書類をあわせてインボイスとする方法は、必ずしも望ましいものであるとはいえません。買手は、仕入れ先ごとに、どの書類をインボイスとして保存するべきなのかを確認する必要があり、売手は、どのような方法によってインボイスを交付するのか、明確に示さなければなりません。複数の書類によってインボイスが構成されている場合には、互いの連絡が混乱する可能性があり、買手の正しい理解を

得るために、丁寧な繰返しの説明が必要になるでしょう。その作業が、業務を停滞させ、非効率にすることは容易に想像できます。

　やむを得ず、このような方法を選択する場合には、どの書類にインボイスのどの項目が記載されているのか、毎回付記しておくなどの工夫が必要です。

　解決策の一つとして、電子インボイスの提供があるでしょう。

　月まとめの請求書を電子インボイスにして、取引の内容を併せてデータにしておけば、納品書をインボイスの一部とする必要はありません。

誤りやすい事例　　**納品書における端数処理**

　日々の取引に際して交付する納品書と月まとめの請求書とを組み合せてインボイスの記載事項を満たす場合、納品書において消費税額等の端数処理を行うことはできますか。

解 説

⑴　納品書にインボイスの記載事項としての消費税額等を記載する場合

　前事例では、納品書に「税率ごとに区分した消費税額等」を記載していないので、消費税額等の端数処理は、「税率ごとに区分した消費税額等」を記載する請求書ごとに行っています。

　納品書に「税率ごとに区分した消費税額等」を記載するときは、納品書につき税率ごとに1回の端数処理を行うこととなります（インボイスQ＆A問67）。

請求書	
㈱○○御中　　　　　　　　　　　　××年11月1日	
10月分（10/1〜10/31）	
109,200円（税込）	
納品書番号	金額
No.0011	12,800円
No.0012	5,460円
No.0013	5,480円
⋮	⋮
合　計	109,200円

△△商事㈱
登録番号　T1234567890123

「税率ごとに区分した消費税額等」
※　端数処理は納品書につき税率ごとに1回

納品No.0013　　**納品書**
㈱○○御中　　　　　　　△△商事㈱

納品No.0012　　**納品書**
㈱○○御中　　　　　　　△△商事㈱

納品No.0011　　**納品書**
㈱○○御中　　　　　　　△△商事㈱
下記の商品を納品いたします。
××年10月1日

品名	金額
牛肉　　　＊	5,400円
じゃがいも　＊	2,300円
割り箸	1,100円
ビール	4,000円
合計	12,300円
10%対象	5,100円（消費税 464円）
8%対象	7,700円（消費税 570円）

＊印は軽減税率対象商品

135

この場合、請求書に消費税額等の記載は不要ですが、納品書に記載した消費税額等の合計額を記載することもできます。交付先には、納品書においてインボイスの記載事項としての消費税額等の端数処理を行っており、請求書の合計額に税率を適用して消費税額等を算出する方法によっていない旨を説明する等の配慮が必要でしょう。

(2) 月次の請求書にインボイスの記載事項としての消費税額等を記載する場合

納品書に記載した消費税額等をインボイスの記載事項とせず、月次の請求書に記載することも考えられます。つまり、納品書に記載した消費税額等は仮に表示しているだけのものという前提で、月次の請求書に記載した対価の額の合計額に税率を適用して消費税額等を算出し、1円未満の端数処理を行って、インボイスの記載事項である「税率ごとに区分した消費税額等」とする方法です。

この場合にも、交付を受けた事業者において正しく認識することができるように、説明文を書き添える等の配慮が必要でしょう。

誤りやすい事例　　データと書面による交付

当社は、受発注や納品などの日々の取引についてはEDI取引を利用し、月まとめで書面により請求書を交付しています。

このようにデータと書面を併用した場合にも、インボイスを交付したことになりますか。

※　EDI（Electronic Data Interchange）取引とは、通信回線を介して、商取引に関連するデータをコンピュータ間で交換する取引等をいいます。

解　説

インボイスの記載事項は、一の書類のみで全てを満たす必要はなく、書類とデータを組み合わせることも可能です。書類とデータの関連が明確であり、インボイスの交付対象となる取引内容を正確に認識できる方法で交付されていれば、複数の書類や、書類とデータの全体により、インボイスの記載事項を満たすことになります（インボイスQ＆A問72）。

誤りやすい事例　　端数値引きがある場合

当社は、売上代金の請求に当たって端数を切り捨てて金額を丸める出精値引きを行っています。インボイスの記載はどうなりますか。

解　説

いわゆる「出精値引き」を行う場合、値引きの時期が課税資産の譲渡等を行う前か後かにより、次の2つの処理が考えられます。

厳密な区分が困難である場合には、いずれの処理を行ってもかまいません。

① **課税資産の譲渡等の対価の額から直接減額して処理する方法**

これから行う課税売上げの値引き（値下げ販売）である場合、インボイスには、値下げ後の対価の額とこれに対する消費税額等を記載します。

② **売上対価の返還等として処理する場合**

イ　値引きの金額が1万円未満である場合

既に実現した課税売上げに対する値引きである場合は、返還インボイスを交付することとなります。ただし、税込1万円未満の対価の返還等については、返還インボイスの交付は不要です。

ロ　値引きの金額が1万円以上である場合

税込1万円以上の値引きについては、返還インボイスを交付する義務があります。

インボイスと返還インボイスは、それぞれに必要な記載事項を一枚の書類に記載して交付することができるので、出精値引きを行う場合は、その出精値引きを行うインボイスに返還インボイスの記載事項を加えることになります。

この場合、その出精値引きは既に行った個々の取引のいずれかに対して値引きを行う性質のものではなく、その請求全体に対する値引きであるため、「対価の返還等の基になる取引の内容」は、記載する必要はありません。

また、取引に係る適用税率が単一であるときは、インボイスの記載事項である「適用税率」とは別に重ねて記載する必要はなく、「対価の返還等の金額に係る消費税額等」の記載も省略することができます。具体的には、次のような請求書で記載事項を満たすことになります。

請求書			返還インボイスの記載事項

請求書

㈱○○御中　　　③ ××年10月31日
① △△㈱ T1234567890123

④ 日付	品名 ②	金額
10/ 1	ラミネートフィルム	1,023,850
10/ 2	PROサーバー本体	826,950
	PROサーバーカートリッジ	87,890
……	…… ⑤	……
合計	適用税率 10% ⑦	8,561,800
	外消費税額等	856,180
総　　計		9,417,980
値　引　き		⑥ △17,980
御請求金額		9,400,000

返還インボイスの記載事項

① インボイス発行事業者の氏名又は名称
② 登録番号
③ 対価の返還等を行う年月日
④ その基になる課税資産の譲渡等を行った年月日
⑤ 対価の返還等の基になる課税資産の譲渡等に係る資産又は役務の内容（軽減税率の対象にはその旨）
⑥ 対価の返還等の金額（税抜き又は税込みで率率ごとに区分して合計）
⑦ 対価の返還等の金額に係る消費税額等又は適用税率

※ 単一税率の場合は、出精値引について、④の「対価の返還等の金額」を記載すれば足りる。

誤りやすい事例　長期前受に係るインボイス

毎月保守を受ける契約について、1年を超える期間の保守料を前受けする場合、その前受金の領収書をインボイスとすることができますか。

解　説

インボイスは、課税資産の譲渡等を行う前に交付することができます。また、一定期間に係る取引をまとめて一のインボイスに記載することができます。したがって、月額等を単位とする契約であったとしても、その契約期間に係る保守料の前受けに係る請求書や領収書に、インボイスとして必要な事項を記載しておけば、前受金から課税売上げに振り替える度にインボイスを交付するといったことは必要ありません（国税庁「多く寄せられるご質問」（令和6年7月26日更新）問ⓕ）。

ただし、その後、課税売上げを計上するべき日に売手がインボイス発行事業者でなくなった場合など、すでに交付したインボイスの記載事項に変更が生じることとなったときは、修正インボイスを交付する必要があります。

誤りやすい事例　売手が負担する振込手数料

売掛金の回収に当たり、振込手数料が差し引かれた場合はどうなりますか。

解　説

(1)　振込手数料の負担者

振込手数料について、契約書等で負担者を明示している場合には、その定めに従うことになります。その取り決めがなければ、商法又は民法の原則に従い、支払う者が負担するべきものとなります。

すなわち、商法516条は、債務の履行の場所を「債権者の現在の営業所」と定めています。また、民法は、「弁済は債権者の現在の住所」においてしなければならない（民法484①）、「弁済の費用」は債務者の負担（民法485）としています。

このような原則であっても、売掛金の回収に当たり、振込手数料らしき金額が差し引かれた場合には、売手は、集金の手数を省略した利益の対価と認識して、費用や値引きとして処理する例が多いと考えられます。しかし、最近では、そのような商習慣を見直して、「振込手数料は差し引かないでご負担ください。」とお願いしているケースも増えているようです。

(2)　下請法の取扱い

下請法4条1項3号は、「下請事業者の責に帰すべき理由がないのに、下請代金の額を減ずること」を禁止しています。

この下請代金の額を「減ずること」の一つの類型として「下請代金を下請事業者の金融機関口座へ振り込む際の手数料を下請事業者に負担させることを書面で合意している場合に、下請代金の額から金融機関に支払う実費を超えた額を差し引くこと」があります。

　したがって、発注前に書面で合意がない場合に振込手数料を下請代金の額から差し引くことは、下請代金の減額に該当します。また、発注前に振込手数料を下請事業者が負担する旨の書面での合意がある場合であっても、親事業者が負担した実費の範囲を超えた額をその手数料として差し引いて下請代金を支払うと、下請代金の減額に該当することになります。

　ここでいう「実費」とは、振込手数料として銀行等に支払っている額のことであって、例えば、親事業者が従来の銀行窓口での振込みに代えてインターネットバンキング等を利用することによって、実際に負担する振込手数料が少なくなっているにもかかわらず、下請代金から従来の銀行窓口での振込手数料相当額を差し引くことは、下請代金の減額として問題となります。

　令和2年6月18日に行われた勧告では、下請代金を振り込む際に、実際に金融機関に支払う振込手数料を超える額を下請代金から差し引いていたことが下請代金の減額に当たるとされました※。

　しかし、商習慣としては、下請法の適用対象となる取引であっても、振込手数料あるいは振込手数料らしき金額が差し引かれて支払われた場合、売手は、費用又は値引きを計上して売掛債権の金額と実際に支払われた金額との差額の消込みを行っている例が多いと考えられます。

　※　公正取引委員会「下請法　知っておきたい豆情報　その4」参照。

(3)　売手の処理

①　対価の返還等を認識する場合

　売手が負担する振込手数料を対価の返還等と認識する場合は、その金額が1万円未満であることから、返還インボイスの交付は不要です。帳簿にその旨を記載して、返還等対価に係る税額控除の適用を受けることができます。

　なお、軽減対象課税資産の譲渡等に係る対価の返還等には、軽減税率が適用されます。

②　課税仕入れを認識する場合

　差し引かれた振込手数料相当額を課税仕入れの対価として仕入税額控除を行うためには、顧客に対してインボイスの交付を求めなければなりません。ただし、インボイス制度開始から6年間は、中小事業者について、1万円未満の課税仕入れにつきインボイスの保存を不要とする経過措置（少額特例）があります。

③　会計上は費用とし、消費税では対価の返還等とする場合

　また、会計上は課税仕入れとしていても、消費税法上は、対価の返還等として取り扱うことができます。

帳簿において支払手数料等に計上されていても、消費税申告の際に作成する帳票等により対価の返還等として取り扱うことが明らかであれば問題ありません。

(4) 買手の処理

上記のとおり、売手が対価の返還等としている場合は、差し引いた振込手数料相当額について、インボイスの交付は求められず、返還インボイスの交付もありません。

買手の処理として、商品仕入れについて仕入値引（商品が飲食料品である場合は軽減税率を適用）を認識し、振込手数料に係る課税仕入れを計上するという解説もあるようですが、返還インボイスが交付されない限り、売手が対価の返還等としているかどうかの確認ができませんから、その処理が正しいとも言い切れません。したがって、そのような煩雑な処理は省略するのが実務的でしょう。

振込手数料を含めて出金した総額が買掛金の金額と一致している場合には、買掛金の支払処理で良いと考えられます。

誤りやすい事例 **インボイスの記載事項に誤りがあった場合**

記載事項に誤りがあるインボイスを交付した場合、罰則の対象になるのですか。

解　説

① 記載事項の誤りの是正

インボイスを交付したインボイス発行事業者は、これらの書類の記載事項に誤りがあった場合には、これらの書類の交付先に対して、修正したインボイスを交付しなければなりません（消法57の4④⑤）。

交付方法は、例えば、次の方法が考えられます。

・誤りがあった事項を修正し、改めて記載事項の全てを記載したものを交付する方法
・当初に交付したものとの関連性を明らかにし、修正した事項を明示したものを交付する方法

ただし、買手は、自ら作成した仕入明細書等で売手の確認を受けたものを保存することもできるので、買手が誤りの箇所を修正して、売手に確認を求めることも考えられます。この場合は、売手は、改めて修正したインボイスを交付する必要はありません。

② 「誤った記載」と「偽りの記載」

インボイス発行事業者が、偽りの記載をしたインボイスを交付することは禁止されており、1年以下の懲役又は50万円以下の罰金に処するものとされています（消法65四）。

インボイス発行事業者がインボイスの記載事項を誤った場合に、「偽りの記載」をしたインボイスを交付発行したものとして罰則の対象になるのではないかと心配される方もおられるようですが、記載事項を単に誤っただけでは、「偽りの記載」には当たりません。

第 2 章　軽減税率制度と適格請求書等保存方式

　交付したインボイスの記載事項に誤りを発見した場合は、速やかに買手に連絡し、修正した適正なインボイスを交付しましょう。

誤りやすい事例　翌月のインボイスによる訂正

　当月の請求書（インボイス）において過少であった請求金額を翌月の請求書に記載することはできますか。

解　説

　品数や単価の誤り等により、過少請求となってしまった場合、翌月の請求にその過少であった金額を加算して調整することがあります。この場合、継続的な処理として、その過少請求となっているインボイスにつき修正インボイスを交付せず、その翌月の請求書（インボイス）において、その過少であった金額を対価の額に直接加算し、その加算した金額に基づき計算した消費税額等を記載する方法で調整することができます。

　その調整により、当月及び翌月のいずれの請求書も、適正なインボイスであると認められます。

誤りやすい事例　農協特例

　農協特例では、農家がインボイスを交付する義務が免除されるそうですが、そうすると、農家は、インボイス発行事業者となるために課税事業者を選択する必要はないのですか。

解　説

　実務では、取引の特殊性から、インボイスを発行することが困難であるケースが存在します。そのため、その事情に配慮する観点から、インボイスの交付を免除する特例が設けられており、いわゆる「農協特例」もその1つです。

　「農協特例」とは、組合員（農家）が組合（農協）に対し、何らの条件を付けず販売を委託し（無条件委託）、「共同計算」により精算される農林水産物の委託販売について、①「売手」である農家のインボイスの交付義務を免除し、②「買手」は農協が発行する一定の書類の保存により仕入税額控除が可能となるという措置です。

　その結果、農家が免税事業者であっても、「買手」はその取引について仕入税額控除を行うことが可能となり、農家は、無条件委託・共同計算による委託販売を行うことに限っては、登録事業者となるために課税事業者を選択する必要はありません。

141

「農協特例」という呼び名ですが、農協に限らず、漁業協同組合や森林組合、農事組合法人、事業協同組合などであっても、「無条件委託」「共同計算」により組合員の農林水産物の委託販売を行うのであれば、この特例を適用することができます。

　また、「農協特例」により、農協は免税事業者である組合員からの仕入れであっても仕入税額控除が制限されない、といった誤解もあります。しかし、この特例はあくまでも「委託販売」（無条件委託・共同計算によるものに限ります。）に対するものであり、農協が免税事業者である組合員から仕入れを行えば、ほかの事業者と同様に、仕入税額控除が制限されることとなります。

誤りやすい事例　インボイスの代理交付と媒介者交付特例

　商品の委託販売について、インボイスの交付はどうなりますか。

解説

　委託販売における委託者をA、受託者をBとして説明します。

① **受託者による代理交付**

　委託販売において、顧客に対して課税資産の譲渡等を行っているのは、委託者Aですから、本来、委託者Aが顧客に対してインボイスを交付しなければなりません。

　しかし、委託販売では、通常、委託者Aは顧客と接触する機会を持ちません。そこで、受託者Bが、委託者Aの氏名又は名称及び登録番号を記載した委託者Aのインボイスを、顧客に代理交付することが認められます。

② **媒介者交付特例**

　また、「媒介者交付特例」として、次のイ及びロの要件を満たすことにより、媒介又は取次ぎを行う者である受託者Bが、委託者Aの課税資産の譲渡等について、受託者Bの氏名又は名称及び登録番号を記載したインボイスを、顧客に交付することができることとされ

ています（消令70の12①）。

　イ　委託者Ａ及び受託者Ｂがインボイス発行事業者であること
　ロ　委託者Ａが受託者Ｂに、自己がインボイス発行事業者の登録を受けている旨を取引前までに通知していること

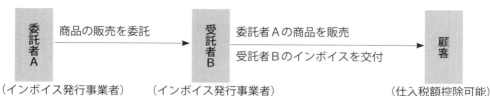

③　インボイスの写しの保存

委託者Ａは、自己に帰属する課税資産の譲渡等について、インボイスの写しを保存する義務があります。したがって、委託者Ａ及び受託者Ｂは、次の対応が必要です（消令70の12①③④、消基通1－8－10、1－8－11、インボイスＱ＆Ａ問48）。

委託者Ａの対応
①　自己が登録を受けている旨を取引前に通知する。 　・個々の取引の都度通知する、事前に登録番号を書面等により通知する、基本契約等により委託者の登録番号を記載するなどの方法による。 ②　自己がインボイス発行事業者でなくなった場合には、その旨を速やかに受託者Ｂに通知する。 ③　受託者Ｂから交付されたインボイスの写しを保存する。

受託者Ｂの対応
①　交付したインボイスの写し又は提供したデータを速やかに委託者Ａに交付又は提供する。 　・インボイスに複数の事業者に係る記載がある場合や多数の購入者に対して日々インボイスの交付をするためコピーが大量になる場合など、インボイスの写しをそのまま交付することが困難な場合には、インボイスの交付に代えて、その事業者に係るインボイスの記載事項を記載した精算書等を交付することができる。この場合には、交付した精算書等の写しを保存する。 ②　媒介者交付特例においては、交付したインボイスの写し又は提供したデータを保存する義務がある。精算書等を交付した場合は、その精算書等を保存する。

誤りやすい事例　　媒介者交付特例の適用範囲

当社は、請求書の発行及び代金回収の代行を行う会社です。この受託業務においてインボイスを交付する場合に、媒介者交付特例を適用してインボイスに受託者である当社の名称と登録番号を記載することができますか。

解 説

```
                 契約締結・課税資産の譲渡等
委託者A ──────────────────────────────────────→ 顧客（課税事業者）
         事務処理の委託      請求書発行・代金の回収等の事務代行
        ──────────→ 受託者B ──────────────────────→
```

（インボイス発行事業者）（インボイス発行事業者）

　消費税法施行令70条の12第１項は、「媒介者等を介して国内において課税資産の譲渡等を行う場合」媒介者交付特例を適用することができる旨を規定しています。

　「媒介者等を介して国内において課税資産の譲渡等を行う場合」には、媒介者交付特例を適用することができるものと定めているので、課税資産の譲渡等についての委託がなく、事務処理や集金代行のみを委託している場合には、媒介者交付特例の対象とならないように見えます。

　ただし、この場合であっても、媒介者交付特例を適用できることが、消費税法基本通達１−８−９に明らかにされています。

消費税法基本通達１−８−９

　令第70条の12第１項《媒介者等による適格請求書等の交付の特例》に規定する「媒介者等を介して国内において課税資産の譲渡等を行う場合」には、委託販売のように課税資産の譲渡等を第三者に委託している場合のほか、課税資産の譲渡等に関する代金の精算や請求書等の交付を第三者に委託している場合もこれに含まれることに留意する。

誤りやすい事例　不動産管理会社によるインボイスの交付

　不動産管理会社は、賃貸人のインボイスを代理して交付することができますか。

解 説

　事務所や店舗の賃貸は課税資産の譲渡等であり、賃貸人であるインボイス発行事業者は、課税事業者である賃借人の求めに応じて、賃貸人がインボイスを交付しなければなりません。

① 代理交付

　不動産管理会社に管理業務を委託している場合、不動産管理会社が、賃貸人の氏名又は名称及び登録番号を記載した賃貸人のインボイスを、賃借人に代理交付することができます。

② 媒介者交付特例

　不動産賃貸事業においては、必ずしも不動産管理会社がその賃貸の仲介を行っていると

は限らず、「媒介者等を介して国内において課税資産の譲渡等を行う場合」に該当しない場合もありますが、消費税法基本通達1-8-9によれば、管理業務のみを委託する場合であっても、媒介者交付特例を適用して、不動産管理会社の登録番号によるインボイスを交付することができます。

（インボイス発行事業者）　（インボイス発行事業者）　　　　　　　　　　　（仕入税額控除可能）

③　賃貸人の登録状況の管理

　賃貸人には、自己がインボイス発行事業者でなくなった場合に、その旨を速やかに不動産管理会社に通知する義務があります（消令70の12④）。

　また、不動産管理会社は、賃貸人が登録を取り消した後においてインボイスを交付するといった間違いを避けるため、賃貸人のインボイス発行事業者の登録の状況をリアルタイムで管理する必要があるでしょう。

誤りやすい事例　公売等の執行機関によるインボイスの交付

　公売等により資産を買受けた場合、インボイスは交付されますか。

解説

　公売等による資産の売却について、買受人がインボイスの保存ができるように、公売等の執行機関は、公売等により課税資産の譲渡等を行う事業者（滞納者）がインボイス発行事業者である場合には、滞納者から登録を受けている旨の通知を受けることなく、その滞納者に代わってインボイスを交付することができることとされています。

（インボイス発行事業者）　　　　　　　　　　　　　　　　　　　（仕入税額控除可能）

誤りやすい事例　共有資産の譲渡等

　インボイス発行事業者が、インボイス発行事業者以外の者と共有している資産を譲渡した場合、インボイスを発行することができますか。

解　説

　インボイス発行事業者が、インボイス発行事業者以外の者と資産を共有している場合は、その資産の譲渡や貸付けについては、所有者ごとに取引を合理的に区分します。
　インボイス発行事業者は、相手方の求めに応じて、自己の所有割合に応じた部分について、インボイスを交付しなければなりません（消基通１－８－７）。
　ただし、共有者の全員がインボイス発行事業者である場合には、媒介者交付特例により、インボイスの交付の事務を行う者が受託者となって、その貸付けに係る対価の全額について自己の登録番号を記載したインボイスを交付することができます。

誤りやすい事例　軽油の委託販売

　当社は、サービスステーション（SS）を経営する法人です。
　SSでは、軽油の販売について委託販売方式によっています。インボイス制度への対応はどうなりますか。

解　説

(1)　軽油引取税の概要

　軽油引取税は、都道府県が課税主体となる地方税であり、軽油の使用者と、道路整備、交通事故対策、救急医療対策、地域環境対策といった行政サービスを供給する地方団体との応益関係に着目して課税する普通税です。

①　課税標準と税率

　軽油引取税は、軽油の数量を課税標準とする従量税です。
　本則としての税率は、軽油１キロリットル当たり15,000円と定められています（地法144の10）が、当分の間、軽油１キロリットル当たり32,100円を課税することとされています（地法附12の２の８）。

②　納税義務者と特別徴収義務者

　軽油引取税の納税義務者は、特約業者又は元売業者（以下「特約店」といいます。）から現実の納入を伴う軽油の引取りを行う者です（地法144の２①）。
　軽油引取税の徴収は特別徴収の方法によるものとされており（地法144の13）、軽油を引き渡す特約店は、特別徴収義務者として、軽油の引取りを行う者から軽油引取税を徴収し、１か月分をまとめて翌月末日までに都道府県に申告納付する義務を負います（地法144の14①②）。

(2) 消費税の課税関係

① 特別徴収義務者であるかどうかによる違い

特別徴収する軽油引取税は、課税資産の譲渡等の対価の額には含まれません（消基通10－1－11）。

これに対し、特約店から軽油の引取りを行うサービスステーション（SS）事業者は特別徴収義務者ではないため、特約店（特別徴収義務者）とSS事業者（納税義務者）とで、軽油の販売について、消費税の取扱いに次のような違いが生じます。

イ　特約店（特別徴収義務者）が軽油を販売する場合には、特別徴収税額である軽油引取税の額は消費税の課税の対象となりません。軽油引取税の額を除いた軽油本体価格が課税の対象となります。

ロ　SS事業者（納税義務者）が軽油を販売する場合には、SS事業者は軽油引取税の特別徴収税義務者ではないので、軽油引取税相当額を含む販売価格全体が消費税の課税の対象となります。

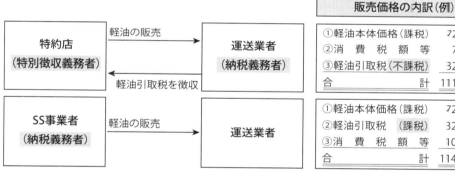

② 委託販売方式による二重課税の解消

上述のとおり、SS事業者においては、特別徴収された軽油引取税相当額に消費税が課税されるタックスオンタックスの問題が生じます。

そこで、全国石油商業組合連合会では、課税当局と協議の結果、委託販売方式によりこの問題を解決しています。軽油の委託販売方式とは、次のような方式です。

● SS事業者が仕入先の特約店（特別徴収義務者）との間で、軽油に関する委託販売契約を締結する。仕入先が複数ある場合は、全ての仕入先と委託販売契約を締結する。
● SS事業者は、帳簿等に㋥と記すなど、委託販売であることを証する事務処理を行う。
● 消費税の申告に当たっては、軽油の売上高と仕入高との差額を委託販売手数料として課税資産の譲渡等の対価の額とする。経理処理については、売上げ及び仕入れの両建処理も認められる。

上記の処理を適正に行うことにより、SS事業者においても、特約店と同様に軽油本体価格を消費税の課税対象として軽油の販売をすることが可能とされています。

(3)　軽油販売におけるインボイス対応

① 委託販売におけるインボイスの交付

　インボイス制度において、委託販売を行う委託者は、自己に帰属する課税資産の譲渡等について、交付したインボイスの写しを保存する義務があります（消法57の4①②⑥）。

　そこで、受託者は、交付したインボイスの写しを保存するとともに、その写しを速やかに委託者に交付するものとされています。ただし、インボイスに複数の委託者に係る記載があるなどによりそのインボイスの写しをそのまま交付することが困難な場合には、インボイスの交付に代えて、その委託者に係るインボイスの記載事項を記載した精算書等を交付することができます。この場合には、交付した精算書等の写しを保存する必要があります（消基通1－8－11、インボイスQ＆A問48）。

② 軽油販売における媒介者交付特例の適用

　全国石油商業組合連合会は、令和5年9月、軽油の委託販売に係る要望について国税庁から回答があった旨を公表しました。その内容は、次のとおりです。

● 「媒介者交付特例」においては、受託者が、委託者に交付する「適格請求書（インボイス）の写し」については、例えば、複数の委託者の商品を販売した場合や、多数の購入者に対して日々適格請求書を交付する場合などで、コピーが大量になるなど、適格請求書の写しそのものを交付することが困難な場合には、適格請求書の写しと相互の関連が明確な「精算書等」の書類等を交付することで差し支えないとされている。

● このように、インボイスの写しに代えて、インボイスの写しが大量にあって交付が困難な場合等には、精算書等に代えることができることとされていることから、これまでの軽油委託販売方式の経緯を踏まえ、また、SSは特約店からの仕入価額と同額で購入者に軽油を販売していると観念※することを前提に、特約店がSSに交付した「請求書」の控えを保存すること及びSSが特約店から交付を受けた「請求書」を保存することをもって、SSから特約店に対して当該精算書等の交付があったものとして媒介者交付特例を適用することとして差し支えないものと整理することにする。

　※　SSから購入者への販売価格を、委託販売分（特約店からの仕入価格と同額）とSSの取引（販売価格と仕入価格との差額）に分けて観念。この点、SSは購入者に対し、委託販売分と自らの取引を対価の額や税額について区分することなく一のインボイス等に記載することができる。

（出典：全国石油商業組合連合会「軽油委託販売におけるインボイス対応について」7頁）

　委託販売の受託者は、委託者に対してその委託販売に係るインボイスの写しを交付しなければなりません（消法57の4①⑥）。しかし、軽油の委託販売については、SS事業者におけるインボイスの交付枚数が大量となり、特約店への交付のインフラがありません。また、SS事業者は、これまで特約店に対して委託販売報告書等の提出は行っていませんでした。

148

さらに、複数の特約店から軽油を購入している場合には毎回の販売についていずれから仕入れたものであるかを特定することができないという問題もあります。

そこで、SS事業者から特約店へのインボイスの写しの交付を省略し、特約店がSS事業者に交付した「請求書」を双方が保存することにより、媒介者交付特例における精算書等の交付があったものと認めることとされました。

③　SS事業者が交付する簡易インボイス

この場合、SS事業者は、購入者に対し、委託販売売上高として特約店に帰属するべき対価の額と委託販売手数料として自己に帰属する対価の額とを区分することなく、一のインボイス等に記載することができます。この場合の簡易インボイスは、次のような記載になります。

領　収　書	
	××年10月31日
△△石油㈱　　T 1234567890123	
軽油	5,155円
数量35.55ℓ	
単価145円	
（内軽油本体　@112.9円	4,014円）
（内軽油引取税@ 32.1円	1,141円）
合　　計	5,155円
（内消費税額等	365円）

誤りやすい事例　　人格のない社団等のインボイスの交付

人格のない社団等は、インボイス発行事業者となることができますか。

解説

人格のない社団等とは、多数の者が一定の目的を達成するために結合した団体のうち法人格を有しないもので、単なる個人の集合体でなく、団体として組織を有し統一された意思の下にその構成員の個性を超越して活動を行うものをいいます。

人格のない社団等は、構成員の入れ替わりがあっても組織として継続するものであり、消費税法上、法人とみなされ（消法3）、インボイス発行事業者となることができます。

人格のない社団等が登録した場合には、公表サイトに、①インボイス発行事業者の氏名又は名称、②登録番号、③登録年月日、④登録取消（失効）年月日が公表されます。申出により「本店又は主たる事務所の所在地」を公表することもできます。

149

| 誤りやすい事例 | 任意組合等のインボイスの交付 |

任意組合等は、インボイス発行事業者となることができますか。

解説

(1) 任意組合等はインボイス発行事業者となることができない

民法上の組合や投資事業有限責任組合、有限責任事業組合等は、法人ではありません。人格のない社団等と違って、消費税法上、法人とみなされることはなく、これらの組合が行う取引については、売上げ及び仕入れが出資の割合等により組合員に帰属するパススルー課税が適用されます。消費税の納税義務者とならず、インボイス発行事業者となることもできません。

(2) インボイスの交付が可能

ただし、その任意組合等の組合員全員がインボイス発行事業者である場合において、業務執行組合員がその任意組合等の契約書の写しを添付して「任意組合等の組合員の全てが適格請求書発行事業者である旨の届出書」を提出したときは、その任意組合等のいずれかの組合員が、インボイスを交付することができます（消法57の6①、消令70の14①②）。

この場合、交付するインボイスに記載する「インボイス発行事業者の氏名又は名称及び登録番号」は、原則として組合員全員のものを記載することとなりますが、次の①及び②を記載することも認められます（消令70の14⑤）。

① その任意組合等のいずれかの組合員の「氏名又は名称及び登録番号」

② その任意組合等の名称

(3) 新たに事業を開始した組合員がある場合

組合員のうちに、新たに設立した法人で、登録申請書の提出により課税期間の初日からインボイス発行事業者の登録を受けることが見込まれる事業者がある場合において、「任意組合等の組合員の全てが適格請求書発行事業者である旨の届出書」のその組合員の登録番号欄に「後日提出予定」などの記載を行った上で提出したときは、その届出の後、課税資産の譲渡等についてインボイスを交付することができます（インボイスQ&A問51）。

その組合員に対してインボイス発行事業者の登録通知があった後、速やかに「任意組合等の組合員の全てが適格請求書発行事業者である旨の届出書（次葉）」等により、その組合員の登録番号を提出します。

仮にその組合員が登録拒否要件（消法57の2⑤）に該当し、インボイス発行事業者の登録を受けられなかった場合には、それまでインボイスを交付した課税資産の譲渡等について、改めてインボイスでない書類を交付して差し替える等の対応が必要です。

(4) 「組合員全員がインボイス発行事業者である」という要件を満たさなくなった場合

次に該当することとなったときは、該当することとなった日以後の取引について、イン

ボイスを交付することはできません。

① インボイス発行事業者でない新たな組合員を加入させた場合（上記(3)に該当する場合を除きます。）

② 組合員のいずれかがインボイス発行事業者でなくなった場合

これらの場合に該当することとなったときは、業務執行組合員が速やかに「任意組合等の組合員が適格請求書発行事業者でなくなった旨等の届出書」を提出しなければなりません（消法57の6②）。

誤りやすい事例　紙のインボイスを交付した場合の写しの保存

保存するべきインボイスの写しとは、交付した書類のコピーですか。

解 説

インボイス発行事業者には、交付したインボイスの写しを保存する義務があります（消法57の4⑥）。

「交付したインボイスの写し」とは、交付した書類そのものを複写したものに限らず、そのインボイスの記載事項が確認できる程度の記載がされているものもこれに含まれます。例えば、簡易インボイスに係るレジのジャーナル、複数のインボイスの記載事項に係る一覧表や明細表などの保存があれば足りることとなります。

誤りやすい事例　書面で交付したインボイスのデータの保存

当社は、システムで作成したインボイスを出力し、書面で交付しています。この書面で交付したインボイスの写しとして、システムで作成したデータを保存することは認められますか。

解 説

国税に関する法律の規定により保存が義務付けられている書類で、自己が一貫して電子計算機を使用して作成したものについては、電子帳簿保存法に基づき、データ保存をもって書類の保存に代えることができるとされています（電帳法4②）。

作成したデータでの保存に当たっては、次の要件を満たす必要があります。

① システム関係書類等（システム概要書、システム仕様書、操作説明書、事務処理マニュアル等）の備付けを行うこと（電帳規2②一、③）
② 電子計算機、プログラム、ディスプレイ及びプリンタ並びにこれらの操作説明書を備え付け、その電磁的記録をディスプレイの画面及び書面に、整然とした形式及び明瞭な状態で、速やかに出力できるようにしておくこと（電帳規2②二、③）
③ 税務調査の際に、税務職員からのダウンロードの求めに応じることができるようにしておくこと又は次の要件を満たす検索機能を確保しておくこと（電帳規2②三、③）
・取引年月日、その他の日付を検索条件として設定できること
・日付に係る記録項目は、その範囲を指定して条件を設定することができること

　一般的に請求書作成システムは、上記①②の要件を満たし、③の検索機能をもつものと考えられます。システムベンダーに問い合わせれば、要件を満たすものであるかどうか確認することができます。

誤りやすい事例　電子インボイスを提供した場合の写しの保存

　電子インボイスを提供した場合、その写しの保存はどのように行うのですか。

解　説

　電子インボイスを提供した場合には、データのまま、又は、紙に印刷して保存することができます（インボイスQ＆A問81）。

① 印刷して保存する場合

　電子帳簿保存法は、申告所得税及び法人税を対象に、電子取引を行った場合のデータ保存の原則を定めています（電帳法7）が、消費税法令においては、電子インボイスのデータ保存に代えて、整然とした形式及び明瞭な状態でアウトプットした書類を保存することが認められています（消規26の8②）。

② データのまま保存する場合

　法人税の対応としてデータで保存するものを、消費税のためだけにプリントアウトするという実務は、通常想定されないでしょう。消費税法令において、電子インボイスをデータのまま保存する場合は、電子帳簿保存法に定められた要件に準じて保存しなければならない旨が規定されています（消規26の8①）。

　また、データ保存している事項に関する改ざん等の不正が行われた場合は、重加算税が10％加算されます（消法59の2、消令71の2、消規27の2、27の3）。

③ 電子取引データの保存要件

　電子帳簿保存法は、電子取引のデータ保存について、「改ざん防止のための措置」、「日付、金額、取引先による検索機能の確保」、「ディスプレイ・プリンタ等の備付け」といった要件を定めています。

改ざん防止措置	● 次のイからニのいずれかの措置を行うこと イ タイムスタンプが付されたデータを授受する ロ データを授受した後速やかに（授受からタイムスタンプを付すまでの各事務の処理に関する規程を定めている場合は、その業務の処理に係る通常の期間を経過した後、速やかに）タイムスタンプを付す ハ データの訂正削除を行った場合にその記録が残るシステム又は訂正削除ができないシステムを利用して、授受及び保存を行う ニ 記録事項について正当な理由がない訂正及び削除の防止に関する事務処理の規程を定めて備え付け、その規程に沿って運用する
検索機能	● 次の要件を満たす検索機能を確保しておくこと イ 取引年月日その他の日付、取引金額及び取引先を検索条件として設定できること ロ 日付又は金額に係る記録項目については、その範囲を指定して条件を設定することができること ハ 2以上の任意の記録項目を組み合わせて条件を設定できること ※ 税務調査等の際にダウンロードの求めに応じることができるようにしている場合には、ロ及びハの要件は不要
ディスプレイ等の備付け	● システム取扱説明書（自社開発プログラムについてはシステム概要書）の備付けを行うこと ● 電子計算機、プログラム、ディスプレイ、プリンタ及びこれらの操作説明書を備え付け、そのデータをディスプレイの画面及び書面に、整然とした形式及び明瞭な状態で、速やかに出力できるようにしておくこと

④ データ保存の特例措置

電子帳簿保存法は、要件に従ってデータ保存ができない場合の特例として、令和5年12月31日までは、プリントアウトした書面の保存を可能としています。

また、令和6年1月1日以後は、次のような措置が設けられています。

イ 検索機能の全てを不要とする措置

次の者は、税務調査等の際に電子取引データの「ダウンロードの求め（調査担当者にデータのコピーを提供すること）」に応じることができるようにしている場合には、検索機能の全てが不要となります。

・基準期間（2課税年度前）の売上高が5,000万円以下である者

・電子取引データをプリントアウトした書面を取引年月日及び取引先ごとに整理された状態で提示・提出することができるようにしている者

ロ 電子データを単に保存することができる措置

次のいずれにも該当する場合には、保存要件に沿った対応は不要となり、電子取引データを単に保存しておくことができます。

・要件に従って保存することができなかったことについて、所轄税務署長が相当の理由があると認める場合（事前申請等は不要）

・税務調査等の際に、電子取引データの「ダウンロードの求め」及びその電子取引データをプリントアウトした書面の提示・提出の求めに応じることができるようにしている場合

第8節　仕入税額控除の要件

仕入税額控除は、所定の事項が記載された帳簿及び請求書等の保存が適用の要件となります（消法30⑦）。

 保存するべき帳簿

保存するべき帳簿は、次の記載事項が記載されているものです（消法30⑧）。これは、区分記載請求書等保存方式における帳簿の記載事項と同じであり、帳簿等に仕入先の登録番号を記載する必要はありません。

1．国内において行った課税仕入れ

課税仕入れに係る帳簿の記載事項
①　課税仕入れの相手方の氏名又は名称[※1、2]
②　課税仕入れを行った年月日
③　課税仕入れに係る資産又は役務の内容[※3、4]
④　課税仕入れに係る支払対価の額

※1　古物営業を営む事業者や再生資源卸売業を営む事業者等が行う所定の要件に該当する課税仕入れについては、記載を省略することができます（消令49②、消規15の3）。
　　また、卸売市場においてせり売又は入札の方法により行われる課税仕入れその他の媒介者等を介して行われる課税仕入れについては、その媒介者等の氏名又は名称を記載することができます（消令49③、消規26の5）。
※2　取引先コード等の記号、番号等による表示ができます（消基通11－6－1）。
※3　その課税仕入れが軽減対象課税資産の譲渡等に係るものである場合には、資産の内容及び軽減対象課税資産の譲渡等に係るものである旨を記載します。
　　その仕入れ又は資産の譲渡等が課税仕入れ又は課税資産の譲渡等かどうか、また、その資産の譲渡等が課税資産の譲渡等である場合においては、軽減対象課税資産の譲渡等かどうかの判別が明らかとなるときは、商品コード等の記号、番号等による表示することができます（消基通11－6－1）。
※4　特定課税仕入れである場合、その旨を「③　課税仕入れに係る資産又は役務の内容」に併せて記載します。

2．保税地域からの課税貨物の引取り

課税貨物に係る帳簿の記載事項
①　課税貨物を保税地域から引き取った年月日[※1]
②　課税貨物の内容
③　課税貨物の引取りに係る消費税等の額[※2]

※1　「①　課税貨物を保税地域から引き取った年月日」は、特例申告である場合には、特例申告書を提出した日又は決定の通知を受けた日を記載します。
※2　「③　課税貨物の引取りに係る消費税等の額」は、課税貨物の引取りに係る消費税額及び地方消費税額又はその合計額を記載します。

輸入に係る消費税額は、輸入許可書に記載された消費税額を積み上げる方法によるため、帳簿に消費税額等の記載をすることになります。

保存するべき請求書等

課税仕入れについては、帳簿の保存に併せて、原則として、次に掲げるものの保存が仕入税額控除の要件となります（消法30⑦、⑨）。

課税仕入れにつき保存するべき請求書等
① インボイス
② 簡易インボイス
③ 事業者が課税仕入れについて作成する仕入明細書、仕入計算書等の書類で、インボイスの記載事項が記載されているもの（インボイス発行事業者の確認を受けたものに限ります。）
④ 卸売市場特例において卸売業者等が交付する書類
⑤ 農協特例において農協、漁協、森林組合等が交付する書類

上記の書類はいずれも、その記載事項に係るデータの提供を受けて保存することができます。

ただし、インボイスの交付を受けることが困難であると考えられる特殊な取引について、インボイスの保存がなくても仕入税額控除を認める特例が設けられています。

（注）課税貨物の引取りについては、課税貨物の輸入の許可書等の保存が必要です。

(1) インボイス又は簡易インボイスの記載事項

インボイス又は簡易インボイスの記載事項は、119、122頁を参照してください。

(2) 仕入明細書等の記載事項

課税仕入れを行う事業者が作成した仕入明細書等の記載事項は、次の事項です（消令49④）。

仕入明細書等は、その書類に記載されている事項につき、その課税仕入れの相手方の確認を受けたものに限ります（消法30⑨三）。

仕入明細書等の記載事項
① 書類の作成者の氏名又は名称[※1]
② 課税仕入れの相手方の氏名又は名称
③ 登録番号[※1]
④ 課税仕入れを行った年月日[※2]
⑤ 課税仕入れに係る資産又は役務の内容[※3]
⑥ 税率の異なるごとに区分して合計した課税仕入れに係る支払対価の額
⑦ 適用税率
⑧ 消費税額等[※4]

※1　取引先コード等の記号、番号等による表示ができます。なお、登録番号については、その記号、番号等により、登録の効力の発生時期に関する変更等の履歴が明らかとなる措置を講じておく必要があります（消基通11－6－1）。

※2　年月日は、課税期間の範囲内で一定の期間内に行った課税資産の譲渡等につきまとめてその書類を作成する場合には、その一定の期間を記載します。

※3　その課税仕入れが他の者から受けた軽減対象課税資産の譲渡等に係るものである場合には、資産の内容及び軽減対象課税資産の譲渡等に係るものである旨を記載します。

その仕入れ又は資産の譲渡等が課税仕入れ又は課税資産の譲渡等かどうか、また、その資産の譲渡等が課税資産の譲渡等である場合においては、軽減対象課税資産の譲渡等かどうかの判別が取引の相手方との間で明らかなときには、商品コード等の記号、番号等により表示することができます（消基通11－6－1）。

※4　課税仕入れに係る支払対価の額に110分の10（その課税仕入れが他の者から受けた軽減対象課税資産の譲渡等に係るものである場合には、108分の8）を乗じて算出した金額をいい、その金額に1円未満の端数が生じたときは、その端数を処理した後の金額とします（消令49④六）。

(3)　媒介者等から交付を受ける請求書等の記載事項

課税仕入れの媒介等に係る業務を行う者から交付を受ける請求書等の記載事項は、次の事項です（消令49④）。

媒介者等から交付を受ける請求書等の記載事項
①　書類の作成者の氏名又は名称
②　登録番号※1
③　課税資産の譲渡等を行った年月日※2
④　課税資産の譲渡等に係る資産の内容※3
⑤　課税資産の譲渡等に係る税抜価額又は税込価額を税率の異なるごとに区分して合計した金額
⑥　適用税率
⑦　消費税額等
⑧　書類の交付を受ける事業者の氏名又は名称※1

※1　取引先コード等の記号、番号等による表示ができます。なお、登録番号については、その記号、番号等により、登録の効力の発生時期に関する変更等の履歴が明らかとなる措置を講じておく必要があります（消基通11－6－1）。

※2　年月日は、課税期間の範囲内で一定の期間内に行った課税資産の譲渡等につきまとめてその書類を作成する場合には、その一定の期間を記載します。

※3　その課税資産の譲渡等が軽減対象課税資産の譲渡等である場合には、資産の内容及び軽減対象課税資産の譲渡等である旨を記載します。

その仕入れ又は資産の譲渡等が課税仕入れ又は課税資産の譲渡等かどうか、また、その資産の譲渡等が課税資産の譲渡等である場合においては、軽減対象課税資産の譲渡等かどうかの判別が取引の相手方との間で明らかなときには、商品コード等の記号、番号等により表示することができます（消基通11－6－1）。

⑷　輸入許可書等

課税貨物を保税地域から引き取る場合は、次の書類を保存します。

課税貨物を保税地域から引き取る事業者が税関長から交付を受ける輸入許可書等で次の書類
①　課税貨物を保税地域から引き取る事業者が税関長から交付を受けるその課税貨物の輸入の許可（関税法67条に規定する輸入の許可をいいます。）があったことを証する書類 ②　その他税関長の承認を受けて輸入の許可前に保税地域から課税貨物を引き取った場合におけるその承認があったことを証する書類など

3　帳簿及び請求書等の保存期間

帳簿及び請求書等は、次の期間、納税地又はその取引に係る事務所、事業所その他これらに準ずるものの所在地に保存しなければなりません（消令50①、消基通11－6－9）。

①　帳簿は、その閉鎖の日の属する課税期間の末日の翌日から2か月を経過した日に保存を開始し、その後7年間

②　請求書等は、その受領した日の属する課税期間の末日の翌日から2か月を経過した日に保存を開始し、その後7年間

ただし、6年目以後は、いずれか一方の保存で足ります（消令50①③、消規15の6）。

X1 1/1		X2 1/1		X2 3/1		X7 2/28		X9 2/28
	課税期間		2か月		5年間		2年間	
					帳簿及び請求書等の保存		どちらか 一方の保存	

4　帳簿及び請求書等の保存を要しない場合

災害その他やむを得ない事情により、帳簿及び請求書等の保存をすることができなかったことをその事業者において証明した場合には、その保存がなくても仕入税額控除の規定が適用されます（消法30⑦）。

「災害その他やむを得ない事情」とは、次をいいます（消基通11－2－22、8－1－4）。

災害	震災、風水害、雪害、凍害、落雷、雪崩、がけ崩れ、地滑り、火山の噴火等の天災又は火災その他の人為的災害で自己の責任によらないものに基因する災害
やむを得ない事情	上記の災害に準ずるような状況又はその事業者の責めに帰することができない状況にある事態

また、簡易課税制度又は2割特例の適用については、帳簿及び請求書等の保存の要件はありません。

請求書等の保存を要しない場合

(1) 特定課税仕入れ

　特定課税仕入れについては、請求書等の保存は要しません。帳簿の保存のみで仕入税額控除の適用を受けることができます（消法30⑦、消令49①二）。

(2) 課税仕入れ

■ 請求書等の保存を要しない課税仕入れ

　次に掲げる課税仕入れについては、請求書等の保存は要しません。帳簿の保存のみで仕入税額控除の適用を受けることができます（消法30⑦、消令49①一、消規15の4）。

請求書等の保存を要しない課税仕入れ
イ　公共交通機関特例 　公共交通機関特例[※1]に係る課税仕入れ ロ　回収特例 　入場券その他の課税仕入れに係る書類のうち簡易インボイスの事項（取引年月日を除きます。）が記載されているものが、その課税仕入れに係る課税資産の譲渡等を受けた際にその課税資産の譲渡等を行うインボイス発行事業者により回収された課税仕入れ ハ　課税仕入れに係る資産が次に掲げる資産のいずれかに該当する場合におけるその課税仕入れ（その資産が棚卸資産（消耗品を除きます。）に該当する場合に限ります。） 　・古物商特例 　　古物営業法2条2項に規定する古物営業を営む同条3項に規定する古物商である事業者が、インボイス発行事業者以外の者から買い受けた同条1項に規定する古物[※2] 　・質屋特例 　　質屋営業法1条1項に規定する質屋営業を営む同条2項に規定する質屋である事業者が、同法18条1項の規定によりインボイス発行事業者以外の者から所有権を取得した質物 　・宅建業特例 　　宅地建物取引業法2条2号に規定する宅地建物取引業を営む同条3号に規定する宅地建物取引業者である事業者が、インボイス発行事業者以外の者から買い受けた同条2号に規定する建物 　・再生資源回収業特例 　　再生資源卸売業その他不特定かつ多数の者から再生資源等に係る課税仕入れを行う事業を営む事業者が、インボイス発行事業者以外の者から買い受けたその再生資源等 ニ　自動販売機特例 　自動販売機特例[※1]に係る課税仕入れ ホ　郵便局特例 　郵便局特例[※1]に係る課税仕入れ ヘ　出張旅費特例 　法人税法2条15号に規定する役員又は使用人（以下「使用人等」といいます。）が勤務する場所を離れてその職務を遂行するため旅行をし、若しくは転任に伴う転居のための旅行をした場合又は就職若しくは退職者等がこれらに伴う転居のための旅行をした場合に、その旅行に必要な支出に充てるために事業者がその使用人等又はその退職者等に対して支給する金品で、その旅行について通常必要であると認められる部分に係る課税仕入れ

> ト　通勤手当特例
> 　使用人等で通勤する者に対して支給する所得税法9条1項5号に規定する通勤手当のうち、通常必要であると認められる部分に係る課税仕入れ

※1　公共交通機関特例、自動販売機特例及び郵便局特例については、120頁を参照してください。
※2　古物に準ずる物品及び証票で、譲渡する者が使用、鑑賞その他の目的で譲り受けたもの（古物営業と同等の方法で買い受けたもの）を含みます（消規15の3）。
　　　「古物に準ずる物品及び証票」とは、古物営業法上の古物に該当しない、例えば、金、銀、白金といった貴金属の地金やゴルフ会員権がこれに該当します（消基通11−6−3）。

■　帳簿の記載

①　上記のいずれかに該当する旨

　帳簿には、上記イからトに掲げる課税仕入れのいずれかに該当する旨を記載しなければなりません（消令49①一）。簡潔に、例えば、「3万円未満の鉄道料金」「公共交通機関特例」「入場券等」「古物商特例」「質屋特例」「出張旅費等特例」といった記載で足ります。

②　「回収特例」

　「回収特例」については、税込み3万円以上である場合には、相手方の所在地を記載しなければなりません（消令49①一）。

③　「古物商特例」「質屋特例」「宅建業特例」

　「古物商特例」「質屋特例」「宅建業特例」については、古物営業法、質屋営業法又は宅地建物取引業法により、業務に関する帳簿等へ相手方の氏名及び住所を記載することとされているものは、住所又は所在地の記載が必要です。

　また、買取りの相手方が「インボイス発行事業者でないこと」が要件となっているので、事業の実態に応じた方法で、買取りの相手方がインボイス発行事業者でないことを客観的に明らかにしておく必要があります。例えば、買取りの際に相手方に記載させる書類に、インボイス発行事業者か否かのチェック欄を設けるなどの方法が考えられます。

　なお、古物商が、古物営業法上の「古物」に該当しないもの（例：金、白金の地金等）を、古物営業と同等の取引方法（古物台帳に記帳する等）により買い受ける場合には、その仕入れも古物商特例の対象となります（消令49①一ハ（1）、消規15の3、消基通11−6−3）。

④　「再生資源回収業特例」

　「再生資源回収業特例」については、事業者から購入する場合には、その事業者の住所又は所在地の記載が必要です。つまり、買取りの相手方がインボイス発行事業者である場合はインボイスの保存、インボイス発行事業者でない事業者である場合は、帳簿への住所又は所在地の記載が必要となります。

　また、不特定かつ多数の者から課税仕入れを行う事業に係る課税仕入れについては仕入先の氏名の記載は省略することができます（消令49②）。したがって、買取りの相手方が事業者でない場合は、帳簿に仕入先の氏名を記載する必要はありません。

買取りの相手方		仕入税額控除の要件
事業者	インボイス発行事業者	帳簿及びインボイスの保存が必要
	インボイス発行事業者でない	インボイスの保存は不要 帳簿の記載事項に次を追加 ・この特例の対象である旨 ・買取りの相手方の住所又は所在地
事業者でない		インボイスの保存は不要 帳簿の記載事項は次のとおり ・この特例の対象である旨を追加 ・課税仕入れの相手方の氏名又は名称の記載は不要

❻ 一定規模以下の事業者に対する事務負担の軽減措置（少額特例）

基準期間における課税売上高が1億円以下又は特定期間における課税売上高が5,000万円以下である事業者については、令和5年10月1日から令和11年9月30日までの間に国内において行う課税仕入れについて、その課税仕入れに係る支払対価の額が1万円未満である場合には、インボイスの保存がなくとも帳簿のみで仕入税額控除が認められます（平28改法附53の2、平30年改令附24の2①）。

(1) 制度の趣旨

区分記載請求書等保存方式においては、3万円未満の課税仕入れにつき請求書の保存を不要とする特例（以下「旧施行令49条1項の特例」といいます。）がありましたが、これに比べて、少額特例は、①6年間の経過措置であること、②一定規模以下の事業者に限定されること、③適用対象となる金額が1万円未満であることと、旧施行令49条1項の特例よりも相当に縮小された制度となっています。

その理由は、「軽減税率制度の実施により、少額な取引であっても正確な適用税率の判定のために領収書等の証票が必要となることから、こうした取引についてもインボイスの保存が必要となる」ところ、「インボイス制度への円滑な移行とその定着を図る観点から、中小事業者を含めた一定規模以下の事業者の実務に配慮し、柔軟に対応できるよう事務負担の軽減措置を講ずる」※と説明されています。

すなわち、軽減税率の取引を明らかにするというインボイス制度導入の趣旨からすれば、少額であることを理由にインボイスの保存を不要とすることは適切ではないけれども、中小事業者対策として、制度の定着までの経過措置を設けるというものです。

課税売上高1億円は、全事業者の90.7％、現状（当時）の課税事業者の76.1％をカバーする水準であり、取引額1万円は、クレジットカードの平均決済単価およそ5,000円（推計）をカバーするとされています※。

※ 財務省ホームページ「インボイス制度の改正案に関する資料」

(2) 留意点

① この経過措置を適用する場合は、インボイス発行事業者以外の者から行う課税仕入れについて8割控除の適用はなく、その全額が仕入税額控除の対象となります。

② 自動販売機特例などインボイスの交付を受けることが困難である取引等について帳簿のみの保存により仕入税額控除制度の適用を受ける場合は、対象となる取引のいずれに該当するか及び課税仕入れの相手方の住所等を帳簿に記載しなければなりません（消令49①）が、この経過措置の適用においては、これらの帳簿への記載は不要です。

③ 特定期間における課税売上高の5,000万円は、課税売上高による判定に代えて給与支払額の合計額の判定によることはできません。

④ 課税期間の途中であっても、令和11年10月1日以後に行う課税仕入れについては、適用はありません。

⑤ 1万円の判定は、一商品ごとの金額により判定するのではなく、一回の取引の合計額が税込1万円未満であるかどうかにより判定します。

例1	9,000円の商品と8,000円の商品を同時に購入した場合は、合計17,000円（1万円以上）の課税仕入れとなります。
例2	月額20万円（稼働日21日）の外注は、約した役務の取引金額によることになります。月単位の取引と考えられ、月単位で20万円（1万円以上）の課税仕入れとなります。

7 免税事業者からの仕入れに係る経過措置（8割控除・5割控除）

インボイス制度の実施にあたり、激変緩和のため、当初の6年間は、インボイスの保存がなくても区分記載請求書等保存方式において仕入税額控除の対象となるものについては、次の割合で仕入税額控除を認める経過措置が設けられています（平28改法附52、53）。

令和6年度改正により、令和6年10月1日以後に開始する課税期間においては、一のインボイス発行事業者以外の者からの課税仕入れの額の合計額がその年又はその事業年度で10億円を超える場合には、その超えた部分の課税仕入れについて、この経過措置の適用を認めないこととされています。

(1) 区分記載請求書等の保存

区分記載請求書等と同様の記載事項が記載された請求書等の保存が必要です。

インボイス制度開始前においては、区分記載請求書等は「紙」で交付されるものに限られており、区分記載請求書等の記載事項に係るデータの提供を受けて「紙」の交付を受けない場合には、区分記載請求書等の保存がないものと整理されていました。しかし、インボイス制度においては、区分記載請求書等の記載事項に係るデータの提供を受け、そのデータを保存する場合にも、経過措置の適用が認められます（平28改法附52①②、53①②）。

なお、区分記載請求書等の記載事項のうち、軽減対象課税資産の譲渡等である旨及び税率ごとの税込対価の額の合計額は、買手において追記することができます（消基通21－1－4）。

(2) 帳簿の記載

この経過措置の適用を受けるためには、帳簿に、例えば「80％控除対象」、「免税事業者からの仕入れ」など、経過措置の適用を受ける課税仕入れである旨を記載しておかなければなりません。この記載は、適用対象となる取引に、「※」や「☆」といった記号・番号等を表示し、これらの記号・番号等が「経過措置の適用を受ける課税仕入れである旨」を別途「※（☆）は80％控除対象」などと表示する方法も認められます。

(3) インボイスの保存がない課税仕入れの税抜経理

税抜経理方式で経理している場合であっても、控除できない2割部分（令和8年10月1日から令和11年9月30日までの期間は5割部分）の税額については、仮払消費税等の額とはならず本体価額に含めることになります。詳しくは、807頁を参照してください。

⑧ 小規模事業者に係る税額控除に関する経過措置（2割特例）

(1) 小規模事業者の登録支援と課税事業者の負担解消

インボイス制度の開始から3年間は、免税事業者がインボイス発行事業者の登録のために課税事業者となる場合に、その納付税額を課税標準額に対する消費税額の20％（売上税額の2割）相当額とすることができる経過措置（2割特例）が設けられています。

免税事業者からの仕入れに係る「8割控除・5割控除」の経過措置は、買手の仕入税額控除の調整、すなわち、買手における事務負担及び控除できない税額の負担あるいは独占禁止法等

を踏まえた交渉などの負担の上に、売手が免税事業者に留まるロックイン効果を導くものと評価することができます。

これに対し２割特例は、売手が課税事業者となった場合の８割控除であり、免税事業者からの仕入れに係る「８割控除」の経過措置とのバランスを図るものです。免税事業者が課税転換するための支援であり、仕入先に免税事業者がある課税事業者への支援です。

(2) 具体的な計算方法

インボイス発行事業者の令和５年10月１日から令和８年９月30日までの日の属する課税期間において、免税事業者がインボイス発行事業者となったことにより事業者免税点制度の適用を受けられないこととなる場合には、その課税期間における課税標準額に対する消費税額から控除する金額を、その課税標準額に対する消費税額に８割を乗じた額とすることができます。

具体的な計算は、みなし仕入率が80％である場合の簡易課税と同じです（平28改法附51の２①②）。この場合の控除対象仕入税額を「特別控除税額」といいます。

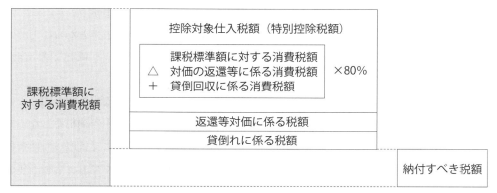

納付すべき税額は、課税標準額に対する消費税額から、特別控除税額、売上対価の返還等に係る税額及び貸倒れに係る税額の合計額を控除して算出します。売上対価の返還等に係る税額及び貸倒れに係る税額がなければ、課税標準額に対する消費税額の２割相当額が納付税額となります。

(3) 事務負担の軽減と納税額の圧縮

上述のとおり、２割特例はみなし仕入率が一律80％である場合の簡易課税と同じですから、計算が容易で申告書の作成に係る事務の負担が軽減され、納付税額も相当程度圧縮されます。

課税売上高が1,000万円以下の事業者は、少ない収入と高い利益率で事業を維持していると思われます。例えば、プログラマーやデザイナーのように棚卸資産の課税仕入れがない事業では、一般に簡易課税制度を選択するのが有利です。簡易課税制度を選択した場合、たとえ課税仕入れがなくても、サービス業の納付税額は売上税額の50％相当額となるからです。２割特例によればさらに有利です。納付税額は売上税額の20％相当額となり、簡易課税による納付税額の６割をカットすることができます。

◆プログラマーの税抜課税売上高が800万円である場合◆

売上税額	簡易課税による納付税額	2割特例による納付税額
80万円	40万円	16万円

　2割特例によれば、税率10%の満額を価格転嫁する必要はありません。価格に1.8%の上乗せができれば、免税事業者である場合と同じ利益を確保することができます。

適用税率	売上税額に対する 納付税額の割合	税抜売上高に対する 納付税額の割合	税込売上高に対する 納付税額の割合
標準税率10%	20%	2.0%	約1.8%
軽減税率8%		1.6%	約1.5%

(4)　2割特例による新たな壁

　問題は、2割特例が3年間の経過措置であるということです。制度の入り口では1.8%の上乗せで賄えたとしても、これをどのように増額するかという問題が始まります。

　インボイス制度への移行の障壁は、免税事業者からの仕入れが控除対象外となることです。その壁は2割特例によって低くなりましたが、同時に2割特例の終了という新たな壁が出現しました。消費税における2027年問題といっても過言ではないでしょう。

　本来、インボイス制度が開始して後に事業を開始する事業者、つまり入口の壁を知らない事業者は、インボイス制度が所与となるはずでした。免税事業者は自らが申告納税をしないことを告白して消費税を受け取らないし、課税事業者はインボイスと引換えに受け取った消費税を納税するということです。しかし、小規模事業者は、課税仕入れ等がなくても、令和8年までは受け取った消費税の2割の納税に軽減されるので、令和9年以後の本来の計算と納税に対する負担感がより大きくなります。

(5)　適用の手続

　適用の手続は、簡易課税制度と違って、選択届出書・不適用届出書の提出などの手続はなく、2年間の継続適用といったルールもありません。申告書に2割特例で計算した納付税額を記載し、2割特例適用欄にチェックを入れることで適用することができます。

(6)　簡易課税制度選択届出書を提出している場合

　2割特例は、一般課税と簡易課税のいずれを選択している場合でも、適用が可能です。

　また、簡易課税制度選択不適用届出書は、事業を廃止した場合を除き、選択届出書の効力が生じた日から2年を経過する日の属する課税期間の初日以後でなければ提出することができません（消法37⑥）。

　この提出できない期間は、2割特例を適用したために一度も簡易課税制度を適用しなくても影響を受けることはありません。

(7) 経過措置期間

2割特例は、令和8年9月30日の属する課税期間を期限とする経過措置です（平28改法附51の2①）。

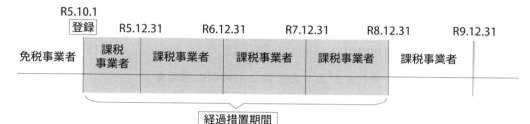

(8) 適用対象となる課税期間

2割特例は、免税事業者が、インボイス発行事業者の登録によって課税事業者となる課税期間に適用されます。インボイス発行事業者の登録と関係なく事業者免税点制度の適用を受けないこととなる場合には適用がありません（平28改法附51の2①）。

また、課税期間を1か月又は3か月に短縮する特例の適用を受ける場合についても、2割特例の適用はできません（平28改法附51の2①）。

2割特例の対象とならない課税期間
① 基準期間における課税売上高が1,000万円を超える課税期間（消法9①）
② 特定期間における課税売上高が1,000万円を超える課税期間（消法9の2①）
③ 次の特例により課税事業者となる課税期間 　イ　相続があった場合の特例（消法10）（相続があった年については登録日の前日までに相続があった場合に限る） 　ロ　合併又は分割があった場合の特例（消法11、12） 　ハ　新設法人又は特定新規設立法人の特例（消法12の2①、12の3①） 　ニ　調整対象固定資産又は高額特定資産を取得した場合等の特例（消法9⑦、12の2②、12の3③、12の4①②） 　ホ　法人課税信託の特例（消法15④～⑦）
④ 課税期間を短縮する特例の適用を受ける課税期間（消法19①）
⑤ 上記の他、課税事業者選択届出書の提出により令和5年10月1日前から引き続き課税事業者となる課税期間

※　令和6年10月1日以後に開始する課税期間以後は、その課税期間の初日において所得税法又は法人税法上の恒久的施設を有しない国外事業者は、2割特例を適用することができません。

※　金地金等の仕入れ等を行った場合において、その課税期間中のその金地金等の仕入れ等の金額の合計額が200万円に達したときは、その金地金等の仕入れ等を高額特定資産の仕入れ等と同様に取り扱います。したがって一般課税で申告した場合には、その後、2割特例の適用が制限されます（消法12の4③④、消令25の5④）。この取扱いは、令和6年4月1日以後に行う金地金等の仕入れ等について適用されます（令6改法附13）。

■ 相続があった場合（上記③イ）

上記③イについて、相続により、基準期間における課税売上高が1,000万円を超える被相続人の事業を承継した相続人は、自己の基準期間における課税売上高が1,000万円以下であっても、相続開始の日の翌日から課税事業者となります（消法10①）。

登録を受けた日以後に相続が開始した場合は、登録後の予期しない相続により課税期間の途中から適用が受けられないことになるのは不適当と考えられることから、相続があった場合の特例の適用があっても、相続があった年においては、2割特例を適用することができることとされています（平28改法附51の2①三）。

◆相続があった年の2割特例の適用◆

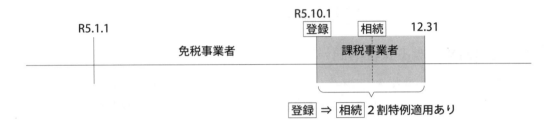

しかし、登録日の前日までに相続が開始した場合には、2割特例の適用はありません（平28改法附51の2①三）。

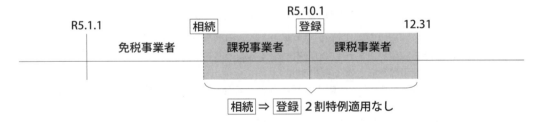

相続があった年の翌年又は翌々年においては、相続があった場合の特例により課税事業者となる場合は、上記のいずれにおいても2割特例の適用はできません。課税期間ごとに判断します。

(9) 2割特例から移行する場合の簡易課税制度選択届出書の届出特例

2割特例の適用を受けたインボイス発行事業者が、その適用を受けた課税期間の翌課税期間の末日（確定申告期限ではありません）までに簡易課税制度選択届出書を提出した場合には、その翌課税期間の初日の前日に提出したものとみなされ、その提出した日の属する課税期間から簡易課税制度を適用することができます。この場合、簡易課税制度選択届出書に、この提出時期の特例の適用を受ける旨を記載しなければなりません（平28改法附51の2⑥）。

第2章　軽減税率制度と適格請求書等保存方式

◆個人事業者が経過措置終了により簡易課税制度を選択する場合◆

	R5.10.1 登録	R5.12.31	R6.12.31	R7.12.31	R8.12.31	R9.12.31
免税事業者	課税 事業者	課税事業者	課税事業者	課税事業者	課税事業者	
	2割特例	2割特例	2割特例	2割特例	簡易課税適用	

経過措置期間終了

R9.12.31 までに簡易課税制度選択届出書提出

◆個人事業者の基準期間における課税売上高が1,000万円を超えた場合◆

		R5.10.1 登録				
R4.12.31			R5.12.31	R6.12.31	R7.12.31	R8.12.31
免税事業者	免税 事業者	課税 事業者	課税事業者	課税事業者	課税事業者	
1,000万円超			2割特例不可 簡易課税適用	2割特例（※）	2割特例（※）	
		2割特例				

R6.12.31 までに簡易課税制度選択届出書提出

経過措置期間終了

※　令和7年、8年については、基準期間における課税売上高が1,000万円以下であるなど適用要件を満たせば、再び2割特例を適用することができます。

誤りやすい事例　公表サイトの利用方法

受け取ったインボイスについて、記載された登録番号が正しいかどうか、公表サイトで確認しなければなりませんか。

解　説

日々の業務として、受け取ったインボイスに記載された登録番号が正しいかどうか、公表サイトで確認する作業の必要性は極めて低いといえます。

公表サイトは、どの場面で活用するかが重要です。控除できない消費税額等についての適正なコスト管理をするためには、「受け取ったインボイスに記載された登録番号」が正しいかどうかではなく、価格交渉あるいは取引内容の合意に至る前に、その仕入先が「インボイス発行事業者であること」を確認しておかなければなりません。

消費税額等を支払う契約で取引を行った後に、請求書や領収書に記載された登録番号が適正なものでなかったことに気が付いても時すでに遅く、トラブルの発生は避けられません。

167

また、通常の営業を行っている事業者がインボイス発行事業者の登録をやめることは珍しいと考えられますが、登録は、登録取消届出書の提出により事業者の意思によってやめることができるのですから、価格交渉や取引内容、発注先の選定について、登録の有無の変更をリアルタイムで反映させることができるように、登録状況を継続的に管理する体制を整える必要があります。

　この場合も、公表サイトは、「受け取ったインボイスに記載された登録番号」が正しいかどうかではなく、その仕入先が「インボイス発行事業者であること」を確認するために利用することになります。

【公表サイトの活用】
●新規の仕入先について、価格交渉を行う前に登録の有無を確認する ●継続して取引を行う仕入先について、登録状況を継続的に管理する

　このような登録状況の管理を人の手によって行うことには限界があります。会計ソフト等に附属する機能として、公表サイトのWeb-API機能又は公表情報ダウンロード機能を利用して、名簿に入力された取引先について、自動で定期的に登録の確認を行うシステム等が開発されています。

誤りやすい事例　　インボイス制度下の税務調査

税務調査においてインボイスの記載事項を1枚ずつチェックされるのですか。

解説

　インボイスは、その記載事項が相互の関連が明確な複数の書類により確認できれば、それらをあわせて適正なものとなります。調査等の過程で、調査官が、買手が保存しているインボイスについて記載事項の不足等を発見した場合であっても、他の書類等をあわせて記載事項が満たされていることが想定されますから、直ちに仕入税額控除を否認することはできません。

　したがって、インボイス発行事業者の登録をしている事業者からの仕入れについて、一枚の書類を取り上げてその記載事項の不備を指摘することに意味はありません。

　これは、次のように国会答弁において明らかにされ、その後、関係府省庁会議の資料[1]や国税庁長官のインタビュー[2]などにおいても、確認されています。

※1　国税庁「インボイス制度の周知広報の取組方針等について」（「適格請求書等保存方式の円滑な導入等に係る関係府省庁会議」第3回（令和5年8月25日））。
※2　令和5年9月12日付「日本経済新聞」ほか。

> 第2章 軽減税率制度と適格請求書等保存方式

【第211回国会　衆議院財務金融委員会　第2号（令和5年2月10日）議事録】

○鈴木俊一財務大臣

　国税当局が行います税務調査につきましては、大口で悪質な不正計算が想定されるなど調査必要度の高い納税者を対象としているところでありまして、これまでも、請求書等の保存書類についてなどの軽微な記載事項の不足を確認するための税務調査は実施していない、そのように承知をしております。

　インボイス制度導入後も、こうした方針に特に変更はないと聞いております。

○星屋政府参考人（国税庁次長）

　お答え申し上げます。

　国税庁といたしましては、インボイス制度について、制度の定着を図るため、調査の過程でインボイスの記載不備を把握したとしても、インボイスだけでなく他の書類等を確認するなど柔軟に対応していくということで考えてございます。

誤りやすい事例　　災害特例による救済

　売手が故意に適正なインボイスを交付しない場合であっても、インボイスの保存がないことを理由に、その課税仕入れについて仕入税額控除が否認されるのでしょうか。

解　説

　売手が、インボイス発行事業者の登録をしていないにもかかわらず、登録番号のような英数字が記載されているインボイス又は簡易インボイスであると誤認されるおそれのある表示をした書類を交付することや、インボイス発行事業者が偽りの記載をしたインボイス又は簡易インボイスを交付することは禁止されており、罰則（1年以下の懲役又は50万円以下の罰金）の適用対象となります（消法57の5、65）。

　国税庁は、このような故意による不正なインボイスの交付を受けた場合について、次のように説明しています（インボイスQ＆A問21-2）。

> そうした書類や電磁的記録を受領した事業者において、災害その他やむを得ない事情により、請求書等の保存をすることができなかったことを証明した場合には、帳簿や請求書等の保存がなくとも仕入税額控除の適用を受けることが可能です（消法30⑦但書）。

誤りやすい事例　受け取ったインボイスの記載事項に誤りがあった場合

受け取ったインボイスの記載事項に誤りがあった場合や、記載事項が欠けている場合は、どうすればいいのですか。

解説

交付を受けたインボイスの記載事項に誤りがあった場合や、記載事項が欠けている場合は、仕入税額控除の要件を満たすために、売手であるインボイス発行事業者から、修正したインボイスの交付を受けて保存する必要があります。自ら追記や修正を行っただけでは、仕入税額控除の要件を満たすことはできません。

ただし、買手は、売手が交付するインボイスに代えて、自らが作成した仕入明細書等で、インボイスの記載事項が記載されており、売手であるインボイス発行事業者の確認を受けたものを保存することもできます（消法30⑨三）。

したがって、受領したインボイスに買手が自ら修正を加え、その修正した事項について売手に確認を受けることで、その書類はインボイスであるのと同時に修正した事項を明示した仕入明細書等にも該当することから、その書類を保存することで、インボイス保存の要件を満たすことになります。

この場合、売手は、改めて修正したインボイスを交付する必要はありません。ただし、当初交付したインボイス及び修正後のインボイスの写しを保存しなければなりません。

交付したインボイス発行事業者（売手）	交付を受けた事業者（買手）
修正して再交付する義務がある ※　買手による修正を確認した場合は写しを修正する	再交付を受けて保存する必要がある ※　自ら修正した場合は売手の確認を受ける

誤りやすい事例　経費の立替払い

経費の立替払いがあった場合、インボイスの保存はどうすればいいのですか。

解説

①　インボイス及び立替金精算書が必要

A社が行う課税仕入れの対価をB社が立て替えて支払う場合、仕入先は、B社に対して、B社宛てのインボイスを交付することがあると考えられます。

A社は、このB社宛てのインボイスをそのまま受領しても、インボイスの保存の要件を満たすことはできません。

立替払いを行ったB社から、インボイスとともに、その課税仕入れがA社に帰属することを明らかにする立替金精算書の交付を受けて保存することにより、インボイスの保存の要件を満たすこととなります（消基通11－6－2）。

この場合、立替払いを行うB社がインボイス発行事業者である必要はありません。

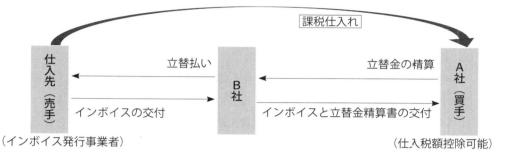

② 複数者の経費を一括して立て替える場合

B社がA社を含めた複数者の経費を一括して立て替える場合には、B社は、立替金精算書とインボイスのコピーをA社に交付することになります。

ただし、そのインボイスに複数の委託者に係る記載がある場合や、コピーが大量になる場合など、インボイスのコピーを交付することが困難であるときは、B社がそのインボイスを保存し、A社は、B社が作成した立替金精算書を保存することによって、請求書等の保存の要件を満たすことができます。

この場合、仕入税額控除の要件として保存が必要な帳簿には、課税仕入れの相手方の氏名又は名称の記載が必要です。また、その課税仕入れがインボイス発行事業者から受けたものであることが確認できるよう、立替払を行ったB社とA社の間で、A社が仕入税額控除の適用を受けるために必要な事項を確認できるようにしておく必要があります。これらの事項は、別の書面等で通知するほか、継続的な取引に係る契約書等で別途明らかにされているなどの場合には、精算書に記載していなくてもかまいません（インボイスQ＆A問94）。

③ 簡易インボイスである場合

立替払いについて受け取ったインボイスが簡易インボイスである場合には、立替金精算書の保存は不要です。

④ 公共交通機関特例等の適用がある場合

立替払いに係る内容が、公共交通機関特例や自動販売機特例など、帳簿のみの保存で仕入税額控除が認められる課税仕入れに該当する場合は、A社は、所定の事項を記載した帳簿を保存することにより仕入税額控除を行うことができます。インボイス及び立替金精算書の保存は不要です。

| 誤りやすい事例 | 口座振替又は口座振込による場合のインボイスの保存 |

当社は、家賃を口座振替により支払っています。毎月の支払の都度、インボイスの交付を受けなければなりませんか。

解 説

① 口座振替

口座振替による家賃の支払のように、契約書に基づき代金決済が行われ、取引の都度、請求書や領収書が交付されない取引であっても、仕入税額控除を受けるためには、原則として、インボイスの保存が必要です。賃貸人が不動産管理会社に管理業務を委託している場合は、不動産管理会社は、インボイスを代理交付又は媒介者交付特例による交付をするものと考えられます。

不動産管理会社に委託していない場合は、賃貸人に直接インボイスの交付を求めることになります。

この場合、インボイスは、一定期間の取引をまとめて交付することもできるので、相手方から一定期間の賃借料についてのインボイスの交付を受け、それを保存することによる対応も可能です。

また、インボイスとして必要な記載事項は、一の書類だけで全てが記載されている必要はなく、複数の書類に分けてインボイスの記載事項を記載することも可能ですから、契約書にインボイスとして必要な記載事項の一部が記載されており、実際に取引を行った事実を客観的に示す書類とともに保存しておけば、仕入税額控除の要件を満たすこととなります。

口座振替による家賃の支払の場合には、インボイスの記載事項のうち、例えば、課税資産の譲渡等の年月日以外の事項が記載された契約書とともに、課税資産の譲渡等の年月日の事実を示す通帳を併せて保存することにより、仕入税額控除の要件を満たすこととなります。

② 口座振込

口座振込により家賃を支払う場合も、上記の契約書と銀行が発行した振込金受取書をあわせて保存することにより、仕入税額控除の要件を満たすこととなります。

③ 令和5年9月30日以前からの契約

適格請求書等保存方式が導入される令和5年10月1日前からの契約については、新たな契約書を作成しなくても、登録番号等のインボイスとして必要な事項の通知を受けて従前の契約書とともに保存すれば足ります。

④ インボイス発行事業者の確認

このように取引の都度、請求書等が交付されない取引について、取引の中途で取引の相

手方（貸主）がインボイス発行事業者でなくなる場合も想定され、その旨の連絡がない場合には、借主はその事実を把握することは困難です。

必要に応じて、国税庁のホームページでインボイス発行事業者の登録が継続していることを確認するようにしましょう（インボイスQ＆A問95）。

誤りやすい事例　**インボイスの保存を要しない出張旅費特例の対象**

インボイスの保存が不要となる出張旅費等（出張旅費、宿泊費、日当及び通勤手当）の範囲を教えてください。

解 説

出張旅費特例の対象は、所得税における給与所得の非課税の範囲です。

◆出張旅費特例の対象◆

区　分		所得税	消費税
出張旅費	通常必要であると認められる部分の金額	給与所得の非課税	出張旅費特例の対象となり、インボイスの保存不要
通勤手当	通常必要であると認められる部分の金額	給与所得の非課税	
	うち、月額15万円を超える部分の金額	給与所得の課税対象	

(1)　出張旅費等の範囲

使用人等（役員又は使用人をいいます。）の出張のために支給する出張旅費、宿泊費、日当等のうち、その旅行について通常必要であると認められる部分の金額は、課税仕入れに係る支払対価に該当し、インボイスの保存を必要とせず、帳簿のみの保存で仕入税額控除の適用を受けることができます（消規15の4①二）。

また、転任に伴う転居のための旅行、就職又は退職に伴う転居のための旅行をした使用人等（死亡退職の場合にはその遺族）に支給する旅費等についても、その旅行について通常必要であると認められる部分の金額は、課税仕入れに係る支払対価に該当するものとして取り扱います（消基通11-6-4）。

この場合の「その旅行について通常必要であると認められる部分の金額」は、所得税において給与所得者が非課税とされる旅費の範囲であり、その範囲は所得税基本通達9-3に次表のように規定されています。

旅費の区分	所得税	消費税
旅行に必要な運賃、宿泊料、移転料等の支出に充てるものとして支給される金品のうち、その旅行の目的、目的地、行路若しくは期間の長短、宿泊の要否、旅行者の職務内容及び地位等からみて、その旅行に通常必要とされる費用である部分	給与所得の非課税	課税仕入れ ただし、海外出張のための旅費等は課税仕入れでない
通常必要かどうかは次による ① 役員及び使用人の全てを通じて適正なバランスが保たれている基準によって計算されたもの ② 同業種、同規模の他の使用者等が一般的に支給している金額に照らして相当と認められるもの		
通常必要な金額を超える部分	給与所得として課税	課税仕入れでない

　出張旅費等に係る社内規程や基準の有無にかかわらず、また、概算払いによるものか、実費精算によるものかにかかわらず、通常必要であると認められる部分は特例の対象となります。

　ただし、その実費精算が、用務先へ直接対価を支払っているものと同視し得る場合には、通常必要と認められる範囲か否かにかかわらず、他の課税仕入れと同様に、インボイスの保存が必要です。

(2)　通勤手当の範囲

　従業員等に支給する通勤手当のうち、通勤に通常必要と認められる部分の金額についても、課税仕入れに係る支払対価の額として取り扱われ、帳簿のみの保存で仕入税額控除が認められます（消令49①一二、消規15の4三、消基通11－6－5）。

　この「通勤者につき通常必要であると認められる部分」とは、事業者が通勤者に支給する通勤手当が、その通勤者がその通勤に必要な交通機関の利用又は交通用具の使用のために支出する費用に充てるものとした場合に、その通勤に通常必要であると認められるものをいい、所得税において非課税とされる上限15万円を超えていてもかまいません（消基通11－6－5）。

誤りやすい事例　**派遣社員や出向社員へ支払った出張旅費等**

　派遣元企業又は出向元企業を通じて派遣社員や出向社員に支払われる出張旅費は、派遣元企業や出向元企業から請求書等の交付を受けて保存する必要はありますか。

第2章 軽減税率制度と適格請求書等保存方式

> 解 説

(1) 出向の取扱い

　消費税法基本通達5－5－10は、「事業者の使用人が他の事業者に出向した場合において、その出向した使用人（出向者）に対する給与を出向元事業者が支給することとしているため、出向先事業者が自己の負担すべき給与に相当する金額（給与負担金）を出向元事業者に支出したときは、当該給与負担金の額は、当該出向先事業者におけるその出向者に対する給与として取り扱う。」としています。ここにいう、出向とは、出向者が、出向元事業者との関係でも出向先事業者との関係でも雇用関係に基づき勤務する形態です。

　したがって、出向先事業者から出向元事業者に対して支出される出向者の給与相当額が、たとえ負担金等の名目で支出されていたとしても、その負担金は、雇用関係に基づき出向者から受ける労務の提供に対する対価の支払、すなわちその出向者に対する給与として取り扱うこととなります。

(2) 労働者派遣の取扱い

　また、消費税法基本通達5－5－11は、「労働者の派遣（自己の雇用する労働者を、当該雇用関係の下に、かつ、他の者の指揮命令を受けて、当該他の者のために労働に従事させるもので、当該他の者と当該労働者との間に雇用関係のない場合をいう。）を行った事業者が当該他の者から収受する派遣料等の金銭は、資産の譲渡等の対価に該当する。」としています。労働者の派遣は、派遣先が、派遣労働者から労働の提供を受け、派遣元に対して派遣料を支払うという点では出向に類似しています。しかし、労働者の派遣では、派遣先と労働者との間に雇用関係は存せず、派遣先は、労働者に対して給与の支払義務を負っていないので、派遣料等に給与としての性格を見い出すことはできません。

　したがって、派遣料等は、派遣元が派遣先に対して人材を派遣するという役務の提供に対する対価であり、課税資産の譲渡等の対価となります。

(3) 出張旅費特例の適用の判断

　上述のとおり、出向は課税対象外、派遣は課税資産の譲渡等となりますが、出張旅費特例の取扱いは、両者とも同じです。

　以下において、派遣社員及び出向社員は「派遣社員等」、派遣元企業及び出向元企業は「派遣元企業等」、派遣先企業及び出向先企業は「派遣先企業等」といいます。

175

① 派遣元企業等に支払うもの

　出張旅費等が直接的に派遣社員等へ支払われるものではなく、派遣元企業等に支払われる場合は、派遣先企業等においては、人材派遣等の役務の提供に係る対価として、仕入税額控除に当たり派遣元企業等から受領したインボイスの保存が必要となります。

② 派遣元企業等を通じて派遣社員等に支払うもの

　派遣元企業等がその出張旅費等を預かり、そのまま派遣社員等に支払われることが派遣契約や出向契約等において明らかにされている場合には、派遣先企業等において、出張旅費特例を適用し、帳簿のみの保存で仕入税額控除を行うことができます。

　派遣元企業等においては、その出張旅費等に相当する金額の立替払いを行っているのであり、課税売上げ及び課税仕入れは生じません。

※　海外出張のために支給する出張旅費等については、原則として課税仕入れには該当しません。

誤りやすい事例　委託販売手数料

委託販売の委託者が純額処理を行う場合にも、インボイスの保存は必要ですか。

解　説

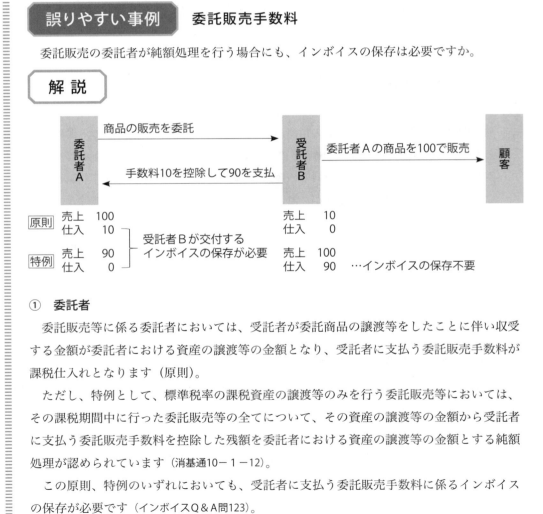

① 委託者

　委託販売等に係る委託者においては、受託者が委託商品の譲渡等をしたことに伴い収受する金額が委託者における資産の譲渡等の金額となり、受託者に支払う委託販売手数料が課税仕入れとなります（原則）。

　ただし、特例として、標準税率の課税資産の譲渡等のみを行う委託販売等においては、その課税期間中に行った委託販売等の全てについて、その資産の譲渡等の金額から受託者に支払う委託販売手数料を控除した残額を委託者における資産の譲渡等の金額とする純額処理が認められています（消基通10－1－12）。

　この原則、特例のいずれにおいても、受託者に支払う委託販売手数料に係るインボイスの保存が必要です（インボイスＱ＆Ａ問123）。

② 受託者

委託販売等に係る受託者においては、委託者から受ける委託販売手数料が役務の提供の対価となります（原則）。

ただし、特例として、標準税率の課税資産の譲渡等のみを行う受託業務については、委託された商品の譲渡等に伴い収受する金額を課税資産の譲渡等の金額とし、委託者に支払う金額を課税仕入れに係る金額とすることが認められています（消基通10－１－12）。

この場合、委託者に支払う金額に係る課税仕入れに関し、インボイスの保存は不要です（インボイスＱ＆Ａ問124）。

誤りやすい事例　電子インボイスの交付を受けた場合の保存方法

取引先から、電子インボイスの交付を受けた場合、どのような方法で保存すればよいですか。

解 説

電子インボイスの提供を受けた場合には、データのまま、又は、紙に印刷して保存することができます。

① 印刷して保存する場合

電子帳簿保存法は、申告所得税及び法人税を対象に、電子取引を行った場合のデータ保存の原則を定めています（電帳法7）が、消費税法令においては、電子インボイスのデータ保存に代えて、整然とした形式及び明瞭な状態でアウトプットした書類を保存することが認められています（消規15の5②）。

② データのまま保存する場合

法人税の対応としてデータで保存するものを、消費税のためだけにプリントアウトするという実務は、通常想定されないでしょう。消費税法令において、電子インボイスをデータのまま保存する場合は、電子帳簿保存法に定められた要件に準じて保存しなければならない旨が規定されています（消令50①、消規15の5①）。

データ保存の要件については、152頁を参照してください。

データ保存している事項に関する改ざん等の不正が行われた場合は、重加算税が10％加算されます（消法59の2、消令71の2、消規27の2、27の3）。

誤りやすい事例　EDI による請求レス取引

　当社は、EDI取引を利用して発注し、月まとめで書面により支払通知書を交付しています。仕入先からの請求書の交付はありません。

　このような場合、相手方の確認を受けた上で、書面の支払通知書と取引明細のデータを合わせて保存することで、仕入税額控除の要件である仕入明細書の保存があることとなりますか。

※　EDI（Electronic Data Interchange）取引とは、通信回線を介して、商取引に関連するデータをコンピュータ間で交換する取引等をいいます。

解 説

　インボイスの記載事項が記載された仕入明細書について、相手方から確認を受けて保存する場合には、仕入税額控除の要件を満たすことになります（消法30⑨三、消令49④）。

　また、これをデータで保存することもできます（消令49⑤）。

　この場合、一の書類だけで記載事項を満たす必要はなく、複数の書類や、書類とデータ相互の関連が明確であり、インボイスの交付対象となる取引内容を正確に認識できる方法で交付されていれば、その複数の書類やデータの全体によりインボイスの記載事項を満たすことができます。

　したがって、取引明細に係るデータと書面で作成する支払通知書の全体により、請求書等の記載事項を満たす場合には、両者をあわせて保存することで、仕入税額控除のための請求書等の保存要件を満たすこととなります。

　また、取引明細に係るデータの保存方法は、前事例を参照してください。

誤りやすい事例　仕入明細書の相手方への確認方法

　仕入明細書の保存により仕入税額控除を行うためには相手方の確認を受ける必要があるということですが、その確認はどのように行うのですか。

解 説

　仕入税額控除の適用要件を満たす仕入明細書等は、相手方の確認を受けたものに限られます（消法30⑨三、消基通11－6－6）。

　この相手方の確認を受けたものとは、例えば、次のような方法によるものです（インボイスQ＆A問86）。

① 仕入明細書等の記載内容を、通信回線等を通じて相手方の端末機に出力し、確認の通信を受けた上で、自己の端末機から出力したもの
② 仕入明細書等に記載すべき事項に係る電磁的記録につきインターネットや電子メールなどを通じて課税仕入れの相手方へ提供し、相手方から確認の通知等を受けたもの
③ 仕入明細書等の写しを相手方に交付し、又は仕入明細書等の記載内容に係るデータを相手方に提供した後、一定期間内に誤りのある旨の連絡がない場合には記載内容のとおり確認があったものとする基本契約等を締結した場合におけるその一定期間を経たもの

③については、次のように、仕入明細書等の記載事項が相手方に示され、その内容が確認されている実態にあることが明らかであれば、相手方の確認を受けたものとなります。

● 仕入明細書等に「送付後一定期間内に誤りのある旨の連絡がない場合には記載内容のとおり確認があったものとする」旨の通知文書等を添付して相手方に送付し、又は提供し、了承を得る。

● 仕入明細書等又は仕入明細書等の記載内容に係るデータに「送付後一定期間内に誤りのある旨の連絡がない場合には記載内容のとおり確認があったものとする」といった文言を記載し、又は記録し、相手方の了承を得る。

誤りやすい事例　インボイスと仕入明細書等を一の書類で交付する場合

課税売上げに係るインボイスと課税仕入れに係る仕入明細書等を一の書類で交付することはできますか。

解　説

仕入税額控除の要件として、仕入先から交付を受けたインボイスの保存に代えて、インボイスの記載事項を満たす仕入明細書等を自ら作成して仕入先の確認を受けて保存することができます（消法30⑨三、消令49④、消基通11－6－6）。

この場合において、互いに課税売上げと課税仕入れが生じるときは、課税売上げに係るインボイスと課税仕入れに係る仕入明細書等は、一の書類で交付することができます。

例えば、商品の課税仕入れと配送料の課税売上げがある場合の記載例は、次のとおりです（インボイスQ＆A問89）。

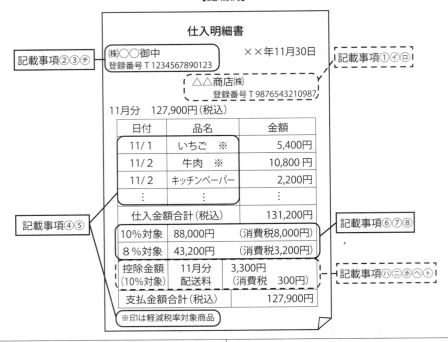

【仕入明細書の記載事項】
① 仕入明細書の作成者の氏名又は名称
② 仕入先の氏名又は名称
③ 登録番号
④ 課税仕入れを行った年月日
⑤ 課税仕入れに係る資産又は役務の内容
（軽減税率の対象にはその旨）
⑥ 税率ごとに区分して合計した対価の額
⑦ 適用税率
⑧ 税率ごとに区分した消費税額等

【インボイスの記載事項】
イ インボイス発行事業者の氏名又は名称
ロ 登録番号
ハ 課税資産の譲渡等を行った年月日
ニ 課税資産の譲渡等に係る資産又は役務の内容（軽減税率の対象にはその旨）
ホ 税率ごとに区分して合計した対価の額
ヘ 適用税率
ト 税率ごとに区分した消費税額等
チ 書類の交付を受ける事業者の氏名又は名称

誤りやすい事例　仕入明細書等による仕入税額控除の制限

インボイス発行事業者である個人事業者の家事用資産を購入した場合、仕入明細書を作成して仕入税額控除ができますか。

解説

インボイス発行事業者である個人が、家事用の資産を売却等した場合には、その売上げは消費税の課税対象外であり、インボイスを交付することができません。

また、買手が仕入明細書を作成しても、仕入明細書等による仕入税額控除は、その課税仕入れが売手において課税資産の譲渡等に該当する場合に限ることとされています（消法30⑨三）。

個人事業者の家事用資産の譲渡	
売手（インボイス発行事業者）	買手（課税事業者）
家事用資産の譲渡は課税対象外 （インボイスの交付ができない）	課税仕入れに該当しても、仕入税額控除の対象外 （仕入明細書による控除の適用なし）

ただし、買取りに際して受け取った領収書等が区分記載請求書等の記載事項を満たしていれば、8割控除・5割控除の対象となります（平28改法附52、53）。

また、宅地建物取引業者である場合や古物商である場合には、次問を参照してください。

誤りやすい事例　古物商等が行う個人事業者からの家事用資産の購入

インボイス発行事業者である個人事業者の家事用資産を購入した場合に宅建業特例又は古物商特例の適用はありますか。

解説

宅地建物取引業を営む者が、インボイス発行事業者でない者から建物を棚卸資産として購入する課税仕入れについては、インボイスの保存は不要です（宅建業特例）。また、古物商を営む者についても、古物商特例があります。これらの特例の対象であることを帳簿に記載して保存することにより、仕入税額控除が認められます（消令49①一、消規15の4）。

インボイス発行事業者の登録を受けている個人事業者からマイホームを購入した場合や、事業家事併用の車両等を購入した場合にも、その家事用部分についてこれらの特例が適用されます。

誤りやすい事例　インボイス発行事業者でないことの確認

古物商特例の要件である「インボイス発行事業者以外からの仕入れ」は、どのように確認するのですか。

解説

(1)　インボイス発行事業者でないことのチェック欄による確認

古物商特例は、買取りの相手方が「インボイス発行事業者でないこと」が要件となっています（消令49①一ハ(1)）。

したがって、取引ごとに、買取りの相手方がインボイス発行事業者でないことを客観的に明らかにしておく必要があります。この場合、事業の実態に応じた方法で合理的に行えばよく、例えば、買取りの際に相手方に記載させる書類にインボイス発行事業者か否かのチェック欄を設けるなどの方法が考えられます。

なお、古物商が、古物営業法上の「古物」に該当しないもの（例：金、白金の地金等）を、古物営業と同等の取引方法（古物台帳に記帳する等）により買い受ける場合には、その仕入れも古物商特例の対象となります（消令49①一ハ(1)、消規15の3、消基通11－6－3）。

(2)　個人事業者の家事用資産である場合

　前問のとおり、売手がインボイス発行事業者であっても、家事用資産の譲渡については、インボイス発行事業者でない者が行う譲渡として取り扱います。

　この場合の確認は、買取明細書等において事業用割合と家事用割合を区分して記載する欄を基に判定する方法等が想定されます。例えば、「家事用割合100％、事業用割合0％」と記載した買取明細書等を作成して売手側の確認を受け、内容に関する申出等がない場合には、インボイス発行事業者以外から仕入れであると判断して、古物商特例の対象として問題ありません。

(3)　フリマアプリを通じて仕入れた場合

　メルカリなどインターネットのフリーマーケットアプリ（フリマアプリ）を通じて商品を仕入れた場合は、アプリ内にメッセージ機能があれば、これを利用して確認することができます。

　メッセージ機能等により「適格請求書発行事業者としての譲渡である場合は登録番号を教えてください。連絡がない場合には、消費者としての譲渡と考えさせていただきます。」と確認を行った上で、何らの連絡がない場合には、仕入先を適格請求書発行事業者以外の者と取り扱って差し支えありません（国税庁「多く寄せられるご質問」（令和6年7月26日更新）問⑥）。

❾　金又は白金の地金である場合

　金又は白金の地金の課税仕入れについては、災害により保存できなかったなどやむを得ない事情がある場合を除き、帳簿及び請求書等の保存に加え、課税仕入れの相手方の本人確認書類の写しの保存が必要です。

　ここにいう本人確認書類とは、課税仕入れの相手方の氏名又は名称及び住所若しくは居所又は本店若しくは主たる事務所の所在地の記載又は記録のあるものに限られ、課税仕入れの相手方の属性に応じ、以下のいずれかの書類となります（消規15の7①）。

課税仕入れの相手方の区分		本人確認書類
個人	国内に住所を有する	イ　マイナンバーカード（個人番号カード）の写し（表面のみ） 　※　個人番号が記載されたマイナンバーカードの裏面の写し等を保存しないよう留意する。 ロ　住民票の写し又は住民票の記載事項証明又はその写し 　※　マイナンバーの記載のないもの ハ　戸籍の附票の写し又は印鑑証明書又はその写し ニ　国民健康保険、健康保険被保険者等の写し 　※　被保険者等記号・番号にはマスキングが必要 ホ　国民年金手帳等の写し ヘ　運転免許証又は運転経歴証明書の写し ト　パスポートの写し チ　特別永住者証明書の写し リ　国税・地方税の領収証書、納税証明書、社会保険料の領収証書又はこれら写し ヌ　上記イからリまでの書類のほか、官公署から発行され、又は発給された書類その他これらに類するもの又はその写し
	上記以外	上記ハ〜ヘ、チ又はリのうちいずれかの書類
法人等	内国法人 外国法人	イ　登記事項証明書、印鑑証明書又はその写し ロ　国税・地方税の領収証書、納税証明書、社会保険料の領収証書又はこれら写し ハ　上記イ及びロの書類のほか、官公署から発行され、又は発給された書類その他これらに類するもの又はその写し
	人格のない社団等	イ　定款、寄附行為、規則又は規約で、その代表者又は管理人の当該人格のない社団等のものである旨を証する事項の記載のあるものの写し ロ　上記「内国法人・外国法人」欄のロ又はハの書類
	法人課税信託の受託事業者	イ　受託事業者の本人確認書類 ロ　信託約款その他これに類する書類の写し

※　次の書類は、「課税仕入れの日に有効なもの」が対象です。
　マイナンバーカード（個人番号カード）、運転免許証、旅券（パスポート）、在留カード、特別永住者証明書
※　次の書類は、「課税仕入れの日前1年以内に作成等されたもの」が対象です。
　住民票の写し、住民票の記載事項証明書、戸籍の附票の写し、印鑑証明書、登記事項証明書、国税・地方税の領収証書、納税証明書、社会保険料の領収証書
※　「官公署から発行された若しくは発給された書類」については、「課税仕入れの日前1年以内に作成されたもの（有効期間又は有効期限のあるものにあっては、課税仕入れの日において有効なもの）」が対象です。
※　課税仕入れが媒介、取次ぎ又は代理を行う者を介して行われる場合には、当該課税仕入れの相手方の本人確認書類に加え、当該媒介等をした者の本人確認書類の保存が必要となります。なお、媒介等を行う者を介して行われる課税仕入れが、商品先物取引法2条10項に規定する「商品市場における取引」により行われる場合には、媒介等をした者の本人確認書類のみを保存すればよいこととなります。

第3章 課税の対象となる国内取引

第1節 課税の対象の判断

消費税の課税物件である「消費」は、それを提供する事業者の立場から「資産の譲渡等」と定義されています。

国内において事業者が行った資産の譲渡等は、消費税の課税の対象となります。

課税の対象は非課税取引、免税取引、課税取引の3つを含む概念です。

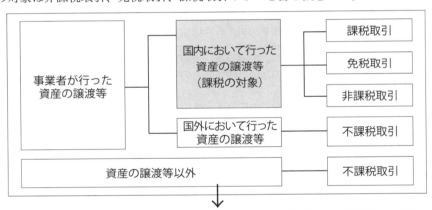

輸入貨物には輸入の消費税が課税される（**第21章**「輸入の消費税」参照）。

※ □□□□□ ……本章で確認するところ

第3章 課税の対象となる国内取引

消費税の課税の対象となる要件

　国内取引については、事業者を納税義務者として、事業者の立場から課税の対象が定められています。

◆消費税の課税の対象◆

A　次の要件のすべてに該当するもの 　　（どれか1つでも欠ければ不課税）	B　国内におけるみなし譲渡
・国内取引であること ・事業者が事業として行ったものであること ・対価を得ていること ・資産の譲渡・貸付け・役務の提供であること	法人が自社の役員に資産を贈与すること 個人事業者が事業用に購入した資産を家事用に消費すること

　消費税法は、「資産の譲渡等」を「事業として対価を得て行われる資産の譲渡及び貸付け並びに役務の提供をいう。」（消法2①八）と規定し、さらに「国内において事業者が行った資産の譲渡等には消費税を課する。」（消法4①）と規定しています。

　この2つの条文から、表のAの4つの要件を満たすものが課税の対象となります。

　また、法人が自社の役員に対して行う資産の贈与及び個人事業者が行う事業用資産の家事消費は、事業として対価を得て行った資産の譲渡とみなされ（消法4⑤）、結果的に4つの要件を満たすことになり、課税の対象の範囲に含まれることとなります。

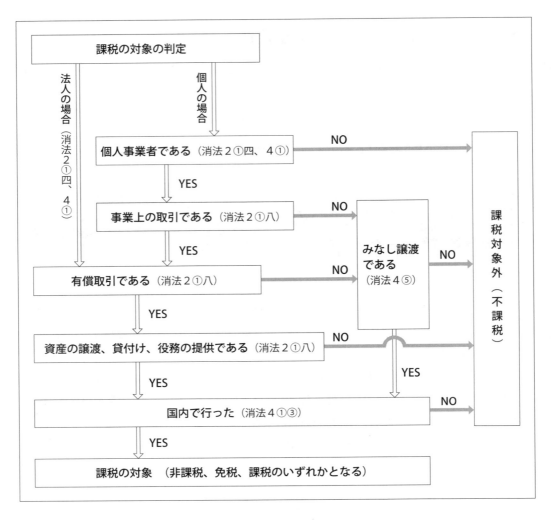

　法人はその種類を問わず事業者となり（消法2①四）、法人が行う取引は営利を目的として行ったかどうかにかかわらず、その全てが事業として行った取引となります（消基通5－1－1（注2））。したがって、事業性の判断は、個人が行う取引に限った論点となります。

　事業性の判断については、**第18章**「個人事業者の取扱い」に譲り、また、みなし譲渡については、**第6章**「課税標準」を参照していただくこととして、本章では、課税の対象となる要件のうち、特に、対価を得て行う資産の譲渡及び貸付け並びに役務の提供の判断とその内外判定について確認しておきましょう。

対価を得て行う資産の譲渡、貸付け、役務の提供

(1) 資産とは

資産とは、取引の対象となる一切の資産をいい、棚卸資産、有形・無形の固定資産、その他の権利等が含まれます（消基通5-1-3）。すなわち、資産とは、売買や貸付けが可能な全ての財産をいいます。

◆資産（商取引の対象となる全ての財産）◆

棚卸資産	商品、材料、仕掛品、製品など
有形固定資産	土地、建物、機械装置、器具備品など
無形固定資産	特許権、著作権、借地権など
その他の権利等	有価証券、ゴルフ会員権、貸付債権など

(2) 譲渡とは

譲渡とは、有償、無償を問わず、資産につき、その同一性を保持しつつ、他に移転させることをいいます（消基通5-2-1）。したがって、資産の販売や売却のほか、資産の交換や贈与、現物出資等も譲渡の一形態と位置づけられます。

資産の譲渡		対価の額
売買取引	一般的な資産の譲渡	売買代金
特殊な譲渡	収用	国や地方公共団体が不動産を強制的に取得	対価補償金の額
	代物弁済	借入金を返済する代わりに商品等を引き渡す	借入金の額
	負担付き贈与	残ローンを返済する条件で車などを贈与	残ローンの額
	現物出資	金銭以外（土地や建物、有価証券等）による出資	受け取る株式の発行価額
	交換	物と物とを交換	受け入れた資産の時価

また、資産の譲渡はその原因を問わず、例えば、他の者の債務の保証を履行するために行う資産の譲渡や強制換価手続により換価された場合であっても、自己の保有する資産を他に移転した場合は、資産の譲渡に該当することになります（消基通5-2-2）。

(3) 貸付けとは

資産の貸付けとは、資産を他者に貸し付けたり使用させたりすることであり、資産に係る権利の設定その他他の者に資産を使用させる一切の行為が含まれます（消法2②、消令1③）。

「資産に係る権利の設定」とは、例えば、土地に係る地上権若しくは地役権、特許権等の工業

所有権に係る実施権若しくは使用権又は著作物に係る出版権の設定をいいます（消基通5－4－1）。

また、「資産を使用させる一切の行為」とは、例えば、次のものをいいます（消基通5－4－2）。

① 特許権等の工業所有権並びにこれらの権利に係る出願権及び実施権（工業所有権等）の使用、提供又は伝授

② 著作物の複製、上演、放送、展示、上映、翻訳、編曲、脚色、映画化その他著作物を利用させる行為

③ 工業所有権等の目的になっていないが、生産その他業務に関し繰り返し使用し得るまでに形成された創作（特別の原料、処方、機械、器具、工程によるなど独自の考案又は方法についての方式、これに準ずる秘けつ、秘伝その他特別に技術的価値を有する知識及び意匠等をいう）の使用、提供又は伝授

(4) 役務の提供とは

役務の提供とは、土木工事、修繕、運送、保管、印刷、広告、仲介、興行、宿泊、飲食、技術援助、情報の提供、便益、出演、著述その他のサービスを提供することをいい、弁護士、公認会計士、税理士、作家、スポーツ選手、映画監督、棋士等によるその専門的知識、技能等に基づく役務の提供もこれに含まれます（消基通5－5－1）。

(5)「対価を得て」とは

「対価を得て」とは、資産の譲渡、貸付け、役務の提供に対して反対給付を受けることをいいます。消費税は、事業者の売上げを通して消費の担税力を測定するものですから、消費する側の拠出のあるもの、すなわち対価の支払を受けるものであることが、課税の要件となります。

金銭以外の物その他の経済的利益を受け入れた場合も、対価を得て行う取引となります。

消費税は、資産の譲渡、貸付け、役務の提供とその反対給付である対価とが交換される取引を課税の対象としています。

対価を得て行う取引でないものには、次表のような取引があります。

第3章 課税の対象となる国内取引

◆「対価を得て行う取引」ではないものの例◆

- 寄附、見舞い、祝い、贈与等の無償による取引（消基通5-2-14）
- 補助金、助成金等の受取り（消基通5-2-15）
- 金銭出資を行う場合の資金の払込みと受入れ
- 預り金、差入保証金等の預かり、差入れ、回収（消基通5-4-3）
- 立退料の受取り（消基通5-2-7）
- 保険金等の受取り（消基通5-2-4）
- 利益又は剰余金の配当（消基通5-2-8）
- 租税、罰金、過料、科料等の納付
- 資産の廃棄、盗難、滅失（消基通5-2-13）
- 損害賠償（消基通5-2-5）
- 資産の使用貸借（消基通5-4-5）
- 自家消費（消基通5-2-12）

① 立退料

　資産の譲渡は、所有権を他に移すことですから、権利自体の消滅や価値の減少は資産の譲渡ではありません。

　例えば、借家人が立退料を受け取って賃借している建物から出ていった場合、退去と同時に借家権は消滅してしまうので、資産の譲渡になりません（消基通5-2-7）。所得税においては、借家権の消滅の対価は譲渡所得の収入金額とされています（所令95、所基通33-6）が、消費税においては、譲渡の本来の意味である所有権の移転の事実があったかどうかにより譲渡であるかどうかの判断をします。

　借家人が建物等の賃借権をビルオーナー以外の第三者に譲渡した場合には、その対価として収受する金銭等の名目が立退料等であったとしても、資産の譲渡に該当します。

② 保険金等

　保険金、共済金等は、保険事故が発生した場合に、その約定に従って受け取るものです。保険金を支払う保険会社に資産等を引き渡したわけではないので、資産の譲渡等の対価ではありません（消基通5-2-4）。

③ 剰余金の配当等

　利益の配当、剰余金の分配は、株主又は出資者たる地位に基づき、自己の持分を受け取るものですから、資産の譲渡等の対価に該当しません（消基通5-2-8）。

　ただし、法人税法60条の2第1項1号の規定により、事業者が、配当を行った協同組合等において法人税の課税所得金額の計算上損金に算入されることとなる事業分量配当を受けた場合には、事業分量配当の計算の基礎となった取引に係る対価の返還として取り扱うこととなります。

189

④　損害賠償金

損害賠償金は、心身又は資産につき加えられた損害の発生に伴い受けるものであり、原則として、資産の譲渡等の対価に該当しません。ただし、その実質が資産の譲渡等の対価に該当すると認められるものは課税の対象となります（消基通5－2－5）。

区　分			判　断
心身に加えられた損害の発生に伴う損害賠償金			不課税の収入
資産に加えられた損害の発生に伴う損害賠償金	その実質が資産の譲渡等の対価に該当すると認められるもの	【例示】 ・損害を受けた棚卸資産等が加害者（加害者に代わって損害賠償金を支払う者を含む。）に引き渡される場合で、当該棚卸資産等がそのまま又は軽微な修理を加えることにより使用できるときに、加害者から棚卸資産等を所有する者が収受する損害賠償金 ・無体財産権の侵害を受けた場合に、加害者から無体財産権の権利者が収受する損害賠償金 ・不動産等の明渡しの遅滞により加害者から賃貸人が収受する損害賠償金	資産の譲渡等の対価
	その他		不課税の収入

⑤　解約手数料、払戻手数料等

予約の取消し、変更等に伴って予約を受けていた事業者が収受するキャンセル料、解約損害金等は、逸失利益等に対する損害賠償金です。

ただし、解約又は取消し等の請求に応じ、その事務手続等の役務の提供の対価として収受する解約手数料、取消手数料、払戻手数料等は、資産の譲渡等の対価に該当します（消基通5－5－2）。

区　分	判　断
キャンセル料 （予約の取消し、変更等に伴う逸失利益等に対する損害賠償金）	不課税の収入
解約等のための手数料 （約款、契約等において解約等の時期にかかわらず、一定額を手数料等として授受することとしている場合等、解約等の請求に応じて行う役務の提供の対価）	資産の譲渡等の対価
キャンセル料であるか手数料であるかを区分せず、一括して授受することとしているとき	その全体を不課税の収入として取り扱う

⑥　借家保証金、権利金等

建物又は土地等の賃貸借契約等の締結又は更改にあたって受ける保証金、権利金、敷金又は更改料、更新料のうち、賃貸借期間の経過その他その賃貸借契約等の終了前における一定の事

由の発生により返還しないこととなるものは、権利の設定の対価であり資産の譲渡等の対価に該当します。

賃貸借契約の終了等に伴って返還することとされているものは、単なる預り金であり、資産の譲渡等の対価に該当しません（消基通5－4－3）。

また、契約の解除にあたり、契約を解除したことを原因として返還しない保証金等は、賃貸人の逸失利益を賠償する損害賠償金であり、貸付けの対価ではありません。

⑦ **自家消費**

広告宣伝又は試験研究等のために商品、原材料等の資産を消費する場合や製造した製品を自己の固定資産として利用する場合等、自己の所有する資産を自己の事業の用に消費する自家消費は、資産の譲渡ではありません（消基通5－2－12）。

自家消費は、みなし譲渡となる法人の自社役員への資産の贈与、個人事業者の事業用資産の家事消費とは異なる行為です。

⑧ **下請けに対する材料等の有償支給**

外注先等に対して外注加工に係る原材料等を支給する場合において、その支給に係る対価を収受することとしているときは、その原材料等の支給は、対価を得て行う資産の譲渡に該当します。

ただし、このような有償支給であっても、その対価の授受が、在庫管理のために行われる形式上のものであって、有償支給をした事業者がその支給に係る原材料等を自己の資産として管理している場合には、その原材料等の支給は、資産の譲渡に該当しないものとして取り扱うことになります（消基通5－2－16）。

この場合の判断は、その対価の授受によって、現実にその材料等の所有権の移転があったものであるかどうかが基準となります。

⑨ **グループ法人課税**

法人税においては、法人の組織形態の多様化に対応し、課税の中立性や公平性などを確保するため、グループ法人税制が導入されています。

発行済株式の全部を直接又は間接に保有する支払関係のある法人間においては、固定資産や土地等の資産を移転したことによる譲渡損益は、次の譲渡まで認識しないこととされています。

消費税においては、法人税においてこのような取扱いを受けるかどうかにかかわらず、グループ法人内の資産の譲渡であっても、課税の対象となります。

⑩ **同業者団体等の入会金・会費・組合費等**

同業者団体等の入会金、会費、組合費等は、その会費等と団体等から受ける役務の提供とに明白な対価関係があるかどうかにより、資産の譲渡等の対価であるかどうかを判断します（消基通5－5－3、5－5－4）。

この場合、団体として通常の業務運営のために経常的に要する費用を賄い、団体の存続を図るため、組合員等の地位に基づき拠出することとなるいわゆる通常会費は、資産の譲渡等の対

価に該当しないものとされています（消基通5－5－3）。

　また、ゴルフクラブ、宿泊施設その他レジャー施設の利用又は一定の割引率で商品等を販売するなど会員に対する役務の提供を目的とする事業者が会員等の資格を付与することと引換えに収受する入会金（返還しないものに限ります。）は、資産の譲渡等の対価に該当し（消基通5－5－5）、その会費も、一定の役務提供を受ける対価として資産の譲渡等の対価に該当します。

　その他、会報等の発行がある場合など、会費等の取扱いをまとめると次のようになります（消基通5－2－3、11－2－7）。

入会金・会費等の区分			判　断
返還しない入会金・会費等	通常会費など、明確な対価関係がない会費		不課税
	会報等の発行がある場合の会費	組合等の通常の業務運営の一環として発行されその構成員に配布される場合	その会報等が書店等で販売するものであっても、資産の譲渡等に該当しないものとして取り扱う
		事実上、会報等の購読料であると認められる会費	資産の譲渡等の対価
	対価関係が明白な会費等〔**例**〕 • セミナー参加会費 • 出版物の購読、映画・演劇等の鑑賞のための会費 • 施設の使用や情報の提供のための会費 • 占有使用面積基準による会費 • その他施設の利用又は一定の割引率で商品等を販売するなど会員に対する役務の提供を目的とする団体の会員資格を得るためのもの		資産の譲渡等の対価
	資産の譲渡等の対価であるかどうかの判定が困難なもの		継続して、組合等が資産の譲渡等の対価に該当しないものとし、かつ、その会費等を支払う事業者側がその支払を課税仕入れに該当しないこととしている場合には、不課税（不課税とする旨を通知する）
返還される入会金			預り金収入として不課税

⑪　公共施設の負担金等

　特定の事業を実施する者が当該事業への参加者又は当該事業に係る受益者から受ける負担金、賦課金等については、事業の実施に伴う役務の提供との間に明白な対価関係があるかどうかによって資産の譲渡等の対価であるかどうかを判定します。

　その対価関係の判定が困難な負担金については、事業を実施する国、地方公共団体又は同業者団体等が資産の譲渡等の対価に該当しないものとし、かつ、その負担金を支払う事業者がその支払を課税仕入れに該当しないこととしている場合には、その負担金等を課税対象外とする

ことができます。この場合には、国、地方公共団体又は同業者団体等は、その旨をその構成員に通知しなければなりません（消基通5－5－6）。

公共施設等の負担金等の区分		判　断
その負担金等と事業の実施に伴う役務の提供との間に明白な対価関係がある負担金等		資産の譲渡等の対価
その負担金等と事業の実施に伴う役務の提供との間に明白な対価関係がない負担金等		不課税
対価関係の判定が困難な負担金等	受入側が不課税と判断しその旨を支払側に通知し、支払側も課税仕入れとしない場合	不課税
	その他	資産の譲渡等の対価

　また、公共的施設の負担金等であっても、例えば、専用側線利用権、電気ガス供給施設利用権、水道施設利用権、電気通信施設利用権等の権利の設定に係る対価と認められる場合等のその負担金等は、資産の譲渡等の対価に該当します（消基通5－5－6）。

⑫　**共同行事に係る負担金等**

　同業者団体等の構成員が共同して行う宣伝、販売促進、会議等の共同行事に要した費用を賄うために共同行事の主宰者がその参加者から収受する負担金、賦課金等は、原則として、資産の譲渡等の対価に該当します。

　ただし、共同行事のために要した費用の全額について、その共同行事への参加者ごとの負担割合が予め定められている場合において、その共同行事の主宰者が収受した負担金、賦課金等について資産の譲渡等の対価とせず、その負担割合に応じて各参加者ごとにその共同行事を実施したものとして、仮勘定として経理した負担金、賦課金等は、資産の譲渡等の対価に該当しないものとすることができます。

　この場合には、各参加者がその負担割合に応じて共同行事の費用を支払ったものとみなして、仕入税額控除を行うこととなります（消基通5－5－7）。

⑬　**賞金等**

　他の者から賞金等の給付を受けた場合において、その賞金等が資産の譲渡等の対価に該当するかどうかは、賞金等の給付と賞金等の対象となる役務の提供との間の関連性の程度により個々に判定することになりますが、例えば、次のいずれの要件をも満たす場合の賞金等は、資産の譲渡等の対価に該当します（消基通5－5－8）。

　①　受賞者が、その受賞に係る役務の提供を業とする者であること

　②　賞金等の給付が予定されている催物等に参加し、その結果として賞金等の給付を受けるものであること

誤りやすい事例 　損害を受けた商品を引き渡す場合の損害賠償金

　当社は、商品（課税資産）の運搬を運送業者に委託して行っています。このたび、商品の輸送中にトラックが事故を起こしました。商品そのものに被害はありませんが、パッケージに汚れが付いたため、小売業者に譲渡することができず、積載していた商品の全てを運送業者に引き取らせ、損害賠償金として、商品の販売価額の70％相当額を受領しました。運送業者は、引き取った商品のパッケージを取り除き、安価で社内販売する福利厚生に利用しています。

　この損害賠償金には消費税が課税されないと判断してよろしいでしょうか。

解　説

　運送業者に引き渡した商品は、そのまま使用できるものであるため、実質的に資産の譲渡等を行ったものであり、受領した損害賠償金は、課税売上げの対価となります。

　なお、運送業者に引き取らせた商品が、そのまま又は軽微な修理で使用できるものではなく、廃棄されるべきものである場合には、その商品の引取りは損害賠償の一環として廃棄物の処理をさせるものであるため、その損害賠償金は対価性のない収入となります。

　また、運送業者に商品を引き取らせることなく損害賠償金を受領した場合には、資産の譲渡がありませんから、商品の損傷の程度にかかわらず、対価性のない収入となります。

【参考】消法2①八、4①、消基通5－2－5

誤りやすい事例 　同業者間の商品の融通

　当社は、同業者との間で商品を融通し合う慣行があります。融通した商品は、後日同種の商品を返還することもあれば、仕入実費で精算することもありますが、商品の融通により利益が生じることはありません。

　この場合の消費税の課税関係はどうなりますか。

解　説

　同業者間で商品を融通した場合において、同種・同等・同量の商品を返還し、手数料等の金銭の支払が一切ない場合には、無償による一時的な商品の貸付けとその返還と見ることができ、消費税の課税関係は生じません。

　しかし、金銭により精算を行う場合には、たとえ手数料等がない仕入実費であったとしても、対価を得て行う資産の譲渡であり、課税の対象となります。

【参考】消法2①八、4①、消基通5－4－5

第3章 課税の対象となる国内取引

③ 内外判定

　消費税法の施行地は日本国内であり、消費税は国内で行われる消費に税の負担を求めるものです。課税の対象を定めるにあたっては、それが国内で行われた資産の譲渡等であるかどうかの判断が必要となります。

　資産の譲渡等が行われた場所は、必ずしもその全てについて明確であるとは限りません。契約は本店、支店に限らずさまざまな場所で締結され、不動産以外の資産はいつでも移動し、無形資産の取引や役務の提供は有体物の受渡しがある取引に比べてその判定が困難です。

　そこで、内外判定の基準は、資産の種類ごと、役務の提供ごとに定められています。そして、いずれによってもその判断が困難である場合には、資産の譲渡等を行う者、すなわち売り手側の所在地を最終的な判断の基準としています。

　なお、「電気通信利用役務の提供」については、第2節「国境を越えた役務の提供に係る課税の特例」を参照してください。

（1）資産の譲渡又は貸付けの内外判定

　資産の譲渡又は資産の貸付けについては、その譲渡又は貸付けを行った時にその資産が所在していた場所により、内外判定を行います（消法4③一）。

譲渡又は貸付けの時に資産が所在していた場所	国内……国内取引
	国外……国外取引

　不動産以外の資産は、その所在場所が移動するため、譲渡又は貸付けの時はいつか、ということがポイントになります。

① 譲渡の場合

　譲渡については、原則として、その資産を引き渡した時が譲渡の時となることから、譲渡資産を引き渡した場所で判断します。

　譲渡をする者、譲渡を受ける者がともに国内の事業者であっても、国外に所在する資産の譲渡をした場合には、国外取引となります（消基通5-7-10）。

　また、事業者が国外において購入した資産を国内に搬入することなく他へ譲渡した場合には、その経理処理のいかんを問わず、国外取引となります（消基通5-7-1）。

② 貸付けの場合

　資産の貸付けについても、貸付資産を引き渡した場所で判断します。貸し付けた資産の所在場所が引渡しの後に移動した場合においても、その判定は変わりません。ただし、契約において特定されている貸付資産の使用場所を合意変更した場合には、変更後の使用場所が国内にあるかどうかにより、改めて判定することになります（消基通5-7-12）。

195

③　特殊な資産である場合

　次の資産については、その譲渡又は貸付けの時における資産の所在地を明確に判断することが困難である等の理由から、それぞれ、個別にその判定場所が定められています（消令６①、消基通５－７－２～９）。なお、有価証券等の内外判定については、**第９章第10節 ❸**「有価証券等の取引に係る取扱い」を参照してください。

資産の種類				判定場所
登録する船舶	譲渡	日本船舶	譲渡者が居住者	登録機関の所在地
			譲渡者が非居住者	譲渡を行う者の住所地
		日本船舶以外		登録機関の所在地
	貸付け	日本船舶	貸付者が居住者	登録機関の所在地
			貸付者が非居住者	貸付けを行う者の住所地
		日本船舶以外	貸付者が居住者	
			貸付者が非居住者	登録機関の所在地
登録のない船舶				譲渡又は貸付けに係る事務所等の所在地
航空機	登録する航空機			登録機関の所在地
	登録のない航空機			譲渡又は貸付けに係る事務所等の所在地
鉱業権				鉱業権に係る鉱区の所在地
租鉱権				租鉱権に係る租鉱区の所在地
採石権その他土石を採掘、採取する権利				採石権等に係る採石場の所在地
特許権、実用新案権、意匠権、商標権、回路配置利用権、育成者権（これらの権利を利用する権利を含む）				これらの権利の登録をした機関の所在地（同一の権利について複数の国において登録をしている場合には、譲渡又は貸付けを行う者の住所地）
著作権（出版権及び著作隣接権その他これに準ずる権利を含む）、特別の技術による生産方式（いわゆるノウハウ）及びこれに準ずるもの				譲渡又は貸付けを行う者の住所地
法令や行政指導による登録等に基づく営業権、漁業権、入漁権				権利に係る事業を行う者の住所地
金融商品取引法２①に規定する有価証券（ゴルフ場利用株式等を除く）				有価証券が所在していた場所
登録国債等				登録国債等の登録をした機関の所在地
合名会社、合資会社、合同会社の社員の持分、協同組合等の組合員又は会員の持分その他法人の出資者の持分				当該持分に係る法人の本店又は主たる事務所の所在地

貸付金、預金、売掛金その他の金銭債権（ゴルフ場利用の預託金銭債権を除く）	金銭債権に係る債権者の譲渡に係る事務所等の所在地
ゴルフ場利用株式等、ゴルフ場利用の預託金銭債権	ゴルフ場その他の施設の所在地
上記以外の資産でその所在していた場所が明らかでないもの	譲渡又は貸付けを行う者のその譲渡又は貸付けに係る事務所等の所在地

※　住所地とは、住所又は本店若しくは主たる事務所の所在地をいいます（消令6①一）。
※　譲渡又は貸付けに係る事務所等とは、譲渡又は貸付けを行う者の事務所、事業所等で、その譲渡又は貸付けに係る契約の締結、資産の引渡し、代金の回収等、資産の譲渡等に直接関連する事業活動を行う施設であり、単なる倉庫や事業活動を行っていない駐在員事務所、代理人の事務所等は該当しません（消令6①二、消基通5－7－14）。

④　輸出、輸入の内外判定

　その取引が国内取引であるか国外取引であるかを判断するにあたっては、国内と国外とをまたぐ取引の考え方が問題となります。国内から国外へ資産を譲渡する場合や国外の資産を買い付けて輸入するような場合です。

　ただし、国内取引であるかどうかは、その取引が資産の譲渡等に該当する場合に課税の対象となるかどうかを判断するための区分であって、その取引が資産の譲渡等に該当しない場合には、内外判定を行う必要はありません。したがって、資産の譲渡、貸付け、役務の提供以外の取引には、内外判定の基準はありません。

　資産を輸入するという行為は、資産の譲渡等でないため、内外判定の対象ではありません。輸入は、関税法において「外国から本邦に到着した貨物を引き取ること」と定義されています（関税法2①一）。具体的には貨物につき輸入の許可を受けることであり、輸入の後に国内で消費されることを前提に輸入する貨物には輸入の消費税が課税されることになります。ただし、非課税貨物、免税貨物に該当する場合は、課税されません（消法6②、関税定率法14～17、輸徴法13）。

　次に、輸出取引について考えてみましょう。

　消費税は、関税法の定義に従って、「輸出」を「内国貨物を外国に向けて送り出すこと」（関税法2①二）としています（消基通7－2－1）。これは、消費税法が輸出免税の第一に挙げている「本邦からの輸出として行われる資産の譲渡又は貸付け」（消法7①一）の証明として、関税法に規定する輸出の許可証明書の保存を要求していること（消法7②、消規5①一）からも明らかです。税関で許可を受けて国外へ向かう船舶や航空機に貨物を積み込むことが「輸出」の具体的な行為であり、「輸出」とは、資産の譲渡等とは関係なく、貨物の国外への運び出しのみを意味する用語です。

　したがって、「輸出」は、国外の支店等に貨物を移動させるだけの単なる輸出と、国外の者に対する資産の譲渡にあたってその目的となる資産を引き渡すためにする輸出とに分かれることになります。

　貨物を移動させるだけの単なる輸出は、もともと資産の譲渡等にあたらないものですから、

内外判定を必要としません。

　国内から国外へ資産を譲渡する場合には、商品はこれを相手方に引き渡すために国外に搬出されますが、輸出の許可を受けるその時には、許可を受けようとする貨物は国内に所在し、国内において国外へ向かう船舶等に積み込んで送り出すわけですから、輸出として行われる資産の譲渡等は国内取引であるということになります。

　あらかじめ商品を国外に搬出し国外でその商品を販売した場合には、国外にある資産を譲渡したのですから、これは国外取引となります。

(2) 役務の提供の内外判定

　役務の提供については、その役務の提供を行った場所により、内外判定を行います（消法4③二）。

役務の提供を行った場所	国内……国内取引
	国外……国外取引

① 役務の提供が内外の地域にわたる場合

　役務の提供が、国内及び国外の地域にわたって行われる場合等には、それぞれ次によります（消令6②）。ただし、「電気通信利用役務の提供」については、**第2節**「国境を越えた役務の提供に係る課税の特例」を参照してください。

役務の提供の種類	判定場所
国際輸送	旅客の出発地又は到着地、貨物の発送地又は到着地
国際通信	発信地又は受信地
国際郵便	差出地又は配達地
保険	保険事業を営む者（代理店を除く）の保険の契約の締結に係る事務所等の所在地
専門的な科学技術に関する知識を必要とする調査、企画、立案、助言、監督又は検査に係る役務の提供で生産設備等の建設又は製造に関するもの	建設等に必要な資材の大部分が調達される場所
上記以外で国内及び国外の地域にわたって行われる役務の提供その他の役務の提供が行われた場所が明らかでないもの	役務の提供を行う者のその役務の提供に係る事務所等※の所在地

※　役務の提供に係る事務所等とは、役務の提供を行う者の事務所、事業所等で、その役務の提供に係る契約の締結や代金の回収等、役務の提供に直接関連する事業活動を行う施設であり、単なる倉庫や事業活動を行っていない駐在員事務所、代理人の事務所等は該当しません。

※　なお、「電気通信利用役務の提供」については、**第2節**「国境を越えた役務の提供に係る課税の特例」を参照してください。

② 役務の提供の判断基準

役務の提供が行われた場所がどこであるかは、現実に役務の提供があった場所として具体的な場所を特定できる場合にはその場所によります。

また、具体的な場所を特定できない場合であっても、役務の提供に係る契約において明らかにされている役務の提供場所があるときは、その契約に定められた場所になります。

役務の提供の場所が明らかにされていない場合や、役務の提供が国内と国外の間において連続して行われる場合、役務の提供が同一の者に対して国内と国外の双方で行われその対価の額が合理的に区分されていない場合には、役務の提供を行う者の役務の提供に係る事務所等の所在地をもって内外の判定を行います（消基通5−7−15）。

(3) 利子を対価とする金銭の貸付け

金銭の貸付けや預金又は貯金の預入等は、その貸付け等を行う者のその貸付け等に係る事務所等の所在地が国内であるかどうかにより、内外の判定を行います（消令6③）。

(4) 内外判定の考え方

上記のとおり、国内取引であるかどうかは、資産の譲渡又は貸付けについては譲渡又は貸付けの時に資産が存在していた場所、役務の提供については役務の提供が行われた場所が国内であるかどうかにより判断します。ただし、これらの場所が特定できない場合等には、その資産の譲渡等を行う者の住所地やその譲渡等に係る事務所等の所在地をもって、内外の判定を行うものとされています。

また、金銭の貸付け等については、貸し付ける者の事務所の所在地が内外判定の基準となります。

このように、資産の譲渡等について国内取引であるか否かの判定は、資産の譲渡等を行う者、すなわち売り手側の所在地を基準としています。ただし、平成27年度税制改正により、「電気通信利用役務の提供」については、買い手側の所在地を基準とする新しい制度が導入されました。

誤りやすい事例　国内で契約し国外で販売する商品

当社は、高級家具の卸売を行う内国法人であり、国外に支店を有しています。国外の支店で買い付けた商品については、そのまま国外の事業者に販売するものと国内に輸入して国内で販売するものとがあります。

国外での買付け及び販売は、原則として支店長の権限で行わせていますが、日本円に換算した決済額が500万円を超える取引は、国内の本社において、契約及び決済を行います。

この場合の内外判定は、どうなりますか。

解 説

　資産の譲渡については、その資産の譲渡の時における所在場所によって、国内取引であるかどうかの判断を行います。したがって、たとえ国内で契約及び決済を行っている場合であっても、またその取引の相手方が国内の事業者であっても、その買付け及び販売の時に商品が国外に所在している場合は国外取引となり、消費税の課税の対象となりません。

　国外で買い付けた商品を国内に輸入して国内で販売する場合は、輸入の際に輸入する商品が課税の対象となるので、税関で消費税の申告を行うこととなります。この輸入に係る消費税は、国内で行う商品の販売に対応するものであり、仕入税額控除の対象となります。

【参考】消法２①八、４①③、消令６①、消基通５－７－１、５－７－10

第 2 節　国境を越えた役務の提供に係る課税の特例

「国境を越えた役務の提供」とは、国外の事業者が、国内の事業者や消費者に対して行う、電子書籍、音楽、広告の配信、クラウドサービス等の提供（デジタルコンテンツの配信等）をいいます。

　用語の定義

この制度において、次のとおり、用語の定義が定められています。

国外事業者 （消法2①四の二）	所得税法上の非居住者である個人事業者及び法人税法上の外国法人
電気通信利用役務の提供 （消法2①八の三）	資産の譲渡等のうち、電気通信回線を介して行われる著作物の提供（当該著作物の利用の許諾に係る取引を含む。）その他の電気通信回線を介して行われる役務の提供（電話、電信その他の通信設備を用いて他人の通信を媒介する役務の提供を除く。）であって、他の資産の譲渡等の結果の通知その他の他の資産の譲渡等に付随して行われる役務の提供以外のもの （電子書籍・音楽・広告の配信、クラウドサービス等）
事業者向け電気通信利用役務の提供 （消法2①八の四）	国外事業者が行う「電気通信利用役務の提供」のうち、当該「電気通信利用役務の提供」に係る役務の性質又は当該役務の提供に係る取引条件等から当該役務の提供を受ける者が通常事業者に限られるもの
消費者向け電気通信利用役務の提供	法令には「消費者向け電気通信利用役務の提供」という定義はありませんが、財務省及び国税庁の公表資料では、「電気通信利用役務の提供」のうち「事業者向け電気通信利用役務の提供」以外のものを「消費者向け電気通信利用役務の提供」と呼んでいます。
特定仕入れ （消法4①）	事業として他の者から受けた「特定資産の譲渡等」
特定課税仕入れ （消法5①）	課税仕入れのうち特定仕入れに該当するもの
特定役務の提供 （消法2①八の五、消令2の2）	資産の譲渡等のうち、「電気通信利用役務の提供」に該当しないもので、国外事業者が行う映画若しくは演劇の俳優、音楽家その他の芸能人又は職業運動家の役務の提供を主たる内容とする事業として行う役務の提供のうち、国外事業者が他の事業者に対して行う役務の提供（当該国外事業者が不特定かつ多数の者に対して行う役務の提供を除く。）
特定資産の譲渡等 （消法2①八の二）	「事業者向け電気通信利用役務の提供」及び「特定役務の提供」

役務の提供が行われた場所が明らかでない取引の内外判定

役務の提供が行われた場所が明らかでない取引の内外判定は、次のような基準となっています（消法4③二、三）。

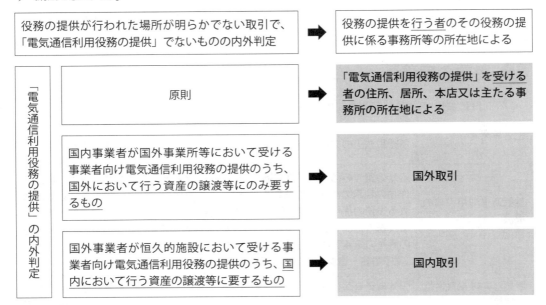

① **住所の判定**

住所等が国内にあるかどうかの判定は、客観的かつ合理的な基準に基づき行うこととなります（消基通5－7－15の2）。例えば、インターネットを通じて電子書籍、音楽、ゲーム等をダウンロードさせるサービスなどにおいては、顧客がインターネットを通じて申し出た住所地と顧客が決済で利用するクレジットカードの発行国情報とを照合して確認する等、各取引の性質等に応じて合理的かつ客観的に判定できる方法により行うこととなります。

② **居所の範囲**

居所とは、現在まで引き続いて1年以上居住する場所をいいます（消法4③三）。

③ **内国法人が受ける場合**

内国法人が「電気通信利用役務の提供」を受ける場合は、国外にある支店等で役務の提供を受ける場合であっても、原則として、国内取引となります（消法4③三、消基通5－7－15の2、11－2－13の2）。

ただし、内国法人が法人税法上の国外事業所等において受ける「事業者向け電気通信利用役務の提供」のうち、国外において行う資産の譲渡等にのみ要するものは、国外取引となります。

※ 内外判定は、特定仕入れを行った日の状況により行います。特定仕入れを行った日において、国外売上げにのみ要するものであることが明らかなもののみが国外取引に該当します（消基通5－7－15の4）。

④ **外国法人が受ける場合**

外国法人が「電気通信利用役務の提供」を受ける場合は、国内にある支店等で役務の提供を

受ける場合であっても、原則として、国外取引となります（消法4③三、消基通5－7－15の2、11－2－13の2）。

ただし、外国法人が法人税法上の恒久的施設において受ける「事業者向け電気通信利用役務の提供」のうち、国内において行う資産の譲渡等に要するものは、国内取引となります。

※ 恒久的施設で行う特定仕入れで、国内において行う資産の譲渡等及び国外において行う資産の譲渡等に共通して要するものは、国内において行われたものに該当します（消基通5－7－15の3）。

⑤ 国内に住所又は居所がある個人が受ける場合

国内に住所又は居所がある個人が「電気通信利用役務の提供」を受ける場合は、国内取引となります（消法4③三）。

したがって、国内に住所を有する者に対して、その者が国外に滞在している間に行うものも国内取引となります（消基通5－7－15の2）。

また、国内に旅行に来ている外国人旅行者（国内に住所又は居所がない者）に対して行うインターネットを介した電子書籍の提供は、国外取引になります。

ただし、国内に住所又は居所がある個人が所得税法上の国外事業所等において受ける「事業者向け電気通信利用役務の提供」のうち、国外において行う資産の譲渡等にのみ要するものは、国外取引となります。

※ 内外判定は、特定仕入れを行った日の状況により行います。特定仕入れを行った日において、国外売上げにのみ要するものであることが明らかなもののみが国外取引に該当します（消基通5－7－15の4）。

⑥ 国内に住所及び居所がない個人が受ける場合

国内に住所及び居所がない個人が「電気通信利用役務の提供」を受ける場合は、国外取引となります（消法4③三）。

ただし、国内に住所及び居所がない個人が所得税法上の恒久的施設において受ける「事業者向け電気通信利用役務の提供」のうち、国内において行う資産の譲渡等に要するものは、国内取引となります。

※ 恒久的施設で行う特定仕入れで、国内において行う資産の譲渡等及び国外において行う資産の譲渡等に共通して要するものは、国内において行われたものに該当します（消基通5－7－15の3）。

⑦ 恒久的施設

所得税又は法人税に規定する恒久的施設は、次に掲げるものをいいます（所法2八の四、5、161、164、所令1の2、所規1の2、所基通161－1、164－1、法法2十二の十九、4、138、141、法令4の4、法規3の4、法基通20－1－1）。

① 非居住者又は外国法人（以下「非居住者等」といいます。）の国内にある事業の管理を行う場所、支店、事務所、工場、作業場もしくは鉱山その他の天然資源を採取する場所又はその他事業を行う一定の場所。

② 非居住者等の国内にある建設、据付けの工事又はこれらの指揮監督の役務の提供（以下「建設工事等」といいます。）で1年を超えて行う場所（1年を超えて行われる建設工事等を含みます。以下「長期建設工事現場等」といいます。）。

長期建設工事現場等の期間要件について、その期間を1年以内にすることを主たる目的として契約を分割して締結した場合などは、それらを合計した期間（重複する期間を除きます。）が1年を超えるかどうかで判定します。

（注1） 非居住者等に属する物品もしくは商品又はそれらの在庫の保管、展示又は引渡しのためのみに使用又は保有する施設等については、それが非居住者等の事業の遂行上準備的又は補助的な性格のものである場合は、上記①②に含まれません。

（注2） 事業を行う一定の場所を有している非居住者等が、その事業を行う一定の場所以外の場所（以下「他の場所」といいます。）においても事業上の活動を行う場合において、他の場所が非居住者等の恒久的施設に該当するなど一定の要件に該当するときは、（注1）の取扱いは適用されません。

③　非居住者等が国内に置く代理人等で、その事業に関し、反復して契約を締結する権限を有し、又は契約締結のために反復して主要な役割を果たす者等の一定の者（以下「契約締結代理人等」といいます。）。

非居住者等の代理人等が、その事業に係る業務を、非居住者等に対し独立して行い、かつ、通常の方法により行う場合には、契約締結代理人等に含まれません。ただし、その代理人等が、専ら又は主として一又は二以上の自己と特殊の関係にある者に代わって行動する場合は、この限りではありません。

特殊の関係とは、一方の者が他方の法人の発行済株式又は出資の総数又は総額の50パーセント超を直接・間接に保有する等の一定の関係にある者をいいます。

なお、日本国内に恒久的施設を有するかどうかを判定するに当たっては、形式的に行うのではなく機能的な側面を重視して判定することになります。例えば、事業活動の拠点となっているホテルの一室は、恒久的施設に該当しますが、単なる製品の貯蔵庫は恒久的施設に該当しないことになります。

また、我が国が締結した租税条約において、国内法上の恒久的施設と異なる定めがある場合には、その租税条約の適用を受ける非居住者等については、その租税条約上の恒久的施設を国内法上の恒久的施設とします。

恒久的施設は、一般的に、「PE」（Permanent Establishment）と略称されています。

⑧　**国外事業所等**

所得税法又は法人税法に規定する国外事業所等とは、居住者又は内国法人が国外に置く次の施設をいいます（所法95④一、所令225の2②、法法69④一、法令145の2①）。

①　我が国が租税条約（恒久的施設に相当するものに関する定めを有するもの）を締結している条約相手国等についてはその租税条約の条約相手国等内にあるその租税条約に定める恒久的施設に相当するもの

②　①以外の国又は地域についてはその国又は地域にある恒久的施設に相当するもの

電気通信利用役務の提供

(1)「電気通信利用役務の提供」の範囲

　「電気通信利用役務の提供」は、「資産の譲渡等のうち、電気通信回線を介して行われる著作物の提供（当該著作物の利用の許諾に係る取引を含む。）その他の電気通信回線を介して行われる役務の提供（電話、電信その他の通信設備を用いて他人の通信を媒介する役務の提供を除く。）であって、他の資産の譲渡等の結果の通知その他の他の資産の譲渡等に付随して行われる役務の提供以外のもの」と定義されています。具体的には、電気通信回線を介して行われる電子書籍や音楽、ソフトウエア等の配信のほか、ネット広告の配信やクラウドサービスの提供、さらには電話や電子メールなどを通じたコンサルティングなどが該当します（消基通5−8−3）。

　電子書籍や音楽の配信等については、「役務の提供」と「資産の譲渡・貸付け」のどちらに当たるかが不明確であるとの指摘がありましたが、平成27年度税制改正による法令の整備により、著作物の利用の許諾に係る取引は、「電気通信利用役務の提供」に該当することが明らかにされました（消法2①八の三、消基通5−4−2）。

　なお、電話、電信その他の通信設備を用いて他人の通信を媒介する役務の提供、すなわち、電話、FAX、インターネット回線の接続など、通信そのものに該当する役務の提供は除かれます。また、資産の譲渡等の結果の通知等が電気通信回線を介して行われたとしても、その電気通信回線を介した結果の通知等が他の資産の譲渡等に付随して行われる場合は除かれます。

　具体例は次のとおりです（消基通5−8−3、平成27年5月国税庁消費税室「国境を越えた役務の提供に係る消費税の課税に関するQ&A」問2−1）。

「電気通信利用役務の提供」に該当する取引の具体例	・インターネット等を介して行われる電子書籍・電子新聞・音楽・映像・ソフトウエア（ゲームなどの様々なアプリケーションを含む。）の配信 ・顧客に、クラウド上のソフトウエアやデータベースを利用させるサービス ・顧客に、クラウド上で顧客の電子データの保存を行う場所の提供を行うサービス ・インターネット等を通じた広告の配信・掲載 ・インターネット上のショッピングサイト・オークションサイトを利用させるサービス（商品の掲載料金等） ・インターネット上でゲームソフト等を販売する場所を利用させるサービス ・インターネットを介して行う宿泊予約、飲食店予約サイト（宿泊施設、飲食店等を経営する事業者から掲載料等を徴するもの） ・インターネットを介して行う英会話教室
「電気通信利用役務の提供」に該当しない取引の具体例	・電話、FAX、電報、データ伝送、インターネット回線の利用など、他者間の情報伝達を単に媒介するもの（いわゆる通信） ・ソフトウエアの制作等 　※　著作物の制作を国外事業者に依頼し、その成果物の受領や制作過程の指示をインターネット等を介して行う場合がありますが、当該取引も著作物の制作という他の資産の譲渡等に付随してインターネット等が利用されているものですので、「電気通信利用役務の提供」に該当しません。

- 国外に所在する資産の管理・運用等（ネットバンキングも含む。）
  ※　資産の運用、資金の移動等の指示、状況、結果報告等について、インターネット等を介して連絡が行われたとしても、資産の管理・運用等という他の資産の譲渡等に付随してインターネット等が利用されているものですので、「電気通信利用役務の提供」に該当しません。ただし、クラウド上の資産運用ソフトウエアの利用料金などを別途受領している場合には、その部分は「電気通信利用役務の提供」に該当します。
- 国外事業者に依頼する情報の収集・分析等
  ※　情報の収集、分析等を行ってその結果報告等について、インターネット等を介して連絡が行われたとしても、情報の収集・分析等という他の資産の譲渡等に付随してインターネット等が利用されているものですので、「電気通信利用役務の提供」に該当しません。ただし、他の事業者の依頼によらずに自身が収集・分析した情報について対価を得て閲覧に供したり、インターネットを通じて利用させるものは「電気通信利用役務の提供」に該当します。
- 国外の法務専門家等が行う国外での訴訟遂行等
  ※　訴訟の状況報告、それに伴う指示等について、インターネット等を介して行われたとしても、当該役務の提供は、国外における訴訟遂行という他の資産の譲渡等に付随してインターネット等が利用されているものですので、「電気通信利用役務の提供」に該当しません。
- 著作権の譲渡・貸付け
  ※　著作物に係る著作権の所有者が、著作物の複製、上映、放送等を行う事業者に対して、当該著作物の著作権等の譲渡・貸付けを行う場合に、当該著作物の受け渡しがインターネット等を介して行われたとしても、著作権等の譲渡・貸付けという他の資産の譲渡等に付随してインターネット等が利用されているものですので、「電気通信利用役務の提供」に該当しません。

(2) 課税方式

　上述のとおり国内に住所がある個人又は国内に本店がある内国法人が、国外事業者から購入する「電気通信利用役務の提供」は、課税取引となります。ただし、国外に拠点を置く国外事業者について、どのように適正な納税を確保するかという課題があります。

　そこで、「電気通信利用役務の提供」は、「事業者向け」と「消費者向け」とに区分され、それぞれに課税方式が定められています。

　「事業者向け電気通信利用役務の提供」は、リバースチャージ方式によります。

| 「事業者向け電気通信利用役務の提供」 | → | リバースチャージ方式 |

　国外事業者が行う「消費者向け電気通信利用役務の提供」（「電気通信利用役務の提供」のうち、「事業者向け電気通信利用役務の提供」以外のもの）は、国外事業者申告納税方式によります。

| 「消費者向け電気通信利用役務の提供」 | → | 国外事業者申告納税方式 |

第3章 課税の対象となる国内取引

4 リバースチャージ方式

「事業者向け電気通信利用役務の提供」には、その取引に係る消費税の納税義務を役務の提供を受ける国内事業者に転換する「リバースチャージ方式」が適用されます。

(1) リバースチャージ方式の概要

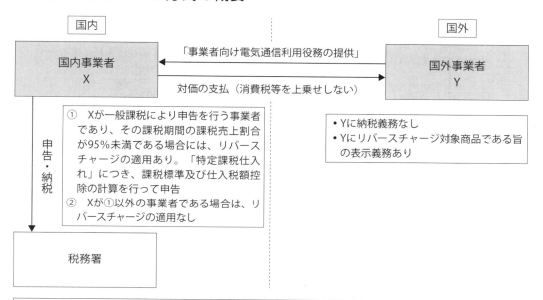

① 「事業者向け電気通信利用役務の提供」は、消費税の課税対象である資産の譲渡等から除かれ、「特定仕入れ」が課税対象となります(消法4①)。
② 「事業者向け電気通信利用役務の提供」は納税義務の対象となる課税資産の譲渡等から除かれ、「特定課税仕入れ」が納税義務の対象となります(消法5①)。
③ 「特定課税仕入れ」に係る対価の返還等を受けた場合には、売上げに係る対価の返還等を受けた場合に準じた税額控除の取扱いがあります(消法38の2)。
④ 「特定課税仕入れ」につき課されるべき消費税額は、帳簿の保存を要件に、仕入控除税額の計算の対象となります(消法30①⑦⑧)。
⑤ 「特定課税仕入れ」について、仕入対価の返還等を受けた場合の特例、調整対象固定資産に関する調整の規定は、課税仕入れと同様に適用されます(消法32〜35)。
⑥ 「特定課税仕入れ」を行った者が単なる名義人であった場合に、実質的にその仕入れを行った者に消費税法の規定が適用されます(消法13②)。

(2) 課税標準額と仕入税額

「事業者向け電気通信利用役務の提供」は、消費税を上乗せしないで取引を行うことが前提です(消基通10-2-1、11-4-6)。

したがって、特定課税仕入れに係る消費税の課税標準は、特定課税仕入れに係る「支払対価の額」であり、$\frac{100}{110}$を乗じる税抜計算は行いません（消法28②、消基通10－2－1）。
　また、特定課税仕入れに係る消費税額は、その支払対価の額に$\frac{7.8}{100}$（$\frac{7.8}{110}$ではありません。）を乗じた金額となります（消法30①）。

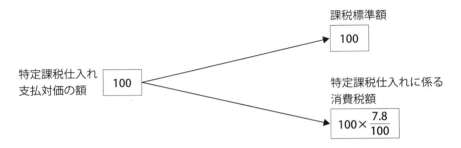

(3) 適用除外

　「事業者向け電気通信利用役務の提供」を受けた場合に、リバースチャージ方式により申告を行う必要があるのは、一般課税により申告を行う事業者で、その課税期間の課税売上割合が95％未満であるものに限られます。

　次の事業者は、特定課税仕入れを行ったとしても、その課税期間の消費税の確定申告については、特定課税仕入れについて課税標準を認識する必要はなく、また、仕入税額控除を行うこともできません（平27改法附42、44②、消基通5－8－1、11－4－6）。

① 免税事業者

　免税事業者は、「特定課税仕入れ」があっても、その「特定課税仕入れ」について、納税義務は生じません（消法9①他）。

② 課税売上割合が95％以上である事業者

　課税売上割合が95％以上である課税期間において行った「特定課税仕入れ」はなかったものとされます（平27改法附42）。課税売上割合が95％以上であれば、その課税期間における課税売上高が5億円以上であるため全額控除による計算ができない場合であっても、リバースチャージの適用はありません。

③ 簡易課税を適用する事業者

　簡易課税制度の適用を受ける課税期間において行った「特定課税仕入れ」はなかったものとされ、リバースチャージの適用はありません（平27改法附44②）。

(4) 課税売上割合の計算

　課税売上割合は、原則として、その事業者の資産の譲渡等及び課税資産の譲渡等の対価の額により計算します。課税売上割合の計算に、その事業者の資産の譲渡等及び課税資産の譲渡等ではない特定課税仕入れに係る対価の額は含まれません（消法30）。

また、国外事業者においても、課税売上割合を計算する際の資産の譲渡等及び課税資産の譲渡等から「特定資産の譲渡等」（「事業者向け電気通信利用役務の提供」及び「特定役務の提供」）が除かれています（消法30⑥、消令48①）。

国内事業者、国外事業者のいずれにおいても、課税売上割合の計算上、その対価の額を考慮する必要はありません。

（5）課税売上割合に準ずる割合の適用を受けている場合

その課税期間について承認を受けている「課税売上割合に準ずる割合」が95％以上であっても、「課税売上割合」が95％未満であれば、上記（3）の適用除外とはならず、その課税期間において行った「特定課税仕入れ」にはリバースチャージが適用されます（平27改法附42）。

なお、「課税売上割合に準ずる割合」の承認を受けている場合には、「特定課税仕入れ」に係る仕入控除税額の計算も、「課税売上割合に準ずる割合」に基づいて行うこととなります（消法30③）。

（6）提供する国外事業者が免税事業者である場合

役務の提供を行う国外事業者が免税事業者であっても、提供を受ける国内事業者が上記（3）の適用除外に該当しない限り、リバースチャージの適用があります（消基通5－8－1）。

（7）国内事業者の基準期間における課税売上高等

基準期間における課税売上高及び特定期間における課税売上高は、資産の譲渡等を行う事業者に納税義務が課される課税売上高によって計算します。

「特定課税仕入れ」は、その国内事業者の仕入れであって、課税資産の譲渡等ではありません。したがって、リバースチャージが適用され、「特定課税仕入れ」に係る支払対価の額を課税標準として消費税の申告、納税を行っていたとしても、特定課税仕入れに係る対価の額は、基準期間における課税売上高又は特定期間における課税売上高に含まれません（消法9①、9の2②、消基通1－4－2（注）4）。

（8）リバースチャージの対象

リバースチャージの対象となる「事業者向け電気通信利用役務の提供」とは、国外事業者が行う「電気通信利用役務の提供」のうち、「役務の性質又は当該役務の提供に係る取引条件等から当該役務の提供を受ける者が通常事業者に限られるもの」です（消法2①八の四、消基通5－8－4）。この判断は、提供を受ける者が事業者であるか消費者であるかの別に関係なく行います。

したがって、一般にインターネット上で販売されている電子書籍の配信等は、事業者が提供を受ける場合でも、「消費者向け電気通信利用役務の提供」となります。

「事業者向け電気通信利用役務の提供」の具体例は、次のとおりです（消基通5－8－4）。

◆「事業者向け電気通信利用役務の提供」の具体例◆

役務の性質による判断	インターネット上での広告の配信やゲームをはじめとするアプリケーションソフトをインターネット上のWebサイトで販売する場所を提供するサービス ※ パソコンやスマートフォン等で利用できるゲームソフトなどをインターネット上の販売場所に掲載して販売する行為は、当該ゲームソフト等の利用許諾を複数の者に対して反復・継続して行おうとするものであるため、個人が行うものであっても消費税法上の事業に該当するものと考えられます。したがって、これらを販売する場所を提供するサービスは「事業者向け電気通信利用役務の提供」に該当することとなります。
取引条件等による判断	クラウドサービス等の「電気通信利用役務の提供」のうち、取引当事者間において提供する役務の内容を個別に交渉し、取引当事者間固有の契約を結ぶもので、契約において役務の提供を受ける事業者が事業として利用することが明らかなもの（契約書や契約過程の文書等により確認します。） ※ インターネットのWebサイトから申込みを受け付けるようなクラウドサービス等において、「事業者向け」であることを当該Webサイトに掲載していたとしても、消費者をはじめとする事業者以外の者からの申込みが行われた場合に、その申込みを事実上制限できないものは、取引条件等から「当該役務の提供を受ける者が通常事業者に限られるもの」には該当しません（消基通５－８－４）。

(9) リバースチャージ対象商品であることの表示の義務

　「事業者向け電気通信利用役務の提供」を行う国外事業者は、「事業者向け電気通信利用役務の提供」を行うに際して、あらかじめ、当該取引が「リバースチャージ方式」の対象である（特定課税仕入れを行う事業者が消費税の納税義務者となる）旨の表示を行わなければなりません（消法62、消基通５－８－２）。

　例えば、インターネット等において役務の提供の内容等を紹介している場合には、その規約や価格表示されている場所など、また、カタログ等を発行している場合にはそのカタログなどの取引相手が容易に認識できる場所に、「日本の消費税は役務の提供を受けた貴社が納税することとなります。」や「日本の消費税のリバースチャージ方式の対象取引です。」などの表示をすることになります。

　対面やメール等で取引内容等の交渉を行うのであれば、その交渉を開始する段階において取り交わす書類やメールなどに、これらの文言を明記することとなります。

　いずれにしても、取引の相手方が、あらかじめ当該取引が自身に納税義務が課されるものであることが認識できるような表示をする必要があります（消法62、消基通５－８－２）。

　なお、国外事業者がリバースチャージ対象商品である旨の表示を行っていないとしても、その表示の有無は、納税義務の成立に影響を及ぼすものではありません（消基通５－８－２）。その役務の提供が特定課税仕入れに該当するものであれば、役務の提供を受けた国内事業者において、消費税を納める義務が生じます。

（10）特定課税仕入れに係る支払対価の返還等

「特定課税仕入れ」に係る対価の返還等を受けた場合には、仕入対価の返還等を受けた場合の特例の規定が適用されます（消法32〜35）。

■ 特定課税仕入れがなかったものとされた場合

課税売上割合が95％以上又は簡易課税制度が適用される課税期間であることにより、なかったものとされた特定課税仕入れに係る支払対価については、その後の課税期間において値引き等により対価の返還等を受けた場合には、仕入対価の返還等に係る消費税額の控除の特例は適用されません（消法32、38の2①）。

また、免税事業者であった課税期間において行った特定課税仕入れについては、その特定課税仕入れに係る消費税額等は生じていないので、課税事業者となった課税期間において、その特定課税仕入れに係る対価の返還等を受けた場合であっても、仕入対価の返還等に係る消費税額の控除の特例は適用されません（消法32、38の2①、消基通12−1−8、14−1−12）。

■ 免税事業者となったのちに対価の返還等を受けた場合

免税事業者は消費税の納税義務がないため、免税事業者となった後に課税事業者であった課税期間における特定課税仕入れに係る対価の返還等を受けた場合であっても、仕入対価の返還等に係る消費税額の控除の特例は、適用されません（消法38の2①、消基通12−1−9、14−1−13）。

（11）調整対象固定資産に関する調整

特定課税仕入れによって取得した調整対象固定資産についても、調整対象固定資産に関する調整の規定が適用されます。

⑤ 特定課税仕入れの経理処理

（1）帳簿の記載事項

特定課税仕入れに係る消費税額の仕入税額控除については、次の事項が記載された帳簿の保存のみで仕入税額控除の適用を受けることができます（消法30⑦、⑧二）。

- イ 特定課税仕入れの相手方の氏名又は名称
- ロ 特定課税仕入れを行った年月日
- ハ 特定課税仕入れの内容
- ニ 特定課税仕入れに係る支払対価の額
- ホ 特定課税仕入れに係るものである旨

特定課税仕入れに係るものである旨の記載は、例えば、帳簿に 特定 と付記するなど、事後にその課税仕入れが特定課税仕入れに該当することが確認できる表示で差し支えありません。

(2) 税抜経理方式による場合

　税抜経理方式は、課税資産の譲渡等につき課されるべき消費税の額及び地方消費税の額に相当する金額を仮受消費税等として、課税仕入れ等の税額及び地方消費税の額に相当する金額を仮払消費税等として、これらに係る取引の対価と区分して経理する会計処理の方法です。

　税抜経理方式による場合であっても、特定課税仕入れの取引については、取引時において消費税等の額に相当する金銭の受払いがないので、その特定課税仕入れの取引の対価の額と区分して経理処理をすべき消費税等の額はありません。

　ただし、その特定課税仕入れの対価の額に対して消費税等が課せられるものとした場合の消費税等の額に相当する額を、例えば、仮受金及び仮払金等としてそれぞれ計上するなど仮勘定を用いて経理をしている場合には、その仮受金又は仮払金等として経理をした金額はそれぞれ仮受消費税等の額又は仮払消費税等の額に該当するものとして、法人税の課税所得金額を計算することになります（経理通達5の2）。

(3) 控除対象外消費税額等の取扱い

　控除対象外消費税額等とは、税抜経理方式により計上した仮払消費税等のうち、個別対応方式又は一括比例配分方式により控除することができない課税仕入れ等の税額及び地方消費税の額に相当する金額の合計額をいいます。

　リバースチャージ方式の適用がある場合は、その特定課税仕入れが個別対応方式における課税売上対応分として全額控除の対象とならない限り、控除対象外消費税額等が生じます。

　特定課税仕入れに係る控除対象外消費税額等が、費用について生じたものである場合は、その生じた事業年度の損金の額に算入します。ただし、交際費等に係る消費税等の額のうち控除対象外消費税額等に相当する金額は、交際費等の額に含まれることになります（経理通達12）。

　特定課税仕入れに係る控除対象外消費税額等が、資産に係る控除対象外消費税額等である場合は、棚卸資産について生じたものと同様に、損金経理を要件として、その生じた全額をその事業年度の損金の額に算入することができます（法令139の4②）。

　なお、損金経理要件は法人税において設けられているものであり、個人事業者の所得税においては、その生じた年分の必要経費に算入します（所令182の2②）。

6　国外事業者申告納税方式

(1) 原則

　日本国内のユーザーに向けて行う「消費者向け電気通信利用役務の提供」ついては、その事業者が国内事業者か国外事業者かにかかわらず、その役務の提供を行う事業者が申告納税を行うこととされています。

消費者向け電気通信利用役務の提供を受けた事業者においては、帳簿及び請求書（インボイス）の保存が仕入税額控除の要件となります。

なお、国外事業者から受ける消費者向け電気通信利用役務の提供について、その提供する国外事業者がインボイス発行事業者でない場合には、たとえ区分記載請求書等を保存しても、8割控除又は5割控除（インボイス発行事業者以外の者から行った課税仕入れに係る税額控除に関する経過措置）の適用はありません（平28改法附52、53）。

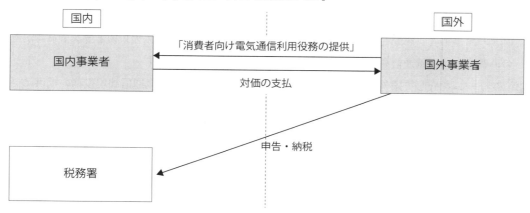

(2)「消費者向け電気通信利用役務の提供」

「消費者向け電気通信利用役務の提供」とは、「電気通信利用役務の提供」のうち、「事業者向け電気通信利用役務の提供」に該当しないものをいい、具体的には、消費者も含め広く提供される次のような取引が該当します（消基通5-8-4（注））。

◆「消費者向け電気通信利用役務の提供」の具体例◆

- インターネット等を通じて行われる電子書籍・電子新聞・音楽・映像・ソフトウエア（ゲームなどの様々なアプリケーションを含みます。）の配信
- 顧客に、クラウド上のソフトウエアやデータベースを利用させるサービス
- 顧客に、クラウド上で顧客の電子データの保存を行う場所の提供を行うサービス

※ これらは、事業者が提供を受ける場合でも、「消費者向け電気通信利用役務の提供」です。ただし、上記のような役務の提供であっても、インターネット上のデータベース等を企業内で広く活用するために、その役務の提供を受けている事業者と利用範囲、利用人数、利用方法等について個別に交渉を行って、一般に提供されている取引条件等とは別に、当該事業者間で固有の契約を締結しているようなものなど、その取引条件等から事業者間取引であることが明らかな場合には、「事業者向け電気通信利用役務の提供」に該当します。

(3) プラットフォーム課税制度の導入

令和6年度税制改正により、令和7年4月1日以後に国内において行われる消費者向け電気通信利用役務の提供について、プラットフォーム課税制度が適用されることとなりました。

プラットフォーム課税は、内外のイコールフッティングや課税の公平性を確保するため、巨大企業であるプラットフォーム事業者の高い税務コンプライアンスによって、国外から国内に向けて行われるデジタルサービスのサプライヤーに対する適正な課税を実現しようとする制度です。
　プラットラットフォーム課税制度の概要は、次のとおりです（消法15の2）。

① 国外事業者が国内において行う消費者向け電気通信利用役務の提供がデジタルプラットフォームを介して行われるものであって、その対価について②指定を受けた「特定プラットフォーム事業者」を介して収受するものである場合には、特定プラットフォーム事業者がその消費者向け電気通信利用役務の提供を行ったものとみなされます。

② フォームを介して国外事業者が国内において行う消費者向け電気通信利用役務の提供に係る対価の額のうち、そのプラットフォーム事業者を介して収受するものの合計額が50億円を超える場合には、そのプラットフォーム事業者を特定プラットフォーム事業者として指定します。

③ ②の指定を受けるべき者は、その課税期間に係る確定申告書の提出期限までに、一定の事項を記載した届出書をその納税地を所轄する税務署長を経由して国税庁長官に提出しなければなりません。

④ 国税庁長官は、特定プラットフォーム事業者を指定したときは、その特定プラットフォーム事業者に対してその旨を通知するとともに、その特定プラットフォーム事業者に係るデジタルプラットフォームの名称等について速やかに公表しなければなりません。

⑤ ④の通知を受けた特定プラットフォーム事業者は、①の適用対象となる国外事業者に対して、①が適用されることとなる旨及びその年月日を通知しなければなりません。

⑥ 特定プラットフォーム事業者は、確定申告書に①の対象となる金額等を記載した明細書を添付しなければなりません。

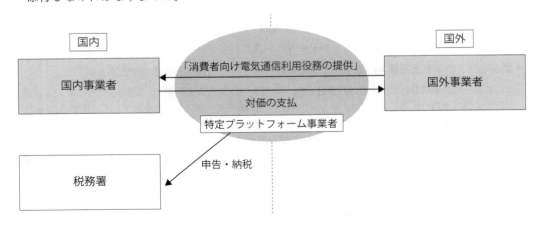

（4）国外事業者に関する納税義務の免除の特例等

① 国外事業者

　国外事業者とは、所得税法2条1項5号に規定する非居住者である個人事業者及び法人税法2条4号に規定する外国法人をいいます（消法2①四の二）。

所得税法2条1項

　3号　居住者とは、国内に住所を有し、又は現在まで引き続いて一年以上居所を有する個人をいう。

　5号　非居住者とは、居住者以外の個人をいう。

法人税法2条

　3号　内国法人とは、国内に本店又は主たる事務所を有する法人をいう。

　4号　外国法人とは、内国法人以外の法人をいう。

　したがって、外国法人は、例えば、国内に「電気通信利用役務の提供」を行う事務所等を有していたとしても、国外事業者に該当することになります（消基通1－6－1）。

② 特定期間における課税売上高

　国外事業者は、特定期間における課税売上高について、給与等の金額によることはできません（新消法9の2③）。

　この取扱いは、令和6年10月1日以後に開始する個人事業者の年又は法人の事業年度について適用されます（令6改法附13）。

③ 新設法人の判定

　その事業年度の基準期間がある外国法人が、その基準期間の末日の翌日以後に国内において課税資産の譲渡等に係る事業を開始した場合には、その事業年度については、基準期間がないものとみなして、新設法人の納税義務の免除の特例を適用します（新消法12の2③）。

　この取扱いは、令和6年10月1日以後に開始する事業年度について適用されます（令6改法附13）。

④ 特定新規設立法人の判定

　その事業年度の基準期間がある外国法人が、その基準期間の末日の翌日以後に国内において課税資産の譲渡等に係る事業を開始した場合には、その事業年度については、基準期間がないものとみなして、特定新規設立法人の納税義務の免除の特例を適用します（新消法12の3⑤）。

　また、判定対象者の基準期間に相当する期間における総収入金額が50億円を超える場合には、特定新規設立法人に該当することとなります（内国法人についても適用されます。新消法12の3①）。

　この取扱いは、令和6年10月1日以後に開始する事業年度について適用されます（令6改法附13）。

⑤ 簡易課税制度の適用の制限

　その課税期間の初日において所得税法又は法人税法上の恒久的施設を有しない国外事業者

は、簡易課税制度を適用することはできません（新消法37①）。

この取扱いは、令和6年10月1日以後に開始する課税期間について適用されます（令6改法附13）。

⑥　2割特例の適用の制限

その課税期間の初日において所得税法又は法人税法上の恒久的施設を有しない国外事業者は、2割特例（適格請求書発行事業者となる小規模事業者に係る税額控除に関する経過措置）を適用することはできません（平28改法附51の2）。

この取扱いは、令和6年10月1日以後に開始する課税期間について適用されます（令6改法附13）。

7　「電気通信利用役務の提供」の取扱いのまとめ

①　国内事業者が「電気通信利用役務の提供」を行う場合

区　分	判　断
国内事業者に提供する場合	通常の国内課税売上げの処理を行う
国外事業者に提供する場合	課税対象外となる

②　国内事業者が「電気通信利用役務の提供」を受ける場合

区　分			判　断
国内事業者から受ける場合			通常の国内課税仕入れの処理を行う
国外事業者から受ける場合	「事業者向け電気通信利用役務の提供」	国外において提供を受け、国外において行う資産の譲渡等にのみ要するもの	課税対象外となる
		提供を受ける国内事業者が次に該当する場合 ・免税事業者 ・簡易課税制度適用事業者 ・課税売上割合95％以上	「特定課税仕入れ」はなかったものとされる
		提供を受ける国内事業者が一般課税で課税売上割合が95％未満である場合（提供する国外事業者が免税事業者であっても）	リバースチャージ方式が適用される 「特定課税仕入れ」につき、課税標準、仕入税額控除の計算を行う
	「消費者向け電気通信利用役務の提供」	提供者がインボイス発行事業者である場合	インボイスを保存して仕入税額控除を適用する
		提供者がインボイス発行事業者でない場合	仕入税額控除の対象とならない（8割控除・5割控除の適用はない）

③ 国外事業者が「電気通信利用役務の提供」を行う場合

区　分	判　断
国外事業者に提供する場合	課税対象外となる
国内の事業者に提供する「事業者向け電気通信利用役務の提供」である場合（リバースチャージ対象商品であることを表示する義務がある）	課税対象外となる
国内の事業者又は消費者に提供する「消費者向け電気通信利用役務の提供」である場合 ※令和7年4月1日にプラットフォーム課税導入	納税義務がある 課税標準額に算入する

④ 国外事業者が「電気通信利用役務の提供」を受ける場合

区　分				判　断
国外事業者から提供を受ける場合	「事業者向け電気通信利用役務の提供」	国内の恒久的施設において受ける	国内において行う資産の譲渡等に要するもの	国内取引となり、リバースチャージ方式が適用される
			国内外において行う資産の譲渡等に要するもの	
			国外において行う資産の譲渡等にのみ要するもの	課税対象外となる
		国外において受ける		課税対象外となる
	「消費者向け電気通信利用役務の提供」			課税対象外となる
国内事業者から提供を受ける場合				課税対象外となる

誤りやすい事例　　**海外の研究室における電子ジャーナルの購入**

　当社は、日本国内に本店を有する内国法人ですが、アメリカに研究所を有し、国内外で販売する商品の開発のための研究を行っています。この研究所では、外国法人A（法人税法上の外国法人）から、次のような年間供給契約に基づき、電子ジャーナルを購入しています。

- 電子ジャーナルの年間供給契約に基づき、契約において指定した専門誌の定期配信及び担当者が選定した随時配信を受ける。
- 配信された電子ジャーナルは研究所内のコンピュータでいつでも利用することができる。
- 配信料は、一般の価格とは別に、契約においてあらかじめ取り決めた年間購入量に応じて変動する料率により計算する。
- 年間供給契約は、外国法人Aの日本国内にある営業所を介して締結しているが、サーバーの所在地は明らかにされていない。

解 説

① 内外判定

「電気通信利用役務の提供」に係る内外判定は、その提供を受ける者が法人である場合にはその法人の本店所在地が国内にあるかどうか、個人である場合にはその個人の住所等が国内にあるかどうかにより、判断を行うことになります。

ただし、国内事業者が国外事業所等において受ける「事業者向け電気通信利用役務の提供」のうち、国外において行う資産の譲渡等にのみ要するものは、国外取引となります。

また、国外事業者が日本国内の恒久的施設において受ける「事業者向け電気通信利用役務の提供」のうち国内において行う資産の譲渡等に要するものは国内取引となります。

② 電気通信利用役務の提供の区分

「電気通信利用役務の提供」は、これを「事業者向け電気通信利用役務の提供」又は「消費者向け電気通信利用役務の提供」に区分して、課税関係を整理することになります。

電子ジャーナルは、専門性の高いものであっても、その電子ジャーナルにつき消費者からの申込みが行われた場合にその申込みを事実上制限できないものは、「消費者向け電気通信利用役務の提供」に区分します。

ただし、事業者以外の者が購入することができる電子ジャーナルであっても、一般に提供されている取引条件等とは別に、取引当事者間において提供する役務の内容を個別に交渉し、当事者間固有の契約を結ぶもので、契約において役務の提供を受ける事業者が事業として利用することが明らかなものは、その取引条件等から、「事業者向け電気通信利用役務の提供」に該当することになります。

貴社は、一般とは異なる個別の年間供給契約を締結し、これに基づいて、電子ジャーナルの配信を受けています。この年間供給契約による電子ジャーナルの購入は、「事業者向け電気通信利用役務の提供」(貴社における特定課税仕入れ)に該当します。

③ 取引の判断と課税方式

貴社が行う電子ジャーナルの購入は、国外事業所等において受ける「事業者向け電気通信利用役務の提供」ですが、国内外で販売する商品の開発のためのものであり、国外において行う資産の譲渡等にのみ要するものではないので、国内取引となり、消費税の課税の対象です。貴社の課税売上割合が95％未満で一般課税により申告をする場合は、リバースチャージ方式が適用されることになります。また、貴社の課税売上割合が95％以上である場合又は簡易課税制度により申告を行う場合は、その特定課税仕入れはなかったものとなります。

なお、「事業者向け電気通信利用役務の提供」を行う事業者は、それがリバースチャージ方式の対象となる取引であることをあらかじめ表示することとされています。

【参考】消法2①四の二、八の三〜四、4①、③三、5①、30①、平27改法附42

第3章 課税の対象となる国内取引

誤りやすい事例　リバースチャージ適用の判断時期

　当社は、3か月ごとに契約を更新するネットショップを利用して、物品販売業を営んでいます。ネットショップのシステム利用は、「事業者向け電気通信利用役務の提供」に該当するため、「リバースチャージ対象商品である」旨の表示がなされており、当社においては、特定課税仕入れとなります。

　当社の課税売上割合は、従来、95％以上ですが、期末に関係会社の株式を譲渡したことから、95％未満となりました。株式を譲渡する以前に更新して終了している契約に係る特定課税仕入れは、なかったものとしてよろしいですか。

解説

① リバースチャージ方式により申告を行う事業者の範囲

　「事業者向け電気通信利用役務の提供」を受けた場合にリバースチャージ方式により申告を行う必要があるのは、一般課税により申告する事業者で、その課税期間における課税売上割合が95％未満の事業者に限られます。

　すなわち、事業者が、「事業者向け電気通信利用役務の提供」を受けた場合であっても、次の(i)又は(ii)に該当する課税期間については、「事業者向け電気通信利用役務の提供」はなかったものとされ、リバースチャージ方式による申告を行う必要はなく、その仕入税額控除もありません。

(i) 課税売上割合が95％以上の課税期間

(ii) 簡易課税制度が適用される課税期間

② 期末に生じた非課税売上げにより課税売上割合が95％未満となった場合

　貴社は、期末に関係会社の株式を譲渡したことから非課税売上げが発生し、課税売上割合が95％未満となりましたが、ネットショップのシステム利用と関係会社の株式の譲渡とは直接の関連がなく、また、システム利用契約は3か月ごとに更新しており、契約更新の時点では、課税売上割合が95％以上でした。したがって、システム利用に係る特定課税仕入れはなかったものとされ、リバースチャージ方式による申告を行う必要はない、と考えておられるようです。

　しかし、リバースチャージ方式による申告を行う必要があるかどうかは、課税期間ごとに判断することとなるため、一般課税により申告を行う事業者は、期末に行った株式の譲渡により課税売上割合が95％未満となった場合であっても、その課税期間において生じたすべての特定課税仕入れについて、リバースチャージ方式による申告を行う必要があります。

【参考】消法5①、28②、30①、45①、平27改法附42、44②

219

| 誤りやすい事例 | リバースチャージの適用がある場合の計算 |

次のような取引がある場合、課税標準額、課税標準額に対する消費税額、控除対象仕入税額の計算はどうなりますか。

課税売上げ	（税込）　55,000千円
非課税売上げ	7,000千円
課税仕入れ	（税込）　33,000千円 （内訳）　課税売上対応分　22,000千円 　　　　　非課税売上対応分　7,700千円 　　　　　共通対応分　3,300千円
特定課税仕入れ	800千円 （内訳）　共通対応分　800千円

解 説

① 課税売上割合の計算

$$\frac{50,000千円※}{50,000千円※＋7,000千円}$$

課税売上割合の計算には、特定課税仕入れの額は含まれません。

※　$55,000千円 \times \frac{100}{110} = 50,000千円$

課税売上割合が95％未満なので、「特定課税仕入れ」について申告が必要です（リバースチャージ方式の適用があります。）。

② 課税標準額

$50,000千円※＋ \boxed{800千円} ＝50,800千円$

特定課税仕入れに係る支払対価の額を課税標準額に算入します。

※　$55,000千円 \times \frac{100}{110} = 50,000千円$

③ 課税標準額に対する消費税額

$50,800千円 \times 7.8\％ ＝3,962,400円$

④ 仕入控除税額（個別対応方式）

$22,000千円 \times \frac{7.8}{110} ＝1,560,000円$（課税売上対応分）

$3,300千円 \times \frac{7.8}{110} ＝234,000円$（共通対応分）

$800千円 \times \frac{7.8}{100} ＝62,400円$（共通対応分）

特定課税仕入れに係る支払対価の額に7.8％を乗じて、消費税額を計算します。

$1,560,000円＋（234,000円＋62,400円）\times 課税売上割合＝1,820,000円$

| | 第3章 | 課税の対象となる国内取引 |

| 誤りやすい事例 | **特定仕入れに係る控除対象外消費税額等の処理** |

　当社は、課税売上割合が70％で一括比例配分方式により申告を行っています。

　当課税期間において、10,000,000円の「事業者向け電気通信利用役務の提供」を受けており、特定課税仕入れに係る控除対象外消費税額等300,000円（1,000,000円−1,000,000円×70％＝300,000円）が発生します。特定課税仕入れに係る控除対象外消費税額等は、法人税の計算上、当事業年度の損金に算入することができるのでしょうか。

解 説

① 経理処理の原則

　国外事業者が行う「事業者向け電気通信利用役務の提供」は、その提供を受ける国内事業者の特定課税仕入れとなります。特定課税仕入れについては、取引時において消費税等の額に相当する金銭の受払いがないので、経理処理においてその特定課税仕入れの対価の額と区分すべき消費税等の額はなく、したがって、税抜経理方式による場合であっても、仮払消費税等に計上する金額はありません。

　決算時には、次の処理により、納付すべき消費税額を計上します。

| 雑損（控除対象外消費税額等） 300,000 ／ 未払消費税等 300,000※ |

※	課税標準額に対する消費税額	1,000,000円
	控除対象仕入税額	700,000円（1,000,000円×70％＝700,000円）
	差引納付すべき税額	300,000円

② 経理処理の特例

　ただし、経理通達5の2は、「法人が当該特定課税仕入れの取引につき課されるべき消費税の額及び当該消費税の額を課税標準として課されるべき地方消費税の額に相当する金額を当該取引の対価の額と区分して、例えば、仮受金及び仮払金等としてそれぞれ計上するなど仮勘定を用いて経理をしている場合には、当該仮受金又は仮払金等として経理をした金額はそれぞれ仮受消費税等の額又は仮払消費税等の額に該当するものとして、法人税の課税所得金額を計算することに留意する」としています。

　これによれば、特定課税仕入れの対価の額10,000,000円の計上とあわせて、次の仕訳を行うこともできます。

| 仮払金（仮払消費税等） 1,000,000 ／ 仮受金（仮受消費税等） 1,000,000 |

　このように特定課税仕入れに係る消費税等の額に相当する金額ついて経理した仮払金と仮受金は、決算時には次のように清算することになります。

| 仮受金（仮受消費税等） | 1,000,000 | / | 仮払金（仮払消費税等） | 1,000,000 |
| 雑損（控除対象外消費税額等） | 300,000 | / | 未払消費税等 | 300,000※ |

> ※ 課税標準額に対する消費税額　1,000,000円
> 　控除対象仕入税額　　　　　700,000円（1,000,000円×70％＝700,000円）
> 　差引納付すべき税額　　　　300,000円

③　控除対象外消費税額等の取扱い

　上記のとおり、税抜経理方式においては、いずれの経理処理によっても、その特定課税仕入れに係る納付税額に見合う控除対象外消費税額等が生じることになります。

　この控除対象外消費税額等についての法人税法上の取扱いは次のとおりです。

　費用について生じた特定課税仕入れに係る控除対象外消費税額等は、その生じた事業年度の損金の額に算入します。ただし、交際費等に係る消費税等の額のうち控除対象外消費税額等に相当する金額は、交際費等の額に含まれることになります。

　特定課税仕入れに係る控除対象外消費税額等が、資産に係る控除対象外消費税額等である場合は、棚卸資産について生じたものと同様に、損金経理を要件として、その生じた全額をその事業年度の損金の額に算入することができます。

【参考】消法5、法令139の4、経理通達5の2、6、12

⑧ 国外事業者が行う芸能・スポーツ等の役務の提供

　外国人タレント等（国外事業者である俳優、音楽家その他の芸能人又は職業運動家）が来日して行うコンサートや舞台への出演、野球・サッカー・ゴルフなどのスポーツイベント等への出場などの役務の提供は、日本国内で役務の提供が行われていることから、国内取引であり消費税の課税対象です。

　しかし、外国人タレント等は、通常、短期間で帰国することから、適切な申告納税を求めることには自ずと限界があります。そこで、外国人タレント等による納税がないにもかかわらず外国人タレント等から役務の提供を受ける興行主等が仕入税額控除制度を適用するという事態を回避するために、国外事業者が国内で行う芸能・スポーツ等の役務の提供（特定役務の提供）については、上記④「リバースチャージ方式」を適用することとされています。

(1) リバースチャージの対象となる特定役務の提供

　リバースチャージ方式の適用対象となる「特定役務の提供」とは、国外事業者が行う、映画若しくは演劇の俳優、音楽家その他の芸能人又は職業運動家の役務の提供を主たる内容とする事業として行う役務の提供のうち、当該国外事業者が他の事業者に対して行うもの（不特定かつ多数の者に対して行う役務の提供を除きます。）をいいます（消法2①八の五、消令2の2）。

映画若しくは演劇の俳優、音楽家その他の芸能人又は職業運動家の役務の提供を主たる内容とする事業として行う役務の提供を行う国外事業者が免税事業者であっても、「特定役務の提供」に該当します（消基通5−8−1）。

具体例は、次のとおりです（消基通5−8−5〜6、平成27年5月国税庁消費税室「国境を越えた役務の提供に係る消費税の課税に関するQ＆A」問43−1）。

「特定役務の提供」に該当する取引の具体例
国外事業者が、対価を得て他の事業者に対して行う ① 芸能人としての映画の撮影、テレビへの出演 ② 俳優、音楽家としての演劇、演奏 ③ スポーツ競技の大会等への出場 ※ 国外事業者が個人事業者で、その個人事業者自身が①から③の役務の提供を行う場合も含まれます。また、国外事業者であるスポーツ選手が、映画やCM等の撮影を国内で行って、その演技、出演料等を受領する場合は①に含まれます。 ※ 国外事業者がアマチュア、ノンプロ等と称される者であっても、スポーツ競技等の役務の提供を行うことにより報酬・賞金等を受領する場合は③に含まれます。 ※ ただし、①から③の役務の提供であっても、国外事業者が不特定かつ多数の者に対して行うものは、「特定役務の提供」に該当しません。例えば、国外事業者である音楽家自身が国内で演奏会等を主催し、不特定かつ多数の者に役務の提供を行う場合において、それらの者の中に事業者が含まれていたとしても、その役務の提供は特定役務の提供には該当しないことになります。

（2）特定役務の提供の仲介等

次に掲げるものは、仲介という役務の提供又は権利の譲渡等であり、特定役務の提供には該当しません（消基通5−8−7）。

● 特定役務の提供を受ける者が、特定役務の提供を行う者との契約の締結等のために、特定役務の提供を行う者以外の者に依頼する仲介等

● 特定役務の提供を受ける者が、特定役務の提供を行う者の所属していた法人その他の者に支払う移籍料等と称するものを対価とする取引で、権利の譲渡又は貸付けに該当するもの

（3）特定役務の提供の対価の額

特定役務の提供について、事業者が支払う金額が源泉所得税に相当する金額を控除した残額である場合であっても、特定課税仕入れに係る支払対価の額は、源泉徴収前の金額です（消基通10−2−1）。

また、特定役務の提供を受ける事業者が、負担する往復の旅費、国内滞在費等の費用は、特定課税仕入れに係る支払対価の額に含まれます。ただし、その費用について、その役務の提供を行う者に対して交付せずに、航空会社、ホテル、旅館等に直接支払われている場合には、その費用を除いた金額を特定課税仕入れに係る支払対価の額とすることができます（消基通10−2−3）。

（4）著作隣接権の対価

　特定課税仕入れに係る支払対価の額には、芸能人の実演の録音、録画、放送又は有線放送につき著作隣接権の対価として支払われるもので、契約その他において明確に区分されているものは含まれません。

　著作隣接権の対価は資産の譲渡又は貸付けの対価に該当します（消基通10－2－4）。

第 3 節　裁判例・裁決例

裁判例　賃貸借契約を合意解除した場合の立退料

東京地裁平成9年8月8日判決（棄却）（確定）

　「資産の譲渡」（消費税法2条1項8号）とは、資産につきその同一性を保持しつつ他人に移転することをいい、単に資産が消滅したという場合はこれに含まれないものと解するのが相当である。

　本件立退料の支払を受けて本件建物を明け渡す行為をもって、資産につきその同一性を保持しつつ他人に移転することとみることはできず、右の行為は「資産の譲渡等」には該当しない。

　賃貸借契約を解除することなく建物の賃借権を賃貸人以外の第三者に譲渡する場合、その立退料は賃借権の譲渡に係る対価として受領されるものであり、右譲渡による附加価値の移転を観念できるのに対し、賃借人が賃貸人から立退料を受領する場合には、賃借権自体が合意解除によって消滅するため、それによる附加価値の移転を観念することができないから、両者を区別することは合理的である。

　所得税法における「譲渡所得」（同法33条1項）は、キャピタル・ゲインを所得としてとらえて課税するものであるところ、資産の消滅であっても、その代償たる経済的利得ないし成果が資産の譲渡による所得と異ならないものについては、譲渡所得の範ちゅうに取り入れて課税対象に取り込むべき必要性が高いことから、所得税法上は資産の譲渡の概念を拡張し、資産の消滅を伴う事業でその消滅に対する補償を約して行うものの遂行により譲渡所得の基因となるべき資産が消滅をしたことに伴い、その消滅につき一時に受ける補償金その他これに類するものの額は、譲渡所得に係る収入金額とされている（同法施行令95条）。

　これに対し、消費税法上は、「資産の譲渡」についてこれを本来の意味に解し、資産につき同一性を保持しつつ、他人に移転するという事実がない以上、資産の譲渡があったものとはみず、消費税の課税の対象としない取扱いをしている。

　すなわち、右取扱いの差異は、消費税課税と譲渡所得課税の趣旨、課税の対象についての法律の定めが異なることに起因するものであって、何ら不合理な点はない。

第3章　課税の対象となる国内取引

裁判例　賃貸借契約の合意解除／賃貸人以外の者からの収受金

広島地裁令和6年1月10日判決（全部取消し）（確定）（納税者勝訴）

　原告は、、C社と賃貸借契約（以下「本件原契約」という。）締結し、土地及び建物を借り受けてパチンコ店を営んでいた。原告は、B社が本件土地の利用を希望したことから、本件原契約を解除した上で、本件建物を撤去し本件土地から退去することとなった。

　原告及びB社が協定した（以下「本件協定」という。）協定書には、原告が本件原契約の合意解除を行い、B社と本件各地権者及びC社との間で新たな賃貸借契約を締結すること、B社から原告に対し、本件原契約解約日の確定に伴い通常生じる損失に対する補償として、2億円を支払うことが記載されている。（甲3、乙10）

　原告は、目的不動産から退去撤退することに伴い支払われた損失補償金であるとして、本件金銭を課税標準額に含めなかった。

　原告は、本件不動産からの撤退に当たり、中古自動車販売業者のB社と協議をせざるを得なくなったが、その結果、パチンコ店の営業に係る権利等の喪失、パチンコ店舗用各種施設の撤去の費圧等の損失などが生じることになったことから、その補償をB社に求めたこと、B社がこれに応じることになったため、原告とB社は、「原告は、本件原契約を解除する。B社は、C社との間で新たな賃貸借契約を締結するとともに、原告に対して本件原契約を解除して店舗の撤退をすることに伴い生じる損失補償金として2億円を支払う。」ことを内容とする本件協定を締結したことが認められる。

　したがって、本件金銭は、本件原契約上の解約により同契約上の地位が消滅することに対する対価であるといえ、「資産の譲渡等」の対価とはいえない。

裁決例　事業用資産であるマンションの物納

平成12年10月11日裁決（棄却）
〔裁決事例集第60集575頁〕

　本件マンションは元来賃貸用マンションであったところ、請求人は物納許可の2か月から3か月前に入居者を退去させ空室状態にしたが、これは本件マンションを物納するに当たり空室状態にすることが物納の許可条件であったことからなされたもので、本件マンションは、請求人が営む不動産貸付業の用に供している資産であることに何ら変わりがない。

　そうすると、本件物納は、課税事業者である請求人が不動産貸付業の用に供している本件マンションをもって相続税について代物弁済したものである。

　代物弁済は、資産の譲渡等に該当し、事業の用に供している建物の譲渡は、その譲渡の原因が何であるかにかかわらず、事業に付随したもので、事業として対価を得て行う資産の譲渡等に該当すると解される。

　請求人は、物納による資産の譲渡については、所得税を課さない旨の法令の規定があるから、消費税についても同様に非課税とすべきであり、消費税の課税事業者のみが課税となるのに不公平である旨

225

主張するが、消費税法には、物納による資産の譲渡が非課税である旨の規定はなく、他の法令に物納について同法４条１項の規定を適用しない旨の規定もない。

物納財産の所有権の移転の時期は、物納許可の日と解するのが相当であるから、物納許可の日に資産の譲渡があったものと認めるのが相当である。

<hr>

裁判例　ゴルフ会員権の裁判外の和解による第三者への譲渡

名古屋高裁平成18年１月25日判決（棄却）（確定）

国民が一定の経済的目的を達成しようとする場合、私法上は複数の手段、形式が考えられることがあるが、私的自治の原則ないし契約自由の原則が存在する以上、当該国民は、どのような法的手段、法的形式を用いるかについて、選択の自由を有するというべきである。国民が、その判断によって特定の法的手段、法的形式を選択した以上、課税要件が充足されるか否かの判断も、当該手段、形式に即して行われるべきことは当然である。

実質課税の原則は、一般に、租税賦課の根拠となるべき法令すなわち租税法規を解釈するに当たり、必ずしもその文言にとらわれず、その経済的意義を重視すべきことを内容とするといわれているが、このような解釈手法が、憲法84条の定める租税法律主義と整合しないことはいうまでもない。

所得税法12条、法人税法11条、地方税法24条の２等の意義は、課税物件の法律上の帰属につき、その形式と実体がかい離している場合には、後者に即して帰属を判定すべきことを定めたものであって、経済的な帰属に準拠すべきことを定めたものではないと解するのが相当である。したがって、上記原則が、課税要件充足の判断に当たり、当事者の選択した法的手段、法的形式がその基準とされるべきであるとの前記判断を覆すものとはいえない。

本件取引は、資産に当たることの明らかな会員権の売買契約という法形式によってなされているから、その表示行為による限り、その対価が消費税の課税標準となることは疑問の余地がない。

原告は、ゴルフクラブ会員権の預託金返還を求めた別件訴訟の係属中に、別件訴訟被告から、預託金の返還という形式を取ると他の会員からの預託金返還請求が殺到し本件ゴルフクラブの経営が危機に瀕しかねないことから、原告が第三者への譲渡契約により和解金900万円を受け入れ、本件ゴルフクラブを退会する、という和解案を提案され、裁判外の和解に応じた。このような事実があったからといって、本件取引が通謀虚偽表示によって無効であると認めることはできず、本件取引は、その法形式どおり、本件会員権の売買契約と評価すべきものである。

<hr>

裁決例　公的機構から受領する処理料

平成８年２月28日裁決（棄却）

〔裁決事例集第51集673頁〕

消費税法４条（課税の対象）１項及び同法６条（非課税）１項は、国内において事業者が事業として

対価を得て行った課税資産の譲渡等〔消費税法2条（定義）9号に規定しているものをいう。以下同じ。〕には、消費税を課する旨規定している。

ここにいう「対価を得て行われる」とは、課税資産の譲渡等に対し反対給付を受けることをいうから、事業者が国又は地方公共団体等から交付を受ける予算執行適正化法2条（定義）に規定する補助金等及び間接補助金等は、特定の政策目的の実現を図るために交付を受けるものであり、資産の譲渡若しくは貸付け又は役務の提供を行うことの反対給付として受けるものではなく、消費税の課税の対象とはならない。

一方、たとえ補助金等の名目での交付金であったとしても、当該反対給付として受けるものであれば、消費税法2条8号及び9号の規定により課税資産の譲渡等として消費税の課税の対象となると解するのが相当である。

本件においては、各市町村廃プラスチック協議会が県廃プラスチック協議会に対し廃プラスチック処理を委託する旨の処理委託契約が成立していると認められ、廃プラスチック処理料は県廃プラスチック協議会が各市町村廃プラスチック協議会に請求をし納入を受けていることから、廃プラスチック処理の実施主体は県廃プラスチック協議会であると認められる。

また、県廃プラスチック協議会から請求人に対し、廃プラスチック処理予定数量に基づき、廃プラスチックの処理料が支払われている（請求人が廃プラスチック処理という役務の提供をしなければ、県廃プラスチック協議会から支払われない）ことから、請求人と県廃プラスチック協議会との間に廃プラスチックの処理委託契約が存在すると認めるのが相当である。

以上のことから、県が各市町村に交付するもの及び各市町村が各市町村廃プラスチック協議会に交付するものは、特定の行政目的の実現のためのものであり、いずれも補助金に該当すると認められるが、請求人が県廃プラスチック協議会から受領する廃プラスチックの処理料は、廃プラスチック処理という役務の提供を行うことの反対給付として受けるものであるから、補助金等又は間接補助金等には該当しない。

裁決例 **損害賠償金**

平成11年3月25日裁決（一部取消し・棄却）

請求人は、所有する運送用車両が交通事故で被害を受けたことにより、加害者及び加害者が加入する自動車保険会社であるA社との間で、請求人が被った車両の損害及びレッカー代1,751,000円並びに休車の損害375,000円の合計2,126,000円の損害金を受取る旨の損害賠償に関する念書を作成し、A社からその損害金を受領した。

消費税法4条（課税の対象）1項の規定は、国内において事業者が事業として対価を得て行った資産の譲渡等には、消費税を課する旨規定している。ここにいう「資産の譲渡」とは、資産につきその同一性を保持しつつ、他人に移転させることで、課税資産の譲渡等に対し反対給付を受けることと解される。

また、損害賠償金のうち心身又は資産につき加えられた損害の発生に伴い受けるものは、原則とし

227

て、資産の譲渡等の対価に該当しないと解される。

　以上のことから、請求人が損害の賠償として受け取った損害金については、請求人の事業用資産に加えられた損害の発生に伴い、その損害を補填するものとして受け取ったものであるから、資産の譲渡等の対価に該当せず、消費税の課税の対象とはならないと認められる。

裁判例　移転補償金

札幌地裁平成17年11月24日判決（棄却）（確定）

　「資産の譲渡」（消費税法2条1項8号）とは、資産につきその同一性を保持しつつ他人に移転することをいい、単に資産が消滅したという場合はこれに含まれないものと解するのが相当であり、これと同旨の消費税法基本通達5－2－1は合理性を有するものということができる。

　そして、起業者が事業のために必要があるとして土地収用法等に基づき資産を収用する場合、当該資産の所有権その他の権利はいったん消滅し、起業者（収用者）が当該権利を原始取得するものと解されるから、当該資産につきその同一性を保持しつつ他人に移転することとみることはできず、当該収用する行為は、本来、前記の「資産の譲渡」には当たらないということになる。しかし、起業者が当該権利を取得し、当該資産をそのまま使用するという実態に着目すれば、実質的には資産の譲渡と変わらないことから、施行令2条2項は、例外的に同項に規定する「補償金」を取得した場合に限り、「対価を得て資産の譲渡」を行ったものと扱うこととしたのである。

　したがって、施行令2条2項に規定する「補償金」とは、収用の目的となった資産の所有権その他の権利を取得する者から、原権利者の権利が収用によって消滅することの対価として支払われる補償金（対価補償金）に限られると解すべきであって、当該資産の移転に要する費用の補てんに充てるために支払われる補償金（移転補償金）はこれに含まれないものと解するのが相当である。

　原告らは、法人税法上、土地の収用等に伴い、起業者から支払われる当該土地上にある建物の移転補償金であっても、当該建物を取り壊したときは当該補償金を当該建物の対価補償金として扱われるところ〔租税特別措置法関係通達64(2)－8〕、消費税法上も同様に扱われるべきであると主張する。しかし、施行令2条2項は、消費税の課税対象の範囲を定める規定であって、租税法律主義（課税要件法定主義）の観点から厳格な解釈によるべきであり、移転補償金の解釈や取扱いに前記のとおり差異を設けることは、法人税課税と消費税課税の趣旨や税目等が異なる以上、何ら不合理ではない。

裁決例　組合員に賦課した一般賦課金

平成10年11月27日裁決（全部取消し）

　請求人が組合員に賦課した一般賦課金は、前事業年度の事業費と一般管理費との合計額を基礎とする年間支出予算額で面積割と均等割によって計算されているが、均等割による賦課金は面積割による賦課金とは異なり、①一般管理費の中には経常的な経費が大部分含まれていること、②組合員から公平

に徴収していること、③通常会費を徴収していないこと及び④組合員においても当該賦課金を課税仕入れとして経理していないことから、消費税法基本通達5−5−3に定める会費、組合費等と認められる。したがって、資産の譲渡等の対価の額に該当しないので更正処分の全部を取り消すのが相当である。

裁決例 　マンション管理組合の管理費

平成23年3月22日裁決（棄却）

　マンション管理組合は、その居住者である区分所有者たる組合員を構成員とする組合であり、駐車場の貸付け及び管理費等の収受といったマンション管理組合が当該組合員との間で行う取引に営業に該当せず、消費税法2条1項8号に規定する資産の譲渡等に該当しないと解される。

　建物区分所有法8条は、同法7条1項に規定する債権は、債務者たる区分所有者の特定承継人に対しても行うことができる旨規定しており、ここでいう特定承継人とは、区分所有者から売買、贈与等の個々の原因に基づいて区分所有権を承継取得する者をいい、特定承継には、強制執行や担保権の実行による売却を原因とする承継取得も含まれるものと解される。

　請求人は競売により本件各マンションの区分所有権を取得した後、本件各管理組合から特定承継人として請求を受け、本件各滞納管理費等を支払ったのであるから、本件各滞納管理費等は、消費税の課税の対象とならない。

裁判例 　電力会社から支払を受けた電化手数料

大阪地裁平成21年11月12日判決（棄却）（確定）

　金銭の支払を受けた場合に、それが「資産の譲渡等の対価」に当たるというためには、資産の譲渡及び貸付け並びに役務の提供の反対給付としてその支払を受けたことが必要であり、反対給付に当たらない場合には、消費税の課税対象とはならない。

　電力会社は、オール電化の採用を推奨し、採用された場合に電化手数料を支払うこととしているものであって、オール電化の住宅を普及させることで、将来的に安定した電力需要を確保することを目的として、電化手数料を支払っているものと認められる。電化手数料の算定方法は、役務の履行回数や、履行期間に応じて定められるのではなく、専ら給湯器の種類や契約電力による区分で定まる基本単価に、採用した戸数を乗じて得られる額とされているのであり、本件電化手数料が、オール電化の採用それ自体に対する謝礼又は報奨金としての性質を有することは疑いのないところである。

　原告は、電力会社に設計図面を提出しているが、それは、配線や設備を設置する必要上行われたというのであり、対価を支払ってその履行を義務付けるような性質のものであると評価することはできない。原告が行うこととされた「ユーザーに対する電化設備機器の使用方法等に関するコンサルティングの実施」も、電化設備機器の使用方法や電気料金が通常と異なることの説明については、マンションの賃貸人が賃借人に対して入居時に行う一般的な説明の範疇を出るものではないのであって、対価を支

払ってその履行を義務付けるような性質の役務とはいい難い。

　以上からすれば、本件電化手数料は、「資産の譲渡等の対価」には当たらないというほかない。

裁判例　スポンサー契約に基づくカーレース参戦等の役務提供に係る内外判定

東京地裁平成22年10月13日判決（棄却）（確定）

　消費税法施行令6条2項7号の趣旨は、消費税法上の原則的な扱いとしては役務の提供が行われた場所を基準とするが、役務の提供が国内及び国外にわたって行われる場合には、役務の提供場所の把握が事実上極めて困難であることにかんがみ、国内に事務所等の物理的な存在がある事業者についてのみ課税を行うことで課税上の便宜及び明確化を図ったものと解される。したがって、同号における「国内及び国内以外の地域にわたって行われる役務の提供」とは、役務の提供が国内と国外との間で連続して行われるもののほか、同一の者に対して行われる役務の提供で役務の提供場所が国内及び国外の双方で行われるもののうち、その対価の額が合理的に区分されていないものをいうと解するべきである。

　各スポンサー契約においては、原告の義務内容として、各レースへの参戦のみならず、ドライバーの管理及びマネジメント業務やドライバー等の肖像権の無償使用の許諾等が明記され、これに対する契約金は総額が記されるにとどまるから、原告が負担した役務の提供はレース参戦に限定されていると評価することは到底できず、ドライバー等の管理及びマネージング業務等にわたるものと解すべきであり、原告が受領する対価が、国内を提供場所とする役務の提供の対価と国外を提供場所とする役務の対価とに合理的に区別できるとも解されない。したがって、原告の役務の提供は、施行令6条2項7号に規定する「国内及び国内以外の地域にわたって行われる役務の提供」に当たる。

　そうすると、各スポンサー契約においては、原告の役務の提供に係る事務所等の所在地（施行令6条2項7号）が国内にあるか否かにより課税対象該当性の有無が判断される。同号にいう「事務所等」とは、役務の提供に直接関連する事業活動を行う施設をいうものと解され、その所在地をもって、役務の提供場所に代わる課税対象となるか否かの管轄の基準としている趣旨からすれば、当該役務の提供の管理・支配を行うことを前提とした事務所等がこれに当たると解される。

　原告が負担した役務の提供はレース参戦に尽きるものではなく、ドライバーの管理及びマネジメント業務、ドライバー等の肖像権の無償使用等にわたるものであるところ、原告は国内に本店事務所、カート事務所及び工場を有する一方、レースについてはアメリカのH社とのレースオペレーション契約に基づいて専ら同社により行われていることから、原告の役務の提供に係る事務所等に当たるのは原告の本店事務所であると認められる。

裁判例　消費税相当額を受領しなかった取引

東京地裁平成14年4月18日判決（棄却）（確定）

　原告は、事業者がいわゆる外税方式で取引を行ったのに消費者から消費税相当額の支払いを受けら

れなかった場合には、当該取引に係る消費税の納税義務は存在しないと主張するが、課税対象となる取引については、個々の取引において事業者と消費者との間で消費税相当額の負担についていかなる合意があったか、また、その合意に基づく金額が現に支払われたか否かにかかわらず、事業者においては消費税の納税義務を免れることはできない。

<hr>

裁判例　日割賃料等を清算しない旨の合意

東京地裁平成24年12月13日判決（全部取消し）（確定）

　本件中古マンションの売買契約について、売主のＡ社、買主の原告及び仲介業者のＦ社の間で、平成20年8月20日付けで、本件売買契約の際に日割賃料等を清算しない旨の合意がされていたことを証明する旨の本件確認書が作成されており、原告は課税売上割合の計算上、日割の賃料等を資産の譲渡等の対価の額に算入しなかった。

　本件売買契約書には上記合意とは異なる内容の記載があるが、本件売買契約書は定型の文言で記載されたものであり、本件売買契約書の記載内容が詳細かつ多岐に及ぶことからすれば、原告、Ａ社及びＦ社のいずれにおいても、本件売買契約書に本件合意が記載されていないばかりか、本件合意と矛盾する記載内容があることに気付かなかったとしてもあながち不合理とまではいえない。特に、Ａ社にとっては、本件売買契約締結前に既に本件賃料等を受領しているため、本件合意が現実の金銭の授受を伴うものではなく、原告にとっても、本件賃料等を取得しないという点で、原告にとって不利益となる条件となるものであることからすれば、両当事者にとって、本件合意を本件売買契約書にあえて記載する必要性は高くなく、その記載を意図せず、又はそれを失念する可能性を否定することができない。むしろ、原告は、本件居住用部分賃料を取得しないことで課税売上割合を100％にして、消費税の還付を受けることにより節税をすることを意図していたところ、本件合意により原告は適法に節税目的を達成できる一方で、Ａ社は本件賃料等を取得することができるのであるから、原告にもＡ社にも本件合意を締結する動機が存する。

　Ａ社は、その経理上、平成19年12月分の本件賃料等の全額を賃料収入として計上しており、本件賃料等についての清算は行っていない。さらに、Ａ社やＦ社は、原告とは全く無関係の企業とまではいえないものの、同族会社や資本上の関連のある企業ではなく、一応、第三者的立場にあるといってよいといえる。そうすると、本件合意の成立に関する証人の証言等を信用することができる。以上からすると、本件合意の成立を認めることができ、本件合意の時期については、原告から本件居住用部分賃料を清算しないという提案をした後間もなくしてＡ社から売渡承諾書が出ていることからすれば、遅くとも平成19年11月初旬と推認することができる。

231

裁判例	会員制リゾートクラブが会員から入会時に収受した金員

東京地裁平成26年2月18日判決（全部取消し）（確定）

　課税の対象である経済活動ないし経済現象は、第一次的には私法によって規律されているところ、課税は、租税法律主義の目的である法的安定性を確保するという観点から、原則として私法上の法律関係に即して行われるべきである。

　本件金員は、B倶楽部の会員になろうとする者が、本件入会契約に基づき、本件破産会社に対して支払うものであるから、本件金員が何に対する対価であるかについては、本件各会員及び本件破産会社の両者を規律している本件入会契約の解釈によって定まるというべきである。

　さらに、本件破産会社及び本件各会員が、本件入会契約について、本件契約書を作成していることに鑑みれば、本件入会契約の解釈は、原則として、本件契約書の解釈を通じて行われるべきものであるが、その際、本件入会契約の前提とされていた了解事項（共通認識）や本件破産会社による勧誘時の説明内容といった、本件入会契約の締結に至る経緯等の事情をも総合的に考慮して判断する必要があるというべきである。

　ある会員制組織に入会する際に支払われる「入会金」は、特段の事情がない限り、当該組織の会員資格に伴う種々の利益の供与を受けることを目的として支払われるものであるから、入会金の収受は、消費税法4条1項の定める「資産の譲渡等」に該当するというべきである（消費税法基本通達5−5−5参照）。しかしながら、ある会員制組織に入会しようとする者が、特定のサービスに着目し、同サービスを受けることを目的として入会したからといって、当該会員が支払った入会金と当該サービスとの間に直接の対価関係が認められるわけではなく、また、会員資格に伴うサービスの一つが、経済的利益を供与するもの（物品切手等の付与を含む。）であるからといって、当該サービス（経済的利益）と入会金との間に直接の対価関係が生じるわけではない（入会金は、会員資格の付与、すなわち、会員資格に伴う種々の利益の総体との間において、対価関係にあるというべきである。）。

　本件において、本件金員と（これと同額の）宿泊ポイントとの間における対価関係が認められるのは、本件金員が（会員資格に伴う種々の利益の総体に対する対価としての）「入会金」であると認めることはできない上、かつ、本件入会契約（本件契約書）について、本件金員（施設使用料）が宿泊ポイントの付与に対する対価として収受されるものであると解釈することができるからであって、単に、宿泊ポイントの付与による経済的利益が明白であり、本件各会員がこれに着目して入会したと評価したことによるものではない。

　以上のとおり、本件金員（施設使用料）は、これと同額の宿泊ポイントに対する対価として収受されたものと解することができるところ、宿泊ポイントは、本件カードないし本件チケットに表彰され、本件各会員は、宿泊ポイントと引換えに、本件各ホテルにおける宿泊サービス等を受けることができ、かつ、当該宿泊サービス等を受けたことによって、その対価の支払債務を負担しないものであるから、宿泊ポイントは物品切手等に該当する（消費税法基本通達6−4−4参照）。なお、宿泊ポイントが物品切手等に該当することについては、当事者間に争いがない。

　本件金員が物品切手等（宿泊ポイント）の発行に対する対価である以上、その収受は、「資産等の譲渡」（消費税法2条1項8号）には該当しないというべきである（消費税法基本通達6−4−5参照）。

第3章 | 課税の対象となる国内取引

裁決例 労働者派遣料か従業員給料か

平成26年7月31日裁決（棄却）

　出向とは、出向者が、出向元事業者との関係でも出向先事業者との関係でも雇用関係に基づき勤務する形態であるから、出向先事業者から出向元事業者に対して支出される出向者の給与相当額が、たとえ負担金等の名目で支出されていたとしても、当該負担金は、雇用関係に基づき出向者から受ける労務の提供に対する対価の支払、すなわちその出向者の労務の提供に対する実質的な対価とみるべきで、出向者に対する給与として取り扱うのが合理的である。

　労働者の派遣は、派遣先が、派遣労働者から労働の提供を受け、派遣元に対して派遣料を支払うという点では出向に類似しているが、労働者の派遣では、派遣先と労働者との間に雇用関係は存せず、派遣先は、労働者に対して給与の支払義務を負っていないのであるから、派遣料に給与としての性格を見いだすことはできない。したがって、派遣料は、派遣元が派遣先に対して人材を派遣するという役務の提供に対する対価として取り扱うのが合理的である。

　出向又は労働者の派遣において、労務の提供を受ける事業者が支出する金員が、給与負担金又は派遣料のいずれに該当するかは、労働者とその労務の提供を受ける事業者との間の雇用関係の存否により判断するのが合理的であり、労働者と事業者との間に雇用関係が存する場合は出向、雇用関係が存しない場合は労働者の派遣と判断される。

　なお、雇用関係の存否は、出向・派遣という名称によることなく、労働者と事業者との間の労働関係の実態により、事業者が労働者に対する指揮命令権を有していることに加え、事業者が賃金の全部又は一部の支払をすること、事業者の就業規則の適用があること、事業者が独自に労働者の労働条件を変更することがあること、事業者において社会・雇用保険へ加入していること等総合的に勘案して判断することになると解される。

　A町は、職員の定員削減に努めており、本件従業員を自ら雇用する状況にはなく、本件従業員に対し、職員の採用手続について定めている「発令要領」に基づく発令がなされなかったと認められる。加えて、雇用関係の存否は、①従業員の給与は請求人から支給されていること、②社会保険及び雇用保険は、請求人を事業主として加入していること、③業務委託契約書によれば、委託業務の実施中生じた従業員の災害については、請求人がその責めを負うものとする旨が記載されていること、④従業員に対しては、A町の職員に適用される服務規程等に規定する身分証明書が交付されていないことなどを総合的に判断しても、従業員は、請求人との間の雇用関係に留まり、労務の提供を受けるA町との間には、雇用関係が存していたとは認められない。

　請求人は、労働者派遣事業を営むことも目的としているところ、請求人は、雇用関係にある本件従業員をA町の指揮命令を受けて各業務に従事させたものであるから、請求人は、派遣を行っていたと認めるのが相当である。

裁決例　原状回復費用に充当する敷金

平成21年4月21日裁決（棄却）

〔裁決事例集第77集〕

　請求人は、本件賃借人は建物の賃貸借契約の終了に伴う原状回復費用に充当するために本件合意金を請求人に預託したもので、原状回復工事をしなくてよいという「便益」は享受していないし、仮にそれを便益の享受とみても、本件合意金の大部分は原状回復工事業者に支払われるべき性質のものでその対価ではなく、本件合意金は預り金である旨主張する。

　しかしながら、消費税は、消費行為そのものに担税力を見いだすものであり、「対価を得て行われる」消費行為が課税の対象となり得るものであり、「役務の提供」の範囲は、「対価を得て行われる」と認められる「便益」の提供等、消費の対象となる「サービスの提供」を広く包含すると解されるところ、請求人は、建物賃貸借契約の終了に係る本件合意により、本来であれば本件賃借人において負担すべきであった「原状回復義務」を消滅させることを「便益」の提供として消費税法上の「役務の提供」を行ったことになり、また、そのために原状回復費用に充当されることとなる本件合意金が、本件賃借人の「原状回復義務を消滅させる」という「便益」を提供するための反対給付、すなわち「対価」に該当することから、本件合意金は、消費税の課税資産の譲渡等の対価に該当する。

　また、本件合意金の支払により、本件賃借人、請求人間にその余の債務関係が存在しないことが確認されており、実際に原状回復工事を行っても、その費用を本件賃借人との間で清算することは予定されていないのであるから、本件賃借人は、本件合意により原状回復義務の消滅という「便益」を受けているというべきであり、本件合意金の大部分が原状回復工事業者に支払われるとしても、それは、当該支払に対する消費税が課税仕入れとして仕入税額控除の対象になり得るものであることを意味するに過ぎない。

　したがって、本件合意金を預り金とする請求人の上記主張には理由がない。

....

裁判例　ポイント交換サービス

大阪高裁令和3年9月29日判決（原判決取消し）（確定）（納税者勝訴）

　本件は、控訴人が、ICカードを発行し、利用会員に対し、

(a)　商品購入代金等を決済するサービス等を利用した場合に利用金額に応じて本件ポイントを付与するサービス

(b)　利用会員が控訴人の提携法人の企業ポイントプログラム会員でもある双方会員である場合に、提携法人が付与する提携ポイントと本件ポイントとを交換するなどのサービス

を提供していたところ、提携ポイントを本件ポイントに交換した後に当該提携ポイントを付与した提携法人が控訴人に対して支払った本件金員を消費税の課税標準である課税資産の譲渡等の対価の額に算入した上で確定申告をしたが、後にこれを改め、本件金員が消費税の課税標準である課税資産の譲渡等の対価の額に算入されないなどとして、更正の請求をしたのに対し、更正をすべき理由がない旨の通

知処分を受けた。

　原審は控訴人の請求を棄却したが、大阪高裁は、次のように判示した。

　被控訴人は、消費税法2条1項8号にいう「対価を得て」とは、当該資産の譲渡等がなければ当該経済的利益は収受されなかったであろうという条件関係があることが必要であり、かつ、それで足りるというべきである旨主張するが、消費税の性格及び課税の仕組みに鑑みると、資産の譲渡等の機会に収受される経済的利益と当該資産の譲渡等との間に被控訴人の主張するような条件関係が存するとしても、当該経済的利益が当該資産の譲渡等の反対給付としての性質を有さず、当該資産の譲渡等に係る取引それ自体が無償取引に該当する場合には、当該経済的利益の収受は資産の譲渡等の対価には該当せず、当該資産の譲渡等は消費税の課税対象とはならないものというべきであって、被控訴人の主張を採用することはできない。

　ポイント交換は、提携法人が双方会員に付与した提携ポイントを控訴人の本件ポイントに交換することにより、双方会員をして、ポイント交換をしなければ当該提携法人の企業ポイントプログラムによって本件ポイント還元のような財・サービスの提供等の経済的利益を受け得たところを、その代わりに、控訴人の企業ポイントプログラムの対象に組み込むことにより、控訴人の企業ポイントプログラムに基づくポイント還元を受けさせるものということができる。

　提携法人の控訴人に対する本件金員の支払は、ポイント交換に係る提携ポイントを発行した者としてその利用に係る経済的負担を負うべき立場にある提携法人が、本件ポイント還元を行う控訴人のために、その原資を提供する行為にほかならないというべきであり、本件金員は、控訴人が本件各提携契約に基づいて双方会員に付与した本件ポイントにつき本件ポイント還元を行うための原資としての性格を有するものというべきであって、本件金員に本件ポイント還元に係る原資以外の性格ないし要素を見いだすことはできない。そして、本件各提携契約に基づくポイント交換に当たり、提携法人と控訴人との間で本件金員の支払以外に交換手数料その他の金銭の授受等も一切されていないというのである。

　本件各提携契約に基づく提携法人と控訴人との間のポイント交換は、無償取引というべきであり、控訴人は、本件各提携契約に基づき、提携法人に対し、本件ポイントへの交換の意思表示をするなどした双方会員に対して控訴人の企業ポイントプログラムの対象に組み込むことを目的として本件ポイントを付与するという役務を無償で提供し、提携法人は控訴人の企業ポイントプログラムによる本件ポイント還元に係る原資の提供として本件金員を控訴人に支払うものであって、本件金員が、控訴人が本件各提携契約に基づき提携法人に対して行う役務の提供の反対給付としての性質を有するとみるのは困難というべきである。

　本件金員は消費税法2条1項8号にいう「対価」に該当せず、これを消費税の課税標準とすることはできない。

第4章 非課税

第1節 非課税の特徴

　税額計算の基礎となる「課税資産の譲渡等」は、国内において行われる「資産の譲渡等」のうち「非課税資産の譲渡等」以外のものとされています。

　非課税の売上げは課税標準から除外され、基準期間における課税売上高の計算の基礎からも除かれています。

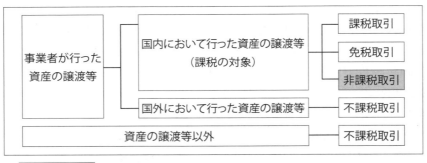

(1) 非課税となるもの

　前章で見たように、消費税は「消費」に負担を求めるものですが、「消費」は納税義務者である事業者の立場から「資産の譲渡等」と定義され、国内取引の課税の対象が定められています。

　しかし、「消費」という概念と「資産の譲渡等」の定義との間には若干のズレがあり、「資産の譲渡等」には、土地の譲渡や有価証券の譲渡等の資本の移転や資産の運用といった「消費」とはいえないものも含まれることになります。そこで、これら「消費」という概念になじまないものが「資産の譲渡等」に該当する場合には、消費税を課税しないために、非課税として取り扱うものとされています。

　また、「資産の譲渡等」であり、財貨を「消費」する行為であっても、社会福祉事業や医療、

教育等、税負担を求めることが難しい取引については、社会政策上の配慮から非課税とされています。

消費に広く薄く負担を求める消費税は、国内におけるすべての財貨やサービスに課税することを原則としており、政策的配慮に基づく非課税の範囲は極めて限定されています。

区分	非課税取引	非課税の理由等	詳細
「消費」という概念になじまないもの	土地及び土地の上に存する権利の譲渡及び貸付け（貸し付ける建物等の敷地となっている場合を除く）	土地は、その使用や転売によって価値が減少する消費財ではない	240頁
	有価証券（ゴルフ会員権、船荷証券等を除く）の譲渡、支払手段の譲渡	単なる資本の移転ないしは振替であり、物を消費する行為とは性格を異にする	244頁
	利子を対価とする金銭の貸付けその他の金融取引	金融取引は、物を消費する行為ではなく、国際的に付加価値税を課税しないという慣行がある	248頁
	日本郵便株式会社等が行う郵便切手類・印紙・証紙の譲渡、物品切手等の譲渡	現金と切手等の両替であり、郵便集配に係る役務の提供、課税資産と物品切手等との交換のときに課税取引となる	251頁
	行政サービス、外国為替	免許・登録等の手数料はその支払いが事実上強制されており、租税に近い	255頁
社会政策的配慮に基づくもの	社会保険医療	医療は、国民の生命・健康の維持に直接関わるものである	258頁
	介護サービス、社会福祉事業	老人・児童・身体障害者・生活困窮者等に対して行われる事業であり、税負担について国民の理解を得にくい	259頁
	助産	母子の生命・健康を守るうえで欠かせないものである	266頁
	火葬・埋葬	国民の理解を得にくい	267頁
	身体障害者用物品の譲渡、貸付け、修理等	身体機能を補うために着装されるものや通常の生活を営む上で必要となるものである	268頁
	学校教育	学校教育制度は国の基幹制度であり、EU諸国の付加価値税においても課税していない	269頁
	教科用図書の譲渡		273頁
	住宅の貸付け	生活に最低限必要、国民の理解を得にくい	273頁

（2）非課税による隠れた税負担

非課税売上げのための課税仕入れ等は、仕入税額控除の対象となりません。仕入税額控除は、

累積を排除するため、前段階において生じた税を売上げに転嫁する手続です。非課税は、その取引を課税の仕組みから除外する取扱いですから、売上げが非課税であれば、その非課税売上げのために行う課税仕入れ等も課税除外となり、仕入税額控除の対象から除かれることになります。その結果、税負担の転嫁に歪みが生じることになります。

① 全てが課税取引である場合

最終消費に至るまでの取引が全て課税される場合、消費税は次のように転嫁されます（便宜上、地方消費税を含む税率10％で計算しています。）。

メーカー		卸売業者		小売業者		消費者	
課税売上	200	課税売上	300	課税売上	600		
課税仕入	0	課税仕入	200	課税仕入	300		
利益	200	利益	100	利益	300		
						支払額	660
売上税額	20	売上税額	30	売上税額	60		
仕入税額	0	仕入税額	20	仕入税額	30		
納付税額	20	納付税額	10	納付税額	30	税負担額	60

各事業者は、売上げの税額から仕入れの税額を控除して納付税額を計算します。各事業者が納付した税額の合計額は、最終的に消費者が負担した税額と一致します。

メーカー	卸売業者	小売業者	合計
20円	10円	30円	60円

（消費者が負担した税額と一致）

② 流通の過程に非課税が存在する場合

事業者が行う資産の譲渡等が非課税となる場合には、その前段階の課税仕入れは仕入税額控除の対象となりません。上の例で、卸売業者の売上げが非課税である場合には、つまり、流通の過程に非課税が存在する場合には、次のように、隠れた税負担が生じることになります。

メーカー		卸売業者		小売業者		消費者	
課税売上	200	非課税売上	320	課税売上	620		
課税仕入	0	課税仕入	220	非課税仕入	320		
利益	200	利益	100	利益	300		
						支払額	682
売上税額	20	売上税額	0	売上税額	62		
仕入税額	0	仕入税額	0	仕入税額	0		
						名目上の税負担額	62
納付税額	20	納付税額	0	納付税額	62	隠れた税負担	20

卸売業者の売上げが非課税である場合、メーカーからの仕入れは控除対象外となり、控除できない税額20円は卸売業者のコストとなります。したがって、100円の利益を確保するためには売値を320円に設定しなければなりません。次の小売業者の売値は620円となり、これに消費税が課税されます。ここではタックス・オン・タックスとなって負担は増幅し、消費者は、全てが課税取引である場合よりも22円多く支払うことになります。

第4章　非課税

メーカー		卸売業者		小売業者		合計	
20円	＋	0円	＋	62円	＝	82円	(名目上の税負担62＋隠れた税負担20)

　隠れた税負担を生じさせないためには、卸売業者が控除できない税額の分だけ利益を減らすしかありません。

　したがって、転々流通する物品について非課税を設定することは極力避けるべきであり、そのため、必要に応じて譲渡を行う者を限定するといった要件が付されています。

③　最終消費が非課税である場合

　最終消費が非課税となる場合であっても、問題は生じます。社会政策上の非課税は、消費者に対して提供する取引、すなわち財貨の流通の最終段階において非課税になりますが、その前段階において国庫に納付された消費税は、非課税資産の譲渡等を行う事業者の負担になります。

　このように、非課税は、消費税の負担を解消するものではなく、転嫁の流れを切断して、税の負担を消費者から事業者に付け替えるものです。市場において優位に立つ事業者であれば、価格に織り込むことによってそれをカバーしようとするでしょう。そうすれば、結局は消費者の負担となります。

　非課税は、事業者にとっても消費者にとっても、決して歓迎すべきものではないのです。

　これに対して免税は、課税除外ではなく、売上げの税率を０％に設定するものですから、課税仕入れ等の税額は全て控除の対象となり、事業者の負担はありません。この仕入税額控除の取扱いが、非課税と免税の大きな違いです。

第2節　非課税の判断

　非課税の売上げは、課税標準から除外され、基準期間における課税売上高の計算の基礎からも除かれています。この点において非課税取引は課税対象外と同じ取扱いです。

　しかし、仕入税額控除の適用にあたっては、非課税の売上げのために要した課税仕入れ等の税額は控除すべき対象とならず、非課税売上高は課税売上割合の計算要素となります。したがって、非課税取引と不課税取引とは区別して正確に把握しておかなければなりません。

　なお、有価証券の譲渡及び金融取引については、課税売上割合の計算につき、特別の取扱いがあります（472頁参照）。

239

土地の譲渡及び貸付け

　土地(土地の上に存する権利を含みます。)の譲渡及び貸付けは非課税です(消法別表第二第一号)。

　土地の価格は、物価の変動や需要と供給の関係等によって変動するものであり、その使用や転売によって価値が減少する消費財ではありません。このように消費の対象とならない土地の譲渡は、資本の移転に過ぎないことから、非課税とされています。

　また、土地の貸付けは長期間に及ぶことが多く、土地の譲渡とのバランスから非課税とされています。したがって、土地の一時的な貸付けは、土地の譲渡とのバランスを考慮する意味合いが薄く、他の物品の貸付けと格別に区分する必要性も低いと考えられることから、非課税の範囲から除かれています。

　土地建物の譲渡及び貸付けに係る課否判定は次のとおりです。

区分					判定
土地、土地の上に存する権利	建物、構築物等の施設がある場合	譲渡			土地部分	非課税
^	^	^			建物部分	課税
^	^	貸付け(土地の貸付けではなく、施設の貸付けとなる)	住宅として貸付け	1か月未満の契約	課税
^	^	^	^	1か月以上の契約	非課税
^	^	^	住宅以外として貸付け 旅館業として貸付け		課税
^	更地の場合	譲渡				非課税
^	^	貸付け		1か月未満の契約	課税
^	^	^		1か月以上の契約	非課税

※　「土地の貸付けに係る期間が1月に満たない場合」に該当するかどうかは、当該土地の貸付けに係る契約において定められた貸付期間によって判定します(消基通6－1－4)。

(1) 非課税となる土地の範囲

　非課税となる土地及び土地の上に存する権利の範囲は次表のとおりです。

区　分	非課税となるもの	非課税とならないもの
土地 （消基通6-1-1）	・土地 ・宅地と一体として譲渡する庭木、石垣、庭園、庭園の附属設備等	・宅地と一体として譲渡する建物及びその附属施設 ・立木その他独立して取引の対象となる土地の定着物
土地の上に存する権利 （消基通6-1-2）	地上権、土地の賃借権、地役権、永小作権等の土地の使用収益に関する権利	・鉱業権、土石採取権、温泉利用権及び土地を目的物とした抵当権 ・採石法、砂利採取法等の規定により認可を受けて行われるべき土石等の採取に係る権利

(2)　借地権に係る更新料、名義書換料

建物の所有を目的とする地上権又は土地の賃借権を一括して借地権といいます（借地借家法2一）。

借地権に係る更新料、更改料、名義書換料は、土地の上に存する権利の設定、譲渡又は土地の貸付けの対価に該当し、非課税となります（消基通6-1-3）。

(3)　土地の貸付け

①　1か月未満の土地の貸付け

その土地の貸付けに係る期間が1か月に満たない場合には、非課税となりません（消令8）。

「土地の貸付けに係る期間が1か月に満たない場合」に該当するかどうかは、その土地の貸付けに係る契約において定められた貸付期間によって判定します（消基通6-1-4）。契約の定めは、その合意内容が正しく記載された契約書によって確認することができます。

合意した契約において、1か月以上の貸付期間であったにもかかわらず、契約の後に生じた何らかの事情により、結果的に1か月未満の貸付けとなった場合であっても、契約の定めによって判断することとなり、非課税として取り扱います。

②　日曜日だけの貸付け

毎週日曜日にだけ1年間、土地を貸し付けるような契約は、1日の貸付けの集合体と考えられ、1か月未満の貸付けに該当することから、非課税になりません。

③　建物等の施設の貸付けを行う場合の敷地

建物、野球場、プール又はテニスコート等の施設の利用は土地の使用を伴うことになりますが、その土地の使用は、非課税となる土地の貸付けから除外されます（消令8、消基通6-1-5）。

建物、構築物等の貸付けを行う場合、土地は必ずその敷地として使用されるのであり、建物等からその敷地を切り離して別に賃貸することはできません。したがって、その敷地部分の対

価の額を明らかに区分している場合であっても、その賃貸料の全額が建物等の賃貸の対価となります（消基通6－1－5（注2））。

これに対して、土地建物を一括で譲渡した場合には、建物部分と土地部分とを合理的に区分し、建物部分については課税、土地部分については非課税とします（消基通10－1－5）。

誤りやすい事例　土地建物の貸付けと譲渡

当社は、所有する土地の上に建物を建設し、法人Aに貸し付けています（住宅として利用するものではありません。）。貸付けの対価は、年額、土地部分1,000万円、建物部分1,500万円です。このたび、この土地建物を一括して法人Aに譲渡することとなりました。譲渡の対価は、2億5,000万円です。消費税の取扱いはどうなりますか。

解説

施設の貸付けに伴ってその敷地として土地を利用させる行為は、非課税となる土地の貸付けから除かれます。したがって、建物の貸付けに当たり、その対価の額を建物の貸付けに相当する部分と土地の対価に相当する部分とに区分して受領する場合であっても、その対価の全額が課税取引となり、事例では2,500万円（1,000万円＋1,500万円）が課税売上高となります。

これに対し、譲渡の場合には、一括して行う場合であっても、土地の譲渡は非課税、建物の譲渡は課税となります。その対価の額が、契約等により土地部分と建物部分とに区分されていないときは、これを時価の比により区分することとなります。

【参考】消法6①、28、別表第二第一号、消令8、45③、消基通6－1－5、10－1－5

④　ガレージの貸付け

駐車場又は駐輪場として土地を利用させた場合において、駐車場等の管理又は車両等の入出庫の管理をしている場合には、その管理業務の役務の提供となり、土地の貸付けには該当しません。

駐車場等の管理をせず入出庫の管理もしていない場合は、施設の設置があるか否かにより、非課税の判断をします（消基通6－1－5（注1））。

また、施設の設置のある駐車場であっても、それが住宅の貸付けと不可分一体として行われている場合には、住宅の貸付けとして非課税になります（消基通6－13－3）。

区　分					判　定
駐車場賃貸	月極駐車場等	一時貸し・時間貸し			課税
		入出庫の管理をしている			課税
		入出庫の管理をしていない	設備等が一切ない更地の貸付け※1		非課税
			掘り込みガレージである		課税
			砂利敷、アスファルト敷、コンクリート敷、区画線ロープ、フェンス他の設備がある		課税
			住宅賃貸に伴うガレージの賃貸	戸建住宅の場合	非課税
				マンションの場合　必ずガレージが割り当てられる※2	非課税
				マンションの場合　希望者に賃貸する	課税

※1　更地の貸付けであっても、貸付期間が1か月未満である場合には、課税になります。

※2　マンション賃貸に伴う駐車場の貸付けについては、戸建住宅の敷地内に駐車場スペースや車寄せが設けられているのと同様の状況であるかどうかにより判断します。マンションの賃借人が希望するか否かにかかわらず、そのマンションの敷地内にあるガレージが必ず割り当てられ、住宅部分とガレージ部分との賃料の区分がされていないような場合には、その駐車場の貸付けは住宅の貸付けの一部であり、家賃の全体が非課税となります。

誤りやすい事例　駐車場の貸付け

　当社は、X土地とY土地を法人Aに貸し付けています。それぞれの消費税の取扱いはどうなりますか。

　X土地は、土地に駐車場として使用できるように当社が砂利敷き等の整備をした上で法人Aに貸付け、法人Aはこれを月極め駐車場として他に貸し付けています。

　Y土地は、当社が地面の整備等をすることなく法人Aに貸し付け、法人Aがアスファルト敷き等の設置をして月極め駐車場として他に貸し付けています。

解　説

　消費税においては、土地の貸付けは非課税とされていますが、施設の貸付けに伴ってその敷地として土地を利用させる行為は、非課税となる土地の貸付けから除かれます。この施設とは、建物や構築物のほか、駐車場としての用途に応じる地面の整備や区画、フェンスなども含みます。したがって、X土地の貸付けは駐車場施設の貸付けにあたり、課税取引となります。

　他方、Y土地の貸付けは、施設の設置をせず、駐車場として利用するための土地を貸し付けているものであるため、非課税取引となります。

【参考】消法6①、別表第二第一号、消令8、消基通6－1－5

⑤ 土地等の譲渡又は貸付けに係る仲介手数料

不動産の譲渡等に係る仲介料を対価とする役務の提供は、土地又は土地の上に存する権利の譲渡又は貸付けに係るものであっても、非課税になりません（消基通6－1－6）。

⑥ 公有水面使用料等

国又は地方公共団体等がその有する海浜地、道路又は河川敷地の使用許可に基づき収受する公有水面使用料、道路占用料又は河川占用料は、いずれも土地の貸付けに係る対価に該当します（消基通6－1－7）。

⑦ 貸しビル建設中の地代

貸しビルの建設中に、ビルの借受け予定者が支払う地代は、土地の使用料ではなく、完成後のビルの使用を目的とする権利金等に相当するものであると考えられます。

⑧ 電柱使用料

土地の所有者が電力会社から受ける電柱使用料は、土地の貸付けの対価です。ただし、電柱に広告等を取り付けるために電柱の所有者である電力会社に支払う電柱使用料は、土地の貸付けの対価ではありません。

2 有価証券等及び支払手段等の譲渡

有価証券等の譲渡は非課税とされています（消法別表第二第二号）。

株券等の有価証券の発行は、出資金等の払込みによる株主等の持分を証するために行われるものであり、資産の譲渡等にはあたらないことから、消費税の課税の対象とはなりません。

他方、すでに発行されている有価証券の譲渡は、資産である有価証券を他の者に引き渡し、これに対する対価を収受する行為ですから、資産の譲渡等にあたり、課税の対象となります。

しかし、有価証券は土地と同様に消費財ではなく、有価証券等の譲渡は、単なる資本の移転であり、物又はサービスを消費する行為とは性格を異にすることから、非課税とされています。また、有価証券等の貸付けは、金融取引等に係る非課税（消法別表第二第三号）として取り扱われます。

また、紙幣や硬貨等は、資産の譲渡等の対価を支払う手段であり、これを相手方に引き渡したことをもって消費税の課税関係が発生するというのは、一般の理解になじみません。ただし、収集や販売の対象となる古銭や記念硬貨等は、それ自体が商品となることから、その譲渡は課税取引となります。

(1) 非課税の対象となる有価証券等

非課税となる有価証券等は、金融商品取引法に規定する有価証券及び有価証券に類するもの、支払手段及び支払手段に類するものです（消法別表第二第二号、消令9、消基通6－2－1～3）。

第4章 非課税

有価証券等		
金融商品取引法に規定する有価証券（金融商品取引法２①）	① 国債証券、地方債証券、農林中央金庫の発行する農林債券 ② その他の特別の法律により法人の発行する債券 ③ 資産流動化法に規定する特定社債券、社債券 ④ 日本銀行その他の特別の法律により設立された法人の発行する出資証券 ⑤ 優先出資法に規定する優先出資証券 ⑥ 資産流動化法に規定する優先出資証券又は新優先出資引受権を表示する証券 ⑦ 株券又は新株予約権証券 ⑧ 投資信託法に規定する投資信託又は外国投資信託の受益証券 ⑨ 投資信託法に規定する投資証券、新投資口予約権証券、投資法人債券、外国投資証券 ⑩ 貸付信託の受益証券 ⑪ 資産流動化法に規定する特定目的信託又は信託法に規定する受益証券発行信託の受益証券 ⑫ 金融商品取引法２条に規定するコマーシャル・ペーパー（ＣＰ） ⑬ 抵当証券法に規定する抵当証券 ⑭ 外国債、海外ＣＰなど外国又は外国の者の発行する証券又は証書で上記①〜⑦又は⑩〜⑬までの性質を有するもの ⑮ 外国の者の発行する証券又は証書で銀行等の貸付け債権を信託する信託の受益権又はこれに類する権利を表示するもの ⑯ オプションを表示する証券又は証書 ⑰ 預託証券 ⑱ 譲渡性預金の預金証書のうち外国法人が発行するもの ⑲ 学校法人等を債務者とする金銭債権を表示する証券又は証書 ※ ゴルフ場利用株式等を除きます。		
有価証券に類するもの	⑳ 上記①〜⑫及び⑭（抵当証券の性質を有するものを除く）に掲げる有価証券に表示されるべき権利で有価証券が発行されていないもの（電子決済手段を除く） ㉑ 合名会社、合資会社又は合同会社の社員の持分、協同組合等の組合員又は会員の持分その他法人の出資者の持分 ㉒ 人格のない社団等、匿名組合、民法上の組合の出資者の持分 ㉓ 株主又は投資信託法に規定する投資主となる権利、優先出資法13条１項の優先出資者となる権利、資産流動化法２条５項に規定する特定社員又は同法26条に規定する優先出資社員となる権利その他法人の出資者となる権利 ㉔ 貸付金、預金、売掛金その他の金銭債権（電子決済手段を除く。居住者が発行する譲渡性預金証書は預金に該当する） ※ ゴルフ場等の利用に関する権利に係る金銭債権を除きます。		
支払手段	① 銀行券、政府紙幣及び硬貨（収集品及び販売用を除く） ② 小切手（旅行小切手を含む）、為替手形、郵便為替及び信用状 ③ 約束手形 ④ 上記に類するもので、支払のために使用することができるもの ⑤ 電子マネー、暗号資産		

① ゴルフ会員権等

　ゴルフ場その他の施設を一般の利用者に比して有利な条件で継続的に利用する権利を有する者となるために、その施設を所有又は経営する法人に出資をする場合（株主会員権方式）のゴルフ場利用株式等又はその法人に対し金銭を預託する場合（預託金会員権方式）の金銭債権は、

245

非課税となる有価証券等から除かれています（消令9②）。

したがって、ゴルフ場、スポーツクラブその他のレジャー施設の会員権の譲渡は、株式会員権方式、預託金会員権方式の別を問わず課税されます（個人事業者が売買するゴルフ会員権等については734頁参照）。

② 船荷証券等

非課税となる有価証券等には、船荷証券、貨物引換証、倉庫証券等は含まれません（消基通6－2－2）。これらは、金融商品取引法に規定する有価証券ではなく、また、有価証券に類するものともされていません。

これらの譲渡は、その証券に表彰されている貨物の譲渡であることから、その貨物の種類によって課否判定を行います（293頁参照）。

(2) 転換社債の株式への転換

転換社債の株式への転換は、社債の償還と新たな出資の払込みであり不課税です。

(3) 有価証券等の内外判定

従来、有価証券の譲渡又は貸付けに係る内外判定は、原則として、その有価証券が所在していた場所によることとされていました（消令6①九イ）。ただし、券面の発行のない株式等については、直接の規定がないことから、譲渡を行う者の事務所等の所在地によって判定を行っていました（消令6①十）。

平成30年度税制改正においては、この点が整備されました。

① 有価証券等のうち振替機関等が取り扱うものの譲渡は、券面の有無にかかわらず「振替機関等の所在地」によって内外判定を行います（消令6①九ハ）。

　　※ 国内外の複数の振替機関等により取り扱われる「重複上場有価証券等」は、売買の決済に際して振替に係る業務が国内振替機関又は国内の口座管理機関において行われるものについては国内取引となり、それ以外の重複上場有価証券等については国外取引となります（消令6①九ハ）。

② 振替機関等が取り扱うものでないものの譲渡は、次の場所が国内にあるかどうかによって判定します。

　　イ　券面がある有価証券…有価証券が所在していた場所（消令6①九イ）

　　ロ　券面がない株式等…権利又は持分に係る法人の本店等の所在地（消令6①九ニ）

この改正は、平成30年4月1日以後に行われる資産の譲渡等について適用されています。

(4) 暗号資産

① 暗号資産の譲渡

平成29年7月以後、国内の暗号資産交換業者を通じて行う暗号資産の譲渡は、支払手段等の譲渡に該当し、非課税とされています（消法別表第二第二号）。暗号資産の譲渡の対価は、課税売上割合の算出に当たり、非課税売上高に算入しません（消令48②一）。

246

ただし、暗号資産交換業者に対して暗号資産の売買に係る仲介料として支払う手数料は、仲介に係る役務の提供の対価として支払うものであり、非課税売上対応分の課税仕入れとなります。

② 暗号資産の貸付け

利用料を対価とする暗号資産の貸付け（暗号資産交換業者に対して暗号資産を貸し付け、契約期間満了後に、その貸し付けた暗号資産と同種及び同等の暗号資産が返還され、利用料が支払われるもの）は、暗号資産の譲渡、利子を対価とする金銭の貸付け及び有価証券の貸付けのほか、消費税法別表第二に掲げる非課税取引のいずれにも該当しません。

したがって、利用料を対価とする暗号資産の貸付けは、消費税の課税対象となります。

誤りやすい事例　ゴルフ会員権の譲渡

法人Aは、Xゴルフ場の開設に際し、一口当たり預託金100万円、入会金500万円を支払って、二口のゴルフ会員権を購入し、その後、法人Bと法人Cにそれぞれ600万円で売却しました。

法人Bは、ゴルフ場経営会社が実施する買取償却に応じて100万円で譲渡しました。

法人Cは、預託金の据置期間満了によりゴルフ場の経営会社に請求をして預託金100万円の返還を受けました。

それぞれの取引について、消費税の取扱いはどうなりますか。

解　説

法人Aがゴルフ場の経営会社に支払った入会金は、会員以外の者に比して有利な条件でこのゴルフ場を使用する権利の設定の対価であり、法人Aにとっては課税仕入れの支払対価となります。しかし、預託金の支払は金銭の預入れであり、課税仕入れになりません。

また、法人B及び法人Cへの譲渡は、預託金部分を含む会員権の譲渡です。ゴルフ会員権の法的性質は、ゴルフ場施設の優先的利用権、預託金返還請求権及び会費納入の義務等が一体となった契約上の地位と解され、非課税となる有価証券等から除かれています。したがって、その譲渡は、預託金に相当する部分を区分することなく、課税取引となります。

法人Bが行った買取償却のための譲渡は、市場における会員権の譲渡と同じです。通常の第三者への譲渡と同様に預託金に相当する部分を区分することなくその全体が課税取引となり、法人Bにとっては課税売上げ、ゴルフ場の経営会社にとっては課税仕入れとなります。

法人Cは、預託金の返還請求を行って自己が有する預託金の返還を受けました。

これは、ゴルフ場経営会社が行う債務の履行ですから、消費税の課税関係は生じません。

【参考】消法2①八、4①、6①、別表第二第二号、消令9②、消基通5-5-5、最高裁第3小法廷昭和50年7月25日判決

③ 金融取引

　利子を対価とする金銭等の貸付け、信用の保証としての役務の提供、信託報酬を対価とする役務の提供、保険料を対価とする役務の提供は、非課税となります（消法別表第二第三号）。

① 　利子を対価とする金銭等の貸付けは、金融取引であり、物又はサービスを消費する行為にはあたりません。また、これに課税すると金利の水準に影響を及ぼすこと、国際的に金融取引には付加価値税を課税しないという慣行があること等の理由から非課税とされています。

② 　信託報酬は、資産運用の代行という役務の提供の対価であり、課税の対象となります。しかし、合同運用信託・公社債投資信託・公社債等運用信託の信託報酬は、非課税となる銀行の利ざやと同様の性格を持っていることから、非課税とされています。

③ 　保険や共済は、保険集団における相互扶助を行うものであり、保険料の支払と保険金の払出しはその集団の中での資金の移動であること、預金等と並ぶ資金運用の一形態でもあること、国際的に金融取引と同様に非課税とされていること等の理由から、非課税とされています。

④ 　保証料は支払利息と同様に資金の借入れを行う場合の調達コストとなるものであり非課税とされています。

(1)　非課税となる金融取引の範囲

　おおむね次表のものを対価とする資産の貸付け又は役務の提供は、非課税となります（消令10、消基通6－3－1）。

◆金融取引に係る非課税の範囲◆

① 　国債、地方債、社債、新株予約権付社債、投資法人債券、貸付金、預金、貯金の利子

② 　信用の保証料

③ 　合同運用信託、公社債投資信託又は公社債等運用投資信託の信託報酬

④ 　保険料（厚生年金基金契約等に係る事務費用部分を除きます。）

⑤ 　法人税法2条に規定する集団投資信託、法人課税信託又は同法12条に規定する退職年金信託若しくは特定公益信託等の収益の分配金

⑥ 　相互掛金又は定期積金の給付補填金及び無尽契約の掛金差益

⑦ 　抵当証券の利息

⑧ 　割引債、利付債の償還差益

⑨ 　手形の割引料

⑩ 　金銭債権の買取又は立替払に係る差益

⑪ 　割賦販売法に規定する割賦販売、ローン提携販売、割賦購入あっせんの手数料（契約においてその額が明示されているものに限ります。）

⑫　割賦販売等に準ずる方法により資産の譲渡等を行う場合の利子又は保証料相当額（その額が契約において明示されている部分に限ります。）

⑬　有価証券（ゴルフ場利用株式等を除きます。）の賃貸料

⑭　物上保証料

⑮　共済掛金

⑯　動産又は不動産の貸付けを行う信託で、貸付期間の終了時に未償却残額で譲渡する旨の特約が付けられたものの利子又は保険料相当額（契約において明示されている部分に限ります。）

⑰　ファイナンス・リース取引に係るリース料のうち、利子又は保険料相当額（契約において利子又は保険料の額として明示されている部分に限ります。）

①　前渡金等の利子

前渡金等に係る利子のように、その経済的実質が貸付金に係る利子であるものは、利子を対価とする資産の貸付けに該当します（消基通6-3-5）。

②　売上割引、仕入割引

売上割引は、売掛金等がその支払期日前に決済された場合に支払うものであり、期日までの利息に相当するものと考えられます。しかし、それは金銭の貸付けをした者が債務者から受け取る利息ではなく、債務者が債務の弁済を早期に行うことにより、報奨的に債権額の一部を減額するものです。

したがって、売上割引は、金銭の貸付けの対価として受け取る利子に該当せず、当初行った売上げに係る対価の返還等として取り扱われます。

また、仕入割引も同様に、仕入れに係る対価の返還等として処理します（消基通6-3-4）。

③　償還有価証券に係る償還差益

法人税においては、法人が取得した有価証券は、売買目的有価証券、満期保有目的等有価証券、その他有価証券に区分されます（法令119の2②）。

このうち、売買目的有価証券以外の有価証券で償還期限及び償還金額の定めのある有価証券については、償還有価証券として償還までの期間に応じた調整差益又は調整差損を益金又は損金の額に算入することとされています（法令139の2①）。

消費税において、債権の償還差益は非課税資産の譲渡等の対価となります。その非課税売上高は、債権の償還の時に計上するのが原則ですが、法人税において調整差損益を計上した課税期間の非課税資産の譲渡等の対価とすることもできます（消令10③六、消基通6-3-2の2）。

④　保険料に類する共済掛金の範囲

保険料に類する共済掛金の範囲は次表のとおりです（消基通6-3-3）。

保険料に類する共済掛金の範囲	具体例	
法令等の規定に基づく又は任意の共済制度で、人の生死や傷害、資産の損失その他偶発的事由の発生を共済金の保険事故とする共済制度に基づいて、構成員が負担する共済掛金	所令167条の2《特定の損失等に充てるための負担金の必要経費算入》法令136条《特定の損失等に充てるための負担金の損金算入》	の負担金
	措法28条1項各号《特定の基金に対する負担金等の必要経費算入の特例》措法66条の11第1各号《特定の基金に対する負担金等の損金算入の特例》	の負担金又は掛金

(2) 保険代理店報酬等

　保険料を対価とする役務の提供は非課税ですが、保険料と区分された事務費用は非課税になりません（消法別表第二第三号）。

　また、保険代理店が収受する役務の提供に係る代理店手数料又は保険会社等の委託を受けて行う損害調査又は鑑定等の役務の提供に係る手数料は、課税資産の譲渡等の対価に該当します（消基通6－3－2）。

誤りやすい事例　売掛債権に係る利子

　当社は、掛けによる売上げについて、月末〆で翌月末に決済するものとしており、決済期日に支払がない場合には、売掛債権の額とは別に、年6％の割合で計算した遅延損害金の支払を請求します。

　また、手形による決済の場合には、年6％の割合で金利の額を計算して売掛金と別建てで請求し、その合計額により振り出された手形を受領しています。

　この場合の遅延損害金及び手形決済に係る金利の課否判定はどうなりますか。

解説

　消費税においては、利子を対価とする金銭の貸付けは、非課税とされています。また、課税資産の譲渡等の対価の額は、対価として収受し、又は収受すべき一切の金銭又は金銭以外の物若しくは権利その他経済的な利益の額とされており、売上代金とは区分して適正金利の額を請求している場合には、その金利相当額は、非課税となります。

　したがって、損害遅延金の額及び手形決済に係る金利の額は、いずれも非課税の売上高となります。

【参考】消法6①、28①、消法別表第二第三号、消令10②、消基通6－3－5

第4章 非課税

 郵便切手類・印紙・証紙・物品切手等の譲渡

(1) 郵便切手類・印紙・証紙の譲渡に係る非課税

郵便切手類、印紙、証紙の譲渡で日本郵便株式会社等が行うものは非課税です（消法別表第二第四号イロ、消基通6-4-1）。

郵便切手類は、郵便料金の支払に用いられるものです。消費税では商品の販売やサービスの提供自体に課税することから、その支払に充てるため前段階において行われるこれらの譲渡には課税する必要がないと考えられ、日本郵便株式会社等が行う郵便切手類・印紙・証紙の譲渡は非課税とされています。

譲渡を行う者を限定して非課税としているのは、収集品としての郵便切手類の譲渡を非課税の範囲から除外するためです。

郵便切手類の譲渡が非課税となっていても郵便集配に係る役務の提供は課税取引であり、その対価を現金によって支払うことに代えて郵便物に貼付する郵便切手類は、消費税を含んだ金額となります。

また、印紙・証紙は、税金の納付や行政手数料の支払に用いるものであり、その譲渡は非課税、税金の納付は不課税、法令に規定する行政サービスは非課税とされています。

区　分	譲渡者	判　定
郵便切手類 印紙	日本郵便株式会社 郵便局 郵便窓口業務の再委託施設 郵便切手類販売所 印紙売りさばき所	非課税
	その他の者※	課　税
証　紙	地方公共団体 売りさばき人	非課税
	その他の者※	課　税

※　その他の者には、ディスカウントショップ、チケットショップ等の他、一般事業者も該当します。

① 郵便切手類の範囲

消費税法上非課税の対象となる「郵便切手類」は、郵便切手、郵便はがき、郵便書簡、特定封筒とされています（消基通6-4-2）。

郵便局からのはがきの購入は非課税ですが、はがきとして使用するときの消費税等を含んだ金額となっているので、事実上の課税仕入れにあたるものとして仕入税額控除を認めるべきであると考えられるかもしれません。しかし、このような場合に仕入税額控除を認容する規定や

実務上の取扱いはありません。

② 譲渡の非課税と郵便集配の役務の提供の課税

上述のとおり、郵便切手類の譲渡は非課税ですが、郵便集配に係る役務の提供は課税取引です。

郵便切手類は、郵便集配に係る役務の提供の対価を支払うための手段であり、対価を現金で支払う代わりに郵便物に貼付するものです。郵便集配の役務の提供を受けるためにあらかじめ現金と交換しておくものですから、この交換を非課税にしなければ、郵便集配に係る役務の提供という消費行為に、二度、消費税が課税されることになります。

したがって、郵便切手類の譲渡は非課税とし、その使用時に郵便集配に係る役務の提供に課税することとされています。

しかし、厳格にこの取扱いを行うとすると、郵便切手類を購入する事業者においては、郵便切手類はその購入時には消費税の課税関係を認識せず、使用する度に課税仕入れに振り替える処理を行わなければなりません。事業者の事務は、それだけ煩雑になります。

そこで、日本郵便株式会社等からの購入であるため非課税となるものについては、購入者が自ら使用する場合には、継続適用を要件に、その購入と使用を同時期の行為ととらえ、購入時に課税仕入れとして処理することができるものとされています（消基通11－3－7）。

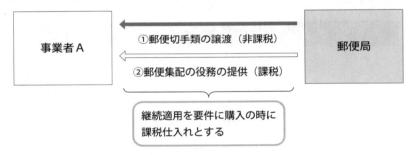

ただし、他に販売するもの、贈与するものについては、購入段階でも販売・贈与の段階でも、課税仕入れとすることはできません。

③ 郵便局以外から購入した郵便切手類、印紙の仕入税額控除

上記の取扱いは、日本郵便株式会社等から購入した郵便切手類については、購入時に非課税、その使用時に課税となるため、その使用の時期を購入時とみなして仕入税額控除の規定を適用しようとするものです。

では、日本郵便株式会社等以外から購入した郵便切手類についてはどうなるのでしょうか。日本郵便株式会社等以外が行う郵便切手類の譲渡は非課税となりません。また、郵便集配に係る役務の提供も課税取引です。したがって、次図において事業者Aは、①チケットショップからの郵便切手類の購入という課税仕入れと、②日本郵便株式会社等から郵便集配のサービスを受けるという課税仕入れとを行ったことになります。

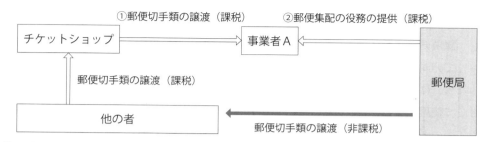

　①の譲渡については、譲渡側のチケットショップにおいて当然に課税売上げが発生することからすれば、事業者Aにおいても課税仕入れとして仕入税額控除の対象となりそうです。

　しかし、郵便局から購入した事業者とのバランスを考えれば、一度の郵便集配サービスを受けることにつき、二度の課税仕入れが発生することに違和感がないとはいえません。

　また、印紙、証紙の譲渡に係る非課税も、販売者を限定した規定です。

　印紙、証紙は、郵便局等から購入すれば、その購入は非課税取引、租税の納付としての使用は不課税取引となり、仕入税額控除を行う機会はありません。

　しかし、郵便局等以外から購入する行為は非課税の範囲ではないことから、課税仕入れとなって仕入税額控除の基礎となる余地があるといえます。

　この点について、公益財団法人納税協会連合会発行の『消費税の取扱いと申告の手引』には、編者の注記として「租税を納付するために購入する印紙、証紙の購入費用は、租税の納付行為が不課税取引であることから課税仕入れに係る支払対価とはならないことに留意する」と記載されています。

誤りやすい事例　郵便はがきの印刷と販売

当社は、次のような年賀はがきの印刷の受注と販売を行っています。
① 法人Aが持ち込んだはがきにデザイン印刷をする。
② 法人Bから、はがきの購入代行の委託とデザイン印刷の注文を受け、はがき代は立替金として印刷代とは別に請求する。
③ 店頭では、購入したはがきにデザイン印刷したものを販売する。
消費税の処理を教えてください。

解説

① 法人Aよりの受注は、デザイン印刷料が課税売上げとなります。
② 法人Bよりの受注についても、デザイン印刷料が課税売上げとなります。はがきの購入と引渡しについては、委託を受け代行して行うものであり、立替金として資産の譲渡等の対価と区分して請求しているため、資産の譲渡等を認識する必要はありません。

③　はがきの販売については、はがき代及びデザイン印刷料を含めた販売価額の全額が課税売上げとなります。郵便切手類の譲渡は、日本郵便株式会社等が行う場合に限って非課税となるので、貴社が行うはがきの販売が非課税となることはありません。

なお、はがきの購入は非課税であり課税仕入れになりません。はがきの価格は、はがきとして使用するときの消費税等を含んだ金額となっているので、事実上の課税仕入れにあたるものとして仕入税額控除を認めるべきであると考えられるかもしれません。しかし、このような場合に仕入税額控除を認容する規定や実務上の取扱いはありません。

【参考】消法6①、消法別表第二第四号

(2) 物品切手等の譲渡に係る非課税

物品切手等は、商品代金等の支払に用いるものであり、その譲渡は、譲渡する者が誰であるかにかかわらず非課税です（消法別表第二第四号ハ）。

物品切手等と交換に商品の譲渡やサービスの提供が行われたときに課税されます。

商品券に代表される物品切手等は、贈答品として購入することが一般的ですが、自己が使用するものについては、郵便切手類と同様に購入時に課税取引として処理する取扱いがあります（消基通11－3－7）。

① 物品切手等とは

物品切手等とは、商品券その他名称のいかんを問わず、物品の給付請求権、役務の提供又は物品の貸付けに係る請求権を表彰する証書をいいます。ただし、郵便切手類に該当するものを除きます（消法別表第二第四号ハ、消令11）。

◆物品切手等（物品の給付請求権等を表彰する証書）◆

要件	その証書と引換えに一定の物品の給付、貸付け、又は特定の役務の提供を約するものであること（消基通6－4－4）	〈具体例〉商品券、ビール券、旅行券、映画・観劇の入場券、プリペイドカード
	給付請求権者がその証書と引換えに一定の給付等を受けたことによって、その対価の全部又は一部の支払債務を負担しないものであること（消基通6－4－4）	
	記名式であるかどうか、証書の作成者と給付義務者とが同一であるかどうかを問わない（消基通6－4－3）	

② 物品切手等の発行、譲渡、取扱いに係る役務の提供

物品切手等の発行は、物品切手等に表彰された権利を創設する行為であり、一種の金銭の預かりとも解され、資産の譲渡等に該当せず、課税の対象となりません（消基通6－4－5）。

物品切手等の発行から物品等の給付、取扱手数料の支払に至る消費税の課税関係は、次図のとおりです。

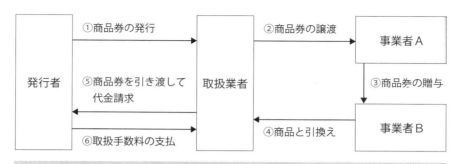

① 商品券の発行は不課税　② 商品券の譲渡は非課税
③ 無償取引は課税の対象とならず不課税
④ 商品券を使用した商品売買は、商品が課税資産であれば課税
⑤ 代金の決済は不課税　⑥ 取扱いに係る役務の提供は課税

5 国等が行う役務の提供、外国為替取引等に係る役務の提供

(1) 行政手数料の非課税

　国、地方公共団体等が行う登録、文書の交付等の役務の提供で、その行政手数料等の徴収が法令に基づくものは非課税です（消法別表第二第五号イ）。

　行政サービスに係る手数料は、民間と競合しないものであること、免許・登録等の手数料は通常の生活においてその支払が事実上強制されており、支払者に回避・選択の余地がないこと、本来、税金によってまかなわれるべき行政サービスの費用分担の性格を有すること等の理由から、非課税とされています。

　非課税の対象となる行政サービスの範囲は、次頁と次々頁のとおりです（消令12）。

◆行政手数料の非課税の範囲◆

国 地方公共団体 消費税法別表第三に掲げる法人 法令に基づき国又は地方公共団体の委託又は指定を受けた者	法令に基づいて行われる事務の手数料等	法令にその徴収の根拠となる規定があるもの	1　登記、登録、特許、免許、許可、認可、承認、認定、確認及び指定		非課税
			2 特定事務	①法令において、医師その他の法令に基づく資格を取得し、若しくは維持し、又は当該資格に係る業務若しくは行為を行うにつき、当該特定事務に係る役務の提供を受けることが要件とされているもの	
				②法令において、一定の食品の販売その他の行為を行う場合にその対象となる資産又は使用する資産について当該特定事務に係る役務の提供を受けることが要件とされているもの	
				③法令において、当該特定事務により一定の型式又は規格に該当するものとされた資産以外の資産は当該型式又は規格に係る表示を付し、又は名称を使用することができないこととされているもの	
				④電気事業法54条（定期検査）の検査その他の特定事務で法令において当該特定事務に係る役務の提供を受けることが義務づけられているもの	
				⑤上記①〜④以外	課税
			3　証明	上記①〜④の特定事務に係るもの	非課税
				上記①〜④の特定事務に係るもの以外	課税
			4　公文書の交付（再交付及び書換交付を含む。）、更新、訂正、閲覧及び謄写	上記①〜④の特定事務に係るもの	非課税
				上記①〜④の特定事務に係るもの以外	課税
			5　裁判その他の紛争の処理		非課税
			6　旅券の発給		
			7　裁定、裁決、判定及び決定		
			8　公文書に類するもの（記章標識その他これらに類するものを含む。）の交付（再交付及び書換交付を含む。）、更新、訂正、閲覧及び謄写	上記①〜④の特定事務に係るもの	非課税
				上記①〜④の特定事務に係るもの以外	課税
			9　審査請求その他これに類するものの処理		非課税

※　特定事務とは、検査、検定、試験、審査及び講習をいいます。
※　登録等とは、登録、認定、確認、指定、検査、検定、試験、審査及び講習をいいます。

・国 ・地方公共団体 ・消費税法別表第三に掲げる法人 ・法令に基づき国又は地方公共団体の委託又は指定を受けた者	法令に基づいて行われる事務の手数料	法令にその徴収の根拠となる規定がないもの	10 登録等	①法令において、弁護士その他の法令に基づく資格を取得し、若しくは維持し、又は当該資格に係る業務若しくは行為を行うにつき、当該登録等に係る役務の提供を受けることが要件とされているもの	非課税
				②法令において、資産の輸出その他の行為を行う場合にその対象となる資産又は使用する資産について当該登録等に係る役務の提供を受けることが要件とされているもの	
				③法令において、当該登録等により一定の規格に該当するものとされた資産以外の資産は、当該規格に係る表示を付し、又は名称を使用することができないこととされているもの	
				④浄化槽法（昭和58年法律第43号）7条1項（設置後等の水質検査）の検査その他の登録等で法令において当該登録等に係る役務の提供を受けることが義務づけられているもの	
				⑤上記①〜④以外	課税
			11　証明並びに公文書及び公文書に類するものの交付（再交付及び書換交付を含む。）、更新、訂正、閲覧及び謄写	上記①〜④の登録等に係るもの	非課税
				上記①〜④の登録等に係るもの以外	課税
			12　上記10〜11以外		
		13　法令にその事務が定められていない手数料等			
・国 ・地方公共団体	14　法令に基づき行う他の者の徴収すべき料金、賦課金その他これらに類するものの滞納処分について、法令に基づき当該他の者から徴収する料金に係る役務の提供				非課税
・執行官 ・公証人	15　手数料を対価とする役務の提供				
独法等情報公開法2条1項に規定する独立行政法人等又は個人情報保護法2条9項に規定する独立行政法人等のうち、消費税法別表第三に掲げる法人以外の法人	16　独法等情報公開法17条1項又は個人情報保護法89条3項もしくは117条3項に基づき徴収する手数料又は利用料				

※　独法等情報公開法とは、独立行政法人等の保有する情報の公開に関する法律をいいます。

(2) 外国為替業務の非課税

　一般に、異なる通貨を交換すること、通貨が異なる国際間において現金を送付せずに手形や小切手などを使って振替決済することを外国為替とよびます。

　外国為替取引に係る役務の提供は、非課税とされています（消法別表第二第五号ニ、消基通6－5－3）。

　なお、郵政民営化（平成19年10月1日）により、国際郵便為替又は国際郵便為替に係る役務の提供は、外国為替取引に係る役務の提供に含まれることとなりました。

◆外国為替取引に係る非課税の範囲◆

- 外国為替取引
- 対外支払手段の発行
- 対外支払手段の売買又は債権の売買（本邦通貨をもって支払われる債権の居住者間の売買を除く。）
  居住者による非居住者からの外国為替及び外国貿易法6①十一に規定する証券の取得又は居住者による非居住者に対する証券の譲渡に係る媒介、取次ぎ又は代理については、非課税とされる外国為替業務に係る役務の提供から除かれています。

6 医療の給付

　健康保険法等公的な医療保険制度に基づく医療・療養等として行われる物品の譲渡、貸付け、役務の提供は、非課税となります（消法別表第二第六号）。

　医療は、国民の生命・健康の維持に直接関わるものであり、医療を必要とする社会的弱者の立場を考慮し、税の逆進性を緩和するため非課税とされています。

　社会保険医療、費用の全部又は一部が国又は地方公共団体により負担される医療及び療養は、患者の一部負担分も含めて非課税です。自由診療や選択メニューの提供につき差額徴収をされる部分については非課税となりません（消基通6－6－2～3）。

医療等の区分	判定
健康保険、国民健康保険その他の公費負担医療、高度先進医療	非課税
保険診療に係る医師の処方による薬店での薬品の販売	非課税
入院時食事療養費や差額ベッド代、歯科材料費等のうち、患者の希望又は同意により選定し費用の差額徴収をされる部分	課税
病床数200以上の病院の初診料、診察料のうち特別料金部分	課税
自由診療（予防接種、健康診断、美容整形、審美歯科診療、はり、きゅう等）	課税
健康相談、健康指導、機能訓練	課税

自動車事故の被害者に対する医療（自賠責保険の限度額を超える部分を含めて）	非課税
自動車事故の被害者に対する医療（自由診療で医師が必要と認めたもの）	非課税

※ 社会保険診療による資産の譲渡等に該当しない場合であっても、助産（266頁参照）に係る資産の譲渡等は非課税となります。

介護サービス・社会福祉事業

（1）介護サービス

　介護保険法の規定に基づく居宅介護サービス費の支給に係る居宅サービス、施設介護サービス費の支給に係る施設サービスその他これらに類するものとして定められたものは非課税です（消法別表第二第七号イ）。

　介護サービスは、40歳以上の全国民が加入することを前提とした保険制度による相互扶助の仕組みから生ずる現物給付であり、公的医療に準ずるものであることから非課税とされています。

　次表の介護サービスは、利用者が負担する利用料を含め、非課税となります（消令14の2、消基通6－7－1～2、平成12年大蔵省告示27号、平成12年厚生省告示126号、同190号）。

	介護保険法8条2項から11項までに規定する次の訪問介護等	
居宅介護サービス費の支給に係る居宅サービス	介護福祉士等が行う訪問介護	居宅要介護者の選定による交通費を対価とする資産の譲渡等を除く
	訪問入浴介護	居宅要介護者の選定による交通費を対価とする資産の譲渡等及び特別な浴槽水等の提供を除く
	看護師等が行う訪問看護（主治医が厚生労働省令の基準に適合していると認めた居宅要介護者に限る）	居宅要介護者の選定による交通費を対価とする資産の譲渡等を除く
	訪問リハビリテーション（主治医が厚生労働省令の基準に適合していると認めた居宅要介護者に限る）	
	医師、歯科医師、薬剤師、歯科衛生士、管理栄養士等が行う居宅療養管理指導	
	特別養護老人ホーム、養護老人ホーム、老人福祉センター、老人デイサービスセンター等の施設に通わせて行う通所介護	居宅要介護者の選定による送迎を除く
	介護老人保健施設、病院、診療所等に通わせて行う通所リハビリテーション（主治医が厚生労働省令の基準に適合していると認めた居宅要介護者に限る）	

居宅介護サービス費の支給に係る居宅サービス	特別養護老人ホーム、養護老人ホーム、老人短期入所施設等で行う短期入所生活介護		居宅要介護者の選定による特別な居室の提供、特別な食事の提供及び送迎を除く
	介護老人保健施設及び療養病床を有する病院等で行う短期入所療養介護（厚生労働省で定める居宅要介護者に限る）		居宅要介護者の選定による特別な療養室等の提供、特別な食事の提供及び送迎を除く
	有料老人ホーム、養護老人ホーム及び軽費老人ホームに入居している要介護者について行う特定施設入居者生活介護		要介護者の選定により提供される介護その他の日常生活上の便宜に要する費用を対価とする資産の譲渡等を除く
施設介護サービス費の支給に係る施設サービス	特別の居室の提供その他の財務大臣が指定する資産の譲渡等（介護保険法の規定に基づく次の施設サービス）		
	特別養護老人ホームに入所する要介護者について行われる介護福祉施設サービス		要介護者の選定による特別な居室の提供及び特別な食事の提供を除く
	都道府県知事の許可を受けた介護老人保健施設に入所する要介護者について行われる介護保健施設サービス		
	都道府県知事の許可を受けた介護医療院に入所する要介護者について行われる介護医療院サービス		
居宅サービス又は施設サービスに類するもの	介護保険法に基づく次のサービス		
	特例居宅介護サービス費の支給に係る訪問介護等又はこれに相当するサービス		要介護者の選定による交通費を対価とする資産の譲渡等、特別な浴槽水等の提供、送迎、特別な居室の提供、特別な療養室等の提供、特別な食事の提供又は介護その他の日常生活上の便宜に要する費用を対価とする資産の譲渡等を除く
	地域密着型介護サービス費の支給に係る地域密着型サービス	介護福祉士、看護師等が行う定期巡回、随時対応型訪問介護看護	居宅要介護者の選定による交通費を対価とする資産の譲渡等を除く
		介護福祉士等が行う夜間対応型訪問介護	
		特別養護老人ホーム、養護老人ホーム、老人福祉センター、老人デイサービスセンター等の施設に通わせて行う地域密着型通所介護	居宅要介護者の選定による送迎を除く
		特別養護老人ホーム、養護老人ホーム、老人福祉センター、老人デイサービスセンター等の施設に通わせて行う認知症対応型通所介護	
		居宅又は機能訓練等を行うサービスの拠点で行う小規模多機能型居宅介護	居宅要介護者の選定による送迎及び交通費を対価とする資産の譲渡等を除く
		共同生活を営む住居において行う認知症対応型共同生活介護	

居宅サービス又は施設サービスに類するもの	有料老人ホーム、養護老人ホーム及び軽費老人ホームに入居している要介護者について行う地域密着型特定施設入居者生活介護	要介護者の選定により提供される介護その他の日常生活上の便宜に要する費用を対価とする資産の譲渡等を除く
	特別養護老人ホームに入所する要介護者について行う地域密着型介護老人福祉施設入所者生活介護	要介護者の選定による特別な居室の提供及び特別な食事の提供を除く
	特例地域密着型介護サービス費の支給に係る定期巡回・随時対応型訪問介護看護等又はこれに相当するサービス	要介護者の選定による交通費を対価とする資産の譲渡等、送迎、特別な居室の提供、特別な食事の提供又は介護その他の日常生活上の便宜に要する費用を対価とする資産の譲渡等を除く
	特例施設介護サービス費の支給に係る施設サービス	要介護者の選定による特別な居室の提供、特別な療養室の提供、特別な病室又は特別な食事の提供を除く
	介護予防サービス費の支給に係る介護予防訪問入浴介護等	要支援者の選定による交通費を対価とする資産の譲渡等、特別な浴槽水等の提供、送迎、特別な居室の提供、特別な療養室等の提供、特別な食事の提供又は介護その他の日常生活上の便宜に要する費用を対価とする資産の譲渡等を除く
	特例介護予防サービス費の支給に係る介護予防訪問入浴介護等又はこれに相当するサービス	
	地域密着型介護予防サービス費の支給に係る介護予防認知症対応型通所介護等	居宅要支援者の選定による送迎及び交通費を対価とする資産の譲渡等を除く
	特例地域密着型介護予防サービス費の支給に係る介護予防認知症対応型通所介護等又はこれに相当するサービス	
	居宅介護サービス計画費の支給に係る居宅介護支援及び介護予防サービス計画費の支給に係る介護予防支援	
	特例居宅介護サービス計画費の支給に係る居宅介護支援又はこれに相当するサービス及び特例介護予防サービス計画費の支給に係る介護予防支援又はこれに相当するサービス	
	市町村特別給付として要介護者又は居宅要支援者に対して行う食事の提供	平成12年厚生省告示第126号により厚生労働大臣が指定したもの
	介護保険法の規定に基づく地域支援事業として居宅要支援被保険者等に対して行う介護予防・日常生活支援総合事業に係る資産の譲渡等	平成24年厚生労働省告示第307号により厚生労働大臣が指定したもの

	生活保護法等に基づく介護扶助等のための次のサービス	
居宅サービス又は施設サービスに類するもの	施設介護	
	居宅介護及びこれに相当するサービス	これに相当するサービスは、平成12年厚生省告示第190号「消費税法施行令第14条の2第3項第12号の規定に基づき厚生労働大臣が指定するサービス」に規定するサービスに限る
	介護予防及びこれに相当するサービス	

※　介護予防訪問介護等とは、介護予防訪問介護、介護予防訪問入浴介護、介護予防訪問看護、介護予防訪問リハビリテーション、介護予防居宅療養管理指導、介護予防通所介護、介護予防通所リハビリテーション、介護予防短期入所生活介護、介護予防短期入所療養介護及び介護予防特定施設入居者生活介護をいいます。

※　介護予防認知症対応型通所介護等とは、地域密着型介護予防サービス費の支給に係る介護予防認知症対応型通所介護、介護予防小規模多機能型居宅介護及び介護予防認知症対応型共同生活介護をいいます。

① 　福祉用具の譲渡及び貸付け

　介護サービスの非課税は役務の提供を対象としているため、福祉用具の譲渡及び貸付けは、介護保険法の給付に該当するものであっても、非課税になりません。

　ただし、その福祉用具が身体障害者用物品に該当するときは、これを譲り受ける者が要介護者であるか否かにかかわりなく非課税となります（268頁参照）（消基通6－7－3）。

② 　住宅改修費

　要介護者のための住宅等の改修費用が介護保険の給付の対象になる場合であっても、その住宅改修に係る工事の請負は介護サービスではないため、非課税取引となりません。

③ 　介護サービスの委託

　介護保険サービスの非課税は、「介護保険法に基づく居宅介護サービス費の支給に係る居宅サービス、施設介護サービス費の支給に係る施設サービスその他これらに類するものとして政令で定めるもの」とされています。この居宅介護サービス費及び施設介護サービス費は、介護保険法41条及び48条において、要介護被保険者がサービスを受けた場合に支給する旨が規定されています。

　したがって、居宅サービス事業者、居宅介護支援事業者又は介護保険施設等からの委託により、他の事業者が非課税となる介護保険に係る資産の譲渡等を行っても、その委託業務は、居宅サービス事業者等に対して行われるものであるため、非課税になりません（消基通6－7－4）。

(2)　社会福祉事業

　社会福祉事業及び更生保護事業として行われる資産の譲渡等、これらに類するものとして定められた資産の譲渡等は非課税です（消法別表第二第七号ロ）。

　社会福祉事業は、老人・児童・身体障害者・生活困窮者等に対して行われる事業であり、税負担を求めることにつき、国民の理解を得にくいものであることなどを考慮して、非課税とされています。

第 4 章　非課税

◆非課税となる社会福祉事業◆

第1種社会福祉事業	生活保護法	救護施設、更生施設その他生計困難者を無料又は低額な料金で入所させて生活の扶助を行うことを目的とする施設を経営する事業
		生計困難者に対して助葬を行う事業
	児童福祉法	乳児院、母子生活支援施設、児童養護施設、障害児入所施設、児童心理治療施設又は児童自立支援施設を経営する事業
	老人福祉法	養護老人ホーム、特別養護老人ホーム又は軽費老人ホームを経営する事業
	障害者総合支援法	障害者支援施設を経営する事業（生産活動としての作業に基づき行われる資産の譲渡等を除く）
	困難な問題を抱える女性への支援に関する法律	女性自立支援施設を経営する事業
	授産施設を経営する事業（生産活動としての作業に基づき行われる資産の譲渡等を除く）	
	生計困難者に対して無利子又は低利で資金を融通する事業	
第2種社会福祉事業	生計困難者に対して、その住居で衣食その他日常の生活必需品若しくはこれに要する金銭を与え、又は生活に関する相談に応ずる事業	
	生活困窮者自立支援法	認定生活困窮者就労訓練事業（生産活動としての作業に基づき行われる資産の譲渡等を除く）
	児童福祉法	障害児通所支援事業、障害児相談支援事業、児童自立生活援助事業、放課後児童健全育成事業、子育て短期支援事業、乳児家庭全戸訪問事業、養育支援訪問事業、地域子育て支援拠点事業、一時預かり事業、小規模住居型児童養育事業、小規模保育事業、病児保育事業、子育て援助活動支援事業、親子再統合支援事業、社会的養護自立支援拠点事業、意見表明等支援事業、妊産婦等生活援助事業、子育て世帯訪問支援事業、児童育成支援拠点事業、親子関係形成支援事業又は乳児等通園支援事業、助産施設・保育所・児童厚生施設・児童家庭支援センター又は里親支援センターを経営する事業及び児童の福祉の増進について相談に応ずる事業 ※　認可外保育所で認可外保育施設指導監督基準を満たす証明を受けたもの
	認定こども園法	幼保連携型認定こども園を経営する事業
	民間あっせん機関による養子縁組のあっせんに係る児童の保護等に関する法律	養子縁組あっせん事業
	母子・父子寡婦福祉法	母子家庭日常生活支援事業、父子家庭日常生活支援事業又は寡婦日常生活支援事業及び母子・父子福祉施設を経営する事業

第２種社会福祉事業	老人福祉法	老人居宅介護等事業、老人デイサービス事業、老人短期入所事業、小規模多機能型居宅介護事業、認知症対応型老人共同生活援助事業又は複合型サービス福祉事業及び老人デイサービスセンター、老人短期入所施設、老人福祉センター又は老人介護支援センターを経営する事業
	障害者総合支援法	障害福祉サービス事業、一般相談支援事業、特定相談支援事業又は移動支援事業及び地域活動支援センター又は福祉ホームを経営する事業（生産活動としての作業に基づき行われる資産の譲渡等を除く）
	身体障害者福祉法	身体障害者生活訓練等事業、手話通訳事業又は介助犬訓練事業若しくは聴導犬訓練事業、身体障害者福祉センター、補装具製作施設、盲導犬訓練施設又は視聴覚障害者情報提供施設を経営する事業及び身体障害者の更生相談に応ずる事業
	知的障害者福祉法	知的障害者の更生相談に応ずる事業
	生計困難者のために、無料又は低額な料金で、簡易住宅を貸し付け、又は宿泊所その他の施設を利用させる事業	
	生計困難者のために、無料又は低額な料金で診療を行う事業	
	生計困難者に対して、無料又は低額な費用で介護保険法に規定する介護老人保健施設又は介護医療院を利用させる事業	
	隣保事業	隣保館等の施設を設け、無料又は低額な料金でこれを利用させることその他その近隣地域における住民の生活の改善及び向上を図るための各種の事業
	福祉サービス利用援助事業	精神上の理由により日常生活を営むのに支障がある者に対して、無料又は低額な料金で、上記の福祉サービスの利用に関し相談に応じ、及び助言を行い、並びに福祉サービスの提供を受けるために必要な手続又は福祉サービスの利用に要する費用の支払に関する便宜を供与をすることその他の福祉サービスの適切な利用のための一連の援助を一体的に行う事業
	連絡又は助成	上記事業に関する連絡又は助成を行う事業
更生保護事業法に規定する更生保護事業		
社会福祉事業等として行われる資産の譲渡等に類するもの	児童福祉法	児童福祉法７条１項に規定する児童福祉施設を経営する事業として行われる資産の譲渡等
		児童福祉法７条１項に規定する保育所を経営する事業に類する事業として行われる資産の譲渡等として内閣総理大臣が財務大臣と協議して指定するもの
		児童福祉法27条２項の規定に基づき指定発達支援医療機関が行う治療等
		児童福祉法33条に規定する一時保護
	障害者総合支援法	障害者総合支援法29条１項又は30条１項の規定に基づき独立行政法人国立重度知的障害者総合施設のぞみの園がその設置する施設において行うこれらの規定に規定する介護給付費、訓練等給付費、特例介護給付費、特例訓練等給付費の支給に係る施設障害福祉サービス

知的障害者福祉法	知的障害者福祉法16条1項2号の規定に基づき独立行政法人国立重度知的障害者総合施設のぞみの園がその設置する施設において行う更生援護
介護保険法115条の46第1項に規定する包括的支援事業として行われる資産の譲渡等で厚生労働大臣が財務大臣と協議して指定するもの（平成18年3月31日厚生省告示第311号）	
子ども・子育て支援法の規定に基づく施設型給付費、特例施設型給付費、地域型保育給付費又は特例地域型保育給付費の支給に係る事業として行われる資産の譲渡等	
母子保健法17条の2第1項に規定する産後ケア事業として行われる資産の譲渡等	
その費用が国又は地方公共団体により負担されるものとして内閣総理大臣及び厚生労働大臣が財務大臣と協議して指定する次のもの（平成3年6月7日厚生省告示第129号）	老人福祉法5条の2第1項に規定する老人居宅生活支援事業
	障害者総合支援法5条1項に規定する障害福祉サービス事業（同項に規定する居宅介護、重度訪問介護、同行援護、行動援護、短期入所及び共同生活援助に係るものに限る）
	その他これらに類する事業

① 生産活動が行われる事業

　社会福祉事業であっても、生産活動が行われる事業において行われる就労又は技能の習得のために必要な訓練等の過程において製作等される物品の販売その他の資産の譲渡等は、課税されます。

　生産活動が行われる事業においては、生産活動のほか、要援護者に対する養護又は援護及び要援護者に対する給食又は入浴等の便宜供与等も行われていますが、そのような便宜供与等は生産活動には該当せず、非課税となります（消基通6−7−6）。

② 社会福祉事業の委託

　社会福祉法人等が地方公共団体等から委託されて行う社会福祉施設の経営は、非課税となる社会福祉事業として行われる資産の譲渡等に該当します。

　ただし、経営を委託された社会福祉法人からさらにその経営の一部を再委託されたその業務委託は、その業務委託自体が社会福祉事業に該当しない限り、非課税となりません（消基通6−7−9）。

③ 無認可保育園

　児童福祉法に規定する認可外保育施設（無認可保育園）であっても、平成17年3月31日厚生労働省告示第128号「消費税法施行令第14条の3第1号の規定に基づき内閣総理大臣が指定する保育所を経営する事業に類する事業として行われる資産の譲渡等」に掲げる事項のすべてを満たし、都道府県知事等からその証明書の交付を受けている場合には、その施設で乳児又は幼児を保育する業務として行われる資産の譲渡等は、保育所を経営する事業に類する事業として行われる資産の譲渡等に該当し、非課税となります。

　ただし、都道府県知事等からその証明書を返還することを求められた場合には、その求められた日以後は、非課税になりません（消基通6−7−7の2）。

(3) 認定こども園

① 認定こども園とは

　幼稚園、保育所等のうち、以下の機能を備え、認定基準を満たす施設は、都道府県知事から「認定こども園」の認定を受けることができます（子ども子育て支援法3）。

> **就学前の子どもに幼児教育・保育を提供する機能**　（保護者が働いている、いないにかかわらず受け入れて、教育・保育を一体的に行う機能）
> **地域における子育て支援を行う機能**　（すべての子育て家庭を対象に、子育て不安に対応した相談活動や、親子の集いの場の提供などを行う機能）

　認定こども園には、地域の実情に応じて次のような多様なタイプが認められることになります。なお、認定こども園の認定を受けても、幼稚園や保育所等はその位置づけを失うことはありません。

- ・幼保連携型…幼稚園的機能と保育所的機能の両方の機能をあわせ持つ単一の施設として、認定こども園としての機能を果たすタイプです。
- ・幼稚園型　…認可幼稚園が、保育が必要なこどものための保育時間を確保するなど、保育所的な機能を備えて認定こども園としての機能を果たすタイプです。
- ・保育所型　…認可保育所が、保育が必要なこども以外のこどもも受け入れるなど、幼稚園的な機能を備えることで認定こども園としての機能を果たすタイプです。
- ・地方裁量型…幼稚園・保育所いずれの認可もない地域の教育・保育施設が、認定こども園として必要な機能を果たすタイプです。

② 税制上の取扱い

　認定こども園は、幼稚園、保育所又は認可外保育施設のうち一定の機能を備えるものを認定する仕組みであることから、認定こども園の認定を受けた幼稚園、保育所又は認可外保育施設の税制上の取扱いは、一般の幼稚園、保育所又は認可外保育施設の取扱いと基本的に同じです。

　ただし、幼保連携型認定こども園を経営する事業は、第二種社会福祉事業に該当し、消費税は非課税となります（消法6①、別表第二7ロ、消基通6－7－5）。

　また、子ども子育て支援法に基づく確認を受ける幼稚園における給食代やスクールバス代等の実費徴収は、「施設型給付費等の支給に係る事業として行われる資産の譲渡等」として非課税となります。

⑧ 助産に係る資産の譲渡等

　医師、助産師等による助産に係る資産の譲渡等は非課税となります（消法別表第二第八号）。

　助産について、異常分娩の場合は医療に係る給付の非課税が適用されますが、正常分娩の介助及び妊娠から産前産後の通常の入院・検診等はこれに該当しません。しかし、いずれの場合も助産は、母子の生命、健康を守るうえで欠かせないものですから、医療等に準じて非課税と

されています。

　非課税となる助産に係る資産の譲渡等の範囲は次表のとおりです（消基通6－8－1）。

　人工妊娠中絶、母親教室等の費用は、非課税の範囲に含まれません。

◆非課税となる助産に係る資産の譲渡等の範囲◆

医師、助産師、その他医療施設開設者が行う次のもの	妊娠検査（妊娠しているか否かにかかわらず）
	妊娠していることが判明した時以降の検診、入院
	分娩の介助（異常分娩は保険医療の非課税、正常分娩は助産の非課税）
	出産の日以後2か月以内に行われる母体の回復検診
	新生児に係る検診

　助産に係る入院については、医療に係る非課税と違って、差額ベッド料等を区分して課税とする必要はありません。妊娠中の入院及び出産後1か月以内は、差額ベッド料及び特別給食費並びに大学病院等の初診料についても全額が非課税となります（消基通6－8－2～3）。

◆妊娠中、産後1か月以内の入院◆

妊娠中、産後の入院	骨折等のケガや疾病による入院であっても、妊娠から出産後1か月以内で産婦人科医が共同して管理する入院は助産に係る資産の譲渡等に該当し、差額ベッド料、特別給食費、大学病院等の初診料についても全額が非課税
新生児に係る検診及び入院	

⑨ 埋葬料又は火葬料を対価とする役務の提供

　埋葬料、火葬料を対価とする役務の提供は、非課税です（消法別表第二第九号）。

　「埋葬」「火葬」の範囲は、墓地埋葬法の定義によります（消基通6－9－1）。すなわち、「埋葬」とは、死体（妊娠4か月以上の死胎を含みます。）を土中に葬ることをいい、「火葬」とは、死体を葬るためにこれを焼くことをいいます（墓地埋葬法2①②）。

　したがって、火葬した焼骨を墳墓や納骨堂に納める行為は「埋葬」「火葬」に当たらず、納骨料等は非課税になりません。

　改葬の際に埋葬、火葬が行われた場合は、その埋葬、火葬については非課税の範囲に含まれます（消基通6－9－2）。

　改葬とは、「埋葬した死体を他の墳墓に移し、又は埋蔵し、若しくは収蔵した焼骨を、他の墳墓又は納骨堂に移すこと」をいいます（墓地埋葬法2③）。

◆葬儀費用の課否判定◆

埋葬料、火葬料	非課税
埋葬許可手数料	非課税（行政手数料）
納骨料	課税（墓地埋葬法に規定する埋葬、火葬に係る費用でない）
僧侶のお布施、戒名料	不課税（喜捨金）
その他の葬儀諸費用	課税

※ 葬儀業者が埋葬料、火葬料を他の葬儀諸費用と区分して預り金処理をした場合は、非課税の売上げに計上する必要はありません。

※ 葬儀諸費用のうち、喜捨金に該当するものは課税の対象となりません。

⑩ 身体障害者用物品の譲渡等

厚生労働省告示において指定された身体障害者用物品の譲渡・貸付け・製作の請負・修理は、非課税となります（消法別表第二第十号）。

身体障害者用物品は、身体機能を補うために着装され通常の生活を営む上で必要となるものであること、特殊な性状・構造・機能を施すための費用負担はその者の趣向や選択によるものではないこと、身体障害者が一般に社会的弱者と位置付けられていること等の理由から非課税とされています。

身体障害者用物品とは、身体障害者が使用するための特殊な性状・構造・機能を有する物品として内閣総理大臣及び厚生労働大臣が、平成3年厚生省告示第130号「消費税法施行令第14条の4の規定に基づき、内閣総理大臣及び厚生労働大臣が指定する身体障害者用物品及びその修理を定める件」により指定したものをいいます（消令14の4①）。したがって、身体障害者が購入するものであっても、指定されたものでなければ非課税になりません（消基通6－10－1）。

また、身体障害者用物品を製作するための材料や部品の譲渡は非課税になりません（消基通6－10－2）。

① 改造の取扱い

他の者から委託を受けて身体障害者用物品以外の物品を身体障害者用物品に改造する行為は、身体障害者用物品の製作の請負に該当し、非課税です（消基通6－10－3）。

② 身体障害者用物品に該当する自動車の修理

非課税となる身体障害者用物品の修理は、内閣総理大臣及び厚生労働大臣が告示により指定した範囲に限られています。

身体に障害を有する者の身体の状態に応じた補助手段が講じられている自動車について、補助手段等の修理と他の部分の修理とを併せて行った場合には、補助手段等の修理のみが身体障害者用物品の修理に該当します（消基通6－10－4）。

第4章 非課税

> **誤りやすい事例** **身体障害者用物品の製造販売**

当社は、身体障害者用物品として指定された車いすを製造しています。

車いすは、これを必要とする消費者に直接販売し、又は身体障害者用物品を販売する会社に卸売りし、販売後は、有料で修理を行っています。

車いす製造のための材料の購入と販売及びその修理は、いずれも非課税と考えてよろしいですか。

> **解 説**

貴社が製造した車いすは、内閣総理大臣及び厚生労働大臣が指定する身体障害者用物品に該当するものであることから、その譲渡は、譲渡する相手方がだれであっても、非課税となります。

車いすの修理も、内閣総理大臣及び厚生労働大臣に指定された修理に該当するものは、非課税となります。

車いすを製造するための材料、部品等の仕入れは、それ自体が身体障害者用物品でないことから、課税仕入れとなります。ただし、この課税仕入れは、材料等を車いす製造のためだけに使用している場合には非課税資産の譲渡等にのみ要するものに区分するため、仕入税額控除の対象から除かれることなります。

なお、車いすを輸出販売する場合は、その販売については課税されませんが、仕入税額控除の計算においては、これを課税資産の譲渡等とみなして、譲渡の対価を課税売上げの対価として課税売上割合を計算するとともに、輸出販売をした車いすの材料等の購入は、課税資産の譲渡等にのみ要するものに区分して仕入税額控除の対象とします。国内で販売するものと区別しないで材料等の仕入れを行っている場合には、その材料等の課税仕入れは、共通対応分に区分します。

【参考】消法6①、30②、消法別表第二第十号、消令14の4、消基通6−10−1、6−10−2

⑪ 学校教育

学校教育法に規定する教育又はこれに準ずる教育に関する役務の提供は、非課税です（消法別表第二第十一号）。

学校教育制度は国の基幹制度であり、EU諸国の付加価値税においてもこれに課税しないための措置が講じられています。

非課税となるのは、第一に人的要件として学校教育法その他の法律に定める学校等が提供するものであること、第二の要件として教育に関する役務の提供であることが必要です。その具体的な収入は、教育サービスの対価の基本となる授業料・入学金をはじめ、国等が行う試験や証明に係る手数料の非課税とのバランスをとる意味で検定料、証明料等が定められています。

269

法人税法においては、学校法人を含む公益法人等の非収益事業から生じた所得については法人税を課さないものとされ（法法6）、課税される収益事業は、販売業、製造業その他34種の事業で継続して事業場を設けて営まれるものです（法法2十三）。

また、収益事業から学校部門（公益事業）の会計に繰入れ処理した金額は、みなし寄附金の取扱いにより、その事業年度の所得の金額の50％に相当する金額又は200万円のいずれか大きい金額まで損金算入することができます（法令73①三）。

消費税法には、収益事業と非収益事業とを区分する考え方はありませんが、学校法人については、法人税法の非収益事業の範囲と消費税法の非課税の範囲とは、おおむね似かよったものとなっています。ただし、法人税法におけるみなし寄附金のような取扱いはありません。

(1) 第一の条件～学校等の範囲

第一の人的要件を満たす学校等の範囲は、次表のとおりです（消令15、消規4、消基通6－11－1）。

◆学校の範囲◆

区　分	要件等
①　学校教育法に規定する学校	幼稚園、小学校、中学校、義務教育学校、高等学校、中等教育学校、特別支援学校、大学及び高等専門学校
②　学校教育法に規定する専修学校	高等課程、専門課程、一般課程
③　学校教育法に規定する各種学校（外国学校法人を含む）	〈③～⑤の要件〉 ・修業年限が1年以上であること ・その1年間の授業時間数（普通科、専攻科等の区別ごとの授業時間数）が680時間以上であること ・施設、教員数が同時に授業を受ける生徒数に比し十分であること ・その授業が年2回（④については4回）を超えない一定の時期に開始され、かつ、その終期が明確に定められていること ・学年、学期ごとに成績評価が行われ、その結果が成績考査に関する表簿等に登載されていること ・技術等の習得の成績の評価が行われ、その評価に基づいて卒業証書、修了証書が授与されていること
④　国立研究開発法人水産研究・教育機構法に規定する国立研究開発法人水産研究・教育機構の施設、独立行政法人海技教育機構法に規定する独立行政法人海技教育機構の施設、独立行政法人航空大学校法に規定する独立行政法人航空大学校及び高度専門医療に関する研究等を行う国立研究開発法人に関する法律に規定する国立研究開発法人国立国際医療研究センターの施設	
⑤　職業能力開発促進法に規定する職業能力開発総合大学校、職業能力開発大学校、職業能力開発短期大学校及び職業能力開発校（職業能力開発大学校、職業能力開発短期大学校及び職業能力開発校にあっては、国若しくは地方公共団体又は職業訓練法人が設置するものに限る。）	

教育に係る役務の提供の非課税は、上記の学校施設で行われるものに限られ、予備校、学習塾、英会話教室、カルチャースクールなどで提供されるものは非課税になりません。

幼稚園には、国立・公立・私立学校のほか、個人立、宗教法人立のものも含まれます（消基通

第4章 非課税

6−11−5）。保育園については社会福祉事業の非課税の範囲で非課税となります（262頁〜266頁参照）。

(2) 第二の条件〜授業料等の範囲

非課税となる授業料等の範囲は次表のとおりです（消令14の5、消基通6−11−2〜3）。

◆非課税となる授業料等の範囲◆

区　分	内　容
授業料	補習、追試等の費用を含む
入学金、入園料	入学辞退者からの受入れを含む
施設設備費	学校等の施設設備の整備・維持を目的として学生等から徴収するもの（例えば、次のような名称） 施設設備費（料）、施設設備資金、施設費、設備費、施設拡充費、設備更新費、拡充設備費、図書館整備費、施設充実費、設備充実費、維持整備資金、施設維持費、維持費、図書費、図書拡充費、図書室整備費、暖房費
検定料	入学、入園、聴講又は研究生の選抜のための試験に係る検定料
在学証明、成績証明その他学生等の記録の証明に係る手数料等	指導要録、健康診断票等に記録されている学生、生徒、児童又は幼児の記録に係る証明書の発行手数料等 在学証明書、卒業証明書、卒業見込証明書、成績証明書、健康診断書、転学部・転学科に係る検定手数料、推薦手数料

① 幼稚園の延長保育料

延長保育は、平成元年文部省告示第23号の幼稚園教育要綱にいう幼稚園における教育のひとつであることから、在園児を対象に行う延長保育は非課税取引となります。

② 入学しない者に対して返金しない入学金

入学金は、消費税法施行令14条の5第2号により非課税とされています。

入学金は、入学する権利の授与の対価であり、現実にその生徒が入学したかどうかにかかわらず、入学金支払の時点でその資産の譲渡等が完了しています。したがって、その後に生徒の都合で入学を辞退した場合であっても、非課税の売上げであることに変わりはありません。仮に、入学金の返金を行った場合には、その返金は、非課税資産の譲渡等の対価の返還となります。

また、学校会計においては、翌年度入学予定者に係る入学金は、収受した時点で前受金として処理し、翌年度において入学金に振り替えることとされていますが、消費税においては、入学を許可しその対価である入学金を収受した課税期間の非課税売上げとなります。

(3) 学校等が行う役務の提供で課税されるもの

学校等が行う役務の提供で非課税とされるのは、上記の授業料等を対価とするものに限られます。

学校が行う役務の提供につき課税されるものは、例えば次表のようなものがあります。

◆学校等が行う役務の提供で課税されるものの例◆

企業等からの委託による調査・研究等の役務の提供
公開模擬試験
大学等が行う公開講座
おやつ、給食、スクールバス維持費 （授業料と区別せず、利用の有無にかかわらず徴収する費用は非課税）

⑷ 物品の譲渡や貸付けである場合

教育関係の非課税は役務の提供に限られており、物品の譲渡や貸付けは、それが教育に必要なものであっても、あるいは学校が指定したものであっても、非課税になりません。

したがって、制服、教材、文房具、参考書、問題集等の販売は全て課税されます（消基通6－12－3）。

ただし、教科用図書の譲渡は、教育に係る役務の提供とは別にその非課税が定められています。

また、教材等が非課税となる教育に係る役務の提供に際して提供され、その費用が授業料に不可分一体に含まれている場合には、授業料の全てが非課税になります。

誤りやすい事例 給食とスクールバス

幼稚園を経営する学校法人です。当園では、「食育」を重要と考え、給食を実施しています。また、スクールバスは、送迎の必要から運行していますが、交通安全指導にも力を入れております。

給食代及びスクールバス利用料は、非課税ですか。

解 説

給食代及びスクールバス利用料は、課税資産の譲渡等の対価となります。

ただし、給食については、食事の提供の対価ではなく、「食育」の観点から教育の実施に必要な経費を授業料として徴収する場合、スクールバスについては、その利用料ではなく、スクールバスの維持・運用に必要な費用を施設設備費として徴収する場合には、非課税の対象となります。具体的には、その費用が授業料や設備費として徴収されることが募集要項等において明らかにされ、授業を休んでも授業料を返金しないのと同様に、利用の有無や頻度によって徴収する金額に差異が設けられていないなど、授業料、施設設備費等に該当すると認められる場合です。

【参考】消法6①、消法別表第二第十一号、消令14の5、消基通6－11－1、6－11－2

12 教科用図書の譲渡

学校教育法に規定する教科用図書の譲渡は非課税です（消法別表第二第十二号）。

◆非課税となる教科用図書◆

- 検定済教科書
- 文部科学省が著作の名義を有する教科書

（学校教育法34、49、49の8、62、70①、82）

学校教育法附則9条の経過措置により高等学校等で当分の間使用することができることとされている教科用図書は、非課税となる教科用図書に該当しません（消基通6－12－1）。

① 譲渡者、譲受者を問わず非課税

教育についての非課税は、学校等における授業料等を対価とする役務の提供に限られており、教材や参考図書の譲渡は全て課税されることになります。

ただし、教科用図書の譲渡は、教育に係る役務の提供とは別枠で非課税とされており、譲渡者又は譲受者のいかんを問わず非課税となります。

したがって、予備校や学習塾等、学校以外の事業者が譲渡を行った場合であっても非課税です。

② 教科用図書の供給手数料の取扱い

教科用図書の供給業者等が教科用図書の配送等の対価として収受する手数料は、非課税となりません（消基通6－12－2）。

13 住宅の貸付け

「住宅の貸付け」は、非課税です。

「住宅の貸付け」とは、人の居住の用に供する家屋又は家屋のうち人の居住の用に供する部分の貸付けをいいます（消法別表第二第十三号）。

⑴ 旅館業及び1か月未満の貸付けは対象外

人の居住の用に供される家屋の貸付けであっても、その貸付けに係る期間が1か月未満である場合及びその貸付けが旅館業法に規定する旅館業に係る施設の貸付けに該当する場合には、非課税となる住宅の貸付けから除かれます（消令16の2）。

> **誤りやすい事例**　民泊

　１か月以上の長期滞在となる民泊は、非課税になりますか。

> **解　説**

　平成29年６月に成立した住宅宿泊事業法（民泊新法）２条３項に規定する住宅宿泊事業（いわゆる民泊）は、旅館業法に規定する旅館業に該当することから、非課税になりません（消基通６－13－４）。

> **誤りやすい事例**　ホテル住まい

　当社はホテルを経営する法人です。このたび歌手やタレント等のアーティストを擁する芸能プロダクションから、イメージづくりや管理のため、人気の高い一部のアーティストについては都心の高級ホテルに住まわせたいという理由で、長期滞在契約の申入れがあり、契約を締結することとなりました。
　この契約は住宅の貸付けに該当し、非課税となるのでしょうか。

> **解　説**

　人の居住の用に供する家屋の貸付けは、消費税の非課税とされています。ただし、その非課税の範囲から、１か月未満の貸付け及び旅館業法に規定する旅館業に係る施設の貸付けは除かれています。
　ホテル住まいを行う場合の長期滞在契約は、アーティストに対して居住のための施設を提供するものですが、ホテル営業に該当するものであることから、非課税になりません。
　なお、芸能プロダクションにおいては、アーティストをホテルに住まわせるための費用は、課税仕入れとなります。また、所得税においては、芸能プロダクションが負担した費用の額は、アーティストに対する給与として課税される場合もあります。
【参考】消法６①、別表第二第十三号、消令16の２、消基通６－13－４、所法９①六、所令21四、84の２、所基通９－９、36－40～41、36－45

(2)　契約による判定と状況による判定

　令和２年度税制改正前においては、住宅の貸付けであるかどうかは、その貸付けに係る契約において人の居住の用に供することが明らかにされているものに限るとされていましたが、改正により、令和２年４月１日以後に行う貸付けについては、契約において貸付けに係る用途が明らかでない場合において、その貸付け等の状況からみて人の居住の用に供されていることが明らかであるときは、非課税となる住宅の貸付けに該当するものと判断することになりました。

令和２年４月１日以後の住宅の貸付けの判定
契約による判定	契約において人の居住の用に供することが明らかにされている場合は非課税
実態による判定	契約において用途が明らかにされていない場合において、貸付け等の状況からみて人の居住の用に供されていることが明らかであるときは非課税

① 貸付けに係る用途が明らかにされていない場合

「当該契約において当該貸付けに係る用途が明らかにされていない場合」には、例えば、住宅の賃貸に係る契約において、住宅を居住用又は事業用どちらでも使用することができることとされている場合が含まれます（消基通６−13−10）。

② 貸付け等の状況からみて人の居住の用に供されていることが明らかな場合

「当該貸付け等の状況からみて人の居住の用に供されていることが明らかな場合」とは、住宅の賃貸に係る契約においてその貸付けに係る用途が明らかにされていない場合に、その貸付けに係る賃借人や住宅の状況その他の状況からみて人の居住の用に供されていることが明らかな場合をいいます。

例えば、住宅を賃貸する場合において、次に掲げるような場合が該当します（消基通６−13−11）。

① 住宅の賃借人が個人であって、その住宅が人の居住の用に供されていないことを賃貸人が把握していない場合

② 転貸（住宅の賃貸人Ａ→賃借人Ｂ→入居者Ｃ）である場合において、その賃借人Ｂと入居者Ｃとの間の契約において人の居住の用に供することが明らかにされている場合

③ 転貸（住宅の賃貸人Ａ→賃借人Ｂ→入居者Ｃ）である場合において、その賃借人Ｂと入居者Ｃとの間の契約において貸付けに係る用途が明らかにされていないが、その入居者Ｃが個人であって、その住宅が人の居住の用に供されていないことを賃貸人Ａが把握していない場合

住宅用の建物を転貸する場合、賃貸借契約において、賃借人が住宅として転貸することが契約書その他において明らかな場合には、建物所有者から転貸人への貸付け、転貸人から居住する者への貸付けのそれぞれが、住宅の貸付けとなります（消基通６−13−７）。

契約上、居住用として転貸することを明らかにしている場合のアパートの一棟貸し、社宅や寮の貸付けがこれに該当します。

③ 付属施設の取扱い

住宅の貸付けに付随する付属施設の貸付けについては、その状況により、次表のとおり住宅の貸付けの範囲に含まれるかどうかを判断します（消基通６−13−１〜３）。

住宅に付属する駐車場の取扱いについては、242頁を参照してください。

付属設備がある場合の住宅の範囲			判定
庭、塀等、通常住宅に付随して貸し付けられるもの 家具、じゅうたん、照明設備、冷暖房設備等住宅の付属設備として住宅と一体となって貸し付けられるもの	住宅とは別の賃貸借の目的物として別に使用料等を収受している場合		課税
	住宅の一部として区分していないもの		住宅の一部
プール、アスレチック施設等	入居者専用の施設	利用の有無にかかわらず家賃が一定で、家賃と施設との利用料を区分することができない	住宅の一部
		家賃とは別に利用料を設定している	課税
	入居者以外も利用可能な施設	入居者であるか否かにかかわらず無償で利用できる	対価なし
		入居者以外の者が利用する場合に利用料（月会費、年会費等を含む）を徴収している	合理的に区分して課税

(3) 敷金、保証金、共益費等

　家賃には、月決め等の家賃のほか、敷金、保証金、一時金等のうち返還しない部分、共同住宅における共益費も含まれます。

　個別のメーターにより各入居者がそれぞれ支払うべき光熱水費を取りまとめて支払うために、メーターごとの使用料を明らかにして実費徴収している場合には、家賃と区分して預かり金とすることができます。

(4) ケア付住宅、まかない付の寄宿舎等

　ケア付住宅、有料老人ホーム、食事付の貸間、食事付の寄宿舎等、非課税となる住宅の貸付けと、課税となる役務の提供の両方を提供する契約である場合には、住宅の貸付けに係る対価の額と役務の提供に係る対価の額に合理的に区分し、それぞれ非課税売上げ又は課税売上げの判断をします（消基通6-13-6）。

　例えば、まかない付の下宿の場合には、まかない部分は課税、部屋代部分は非課税となります。

(5) 原状回復費

　賃貸借契約の解約又は終了時に受領する原状回復費は住宅補修の対価であることから、それが実費精算によるものであっても、一律の金額を徴収するものであっても、住宅の貸付けの対価とはなりません。

(6)　店舗等併設住宅

　住宅と店舗等の事業用施設が併設されている建物を一括して貸し付ける場合には、住宅として貸し付けた部分のみが非課税になります。

　賃貸料は、住宅の貸付けに係る対価の額と事業用の施設の貸付けに係る対価の額とに合理的に区分し、それぞれ非課税売上げ又は課税売上げとします（消基通6－13－5）。

(7)　用途変更の場合

　住宅の貸付けとして契約したものについて、契約当事者間で住宅以外の用途に変更する契約の変更をした場合には、変更前は非課税、変更後は課税の取扱いとなります。

　同様に、住宅以外の貸付けを住宅の貸付けに契約の変更をした場合も、変更前後の契約の内容により、非課税かどうかを判断します。

　ただし、住宅の貸付けとして契約したにもかかわらず賃借人が家主に無断で住宅以外の用に供したとしても、その建物の貸付けが課税取引として扱われることはなく、賃借人においてはこれを課税仕入れとすることはできません（消基通6－13－8）。

第3節　裁判例・裁決例

裁判例　賃貸人が路面舗装等をした場合の土地の貸付け

大阪地裁平成24年4月19日判決（棄却）、大阪高裁平成24年11月29日判決（棄却）、最高裁平成29年1月19日決定（棄却）（確定）

　消費税が物品等の譲渡又はサービスの提供に対して税負担を求めるものであるところ、土地の貸付けは、消費そのものではなく、単なる資本の振替又は移転であると考えられることから、原則として非課税取引とするものの、「駐車場その他の施設の利用に伴って土地が使用される場合」は、土地そのものの貸付けではなく、駐車場その他の施設の利用に消費としての性格が認められることから、課税取引としたものであると解される。そして、当該取引が駐車場その他の施設の利用に伴って土地が使用される場合に該当する以上、当該賃貸料のうち観念的な土地利用の対価部分の割合にかかわらず、当該取引全体が課税取引として課税の対象となると解するのが相当である。

　したがって、本件貸付けが課税取引となるか否かは、本件貸付けが本件土地における施設を利用するものとして消費の性格を有するか否かによって判断すべきである。

　原告は、契約締結以前において、本件土地上に本件設備を設置したこと、契約において、Aが本件土

地を時間貸駐車場として使用することがその目的とされ、アスファルト舗装及び車室ラインについて契約終了時の原状回復義務が定められていること、原告は、Aに対し、本件設備が設置された状態で本件土地を引き渡し、Aは駐車区画ラインを除く本件設備を利用して時間貸駐車場営業を行ったことが認められる。これらの事実に照らせば、原告がA及びBに対して本件土地を引き渡した各時点において本件土地上に存在した本件設備は、駐車場として利用可能な機能を有した施設であるということができる。

　加えて、原告は、平成18年及び平成19年分所得税青色申告決算書において、本件設備のうちアスファルト舗装及びフェンスについて減価償却資産として計上していることが認められることを併せ考えれば、本件設備が設置された本件土地の貸付けを単なる資本の振替又は移転にすぎない「土地の貸付け」であるとみることはできず、本件設備の利用による消費としての性格が認められるというべきである。

　したがって、本件貸付けは、「駐車場その他の施設の利用に伴って土地が使用される場合」に該当し、課税取引であると認められる。

　控訴人は、駐車場事業者に対し、同業者側で新たに駐車場設備を設置して事業を行うことを前提に本件貸付けを行ったものであるから、本件土地に本件設備が付着していることをもって、本件貸付けが資本の振替・移転にあたるとの性格が失われるものではないし、駐車区画ラインやアスファルト舗装については、業者側で原状を変更することが予定されていたから、本件各契約上の賃料がこれらの使用の対価ということはできないと主張する。

　しかし、前記認定事実によれば、本件貸付けの時点において本件設備が駐車場設備としての実質を有していたことを認めることができるのであるから、本件貸付けを更地の貸付けと同視することは相当でないし、業者側で本件設備の一部について原状変更することが可能であるとしても、本件設備の利用が予定されていなかったということはできないから、原判決の判断が不当であるということはできない。

・・・

裁判例　採石のための土地の購入

名古屋地裁平成24年7月26日判決（棄却）（確定）

　①原告と地権者（売主）との間では、各土地等を目的物とする不動産売買契約書が取り交わされ、土地代及び立木代として代金の授受が行われたこと、②各土地については、地権者から原告に対する所有権移転登記がされたこと、③各土地の地権者は、いずれも土地取引による所得が土地の譲渡所得に該当することを前提として、分離課税の長期譲渡所得として確定申告をしたことが認められる。この認定事実によると、各土地の取引は、土地の売買契約であって、消費税法において課税仕入れには当たらないとされている「土地の譲渡」に該当するというほかはない。

　原告は、①原告は、岩石等の購入を目的として各土地の取引を行ったものであり、売主もこれを承知していた、②代金額は、採石量によって算出された、③各土地は、岩石等の価値を除くと経済的に無価値であるとして、本件取引は「土地の譲渡」ではなく、採石権の設定ないし土石の売買に該当する旨主張する。

　しかしながら、①については、契約締結に当たっての動機にすぎず、②については、仮にそのような

事実があったとしても、代金額の定め方の問題にすぎないから、いずれも上記の認定を左右するものではない。③についても、仮に、原告が主張するように、各土地が岩石等の価値を除くと実質的には無価値であるため、本件取引が経済的には採石権の設定ないし土石の売買と同等に評価できるものであるとしても、これによって直ちに原告と地権者（売主）との間で行われた各土地の取引の法的性質が左右されるわけではないから、上記の認定を覆すものではない。

- -

裁判例　加盟店がカード会社に支払うクレジット手数料

東京地裁平成11年１月29日判決（棄却）、東京高裁平成11年８月31日判決（棄却）、最高裁平成12年６月８日決定（棄却）（確定）

　本件手数料は、カード会社が、加盟店から商品代金債権の譲渡を受け、あるいは、右代金債権の立替払いをして、原債権を消滅させて求償債権を取得することを内容とするものであり、債権譲渡又は立替払いから生ずる差益に当たる。

　債権譲渡や立替払いの場合、原債権がカード会社に移転するのであるから、カード会社は、自ら取得した債権を自らのために回収するのであって、これを控訴人に対する代金収納事務という役務の提供であると評価することはできない。

　カード組織を利用した広告費用等については本件手数料とは別に加盟店が負担すべきものとされていること、カード利用者との間で売買契約が成立しカード組織利用による商品販売という利益を享受していても、商品の瑕疵等によって売買契約が解消され販売代金を返還する場合には手数料負担義務を免れること等の事実があり、また、請求人は、手数料率が高率であって貸付け利息等と評価できるものではないというが、加盟店は、債権譲渡によって個々の債権について自ら回収を行う手間を免れ、かつ、回収不能の危険をも免れることになるのであるから、このようなメリットに着目して貸付け利息等よりも高率の手数料を支払うことは十分あり得るといえ、加盟店と各カード会社とは、消費税法施行令10条３項８号所定の「金銭債権の譲り受けその他の承継（包括承継を除く。）」に関する取引をしたものであって、本件手数料は、これによって生じた差益である。

- -

裁決例　登録等事務の非課税取引該当性

平成25年10月10日裁決（一部取消し）

　消費税法施行令12条２項２号に掲げる登録等の事務は、法令において、「国、地方公共団体、法別表第三に掲げる法人その他法令に基づき国又は地方公共団体の委託又は指定を受けた者」が実施主体として当該事務を行う旨の規定がされている場合に初めて、これに係る役務の提供が非課税取引に該当すると解するのが相当である。

　請求人が行う役務の提供が、非課税取引に該当するのは、その資格を取得するなどのためにその事務に係る役務の提供を受けることが、法令において要件とされており、その役務の提供を、請求人が行う

旨が法令に規定されている場合であるところ、その資格を取得するために請求人が行う事務に係る役務の提供を受けることが要件とされている旨の法令の規定も存在しない。

したがって、その資格取得に関する実務において、この役務提供は、施行令12条２項２号に規定する役務の提供に当たらず、非課税取引に該当しない。

裁決例　予備校の授業料

平成13年４月９日裁決（棄却）
〔裁決事例集第61集635頁〕

専修学校の認可を受けた大学予備校を経営する請求人が、同校の入校生を主な対象者とした大学受験のための夏期講習会及び冬期講習会を開催した場合に、消費税法上非課税となる専修学校の「一般課程」における教育として行う役務の提供に該当するか否か。

学則では、設置する課程は教養一般課程のみであり、本件講習会は、学則に定められた各学科の授業教科の年間授業時数には含まれていない。学則では本件予備校の休業日を定め、教育上必要があり、やむを得ない事情があった場合以外は授業を行わない旨定めているところ、本件講習会は、休業期間中に開催されており、休業日に授業をしなければならないような「やむを得ない事情」を見いだすことはできない。本件講習会が、校外生の参加も認めていること及び本件講習会の受講を希望する生徒は受講料を別途支払っていることに照らしてみると、本件講習会は、教養一般課程の受講の有無に直接関係がない授業と認められ、また、入学要領や本件学則に記載されている授業料の対象となる正規の授業ではないことが認められ、本件講習は、消法別表第一第十一号ロの非課税に該当しない。

裁決例　NPO法人が行うフリースクールの運営

平成22年６月16日裁決（棄却）

請求人は、学校教育法１条に規定する学校を設置する者ではなく、また、同法134条１項に規定する各種学校を設置するための都道府県知事の認可を受けていないことから各種学校を設置する者でもないので、消費税法別表第一第十一号イ及びハに掲げる者にはいずれも該当しない。

請求人は、請求人の教育活動は学校と連携し一体となって行っている旨、また、請求人は各種学校として認可されるための要件を満たしている旨を主張するが、教育活動を学校と連携し一体となって行うことが、学校教育法１条に規定する学校を設置する者とされる要件とはいえず、各種学校として認可されるための要件を満たしていたとしても、現に、請求人が都道府県知事の認可を受けていない以上、請求人が設置するフリースクールが各種学校になるものでもない。

また、請求人は、特定非営利活動促進法に基づき設立された特定非営利活動法人ではあるが、専修学校又は施設等を設置する者にはいずれも該当しない。

以上によれば、請求人は、教育に関する役務の提供が非課税取引に該当するための一つの要件である

消費税法別表第一第十一号及び消費税法施行令16条に規定する学校、専修学校、各種学校又は各種法令に基づく施設等を設置する者であることという要件を満たしていないことになる。

したがって、教育活動として請求人の行う役務の提供の内容が学校又は各種学校の行う教育の内容と異なるものでないとしても、請求人が教育活動として行う役務の提供は、消費税法別表第一第十一号及び消費税法施行令16条に規定する教育に関する役務の提供に該当しないといわざるを得ない。

裁決例 　有料老人ホーム施設として賃貸した建物

平成22年6月25日裁決（棄却）
〔裁決事例集第79集〕

　請求人は、関係法人に有料老人ホーム施設として賃貸した建物のうち、介護職員が使用する事務室、スタッフステーション、宿直室、厨房等は、いずれも当該施設の入居者が使用するものではなく、住宅の貸付けに該当しないから非課税とならない旨主張する。しかしながら、消費税法上、非課税となる住宅の貸付けの範囲の判定に当たっては、住宅に係る賃借人が日常生活を送るために必要な場所と認められる部分はすべて住宅に含まれると解するのが相当であるところ、介護付有料老人ホームは、単なる寝食の場ではなく、入居した老人が介護等のサービスを受けながら日常生活を営む場であるから、介護付有料老人ホーム用の当該建物の内部に設置された事務室、スタッフステーション、宿直室、厨房等の介護サービスを提供するための施設は、入居者が日常生活を送る上で必要な部分と認められることから、これらの部分の貸付けは非課税となる住宅の貸付けに該当する。

※　診療所及び会議室は課税対象部分と、事務室及び会議室前の廊下等の一部は課税対象部分と認められる。

裁決例 　助産施設として利用されていた建物の譲渡

平成24年1月31日裁決（棄却）
〔裁決事例集第86集〕

　請求人は、消費税法別表第一第八号の規定上、助産に係る資産の譲渡等は分娩と直接関連するものに限られるとはいえず、助産に関連する全ての資産の譲渡等をいうのであり、請求人が所有し、産科、婦人科等の診療の用に供されていた本件建物は助産施設であるから、その譲渡は、同号に規定する助産に係る資産の譲渡等に該当する旨主張する。

　しかしながら、消費税法別表第一第八号に規定する「助産に係る資産の譲渡等」とは、医師等の資格を有する者の医学的判断及び技術をもって行われる分娩の介助等ないしそれに付随する妊産婦等に対する必要な処置及び世話等をいうものと解されるのであり、助産の用に供されている施設建物の譲渡が「助産に係る資産の譲渡等」に該当すると解することはできない。

裁決例　物品切手等の販売

平成29年8月7日裁決（一部取消し）
〔裁決事例集第108集〕

　請求人は、①請求人の店舗のみで使用できる商品券（本件商品券）が、資金決済に関する法律（資金決済法）上の自家型前払式支払手段に該当し、②本件商品券は流通している商品券等には該当しないことなどから、本件商品券の発行者は請求人であり、請求人の本件商品券の顧客への販売は、消費税法別表第一第四号ハに規定する物品切手の譲渡に該当しない旨主張する。

　しかしながら、請求人と本件商品券の発行会社との間で締結した本件商品券の発行及び販売に関する契約（本件契約）は、当該発行会社が本件商品券を作成・発行の上で請求人に券面金額で販売し、これを請求人が顧客に再販売するものとされていること、請求人が購入代金を支払うまで本件商品券の所有権は当該発行会社に留保されること、本件商品券の裏面に発行元は当該発行会社である旨表示されていることからすれば、当該発行会社が本件商品券を発行し、それを請求人に販売するものとして締結されたと認められる。そして、本件商品券は、資金決済法に規定する前払式支払手段に該当し、その発行者に義務付けられた手続を実際に行っていたのは当該発行会社であったことなどからすると、当該発行会社が資金決済法上の発行者として本件商品券の発行の業務を行っていたといえる。これらの事情から判断すると、本件商品券の発行者は当該発行会社であると認められ、請求人は当該発行会社から発行を受けた本件商品券につきその同一性を保持しつつ顧客へ移転させることにより、資産の譲渡を行ったものであるから、請求人が行った本件商品券の顧客への販売は、物品切手の譲渡に該当する。

　ただし、請求人の課税売上割合及び控除対象仕入税額を再計算すると、原処分の一部を取り消すべきである。

裁判例　介護付有料老人ホームにおける食事の提供

福岡地裁令和3年3月10日判決（棄却）（控訴）、福岡高裁令和3年12月7日判決（棄却）（上告・上告受理申立て）、最高裁令和4年6月21日決定

　介護保険法上、有料老人ホーム等の特定施設は、特別養護老人ホーム（介護老人福祉施設）等とは異なり、あくまでも要介護者等の居宅（自宅）の一類型として位置付けられており、特定施設において「特定施設入居者生活介護」を受ける者は、特定施設という居宅（自宅）において、介護福祉士等の訪問や本人の通所によることなく、特定施設の職員から直接介護サービスを受けている者ということができる。

　介護保険法41条1項本文括弧書きは、「食事の提供に要する費用、滞在に要する費用その他の日常生活に要する費用として厚生労働省令で定める費用」につき、居宅介護サービス費の支給対象とならない旨規定する。

　特定施設入居者生活介護の場合は、有料老人ホーム等の特定施設が正に対象者の居宅（自宅）であることから、「食事の提供に要する費用」や「滞在（又は住居）に要する費用」は、特定施設入居者介護

の対象者であるか否かにかかわらず、有料老人ホーム等との入居契約に基づいて当然に発生する費用であって、特定施設入居者生活介護を受けることにより発生する費用ということはできない。そのため、介護保険法施行規則61条3号は、食事の提供や滞在場所（又は居住）の提供が特定施設入居者生活介護には含まれないことを前提に、「食事の提供に要する費用」と「滞在（又は居住）に要する費用」のいずれについても、敢えてこれを掲げていないものと解される。

仮に、原告が主張するように、食事の提供が特定施設入居者生活介護に含まれるとすると、介護保険法施行規則61条1号及び2号と同条3号の反対解釈として、特定施設入居者生活介護における食事の提供については、居宅介護サービス費が支給されることになる。しかし、そのような解釈が介護保険法41条1項本文の趣旨や介護の実務とかい離することは明らかであって、食事の提供が特定施設入居者生活介護に含まれるという原告主張の解釈は、上記のような不自然不合理な結論を招くものであって採用することができない。したがって、特定施設入居者生活介護の対象者に対する食事の提供は、特定施設入居者生活介護として提供されるサービス又はそれに付随して提供されるサービスに該当しないから、特定施設入居者生活介護には含まれないというべきである。

以上によれば、本件食事の提供が特定施設入居者生活介護等に含まれるとはいえないから、本件食事の提供は、消費税を課さない資産の譲渡等である消費税法別表第一第7号イには該当しない。したがって、本件食事の提供は、消費税等の課税対象となるというべきである。

・・・

裁決例　学校教育に関する役務の提供

平成30年1月9日裁決（棄却）

請求人は、本件スクールについて私立の各種学校の設置に係る都道府県知事等の認可を受けていないことから、本件スクールについて各種学校を設置する者に当たらない。また、当審判所の調査及び審理の結果によれば、本件スクールは、学校、専修学校及び消費税法施行令16条1項所定の施設のいずれにも当たらないことが認められるから、請求人は、本件スクールについて学校、専修学校及び消費税法施行令16条1項所定の施設を設置する者にも当たらない。

したがって、本件スクールにおける役務の提供である本件役務提供は、学校教育に関する役務の提供の要件を満たさないから、非課税取引に該当しない。

・・・

第5章 免税

第1節 免税の特徴

　免税の取扱いには、「輸出取引等に係る免税」と「輸出物品販売場における輸出物品の譲渡に係る免税」とがあります。

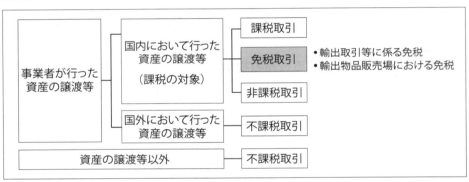

※ ▨ ……本章で確認するところ

1 内外判定と輸出免税の判定

　前述のとおり、国内取引であるかどうかは、資産の譲渡又は貸付けについては譲渡又は貸付けの時に資産が存在していた場所が国内であるかどうか、役務の提供については役務の提供が行われた場所が国内であるかどうかにより判断します。
　ただし、これらの場所が特定できない場合等には、「電気通信利用役務の提供」を除き、その資産の譲渡等を行う者の住所地やその譲渡等に係る事務所等の所在地をもって、内外の判定を行うものとされています（195頁参照）。
　これに対し、輸出取引等にあたるか否かは、買い手が誰であるかにより判断する場合があります。無形固定資産等の譲渡又は貸付け、国内で便益を享受しない役務の提供、輸出物品販売

場における資産の譲渡は、買い手が非居住者であることが免税の要件となっています。また、外航船舶等に係る免税は、買い手が船舶運航事業者等であることが要件です。

内外判定のポイントは売り手側にあり、輸出取引等の判定のポイントは買い手側にある、といえるでしょう。

2 免税の趣旨

免税の取扱いは、輸出や輸出類似取引（両者をあわせて、「輸出取引等」といいます。）について、課税資産の譲渡等でありながらその売上げについての消費税を免除するものです。輸出取引等は、国外で消費される財貨の取引ですから、国内の消費を対象とする消費税は課税する必要がありません。間接税は、消費地課税主義が原則であり、輸出物品に間接税の負担がかからないよう国境間調整をすることが国際的慣行になっています。

税額計算の過程においては、輸出取引等の売上げは課税標準額に算入せず、他方、そのために行った課税仕入れ等については、課税売上げに係る課税仕入れ等と同様に仕入税額控除の対象とします。一般にこのような仕組みを０％課税とよびます。

消費税は、前段階税額控除の仕組みにより、事業者間の取引において課税された税が最終消費にまで順次転嫁され、最終消費者が税負担を負うことを予定しています。したがって、事業者が行う資産の譲渡等の最終段階の課税を免除すれば、前段階で課された全ての消費税は仕入税額控除を通して事業者に戻されます。結果として、理論上は、輸出取引に対する消費税の負担は、その前段階のどの事業者においても一切生じないこととなります。

3 課税、非課税、免税の違い

非課税と免税とは、その売上げのために行った課税仕入れについて仕入税額の控除を行うことができるかどうかという点が異なります。

前述のように、免税売上げは課税資産の譲渡等のうち課税の免除を受けた売上げですから、それに要した課税仕入れ等は仕入税額控除の対象となります。しかし、非課税売上げのために行った課税仕入れ等については、その消費税額を控除することができません。

また、基準期間における課税売上高は、基準期間において行った課税資産の譲渡等の対価の額を基礎としていることから、非課税売上げは含まれませんが、免税売上げは含まれることとなります。

このように、免税売上げは、その売上げに消費税が課税されない、すなわち課税標準額に算入されないこと以外は、全て課税売上げと同様の取扱いとなります。

区　分	国内取引			
	資産の譲渡等			資産の譲渡等以外
	課税資産の譲渡等		非課税資産の譲渡等	
	課税売上げ	免税売上げ	非課税売上げ	
課税標準額	算入する	算入しない		
そのための課税仕入れ	仕入税額控除の対象		対象とならない	課税資産の譲渡等と非課税資産の譲渡等とに共通して要する課税仕入れ等として取り扱う
課税売上割合の計算	分母・分子に算入		分母に算入	算入しない
基準期間又は特定期間における課税売上高	算入する		算入しない	算入しない

※　非課税資産の輸出、国外での販売のための資産の輸出等があった場合の取扱いについては、469頁を参照。

　免税については、売上げの税がないにもかかわらず控除する仕入れの税が生じるので、主として輸出取引等を行う事業者は、経常的に還付申告を行うことになります。

第2節　輸出取引等に係る免税

　免税となる輸出取引等は、国内取引であること、課税資産の譲渡等であることが前提です。

　国内取引である課税資産の譲渡等が、「輸出」という形態で行われたとき又は「輸出」に類似する形態で行われたときに免税の取扱いとなります。

　次のいずれにも該当するものは、免税の取扱いを受けます（消基通7－1－1）。

①　その資産の譲渡等は、課税事業者によって行われるものであること
②　その資産の譲渡等は、国内において行われるものであること
③　その資産の譲渡等は、課税資産の譲渡等に該当するものであること
④　その資産の譲渡等は、輸出取引等に該当するものであること
⑤　その資産の譲渡等は、輸出取引等であることの証明がなされたものであること

第5章 免税

　国内において行う課税資産の譲渡等のうち免税となる輸出取引等の範囲は、次表のとおりです（消法7①、消令17、消基通7－2－1）。

輸出取引等の範囲			根拠条文	詳細
本邦からの輸出として行われる資産の譲渡又は貸付け			消法7①一	289頁
外国貨物の譲渡又は貸付け			消法7①二	293頁
国際輸送			消法7①三	295頁
国際通信、国際郵便、国際信書便			消法7①三、消令17②五	
船舶運航事業者等に対するもの	外航船舶等の譲渡又は貸付け （外航船舶等とは、専ら国内外にわたって又は国外で行われる旅客又は貨物の輸送の用に供される船舶又は航空機で、日本国籍の船舶又は航空機も含まれる。）		消法7①四、消令17①一、二	297頁
	外航船舶等の修理		消法7①四、消令17①三	
	専ら国内外にわたって又は国外の輸送に使用するコンテナーの譲渡、貸付け、修理		消令17②二	
	外航船舶等の水先、誘導、その他入出港若しくは離着陸の補助又は入出港、離着陸、停泊若しくは駐機のための施設の提供に係る役務の提供等		消令17②三	
貨物の荷役、運送、保管、検数又は鑑定、検量、港湾運送関連事業に係る業務、通関手続、青果物に係るくんじょう等の役務の提供	外国貨物は全て		消令17②四	298頁
	内国貨物は保税地域における提供			
	特定輸出貨物は積込み場所又は船舶等内における提供			
非居住者に対するもの	無体財産権等の譲渡又は貸付け		消令17②六	301頁
	次に掲げるもの以外の役務の提供 　国内に所在する資産に係る運送又は保管 　国内における飲食又は宿泊 　上記に準ずるもので国内において直接便益を享受するもの		消令17②七	303頁
外航船等積込物品の譲渡等	外航船等に船用品又は機用品として積み込むため、所轄税関長の承認を受けた指定物品を譲渡する場合には、その外航船等への積込みを輸出とみなす		措法85	305頁
外国公館等に対する課税資産の譲渡等	指定事業者が所定の方法により行う大使館等又は大使等に対する課税資産の譲渡等		措法86	306頁

287

海軍販売所等に対する物品の譲渡	指定事業者が日米地位協定に規定する海軍販売所又はピー・エックスに対し、所定の方法で行う物品の譲渡	措法86の2	
条約による免税	合衆国軍隊等に対する資産の譲渡等に係る免税	所得臨特法7	
	合衆国軍隊が保税地域から引き取る物品の免税	関税臨特法7	
	国連軍に対する資産の譲渡等に係る免税	国連軍に係る所得臨特法3、4	
	日米防衛援助協定等による免税	日米防衛援助協定6	
	外交官免税	ウィーン条約23、24	
※ 非居住者に対する利子を対価とする金銭の貸付けは、控除対象仕入税額の算定においては、輸出取引として取り扱う。		消令17③	469頁

(1) 内国貨物、外国貨物

　外国貨物とは、国内にある貨物のうち、輸出の許可を受けたもの又は輸入の許可を受ける前のものをいいます（消法2①10、関税法2①三）。

　また、国内にある貨物で外国貨物でないものは内国貨物と定義され（関税法2①四）、両者の関係は次図のようになります。

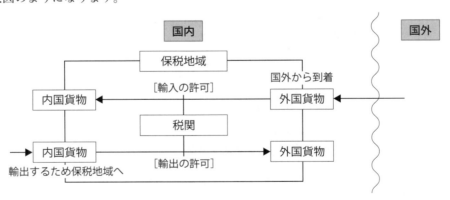

外国貨物	① 輸出の許可を受けた貨物 ② 外国から本邦に到着した貨物で輸入が許可される前のもの ③ 外国の船舶により公海で採捕された水産物で輸入が許可される前のもの
内国貨物	① 本邦にある貨物で外国貨物でないもの ② 本邦の船舶により公海で採捕された水産物

(2) 保税地域

保税地域とは、外国から輸入した貨物を関税の課税を保留した状態で保管する地域をいいます。輸出する貨物についても、保税地域において輸出の許可の手続が行われます。

 本邦からの輸出として行われる資産の譲渡又は貸付け

(1) 輸出とは

輸出を行ったことの証明は、関税法に規定する輸出許可書を保存すること（消規5①一）とされていることから、「輸出」は、関税法の定義に従って解釈することになります。関税法において「輸出」とは、「内国貨物を外国に向けて送り出すこと」をいいます（消基通7－2－1(1)、関税法2①二）。「内国貨物を外国に向けて送り出すこと」とは、内国貨物を外国に向かう船舶や航空機に積み込むことです。したがって、「本邦からの輸出として行われる資産の譲渡又は貸付け」とは、資産を譲渡し又は貸し付ける取引のうち、その資産を外国に仕向けうれた船舶等に積み込むことによって資産の引渡しが行われるもの、ということになります。

ただし、国外における資産の貸付けは、課税の対象となりませんから、そのための輸出は、免税取引ではありません。国外において行う資産の譲渡等のためにする資産の輸出に該当します（469頁、非課税資産の輸出取引等と国外移送を参照）。

内国貨物を外国に仕向けられた船舶等に積み込むためには、輸出の許可を受ける必要があり、「輸出」の具体的な手続は、税関において輸出申告をし輸出の許可を受けることであるということができます。

(2) 輸出申告の名義人と実際の輸出者が異なる場合

輸出として行われる資産の譲渡又は貸付けについて輸出免税の適用を受けるのは、原則として、輸出申告の名義人です。輸出免税の適用を受けるためには、その者の名による輸出許可書の保存が必要とされています（消法7②、消規5）。これは、輸出免税の実体要件を充足していることを証明するための方法を規定するものです。ただし、実際に輸出をする者に代わって、商社等が形式上の輸出申告の名義人となって輸出を行う場合においては、実際の輸出者と名義人となった商社とが次の手続を行うことにより、実際の輸出者が輸出免税の適用を受けることができます。

① 実際の輸出者が行う手続

実際の輸出者は、輸出申告書等の原本を保存するとともに、名義人となっている事業者に対して輸出免税制度の適用がない旨を連絡するための消費税輸出免税不適用連絡一覧表などの書類を交付し、名義人となっている事業者に対して、名義貸しに係る輸出取引については、経理処理の如何にかかわらず、税法上、売上げ及び仕入れとして認識されないものであることを指

導します。

　ただし、名義貸しに係る手数料は、実際の輸出者に対する役務の提供の対価であり、名義人となっている事業者の課税売上げとなります（免税になりません。）。

② **名義人となっている事業者が行う手続**

　名義貸しを行っている事業者は、確定申告書の提出時に、所轄税務署に対して、実際の輸出者から交付を受けた①の書類の写しを提出します。ただし、当該確定申告書等の提出に係る課税期間において全く輸出免税制度の適用を受けていない場合には、この限りではありません。

〔参考〕

消費税輸出免税不適用連絡一覧表

日付：＿＿＿＿＿＿＿＿

（宛　先）

＿＿＿＿＿＿＿＿＿＿＿＿＿＿＿＿

　下記の輸出取引について当社が消費税法7条（輸出免税等）の適用を受けることとなるので、貴社にはその適用がないことを連絡します。

輸出免税適用者名
（取引責任者名　　　　　　　　　）

記

No.	海外客先	取引年月日	輸出金額	Invoice No.
1				
2				
3				
4				
5				
6				

(3)　輸出物品の下請加工等

　次のような取引は、その事業者が直接輸出を行うものでないため、免税となる輸出取引等に該当しません（消基通7－2－2）。

① 輸出する物品の製造のための下請加工
② 輸出取引を行う事業者に対して行う国内での資産の譲渡等

⑷ 外国貨物を国内の保税地域を経由して国外へ譲渡した場合

　国外で購入した貨物を国内の保税地域に陸揚げし、輸入手続を経ないで再び国外へ譲渡する場合には、関税法75条《外国貨物の積戻し》の規定により内国貨物を輸出する場合の手続規定が準用されます。

　この場合には、本邦からの輸出として行う資産の譲渡に該当し、積戻しの許可書を保存することにより輸出免税が適用されます（消基通7－2－3）。

誤りやすい事例　国内で契約し国外へ納品する商品の販売

　当社は、卸売業を営む内国法人です。このたび、国内の事業者に商品を販売しましたが、その納品は、直接、取引先の国外支店に行うこととなりました。
　この場合、輸出免税の規定が適用されるのでしょうか。

解　説

　消費税法は、輸出免税の対象となる取引の第一に、「本邦からの輸出として行われる資産の譲渡又は貸付け」を挙げています。

　「輸出」とは、「内国貨物を国外に送り出すこと」をいい、内国貨物を国外に送り出すためには、輸出の許可を受けて、外国貨物としたうえで、これを外国に向かう船舶又は航空機に積み込むことが必要です。したがって、「本邦からの輸出として行われる資産の譲渡又は貸付け」とは、譲渡又は貸付けをする資産を引き渡すために、自己の名によって輸出の申告を行うことが必要な取引であるといえます。

　お尋ねの取引では、取引の相手方は国内の事業者であり、契約その他一切の処理が国内において行われていますが、納品先が国外の支店であることから、その引渡しのために輸出という行為が必要となります。したがって、貴社の名によって行った輸出申告の控を保存していることを要件に、輸出免税の適用を受けることとなります。

　例えば、国内に所在する資産の譲渡を行う場合において、譲渡が完了し、相手方の所有となった資産につき、その相手方の名によって輸出の許可を受ける国外輸送を行ったときは、その資産の譲渡については国内において引渡しが完了していることから、輸出免税の対象となりません。

【参考】消法7①一、消規5、消基通7－2－23、東京高裁平成20年4月24日判決、平成20年4月1日裁決

誤りやすい事例　　国外仕様の機械の販売

　当社は、子会社である法人Aに対して設計図を提供し、国外仕様の機械を製造させています。この機械は構造上、国内で使用することはできません。

　法人Aが製造した機械は、保税地域内にある当社の倉庫に納品され、当社が国外の支店に搬出します。現地での販売は、子会社である法人Bが行い、当社は、法人Bと他の者との販売契約が成立する都度、法人Bに機械を卸売することとしています。

　これらの取引について、消費税の課税関係はどのようになりますか。

解　説

　法人Aが行う機械の製造販売は、貴社の国内の倉庫に納品するものであることから、国外仕様の機械であっても、輸出免税の適用はありません。貴社においては、課税仕入れになります。

　貴社から法人Bへの卸売及び法人Bが行う機械の販売は、国外において行う資産の譲渡であるため、いずれも消費税の課税の対象外です。

　また、貴社が行う機械の輸出は、単なる国外への貨物の運び出しであり資産の譲渡等ではありません。ただし、仕入税額控除の規定の適用に当たっては、課税資産の譲渡等に係る輸出取引等があったものとみなされ、課税売上割合の計算上その機械の本船甲板渡し価格を課税売上高に算入し、機械の課税仕入れは課税資産の譲渡等にのみ要するものに区分することになります。

【参考】消法4③一、7①一、31②、消規16②、消基通11－8－1

誤りやすい事例　　仕入先から国外に直送させる自動車部品の販売

　当社は、A社から自動車部品を仕入れ、外国法人B社に販売しています。その際、自動車部品は、A社から外国法人B社の国外の工場に直接納品させており、輸出の手続はA社が行い、輸出証明書はA社が保存しています。

　この場合、当社において輸出免税の適用を受けることができるでしょうか。

解　説

　課税事業者が「本邦からの輸出として行われる資産の譲渡又は貸付け」（輸出取引）を行った場合において、その資産の輸出に係る保税地域の所在地を所轄する税関長から交付を受ける「輸出証明書」を保存しているときは、輸出免税の規定が適用されます。

　お尋ねの取引では、外国法人B社に自動車部品を販売しているのは貴社ですが、実際に輸出を行い、その輸出に係る輸出証明書を保存しているのはA社であることから、貴社は

輸出免税の取扱いを受けることはできません。Ａ社の売上げ及び貴社の仕入れと売上げは、次のように判断します。

　　Ａ社の売上げ……貴社への自動車部品の販売は、国外への納品を行っているため、「本邦からの輸出として行われる資産の譲渡」に該当し、輸出証明書の保存を要件に、免税売上げとなります。

　　貴社の仕入れ……Ａ社からの仕入れは、課税資産の譲渡等を行うＡ社において輸出免税の規定が適用されるため、課税仕入れではありません。

　　貴社の売上げ……Ｂ社に販売する自動車部品は、Ａ社によって輸出の許可を受けたものであるため、その売上げは消費税の課税対象外となります。

【参考】消法２①十二、７①一、消規５

外国貨物の譲渡又は貸付け

(1)　外国貨物の譲渡

　国外で購入した貨物を国内に陸揚げし輸入手続を行う前に外国貨物のまま譲渡した場合は、それが国内の事業者への譲渡でありその後国内で消費されるものであっても、輸出取引等の免税の対象となります。

　譲渡を受けた事業者には、通関の際、輸入の消費税が課税されます。税関において課税された消費税は、仕入税額控除の対象となります。

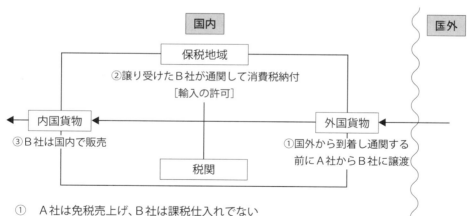

①　Ａ社は免税売上げ、Ｂ社は課税仕入れでない
②　Ｂ社は輸入の消費税を納付して仕入税額控除
③　Ｂ社の国内の売上げは課税売上げ

(2)　船荷証券の譲渡

　船荷証券とは、貨物の運送をする者が、荷主からの運送品の受取りと荷揚地においてこれと

引換えに運送品を引き渡す義務とを証明するために発行する有価証券をいいます。ただし、金融商品取引法は、船荷証券を有価証券の範囲から除いています。

船荷証券の譲渡は、その船荷証券に表彰されている輸送中の貨物の譲渡であり、非課税となる有価証券等の譲渡ではありません（消基通6－2－2）。

船荷証券の譲渡は、その船荷証券の譲渡が行われる時において、その船荷証券に表彰されている貨物が現実に所在している場所により国内取引に該当するかどうかを判定するのが原則的な考え方ですが、実際にはそのような判断は難しいため、通達によって、船荷証券に記載された「荷揚地」（PORT OF DISCHARGE）により内外判定を行うこととされています（消基通5－7－11）。

したがって、荷揚地を日本国内とする船荷証券の譲渡は、前記図の取引（国内における外国貨物の譲渡）に該当することになり、輸出取引等の免税の対象となります。

また、荷揚地が国外である船荷証券の譲渡は、国内の事業者が行ったとしても国外取引となり、不課税です。

① 船荷証券等の譲渡の時期

船荷証券、貨物引換証、倉庫証券等の譲渡をした場合には、譲受人が現実にその証券に記載されている貨物を引き取った時期にかかわらず、その船荷証券等の引渡しの日に船荷証券等に係る資産の譲渡が行われたことになります（消基通9－1－4）。

② 船荷証券等の担保提供

荷送人が運送品の譲渡について為替手形を振出し、その為替手形を金融機関において割引をする際に船荷証券等を提供する場合のその提供は、為替手形の割引を受けるための担保提供であり、資産の譲渡等には該当しません（消基通9－1－4）。

誤りやすい事例　100％子会社に対する船荷証券の譲渡

当社は、国外で商品を買い付け、決済を行って国内の港を荷揚地とする船荷証券を受領しました。この商品が国内に到着する前に、専ら当社から仕入れた商品を販売する100％子会社に船荷証券を譲渡しました。

当社及び子会社における消費税の取扱いを教えてください。

解説

船荷証券の譲渡は、その船荷証券が表彰する貨物の譲渡であることから、非課税となる有価証券の譲渡から除かれています。また、船荷証券の譲渡の内外判定は、その船荷証券に記載された「荷揚地（PORT OF DISCHARGE）」が国内であるかどうかにより行います。

貴社が行った船荷証券の譲渡は、荷揚地が国内ですから国内取引となり、さらに、表彰される貨物は輸入の許可を受ける前の外国貨物に当たることから外国貨物の譲渡に該当し

て、輸出免税の対象となります。貴社が輸出免税の適用を受けるために保存するべき書類は、子会社との契約書です。

子会社においては、船荷証券の仕入れは課税仕入れになりませんが、貨物の引取りの際に税関で申告する消費税が仕入税額控除の対象となります。

なお、100％の支配関係があるグループ法人間で取引が行われたことは、これらの判断にまったく影響しません。

【参考】消法2①十、4①②、7①一②、消規5、消基通5-7-11、7-2-1、7-2-23

誤りやすい事例　保税地域でのリース資産の引渡し

当社は、法人Aに対してファイナンス・リース取引により貸し付ける目的で、国外で製造した機械を国内の保税地域に搬入し、輸入の許可を受ける前に法人Aに引き渡しました。法人Aは、通関業者に依頼して通関し、この機械を国内の工場で使用しています。

このリース資産の貸付けには、消費税が課税されるでしょうか。

解説

税法上、ファイナンス・リース取引は、所有権移転ファイナンス・リース取引及び所有権移転外ファイナンス・リース取引のいずれについても、賃貸借取引ではなく、リース資産の売買取引とされます。

したがって、貴社は、国内の保税地域において外国貨物であるリース資産を譲渡したものであり、法人Aがその機械を使用する場所にかかわらず、外国貨物の状態で法人Aに引き渡したことが確認できる契約書等の保存を要件に、輸出免税の適用を受けることとなります。

【参考】消法4③一、7①二、消規5、消基通5-1-9、7-2-23

3　国際輸送・国際通信

(1) 国内から国外へ、国外から国内へ

旅客又は貨物の輸送につき、出発地又は到着地のいずれか、あるいはいずれもが国内である場合には、その輸送は国内取引となります。そしてこのうち、いずれか一方が国外であれば、国際輸送として輸出取引等の免税の対象となります。

つまり、国内から国外へ又は国外から国内への国際輸送が免税の対象です。

① 国内輸送が含まれている国際輸送

国際輸送として行う貨物の輸送の一部に国内輸送が含まれている場合であっても、契約にお

いて国際輸送の一環として行うものであることが明らかにされている場合には、その全体を国際輸送として取り扱います（消基通7－2－5）。

　旅客の輸送については、上記に加えて、国内乗継地又は寄港地における到着から出発までの時間が定期路線時刻表上で24時間以内であることが要件とされています（消基通7－2－4）。

貨物又は旅客の輸送					判定
出発地又は到着地	両方が国外				不課税
	いずれか一方が国内、他の一方が国外				免税
	両方が国内	契約において国際輸送の一環としてのものであることが明らか	貨物の輸送		
			旅客の輸送	国内乗継地又は寄港地における到着から出発までの時間が定期路線時刻表上で24時間以内	
				上記以外	課税
	明らかでない				

② 国外の港等を経由する旅客の輸送

　日本を出発地又は到着地とする国際輸送のうち、国外の港又は空港を経由する場合の取扱いは、次表のとおりです（消基通7－2－7）。

出発地	経由地	到着地	輸送の区分	判定
国内の港等	国外の港等	国外の港等	国内を出発し経由地で入国手続をすることなく国外の到着地まで乗船又は搭乗する旅客の輸送	免税
			国内の港等から経由地まで乗船又は搭乗する旅客の輸送	
			経由地から国外の到着地まで乗船又は搭乗する旅客の輸送	不課税
国外の港等		国内の港等	国外の港等を出発し経由地で入国手続をすることなく国内の到着地まで乗船又は搭乗等する旅客の輸送	免税
			国外の港等から経由地まで乗船又は搭乗する旅客の輸送	不課税
			経由地から国内の到着地まで乗船又は搭乗する旅客の輸送	免税

(2)　旅行業者が主催する海外パック旅行の取扱い

　旅行業者が主催する海外パック旅行に係る役務の提供は、その旅行業者と旅行者との間の包括的な役務の提供契約に基づくものであるため、国内から国外への輸送、国外における輸送、国外における宿泊や観光サービス等は、一括して国外取引に該当することとされています。ただし、国内においてその役務の提供が完了するものは、次表のとおり区分されます（消基通7－2－6）。

海外パック旅行の内容	判定	
国内輸送、国内宿泊サービス等	国内における役務の提供	課税
パスポート交付申請等の事務代行		
国内から国外、国外から国外、国外から国内への移動に伴う輸送	国外における役務の提供	不課税
国外におけるホテルでの宿泊、国外での旅行案内等		

　国内から国外への輸送、国外から国内への輸送は、本来、国内取引に該当し、輸出免税の対象となるものですが、海外パック旅行は、国外での宿泊や観光等を含む包括的な契約であり、これを分解して課否判定を行うことは実情に合わないことから、その全体を国外取引とすることとされています。

　なお、旅行業者が居住者である航空会社等から事務代行手数料等を収受した場合には、国際輸送に係る手数料であっても免税の適用はなく、課税取引となります。

誤りやすい事例　国際輸送に付随する梱包作業

　当社は、国際輸送を専門に行う法人です。貨物の輸送の請負については、輸出に必要な梱包や書類の作成等を含めた一の契約を交わしています。
　輸出免税の適用の範囲は、どのように計算するのでしょうか。

解説

　輸出に必要な梱包や輸出関係書類の作成は、貨物の国際輸送に必要不可欠な作業であるため、国際輸送に係る一の契約にこれらの作業が含まれている場合には、運賃等に相当する部分を抜き出して計算する必要はなく、請負契約に係る全体が輸出免税の対象となります。

【参考】消法2①八、4③二、7①三、消基通5－7－13

4　外航船舶等の譲渡、貸付け、修理、水先等

(1) 船舶運航事業者等の範囲

　国内及び国内以外の地域にわたって、あるいは国内以外の地域間で行われる貨物や旅客の輸送の用に供される船舶、航空機等（外航船舶等）の譲渡、貸付け、修理は、船舶運航事業者等に対し直接するものに限り、免税の取扱いを受けます。

　船舶運航事業者等とは、海上運送法又は航空法において規定する「船舶運航事業」、「船舶貸渡事業」、「航空運送事業」を営む者をいい、日本国内に支店等を設けているかどうかは関係ありません（消基通7－2－8）。

(2) 定期用船の貸付け

外航船舶等の貸付けの免税については、船舶本体のみを貸し付ける裸用船契約だけでなく、一定期間、船長や乗員付で船舶を利用させる定期用船契約である場合にも、免税となる船舶の貸付けに該当します（消基通7－2－9）。

(3) 修理の範囲

外航船舶の検査などは修理に該当しませんが、保守や点検、オーバーホールは輸出免税の対象となる修理に該当します。

(4) 外航船舶等の修理の下請け

外航船舶等の修理が免税になるのは、船舶運航事業者等からの直接の求めに応じて行う修理に限られ、下請けなど、船舶運航事業者等からの直接の委託でない場合には、免税になりません（消基通7－2－10）。

船舶代理業者を代理人として行う修理の契約である場合においては、その契約書等において船舶代理業者が代理人であることを明らかにし、修理を行う事業者が船舶運航事業者から直接修理の委託を受けている実態に応じた経理処理を行う必要があります。

(5) 外国航路用コンテナーの譲渡、貸付け、修理

コンテナーの譲渡、貸付け、修理に係る免税は、外航船舶等の譲渡、貸付け、修理に準じて判断します。

(6) 水先等の役務の提供に類するもの

専ら国際輸送の用に供される船舶又は航空機の水先、誘導その他入出港若しくは離着陸の補助又は入出港、離着陸、停泊若しくは駐機のための施設の提供に係る役務の提供その他これらに類する役務の提供（その施設の貸付けを含みます。）で船舶運航事業者等に対して行われるものは、免税です。

その他これらに類する役務の提供には、例えば、外航船舶等の清掃、廃油の回収、汚水処理等が含まれます（消基通7－2－11）。

国際輸送に必要な外航船舶等そのものを移動させるサービスやそれに必然的に伴うサービスが対象です。

5 外国貨物の荷役等

外国貨物等の荷役に係る役務の提供は、その貨物の種類により、免税の範囲が定められています（消令17②四）。

荷役等の役務提供	外国貨物	内国貨物	特定輸出貨物
荷役、運送、保管、検数、鑑定、検量、港湾運送関連事業に係る業務、通関手続、青果物に係るくんじょう等の役務の提供	免税	指定保税地域内に限って免税	積込み場所、船内等に限って免税

(1) 外国貨物に係る荷役等の役務の提供

　消費税法施行令17条2項4号は、輸出入を行う場合に必然的に発生する外国貨物に係る役務の提供を免税にしようとするものです。

　ここでは、外航船舶等の譲渡、貸付け、修理のように、相手方を船舶運航事業者等に限るというような要件は付されていません。外国貨物に係る荷役等の役務の提供であれば、誰に対して行うものであっても輸出免税の適用があり、下請けをする事業者においても免税になります。

　また、外国貨物に係る役務の提供は、それが保税地域外で行われるものであっても、免税の対象となるため、例えば、ヤード間の移動などに係る役務の提供等についても免税となります。

(2) 内国貨物に係る役務の提供

　消費税法施行令17条2項4号は、本来、外国貨物に係る役務の提供を免税の対象としています。しかし、保税地域内には、通関して内国貨物となったものや輸出の許可を受けるために搬入された内国貨物が当然に存在します。したがって、同様の役務の提供を行うにあたって、外国貨物に係るものか内国貨物に係るものかを区別して管理することは困難であることから、保税地域における役務の提供については、内国貨物であっても、輸入の許可を受けて搬出するまでのものや輸出しようとして搬入したものについて行われる場合は、免税の対象とされています。

　したがって、内国貨物に係る荷役等の役務の提供は、輸入に係る通関が行われた保税地域において行われる場合、輸出に係る通関を受ける指定保税地域等において行われる場合に限り、免税の対象となるということになります。

　輸入の通関を受けた保税地域とは別の保税地域で内国貨物の保管を行った場合等には、その保管料は課税売上げになります。

(3) 特例輸出貨物に係る役務の提供

　輸出申告は、通常、申告する貨物を保税地域に搬入して行います（関税法67の2①）。

　ただし、税関長の承認を受けた場合には、保税地域に搬入することなく輸出申告をすることができます。この場合の輸出申告を特例輸出申告といい、輸出する貨物を特例輸出貨物といいます（関税法67の3②、30①五）。

　特例輸出貨物に係る役務の提供の免税は、特例輸出貨物を輸出するための船舶又は航空機へ

積み込む場所及び特例輸出貨物を積み込んだ船舶又は航空機内において行われる役務の提供です（消基通7－2－13の2）。

(4) 指定保税地域等

指定保税地域等とは、関税法29条《保税地域の種類》に規定する「指定保税地域」、「保税蔵置場」、「保税展示場」、「総合保税地域」をいい、関税法の規定により税関長が指定した場所を含みます（消令17②四、消基通7－2－13）。

(5) 荷役等に類する役務提供

免税となる外国貨物の荷役等に類する役務の提供には、外国貨物に係る検量、港湾運送関連事業に係る業務、輸入貨物に係る通関手続、青果物に係るくんじょう等の役務の提供が含まれます（消基通7－2－12）。

また、指定保税地域において行うことができる業務として関税法基本通達40－1に定められたもののうち、(1)～(4)は、免税となる輸出取引等に該当します（消基通7－2－14）。

関税法基本通達（昭和47年蔵関第100号）
（指定保税地域における貨物の取扱いの範囲）

40－1　法第40条の規定により指定保税地域において行うことができる行為の範囲については、次によるものとする。

(1)　同条第1項にいう「内容の点検」とは、貨物を開披してその内容品の品質若しくは数量を点検し、又はその機能について簡単な点検を行うことをいう。

(2)　同条第1項にいう「改装」とは、包装を改める行為をいい、一部積戻しのための分割包装等を含む。

(3)　同条第1項にいう「仕分け」とは、貨物を記号、番号別、荷主、仕向地別又はその名称等級別等に分類、選別することをいう。

(4)　同条第1項にいう「その他の手入れ」とは、貨物の記号、番号の刷換えその他貨物の現状を維持するために行うさびみがき、油さし、虫ぼし、風入れ、洗浄及びワックスかけ等をいう。なお、法第71条第1項に該当する原産地を偽った表示又は誤認させる表示がされている貨物について、その表示を抹消し、取りはずし又は訂正するための行為及び法第69条の11第1項第9号又は第9号の2に該当する物品について、商標を抹消するための行為を含む。

(5)　以下、省略。

---

6 非居住者に対する無体財産権等の譲渡又は貸付け

(1) 非居住者の範囲

居住者、非居住者の区分は、外国為替及び外国貿易法の規定によります（消法8①、消令1②一、二）。

原則として、国内に住所又は居所を有しない個人、国内に本店を有しない法人は非居住者となりますが、非居住者の支店や事務所等が国内にある場合は、その支店や事務所等は居住者となります（外為法6①五、六）。

具体的には、「外国為替法令の解釈及び運用について」（昭和55年11月29日付蔵国4672号）通達により、次表のとおり判定します。

居住者、非居住者の判断基準				
\<td colspan=3\>・個人の居住性は、本邦内に住所又は居所を有するか否かにより判定する ・その判定が困難である場合は、次による ・居住者又は非居住者と同居し専ら生活費を負担されている家族の居住性は、その居住者又は非居住者の居住性に従う		
個人	本邦人	非居住者	①外国にある事務所（本邦法人の海外支店等、現地法人、国際機関を含む）に勤務する目的で出国し外国に滞在する者
			②2年以上外国に滞在する目的で出国し外国に滞在する者
			③本邦出国後外国に2年以上滞在するに至った者 （一時帰国の滞在期間が6か月未満のものを含む）
		居住者	本邦の在外公館に勤務する目的で出国し外国に滞在する者
			①②③に該当しない本邦人
	外国人	居住者	④本邦内にある事務所に勤務する者
			⑤本邦に入国後6か月以上経過するに至った者
		非居住者	外国政府又は国際機関の公務を帯びる者
			外交官又は領事官及びこれらの随員又は使用人。ただし、外国において任命又は雇用された者に限る
			④⑤に該当しない外国人
法人	\<td colspan=2\> 法人等の居住性は、本邦内にその主たる事務所を有するか否かにより判定する ただし、支店、営業所等がある場合はその支店等毎に判定する	
	非居住者	\<td colspan=2\> 外国にある本店、支店、出張所その他の事務所	
	居住者	\<td colspan=2\> 本邦にある本店、支店、出張所その他の事務所	

※ 本邦とは、本州、北海道、四国、九州及びこれに附属する島（北方四島を除きます。）をいいます（外為法6①一、外為法附属の島に関する命令）。

※　その他の機関等
- 本邦の在外公館は居住者とします。
- 本邦にある外国政府の公館（使節団を含みます。）及び本邦にある国際機関は、非居住者とします。
- アメリカ合衆国軍隊、その構成員、軍属、これらの者の家族、軍人用販売機関等、軍事郵便局、軍用銀行施設及び契約者等は、非居住者です（日米地位協定に関する政令（昭和27年政令127号）3条）。
- 国際連合の軍隊、その構成員、軍属、家族、軍人用販売機関等及び軍事郵便局並びに政府が国際連合の軍隊と合意して定めるところに従い財務大臣が指定する者は、非居住者です（国連地位協定に関する政令（昭和29年政令129号）3条）。

⑵　本邦内の事務所等

本店が外国にある外国法人であっても、本邦内にある支店、出張所その他の事務所は、法律上の代理権があるかどうかにかかわらず居住者とみなされます（消基通7－2－15）。

⑶　無体財産権等の範囲

非居住者に対して譲渡又は貸付けを行った場合に免税となる無体財産権等の範囲は、次のとおりです（消令6①四～七、消基通5－7－4～9）。

免税の対象となる無体財産権等の範囲		
鉱業権等	鉱業権	鉱業法5条に規定する鉱業権
	租鉱権	鉱業法6条に規定する租鉱権
	採石権	採石法4条に規定する採石権
	樹木採取権	国有林野の管理経営に関する法律8条の5に規定する樹木採取権
特許権等（外国における権利を含みます。）	特許権	特許法66条に規定する特許権
	実用新案権	実用新案法14条に規定する実用新案権
	意匠権	意匠法20条に規定する意匠権
	商標権	商標法18条に規定する商標権
	回路配置利用権	半導体集積回路の回路配置に関する法律10条に規定する回路配置利用権
	育成者権	種苗法19条に規定する育成者権
著作権等（外国における権利を含みます。）	著作権	著作権法の規定に基づき著作者が著作物に対して有する権利
	出版権	著作権法第3章に規定する出版権
	著作隣接権	著作権法89条に規定する著作隣接権
特別の技術による生産方式		特許に至らない技術、技術に関する附帯情報等（いわゆるノウハウ）

営業権（外国における権利を含みます。）	法令の規定、行政指導等による規制に基づく登録、認可、許可、割当て等に基づく権利 （例）繊維工業における織機の登録権利、許可漁業の出漁権、タクシー業のいわゆるナンバー権	
漁業権等（外国における権利を含みます。）	漁業権	漁業法60条1項に規定する定置漁業権、区画漁業権、共同漁業権
	入漁権	漁業法60条7項に規定する入漁権

非居住者に対する役務の提供

　非居住者に対する役務の提供で、国内において直接便益を享受しないものは、輸出免税の対象となります。

　国内でその便益を直接享受するかどうかにより、例えば次のような判断となります（消基通7－2－16）。

(1) 国内において行う非居住者への役務の提供

免税とならないものの例	免税となるものの例
・国内に所在する資産に係る運送や保管 ・国内に所在する不動産の管理や修理 ・建物の建築請負 ・電車、バス、タクシー等による旅客の輸送 ・国内における飲食又は宿泊 ・理容又は美容 ・医療又は療養 ・劇場、映画館等の興行場における観劇等の役務の提供 ・国内間の電話、郵便又は信書便 ・日本語学校等における語学教育等に係る役務の提供	・広告宣伝 ・情報の提供 ・ソフトウェアの開発 ・代理店としての業務提供

(2) 国内に支店等を有する非居住者に対する役務の提供

　非居住者であっても、国内にある支店や出張所等はそれ自体が居住者となり、支店等を国内に有する非居住者に対して役務の提供を行った場合には、国内の支店等を経由して役務の提供を行ったことになります。

　したがって、支店等を国内に有する非居住者に対して行う役務の提供は、居住者に対する役務の提供となり、免税の対象にはなりません。

　ただし、国内に支店等を有する非居住者に対する役務の提供であっても、次の要件の全てを満たす場合には、非居住者に対するものとして取り扱います（消基通7－2－17）。

◆国内に支店等を有する非居住者に対する役務の提供が免税となる要件◆

- 役務の提供が非居住者の国外の本店等との直接取引であり、その非居住者の国内の支店又は出張所等はこの役務の提供に直接的にも間接的にもかかわっていないこと
- 役務の提供を受ける非居住者の国内の支店又は出張所等の業務は、その役務の提供に係る業務と同種、あるいは関連する業務でないこと

誤りやすい事例　外国法人から支払を受ける設計料

当社は、国外で建設される施設の設計を行い、外国法人Aから設計料を受領しました。この設計に係る役務の提供には、消費税が課税されますか。

解 説

まず、設計に係る役務の提供の内外判定を行います。

設計に係る役務の提供の内外判定は、従来、消費税法施行令6条2項5号において、設計に係る事務所等の所在地によることとされていました。この条項は、「電気通信利用役務の提供」についての内外判定の見直しに伴い、削除されました。ただし、「電気通信利用役務の提供」を除いては、従来の考え方が変化したものではありません。また、役務の提供が行われた場所が明らかでない場合は、役務の提供を行う者のその役務の提供に係る事務所等の所在地により内外判定を行うこととされています。したがって、その業務が国外の事務所で行われている場合には消費税の課税関係は生じませんが、その業務が国内の事務所で行われている場合には、たとえ国外の施設に係る設計であったとしても、国内において行う資産の譲渡等に該当し、課税の対象となります。

次に、輸出免税の適用の判断を行います。

国内において行う役務の提供が、非居住者に対するものであり、国内において直接便益を享受しないものである場合には、輸出免税の適用の対象となります。非居住者に対する設計に係る役務の提供はこれに該当し、この場合に、輸出免税の適用を受けるために保存するべき書類は、設計の請負に係る契約書等となります。

なお、その設計に係る役務の提供を受ける者が居住者である場合には、たとえ国外の施設に係る設計であっても、輸出免税の適用はありません。

【参考】消法4③二、7①五、消令6②六、17②七、消規5、消基通7－2－23

⑧ 外航船等への積込物品の譲渡

(1) 外航船舶等の区分と適用規定

　外航船舶等への貨物の積込みのための譲渡に係る取扱いは、積込みをする外航船舶等が外国籍の場合には消費税法7条の規定により免税となり、日本国籍の場合には租税特別措置法85条の規定により免税となります。

　消費税法の規定による場合は、本邦からの輸出として行う課税資産の譲渡であると判断するものですから、積み込む貨物に制限はありません。

　しかし、租税特別措置法の規定により免税となる場合には、関税法との関係により、指定物品の積込みに限って免税の対象となります（消基通7－2－18）。

外航船等への積込物品に係る輸出免税			免税となる物品	適用条文等
外航船舶等への貨物の積込み	外国籍の航空機・船舶	下記以外	限定なし	消法7①の輸出として行う課税資産の譲渡にあたる
		実質的に日本国籍の船舶等と同様に使用されていると認められるもの（外国籍の船舶等を日本人が船体だけを賃借（いわゆる裸用船）し、日本人の船長、乗員を使用している場合等）	指定物品に限定	措法85①により輸出とみなす
	日本国籍の船舶又は航空機			

(2) 指定物品

　租税特別措置法の規定により消費税が免除される指定物品は次のとおりです（措法85①、措令45①、関税法2①九・十、消基通7－3－1）。

◆日本国籍の外航船舶等への積込みにつき免税となる指定物品◆

- 酒類
- 製造たばこ
- 船用品又は機用品（燃料、飲食物その他の消耗品、帆布、綱、じう器その他これらに類する貨物で、船舶又は航空機において使用する貨物）

(3) 免税の手続

　租税特別措置法の規定により、外航船等に積み込む物品等に係る免税の適用を受ける場合の手続等は、関税法基本通達23－1－1から23－17まで《船用品又は機用品の積込みの手続等》

の規定が準用されます（消基通7－3－3）。

9 外国公館等への資産の譲渡等

(1) 指定事業者

外国の大使館、大使等に対して免税で課税資産の譲渡等を行うことができるのは、国税庁長官の「消費税免除指定店舗」の指定を受けた事業者に限られます（措令45の4①）。

(2) 免税のための手続

免税のための手続は、おおむね次のようになります（措令45の4、措規36の2、「外国公館等に対する課税資産の譲渡等に係る消費税の免除の取扱いについて」通達）。

① 事業者は、「外国公館等に対する消費税免除指定店舗申請書」を店舗別に作成し、外務省経由で国税庁に申請し、指定を受ける。
② 外国の大使館等は、外務省から「外交官等揮発油購入証明書」「外国公館等用消費税免除証明書」「免税カード」等の交付を受ける。
③ ①の事業者は、②の証明書の提示と購入表の提出を受けて免税で課税資産の譲渡等を行うことができる。

10 輸出証明等の保存要件

輸出取引等に係る免税は、その課税資産の譲渡等が輸出取引等に該当することが証明された場合に限って適用されます（消法7②、措法86②、86の2②）。

その証明の方法は、輸出証明書等の書類又は帳簿をその課税資産の譲渡等を行った日の属する課税期間の末日の翌日から2か月を経過した日から7年間、事務所等に保存することによります（消規5①、措令45の4②、46③、措規36①、消基通7－2－23、7－3－3）。

なお、輸出取引等に係る免税については、外国公館等に対する課税資産の譲渡等に係る免税、海軍販売所等に対する物品の譲渡に係る免税を除き、災害その他やむを得ない事情があった場合に書類の保存を宥恕(ゆうじょ)する規定は設けられていません（措法86②、86の2②）。

◆輸出取引等であることを証明するために保存する書類◆

輸出として行われる資産の譲渡又は貸付け （船舶又は航空機の貸付けである場合を除きます。）	輸出許可書 輸出許可通知書、輸出申告控
輸出として行われる船舶又は航空機の貸付け	契約書等
	（契約書等の記載） 貸借双方の氏名、住所、貸付の日、内容、対価の額

郵便による輸出 （20万円超の判定は原則として郵便物1個あたりの価額。ただし、同一受取人に分割して差し出す場合には、その合計額による）	輸出物品の時価が20万円を超えるとき	郵便物輸出証明書
	輸出物品の時価が20万円以下のとき	郵便物の引受証及び発送伝票の控え
保税蔵置場の許可を受けた者が出国者に出国の携行品を譲渡する場合		輸出証明書、誓約書
外航船等への積込み	内国貨物を外国籍の船舶又は航空機に積み込むために譲渡する場合	船（機）用品積込承認書 （酒類、製造たばこは積込証明書を酒税、たばこ税の申告書に添付）
	外航船等指定物品を船舶又は航空機に積み込むために譲渡する場合	
国際輸送、国際通信、国際郵便、国際信書便		帳簿又は書類
		〈記載事項〉 年月日（一定のまとめ期間）、内容、対価、相手方の氏名、住所等
その他		契約書等
		〈記載事項〉 譲渡者・購入者の氏名・住所、譲渡日、内容、対価の額

　20万円以下の物品の国際郵便による輸出については、従来、帳簿のみの保存でよいとされていましたが、令和3年度税制改正において、令和3年10月1日以後に行われる資産の譲渡等については、その郵便物の引受証及び発送伝票の控えを保存しなければならないこととなりました。

第3節　輸出物品販売場における免税

　輸出物品販売場を経営する事業者が、所定の手続により、非居住者に対し、通常生活の用に供する物品を譲渡した場合は、その物品の譲渡については、消費税が免除されます（消法8①）。
　非居住者が輸出する目的で購入し国内で消費しない物の譲渡は、事業者が輸出販売をしたのと同じ結果になることから、これを免税の対象とするものです。

　輸出物品販売場

(1)　輸出物品販売場とは

　輸出物品販売場には、「基地内輸出物品販売場」と「市中輸出物品販売場」とがあり、「市中輸出物品販売場」には、「一般型輸出物品販売場」、「手続委託型輸出物品販売場」及び「自動販売機型輸出物品販売場」の3種類の輸出物品販売場があります（消令18②、18の2②）。

◆輸出物品販売場の類型◆

基地内輸出物品販売場		日米地位協定2条1項に規定する施設及び区域内にある輸出物品販売場
市中輸出物品販売場（「基地内輸出物品販売場」以外の輸出物品販売場）	一般型輸出物品販売場	免税販売手続がその販売場においてのみ行われる輸出物品販売場
	手続委託型輸出物品販売場	免税販売手続がその販売場が所在する特定商業施設内に一の承認免税手続事業者が設置する免税手続カウンターにおいてのみ行われる輸出物品販売場
	自動販売機型輸出物品販売場	自動販売機によってのみ免税販売手続が行われる輸出物品販売場

※　免税手続カウンターとは、他の事業者が非居住者に対して譲渡する物品に係る免税販売手続につき、承認免税手続事業者が代理を行うための施設設備をいいます（消令18の2②二）。
※　以下では、「市中輸出物品販売場」を「輸出物品販売場」と呼んで解説しています。

　また、7か月以内の期間を定めた臨時販売場を設置しようとする事業者が、事前に所轄税務署長の承認を受けて免税販売を行うことができる臨時販売場制度があります（消法8⑨⑩）。
　以下では、一般型輸出物品販売場及び手続委託型輸出物品販売場の要件等について確認します。

(2)　輸出物品販売場の許可の要件

　事業者が経営する販売場について、「一般型輸出物品販売場」又は「手続委託型輸出物品販売場」としての許可を受けるためには、それぞれ次の要件の全てを満たすことが必要です（消法8

⑦、消令18の2②)。

◆輸出物品販売場の許可の要件◆

一般型輸出物品販売場	手続委託型輸出物品販売場
・課税事業者であること ・現に国税の滞納（その滞納額の徴収が著しく困難であるものに限る。）がないこと ・輸出物品販売場の許可を取り消され、その取消しの日から３年を経過しない者でないこと ・輸出物品販売場を経営する事業者として特に不適当と認められる事情がないこと ・現に非居住者の利用する場所又は非居住者の利用が見込まれる場所に所在する販売場であること	
・免税販売手続に必要な人員を販売場に配置し、かつ、免税販売手続を行うための設備を有する販売場であること	・販売場を経営する事業者とその販売場の所在する特定商業施設内に免税手続カウンターを設置する一の承認免税手続事業者との間において次の要件の全てを満たす関係があること ①販売場において譲渡する物品に係る免税販売手続につき、代理に関する契約が締結されていること ②販売場において譲渡した物品と免税手続カウンターにおいて免税販売手続を行う物品とが同一であることを確認するための措置が講じられていること ③免税販売手続につき必要な情報を共有するための措置が講じられていること

①　輸出物品販売場の許可申請手続

　輸出物品販売場の許可を受けようとする販売場を経営する事業者は、次の許可申請書に所定の書類を添付して、その納税地を所轄する税務署長に提出しなければなりません（消令18の2①、消規10の2）。

◆許可申請のために提出する書類◆

区分	一般型輸出物品販売場	手続委託型輸出物品販売場
許可申請書	輸出物品販売場許可申請書（一般型用）	輸出物品販売場許可申請書（手続委託型用）
添付書類	・許可を受けようとする販売場の見取図	・許可を受けようとする販売場が所在する特定商業施設の見取図 ・免税販売手続の代理に関する契約書の写し ・特定商業施設に該当することを証する書類 ・承認免税手続事業者の承認通知書の写し
	・申請者の事業内容が確認できる資料（会社案内やホームページ掲載情報など） ・許可を受けようとする販売場の取扱商品が確認できる資料（商品カタログなど） ・その他参考となる書類	

※　一般型輸出物品販売場を移転した場合には、移転後の販売場につき改めて輸出物品販売場の許可を受ける必要があります。

※　手続委託型輸出物品販売場に係る許可を受けた事業者がその許可に係る特定商業施設内においてその販売

場を移転するときは、移転のたびに許可申請を行う必要はありません（消令18の2①）。ただし、移転する日の前日までに、その旨の届出書に移転しようとする手続委託型輸出物品販売場に係る特定商業施設の見取図及びその他参考となるべき書類を添付して提出しなければなりません（消令18の2①③、消規10④）。

※ 「一般型輸出物品販売場」と「手続委託型輸出物品販売場」とは、許可の要件が異なるため、「一般型輸出物品販売場」として許可を受けている販売場を「手続委託型輸出物品販売場」に変更する場合には、改めて「手続委託型輸出物品販売場」としての許可を受ける必要があります（消令18の2⑮）。

　この場合、一の販売場については、一般型輸出物品販売場又は手続委託型輸出物品販売場のいずれかの許可しか受けることができないため、「一般型輸出物品販売場」として許可を受けている販売場が「手続委託型輸出物品販売場」の許可を受けたときは、「一般型輸出物品販売場」の許可の効力は失われます（消令18の2⑮）。

② 輸出物品販売場の許可の取消し

　税務署長は、次のいずれかに該当する場合には、輸出物品販売場に係る許可を取り消すことができます（消法8⑧）。

> ① その事業者が消費税に関する法令の規定に違反した場合
> ② 施設等の状況が輸出物品販売場として特に不適当と認められる場合

　この要件は、具体的には次のような基準とされています（消基通8-2-6）。

◆輸出物品販売場の許可の取消事由◆

- その事業者が消費税に関する法令の規定に違反し、消費税法64条の規定に該当して告発を受けた場合
- 輸出物品販売場として物的、人的、資金的要素に相当な欠陥が生じ、輸出物品販売場として施設その他の状況が特に不適当と認められる場合（施設が不十分、経営者の資力及び信用が薄弱等）

　税務署長は、その許可を取り消す場合には、書類で通知します（消令18の2⑪）。

③ 許可の基準と取消しの基準

　消費税法8条7項においては、輸出物品販売場の許可について「現に国税の滞納がない」ことが要件とされ、消費税法8条8項においては「消費税に関する法令の規定に違反した」こと等がその取消し事由とされています。

　許可では適正な納税義務の履行を条件としているのに対して、消費税法基本通達8-2-6を見ると、許可の取消しでは消費税法64条の規定に該当して告発を受けたことに限定するものとなっています。これは、既に輸出物品販売場の許可を受けて事業を行っている事業者につき、軽微な違反であってもその許可を取り消すこととなれば、事業者の営業を不安定にすることから、取消しの場合には、事業者の既得利益に配慮して、謙抑的な運用を行うことを定めたものです。

④ 輸出物品販売場の廃止

　輸出物品販売場を経営する事業者は、輸出物品販売場に係る事業を廃止した場合には、直ちに「輸出物品販売場廃止届」を所轄税務署長に提出しなければなりません。

(3) 委託型輸出物品販売場

手続委託型輸出物品販売場では、「承認免税手続事業者」に、その販売場において免税販売する物品の免税販売手続を代理させることになります。

① 承認免税手続事業者

特定商業施設内に免税手続カウンター（免税販売手続の代理を行うための施設設備）を設置して他の事業者が経営する販売場の免税販売手続の代理をしようとする事業者は、「承認免税手続事業者」として納税地の所轄税務署長の承認を受ける必要があります（消令18の2⑦⑧）。

一の手続委託型輸出物品販売場が免税販売手続を代理させることができるのは、一の承認免税手続事業者に限られます（消令18の2②二）。

② 特定商業施設

「特定商業施設」とは、次の①から④までの販売場の区分に応じた地区、地域又は施設をいいます（消令18の2④）。

販売場の区分	特定商業施設	例
① 商店街振興組合法2条1項に規定する商店街振興組合の定款に定められた地区に所在する販売場（当該商店街振興組合の組合員が経営する販売場に限ります。）	当該地区	商店街
② 中小企業等協同組合法3条1号に規定する事業協同組合の定款に定められた地区に所在する事業者が近接して事業を営む地域であってその大部分に一の商店街が形成されている地域に所在する販売場（当該事業協同組合の組合員が経営する販売場に限ります。）	当該地域	商店街
③ 大規模小売店舗立地法2条2項に規定する大規模小売店舗内にある販売場	当該大規模小売店舗	ショッピングセンター等
④ ③以外で、一棟の建物内にある販売場	当該一棟の建物	テナントビル等

② 免税の対象

(1) 免税購入対象者

輸出物品販売場における免税販売は、外国人旅行者等の「免税購入対象者」に対する販売に限られます（消法8①、消令18①）。

「免税購入対象者」とは、外国為替及び外国貿易法第6条第1項第6号に規定する非居住者であって、一定の要件を満たす者をいい、具体的には、次のとおりです。

国籍	免税購入対象者
外国籍	① 「短期滞在」、「外交」、「公用」の在留資格をもって在留する者（出入国管理及び難民認定法別表1の1、1の3） ② 寄港地上陸許可、船舶観光上陸許可、通過上陸許可、乗員上陸許可、緊急上陸許可、遭難による上陸許可を受けて在留する者（出入国管理及び難民認定法14～18） ③ 合衆国軍隊の構成員等（日米地位協定1）
日本国籍	非居住者であって、国内以外の地域に引き続き2年以上住所又は居所を有する者であることについて、その者に係る領事館等の在留証明又は戸籍の附票の写しにより確認された者

(2) 免税対象物品

　免税の対象となる物品（免税対象物品）は、通常生活の用に供する物品で、所定の方法により譲渡するものであり、その範囲は、一般物品又は消耗品の区分に応じて、同一の非居住者に対する同一の輸出物品販売場における1日の販売価額（税抜）の合計額が次の基準を満たすものとされています（消法8①、消令18②二、⑭）。

　同一の輸出物品販売場においては、時間又は売場を異にして複数の譲渡をした場合も、一般物品又は消耗品に区分して合計します（消基通8－1－2）。

区分	免税対象となる販売価額（税抜）の合計額
消耗品 （飲食料品、医薬品、化粧品その他の消耗品）	5,000円以上50万円以下
一般物品 （家電や衣料品等、消耗品以外のもの）	5,000円以上

※　一般物品と消耗品の販売価額（税抜）が5,000円未満であったとしても、それらの合計額が5,000円以上であれば、一般物品を消耗品と同様の指定された方法により包装することで、免税販売することができます。この場合、その一般物品は消耗品として取り扱うこととなります。

※　通常生活の用に供する物品に限られ、事業用又は販売用として購入されるものは免税販売の対象となりません（消令18①）。

※　「金又は白金の地金」は免税対象物品から除かれています（消令18②一）。

① 免税手続カウンターにおける下限額の特例

　一の承認免税手続事業者が免税販売手続を行う一の特定商業施設に所在する複数の手続委託型輸出物品販売場において同一の日に同一の非居住者に対して譲渡する一般物品の対価の額（税抜価額）の合計額と消耗品の対価の額（税抜価額）をそれぞれ合計している場合には、その複数の手続委託型輸出物品販売場を一の販売場とみなして、免税販売の対象となる下限額を超えるかどうかを判定することができます（消令18の3①）。

　例えば、手続委託型輸出物品販売場A、Bにおけるそれぞれの消耗品の販売額（税抜価額）が4,000円であっても、A、Bの免税販売手続を行う免税手続カウンターにおいては、その合計金額が8,000円となるので、免税販売の対象となります。

この場合、承認免税手続事業者は、免税販売手続の代理を行う手続委託型輸出物品販売場ごとに購入記録票を作成し、各手続委託型輸出物品販売場の販売額の合計により免税販売の対象となる下限額を超えたことなどについての記録を保存しなければなりません（消令18の3②）。

② 消耗品の包装方法

消耗品は、次の要件の全てを満たす「袋」又は「箱」に入れ、かつ、開封された場合に開封されたものであることを示す文字が表示されるシールの貼付けにより封印をする方法により包装をして販売しなければなりません。

袋の要件	箱の要件
プラスチック製であり、無色透明又はほとんど無色透明であること	段ボール製、発泡スチロール製等であること
使用される状況に照らして十分な強度を有するものであること	
本邦から出国するまで開封してはならない旨及び消費税が免除された物品を消費した場合には消費税が徴収される旨が日本語及び外国語により記載されたもの又は記載された書面が貼り付けられたものであること	
内容物の品名及び数量を外側から確認できない場合にあっては、内容物の品名及び品名ごとの数量が記載されたもの又は記載された書面が貼り付けられたものであること	内容物の品名及び品名ごとの数量が記載されたもの又は記載された書面が貼り付けられたものであること

※ 消耗品の鮮度の保持に必要な大きさであり、かつ、その消耗品を取り出せない大きさの穴を設けることは認められます。

(3) 海外旅行者への譲渡

輸出物品販売場に係る免税は非居住者に対する譲渡が対象ですが、海外旅行等のため出国する者が出国に際して携帯する物品の譲渡で、帰国に際して携帯しないことが明らかなものは、実質的にはその譲渡をした事業者が輸出したのと同じ結果となることから、譲渡を行った事業者が輸出物品販売場の許可を受けている場合には、その事業者が直接輸出したものとして輸出免税の対象となります。

この場合にも、輸出物品販売場に係る免税に準じて、誓約書及び輸出証明書の保存が必要です。

ただし、出国した者が、その物品を携帯して2年以内に帰国した場合には、その帰国の際に消費税が課税されます（消基通7-2-20）。

(4) 空港内のサテライトショップにおける譲渡

保税蔵置場の許可を受けた者が、その経営する保税地域内の店舗で出国者に対して課税資産の譲渡を行った場合において、帰国に際してその当該課税資産を携帯しない又は渡航先において消費することが明らかなときは、輸出物品販売場における譲渡に該当しないものであって

も、その事業者が輸出するものとして、免税の対象となります（消基通7－2－21）。

この取扱いは、輸出物品販売場における免税ではなく、消費税法7条1項の輸出として行う資産の譲渡に該当するため、購入者誓約書の保存は必要なく、輸出証明書を保存することになります。

また、国際線の航空機に搭乗する手続を行った搭乗直前の乗客が利用する空港内のサテライトショップは保税地域には該当しませんが、そこで乗客が購入した物品は、直後に国際線の航空機に搭乗する乗客によって海外に持ち出されることが明らかである実態を踏まえて、上記保税蔵置場における販売と同様の取扱いが認められています。

❸ 免税手続

(1) 手続の電子化

令和2年4月1日から、これまで輸出物品販売場において書面により行われていた購入記録票の作成等の手続が廃止され、免税販売手続が電子化されました。輸出物品販売場を経営する事業者は、購入者（非居住者）から提供を受けた旅券等の情報及び免税販売した免税対象物品等について記録した電磁的記録（購入記録情報）を、電子情報処理組織を使用して、遅滞なく国税庁長官に提供することとなりました。

令和3年10月1日以後は、電子化に対応しない事業者は免税販売ができません。

(2) 購入者への説明

輸出物品販売場を経営する事業者は、電子化に対応した免税販売手続を行う際、購入者に対して、次の事項をリーフレット等の交付や掲示等の方法により説明する必要があります。

① 免税対象物品が国外へ輸出するため購入されるものである旨
② 本邦から出国する際、その出港地を所轄する税関長にその所持する旅券等を提示しなければならない旨（免税で購入した非居住者が居住者となる場合の旅券等の提示は、その住所地又は居所の所在地の所轄税務署長に対して行います。）
③ 免税で購入した物品を出国の際に所持していなかった場合には、免除された消費税額（地方消費税額に相当する額を含みます。）に相当する額を徴収される旨

国税庁では、英語、中国語、韓国語等の説明用リーフレットを提供しています。

❹ 輸出しない場合の即時徴収

輸出物品販売場において免税対象物品を免税で購入した免税購入対象者が、出国する日（その者が免税購入対象者でなくなる場合には、その免税購入対象者でなくなる日）までにその物品を輸出しないときは、その出港地を所轄する税関長（その者が免税購入対象者でなくなる場合には、そのなくなる時におけるその者の住所又は居所の所在地を所轄する税務署長）は、そ

の者からその物品の購入の免除に係る消費税額に相当する消費税を直ちに徴収します（消法8③）。

ただし、災害その他やむを得ない事情によりその物品を亡失したため輸出しないことにつきその税関長の承認を受けた場合を除きます（消法8③）。

(1) 輸出しないときの範囲

輸出物品販売場において免税対象物品を免税で購入した免税購入対象者が、出国する際にその物品を所持していなかった場合には、原則として、「その物品を輸出しないとき」に該当します（消基通8−1−5の2）。

ただし、その出港地の所轄税関長に対し次の書類のいずれかを提示した場合で、その物品を輸出したことがその書類により明らかなときは、「その物品を輸出しないとき」に該当しないものとすることができます。

免税購入対象者が免税購入対象者でなくなる場合において、そのなくなる時におけるその者の住所又は居所の所在地の所轄税務署長に対してその書類を提示し、そのなくなる時までにその物品を輸出したことがその書類により明らかなときも同様です（消基通8−1−5の2）。

① 輸出許可書又はその写し

② 小包郵便物又はEMS郵便物（以下「小包郵便物等」といいます。）としてその物品を輸出する場合（輸出される資産の価額が20万円以下であるとして関税法76条1項の規定の適用があるものを輸出する場合、以下同じです。）に日本郵便株式会社から交付を受けたその小包郵便物等の引受けを証する書類及びその小包郵便物等に貼り付け又は添付した次に掲げる事項が記載された書類の写し

　イ その物品を輸出する者の氏名及び住所又は居所

　ロ その物品の品名並びに品名ごとの数量及び価額

　ハ その物品の受取人の氏名又は名称及び住所若しくは居所又は事務所等の所在地

　ニ 日本郵便株式会社によるその物品の引受けの年月日

③ 通常郵便物としてその物品を輸出する場合に日本郵便株式会社から交付を受けたその通常郵便物の引受けを証する書類で②ロに掲げる事項に係る追記をしたもの

④ ②又は③に掲げる書類に準ずる書類

(2) 消耗品等を国内において消費した場合

免税購入対象者が、輸出物品販売場において免税で購入した消耗品等を国内において消費する等生活の用に供した場合には、「その物品を輸出しないとき」に該当し、その免税購入対象者の出国時に、その出港地の所轄税関長が、その免税購入対象者から免除された消費税額に相当する消費税を徴収することとなります（消法8③、消基通8−1−5）。

315

譲渡した場合等の即時徴収と連帯納付義務

(1) 譲渡又は譲受けの禁止

　免税購入対象者が輸出物品販売場において免税で購入した物品は、国内において譲渡又は譲受けをすることはできません（消法8④）。

　譲渡又は譲受けをすることには、これらの委託を受け、若しくは媒介のためその物品を所持し、又は譲渡のためその委託を受けた者若しくは媒介をする者に所持させることを含みます（消法8④）。

　ただし、その物品の譲渡又は譲受けをすることにつきやむを得ない事情がある場合には、その物品の所在場所を所轄する税務署長の承認を受けて譲渡又は譲受けをすることができます（消法8④）。

(2) 即時徴収

　免税で購入した物品の譲渡又は譲受けがされたときは、税務署長は、譲渡又は譲受けの承認を受けた者があるときはその者から、承認を受けないで譲渡又は譲受けがされたときはその物品を譲り渡した者から、その物品の購入の免除に係る消費税額に相当する消費税を直ちに徴収します（消法8⑤）。

(3) 連帯納付義務

　承認を受けないで譲渡又は譲受けがされたときは、その物品を譲り受けた者は、その物品の譲渡に係る消費税について連帯納付義務があります（消法8⑥）。

(4) 免税購入品の仕入れ

　課税仕入れを行う際に、その課税仕入れに係る資産が、輸出物品販売場において免税購入された物品である場合において、その課税仕入れを行う事業者が、免税購入されたものであることを知っていたときは、その物品の課税仕入れについては、仕入税額控除制度を適用することができません（消法30⑫）。

　この取扱いは、令和6年4月1日以後に国内において事業者が行う課税仕入れについて適用されます。（令6改法附13⑨）。

6 リファンド型免税制度（出国時に払い戻す還付型免税制度）の導入

　輸出物品販売場において購入時に消費税を免除する日本の制度は利便性が高く、これにより外国人旅行者の消費を伸ばした側面があります。しかし、諸外国では、購入時に課税したVATを出国時に払い戻す還付型免税制度、いわゆる、リファンド型免税制度が一般的です。

令和6年度税制改正の大綱では、リファンド型への改正が提言され、「外国人旅行者の利便性の向上や免税店の事務負担の軽減に十分配慮しつつ、空港等での混雑防止の確保を前提として、令和7年度税制改正において、制度の詳細について結論を得る」と記載されました。

リファンド型は、空港カウンターでの手続が外国人旅行者の負担となります。インバウンドの利便性と不正防止のバランスを検討する必要があり、少額の購入については現行の制度を維持するなどの折衷型も検討されるしょう。

 沖縄型特定免税店制度

沖縄地区税関長の承認を受けた小売業者から購入し、携帯して沖縄県以外の本邦の地域へ持ち出す輸入商品については、1人20万円の購入金額を限度として関税が免除（内国消費税は課税）されます（沖縄振興特別措置法26、関税暫定措置法14、関税暫定措置令40）。

第4節 裁判例・裁決例

裁判例 ロシア人に対する中古自動車の販売取引／輸出物品販売場の許可

東京地裁平成18年11月9日判決（棄却）（確定）

「輸出」とは、貨物を外国に仕向けられた船舶又は航空機に積み込むことをいうのであり、船舶又は航空機への積込みという貨物の物理的な移転行為をとらえた概念であるから、消費税法7条1項1号にいう「本邦からの輸出として行われる資産の譲渡又は貸付け」とは、資産を譲渡し又は貸し付ける取引のうち、当該資産を外国に仕向けられた船舶又は航空機に積み込むことによって引渡しが行われるものをいうと解するのが相当である。

本件取引は、短期滞在のロシア人が日本で買い取った中古自動車を船舶に積み込んで本国に持ち帰ることを目的とした取引であったと認められる。

売買契約が成立した後もその車両を原告が保管し、仕出港に搬入し、検査及び船舶への積込みも原告の費用負担で行われていたことが認められるが、他方、売買代金は売買契約時に既に支払が済んでおり、これによって目的物が自己の支配下に入ったと考えるのが買主としての通常の認識であろうと考えられることからすると、観念的には売買代金の支払時に引渡しが行われ、その時点で売買取引そのものは完全に終了し、その後の通関や車両の搬入は、本来買主が行うべきことを原告が代行したものと解する余地がある。

本件取引に係る中古自動車については、買主であるロシア人が携帯品又は別送品として輸出することを前提とする旅具通関扱いによって、輸出許可の手続が行われていた。原告は、本件各課税期間において1,600件近い本件取引を行ってきたのであるから、それが新潟税関支署の指示に従ったものであったとしても、結果として、買主を輸出の主体とみる旅具通関扱いを容認していたのではないかとの疑いを持たれてもやむを得ない。

また、消費税法 8 条 6 項は、同条 1 項ないし 4 項は所定の輸出物品販売場について、これを経営する事業者の納税地を所轄する税務署長の許可を受けることを要する旨を定めるのみで、許可の要件等については何も規定していない。したがって、同条 6 項の規定により輸出物品販売場の許可をするかどうかの判断は、所轄税務署長の合理的な裁量に委ねられているものと解するのが相当である。

　消費税法 8 条は、輸出物品販売場における非居住者への物品の譲渡が、最終的に当該物品を輸出することを前提とした譲渡であることにかんがみ、同法 7 条の輸出取引に準じた消費税免税の特典を与える趣旨であると解され、その対象者を消費税に関する法令の規定を遵守している優良な事業者に限るとの立法政策は合理的なものといえ、消費税法 8 条 7 項及び同法施行規則10条 2 項が「消費税に関する法令の規定」の範囲を特に限定していないことからしても、同法64条の罰則規定に該当して告発を受ける場合に限定して解釈すべき理由はない。

裁判例　外国船舶乗組員に対する土産品等の販売

東京地裁平成25年 7 月10日判決（棄却）、東京高裁平成25年11月21日判決（棄却）、最高裁平成26年 4 月25日決定（棄却・不受理）（確定）

　控訴人が、本邦の港に入港した外国船舶の乗組員に対し、その船舶内及び当該船舶に近接する陸地において行う土産品等の譲渡は輸出免税の対象となるか。

　控訴人は、船内販売品目録は、消費税法施行規則 5 条 1 項 1 号柱書にいう「当該資産の輸出の事実を当該税関長が証明した書類」に該当するものであり、また、それに記載された船名によって示されている船籍国が、同号ニにいう「当該資産の仕向地」に該当するのであり、消費税法 7 条 2 項の手続上の要件を全て満たしている旨主張する。

　しかしながら、船内販売品目録は、外国船舶の乗組員による物品の本邦外への持出し手続を簡素化するために、土産品等販売業者に便宜上提出を求めているものにすぎず、消費税法施行規則 5 条 1 項 1 号柱書にいう「当該資産の輸出の事実を当該税関長が証明した書類」ではない。そして、同船内販売品目録には、そもそも同号ニにいう「当該資産の仕向地」の記載がないばかりか、船籍国の記載もないのであって、船名の記載があるからといって、同号ニにいう「当該資産の仕向地」の記載がされた書類又は帳簿であるということはできない。この点につき、控訴人は、記載される船名によって船籍国が明らかであれば、仕向地の記載として十分であると主張するが、それ自体独自の主張であって直ちに採用しがたいことはもとより、船内販売品目録の船名の記載によっても船籍地は明確にならないのであって、控訴人の主張は採用できない。

　他に本件土産品等の販売が消費税法 7 条 1 項が消費税を免除する旨定めているものに該当することを、同条 2 項にいう財務省令である消費税法施行規則 5 条 1 項 1 号が定めるところにより証明されていると認めるべき事情は見いだし難い。

第 5 章　免　税

> **裁決例**　国内における運送

平成10年2月27日裁決（棄却）

　消費税法7条1項及び施行令17条の規定は、非居住者に対する役務の提供に係る輸出免税の適用関係を明らかにしたものであり、非居住者に対して行われる役務の提供で、現に国内に所在する資産に係る運送又は保管、非居住者が国内旅行を行う際に国内における飲食又は宿泊及びこれらに類するものとして、例えば、国内に所在する不動産の管理費及び修繕費、国内旅行の運賃及び国内の催物への入場料等のように国内における消費と同様のものについては免税とはならないというものである。

　請求人は、本件取引は、国外に所在する非居住者である米国運送業者に対するものであるから輸出免税の対象となると主張するが、米国運送業者との間で、本件取引に関しいかなる契約等も締結していない。

　請求人は、梱包業者から国内に所在する家具等の国内の運送業務を請け負っており、また、梱包業者は、施行令1条2項1号に規定する居住者に該当するから、本件取引は、国内において請求人が行った役務の提供であり、その相手方は居住者である梱包業者である。

> **裁決例**　非居住者の従業員を対象に国内で行うセミナー

平成15年4月24日裁決（棄却）
〔裁決事例集第65集864頁〕

　消費税法施行令17条2項7号の趣旨は、役務の提供のうち、国内飲食等のように国内で役務の提供を受けることが完結するものを国境をまたがない役務の提供として輸出免税取引から除外するとするものである。

　本件外国法人は、いずれも国内に主たる事務所を有しておらず、消費税法施行令1条（定義）2項2号に規定する非居住者に該当する。

　本件セミナーは、国内で行われる講義及び現場実習並びにセミナーによっては国内の工場見学及び国内観光を内容とするものである。

　本件セミナーによる役務の提供は、本件外国法人に対して国内において行われるものとなり、かつ、本件セミナーによる役務の提供による便益は、本件セミナーの参加者である本件外国法人の従業員に対する役務の提供により、本件外国法人が国内において直接享受するものとなり、いずれも国内において完結しているものと認められる。

　したがって、本件外国法人に対する本件セミナーによる役務の提供は、非居住者に対する役務の提供で輸出免税取引とならない消費税法施行令17条2項7号ハに該当するものと認められ、輸出免税取引から除外されるものである。

裁決例　海外旅行者向けパッケージツアー

平成26年2月5日裁決（一部取消し）

〔裁決事例集第94集〕

《ポイント》

　本事例は、争点に関する請求人の主張については排斥したものの、請求人が、当初申告において国内における飲食等のサービスの対価に相当する金額について、課税売上げ及び課税仕入れのどちらにも含めずに納付すべき消費税等の額を計算していたことから、当該金額を課税売上げ及び課税仕入れの双方に含めて再計算した結果、課税売上割合が変動したことに伴い、更正の請求の一部が認められるとしたものである。

《要旨》

　請求人は、請求人が訪日旅行を主催する海外の旅行会社（本件海外旅行会社）に対して提供した当該訪日旅行の国内旅行部分（本件取引）は、旅行の企画、手配等とともに当該訪日旅行に参加した旅行者（本件旅行者）が国内において各種サービス提供機関から飲食、宿泊、輸送等の各種サービスを受けられるという地位を設定する包括的な役務提供であって、本件取引に係る対価の額には、飲食、宿泊、輸送等の役務の提供の対価に相当する金額は含まれていないこと、また、本件海外旅行会社は、国外において当該地位の設定を受け、訪日旅行を販売できるという便益を国外で享受していることから、消費税法施行令17条《輸出免税取引の範囲》2項7号イないしハのいずれにも該当せず、消費税法7条《輸出免税等》1項に規定する輸出免税に該当し、原処分は違法である旨主張する。

　しかしながら、請求人が本件海外旅行会社から受領する本件取引に係る対価の額には、本件旅行者が各種サービス提供機関から直接便益を享受する飲食、宿泊、輸送等の役務の提供に係る対価に相当する金額が含まれていると認められるところ、本件旅行者が飲食、宿泊、輸送等について国内において直接便益を享受していることは、消費税法施行令17条2項7号ロ又はハに該当し、輸出免税の対象となるものから除かれる役務の提供に該当する。また、本件海外旅行会社が受ける便益に関し、仮に請求人から提供を受ける包括的な役務というものを考えるとしても、請求人が本件旅行者に対し各種サービス提供機関をして各種サービスを提供させるのは、請求人の本件海外旅行会社に対する役務の提供と評価することが適当であり、本件海外旅行会社が国内において直接享受していると評価されることから、本件取引に係る対価の額のうち、請求人が各種サービス提供機関に支払った飲食、宿泊、輸送等の役務の提供に係る対価の額に相当する金額は、輸出免税取引の対価の額に該当しない。

....

裁決例　船荷証券の発行手数料及び荷渡指図書の発行手数料

平成25年11月26日裁決（棄却）

　請求人は、その請け負う輸出運送業務について荷送人にB／Lを作成、交付しており、現にB／L発行に係る役務を提供しているところ、本件B／LFeeは、その際、一部の荷送人から収受したものである。そして、請求人は、顧客に対する請求書において、B／LFeeを、海上運賃や各種サーチャー

ジとは別に区分して表記した上で請求しており、顧客もこれを承知した上で当該金額が収受されているものと推認できる。これに、請求人が収受したＢ／ＬＦｅｅの額が、Ｂ／Ｌの発行１件当たりというものであって、Ｂ／Ｌ発行の用紙代や印刷代等の作成、交付に要する原価に比べて対価が過大である旨の請求人の主張を踏まえても、Ｂ／Ｌの発行に係る手数料として不自然ではない価格であることなども考え合わせると、本件Ｂ／ＬＦｅｅは、その文言が示す内容どおり、Ｂ／Ｌ発行に係る役務の提供に対する対価であると認めるのが相当である。さらに、Ｂ／Ｌは、貨物が運送のために荷送人から運送人に引き渡され、又は船積みされた場合に運送人によって発行される証券であり、その作成、交付は、国内で行われたものと推認される。

　請求人は、Ｂ／Ｌの発行は、運送契約とは不可分のものであり、船荷証券の発行なくして運送契約の履行を全うすることができないことから、運送契約の一部であり、運送契約そのものであるといえるので、本件Ｂ／ＬＦｅｅは、貨物の輸送そのものに係る対価に該当する旨を主張する。

　しかしながら、国際輸送は、貨物の輸送それ自体に加えて、荷役作業や書類作成等、これに付随した複数の役務が複合的に提供されることによって成り立つのが通常である。しかし、消費税法７条１項３号にいう「国際輸送」の対価に該当するのは、原則として貨物の輸送そのものの対価に限られるものと解するのが相当である。仮に貨物の輸送に付随して必要な役務が提供され、その対価が輸送の対価とは別途に収受された場合にも、政令の定める一定の場合に限って、同項５号が規定する輸出類似取引として、輸出免税等の対象となるにすぎないのである。Ｂ／Ｌの発行という輸送自体に係る役務の提供とは別個に評価できる役務の提供が行われ、その上で、Ｂ／ＬＦｅｅがその反対給付（対価）として、いわゆる「運賃」とは区別して収受されている本件の場合においては、その全体を国際輸送に係る対価として認めることはできず、Ｂ／ＬＦｅｅについては、海上運賃等とは区別して消費税の課否判定を行うのが相当である。

裁決例　輸出を証明する書類の保存がない場合

平成７年７月３日裁決（棄却）
〔裁決事例集第50集257頁〕

　Ｆ国のＧ社は、請求人に対して、Ｈ社から購入したビデオデッキに関して、その付属品であるジャックケーブルの発注をし、Ｈ社は、Ｇ社からの要請を受け、本件ジャックケーブルをビデオデッキの付属品として同梱して船積みすることに同意した。

　本件取引の輸出手続は、Ｈ社が行っており、ビデオデッキの輸出証明書はＨ社に交付されているが、本件ジャックケーブル自体の輸出証明書は交付されていない。請求人は、輸出証明書等の写しの交付をＨ社の営業担当者に依頼したが、交付を拒否された。

　本件取引は、消費税法７条１項１号に規定する輸出取引に該当するものと認められるが、消費税法７条１項に規定する輸出免税の適用を受けるためには、税関長から交付を受ける輸出の許可若しくは積込みの承認があったことを証する書類又は輸出の事実を税関長が証明した書類の保存が要件とされているところ、本件取引の輸出手続はＨ社が行い、ビデオデッキの輸出証明書はＨ社に交付されているも

のの、本件ジャックケーブルについては輸出証明書が交付されていないのであるから、本件取引が輸出取引に該当するとしても、消費税法7条2項の「大蔵省令で定めるところにより証明がされたものでない場合には、適用しない」旨の規定に該当するので、請求人は、同条1項の輸出免税の適用を受けることはできない。

裁決例　売買契約書どおりの船積みができなかった取引

平成20年4月1日裁決（棄却）

〔裁決事例集第75集693頁〕

　請求人は、本件機械はいまだ国内に存しているものの輸出される予定であり、契約にある本件機械の指定港までの輸送、その輸出手続及び船積みが履行されていないことから、本件取引は、今現在（審判所調査時点）輸出途上にあるものであり、消費税法7条1項1号に規定する輸出取引に該当する旨主張する。

　しかしながら、請求人において、R社との契約にある指定港までの輸送、輸出手続及びR社が手配した船舶への船積みが、輸出先予定のK国の事情によりできなかったとしても、①本件機械は製造が完了し、販売先であるR社の検収も了していること、②請求人はR社が検収した本件機械の一時保管を依頼され、保管料を受領して日本国内の倉庫に保管していること、③請求人とR社との間で交わされた交渉記録には引渡が行われた旨記載されていること、④請求人は本件機械の対価を事業年度末において売上げに計上していることから、本件取引は、国内において行われた課税資産の譲渡等に該当する。また、消費税法7条1項1号に規定する「本邦から輸出として行われる資産の譲渡」とは、資産の譲渡取引のうち、当該資産を外国に仕向けられた船舶又は航空機に積み込むことによって当該資産の引渡しが行われるものをいうのであるから、本件取引はこの輸出取引に該当せず、輸出免税の適用はないため、請求人の主張には理由がない。

裁判例　輸出物品販売場での家電製品の販売等

山口地裁平成25年4月10日判決（棄却）、広島高裁平成25年10月17日判決（棄却）、最高裁平成27年3月3日決定（棄却・不受理）（確定）

　消費税法施行令18条1項は、輸出物品販売場における免税の対象となる物品を、「通常生活の用に供する物品」と規定するところ、「通常生活の用に供する物品」とは、当該非居住者が通常の生活において用いようとする物品を指すのであって、その者が国外における事業用又は販売用として購入することが明らかな物品は含まれないと解するのが、消費税法7条の定める輸出免税制度のほかに輸出物品販売場制度を設けた趣旨に照らし相当である。

　特定されている本件購入者ら12名は、購入金額が極めて多額であること、多量の同種商品を購入していることなどからすると、土産物にする目的で本件家電製品を購入したものとは到底考えられない上、振込名義人が本件購入者らではないことからすると、本件購入者らは事業者であると推認するのが

相当であり、本件家電製品を通常の生活において用いようとする物品として購入しようとしたのではなく、事業用又は販売用に購入したことが明らかであるというべきである。したがって、原告が行った本件家電製品の販売については、消費税法8条1項にいう政令で定める物品の譲渡に該当しない。

- -

裁判例　輸出物品販売場での免税販売と仕入税額控除の否認

東京地裁令和4年1月21日判決（棄却）（控訴）、東京高裁令和5年1月25日決定（棄却）（上告・上告受理申立て）

　輸出物品販売場を営む原告は、①時計の販売につき、非居住者から旅券等の写しの提出を受けておらず、消費税法8条1項所定の「譲渡」に該当しないことから消費税を免除することができず、また、②時計の買取り（各仕入れ）につき、消費税法30条7項所定の「帳簿」が保存されていないことから同条1項所定の仕入税額控除ができないとして、消費税等の各更正処分並びに過少申告加算税及び重加算税の各賦課決定処分を受けた。

　原告は、課税庁において、旅券等の写しの提出がないことにつき注意喚起をせず、原告の課税金額が膨大なものとなって初めて各譲渡に係る各更正処分等を行ったものであって、不意打ち処分であるなどと主張する。しかし、課税庁が原告の課税金額が膨れ上がるまで放置していたことを裏付ける証拠はないし、原告に対して注意喚起をしなければならない法的義務を認める根拠もない。

　原告は、政府において、訪日外国人に対する免税販売を推進する一方、不正行為が発生した場合のリスクを店舗側に負担させるという矛盾を背景として各更正処分等が行われたものであるなどと主張する。しかし、原告の主張は、免税販売を推進するという要請と物品の横流しを防止するという要請をいかに調整するかという問題にすぎず、各更正処分等は原告において旅券等の写しの提出を求めていなかったということに起因するものであって、矛盾の結果から生じたものであるともいえない。

　仕入税額控除の要件として保存が要求される帳簿等においては、課税仕入れの年月日や仕入先の氏名又は名称の記載が真実であることを要し、各記載が真実ではない場合には仕入税額控除が認められないことになると解される。これに対し、原告は、消費税法30条7項が帳簿等の保存を求めたのは、あくまで消費税を円滑かつ適正に転嫁するためのものとして確実な証拠である帳簿等によるべきであるという証明上の便宜などによるものにすぎず、同項の「保存」という文言に税務調査をも含ませるような解釈をすべき理由は見当たらないなどと主張する。しかし、「保存」の意義に関しては、申告納税制度の趣旨や仕組み、税務職員による質問検査権などと切り離して解釈することは適当ではない。

　本件販売場においては、実際の買取申込者ではない者を名義人とする時計の仕入れが行われていたことのほか、訪日団体観光旅行に参加した各承諾書名義人が実際の仕入先ではない事例も少なからず存在していることなども併せ鑑みると、各仕入れのうちの他の分に関しても、各承諾書名義人とは別の者が時計を売却したものと認めるのが相当である。

- -

裁決例 価格が20万円を超える郵便物として資産を輸出した場合の免税の要件

平成29年9月15日裁決（棄却）

〔裁決事例集第108集〕

　関税法上の郵便物の輸出入に係る簡易手続を経て資産を輸出した場合であっても、その郵便物の現実の取引価格が20万円を超えるものである場合には、消費税の輸出免税規定の適用に当たり、税関長が証明した書類の保存が要件とされる。

　請求人は、その現実の取引価格が20万円を超えていた郵便物（本件郵便物）について、郵便発送伝票に20万円以下の金額が記載され、税関長の管理の下、何らの指摘もなく輸出されたものである以上、関税法76条《郵便物の輸出入の簡易手続》1項に規定する郵便物（簡易郵便物）として輸出されたものとして、消費税法施行規則5条《輸出取引等の証明》1項1号に規定する輸出許可書等の保存がなくても、消費税法7条《輸出免税等》1項1号の規定（輸出免税規定）が適用される旨主張する。

　しかしながら、関税法76条1項に規定する「価格」とは、現実の取引価格であると解されることなどからすると、ある郵便物が簡易郵便物に該当するか否かは、当該郵便物の現実の取引価格を基準として判断されるべきであり、また、簡易郵便物として資産を輸出した場合に当たるか否かは、当該郵便物が簡易郵便物に該当するか否かにより判断されるべきである。本件郵便物は、現実の取引価格が20万円を超えていることから、簡易郵便物として輸出したことには該当せず、したがって、輸出許可書等の一定期間の保存がない限り、輸出免税規定の適用はない。

....

裁決例 輸出申告時点で資産の価格が未確定である郵便物に係る免税

平成30年6月5日裁決（棄却・却下）

　請求人は、国際便物により輸出した資産の譲渡（本件取引）について、郵便物1個当たりの価格が20万円を超えないことから消費税法施行規則5条1項2号（本件条文）に規定する郵便物（簡易郵便物）として資産を輸出した場合に該当し、同号に規定する帳簿又は郵便物受領証等を保存をしているのだから消費税法7条2項に規定する証明がされている旨主張する。

　しかしながら、本件取引の輸出申告時点では、取引の対象となる資産の価格が未確定の状態であり、そのような場合には郵便物1個当たりの輸出時見積価格（調達原価に通常の利潤、一般管理費等を加えた額又は値引き等の調整が加えられる前の額）をもって当該郵便物の価格とみるのが相当であるところ、本件取引においては、1個の郵便物にまとめられた各資産のそれぞれの仕入金額の合計額は、最も少ないもので20万円の2倍超であることから、郵便物1個当たりの輸出時見積価格は、いずれも20万円を上回ると認められ、本件取引は、本件条文に規定する簡易郵便物としての資産の輸出には該当せず、消費税法7条2項に規定する証明がされているとは認められない。

....

第6章

課税標準

本章は、国外事業者から「電気通信利用役務の提供」を受けた場合を除いて記述しています。
国外事業者から「電気通信利用役務の提供」を受けた場合の課税標準については、**第3章第2節**「国境を越えた役務の提供に係る課税の特例」を参照してください。

(1) 「課税資産の譲渡等の対価の額」と「課税標準額」

課税標準とは、課税の対象となる課税物件を金額又は数量で表したものであり、これに税率を適用して税額を算出します。

消費税法28条は、消費税の課税標準を「課税資産の譲渡等の対価の額」としています。

「課税資産の譲渡等」とは、国内外を問わない全ての「資産の譲渡等」（消法2①八）のうち、国内取引の非課税（消法6①）として別表第二に掲げられたもの以外のもの（消法2①9）です。したがって、用語の定義としては、「課税資産の譲渡等」には、国外において行った「資産の譲渡等」や免税となる輸出取引等が含まれることになります。

ただし、国外取引は課税の対象とならず（消法4①）、事業者の納税義務は、「国内において行った課税資産の譲渡等」に限られています（消法5①）。また、輸出取引等は免税となる（消法7）ため確定申告書に記載する課税標準額の合計額から除かれ（消法45①括弧書）、納付税額の計算から除外されます。

これらの規定により、消費税の課税標準額は、国内における課税売上高の合計額となります。

325

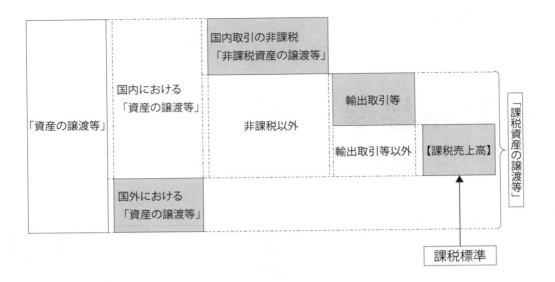

(2) 実際の取引額を基礎とする

　消費税の課税標準は、みなし譲渡及び低額譲渡を除いて、譲渡した課税資産や提供したサービスの時価にかかわらず、課税売上げについて受け取る対価の額とされています。

　消費税の趣旨は、「消費に広く薄く負担を求める」（税制改革法10①）ことであり、消費税の課税物件は「消費」そのものです。消費者が財貨の消費のために現実にする拠出に担税力を見出すものであり、税額計算の基礎として測定するべき対象は、消費のための拠出額です。

　消費者が100円のパンを購入すれば、その消費は100円の消費と測定されます。しかし、定価が100円のパンであっても、値下げにより50円で購入すれば、その消費は50円の消費と測定されます。

　消費税は、税の負担者を消費者と位置づけ、これに財貨を提供する事業者が納税義務者となり納税の手続を行うことを予定した間接税として設計されました。したがって、納付すべき税額の計算のプロセスは、全て納税義務者である事業者の立場から規定され、「消費」は、その財貨を提供する事業者の側から「資産の譲渡等」と定義されています。「資産の譲渡等」の測定は、譲渡した資産の価値ではなく、消費者が「消費」のために拠出した金額を測定するものです。

　これに対し、法人税法は、その22条2項において「資産の販売、有償又は無償による資産の譲渡又は役務の提供、無償による資産の譲受け」として、通常の販売行為を除き、譲渡した資産の時価を益金の額に算入すべきものとしています。

　ここでは、時価とは何かということが問題になりますが、一般に、利害の対立する第三者間で合意した取引額は、これを時価として取り扱っても問題がないと考えられます。

　したがって、消費税と法人税とは、その売上高又は益金の額についてのアプローチは違っても、結果として同じ額を認識することが原則であるといえるでしょう。

ただし、法人税において、無償による経済的な利益の供与をした部分があるとして寄附金課税の対象となる場合等には、当然、両者は異なるものとなります。

(3) 課税標準と仕入税額控除

法人税法が益金の額から損金の額を控除した所得の金額を課税標準とし、所得税法が総収入金額から必要経費の額を控除した所得の金額を課税標準とするのに対し、消費税の課税標準は、これら益金ないしは総収入金額に符合する課税売上げとされています。課税仕入れは、税額控除の手続をとおして納税額に反映されます。

また、消費税は、付加価値税の性格をもつ多段階一般消費税です。付加価値税は、EU加盟各国において採用されていますが、その税額算定の仕組みは、おしなべて、前段階の税額を控除する方法を採用しています。事業の総売上高から支出した原材料等を控除する控除法、又は企業利潤に賃金等を加算した加算法によって付加価値を算定する方法は採用されていません。

わが国の消費税は、消費に広く薄く税の負担を求める（税制改革法10①）ものですが、それは、事業者による商品の販売等の各段階において課税するとともに課税の累積を排除する方式によって（税制改革法10②）、事業者が円滑かつ適正に税の転嫁を行う（税制改革法11①）ことで実現するものとされています。

これら税制改革法の規定は、課税資産の譲渡等に対する課税とそのフォローとしての前段階税額の控除とがいずれも確実に行われることを予定するものであり、仕入税額控除法という税額計算の仕組みを示すと同時に、消費税に付加価値税としての性格を求めるものであるといえるでしょう。

消費税法が課税売上高を課税標準としているのは、税制改革法が示した税額計算の仕組みを実体法上の規定の形に収めたものであり、課税売上高のみによって実質的な課税要件の全てが充足されることを示したわけではありません。課税標準と仕入税額控除とは、税額計算のプロセスにおいていずれも等しく重要であるといえます。しかし、法形式的には売上税であり、課税標準を課税売上高としたために、課税売上げだけを推計し課税仕入れを黙止する決定処分が可能と解されています。このことは、消費税実務を行う上でとても重要な観点です。

第 1 節 課税標準額の計算

課税資産の譲渡等の対価の額は、「対価として収受し、又は収受すべき一切の金銭又は金銭以外の物若しくは権利その他経済的な利益の額であり、課税資産の譲渡等につき課されるべき消

費税額及び当該消費税額を課税標準として課されるべき地方消費税額に相当する額を含まないもの」とされています。

　したがって、課税資産の譲渡等の対価の額は、譲渡等をした課税資産等の時価にかかわりなく当事者間で授受することとした金銭の額であり、金銭以外の物や権利を取得した場合には、その取得した物や権利の取得時の価額となります（消令45①、消基通10－1－1）。

　課税標準額は、その課税期間の税込課税売上高を適用する税率ごとに合計し、これを本体価格に割り戻し、千円未満を切り捨てて算出します。

　税抜経理方式を採用していても仮受消費税等の額を売上高に加算し、税込価額の合計額を基礎に計算します。

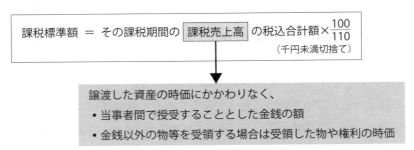

　上記の$\frac{100}{110}$の割合は、消費税及び地方消費税の合計税率が10％である場合の割合です。

　課税標準額は、その課税期間において行った課税資産の譲渡等について税率が異なるごとに区分して計算します。

(1) 金銭以外の物若しくは権利その他経済的な利益

　「金銭以外の物若しくは権利その他経済的な利益」とは、例えば、課税資産の譲渡等の対価として金銭以外の物若しくは権利の給付を受け、又は金銭を無償若しくは通常の利率よりも低い利率で借り受けた場合のように、実質的に資産の譲渡等の対価と同様の経済的効果をもたらすものをいいます（消基通10－1－3）。これは、単なる無利息借入につき、通常の利率による利息の支払があったものとみなして課税の対象とするものではありません。課税資産の譲渡等の対価を受けることに代えて、課税資産の譲渡等がなかった場合に比し明らかな利率の優遇を受ける等の場合がこれに当たります。

(2) 合理的な区分

　事業者が、適用される税率が異なる課税資産の譲渡等となる資産や非課税資産の譲渡等となる資産を同一の者に対して同時に譲渡した場合において、その譲渡の対価の額が合理的に区分されていないときは、その対価の額は、これらの資産の時価の比により区分することとなります（消令45③）。

資産の譲渡等の時期

　国税通則法15条2項7号は、消費税について、課税資産の譲渡等をした時に納税義務が成立すると定めていますが、課税資産の譲渡等をした時がいつであるかについて、実体法上、直接の定めはありません。消費税の課税の対象は「国内において事業者が行った資産の譲渡等」（消法4①）であり、資産の譲渡等とは、「事業として対価を得て行われる資産の譲渡及び貸付け並びに役務の提供」（消法2①八）をいうものと規定されています。したがって、資産の譲渡等は、取引の相手方に対する財やサービスの提供と、それに伴う対価の獲得という事実が発生した時に認識することになります。

　実務上は、消費税法基本通達第9章「資産の譲渡等の時期」に示された基準を参照して、取引の態様に応じた判断を行うこととなります。

　目的物の引渡しがある取引については、その引渡しがあった時に資産の譲渡等を認識します。資産の引渡しの前に、前受金、仮受金等を受領していても、資産の譲渡等の時期は、現実に譲渡する資産を引き渡した時となります（消基通9－1－27）。

　棚卸資産の譲渡を行った日、すなわち、引渡しがあった日は、次表のように判断します（消基通9－1－1～2）。

引渡しのあった日	引渡しの日の例
その棚卸資産の種類及び性質、その販売に係る契約の内容等に応じてその引渡しの日として合理的であると認められる日（継続適用）	出荷した日
	相手方が検収した日
	相手方において使用収益ができることとなった日
	検針等により販売数量を確認した日

 課税標準額の計算の留意点

　課税標準額を計算する場合に留意すべき点は次のとおりです。
　なお、課税売上割合の計算等のため、免税となる課税資産の譲渡等の対価の額、非課税資産の譲渡等の対価の額を算定する場合も、同様の取扱いとなります。

(1) 対価に含まれる各種税金の取扱い

　取引にあたって収受する各種税金の額を課税資産の譲渡等の対価の額に含めるかどうかは、次表によります。

各　種　税　金			対価の額に
課税資産の譲渡等につき課されるべき消費税額及び当該消費税額を課税標準として課されるべき地方消費税額に相当する額（消法28①）			含めない
個別消費税 （消基通10－1－11）	軽油引取税、ゴルフ場利用税、入湯税	明確に区分されている	含めない
		明確に区分されていない	含める
	その他の個別消費税 酒税、たばこ税、揮発油税、石油石炭税、石油ガス税等		含める
印紙税、登録免許税、自動車重量税、自動車取得税、行政手数料等 （消基通10－1－4）	課税資産の譲渡等を行った者（売り手）が本来納付すべきものとされているもの		含める
	課税資産の譲渡等を受ける者（買い手）が本来納付すべきもので預り金等として明確に区分したもの		含めない
固定資産税、自動車税等 （消基通10－1－6）	譲渡の際に精算される未経過固定資産税、未経過自動車税等		含める
	名義変更をしなかったこと等により本来の納税義務者に代って納付したことにより受け取る固定資産税等		含めない
源泉所得税 （消基通10－1－13、平元1月30日直法6－1）	源泉徴収前の金額が対価の額となる （原則として消費税込みの金額が源泉徴収の対象となる。ただし、消費税等の金額が明確に区分されている場合には消費税等抜きの金額を対象とすることもできる。）		

(2)　軽油引取税

　軽油引取税の納税義務者は、特約業者又は元売業者（以下「特約店」といいます。）から軽油を購入する一般販売店等です。ただし、特別徴収の制度がとられており、特別徴収義務者である特約店が、一般販売店に軽油を販売するときに、軽油の代金と合わせて軽油引取税を徴収し、翌月末日までに都道府県に申告・納税するものとされています。

　消費税法の課税対象外となるのは、特約店が一般販売店等に販売する場合に徴収する軽油引取税であって、特別徴収義務者でない一般販売店が軽油引取税相当額を価格に上乗せして顧客から対価を受領していたとしても、その軽油引取税相当額を含む対価の総額が課税資産の譲渡等の対価の額になります。したがって、一般販売店が顧客から受け取る軽油引取税相当額を消費税の課税売上げから除外するためには、特約店との間で軽油に関する委託販売契約を締結していなければなりません（147頁参照）。

(3) 外貨建取引の取扱い

外貨建取引を行った場合の課税資産の譲渡等の対価の額の算定にあたり、留意すべき事項は次表のとおりです（消基通10-1-7）。

◆外貨建取引に係る対価の額◆

所得税又は法人税の課税所得金額の計算において外貨建ての取引に係る売上金額その他の収入金額につき円換算して計上すべきこととされている金額による。 • 為替換算差損益、為替差損益は、課税対象外となる。	• 所得税の取扱い（所基通57の3-1～57の3-7） 外貨建取引の円換算に係る所得税の取扱いは、その支払日における電信売買相場により邦貨に換算する方法等が定められている。
	• 法人税の取扱い（法基通13の2-1-1～13の2-2-18） 外貨建取引の円換算に係る法人税の取扱いは、その取引日における電信売買相場の仲値のほか、一定の為替相場等により邦貨に換算する方法等が定められている。

(4) 物品切手等の評価

物品切手等や定期金に関する権利を課税資産の譲渡等の対価として取得した場合には、それぞれ次表に掲げる金額が課税資産の譲渡等の対価の額となります（消基通10-1-9～10）。

対価として受けるもの	対　価　の　額
物品切手等	① 物品切手等と引換えに物品の給付等を行う者がその物品切手等を発行している場合については、その発行により受領した金額 ② 物品切手等と引換えに物品の給付等を行う者以外の者がその物品切手等を発行している場合については、その物品切手等につき発行者等から受領する金額
定期金に関する権利又は信託の受益権	相続税法又は財産評価基本通達に定めるところに準じて評価した価額
生命保険契約に関する権利	取得時における解約返戻金の額（前納保険料の金額、剰余金の分配等の額を含む）
他の者の資産を専属的に利用	その資産の利用につき通常支払うべき使用料その他その利用の対価に相当する額（その利用者がその利用の対価として支出する金額があるときは、これを控除した額）

物品切手等と引換えに物品の給付等を行う場合には、その物品切手等が自ら発行したものであるか他の者が発行したものであるかにかかわらず、また、物品切手等の発行時期にかかわらず、物品の給付等を行う時に資産の譲渡等を行ったことになります（消基通9-1-22）。

331

(5) 委託販売、業務委託等の処理

① 委託者の処理

委託販売、業務代行等に係る資産の譲渡等を行った場合の委託者の取扱いは、次のとおりです（消基通10−1−12）。

なお、軽減税率が適用される飲食料品の譲渡に係る委託販売については、売上げと仕入れの適用税率が一致しないことから、特例によることはできません。

区　分	原　則	特　例
委託者の処理	受託者が顧客から収受した又は収受すべき金額が委託者における資産の譲渡等の金額となる	受託者に支払う委託販売手数料を控除した残額を対価の額とすることができる（その課税期間中に行った標準税率適用の委託販売等の全てに適用することが要件）

委託者が、受託者に支払う委託販売手数料を控除した残額を資産の譲渡等の対価の額としている場合には、事業者免税点や簡易課税制度の適用の有無を判定する場合の基準期間における課税売上高もその残額により計算することができます。

また、委託者が委託販売による資産の譲渡をした日は、その委託品について受託者が譲渡した日とするのが原則です。ただし、委託品についての売上計算書が売上げの都度作成されている場合（週、旬、月を単位として一括して作成されている場合を含みます。）には、継続適用を要件に、売上計算書の到着した日を譲渡の日とすることができます。

ただし、委託者がインボイス発行事業者の登録を取りやめる場合において、売上計算書の到着した日がインボイス発行事業者の登録の取消しの日以後となるときは、その到着した日を譲渡の日とすることはできません（消基通9−1−3）。

② 受託者の処理

受託者においては、手数料のみを課税売上げとし、委託された商品の売上高は自己の売上げとして認識しないのが原則です（消基通10−1−12）。

区　分	原　則	特　例
受託者の処理	委託者から受ける委託販売手数料が役務の提供の対価となる	顧客から収受した又は収受すべき金額を課税資産の譲渡等の金額とし、委託者に支払う金額を課税仕入れに係る金額とすることができる（標準税率適用の課税資産の譲渡等のみを委託されている場合に限る）

委託販売等に係る資産の譲渡等が非課税となるものであっても、委託販売手数料は課税取引となる役務の提供の対価です。この場合に、特例の総額処理を行えば、課税売上げが非課税売上げに吸収されることになります。また、軽減税率が適用される飲食料品の譲渡である場合に

332

は、標準税率による売上が計上されません。したがって、特例による処理は、委託販売等が標準税率が適用される課税資産の譲渡等のみである場合に限られています。

(6) 別途収受する配送料等

事業者が、課税資産の譲渡等に係る相手先から、他の者に委託する配送等に係る料金を受領している場合の処理は次表のとおりです（消基通10－1－16）。

区　　分	処　　理
課税資産の譲渡等の対価の額と区分せず、一括で受領している場合	対価の額に含める
①　課税資産の譲渡の対価の額と明確に区分して収受 ②　料金を預り金又は仮受金等として処理	対価の額に含めないことができる

(7) 保証金、敷金、家賃、使用料等

資産の賃貸借契約等に基づく保証金、敷金、家賃、使用料等につき、課税標準に算入すべき金額及びその時期は、次のとおりです（消基通9－1－20、9－1－23）。

◆家賃等の資産の譲渡等の時期◆

保証金・敷金	返還されるもの	課税対象外（不課税）
	返還されないもの	返還しないこととなった日
家賃・使用料	原則	契約又は慣習により支払を受けるべき日（前受けに係る額を除く）
	使用料等の額の増減に争いがある場合	契約又は慣習により支払を受けるべき日 （契約の内容、供託金額等を勘案してその使用料等の額を合理的に見積る）
	契約の存否に争いがある場合	係争が解決して金額が確定し支払を受けることとなる日とすることができる （相手方が供託していても、使用料等の額が確定せず、支払を受けていないとき）

資産の賃貸借契約に基づいて支払を受ける使用料等の額は、前受けに係る額を除き、その契約又は慣習によりその支払を受けるべき日の資産の譲渡等の対価の額とすることが明らかにされています（消基通9－1－20）。

① 資産の貸付けに伴う共益費

建物等の資産の貸付けに際し、賃貸人がその賃借人から収受する電気、ガス、水道料等の実費に相当するいわゆる共益費は、建物等の資産の貸付けに係る対価に含まれ、家賃等の一部として処理することになります（消基通10－1－14）。

ただし、共益費とは別に、電気、ガス等につき、賃借人ごとにメーター等を取り付け、実際

333

の使用料に基づく費用の額を明示して預かり、預かり金又は仮受金等として処理している場合等には、対価の額に含めないことができます。

② 使用料等の額の増減に関して係争がある場合

資産の賃貸借契約において、使用料等の額の増減に関して係争がある場合には、契約の内容、相手方が供託をした金額等を勘案してその使用料等の額を合理的に見積るものとされています（消基通9－1－20（注））。

この場合の合理的な額は、相手方が使用料等の額を供託しているときは、その供託している金額は相手方が自ら主張する金額であり、その性質上いつでも合意に達し得る最低金額ということになるので、その金額がここでいう資産の譲渡等の対価の額として計上すべき見積額として採用されることが多いと考えられます（濱田正義編『平成30年版消費税法基本通達逐条解説』（大蔵財務協会、平成30年）549頁）。

③ 賃貸借契約の存否について係争がある場合

その賃貸借契約の存否について争いがあるためその支払を受けるべき使用料等の額が確定せず、その課税期間においてその支払を受けていない場合は、相手方が供託したかどうかにかかわらず、その係争が解決して使用料等の額が確定しその支払を受けることとなる日に、課税資産の譲渡等を認識することができます（消基通9－1－20（注））。

(8) 機械設備の販売に伴う据付工事

機械設備等の販売をしたことに伴いその据付工事を行った場合において、その据付工事が相当の規模のものであり、その据付工事に係る対価の額を契約その他に基づいて合理的に区分することができるときは、機械設備等に係る販売代金の額と据付工事に係る対価の額とを区分して、それぞれにつき資産の譲渡等を行ったものとすることができます。

事業者が、区分して売上げを認識しない場合には、据付工事に係る対価の額を含む全体の金額が機械設備等の譲渡の対価の額となり、その機械設備等の引渡しがあった日に全ての売上げを計上することになります（消基通9－1－9）。

(9) 商品先物取引

商品取引所法の規定により商品の先物取引を行った場合で、一定の期日までに反対売買することにより差金の授受によって決済したときは、商品現物の引渡しがないため資産の譲渡等に該当しません。現物の引渡しを行う場合には、その引渡しの日に資産の譲渡等が行われたことになります（消基通9－1－24）。

(10) 運送収入に係る資産の譲渡等

運送業における運送収入に係る資産の譲渡等の時期は、次表のとおりです（消基通9－1－12）。

第6章 課税標準

◆運送収入に係る資産の譲渡等の時期◆

原則	その運送に係る役務の提供を完了した日
特例	運送契約の種類、性質、内容等に応じ、資産の譲渡等の時期として合理的であると認められる日とすることができる（継続適用が要件） 〔例〕・乗車券、乗船券、搭乗券等を発売した日（自動販売機によるものについては、その集金をした時） ・船舶、航空機等が積地を出発した日 ・一航海（通常要する期間がおおむね4か月以内の場合）を完了した日 ・一の運送につき期間の経過に応じて日割又は月割等による一定の日 ・運賃の交互計算又は共同計算を行っている場合にその配分額が確定した日 ・滞船料又は早出料の額が確定した日

　海上運送業を営む事業者が、貨物の積卸期間が当初契約で予定した期間を超過して運送期間が長期にわたることとなった場合に徴収する割増運賃である滞船料を受けた場合には、その滞船料は、資産の譲渡等の対価として取り扱います。また、貨物の積卸期間が短縮され運送期間が短縮したために運賃の割戻しを行う場合の割戻運賃である早出料は、売上げに係る対価の返還等の金額に該当します（消基通5－5－9）。

　貨物運送を行う場合の運送保険につき、荷主から保険付保の依頼を受け、荷主に代わって保険契約を締結する場合の保険料は、預り金、立替金等として運送に係る役務の提供の対価の額に含めず処理することができます。

　ただし、運送業者が自ら保険契約者となって契約する損害賠償責任保険等については、たとえその保険料の額を運賃に加算して荷主から受領している場合でも、運送に係る役務の提供の対価の額から除くことはできません。

(11) 工業所有権等の譲渡等

　工業所有権等（特許権、実用新案権、意匠権、商標権又は回路配置利用権並びにこれらの権利に係る出願権及び実施権をいいます。）又はノウハウに係る資産の譲渡等の時期は次によります。

　なお、実施権の設定による資産の譲渡等に関して受ける対価の額は、それが使用料等に充当されることとされている場合であっても、前受金等として繰り延べることはできません（消基通9－1－15）。また、ノウハウとは、工業所有権のように登録により権利の保護を受けるに至っていない生産技術に関する事実上の権利をいい、工業所有権と同様に又は工業所有権と共に取引の対象となるものです。設定契約の一時金は、そのノウハウを開示した時点で利用許諾に係る対価として確定します（消基通9－1－16）。

335

◆工業所有権等の譲渡等の時期◆

工業所有権等	譲渡	その譲渡又は実施権の設定に関する契約の効力発生日
		契約の効力が登録により生ずることとなっている場合は登録日とすることができる
	使用料	その額が確定した日
		支払を受ける日とすることができる（継続適用が要件）
ノウハウ	設定契約（頭金、一時金）	ノウハウの開示を完了した日
		分割して開示しその都度支払を受ける場合には分割開示の日
		派遣する技術者等の数及び滞在期間等により算定され、一定期間ごとに金額を確定させて支払を受ける場合には、その確定する日
	使用料	その額が確定した日
		支払を受ける日とすることができる（継続適用が要件）

⑿　技術役務の提供に係る資産の譲渡等

　設計、作業の指揮監督、技術指導その他の技術に係る役務の提供に係る資産の譲渡等の時期は、次表のとおりです（消基通9−1−11）。

　この取扱いは、法人税基本通達2−1−1の5と同様の取扱いになっています。

◆技術役務の提供に係る資産の譲渡等の時期◆

原則		役務の全部の提供を完了した日	
特例	〈期間計算〉	①派遣する技術者等の数、滞在期間の日数等により算定される ②一定の期間ごとにその金額を確定させて支払を受ける	支払を受けるべき報酬の額が確定した日 （全部完了まで又は1年超の相当期間後でなければ支払を受けることができないこととされている部分は、完了の日又は支払を受ける日のいずれか早い日とすることができる）
	〈部分完了〉	①基本設計、部分設計等、報酬の額が作業の段階ごとに区分されている ②各段階の作業が完了する都度その金額を確定させて支払を受ける	
		仕度金、着手金等（後日清算して剰余金があれば返還するものを除く）	収受した日

⒀　共同事業

　複数の者が構成員となって行う共同事業については、その共同事業体が人格のない社団等に該当する場合には、その人格のない社団等は法人とみなされ、消費税の納税義務者となります。

336

しかし、共同事業が組合契約により行われる場合には、その共同事業体は単なる契約関係であって、これを構成する各構成員が納税義務者となるパススルー課税が行われます。共同事業として行う資産の譲渡等及び仕入れ等は、契約に定めた損益分配割合、契約にその定めがない場合には出資の価額に応じた割合（民法674）により、各構成員に帰属します（消基通1－3－1）。

各構成員は、共同事業として実際に資産の譲渡等を行った時に、それぞれその配分割合に応じて資産の譲渡等を認識することになります。この場合、各構成員は、一定の計算期間における共同事業の成果について定期的に報告を受けて共同事業として行う資産の譲渡等を認識するのであり、共同事業が行う資産の譲渡等をリアルタイムで自己の課税期間に取り込むというのは、現実的ではありません。そこで、共同事業の計算期間が1年以内である場合には、その共同事業の計算期間が終了する日を資産の譲渡等の時期として計算することができます。

ただし、構成員がインボイス発行事業者の登録を取りやめる場合において、共同事業の計算期間の終了する日がインボイス発行事業者の登録の取消しの日以後となるときは、その共同事業の計算期間の終了する日を資産の譲渡等の日とすることはできません（消基通9－1－28）。

ここで注意したいのは、資産の譲渡等の時期は報告の日ではなく、共同事業の計算期間終了の日とされていることです。

◆各構成員が資産の譲渡等を行ったこととなる日◆

原則	共同事業として実際に資産の譲渡等を行った時	
特例	〈要件〉 共同事業の計算期間が1年以内	共同事業の計算期間の終了する日とすることができる

⒁　譲渡担保

債務の弁済の担保として資産を譲渡した場合、原則として、資産の譲渡があったものとして取り扱います。ただし、次の要件を満たす場合には、法人税又は所得税の取扱いに準じて、その担保資産の譲渡はなかったものとみなされます（消基通5－2－11、法基通2－1－18、所基通33－2）。

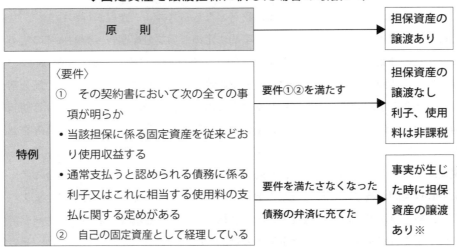

※ 譲渡担保が実行された場合
　譲渡担保が実行された場合は、次によります。
(1) 清算型
　担保権者（債権者）が目的物を任意に売却してその代金を元利金の弁済に充て、残余があれば債務者に返還する場合は、
　① 債務者は、担保権者が売却処分を行った時に、目的物を買受人に譲渡したことになります。
　② 買受人は、目的物の引渡しを受けた時に債務者から資産の譲渡を受けたことになります。
　③ 担保権者は、弁済に充てるため目的物を換価するのみで、目的物の所有権を取得しません。
　ただし、契約において、債務不履行があった場合には担保権者が目的物の所有権を取得することとしており、経理上も自己の資産として計上している実態にあるときには、債務者から担保権者に対する譲渡として取り扱います。
(2) 流質型
　特約により弁済に代えて債権者が目的物の所有権を完全に取得する場合には、債務者から担保権者への資産の譲渡となります。
　なお、形式上、買戻条件付譲渡又は再売買の予約とされているものであっても、上記のような条件を具備しているものは、譲渡担保に該当します。

(15) 強制換価手続による換価

　強制換価手続とは、民事執行法による競売手続、国税徴収法による滞納処分、破産法による破産手続等により、執行機関が強制的に債務者の所有権を移転させるものです。執行機関は債務者から取得した売却権を行使するものであり、処分の効果は債務者が行った資産の譲渡である、ということになります。
　課税の対象となる資産の譲渡等に該当するかどうかの判断にあたっては、その譲渡に至る原因を問わないため（消基通5-2-2）、強制換価手続により換価されたものであっても、その資産が法人の資産又は個人事業者の事業用資産である場合には資産の譲渡等として課税の対象となり、課税又は非課税の売上げを認識することになります。

このような資産の譲渡の時期は、取引の特殊性から、引渡しの日がいつであるかによって判断するのではなく、その換価による買受代金が納入された時とされています（消基通9－1－26）。

この場合の資産の譲渡等の対価の額はその買受価額となります。債務額との差額は債務免除による利益であり、消費税の課税対象にはなりません。

⒃　保証債務の履行に伴う資産の譲渡

保証債務の履行のために資産を譲渡した場合や、他の者の債務を保証するため担保に提供した資産が強制換価された場合であっても、譲渡した資産の種類により、課税売上げ又は非課税売上げを認識します（消基通5－2－2）。課税売上げとなる場合は課税標準額の計算の基礎となり、非課税売上げとなる場合はその課税期間の課税売上割合に影響します。

所得税においては、保証債務の履行に伴う求償権が行使できないこととなった場合には、その行使できないこととなった金額に係る譲渡対価の額は、譲渡所得の金額の計算上なかったものとみなすこととされています。しかし、その場合であっても、消費税においては、その売上げをなかったものとみなす規定は存在しないことから、上記のとおり資産の譲渡等となります。

また、このような場合、法人税においては、貸倒れによる損金の計上を行うことになります。消費税においても、課税売上げを計上した上で貸倒れによる税額控除を行うことができれば、結果的には課税されないこととなります。しかし、その履行に伴う求償権は、譲渡した資産の対価としてではなく、債務者の債務を代位弁済したことにより取得したものであることから、貸倒れに係る消費税額の控除の対象にはならないものと考えられます。このようなケースを救済するための法改正又は実務的な取扱いの見直しが求められるところです。

⒄　譲渡等に係る対価の額が確定していない場合の見積り

事業者が資産の譲渡等を行った場合において、その資産の譲渡等をした日の属する課税期間の末日までにその対価の額が確定していないときは、課税期間末日の現況によりその金額を適正に見積もってその売上げを計上します。

既に資産の譲渡等が行われているのに、その対価の額が確定していないという理由で売上げの計上を見合わせることはできません。

その後確定した対価の額が見積額と異なるときは、その差額は、その確定した日の属する課税期間における資産の譲渡等の対価の額に加減算します（消基通10－1－20）。

⒅　福利厚生施設の利用

事業者が、宿舎、宿泊所、集会所、体育館、食堂その他の施設を対価を得て役員又は使用人等に利用させる行為は、資産の譲渡等に該当します（消基通5－4－4）。

区　分		判定
福利厚生施設の有償利用	住宅の貸付けに該当するもの	非課税
	住宅の貸付けに該当しないもの	課税
無償利用		不課税

(19) 返品、値引等の処理

　課税資産の譲渡等に係る返品、値引き、割戻し等による対価の返還等については、税額控除の手続により売上げに係る消費税の修正を行うのが原則ですが、継続適用を要件に、返還等に係る対価の額を課税資産の譲渡等の金額から直接控除することも認められています（560頁参照）。

3 土地及び建物の譲渡

(1) 譲渡の時期

　固定資産である土地や建物の譲渡の時期は、原則として引渡しの日となります（消基通9-1-13）。引渡しの日は、代金の支払が完了し、所有権移転登記の申請を行った日とするのが一般的な取扱いです。

　ただし、事業者が譲渡に関する契約の効力発生の日を資産の譲渡の時期としているときは、これを認めることとされています（消基通9-1-13ただし書）。契約において効力発生の時期を定める特別の条項がない場合には、その効力は契約締結の時に発生すると考えられ、このことを前提にすれば、消費税法基本通達9-1-13は、契約日基準を認めるものということができます。しかし、契約日基準の適用について、東京高裁令和元年12月4日の判決は、課税資産の譲渡等の時期については権利確定主義が妥当し、消費税基本通達9-1-13のただし書は、契約においてその効力発生日を当該資産の譲渡の日と定めている場合に、当該契約の効力発生日をもって権利が確定したと認められる事情があるときは、これが認められる趣旨のものにすぎず、権利の実現が未確定な場合についてまで、契約の効力発生の日をもって資産の譲渡の時期とすることはできない旨、判示しました。したがって、この契約日基準の適用については、慎重な判断を行う必要があります。

　また、農地の譲渡について、農地法上の許可によりその契約が効力を生じるものである場合には、その許可のあった日を譲渡の日とすることができます（消基通9-1-14）。

　また、山林や原野のように、実態として売買が完了し、収益が実現しているにもかかわらず、譲渡代金の収受と移転登記を行う時期が大きくずれる等、一般的な解釈によりその引渡しの日がいつであるかを明らかにできない特殊な場合には、次に掲げる日のうちいずれか早い日にそ

の引渡しがあったものとすることができます（消基通9－1－2、9－1－13）。

① 代金の相当部分（おおむね50％以上）を収受するに至った日

② 所有権移転登記の申請（申請に必要な書類の相手方への交付を含む）をした日

　この取扱いは、所得税及び法人税と同様のものです（所基通36－8の2、法基通2－1－2）が、いずれにしても、特殊な場合の形式基準であり、通常の不動産取引について適用することを予定しているものではありません。

(2)　土地及び建物の一括譲渡

①　合理的な区分

　建物とその敷地となっている土地を一括譲渡した場合には、建物部分の譲渡は課税取引、土地部分の譲渡は非課税取引となるため、その対価の額を課税資産の譲渡等の対価の額と非課税資産の譲渡等の対価の額とに区分する必要があります。

　契約において両者が合理的に区分されていない場合は、それぞれの資産の時価の比により、対価の額を区分します（消令45③）。この場合、時価には多様性があり、実務においては判断に苦労することもしばしばありますが、判例では、固定資産税評価額を用いることが適当であるとするものが多く、また、不動産鑑定士の鑑定評価を必要とする場合や近隣の売買事例を参考とした評価が適当であると考えられる場合もあります。。

　各資産の譲渡の対価の額が契約において合理的に区分されている場合には、その区分によりそれぞれの対価の額とします。上述のとおり、時価には多様性があり、契約による定めは、必ずしも近隣の売買事例等を反映しているものであるとは限りませんが、双方の状況や契約の条件等により利益の相反する当事者が決定した合理的な区分は、その取引に係る時価そのものであると評価することができます。もとより、消費税は現実に収受した対価の額を税額計算の基礎とするため、契約に定めた合理的な区分があるにもかかわらず、これを一定の計算根拠に基づく数値に変更して各資産の譲渡に係る対価の額とすることはできません。

◆課税資産・非課税資産を一括譲渡した場合の対価の区分◆

契約書に合理的な区分の記載があるとき		・契約書に記載された対価の額による区分 ・契約書に記載された消費税等の金額による区分 　①課税資産の譲渡等に係る部分＝消費税等の金額÷10％×110％ 　②非課税資産の譲渡等に係る部分＝対価の額の合計額－①の金額
契約書に合理的な区分が記載されていないとき 記載された区分が合理的でないとき	按分 各資産の時価による	時価による区分の例 ・固定資産税評価額を基礎に区分 ・不動産鑑定士による鑑定評価額を基礎に区分 ・近隣売買実例等を参考に区分 ・通常の取引価額を基礎に区分 ・原価を基礎に区分

※　土地重課制度の特例が適用される場合には、その特例計算に従って契約に明示された区分によらなければなりません（消基通10−1−5）。ただし、土地重課制度は、令和8年3月31日までの間にした土地の譲渡については適用が停止されています。

② インボイスの交付の義務

　インボイス発行事業者は、土地と建物の対価の額を合理的に区分し、その建物の譲渡について、インボイスを交付する義務があります（消法57の4①）。

③ 譲り受けた事業者の課税仕入れ

　また、土地と建物を一括して譲り受けた事業者においては、交付を受けたインボイスの記載により建物に係る課税仕入れの対価の額を確認することができます。

　この場合、法人税における減価償却の計算の基礎となる建物の取得価額の計算も同様です。

　ただし、法人税においては、無償又は低額による資産の譲受けについては、受贈益を認定するとともにその益金の額を反映して資産の取得価額が補正される（法法22②、法令54①六）ことから、受贈益の認定を行う場合には、消費税における支払対価の額と法人税における資産の取得価額とが異なる結果となります。

(3) 不動産の仲介あっせんに係る役務の提供

　土地の譲渡は非課税ですが、土地の譲渡に際しての仲介料はその仲介業務という役務の提供の対価であることから、非課税にはなりません。

　土地や建物等の売買、交換、賃貸借の仲介又はあっせんに係る役務の提供の時期は、次表のとおりです（消基通9−1−10）。

◆売買等の仲介料に係る資産の譲渡等の時期◆

原則	その売買等に係る契約の効力が発生した日
特例（継続適用が要件）	契約に係る取引の完了した日 ただし、同日前に実際に収受した金額があるときは、金額を収受した日

(4) 収用に係る補償金

　土地収用法等により、資産の所有権等を収用されたことにより権利が消滅し、権利を取得する者から支払を受ける対価補償金は、その資産の種類により、課税売上高又は非課税売上高として認識することとなります。

　この場合に課税売上げ又は非課税売上げとなる補償金は、収用により原権利者の権利が消滅することに対する補償金である対価補償金のみであり、収益補償金や経費補償金は資産の譲渡等の対価に該当しません（消令2②、消基通5−2−10）。

◆課税の対象とならない補償金◆

① 事業について減少することとなる収益又は生ずることとなる損失の補てんに充てるものとして交付を受ける補償金（収益補償金）

② 休廃業等により生ずる事業上の費用の補てん又は収用等による譲渡の目的となった資産以外の資産について実現した損失の補てんに充てるものとして交付を受ける補償金（経費補償金）

③ 資産の移転に要する費用の補てんに充てるものとして交付を受ける補償金（移転補償金）

④ その他対価補償金たる実質を有しない補償金

（注） 公有水面埋立法の規定に基づく公有水面の埋立てによる漁業権又は入漁権の消滅若しくはこれらの価値の減少に伴う補償金は、補償金を支払う者はこれらの権利を取得せず、資産の移転がないことから、資産の譲渡等の対価に該当しない

　法人が棚卸資産以外の資産を収用された場合には、取得した補償金のうち対価補償金については、法人税の課税を繰り延べ、又は法人税の課税をしない特例があります（措法64、64の2、65、65の2）。

◆法人税の取扱い◆

収用等により対価補償金を取得	いずれか選択 →	圧縮記帳	収用等による補償金等で代替資産を取得して、課税の繰延べ
		特別控除	収用等による補償金等の額のうち、5,000万円までは所得金額から控除

　したがって、消費税では対価補償金に課税され、法人税では対価補償金以外の補償金に課税されるということになり、両者の取扱いを比較すると次表のようになります。

補償金の種類			消費税	法人税
対価補償金※		土地	非課税	特別控除又は圧縮記帳の対象（棚卸資産除く）
		建物	課税	
その他の補償金	収益補償金 経費補償金 移転補償金 その他（対価補償金でないもの）	資産の種類にかかわらず	不課税	特別控除又は圧縮記帳ができない

※ 法人税においては、建物等を取り壊した場合に移転補償金等を対価補償金とみなす取扱い（措通64(2)－8）がありますが、消費税では収用により資産の所有権が消滅したことに対する対価であるかどうかにより判断します。

誤りやすい事例　　対価補償金とみなされる移転補償金

　当社は、所有する土地及び建物を収用され、土地については対価補償金2,000万円を受領し、建物については曳き家により移転することを条件に移転補償金4,000万円を受領しました。法人税において収用に係る特別控除の適用を受けるにあたり、建物については、現実に移転せず当社が取り壊したことから、その移転補償金は対価補償金として取り扱われ、特別控除の対象となります。消費税においてはどのように判断するのでしょうか。

解説

　収用とは、公共の利益となる事業の用に供するため、土地収用法等の定めにより、その資産の権利者の意思にかかわらず、その権利を国等の起業者に強制的に取得させる行為です。たとえ収用以前にその資産に複雑な権利関係があったとしても、収用後においてはこれらの権利関係を一切排除するため、その資産の収用前の所有権等はいったん消滅し、起業者がその権利を原始取得するものと解されています。したがって、収用は、「資産につきその同一性を保持しつつ、他人に移転させる」行為ではなく、資産の譲渡に当たらないこととなります。しかし、資産自体に変化はなく、原権利者の権利が消滅すると同時に他者がその権利を取得するという実態に着目すれば、実質的には資産の譲渡と変わらないことから、消費税は、収用を資産の譲渡として取り扱い、権利の消滅の対価である対価補償金を資産の譲渡の対価としています。

　ところで、法人税においては、建物を移築するために要する費用として交付を受ける補償金であっても、その交付を受ける者が実際にその建物を取り壊したときは、その補償金は、その建物の対価補償金に当たるものとして、特別控除の適用の対象としています。所得税の場合も同様です。

　しかし、消費税においては、資産の譲渡の対価は、上記のような原権利者の権利の消滅と同時に起業者における権利の取得とがある場合に限られ、移転補償金については、法人税の取扱いにかかわらず、課税の対象となるものではありません。

　また、「公共事業用資産の買取り等の申出証明書」に、その内訳として消費税等の金額が明示されていたとしても、移転補償金は、建物を移転するのに要する費用の額のすべてを補填するための補償金ですから、補償金の積算根拠として移転に係る費用について生じる消費税等の額が示されていると解するべきでしょう。

　ただし、本来移転すべき建物であっても、土地収用法78条に規定する収用の請求が認められ、収用された場合には、起業者が収用の後にこれを利用することなく取り壊すものであっても、その補償金は、消費税法施行令2条2項に規定する「権利の消滅に係る補償金」に該当します。

【参考】消法2①八、4①、消令2②、消基通5－2－1、5－2－10、措通33－14、64(2)－8

第6章 課税標準

❹ 代物弁済・負担付き贈与・現物出資・交換

代物弁済や負担付き贈与等の特殊な取引に係る対価の額は次表によります。

区 分	対価の額
代物弁済による資産の譲渡（消令45②一）	代物弁済により消滅する債務の額に相当する金額
	受取差額……対価の額に加算
	支払差額……対価の額から控除
負担付き贈与による資産の譲渡（消令45②二）	負担付き贈与に係る負担の価額に相当する金額
現物出資（消令45②三）	出資により取得する株式の取得の時における価額に相当する金額
資産の交換（消令45②四）	交換により取得する資産の取得の時における価額に相当する金額
	受取交換差金……対価の額に加算
	支払交換差金……対価の額から控除
法人課税信託のための資産の移転（消令45②五）	移転時の資産の価額に相当する金額

(1) 代物弁済

代物弁済による資産の譲渡とは、債務者が債権者の承諾を得て約定されていた弁済の手段に代えて他の給付をもって弁済する場合の資産の譲渡をいいます。

したがって、初めから現物を支給する予定であったものは代物弁済ではありません。

例えば、いわゆる現物給与は、その現物の給付が金銭による給与の支払に代えて行われるものではなく、単に現物を給付するものですから代物弁済に該当しません（消基通5－1－4）。

(2) 金銭以外の資産を退職金として支給した場合

法人が、株主総会又は取締役会の決議により、退任した役員に対する退職金として所有する金銭以外の資産を現物引渡しにより支給することを決定し、これを支給した場合、消費税の課税関係はどうなるのでしょうか。これには、2つの見解があります。

1つは、その現物の支給は金銭の支給に代えてするものではないので代物弁済に該当せず、また、退職給与として支給するものであるためみなし譲渡の対象となる贈与にも該当せず、したがって、退職給与として現物の支給を決定し、その決定どおりに実行する行為は、課税の対象とならないとするものです。国税庁の質疑応答ではこの見解をとっています。

他方、役員には退職金支給を主張する権利があり、その債務の消滅を対価とする取引であるから、資産の譲渡等に該当する、とする見解もあります。

345

⑶　広告宣伝用資産の贈与

　負担付き贈与とは、その贈与に係る受贈者に一定の給付をする義務を負担させる資産の贈与をいいます。

　広告宣伝用資産の贈与は、受贈者が広告宣伝等の債務を負うものではないため、負担付き贈与には該当しません。しかし、広告宣伝用資産を取得するための金銭を交付した場合には、その金銭の交付は、広告宣伝用資産の取得という負担を約したものであるため、負担付き贈与となります。

　広告宣伝用資産の贈与があった場合の取扱いは次表のとおりです（消基通5－1－5、法基通4－2－1～2、8－1－8）。

区　　分			消費税	法人税	
広告宣伝用資産（現物）の贈与	贈与者	現物の取得	課税仕入れ	繰延資産に計上（20万円未満は損金算入）	
		現物の贈与	不課税		
	受贈者	現物の受領	不課税	専ら贈与者の広告宣伝の用に供する看板等	受贈益無し
				受贈者の便益に供する自動車等	受贈益及び資産計上※
広告宣伝用資産を取得する金銭の贈与（負担付き贈与に該当）	贈与者	金銭の交付	課税仕入れ	繰延資産に計上（20万円未満は損金算入）	
	受贈者	金銭の受領	課税売上げ	専ら贈与者の広告宣伝の用に供する看板等	受贈益無し
		現物の取得	課税仕入れ	受贈者の便益に供する自動車等	受贈益及び資産計上※

※　受贈益の額＝（贈与者の取得価額×$\frac{2}{3}$－受贈者の支出金額）
　　ただし、30万円以下の場合には受贈益の額はないものとします。

⑷　現物出資と事後設立

　現物出資とは、会社の設立又は資本増加に際して、動産、不動産、債権等金銭以外の財産をもって出資することをいい、取得する株式等を対価に出資した資産を譲渡したことになります。

　他方、事後設立とは、会社が、その成立前から存在する財産で事業のため継続して使用するものを会社成立後2年以内に取得する契約をいい、その額が会社の純資産額の$\frac{1}{5}$を超える場合には、現物出資の脱法行為とならないよう、会社法の規制を受けることになります（会法467）。

　しかし、事後設立は、金銭出資により設立された会社に対して、その契約に基づいて資産を譲渡し、金銭を対価として受領するものですから、消費税においては、現物出資とは区別され、

現実に対価として収受し又は収受すべき金額が資産の譲渡等の対価の額となります（消基通5－1－6）。

(5)　適格現物出資の場合の対価の額

　法人税においては、一定の要件をクリアする適格現物出資の場合には、その譲渡益はなかったものとして譲渡益課税が行われません。

　しかし消費税では、適格・非適格の区別なく、出資により取得した株式の時価が売上高となります。

◆現物出資をした場合の法人税との違い◆

法人税		消費税	
非適格	**出資した資産** 時価で売却したものとして売却益に課税 **取得した株式** 時価で取得したものとして資産計上	適格・非適格の区分なし	**出資した資産** 取得した株式の時価で売却したものとして売上計上 **取得した株式** 不課税の仕入れとなる
適格	要件をクリアすれば、譲渡益はないものとして簿価で移転する		

　適格現物出資を行った場合の出資した各資産の譲渡の対価の額は、各資産の時価により按分計算します。

(6)　資産の交換

　交換の当事者が交換に係る資産の価額を定め、相互に等価であるとして交換した場合において、その定めた価額が通常の取引価額と異なるときであっても、その交換がその交換をするに至った事情に照らし正常な取引条件に従って行われたものであると認められるときは、これらの資産の価額はその合意した金額となります（消基通10－1－8）。

　資産の交換は、所有する資産を譲渡するのと同時に相手方が有する資産を取得する取引です。したがって、売上げと仕入れとが同時に発生し、取得する資産が課税資産である場合には課税仕入れとなります。

　所得税や法人税においては、交換につき一定要件を満たす場合には特別控除や課税の繰延べを認める特例が設けられています（法法50、措法65の10～15、66他）が、消費税にはそのような特例はありません。所得税又は法人税において特別控除又は課税の繰延べの適用があった場合であっても、交換取得資産の額に交換差金の額を加減算した額を対価の額として計算します。

◆資産の交換をした場合の法人税との違い◆

区分	法人税	消費税
原則	**相手に渡した資産** 時価で売却したものとして売却益に課税 **取得した資産** 時価で取得したものとして減価償却	**相手に渡した資産** 取得した資産の時価で売却したものとして売上計上 **取得した資産** 時価で購入したものとして税額控除
特例	要件をクリアすれば特別控除又は圧縮記帳等により課税の繰延べ	特例なし

⑤ みなし譲渡と低額譲渡

低額譲渡に該当するかどうかの判定とみなし譲渡及び低額譲渡の場合の課税標準は、次図のようにまとめることができます。

取引の内容		みなし譲渡	低額譲渡				
		対価なし	対価受領				
		個人事業者の家事消費 法人の自社役員への贈与	法人の自社役員への譲渡				
課税標準に算入すべき金額	棚卸資産	仕入価額又は販売価額の50%相当額 }いずれか大きい方の金額	譲渡時の時価	対価の額が仕入価額相当額未満又は販売価額の50%相当額未満	棚卸資産	低額譲渡の判定	
	棚卸資産以外	譲渡時の時価		対価の額が時価の50%相当額未満	棚卸資産以外		

←低額譲渡に該当

（1）みなし譲渡

みなし譲渡とは、次の行為をいいます（消法4⑤）。

法人	法人が自社の役員に対して行う資産の贈与
個人	個人事業者が行う事業用資産の家事消費

消費税は、事業者を納税義務者とし、事業として対価を得て行われる資産の譲渡及び貸付け並びに役務の提供を課税の対象としていますが、その本質は、「消費」に対して税の負担を求め

ることにあります。真の課税物件である消費者の「消費」は、事業者の売上げを通して、それを供給する側から測定されます。対価の授受を伴わない取引は、消費する側において「消費」のための拠出がないので、本来、課税の対象とはなりません。

しかし、自社役員への資産の贈与や個人事業者が事業用資産を家事のために使用又は消費する行為は、その事業者の意思によって自由に行えるものであること、その資産の仕入れが仕入税額控除の対象となること等の理由から、対価を得て行われる資産の譲渡とみなして課税することとされています。

役員に資産を贈与した場合には、法人税において、その資産の時価を臨時の役員給与であると認識し、役員給与の損金不算入の取扱いを受けます。このような場合には、法人税の損金不算入の処理と同時に、消費税も課税されるということです。

自社の役員以外への贈与は、それが負担付き贈与に該当しない限り、資産の譲渡に該当することはありません（消基通5−1−5）。

① みなし譲渡の課税標準

みなし譲渡の場合に課税標準に算入すべき金額はその資産の時価となります（消法28②）。

ただし、その資産が棚卸資産である場合には、次の金額とすることができます（消基通10−1−18）。

- ・その棚卸資産の課税仕入れの金額
- ・販売価額のおおむね50％相当額

$\left.\right\}$ のいずれか大きい方の金額

② 永年勤続記念品等の取扱い

永年勤続の表彰や創業記念にあたって役員に支給する記念品については、それが社会通念上相当と認められ、所得税において給与として課税しなくて差し支えないものとされている範囲のものである場合には、みなし譲渡の規定は適用されません（消基通5−3−5（注）、所基通36−21〜22）。

◆みなし譲渡の適用がない記念品等◆

永年勤続表彰の記念品	社会通念上相当と認められ、おおむね10年以上の勤続年数の者を対象とし、おおむね5年以上の間隔をおいて行われるもの
創業記念品等	社会通念上記念品としてふさわしい1万円以下のものであり、おおむね5年以上の期間ごとに行うもの

③ 資産の貸付け又は役務の提供である場合

みなし譲渡は、法人が自社の役員に対して資産の贈与を行った場合には、対価を得て行う資産の譲渡とみなして課税するものであり、あくまで贈与であることが前提です。

無償による資産の貸付けや役務の提供を行った場合には、これを対価を得て行った資産の貸付け又は役務の提供とみなして課税する取扱いの規定はありません（消基通5−3−5、5−4−5）。

相手先	行為の種類	具体例	判定
自社の役員	贈与	専務取締役に会社の車を贈与	みなし譲渡 時価を売上げに計上
	無償の貸付け 無償のサービス提供	会社の貸会議室を私的に無料で使用	不課税
自社の従業員 他社の役員 他社の従業員	贈与 無償の貸付け 無償のサービス提供	従業員や得意先に会社の車を贈与	

　個人事業者についても、みなし譲渡は、事業用資産を家事用に転用した場合や消費した場合の取扱いであるため、事業用資産を一時的に家事のために使用しても、みなし譲渡の規定の適用はありません。

（2）低額譲渡

　低額譲渡の取扱いは、法人に限って適用される取扱いであり、個人事業者には適用がありません。

　低額譲渡とは、次の場合の譲渡をいいます（消法28①）。

① 　法人が

② 　自社の役員に対して

③ 　著しく低い価額で資産を譲渡した場合

① 著しく低い価額

　著しく低い価額で資産を譲渡した場合とは、法人のその役員に対する資産の譲渡の対価の額が、その資産の時価のおおむね50％に相当する金額に満たない場合をいいます（消基通10－1－2）。

　ただし、譲渡資産が棚卸資産である場合には、みなし譲渡の場合に対価の額とみなされて課税標準に算入される金額とのバランスから、その棚卸資産の譲渡金額が、

① 　その棚卸資産の課税仕入れの金額以上であり、かつ、

② 　通常他に販売する価額のおおむね50％に相当する金額以上

であれば、低額譲渡にあたらず、実際の譲渡金額が資産の譲渡等の対価の額となります（消基通10－1－2）。

　なお、法人が資産を役員に対し著しく低い価額により譲渡した場合においても、その資産の譲渡が、役員及び使用人の全部につき一律に又は勤続年数等に応ずる合理的な基準により普遍的に定められた値引率に基づいて行われた場合は、低額譲渡の取扱いはありません（消基通10－1－2）。

② 低額譲渡の課税標準

低額譲渡に該当する場合、課税標準に算入すべき金額は、実際の取引価額ではなく、その資産の時価となります。

③ 資産の貸付け又は役務の提供である場合

低額譲渡についても、みなし譲渡と同様に、その対象は資産の譲渡であり、資産の貸付けや役務の提供については自社の役員に対して著しく低い価額で提供した場合であっても低額譲渡の対象とはならず、通常の取引価額を課税標準とする取扱いはありません。

相手先	行為の種類	具体例	判定
自社の役員	低額で譲渡	専務取締役に会社の車を時価の50%未満で譲渡	低額譲渡 時価を売上げに計上
	低料金で貸付け 低料金でサービス提供	会社の貸会議室を私的に低額で使用	通常料金にかかわらず現実の対価の額を売上げに計上
自社の従業員	低額で譲渡 低料金で貸付け 低料金でサービス提供	従業員や得意先に会社の車を時価の50%未満で譲渡	
他社の役員			
他社の従業員			

（3）役員とは

役員とは、法人税法上、役員とされる者であり、具体的には次の者となります。

みなし譲渡、低額譲渡の対象となる役員	・その法人の取締役、執行役、会計参与、監査役、理事、監事及び清算人（法法2十五） ・その法人の使用人以外の者でその法人の経営に従事しているもの（法令7一） ・同族会社の使用人のうち、一定の株式を保有し、その会社の経営に従事しているもの（法令7二）

「使用人以外の者でその法人の経営に従事しているもの」には、相談役、顧問その他これらに類する者でその法人内における地位、その行う職務等からみて他の役員と同様に実質的に法人の経営に従事していると認められるものが含まれます（消基通5-3-3）。

◆6 「収益認識に関する会計基準」との相違点

（1）「収益認識に関する会計基準」と法人税法の改正

国際会計基準審議会（IASB）及び米国財務会計基準審議会（FASB）は、共同して収益認識に関する包括的な会計基準の開発を行い、平成26年5月に「顧客との契約から生じる収益」（IASBにおいてはIFRS第15号、FASBにおいてはTopic 606）を公表し、IFRS第15号は平成30

351

年1月1日以後開始する事業年度から、Topic 606は平成29年12月15日以後開始する事業年度から適用されています。

我が国では、平成30年3月30日に、企業会計基準委員会（ASBJ）が、「収益認識に関する会計基準」（企業会計基準第29号）及び「収益認識に関する会計基準の適用指針」（企業会計基準適用指針第30号、以下「指針」といいます。）を公表しました。

これを受けて、平成30年度税制改正において、法人税法では、資産の販売等に係る収益の計上時期及び計上額を明確化する22条の2が創設されるなどの改正が行われ、法人税基本通達においては、「収益認識に関する会計基準」における収益の計上単位、計上時期及び計上額について「履行義務」という新たな概念を盛り込んだ形で見直しを行うとともに、法人税法において収益の計上時期及び計上額についての規定が設けられたこと等に伴う取扱いの整理を行っています。

なお、中小企業の会計処理については、従来どおり企業会計原則等による会計処理が認められることとされていますので、平成30年度税制改正により従来の取扱いが変更されるものではありません。

(2) 税込経理方式の許容

「収益認識に関する会計基準」では、収益の額には、第三者のために回収する額は含まれない（指針47）とされ、消費税の税込経理方式を採用することはできないものとされています。しかし、法人税における益金の額については、引き続き、法人の選択により税抜経理方式と税込経理方式のいずれも適用可能とされています（経理通達2）。

(3)「収益認識に関する会計基準」と資産の譲渡等の認識

資産の譲渡等とは、「事業として対価を得て行われる資産の譲渡及び貸付け並びに役務の提供」（消法2①八）をいうのであり、資産の譲渡等の時期は、取引の相手方に対する財やサービスの提供と、それに伴う対価の獲得という事実が発生した時です。

このように認識する資産の譲渡等の対価の額と、「収益認識に関する会計基準」に沿って会計処理を行った場合の収益の計上額、法人税における所得金額の計算上益金の額に算入する金額とは、それぞれ異なるものとなることがあります。

国税庁は、会計及び法人税と消費税とに取扱いの差異が生じる例として、ポイント制度を運用する場合、信用供与についての重要な便益が顧客に提供される場合、割戻しを見込む販売である場合、返品権付け販売である場合、商品券を発行する場合、消化仕入である場合を示しています。

次の誤りやすい事例を参照してください。

第6章 課税標準

誤りやすい事例 自社ポイントの付与（論点：履行義務の識別）

　ポイント制度を運営する法人において、商品の販売に際して付与するポイントを「顧客に付与する重要な権利」と認識する場合、「収益認識に関する会計基準」によれば、商品の販売時には、契約負債として収益を認識しない部分が生じることとなり（指針48）、法人税においても所定の要件の下で同様の取扱いとなります（法基通2－1－1の7）。

　消費税においても、この部分の金額は、販売時に課税売上げとならないのでしょうか。

解　説

　課税資産の譲渡等に係る消費税の課税標準は、その課税資産の譲渡等の対価の額とされています（消法28①）。対価の額とは、課税資産の譲渡等の対価として収受し、又は収受すべき一切の金銭又は金銭以外の物若しくは権利その他経済的な利益の額です（消法28①）。

　したがって、会計上、商品販売時（ポイント付与時）には契約負債とし、そのポイント使用時に収益を認識する部分があったとしても、消費税においては、商品の販売の対価として収受する金額の全額が資産の譲渡等の対価（課税取引については課税売上高）となります。

誤りやすい事例 契約における重要な金融要素（論点：履行義務の識別）

　顧客に商品を販売し、商品を引き渡しましたが、契約において、その支払いは2年後と定められており、この信用供与についての重要な便益が顧客に提供されると認められます。このような場合、「収益認識に関する会計基準」によれば、契約において利子を付すこととはされていなくても、利息として認識する金額が生じることになり（指針56）、法人税においても同様の取扱いとなります（法基通2－1－1の8）。

　消費税においても、この部分の金額は、利息として取り扱うこととなるのでしょうか。

解　説

　消費税法は、利子を対価とする金銭の貸付けは、非課税としています（消法別表第二第三号、消令10①）。売掛金債務の履行に係る期間が長期間であることにより、信用供与についての重要な便益が顧客に提供されると認められ、会計上、利息として認識する金額が生じる場合であっても、消費税においては、契約の内容に従って、利子を対価とする金銭の貸付けが行われたかどうかを判断することになります。したがって、ご照会の場合には非課税売上げとなる部分はありません。

　なお、契約に定められた時期に売掛金債務の履行が行われなかった場合に、遅延期間に応じて一定の利率に基づき算定される遅延損害金は、利息と同様の性格を有することとなり、金銭の貸付に伴う利息として、消費税の非課税資産の譲渡等の対価となります。

353

誤りやすい事例　割戻しを見込む販売（論点：変動対価）

　商品の販売について2年契約を締結しています。この契約における対価には次のように変動性があります。

　　2年間の販売個数　1,000個以下である場合　　　　…単価5,000円
　　　　　　　　　　　1,001個から2,000個である場合　…単価4,000円
　　　　　　　　　　　2,001個以上である場合　　　　…単価3,000円

　このような契約においては、「収益認識に関する会計基準」によれば、当初の販売時には、単価が変動することを見込んで返金負債として収益を認識しない部分が生じる場合があり（指針50）、法人税においても所定の要件の下で同様の取扱いとなります（法基通2－1－1の11）。

　消費税においても、この部分の金額は、当初の販売時に課税売上げとならないのでしょうか。

解説

　課税資産の譲渡等に係る消費税の課税標準は、その課税資産の譲渡等の対価の額とされています（消法28①）。対価の額とは、課税資産の譲渡等の対価として収受し、又は収受すべき一切の金銭又は金銭以外の物若しくは権利その他経済的な利益の額です（消法28①）。

　また、国内において行った課税資産の譲渡等（免税となるものを除きます。）につき、返品、値引き、割戻しをしたことにより、売上げに係る対価の返還等をした場合には、その売上げに係る対価の返還等をした日の属する課税期間において、その返還等対価に係る税額を控除するものとされています（消法38①）。

　したがって、会計上、当初の販売時には、将来単価が変動することを見込んで返金負債として収益を認識しない部分が生じる場合であっても、消費税においては、商品の販売の対価として収受する金額の全額が資産の譲渡等の対価（課税取引については課税売上高）となります。

　また、現実に単価が変動し割戻金が確定した場合には、その確定した割戻金について、売上対価の返還等に係る消費税額の控除の処理を行います。

第6章 課税標準

誤りやすい事例　返品権付き販売（論点：変動対価）

　顧客への商品の販売に際し、その返品が予想される場合、「収益認識に関する会計基準」によれば、受け取った対価の一部を返金負債とし、併せてこれに見合う売上原価の一部を返品資産とする処理が考えられます。しかし、法人税においては、返品調整引当金に係る経過措置の適用がある場合を除きこのような返金負債及び返品資産の計上はありません（法法22の2⑤）。

　消費税においては、いずれの処理を行うことになるのでしょうか。

解説

　課税資産の譲渡等に係る消費税の課税標準は、その課税資産の譲渡等の対価の額とされています（消法28①）。対価の額とは、課税資産の譲渡等の対価として収受し、又は収受すべき一切の金銭又は金銭以外の物若しくは権利その他経済的な利益の額です（消法28①）。

　また、国内において行った課税資産の譲渡等（免税となるものを除きます。）につき、返品、値引き、割戻しをしたことにより、売上げに係る対価の返還等をした場合には、その売上げに係る対価の返還等をした日の属する課税期間において、その返還等対価に係る税額を控除するものとされています（消法38①）。

　したがって、会計上、商品の販売に際して、将来予想される返品について費用及び収益を調整する処理を行ったとしても、消費税においては、商品の販売の対価として収受する金額の全額が資産の譲渡等の対価（課税取引については課税売上高）となります。また、仕入れについては、仕入れの事実が生じた時に、売上げが実現するか否かにかかわらず仕入税額控除の計算の基礎とします。

　また、現実に返品があった場合には、その確定した返品の額について、売上対価の返還等に係る消費税額の控除の処理を行います。

誤りやすい事例　商品券等（論点：非行使部分）

　当社は、商品券を発行しましたが、「収益認識に関する会計基準」によれば、商品券の発行の対価は契約負債となり、その後、商品券と引換えに商品を販売した場合に行使割合に応じて収益を認識することになり（指針54）、法人税においても、同様の処理を行うことができます（法基通2-1-39の2）。

　消費税においても、行使割合による売上げを認識することになるのでしょうか。

解説

　消費税の課税の対象は、国内において事業者が行った資産の譲渡等であり（消法4①）、

355

資産の譲渡等とは、事業として対価を得て行われる資産の譲渡及び貸付け並びに役務の提供をいいます（消法2①八）。また、資産の譲渡とは、資産につきその同一性を保持しつつ、他人に移転させることをいい（消基通5-2-1）、商品券の発行は、資産の譲渡等に該当しません（消基通6-4-5）。

したがって、商品券の発行は消費税の課税の対象ではありません。課税資産の譲渡等の対価としてその商品券を受け取った時に、課税売上げを計上することになります。

法人税においては、発行の日から10年が経過した日の属する事業年度等において未計上となっている部分を一括して益金算入することになります（法基通2-1-39）が、消費税には、このような取扱いはありません。

誤りやすい事例　消化仕入（論点：本人・代理人）

百貨店の消化仕入契約では、「収益認識に関する会計基準」によれば、百貨店は、代理人として、顧客への販売額と卸値との差額を手数料収入として収益に計上することになり（指針39～47）、法人税においても同様の取扱いとなります。

消費税においても、この手数料収入となる部分のみを資産の譲渡等の対価として認識することとなるのでしょうか。

解 説

百貨店における消化仕入契約は、テナントが商品を販売する都度、百貨店がテナントから商品を仕入れて顧客に販売したものとする契約であり、テナントが売上高の一定率をテナント料（手数料）として百貨店に支払うことを内容とする手数料契約ではありません。したがって、会計上、顧客への販売額と卸値との差額を手数料収入として収益に計上する場合であっても、消費税においては、契約の内容に従い、テナントからの仕入れと顧客への販売を認識することになります。

第2節　延払基準

長期割賦販売等に係る延払基準

「収益認識に関する会計基準」は延払基準を認めていません。上述のとおり、平成30年度税制改正において、法人税法に22条の2が創設され、「資産の販売等」に係る収益の額は、別段

の定めがあるものを除き、その資産の販売等に係る目的物の引渡し又は役務の提供の日の属する事業年度の所得の金額の計算上、益金の額に算入することが定められ、返品調整引当金制度及び長期割賦販売等の延払基準は、経過措置を経て廃止することとされました。

「収益認識に関する会計基準」を適用しない法人においては、引き続き延払基準により収益費用を経理することができますが、法人税に延払基準を存置すれば、「収益認識に関する会計基準」を適用しなければならない法人とそうでない法人との間でギャップが生じることになります。そのため、適用する会計基準の違いにかかわらず、一律に廃止することとされました。

消費税においても、長期割賦販売等に係る延払基準は、経過措置を経て廃止されることとなりました。経過措置終了後は、延払基準の対象は、リース譲渡のみとなります。

なお、平成30年4月1日前に長期割賦販売等に該当する資産の販売等を行った事業者は、令和5年3月31日までに開始する各事業年度において延払基準を適用することができるものとされています。したがって、3月決算法人では、平成31年3月期、令和2年3月期、令和3年3月期、令和4年3月期、令和5年3月期のいずれの事業年度に適用をやめるかは、その法人の任意となります（平30改法附44①）。

| 平成30年3月31日までにリース譲渡以外の長期割賦販売等を行った事業者 |

- 施行日前に行ったリース譲渡以外の長期割賦販売等
- 施行日以後、令和5年3月31日までに開始する各事業年度中に新規に行ったリース譲渡以外の長期割賦販売等

について、令和5年3月31日以前に開始する事業年度に含まれる課税期間まで、延払基準を適用することができる。

適用をやめた場合は、その課税期間において残りの賦払金につき資産の譲渡等を認識することになりますが、法人税又は所得税に準じて、「10年均等取崩特例」により、10年均等で認識することもできます（平30改法附44②③④）。

この場合には、その規定の適用を受けようとする最初の課税期間に係る申告書等にその旨を付記します（平30改法附44⑤）

- 令和5年3月31日以前に開始する事業年度に含まれる課税期間までの期間中に特例の適用をやめた場合
- 特例の適用を継続したままで経過措置の期限が到来した場合

- 原則として、残っている賦払金の額に係る額をその課税期間又は令和5年4月1日以後最初に開始する事業年度終了の日の属する課税期間において一括計上する
- 法人税における10年均等で計上される益金の額を計上することができる（申告書等にその旨を付記する）

リース譲渡に係る延払基準

「収益認識に関する会計基準」は、「リース取引に関する会計基準」（企業会計基準13号）の範囲に含まれるリース取引には適用されません。また、税法上、リース取引については、賃借を譲渡とみなしていることへの対応として延払基準を可能としていることから、見直しの対象外とされ、リース譲渡については、平成30年度税制改正後も延払基準によることができます（消法16、消令32の2、36の2、法法63、法令124〜128、旧法令127）。

引渡基準を適用するか延払基準を適用するかは、その契約ごとに選択することができます。

また、消費税においては、延払基準は売上げの認識基準であり、法人税のように売上げに対応する原価について延払基準の方法により認識するという考え方はありません。売上げについて引渡基準・延払基準のいずれを適用するかに関係なく、仕入れについては、実際に仕入れを行った課税期間に全ての税額を控除します。

経理処理		法人税	消費税	
引渡基準	売上げ	引渡しの時に計上	引渡しの時に計上	
	原価		仕入れの時に計上	
延払基準	売上げ	延払基準により計上	いずれか選択	引渡しの時に計上
				延払基準により計上
	原価		仕入れの時に計上	

リース譲渡により資産を購入した事業者の仕入税額控除の取扱いについては、463頁を参照してください。

第3節 工事の請負に係る課税標準

資産の譲渡等はその資産を引き渡した時に認識し、その譲渡の対価は、その全額を引渡しのあった課税期間の課税標準とするのが原則です。

ただし、所得税、法人税においては、工事の請負について、長期大規模工事の場合には工事進行基準が強制され（所法66①、法法64①）、長期大規模工事以外の工事の場合には事業者の任意により工事進行基準を適用することができることとされています（所法66②、法法64②）。

所得税又は法人税において工事進行基準を適用している場合には、消費税においても、同様

の時期にその売上げを認識することができます。

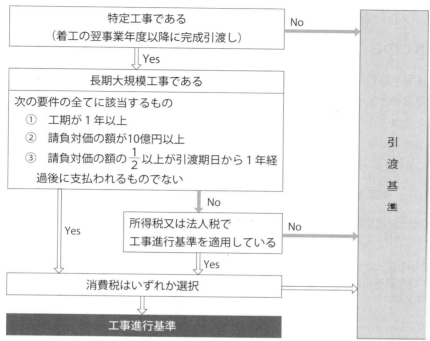

※ 確定申告書の摘要欄に○印

長期大規模工事と工事

工事進行基準を適用することができる工事を特定工事といいます。

特定工事とは、次に掲げる要件に適合する条件を定めた契約に基づく工事の請負をいいます（所法66①、所令192、法法64①、法令129）。

◆工事の区分◆

特定工事 （右の工事 又は製造）	長期大規模工事	次の要件の全てに該当するもの ① 着手の日から目的物の引渡しの期日までの期間が1年以上 ② その請負の対価の額が10億円以上 ③ 請負対価の額の$\frac{1}{2}$以上が目的物の引渡期日から1年を経過する日後に支払われるものでない
	工事	長期大規模工事以外の工事で着工した事業年度中に完成しない工事
その他の工事		上記以外のもの

工事完成基準による場合

(1) 引渡しの日

　請負による資産の譲渡等の時期は、原則として、物の引渡しを要する請負契約にあってはその目的物の全部を完成して相手方に引き渡した日、物の引渡しを要しない請負契約にあってはその約した役務の全部を完了した日です（消基通9－1－5）。

　建設工事等につき、工事完成基準を適用する場合の資産の譲渡等の時期の留意点は次表のとおりです（消基通9－1－6～8）。

◆工事完成基準による建設工事等の資産の譲渡等の時期◆

原則	目的物の全部を完成して相手方に引き渡した日	
	引渡しの日とは、建設工事等の種類及び性質、契約の内容等に応じて合理的と認められる日（継続適用）	・作業を結了した日 ・相手方の受入場所へ搬入した日 ・相手方が検収を完了した日 ・相手方において使用収益ができることとなった日
値増金	契約に定められた値増金	建設工事等の引渡しの日
	相手方との協議により確定する値増金	その収入すべき金額が確定した日
部分完成	複数工事の一括契約で、その引渡量に従い工事代金を収入する旨の特約又は慣習がある場合	部分引渡しの日
	完成部分を引き渡し、その都度その割合に応じて工事代金を収入する旨の特約又は慣習がある場合	

(2) 未成工事支出金の処理

　未成工事支出金勘定は、費用及び収益を期間対応させるために、工事が完成するまでの期間、原価の額を棚卸資産として管理する資産勘定です。収益の計上を行う時点で原価に振り替えられます。

　費用収益の期間対応という概念をもたない消費税においては、その課税期間に売上げが実現していない棚卸資産であっても、仕入れを行った課税期間において仕入税額控除の対象とします。

　ただし、建設業はその経理事務が煩雑であることから、未成工事支出金に計上したものは、法人税の処理方法にあわせて、完成引渡時にまとめて仕入税額控除の対象とすることができます。

工事収益の計上と未成工事支出金の関係は、次表のとおりです。

区　分	工事完成基準					
	法人税		消費税			
	収　益	原　価	売上げ	仕入れ		
				原則	特例	
工事中の処理	完成まで計上しない	未成工事支出金として資産計上	完成まで計上しない	発生時に控除	完成時まで控除しない	
完成時の処理	全額計上	未成工事支出金を原価に振替	全額計上		完成時にまとめて控除	

※　簡易課税を適用している事業者が、本則課税となった場合の前期末における未成工事支出金についても、上記特例を適用し、完成時の控除の対象とすることができます。

③　工事進行基準による場合

(1)　法人税の取扱い

　会計上、工事の進行途上においてその進捗部分の成果の確実性が認められるものについては工事進行基準を適用すべきものとされています（「工事契約に関する会計基準」（企業会計基準第15号）、「工事契約に関する会計基準適用指針」（企業会計基準適用指針第18号））。

　法人税法では、平成10年から、長期大規模工事については工事進行基準を強制適用することとし、長期大規模工事以外の工事については、損失が生じると見込まれる場合を除いて、法人の任意により工事進行基準を適用することができるものとしていました。

　平成20年度の税制改正においては、長期大規模工事以外の工事について、損失が生ずると見込まれるか否かにかかわらず、工事進行基準又は工事完成基準のいずれかを選択適用できるものとされました。

(2)　消費税の取扱い

　長期大規模工事及び工事進行基準により収益を認識した工事については、消費税においては、引渡基準又は工事進行基準のいずれによってもよいものとされています（消法17、消基通9－4－1）。

　引渡基準を適用するか、工事進行基準を適用するかは、その請負契約ごとに選択することができます。

(3)　売上金額の計算

　工事進行基準を適用した場合の売上高は、次のように計算します（消法17①②③）。

◆工事進行基準による売上計上額の計算◆

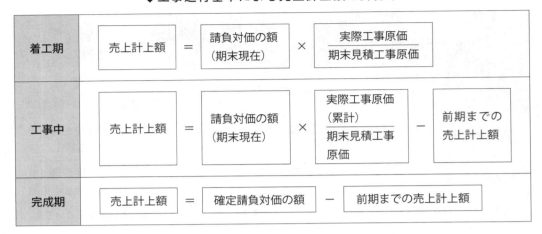

(4) 工事進行基準の取やめ

　所得税又は法人税において工事進行基準の適用を継続している場合でも、消費税の計算についてはその適用をやめることができます。

　ただし、所得税又は法人税において工事進行基準を適用しなかった場合には、消費税においても適用をやめなければなりません（消法17②）。

　工事進行基準の適用をやめる場合、そのやめる課税期間において行うべき処理はありません。不適用となった課税期間から売上げを計上せず、完成引渡しの課税期間にすでに計上した部分を除いて売上げを計上します。

第4節 裁判例・裁決例

裁判例　原材料部品の有償譲受け

静岡地裁平成9年10月24日判決（棄却）、東京高裁平成10年4月21日判決（棄却）、最高裁平成10年11月6日決定（棄却）（確定）

　訴外会社から原材料部品を有償で譲り受け、これに加工を施した上、完成品を再度売買によって訴外会社に引渡す取引においては、完成品の対価全部が消費税の課税財産の譲渡の対価の額に該当し、課税標準額に算入される。

第6章 課税標準

裁決例 法人税法上寄附金とされた金額

平成22年9月21日裁決（棄却）

〔裁決事例集第80集〕

　請求人は、関係法人Ｃ社から受領した賃貸用マンション（本件建物）の新築工事に係る請負代金（本件請負代金）のうち、Ｃ社に対する税務調査により通常の取引額を超え実質的に贈与したと認められるため法人税法上請求人に対する寄附金とされた部分の金額（本件寄附金）は、請求人においても対価性がないことになるから、消費税法上、資産の譲渡等の対価の額に該当せず消費税の課税対象外となる旨主張する。

　しかしながら、消費税の課税標準である課税資産の譲渡等の対価の額は、その取引額が時価であるか否かにかかわらず、その譲渡に係る当事者間で取り決めた実際の取引額であると解されるところ、本件請負代金は、請求人とＣ社との間で有効に成立した請負契約に基づき、請求人が本件建物を完成させ引渡しをし、それに対してＣ社が対価として支払ったものであるから、本件請負代金のうち本件寄附金に相当する金額は、法人税法上は寄附金の額に含まれるとしても、消費税法上は課税資産の譲渡等の対価の額に含まれると認められ、消費税等の課税対象になる。

裁判例 入湯税

東京地裁平成18年10月27日判決（全部取消し）

　入湯税は、その性質上、消費税の課税標準である「課税資産の譲渡等の対価の額」に含まれるべきものではないのであるから、その性質や税額、周知方法、事業者における申告納税の実状等の諸般の事情を考慮し、少なくとも当事者の合理的意思解釈等により、課税資産の譲渡等に係る当事者間で授受することとした取引価額と入湯税とを区別していたものと認められるときには、消費税基本通達10－1－11のただし書きにいう場合には当たらないと解するのが相当である。

裁決例 一括譲渡した土地建物の対価の区分①

平成31年3月26日裁決（棄却）

　不動産貸付業を営む請求人は、土地及び建物を代金額の内訳を定めることなく一括して売却し、当該譲渡当時の相続税路線価により算定した当該土地の価額（本件申告時あん分基礎土地価額）と、建築当時の再建築価額から減価償却費を控除することにより算出した当該建物の価額（本件申告時あん分基礎建物価額）の比によりあん分する方法により、譲渡代金の総額を区分した。

　消費税法施行令45条3項は、課税資産と非課税資産を一括して譲渡した場合で、「これらの資産の譲渡の対価の額が課税資産の譲渡の対価の額と非課税資産の譲渡の対価の額とに合理的に区分されていないとき」は、消費税の課税標準の額の計算において、これらの資産の譲渡の対価の額をそれぞれの資

363

産の譲渡の時における価額の比により区分する旨規定している。そして、課税資産と非課税資産を一括して譲渡した場合で、その売買契約書において課税資産と非課税資産それぞれの価額が明らかではないときは、これらの資産の譲渡の対価の額は、同項に規定する「合理的に区分されていないとき」に該当するというべきである。

本件申告時あん分基礎建物価額は、昭和53年の再建築価額から減価償却費相当額を控除して算出しており、昭和53年から本件売買契約の締結された平成28年までの38年もの間の物価変動による時点修正をしていないから、平成28年の本件建物の価額とはいえない。これに対し、本件申告時あん分基礎土地価額は、平成28年の相続税路線価に基づいて計算した金額を0.8で除して算出しているから、平成28年の本件各土地の価額である。そうすると、本件申告時あん分基礎土地価額と本件申告時あん分基礎建物価額については、同一時期の本件各土地と本件建物の価額ではない。

他方、固定資産税評価額は、①土地については相続税路線価と同様に地価公示価格や売買実例等を基に評価し、建物については再建築価額に基づいて評価されており、また、②土地と建物の算出機関及び算出時期（3年に1度、基準年度の1月1日における価格を算出）が同一であること（当審判所の調査の結果）からして、いずれも同一時期の価額を反映していると認められる。

そうすると、本件建物の「課税資産の譲渡等の対価の額」を消費税法施行令45条3項によって計算するに当たっては、本件売買契約の時における本件各土地の固定資産税評価額相当額である本件各土地固定資産税評価額と、本件建物の固定資産税評価額である本件建物固定資産税評価額を基礎とすることが合理的である。

裁判例　　一括譲渡した土地建物の対価の区分②

東京地裁令和4年6月7日判決（一部取消し）（確定）

被告は、消費税法施行令45条3項を適用して建物の譲渡に係る消費税の課税標準を算出する際には、固定資産税評価額比率による按分法を用いることが最も合理的であると主張する。しかしながら、本件のように、一括譲渡された土地建物の対価の額を按分する方法として、当該資産の客観的な交換価値を上回らない価額と推認される固定資産税評価額による価額比を用いることは、その合理性を肯定し得ないものではないが、資産の個別事情を考慮した適正な鑑定が行われ、固定資産税評価額と異なる評価がされ、価額比においても実質的な差異が生じた場合には、もはや固定資産税評価額による価額比を用いて按分する合理性を肯定する根拠は失われ、適正な鑑定に基づく評価額による価額比を用いて按分するのがより合理的となるというべきである。

本件鑑定は、訴訟手続において、原告の鑑定の申出により当裁判所が採用したものであり、鑑定人が公正かつ中立な立場から実施したものである。そして、土地と建物との固定資産税評価額比率が55.51：44.49であるのに対し、鑑定評価額比率は77.30対22.70であり、建物の価額が占める割合について相当な乖離が生じており、消費税の課税標準を算出するに当たって実質的な差異が生じているものといえる。そうすると、建物の課税標準を算出するに当たって、固定資産税評価額比率による按分法を用いる合理性を肯定する根拠は失われており、鑑定評価額比率による按分法を用いることが相当であるというべきである。

第6章　課税標準

裁判例　土地建物の譲渡／契約締結日と引渡しの日

津地裁平成8年10月17日判決（棄却）、名古屋高裁平成9年4月9日判決（棄却）、最高裁平成9年10月17日判決（棄却）（確定）

1　国民宿舎、海の博物館の経営等の収益事業を行う財団法人である原告は、平成元年3月29日、土地建物を譲渡する契約を締結し、手付金として売買代金8億円の2割に相当する1億6,000万円を授受し、平成元年4月4日付で、3月29日売買予約を原因とする所有権移転請求権仮登記がなされた。売買契約書5条では、売買不動産の所有権は買主が売買代金の全額を売主に支払ったときに買主に移転するものとする旨、同6条では、売買不動産の引渡しは前条の所有権移転と同時に行うものとする旨を規定している。

2　平成元年7月17日、残代金が支払われ、土地建物の権利証書、鍵及び備品一覧表の受渡しをもって、土地建物の引渡しを行い、買主は、同月20日付で、本件土地建物につき所有権移転登記を受けた。

3　原告は、売買契約締結後の平成元年5月28日まで、本件建物での収益事業である国民宿舎の宿泊収入及び飲食収入を計上しており、同日付で伊勢税務署長に収益事業廃止届出を行った。原告の平成元年度事業報告書（自平成元年4月1日至平成2年3月31日）には、平成元年7月31日をもって基本財産であった本件土地建物の売却が完了した旨の記載がなされており、同年の収支計算書には、基本財産収入のうち固定資産売却収入として本件土地の売却収入6億5,297万9,000円及び本件建物の売却収入1億4,702万1,000円が計上されている。

4　伊勢税務署長は、本件土地建物の譲渡の時期は、売買契約締結の日平成元年3月29日はなく、平成元年7月17日であるとして、消費税の更正処分を行った。

上記事実に基づけば、売買代金支払の状況、所有権移転登記の移転時期、使用収益の実体からみて、契約締結日である平成元年3月29日ではなく、同年7月17日に確定的に移転したと認めるのが相当であり、消費税法の適用に関しても、平成元年7月17日をもって控訴人は本件土地建物を「譲渡した時」と認めるのが相当である。

売買契約の合意内容及び契約締結後の処理状況等によれば、契約日をもって譲渡の時とする合意があったと認めることはできないし、契約の合意内容及び処理状況等にかかわらず原告が消費税法の適用に関してのみ契約日を譲渡の時としたものと認めることも相当でない。

裁判例　課税売上高の推計／軽油引取税

徳島地裁平成10年3月20日判決（棄却）、高松高裁平成11年4月26日判決（棄却）、最高裁第一小法廷平成11年9月30日決定（棄却）（確定）

課税庁係官の再三にわたる調査協力の説得にかかわらず、調査に協力しなかったのであるから、本件係争各年分の所得税及び消費税の算定については推計の必要があったものと認められる（消費税につ

365

いては、課税標準である課税売上高を推計し、課税仕入れは推計されていない）。

　地方税法700条の2第1項3号に規定する地方公共団体から指定される特約店等においては、特約店等が軽油引取税の納税義務者から同税を徴収して納付すべき者であることから、軽油引取税は原則として課税資産の譲渡等の対価の額に含まれないが、販売店は、軽油引取税を徴収して納付すべき者ではないから、軽油引取税相当額を価格に上乗せしているとしても、軽油引取税相当額は消費税の課税標準額である課税資産の譲渡等の対価の額に含まれる。

裁判例　推計課税

大阪地裁平成14年3月1日判決（棄却）（確定）

　消費税法には、推計課税を定める規定はないが、所得税法156条は、公平負担の観点から、実額課税の代替的手段として合理的な推計の方法で課税標準を算定することを課税庁に認めた制度であり、消費税法においても妥当する。

　実額反証において、納税者の主張する売上金額が、すべての取引先からの捕捉漏れのない総収入金額であることは認めることはできず、係争各年分の総収入金額の立証が尽くされていない以上、納税者の実額に関する主張は理由がない。

裁決例　指定管理者が事業管理者から交付を受けた金員の補助金該当性

平成30年3月5日裁決（一部取り消し・全部取消し）

　本件は、請求人が、条例により指定管理者の指定を受け交付された金員が課税資産の譲渡等の対価に該当するか否かが争われた事案である。

　事業者が地方公共団体等から資産の譲渡及び貸付け並びに役務の提供を行うことの反対給付として受けるものではない補助金等は、資産の譲渡等の対価には当たらず、消費税の課税の対象とはならないと解するのが相当である。

　本件事業管理者が、請求人の管理に要する経費に対して交付する金員は、地方自治法232条の2に規定する補助として、請求人に対して交付されたものであり、請求人が資産の譲渡及び貸付け並びに役務の提供を行ったことの反対給付（対価）として受けたものではないため資産の譲渡等の対価に該当しない。したがって、消費税法28条1項に規定する課税資産の譲渡等の対価の額に該当しない。

裁判例　資産の譲渡等の時期／自動販売機の販売手数料

東京地裁令和2年12月22日判決（棄却）（確定）

　原告は、平成26年12月1日から同月24日までの課税期間について、課税資産の譲渡等の対価の額が存

することを前提に、課税期間中に取得した賃貸用共同住宅の取得に係る仕入税額が控除ができるものとして還付申告をしたが、本件課税期間に係る課税資産の譲渡等の対価の額はなく、支払税額を控除することはできないと指摘されたため、その旨の修正申告をし、過少申告加算税の賦課決定処分を受けた。その後、原告は、消費税等の更正の請求をしたところ、当時の処分行政庁から、更正をすべき理由がない旨の通知処分を受けた。この処分の取消しを求める原告に対し、東京地裁は、次のように判決した。

　通則法15条2項7号は、消費税等は、課税資産の譲渡等をした時に納税義務が成立する旨を規定しているところ、消費税法28条1項は、課税資産の譲渡等の対価の額を、対価として収受し又は収受すべき一切の金銭等と定めていることからすると、取引が完了していれば対価が未収であっても課税の対象となると解すべきであり、課税資産の譲渡等による対価を収受する権利が確定した時点で課税資産の譲渡等があったと解するのが相当である。

　本件協定において、原告は訴外Aに対して自動販売機の設置場所を提供すること、自動販売機に係る電気料金を負担することといった役務提供の義務を負い、一方、Aは原告に対して販売価格の20％に相当する額を販売手数料として支払う義務を負うこととされている。

　本件協定に基づいて原告が提供する役務は継続的なものであることから、本件協定では、役務提供に係る期間を1か月ごとに区切り、当該期間ごとに販売手数料を支払うこととされている。そして、本件協定書には販売手数料について「毎月末締、翌月15日払い」との記載があることに照らすと、各月の1日から末日までに提供した役務に対し、その対価として販売手数料の支払を受ける権利が発生すると解するのが、本件協定の合理的意思解釈として相当である。

　平成26年12月について見ると、Aの販売員は、同月23日に本件自動販売機の設置場所を訪問して売上高の確認をしているが、この時点では、原告の同月分の役務提供は途中の段階であって未だ終了しておらず、同日の売上高確認が同月の最終のものであることも未だ確定していなかったといわざるを得ないから、同月分の販売手数料に係る権利が確定していたということはできない。

　これに対し、原告は、Aの従業員等が月内の最後の訪問日に売上高を締める作業をした時が本件協定書の締めの時期であることが契約内容である旨を主張する。

　しかしながら、原告が主張する「締め」が、本件協定に基づく役務提供期間の終期を指すのであれば、Aの従業員等が売上高を確認する日がいつであるかによって原告が本件協定に基づき役務を提供しなければならない期間が異なることとなって不自然である。また、「締め」が販売手数料に係る権利の発生日を指すのであるとしても、定期的な役務提供の対価の発生日が当該月の最終の売上高確認日がいつであるかによって左右されることとなり、不安定な状態を招くこととなるから、契約当事者間でかかる合意がされたとは認め難い。

　したがって、原告の上記主張は採用することができない。

　以上によれば、販売手数料について権利が確定するのは平成26年12月31日が経過した時点であり、本件課税期間において権利が確定したものではないから、販売手数料は課税資産の譲渡等の対価には当たらない。課税資産の譲渡等の対価の額は0円であり、控除対象仕入税額も0円である。したがって、更正請求について、更正すべき理由がないとした通知処分は適法であり、また、賦課決定処分も適法である。

第 **7** 章

税率及び税率の経過措置

第 1 節　消費税の税率

消費税法創設以来の税率は次のとおりです。

適用期間	消費税の税率	地方消費税の税率		合計税率
			消費税率換算	
消費税創設時～ 　　　　平成 9 年 3 月31日	3 ％	－	－	3 ％
平成 9 年 4 月 1 日～ 　　　　平成26年 3 月31日	4 ％	消費税率×$\frac{25}{100}$	1 ％	5 ％
平成26年 4 月 1 日～ 　　　　令和元年 9 月30日	6.3％	消費税率×$\frac{17}{63}$	1.7％	8 ％
令和元年10月 1 日以後　標準税率	7.8 ％	消費税率×$\frac{22}{78}$	2.2 ％	10％
軽減税率	6.24％		1.76％	8 ％

※　消費税創設当時、普通乗用車の譲渡については 6 ％の割増税率が適用され、平成 4 年 4 月 1 日以後は4.5％に引き下げられ、平成 6 年 3 月31日をもってこの割増税率は廃止されました。

1　標準税率と軽減税率

令和元年 9 月30日までの税率は、国税である消費税6.3％と地方消費税1.7％をあわせて 8 ％です。これに対し、令和元年10月 1 日以後の軽減税率 8 ％は、国税である消費税が6.24％、地方消費税が1.76％となります（消法29、地法72の82、72の83）。

同じ合計税率であっても、国税の税率と地方税の税率の比率が異なる点に留意する必要があります。

令和元年10月 1 日以後は、合計税率10％、 8 ％のいずれにおいても、国税と地方税の比率は78：22となります。

368

第7章　税率及び税率の経過措置

令和元年9月30日まで：単一税率制度	→	令和元年10月1日以後：複数税率制度

【すべての課税資産の譲渡等】
税率8%

	比率
地方消費税1.7%	17
消費税（国税）6.3%	63

【飲食料品と新聞】
軽減税率8%

| 地方消費税1.76% |
| 消費税（国税）6.24% |

【その他】
標準税率10%

	比率
地方消費税2.2%	22
消費税（国税）7.8%	78

② 新旧税率の判断基準

　消費税の税率引上げ前後に行う取引については、新旧どちらの税率を適用するのかが問題となります。税制抜本改革法附則2条は、別段の定めがあるものを除き、新税率は、その施行日以後に国内において事業者が行う資産の譲渡等に適用する旨を定めています。

　つまり、新税率施行後もなお旧税率を適用する経過措置の対象となるものを除いて、課税資産の譲渡等を認識するべき日を判定すれば、それが新旧税率の判定であるということになります。

> **税制抜本改革法附則2条**
> 　この附則に別段の定めがあるものを除き、新消費税法の規定は、この法律の施行日以後に国内において事業者が行う資産の譲渡等及び施行日以後に国内において事業者が行う課税仕入れ並びに施行日以後に保税地域から引き取られる課税貨物に係る消費税について適用し、施行日前に国内において事業者が行った資産の譲渡等及び施行日前に国内において事業者が行った課税仕入れ並びに施行日前に保税地域から引き取った課税貨物に係る消費税については、なお従前の例による。

　例えば、延払基準を適用する場合には、資産を引き渡した日ではなく、賦払金の支払期日が到来する日が適正な売上計上日となります。そうすると、令和元年9月までに行った譲渡であっても令和元年10月以後に支払期日が到来する部分については、10%の税率が適用されることになってしまいます。そこで、売上計上の日ではなく、その資産を引き渡した日の税率によることとする経過措置が設けられています（387頁参照）。また、現金主義に係る資産の譲渡等の時期等の特例の適用を受ける場合には、その課税資産の譲渡等の日とみなされる収入した日ではなく、その資産を引き渡した日の税率によることとする経過措置（390頁参照）が設けられています。

　なお、旧税率を適用する経過措置は、令和元年10月1日以後に行う軽減対象資産の譲渡等については適用されません（平28改法附35、平28改令附4）。予約販売や通信販売に関する経過措置の

369

対象となるものであっても、それが飲食料品の譲渡である場合には、旧税率8％ではなく、軽減税率8％が適用されます。

課税資産の譲渡等を行った日

　上述のとおり、課税資産の譲渡等に適用する税率は、「課税資産の譲渡等を行った日はいつであるか」により判断することになります。

(1) 棚卸資産の譲渡

　棚卸資産の譲渡を行った日は、その引渡しのあった日です。

　例えば、9月30日までに商品の引渡しが完了していれば、その代金を受け取る日が10月1日以後であっても、商品を引き渡した日の税率8％を適用することになります。また、9月30日までに前金を受け取っていたとしても、10月1日以後に商品を引き渡した場合には、商品を引き渡した日の税率10％を適用します。

(2) 資産の貸付け

　建物等の賃貸借契約では、賃貸料は月ごとに定められ、当月分の賃貸料を前月末日までに受領するいわゆる先家賃契約が一般的です。したがって、令和元年10月分の賃貸料は、令和元年9月末日までに受領することとなりますが、これは前受けであり、新税率施行日以後の貸付けの対価ですから、新税率10％を適用することになります（適用税率Ｑ＆Ａ事例編問4）。

　また、資産の賃貸借契約において、使用料等の額の増減や賃貸契約の存否について係争がある場合であっても、受領する金額が確定した日ではなく、その貸付期間に従って、適用するべき税率を判断することなります。

(3) 役務の提供

　役務の提供に係る資産の譲渡等の時期は、物の引渡しを要するものにあってはその目的物の全部を完成して引き渡した日、物の引渡しを要しないものにあってはその約した役務の全部を完了した日とされています（消基通9－1－5）。

① 物の引渡しを要する請負契約

　消費税法基本通達9－1－8は、建設工事等について、その建設工事等の全部が完成しないときにおいても、その課税期間において引き渡した建設工事等の量又は完成した部分に対応する工事代金に係る資産の譲渡等は、その引渡しを行った日において認識する旨を示しています。これは、完成引渡しの単位を定めるものであり、選択的に適用できるものではない点に留意する必要があります。

　したがって、完成物の引渡しを行う建設工事等に係る資産の譲渡等の時期の認識は、次の3つとなります。

①　その目的物の全部を完成して相手方に引き渡した日
②　一の契約であっても、部分的に完成引渡しを行う場合には、部分的に引き渡した日
③　工事進行基準により収益を認識した日（選択適用）

② **物の引渡しを要しない請負契約**

　物の引渡しを要しない役務の提供を請け負った場合には、その役務の全部を完了した日に資産の譲渡等を認識し、その日に施行されている税率を適用します。

　適用税率Ｑ＆Ａ事例編問1には、毎月20日締めで作業報告書を作成し料金を請求する保守サービスの年間契約の事例が示されています。たとえ、年間契約であったとしても、月ごとに役務の提供が完了する取引であると認められるものは、月ごとに、その役務の提供が完了する日の税率を適用することとなります。

　また、令和元年9月21日から同年10月20日までの期間は新税率の施行日をまたぐことになりますが、毎月20日締めとしている1か月分の計算期間が一の取引単位であるとの事実認定から、日割り計算をする必要はなく、その取引単位ごとに同一の税率が適用するものとされています。

第2節　税率の経過措置

　税率の適用にあたっては、取引の形態に応じて、新税率の施行後もなお旧税率を適用する経過措置が設けられています。消費税の負担は最終消費に転嫁されることを予定しており、税率の経過措置は、原則として、税率の移行時における消費者の負担や実務上の処理に配慮し、税率の移行時の適用関係を整理するものです。

　また、売上対価の返還等を行った場合や貸倒れがあった場合については、事業者が納付税額を適正に計算するための経過措置が設けられています。

　税率の経過措置は、事業者の選択により適用するものではなく、要件に該当すれば、売上側も仕入側も必ず適用することとされています。

　指定日と施行日

　経過措置は、次の「指定日」と「施行日」を基準に整理されています。

※　平成27年度税制改正後の税制抜本改革法においては、①平成25年10月1日を「指定日」、②平成26年4月1日を「施行日」、③平成31年4月1日を「31年指定日」、④令和元年10月1日を「一部施行日」としています。本書では、便宜上、②を「8％施行日」、④を「10％施行日」といいます。また、①と③を区別せずに「指定日」と、②と④を区別せずに「施行日」ということもあります。

区　分	指定日	施行日
税率8％への引上げ	平成25年10月1日	平成26年4月1日
税率10％への引上げ	平成31年4月1日	令和元年10月1日

「指定日」は経過措置を適用する場合に基準となる日であり、「施行日」はその税率の適用が開始される日です。

(1) 指定日を基準とする経過措置

次の経過措置は、指定日の前日までに契約を締結しているなど、指定日を基準に一定の要件を設けて適用するものです。

指定日を基準とする経過措置
・工事の請負等に関する経過措置（税制抜本改革法附5③⑦、16）
・資産の貸付けに関する経過措置（税制抜本改革法附5④⑦、16）
・指定役務の提供に関する経過措置（税制抜本改革法附5⑤⑦、16）
・予約販売に係る書籍等に関する経過措置（平25.3改消令附5①⑥）
・通信販売に関する経過措置（平25.3改消令附5③⑥）
・有料老人ホームの入居に係る一時金に関する経過措置（平25.3改消令附5④⑥）

(2) その他の経過措置

次の経過措置は、指定日には関係なく、施行日の前後にまたがって取引が行われる場合や施行日前に行われた課税資産の譲渡等又は課税仕入れ等を基礎に施行日以後に計算や調整等を行う場合について設けられたものです。

その他の経過措置
・旅客運賃等に関する経過措置（税制抜本改革法附5①⑦、16）
・電気料金等に関する経過措置（税制抜本改革法附5②⑦、16）
・特定新聞等に関する経過措置（平25.3改消令附5②⑥、平25.10改消令）
・長期割賦販売等に係る資産の譲渡等の時期の特例に関する経過措置（税制抜本改革法附6、16）
・リース延払基準に係る資産の譲渡等の時期の特例に関する経過措置（平25.3改消令附6）
・個人事業者の延払条件付譲渡に係る資産の譲渡等の時期の特例に関する経過措置（平25.3改消令附7）

第7章 税率及び税率の経過措置

- リース譲渡に係る資産の譲渡等の時期の特例に関する経過措置（平25.3改消令附8）
- 工事進行基準に係る資産の譲渡等の時期の特例に関する経過措置（税制抜本改革法附7、16）
- 現金主義に係る資産の譲渡等の時期等の特例に関する経過措置（税制抜本改革法附8、16）
- 棚卸資産に係る控除対象仕入税額の調整に関する経過措置（税制抜本改革法附10、16）
- 仕入れに係る対価の返還等に関する経過措置（税制抜本改革法附9、16）
- 売上対価の返還等に関する経過措置（税制抜本改革法附5⑥、11、16、平25.3改消令附5⑤、6②、7②、8②、10、11）
- 貸倒れの税額控除に関する経過措置（税制抜本改革法附5⑥、12、16、平25.3改消令附5⑤、6②、7②、8②）
- 国等の特例に関する経過措置（税制抜本改革法附14、16）

② 工事の請負等に適用される税率

工事の請負等については、指定日の前日までに契約を締結した場合には、その着工、完成、引渡し、代金の受領等が施行日以後であっても、旧税率を適用します（税制抜本改革法附5③、16）。

請負は、請負人が仕事を完成することを約し、注文者がその仕事の結果に対してその報酬を支払うことを約して成立する諾成契約であり（民法632）、目的物の引渡しと同時に報酬の支払義務が発生します（民法633）。これを受け、所得税及び法人税は、原則として、その目的物の全部を完成して引き渡した日を収益の帰属の時期としており（所基通36−8⑷、法基通2−1−21の7）、消費税においても、完成引渡しの日を資産の譲渡等の時期としています（消基通9−1−5）。したがって、その完成引渡しの日において施行されている税率を適用することとなります。

ただし、工事の請負等については、受注から完了までに長期間を要するものが少なくないことから、指定日を基準として経過措置が設けられています。

373

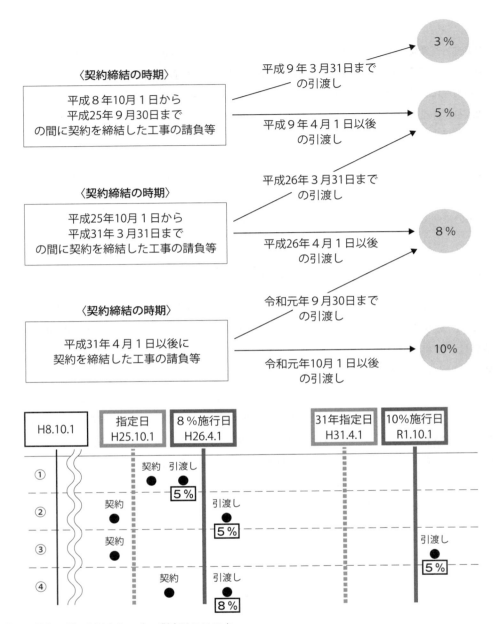

① ：施行日前の引渡しにつき、税率は5％です。
②③：指定日前の契約につき、経過措置が適用され、税率は5％です。
④ ：指定日以後の契約につき、経過措置の適用はなく、税率は8％です。
※ いずれの契約も、平成8年10月1日以後に締結しているので、税率3％の経過措置の適用はありません。
※ 工事着工の日は、判定に影響しません。

第7章　税率及び税率の経過措置

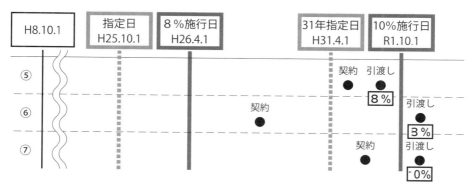

⑤：施行日前の引渡しにつき、税率は8％です。
⑥：指定日前の契約につき、経過措置が適用され、税率は8％です。
⑦：指定日以後の契約につき、経過措置の適用はなく、税率は10％です。
※　いずれの契約も、平成25年10月1日以後に締結しているので、税率5％の経過措置の適用はありません。
※　工事着工の日は、判定に影響しません。

(1) 適用範囲

　この経過措置の対象は、「工事（製造を含む。）の請負に係る契約（これに類する政令で定める契約を含む。）」とされており（税制抜本改革法附5③）、「これに類する政令で定める契約」は、測量、地質調査、工事の施工に関する調査、企画、立案及び監理並びに設計、映画の制作、ソフトウエアの開発その他の請負に係る契約（委任その他の請負に類する契約を含む。）で、仕事の完成に長期間を要し、かつ、その仕事の目的物の引渡しが一括して行われることとされているもののうち、その契約に係る仕事の内容につき相手方の注文が付されているもの、とされています（平25.3改消令附4⑤）。

　これを図に示すと次のようになります。

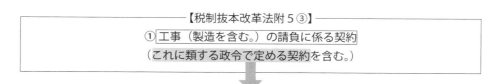

375

したがって、工事の請負等に関する経過措置の対象となる契約は、次の３つであるといえます。

---

① 　工事（製造を含む。）の請負に係る契約
② 　その他の請負に係る契約（委任その他の請負に類する契約を含む。）で❶❷❸の要件を満たすもの
③ 　建物の譲渡に係る契約で所定の要件を満たすもの

---

①　工事（製造を含む。）の請負に係る契約

　「工事の請負に係る契約」又は「製造の請負に係る契約」は、日本標準産業分類の大分類に掲げる建設業に係る「工事」又は日本標準産業分類の大分類に掲げる製造業に係る「製造」で、その目的物の完成を約し、かつそれに対する対価を支払うことを約する契約です（平25経過措置通達10、11）。

　製造物品であっても、その製造がいわゆる見込み生産によるものは「製造の請負に係る契約」によって製造されたものにはなりません（平25経過措置通達11（注））。

②　その他の請負に係る契約（委任その他の請負に類する契約を含む。）

　「その他の請負に係る契約」には、例えば、修繕、運送、保管、印刷、広告、仲介、技術援助、情報の提供に係る契約があります。

　「委任その他の請負に類する契約」には、例えば、検査、検定等の事務処理の委託、市場調査その他の調査に係る契約があります（平成25年４月国税庁「平成26年４月以降に行われる資産の譲渡等に適用される消費税率等に関する経過措置」（以下、この章において「経過措置Ｑ＆Ａ」といいます。）問24）。

❶　仕事の完成に長期間を要するもの

　「仕事の完成に長期間を要するもの」であることについては、平25.3改消令附則４条５項に掲げる契約はその仕事の性質上、仕事が完成するまでに長期間を要するのが通例であることを前提としているものであり、実際に長期間を要するかどうかは問わないこととされています（経過措置Ｑ＆Ａ問25）。

❷　当該仕事の目的物の引渡しが一括して行われることとされているもの

　「当該仕事の目的物の引渡しが一括して行われることとされているもの」とする要件については、例えば、運送、設計又は測量等の目的物の引渡しを要しない請負等の契約の場合には、その約した役務の全部の完了が一括して行われることとされているものも含まれます。

　ただし、目的物の引渡しを要しない役務の提供で、例えば、月極めの警備保障契約やメンテナンス契約のように期間極めの契約の場合には、その約した役務の全部の完了が一括して行われることとされているものではないから、これには含まれません。

　なお、請負等の契約に係る目的物の引渡しが次に掲げる場合のように、部分的に行われるときであっても、その請負等の契約は「当該仕事の目的物の引渡しが一括して行われることとされているもの」に含まれることとなります（経過措置Ｑ＆Ａ問26）。

　イ　一の契約により同種の建設工事等を多量に請け負ったような場合で、その引渡量に従い

工事代金を収入する旨の特約又は慣習がある場合

ロ　一の建設工事等であっても、その建設工事等の一部が完成し、その完成した部分を引き渡した都度その割合に応じて工事代金を収入する旨の特約又は慣習がある場合

ただし、これらは部分的に引渡しが行われるものの例示であり、「工事の請負に係る契約」は、前頁①に該当し、❶❷❸の要件を問うものではありません。

❸　当該契約に係る仕事の内容につき相手方の注文が付されているもの

「当該契約に係る仕事の内容につき相手方の注文が付されているもの」という要件については、例えば、次のような契約をいい、注文の内容、注文に係る規模の程度及び対価の額の多寡を問わないこととされています（経過措置Q＆A問27）。

イ　請負等の契約に係る目的物の仕様又は規格等について相手方の指示が付されている場合のその契約

ロ　請負等の契約に係る目的物の原材料を相手方が支給することとされている場合のその契約

ハ　修理又は加工等を目的とする請負等の契約

　　例えば、建物、機械等の修繕、塗装、物品の加工等で、具体例としては、上記のほか、次のような契約が該当します。

- 名入アルバム、名入タオル、名入引き出物の製作
- カップ、トロフィーの名入れ
- 絵画、工芸品等の修復
- 肖像画、胸像等の製作
- パック旅行の引受け
- 結婚式、披露宴の引受け
- インテリアの製作（カーテン、敷物の取付工事を含みます。）
- どん帳の製作
- 服、ワイシャツ等の仕立て
- 宝飾品等の加工

また、製造に係る物品につきその物品を直接使用する者の注文が付されている場合は、その直接使用する者の物品の取得に係る契約が販売に係る契約となっているときであっても、その契約は、その他の請負に類する契約に含まれるものとして取り扱ってもよいこととなっています。

③　建物の譲渡に係る契約で所定の要件を満たすもの

　建物の譲渡については、建物の内装、外装、設備の設置、構造について、注文者の注文に応じて建築される建物の譲渡に係る契約は、この経過措置の対象となります（平25.3改消令附4⑤）。

　具体的には、建売住宅や分譲マンションの譲渡契約で、注文者が、壁の色又はドアの形状等について特別の注文を行えることとなっているものは、この経過措置の対象となる工事の請負

377

契約に該当します（平25経過措置通達13）。

例えば、注文を受け付けないマンション販売について、指定日の前日までにその契約を特別の注文を行えるように変更した場合や、内装の仕様等について注文者が選択を行うこととされている契約で、注文者が全て標準仕様を選択した場合等は、その建物の譲渡は注文者の注文に応じて建築される建物の譲渡に該当し、経過措置により旧税率を適用することとなります。

また、指定日までに仕様等の注文が行われることが明らかである契約を締結していればよいのであり、その具体的な注文の日が指定日前である必要はありません。ただし、指定日以後に行われた注文により、当初の契約による対価の額を増額する場合には、その増額部分は経過措置の対象から除かれます。

(2) 機械設備の販売に伴う据付工事

機械設備等の販売に伴いその据付工事を行う場合で、その契約において、据付工事に係る対価の額を合理的に区分しているときは、その据付工事は、経過措置の対象となる工事の請負契約に該当します（平25経過措置通達12）。

(3) 工事着手の時期等

経過措置は、指定日の前日までに契約を締結することが要件であり、着工の時期、対価の受領や完成引渡しの時期についての期限などの要件は付されていません（経過措置Q&A問20）。

(4) 対価の額の変更

経過措置は、指定日の前日までに締結された工事の請負契約において定められた対価の額を対象としています。施行日以後に引渡しが行われる工事について、指定日の前日までに対価の額を増額する変更が行われた場合には、増額された部分を含めて経過措置の対象となり、旧税率を適用します（平25経過措置通達14）。

指定日以後に対価の額が増額された場合には、増額される前の対価の額に相当する部分については旧税率を適用し、増額された部分については新税率を適用します（税制抜本改革法5③）。

対価の額を減額する変更については、その変更が指定日前であるか、指定日以後であるかにかかわらず、その減額後の総額が経過措置の対象となります。

なお、追加工事など当初の工事契約において定められていなかったものについては、その追加工事ごとに経過措置が適用されるかどうかを判断することになります（経過措置Q&A問32）。

(5) 単価を定めている場合

その契約に係る役務の提供の性質上、対価の額をあらかじめ定めることができないものについて、あらかじめ定めた単価に役務の提供の量を乗じた金額を対価の額と定めている場合で、指定日以後にその単価の額に増額があった場合は、その単価の額の増額部分に相当する対価の

額には、新税率が適用されます（平25経過措置通達14（注））。

(6) 下請工事についての適用

経過措置の適用は、契約ごとに判断します。

例えば元請けについて指定日の前日までに契約を締結していても、その下請けに係る契約が指定日以後に締結された場合には、その下請工事には、経過措置は適用されません（経過措置Q＆A問21）。

平成９年の税率引上げ時には、元請事業者が、売上げに旧税率が適用されることを理由に、経過措置の適用のない下請工事について支払う対価の額について旧税率によることを要求するなどの混乱が見られたようです。

このような事態に対処するための施策として、「消費税の円滑かつ適正な転嫁の確保のための消費税の転嫁を阻害する行為の是正等に関する特別措置法」が設けられています。

(7) 未成工事支出金に計上した課税仕入れの税率

課税仕入れ等は、その課税仕入れ等をした日（材料費等については引渡しを受けた日、外注費については作業を完了した日）の属する課税期間において仕入税額控除を行います。ただし、工事完成基準による場合は、目的物の完成前に要した費用の額は、未成工事支出金として資産に計上し、工事完成の時に工事原価に振り替えることとなるので、未成工事支出金として経理した課税仕入れ等の金額については、継続適用を条件として、その目的物の引渡しをした日の属する課税期間の課税仕入れ等とすることが認められています（消基通11－3－5）。これは、事業者の事務負担に配慮して仕入税額控除の時期について特例を認めたものですが、税率の適用関係について特別な取扱いを認めるものではありません。

したがって、この仕入税額控除の時期の特例の適用を受けた場合であっても、課税仕入れごとに、それぞれ課税仕入れを行った日において適用されるべき税率により控除対象仕入税額を計算しなければなりません。

(8) 原則と経過措置の適用関係

税率の経過措置は、注文者にも適用があります（税制抜本改革法附5⑦）。

経過措置は、事業者の選択により適用するものではありません。相手方に通知をしたかどうか、当事者間の合意がどうであったかにかかわらず、適用要件に該当すれば請負人及び注文者の双方に必ず適用されます。

したがって、経過措置の適用がないものについて経過措置の適用があると誤認し、旧税率5％を適用して支払対価の額を計算した場合であっても、その受領した金額は、新税率8％を適用した税込対価となります。

(9) 通知の義務

請負人は、経過措置の適用がある場合には、注文者にその旨を書面により通知するものとされています（税制抜本改革法附5⑧）。この書面による通知は、請求書や領収書等に記載することで足りるとされています（平25経過措置通達22）。

この場合の請求書や領収書等とは、仕入税額控除を適用する要件として保存すべきものであり、その記載内容は次のとおり法定されています（消法30⑨）。

仕入税額控除の適用要件を満たす請求書、納品書等の記載事項
① 書類の作成者の氏名又は名称
② 課税資産の譲渡等を行った年月日又はまとめ期間
③ 課税資産の譲渡等に係る資産又は役務の内容
④ 課税資産の譲渡等の対価の額
⑤ 書類の交付を受ける事業者の氏名又は名称

請求書等により経過措置の通知をする場合は、加えて、次の事項を記載することとなります。

⑥ 適用を受けた経過措置の該当条項
⑦ 経過措置の適用を受けた課税資産の譲渡等の対価の額

(10) 契約書の作成

契約が指定日の前日までに行われたものであるかどうかは、契約書等の書類により確認することとなります。契約書等は適時に適正に作成し保存しておく必要があります（経過措置Q＆A問19）。

3 工事進行基準に係る資産の譲渡等の時期の特例に関する経過措置

会計において、工事の進捗部分について成果の確実性が認められる場合には工事進行基準を適用するものとされており（企業会計基準15号9）、法人税法は、長期大規模工事については工事進行基準により所得の金額を計算することを、長期大規模工事以外の工事については工事進行基準の方法により経理したときはこれにより所得の金額を計算することを定めています（法法64①②）。

これを受け、消費税は、工事進行基準の方法により計算した収益の額に係る部分については、その収益の額が益金の額に算入された事業年度終了の日の属する課税期間において資産の譲渡等を行ったものとすることができることとしています（消法17①②）。

事業者が、指定日から施行日の前日までの間に締結した長期大規模工事又は工事の契約につき、施行日以後に引渡しを行う場合について、消費税において工事進行基準に係る資産の譲渡等の時期の特例を適用する場合には、その工事等の着手の日から施行日の前日までの期間に対

応する部分については、旧税率を適用することとされています（税制抜本改革法附7①）。

```
        指定日              8％施行日
       H25.10.1            H26.4.1

            契約                                    完成
            着工
      ┈┈┈┈┈╲   ╳                                   ╳
                └──5％──┘        └────8％────┘
```

```
       31年指定日           10％施行日
        H31.4.1             R1.10.1

            契約                                    完成
            着工
      ┈┈┈┈┈╲   ╳                                   ╳
                └──8％──┘        └────10％────┘
```

⑴　適用範囲

　この経過措置は、事業者が、消費税において、工事進行基準の方法により資産の譲渡等の対価の額を計算する場合に適用します。したがって、法人税又は所得税において工事進行基準の方法により所得の金額を計算している場合であっても、消費税において工事完成基準を選択したときは適用がありません。

⑵　金額の計算

　対価の額のうち、経過措置を適用する部分の金額は、工事進行基準を適用する請負契約に係る対価の額に、施行日の前日の現況により見積もられる工事原価の額のうちに、着手の日から施行日の前日までの間に支出した原材料費、労務費その他の経費の額の合計額の占める割合を乗じて計算した金額とされています（平25.3改消令附9）。

　したがって、税率8％への移行時には、次により計算した金額に税率5％を適用することとなります。

$$\text{請負契約に係る対価の額} \times \frac{\text{着手日から平成26年3月31日までの間に支出した原材料費、労務費その他の経費の額}}{\text{平成26年3月31日の現況による見積工事原価の額}}$$

また、税率10％への移行時には、次に計算した金額に税率8％を適用することになります。

$$\text{請負契約に係る対価の額} \times \frac{\text{着手日から令和元年9月30日までの間に支出した原材料費、労務費その他の経費の額}}{\text{令和元年9月30日の現況による見積工事原価の額}}$$

(3) 通知の義務等

　工事の請負等に関する経過措置と同様に、工事の請負人は、経過措置の適用がある場合には、注文者にその旨を書面により通知するものとされています（税制抜本改革法附7④）。

　特に、工事進行基準を適用する場合には、注文者においては、適用の有無や対価の額のどの部分に経過措置が適用されるのかを判断することはできません。注文者は、請負人からの通知をもとに課税仕入れに係る税率を判断することになるので、請負人においては通知の義務を確実に履行することが求められます。

 資産の貸付けに係る経過措置

(1) 税率5％を適用する経過措置

　平成8年10月1日から指定日の前日（平成25年9月30日）までの間に締結した資産の貸付けに係る契約に基づき、8％施行日（平成26年4月1日）前から引き続きその契約に係る資産の貸付けを行っている場合には、税率5％を適用します（税制抜本改革法附5④）。

　ただし、平成25年10月1日以後に対価の額を変更した場合には、その変更以後は、経過措置の適用がなくなります。

(2) 税率8％を適用する経過措置

　平成25年10月1日から31年指定日の前日（平成31年3月31日）までの間に締結した資産の貸付けに係る契約に基づき、10％施行日（令和元年10月1日）前から引き続きその契約に係る資産の貸付けを行っている場合には、税率8％を適用します（税制抜本改革法附16①）。

　ただし、平成31年4月1日以後に対価の額を変更した場合には、その変更以後は、経過措置の適用がなくなります。

(3) 経過措置適用の要件

　契約の内容が、次の〈パターン①〉又は〈パターン②〉のいずれかに該当することが、経過措置適用の要件とされています（税制抜本改革法附5④、平25.3改消令附4⑥）。

〈パターン①〉
次の2つの要件に該当する契約であること
- 貸付けの期間と対価の額が定められていること
- 事業者が事情の変更その他の理由により対価の額の変更を求めることができる旨の定めがないこと

> 〈パターン②〉
> 次の3つの要件に該当する契約であること
> • 貸付けの期間と対価の額が定められていること
> • 契約期間中に当事者の一方又は双方がいつでも解約の申入れをすることができる旨の定めがないこと
> • 貸付けの対価の額の合計額が、その資産の取得に要した費用の額（付随費用の額、利子、保険料の額を含む。）の合計額の90%以上であるように、契約において定められていること
>
> $$\frac{契約期間中に支払われる貸付けの対価の額の合計額}{貸付資産の取得に要した費用の額＋付随費用の額} \geqq 90\%$$

上記〈パターン②〉の契約に該当する取引は、所有権移転外ファイナンス・リース取引となります。

所有権移転外ファイナンス・リース取引は、平成20年4月1日以後に契約したものは資産の譲渡とされているので、〈パターン②〉は、それより前に契約を締結した所有権移転外ファイナンス・リース取引のための経過措置です。

(4) 課税仕入れに係る経過措置

資産の貸付けに係る経過措置は、その経過措置の適用を受ける取引に係る課税仕入れについても、同様に適用されます（税制抜本改革法附5⑦、16②）。

(5) 通知義務

資産の貸付けに係る経過措置の適用を受けた事業者は、その相手方に対し、その資産の貸付けが経過措置の適用を受けるものであることを書面により通知することとされています（税制抜本改革法附5⑧）。通知義務の詳細は、工事の請負等に関する経過措置（380頁）と同様です。

(6) 引渡しの時期

旧税率を適用する経過措置は、指定日の前日までに契約が締結され、賃借人への貸付けのための引渡しが施行日前に行われ、かつ、施行日以後も引き続き貸付けを行っているものが対象となります（平25経過措置通達16）。

指定日の前日までに契約が締結されていても、賃借人への貸付けのための引渡しが施行日以後に行われたものは経過措置の対象となりません。

(7) 新税率を適用する旨の定め

対価に係る消費税について、「消費税率の改正があったときは改正後の税率による」旨を定める契約条項は、〈パターン①〉の対価の額の変更を求めることができる旨の定めには該当しません（平25経過措置通達17）。したがって、このような定めがあったとしても、他の要件を満たす契約である場合には、経過措置の対象となります。

ただし、資産の貸付けに係る経過措置の対象となる取引であっても、新税率を適用してその対価を受領した場合は、対価の額の変更が行われたこととなります（平25経過措置通達17（注））。

⑻　契約の変更又は更新

　経過措置の対象となる契約には、指定日の前日までに既存の契約を変更した場合におけるその変更後の契約も含まれます（平25経過措置通達8）。

　また、継続して資産の貸付を行っている場合において、指定日の前日までにその契約を変更又は更新したときは、「指定日の前日までに締結した資産の貸付けに係る契約に基づき、施行日前から引き続きその契約に係る資産の貸付けを行っている」こととなります。

継続して資産を貸し付けている場合	継続して資産を貸し付けている場合
↓平成25年9月30日までに	平成25年10月1日から ↓平成31年3月31日までの間に
• 経過措置の対象となる契約内容であるものを更新した • 経過措置の対象となる契約内容に変更した	• 経過措置の対象となる契約内容であるものを更新した • 経過措置の対象となる契約内容に変更した
↓適用する税率	↓適用する税率
平成26年4月1日以後も5%	令和元年10月1日以後も8%

⑼　契約の自動更新

　資産の貸付けにつき、同じ条件で自動更新するものとされている契約である場合、その更新のたびにそれまでの契約が満了し新たな契約に基づいて貸付けを行っているものと評価します。したがって、平成25年9月30日までに契約を更新した場合は、更新した次の契約による貸付けについては5%の税率を適用することになります。

　この場合、例えば、解約する場合は貸付期間満了日の○月前までに申し出ることとされている場合、解約申出期限を経過したときに当事者間の合意、すなわち新たな契約の締結があったものと考えるのが相当ですから、指定日の前日までに解約申出期限が経過して自動更新された契約に基づき、施行日前から引き続き貸付けを行う場合には、この経過措置が適用されます。

　なお、指定日以後に解約申出期限が経過して自動更新された場合には、その自動更新後の貸付けについては、この経過措置は適用されません（経過措置Q&A問37（注））。

　自動更新を行う契約については、特に手続をしないため、気がつかないうちに経過措置の適用がなくなっていたということも考えられます。新税率の適用にあたっては、授受する賃借料の額を改訂する必要も生じるので注意が必要です。

第7章 税率及び税率の経過措置

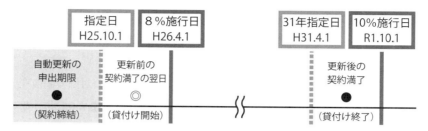

　自動更新の申出期限を経過したときに契約を締結したこととなります。したがって、平成25年9月30日までに更新の申出期限が到来し、平成26年3月31日までに更新に係る貸付けが開始したものは、その更新による契約満了の日まで5%の税率を適用します。

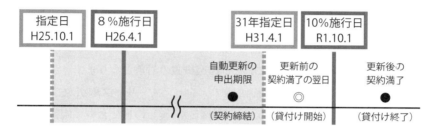

　自動更新の申出期限を経過したときに契約を締結したこととなります。したがって、平成25年10月1日から平成31年3月31日までに更新の申出期限が到来し、令和元年9月30日までに更新に係る貸付けが開始したものは、その更新による契約満了の日まで8%の税率を適用します。

(10) 借地借家法の規定の適用

　借地借家法32条は、「土地若しくは建物に対する租税その他の負担の増減により、土地若しくは建物の価格の上昇若しくは低下その他の経済事情の変動により、又は近傍同種の建物の借賃に比較して不相当となったときは、契約の条件にかかわらず、当事者は、将来に向かって建物の借賃の額の増減を請求することができる。ただし、一定の期間建物の借賃を増額しない旨の特約がある場合には、その定めに従う。」と定めています。建物の賃貸借には、この規定が適用され、事情変更があった場合には賃料の増減請求をすることができますが、建物の賃貸借に係る契約において、賃貸する者がその貸付けに係る対価につき増減することができる旨の定めがないときは、その契約は、資産の貸付けに係る経過措置の要件を満たすものとなります（平25経過措置通達18）。

　建物の賃貸借に係る契約において賃貸する者がその貸付けに係る対価につき増減することができる旨の定めがない場合であっても、借地借家法32条の規定を適用して賃料の変更をしたときは、正当な理由に基づくものを除き、その変更後の賃料には新税率が適用されます。

(11) 対価の額の変更

　指定日以後に対価の変更が行われた場合において、その変更が、例えば、賃貸人が修繕義務

を履行しないことにより行われたものであるなど正当な理由に基づくものであるときは、その対価の額の変更後においても、引き続き経過措置の対象となり、旧税率が適用されます（平25経過措置通達19）。

正当な理由がある場合を除いて、指定日以後にその資産の貸付けの対価の額の変更が行われた場合には、その変更後における貸付けについては新税率が適用されます（税制抜本改革法附5④）。

⑿　ファイナンス・リース取引に係る取扱い

ファイナンス・リース取引は、所有権移転ファイナンス・リース取引と所有権移転外ファイナンス・リース取引のいずれであってもリース資産の売買取引となります。

①　リース譲渡を行う事業者

平成20年3月31日までに行った所有権移転外ファイナンス・リース取引は、資産の貸付けと評価されることから、資産の貸付けに関する経過措置の対象となります。

平成20年4月1日以後に行う所有権移転外ファイナンス・リース取引及び所有権移転ファイナンス・リース取引については、そのリース資産の引渡しの日において施行されている税率が適用されます。

なお、延払基準を適用して資産の譲渡等の時期を繰り延べている場合には、長期割賦販売等に係る資産の譲渡等の時期の特例に関する経過措置、リース延払基準に係る資産の譲渡等の時期の特例に関する経過措置、個人事業者の延払条件付譲渡に係る資産の譲渡等の時期の特例に関する経過措置、リース譲渡に係る資産の譲渡等の時期の特例に関する経過措置（税制抜本改革法附6、16、平25.3改消令附6、7、8）の適用があります。

②　リース譲渡を受ける事業者

リース譲渡を受ける事業者は、平成20年4月1日以後に契約を締結した所有権移転外ファイナンス・リース取引については、会計上、売買取引として処理した場合にはリース資産の引渡しの時に一括控除し、賃貸借取引として処理した場合には、一括控除又は分割控除のいずれかを選択することとなります（465頁参照）。

分割控除は、リース取引を資産の譲受けと認識したうえで、事業者の納税事務に配慮して仕入税額控除の時期の特例を認めるものです。したがって、分割控除を行っている場合であっても資産の貸付けには該当しません。

したがって、税率引上げ前にリース資産の引渡しを受けている場合には、そのリース料の支払の時期にかかわらず、譲受け当時の税率を適用して控除対象仕入税額の計算をすることが本来の適正な処理となります。

③　金融取引とされる場合

資産を譲渡したうえで、譲受人から譲渡人に対してその資産をリースした場合（セール・アンド・リースバック）において、その一連の取引が実質的に金銭の貸借であると認められるときは、資産の売買及びその賃貸借はなかったものとされ、譲受人から譲渡人に対する金銭の貸

付けがあったものとされます（法法64の2②）。

利子を対価とする金銭の貸付けは非課税取引ですから、経過措置の適用はありません。

長期割賦販売等に関する経過措置

延払基準によれば、支払期日の到来の日が課税資産の譲渡等の日とみなされるので、施行日前に商品の引渡しを行っているものであっても、施行日以後に賦払金の支払期日が到来する部分の売上げについては新税率を適用することになり、引渡基準又は延払基準のいずれを選択するのかによって、適用される税率に差異が生じることになります。

そこで、事業者が、施行日前に行った長期割賦販売等につき、長期割賦販売等に係る資産の譲渡等の時期の特例の適用を受けた場合においては、その賦払金の額について旧税率を適用する経過措置が設けられています（税制抜本改革法附6）。

なお、リース譲渡についても、同様の手当てがされています。

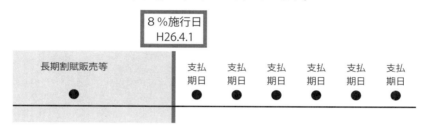

平成26年3月31日までに行った長期割賦販売等の賦払金に係る売上げには、5％の税率を適用します。

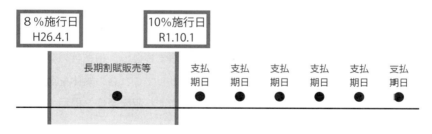

令和元年9月30日までに行った長期割賦販売等の賦払金に係る売上げには、8％の税率を適用します。
※長期割賦販売等に係る延払基準は、平成30年度税制改正により廃止されましたが、経過措置があります（356頁参照）。

また、長期割賦販売等により資産を購入する事業者においては、その取引が長期割賦販売等に該当するか否かにかかわらず、購入した日において施行されている税率を適用して控除対象仕入税額の計算を行うこととなります（税制抜本改革法附6②）。

予約販売に関する経過措置

不特定かつ多数の者に定期的に継続して供給する書籍その他の物品の施行日以後の譲渡について、指定日の前日までに契約を締結し、施行日の前日までにその対価を領収している場合は、

その施行日の前日までに領収した対価に係る部分の税率は、旧税率となります（平25.3改消令附5①）。

なお、旧税率を適用する経過措置は、軽減対象資産の譲渡等については適用されません（平28改法附35、平28改令附4）。

 特定新聞の譲渡に関する経過措置

特定新聞とは、不特定かつ多数の者に週、月その他の一定の期間を周期として定期的に発行される新聞で、発行者が発売日を指定するもののうち、その指定する日が施行日前であるものをいいます。特定新聞の施行日以後の譲渡には、旧税率を適用します（平25.10改消令附5②）。

この経過措置は、平成25年3月の改正による施行令においては、「雑誌」も対象となっていましたが、平成25年10月30日、「消費税法施行令の一部を改正する政令の一部を改正する政令」が公布され、「雑誌」が除外されました。

なお、軽減税率が適用される取引については、本経過措置の適用はありません。

 通信販売に関する経過措置

(1) 通信販売とは

経過措置において、通信販売とは、不特定かつ多数の者に商品の内容、販売価格等の条件を提示し、郵便、電話等の方法により売買契約の申込みを受けて、その提示した条件に従って行う商品の販売をいうものとされています（平25.3改消令附5③）。

「不特定かつ多数の者に販売条件を提示する」とは、一般に、新聞、テレビ、チラシ、カタログ、インターネット等の媒体を通じて購読者又は視聴者等に対して販売条件を提示することをいいますから、例えば、○○頒布会、○○友の会等と称する会で、相当数の会員で構成され、かつ、会員数が固定的でないような会が会員等を対象としてこれらの媒体を通じて販売条件を提示するような場合はこれに該当しますが、訪問面談により販売条件を提示することはこれに含まれません（経過措置Q&A問49）。

(2) 経過措置

通信販売については、指定日の前日までに条件を提示し、又は提示する準備を完了した場合において、施行日の前日までに申込みを受けて、その提示した条件に従って販売するときは、旧税率を適用します（平25.3改消令附5③）。

なお、旧税率を適用する経過措置は、軽減対象資産の譲渡等については適用されません（平28改法附35、平28改令附4）。

第7章 税率及び税率の経過措置

⑨ 旅客運賃等に関する経過措置

旅客運賃等を施行日前に領収している場合には、その対価の領収に係る課税資産の譲渡等が施行日以後であっても、旧税率を適用します（税制抜本改革法附5①、16①）。

⑩ 電気料金等に関する経過措置

事業者が、電気料金等で、10％施行日（令和元年10月1日）前から継続して供給し、又は提供しているものの供給又は提供で施行日から令和元年10月31日までの間に料金の支払を受ける権利が確定するものに係る課税資産の譲渡等については、旧税率（8％）を適用します（税制抜本改革法附5②、16①）。

水道料金のように、計算期間が2か月単位であるなど、施行日以後初めて料金の支払を受ける権利が確定する日が令和元年11月1日以後である場合には、その料金を前回確定日から施行日以後初めての確定日までの期間の月数で除し、前回確定日から令和元年10月31日までの期間の月数を乗じて計算した部分の金額に、旧税率（8％）が適用されます（平25.3改消令附4③）。

⑪ 指定役務の提供に関する経過措置

平成8年10月1日から指定日の前日（平成25年9月30日）までの間に締結した役務の提供に係る契約で、その契約の性質上その役務の提供の時期をあらかじめ定めることができないものであって、その役務の提供に先立って対価の全部又は一部が分割して支払われる契約（割賦販売法2条6項に規定する指定役務の提供に係るもの）に基づき、施行日以後にその契約に係る役務の提供を行う場合において、その契約の内容が次に掲げる要件に該当するときは、旧税率（5％）を適用します（税制抜本改革法附5⑤、平25.3改消令附4⑦）。

① その契約に係る役務の提供の対価の額が定められていること
② 事業者が事情の変更その他の理由によりその対価の額の変更を求めることができる旨の定めがないこと

割賦販売法において、指定役務の提供とは、次のものとされています（割賦販売法施行令1④、別表第二）。

① 婚礼（結婚披露を含む。）のための施設の提供、衣服の貸与その他の便益の提供及びこれに附随する物品の給付
② 葬式のための祭壇の貸与その他の便益の提供及びこれに附随する物品の給付

したがって、この経過措置の対象となるのは、冠婚葬祭のための施設の提供その他の便宜の提供等に係る役務の提供という限られたものであり、資産の購入を前提にその購入対価を積み立てることとしているものは含まれません（平25経過措置通達20）。

また、指定日（平成25年10月1日）以後においてその役務の提供の対価の額の変更が行われた場合は、新税率（8％）が適用されます（税制抜本改革法附5⑤）。

389

この対価の額の変更には、その契約に定められた対価の額の変更のほか、役務の提供の内容の変更による対価の変更も含まれます（平25経過措置通達21）。

※ 平成25年10月1日から31年指定日の前日（平成31年3月31日）までの間に契約を締結した役務の提供についても同様です（税制抜本改革法附16①）。

⑫ 有料老人ホームの入居に係る一時金に関する経過措置

平成8年10月1日から指定日の前日（平成25年9月30日）までの間に締結した老人福祉法に規定する有料老人ホームに係る終身入居契約※1で、入居期間中の介護に係る役務の提供の対価が入居の際に一時金として支払われ、かつ、その一時金につき当該事業者が事情の変更その他の理由によりその額の変更を求めることができる旨の定めがないものに基づき、施行日（平成26年4月1日）前から施行日以後引き続きその契約に係る資産の譲渡等を行っている場合には、施行日以後に行うその役務の提供でその一時金に対応する部分については、旧税率（5％）を適用します（平25.3改消令附5④）。

ただし、指定日以後においてその一時金の額の変更が行われた場合には、その変更後に行う役務の提供については、新税率を適用します（平25.3改消令附5④ただし書）。

※1 老人福祉法に規定する有料老人ホームに係る終身入居契約とは、その契約に基づき、契約の相手方が入居する際に一時金を支払うことにより、その有料老人ホームに終身居住する権利を取得するものをいいます。

※2 平成25年10月1日から31年指定日の前日（平成31年3月31日）までの間に契約を締結した役務の提供についても同様です（税制抜本改革法附16①）。

⑬ 現金主義に係る資産の譲渡等の時期等の特例に関する経過措置

現金主義に係る資産の譲渡等の時期等の特例の適用を受ける個人事業者が、新税率の施行日前に行った課税資産の譲渡等につき施行日以後に対価の額を収入した場合には、その課税資産の譲渡等に係る税率は旧税率となります（税制抜本改革法附8、16①）。

⑭ 売上対価の返還等に係る税額控除に関する経過措置

売上対価の返還等に係る消費税額の控除は、課税標準額の計算の基礎となった課税売上げについてその対価の返還等をした場合に、売上げの消費税額を修正するために行うものであり、税額控除の対象となるのは、課税標準額に対する消費税額として計算した金額です。

したがって、旧税率を適用した課税資産の譲渡等であれば、たとえ新税率の施行日以後に売上対価の返還等を行ったとしても、その控除税額は、その課税資産の譲渡等に適用した旧税率により計算することとなります（税制抜本改革法附11、16①）。

また、仕入税額控除についての95％ルールの判定や課税売上割合の計算において、その課税期間における課税売上高は、課税資産の譲渡等の対価の額から売上対価の返還等の金額を控除するものとされていますが、ここで控除する売上対価の返還等の金額を税抜きにする場合にも、その売上対価の返還等に係る課税資産の譲渡等に適用した税率により税抜きの金額を計算

することとなります（税制抜本改革法附3、16）。

15 貸倒れの税額控除に関する経過措置

　貸倒れの税額控除は、売上対価の返還等に係る消費税額の控除と同様に、課税標準額に対する消費税額を修正するために行うものです。したがって、貸倒れに係る消費税額についても、その貸倒れの事実が生じた日の税率ではなく、その貸倒れに係る課税資産の譲渡等に適用した税率により控除すべき消費税額を計算することとなります（税制抜本改革法附12、16①）。

第3節　裁決例

裁決例　工事の請負に係る契約締結日

平成30年1月11日裁決（棄却）

　請求人は、本件契約書の作成に際し、所定の様式を利用していたが、本件契約書の柱書きは、当該様式の柱書きに、「すでにお渡しの」との文言を加えるなどの修正が加えられていた。

　本件注文者は、本件信金と本件工事に係る資金の融資について、平成25年6月7日から同年7月26日までの間に「第1回相談」を、平成26年8月18日及び同月26日における「第2回相談」を行った。

　仮に平成25年9月30日までに本件契約に係る請負代金の額が173,460,000円（税込金額）となることが決定していたというのであれば、請求人及び本件注文者としては、遅くとも当該請負代金の額が決定してから間もない時期に本件信金に対して融資額の増額の打診等を行うのが通常と考えられる。しかしながら、本件注文者は、平成26年8月18日相談まで、本件信金に対し、何ら連絡せず、上記の請負代金の額に相当する額の融資を受けられるかどうかの見込み等を確認すらしていないというのである。

　本件契約書には、契約成立時に手付金として60,000円（本件手付金）を支払うと定められているところ、本件手付金が請求人の帳簿書類において収益等として計上されていない一方で、本件注文者の帳簿書類には平成26年9月30日に建設仮勘定として計上されている。

　本件注文者が保管する本件契約書に貼付された収入印紙は、平成26年9月12日に購入されている。

　仮に請求人が主張するとおり、平成25年9月30日に本件契約が締結された、あるいは同日に本件契約書が作成されたとすれば、収入印紙の購入時期も平成25年9月30日以前であるべきと考えられるが、上記のとおり、実際にはそのようになっていないことから、平成25年9月30日に本件契約が締結された、あるいは同日に本件契約書が作成されたとする仮定にも疑問が生じる。

　以上のとおり、本件契約が平成25年9月30日に締結されたとする仮定の正しさには複数の観点からの疑問等があり、他に同日までに本件契約が締結されたことをうかがわせる証拠もないから、当該仮定は成り立たないというべきである。

したがって、本件契約は平成25年9月30日までに締結されていなかったと認められる。

第8章

課税標準額に対する消費税額

第1節 原則

　課税標準額に対する消費税の額は、課税標準額に税率を乗じて計算します。この原則による計算方法を一般に、総額計算方式とよびます。

$$課税標準額に対する消費税額 = 課税標準額 \times 7.8\%$$

　上記の7.8％の税率は、令和元年10月1日以後に行われた課税資産の譲渡等に係る標準税率です。

　その課税期間において異なる税率（旧税率又は軽減税率）が適用される課税資産の譲渡を行っている場合には、その税率の異なるごとに課税標準額に対する消費税額を計算します。

〈計算例〉

　次の①②の課税資産の譲渡等の対価の額がある場合

①　標準税率10％を適用した課税資産の譲渡等の対価の額　550,000,000円

②　軽減税率8％を適用した課税資産の譲渡等の対価の額　129,600,000円

①　標準税率10％を適用した課税資産の譲渡等に係る計算	②　軽減税率8％を適用した課税資産の譲渡等に係る計算
課税標準額 　550,000,000円$\times\dfrac{100}{110}$＝500,000,000円 課税標準額に対する消費税額 　500,000,000円×7.8％＝39,000,000円	課税標準額 　129,600,000円$\times\dfrac{100}{108}$＝120,000,000円 課税標準額に対する消費税額 　120,000,000円×6.24％＝7,488,000円

この課税期間の課税標準額に対する消費税額
39,000,000円＋7,488,000円＝46,488,000円

（地方消費税は別に計算します。）

※　課税売上割合が95％未満で一般課税で申告を行う課税期間において、特定課税仕入れがある場合は、その特

定課税仕入れについては、その支払対価の額を課税標準額として税額を計算します。

第2節 積上げ計算の特例

　納付すべき消費税額は、課税標準額に対する消費税額から、控除対象仕入税額、返還等対価に係る税額及び貸倒れに係る税額の３つの控除税額を控除して算出します。

　控除対象仕入税額の計算方法には一般課税と簡易課税があり、さらに一般課税では、課税仕入れに係る消費税額、特定課税仕入れに係る消費税額及び保税地域からの引取りに係る消費税額を基礎に、全額控除、個別対応方式又は一括比例配分方式のいずれかによることになります。

　なお、インボイス制度開始から３年間は、「小規模事業者に係る税額控除に関する経過措置（２割特例）」があります。

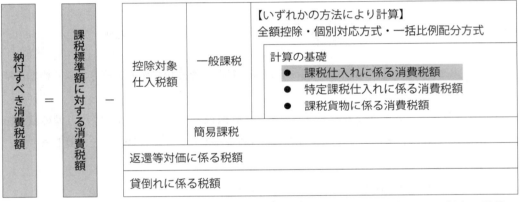

　以下では、「課税標準額に対する消費税額」を「売上税額」と、一般課税による場合の計算の基礎となる国内において行った「課税仕入れに係る消費税額」を「仕入税額」と呼びます。

1 売上税額の積上げ計算

　売上税額の計算は、原則として、その課税期間中に国内において行った課税資産の譲渡等に係る課税標準である金額を税率の異なるごとに区分した合計額に適用税率を乗じて計算することになります（消法43①、45①）。

　しかし、インボイスに記載する消費税額等は、税率ごとに、切上げ、切捨て、四捨五入など、インボイス発行事業者の任意で行うことができますが、一般に切捨て処理を行うことが多く、少額の課税売上げを大量に行う事業では、その切り捨てた端数が積み重なって、大きな負担となる可能性があります。

そこで、保存しているインボイスの写しに記載されている税率ごとの消費税額等の合計額に100分の78を乗じて計算する「積上げ計算」の特例が設けられています（消法43③、45⑤、消令62）。

なお、簡易インボイスに「税率ごとに区分した消費税額等」を記載せず、「適用税率」のみを記載して交付する場合は、積上げ計算を行うことはできません。

(1) 仕入税額の計算の制限

売上税額の積上げ計算の特例は、仕入税額についても積上げ計算を行うことが要件とされています。

この要件は、売上税額と仕入税額の計算方法の違いを利用した有利計算を排除する措置であると説明されています※。

※　財務省「平成28年度税制改正の解説」823頁。

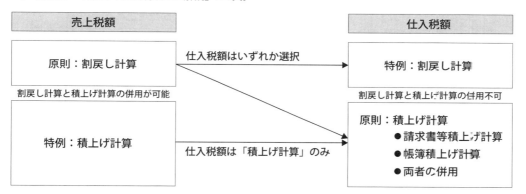

(2) 旧規則22条1項の特例とその後の経過措置の廃止

旧消費税法施行規則22条1項の特例は、決済上受領すべき金額について、本体価格と1円未満の端数処理をした消費税等相当額とに区分して領収する場合には、その消費税等相当額を基礎にその課税期間の課税標準額に対する消費税額を計算することができる特例です。「税抜価格」を前提に設けられた制度であるため、平成16年度の税制改正において、総額表示の義務付けに伴い廃止されました。

しかし、廃止後も、「税抜価格」を前提とした代金決済を行う場合には旧規則22条1項の特例の適用を認める経過措置があり、「税込価格」を前提とした代金決済を行う場合においても、取引の相手方へ交付する領収書等において明示した消費税額等を積み上げて課税標準額に対する消費税額を計算することができる経過措置が設けられていました。

インボイス制度においては、決済段階で上乗せされる消費税等の1円未満の端数処理に伴う事業者の負担等に配慮する新たな制度として、「売上税額の積上げ計算」が設けられています。

旧制度との違いは、次の2点です。

395

① 領収書等に明示した消費税額等ではなく、インボイス又は簡易インボイスに記載した消費税額等によること
② 売上税額に積上げ計算を適用した場合は、仕入税額に割戻し計算を適用することができないという制限が設けられていること

2 仕入税額の計算方法

仕入税額の計算は、積上げ計算が原則です。特例として、割戻し計算があります。

原則 【積上げ計算】	請求書等 積上げ計算	保存するインボイスに記載された消費税額等を積み上げる計算方法 ※ 仕入明細書方式が適している ※ 電子インボイスの提供を受けて自動計算するシステム又は経費の自動精算システムが必要
	帳簿積上げ 計算	課税仕入れの都度計上した仮払消費税額等を積み上げる計算方法 ※ 財務会計システムによる集計が想定される
特例 【割戻し計算】		その課税期間中の課税仕入れに係る支払対価の額の合計額を基礎とする計算方法 ※ 売上税額につき、「割戻し計算」によることが要件

(1) 原則【積上げ計算】

一般課税の控除対象仕入税額は、個別対応方式、一括比例配分方式又は全額控除のいずれかによって計算することとなります。この場合、控除対象仕入税額の計算の基礎となる課税仕入れに係る消費税額の計算は、原則として、積上げ計算によります（消法30①、消令46①②）。

積上げ計算には、インボイスに記載された消費税額等を積算する「請求書等積上げ計算」と、課税仕入れの都度、帳簿に計上した仮払消費税額等を積算する「帳簿積上げ計算」の2種類があります。

(2) 特例【割戻し計算】

売上税額の計算につき、「割戻し計算」としている場合は、課税仕入れに係る消費税額についても、適用税率ごとの課税仕入れの支払対価の額の合計額から消費税額を算出する「割戻し計算」によることができます（消令46③）。

誤りやすい事例 **売上税額：簡易インボイスに消費税額等の記載がない場合の積上げ計算の適用**

当社は、小売業です。交付する簡易インボイスに消費税額を記載しなかった場合でも、売上税額の積上げ計算は適用できますか。

| 第8章 | 課税標準額に対する消費税額 |

解 説

　売上税額に係る「積上げ計算」の特例は、保存するインボイス又は簡易インボイスの写しに記載された消費税額等を基礎とするものです。

　したがって、簡易インボイスに「適用税率」を記載して、「消費税額等」の記載を省略している場合は、積上げ計算を行うことはできません。

誤りやすい事例　売上税額：顧客がレシートを受け取らない場合の積上げ計算

　当社はスーパーマーケットを経営しています。顧客の中には、レシートを受け取らない人がいますが、簡易インボイスであるレシートを受け取ってもらえない場合、売上税額の積上げ計算は適用できませんか。

解 説

　売上税額の計算方法には、相手方に交付したインボイスの写しを保存している場合には、その写しに記載された消費税額等を基礎とする積上げ計算も認められています（消法45⑤、消令62）。

　ご質問のように、インボイスを交付しようとしたものの顧客が受け取らなかったため、物理的な「交付」ができなかったような場合や交付を求められたとき以外にレシートを出力していない場合であっても、インボイス発行事業者においては、そのインボイスの写しを保存しておけば、「交付した適格請求書等の写しの保存」があるものとして、売上税額の積上げ計算を行って差し支えありません。

誤りやすい事例　売上税額：小売業者がインボイスに記載する消費税額等の端数処理

　小売業者が、売上税額について積上げ計算を適用できない場合はどうしたらいいですか。

解 説

①　インボイスに記載する消費税額の1円未満を切捨てとする場合

　少額の売上げを大量に繰り返す小売業者等が、インボイスに記載する消費税額等の端数処理を切捨てとした場合、その切り捨てた消費税額が積み重なって、大きな負担となる可能性があります。このような場合には、納付すべき税額に当たり、売上税額について積上げ計算のニーズが大きくなります。売上税額について積上げ計算を適用するためには、仕入税額についても積上げ計算とするシステムとオペレーションが必要になります。

397

② 積上げ計算ができない場合

　売上税額・仕入税額の両方について積上げ計算とするシステムとオペレーションが整わない場合は、インボイスに記載する消費税額の計算方法を見直すことも必要です。インボイスに記載する消費税額の端数処理を四捨五入又は切上げとすれば、売上税額が膨らむことを回避することができ、仕入税額には、事務負担が少なく端数処理が有利な割戻し計算とすることができます。

　納付すべき税額の負担は、相当に軽減されると考えられます。

インボイスに記載する消費税額等の計算方法	納付すべき税額の有利な計算方法	
	売上税額	仕入税額
切捨て	積上げ計算	積上げ計算
四捨五入・切上げ	割戻し計算	割戻し計算

　日本商工会議所の令和4年9月のヒアリング調査[※1]では、BtoCの課税事業者における販売時の消費税の端数処理は、切捨てが50.9%、四捨五入が34.6%、切上げが6.3%となっています。前回調査[※2]では、切捨てが51.8%、四捨五入が32.3%、切上げが3.8%となっており、わずかながら四捨五入と切上げが増える傾向にあるようです。

[※1]　「『消費税インボイス制度』と『バックオフィス業務のデジタル化』等に関する実態調査結果」（2022年9月8日、日本・東京商工会議所）10頁。
[※2]　「『消費税インボイス制度』と『バックオフィス業務のデジタル化』等に関する実態調査結果」（2021年11月10日、日本商工会議所）9頁。

誤りやすい事例　　仕入税額：兼業の場合の割戻し計算の制限

　小売業と卸売業を営んでいます。小売業の売上税額は積上げ計算、卸売業の売上税額は割戻し計算とした場合、卸売業の仕入税額に割戻し計算を適用することはできますか。

解説

　売上税額の計算は、割戻し計算と積上げ計算を併用することが認められます。併用は、売上税額の計算につき積上げ計算を適用した場合に当たるため、仕入税額の計算方法に割戻し計算を適用することはできません（消基通15−2−1の2）。

　ご質問では、小売業の売上税額に積上げ計算を適用しているので、卸売業も含めた全ての仕入税額について積上げ計算としなければなりません。なお、所定の要件を満たす場合は、2割特例又は簡易課税制度の適用が可能です。

第8章 課税標準額に対する消費税額

誤りやすい事例　仕入税額：財務会計システムによる帳簿積上げ計算

財務会計システムを利用しています。帳簿積上げ計算は、具体的にどうすればいいのですか。

解説

① 税抜経理方式である場合

税抜経理方式による場合、通常、税込みの支払額を仕訳入力し、システムに税抜処理を指示することになります。

したがって、仕訳ごとに税抜処理を行うように指示しておけば、課税仕入れの都度、仕訳入力を行うことによって、課税仕入れの都度、帳簿に仮払消費税額等を計上することができます。

課税仕入れの都度、仕訳入力を行う		仕訳ごとの税抜処理で、課税仕入れの都度、仮払消費税額等を計上することになる

② 税込経理方式である場合

区分記載請求書等保存方式においては、課税仕入れに係る消費税額の積上げ計算は、税抜経理を条件として認められていました（平16.2課消1－8⑭）。

インボイス制度における帳簿積上げ計算は、消費税法施行令46条2項に規定されていますが、ここに税抜経理方式を要件とする文言はありません。「課税仕入れに係る支払対価の額に110分の10を乗じて算出した金額を帳簿に記載している場合」には、帳簿積上げ計算ができるものとされています。

財務会計システムの多くは、税込経理であっても、税込で入力した仕訳につきその金額に含まれる消費税額等を算出し、帳簿に記録する機能を持っています。

　　　　○月○日　消耗品費／現金　55,000円（消費税等5,000円）

この場合、（　）書きの消費税額等を集計する機能を付加すれば、その（　）書きの金額の計算につき切捨て、四捨五入の端数処理を行う限り、財務諸表の表示は税込みであっても、仕入税額の帳簿積上げ計算が可能になると考えられます。

誤りやすい事例　仕入税額：帳簿積上げ計算における「課税仕入れの都度」の範囲

帳簿積上げ計算においては、仮払消費税額等は、インボイスごとに計上しなければなりませんか。

解 説

帳簿積上げ計算における「課税仕入れの都度」について、消費税法基本通達11-1-10は、次のように示しています。

> 例えば、課税仕入れに係る適格請求書その他の書類等の交付又は提供を受けた際に、これらの書類等を単位として帳簿に記載している場合のほか、課税期間の範囲内で一定の期間内に行った課税仕入れにつきまとめて交付又は提供を受けた適格請求書その他の書類等を単位として帳簿に記載している場合がこれに含まれる。

この通達によれば、インボイスごとに消費税額等を計算して積上げなければならないように見えますが、国税庁のインボイスＱ＆Ａには、次のように示されています（インボイスＱ＆Ａ問123）。

> 帳簿積上げ計算において計上する仮払消費税額等については、受領した適格請求書ではない納品書又は請求書を単位として計上することや継続的に買手の支払基準といった合理的な基準による単位により計上することでも差し支えありません。

したがって、次のような計算が可能です。

①　納品書がインボイスである場合

例えば、納品書がインボイスである場合において、キャッシュアウトする月次請求書の合計金額によって仕入れを計上することは、「課税仕入れの都度」計上するものとして認められます。

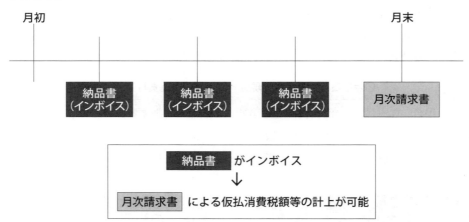

②　月次請求書がインボイスである場合

例えば、月次請求書がインボイスである場合において、商品管理のために納品書ごとに仕入れを計上することや部門別管理のために各部門の配賦額ごとに仕入れを計上することは、「課税仕入れの都度」計上するものとして認められます。

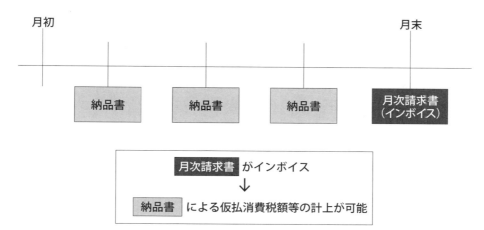

> 月次請求書 がインボイス
> ↓
> 納品書 による仮払消費税額等の計上が可能

誤りやすい事例　仕入税額：帳簿積上げ計算における仮払消費税額等の端数処理

帳簿積上げ計算において、仮払消費税額等の1円未満の端数を切り上げることはできますか。

解説

帳簿積上げ計算は、課税仕入れに係る支払対価の額に110分の10（軽減税率は108分の8）を乗じて算出した金額です。この金額に1円未満の端数が生じたときは、端数を切捨て又は四捨五入します（消令46②）。切上げとすることはできません。

誤りやすい事例　仕入税額：積上げ計算への変更の時期

仕入税額の割戻し計算と積上げ計算とは併用することができないそうですが、令和5年10月1日が属する課税期間はどうすればいいのですか。

解説

課税期間が令和5年10月1日を跨いだ場合、税額計算の方法は、令和5年9月30日までと10月1日以後とに分けて考えます。9月30日までは区分記載請求書等保存方式の割戻し計算とし、10月1日以後はインボイス制度における積上げ計算とすることができます。この場合、届出書の提出といった手続はありません。

また、制度開始後は、課税期間ごとに分けて考えます。当課税期間に適用した計算方法を翌課税期間にも継続して適用しなければならないといったルールはありません。

| 誤りやすい事例 | **仕入税額：決算を跨ぐ期間の合計額が記載された　インボイスを受領した場合の積上げ計算** |

３月末決算法人が、決算を跨ぐ３月21日〜４月20日の月まとめのインボイスを受領した場合、仕入税額の積上げ計算はどうなりますか。

解 説

① 請求書等積上げ計算

当課税期間と翌課税期間を跨ぐ期間の消費税額等の合計額が記載されているインボイスの交付を受けた場合において、仕入税額の請求書等積上げ計算をするときは、その記載されている消費税額等を基に、当課税期間と翌課税期間のそれぞれの期間の取引に係る消費税額を算出します。

② 請求書等積上げ計算と帳簿積上げ計算の併用

請求書等積上げ計算と帳簿積上げ計算とは併用することが認められます。したがって、原則として請求書等積上げ計算を適用している場合であっても、課税期間を跨ぐインボイスについて、課税仕入れの都度、課税仕入れに係る支払対価の額に110の10（軽減税率は108分の８）を乗じて算出した金額（１円未満の端数は切捨て又は四捨五入）を仮払消費税額等として計上した金額を基礎とする帳簿積上げ計算によることができます（消令46②）。

なお、仕入税額の計算に当たり、積上げ計算と割戻し計算を併用することは認められません（消基通11－１－９）。

| 誤りやすい事例 | **仕入税額：免税事業者からの課税仕入れに係る　経過措置を適用する場合** |

免税事業者からの課税仕入れについて経過措置の適用を受ける場合、具体的な計算はどうなりますか。

解 説

① 仕入税額について「積上げ計算」を適用している場合

経過措置の適用を受ける課税仕入れごとに、その課税仕入れに係る支払対価の額に110分の7.8（軽減税率は108分の6.24）を乗じて算出した金額に80％（令和８年10月１日から令和11年９月30日までは50％）を乗じて算出します（１円未満の端数は切捨て又は四捨五入）（平30改令附22①一、23①一）。

第8章 課税標準額に対する消費税額

【令和8年9月30日までの標準税率の課税仕入れ：積上げ計算】

経過措置対象の課税仕入れに係る支払対価の額 × $\dfrac{7.8}{110}$ × $\dfrac{80}{100}$ = 経過措置対象の課税仕入れに係る消費税額（切捨て又は四捨五入）

上記の合計額 = その課税期間の経過措置対象の課税仕入れに係る消費税額

ただし、課税仕入れの都度、経過措置対象分（消費税額等相当額の100分の80）の仮払消費税額等を算出し端数処理（切捨て又は四捨五入）を行っていれば、その金額の合計額に100分の78を乗じて算出（切捨て）することもできます。

経過措置対象の課税仕入れに係る支払対価の額 × $\dfrac{10}{110} \times \dfrac{80}{100}$（切捨て又は四捨五入）

課税仕入れの都度算出した仮払消費税額等の合計額 × $\dfrac{78}{100}$ = その課税期間の経過措置対象の課税仕入れに係る消費税額（切捨て）

② 仕入税額について「割戻し計算」を適用している場合

課税期間中に行った経過措置の適用を受ける課税仕入れに係る支払対価の額の合計金額に110分の7.8（軽減税率は108分の6.24）を乗じて算出した金額に80％（令和8年10月1日から令和11年9月30日までは50％）を乗じて算出します（平30改令附22①二、23①二）。

【令和8年9月30日までの標準税率の課税仕入れ：割戻し計算】

その課税期間中の経過措置対象の課税仕入れに係る支払対価の額の合計額 × $\dfrac{7.8}{110}$ × $\dfrac{80}{100}$ = その課税期間の経過措置対象の課税仕入れに係る消費税額（切捨て又は四捨五入）

第9章

仕入税額控除

> 本章は、国外事業者から「電気通信利用役務の提供」を受けた場合を除いて記述しています。
> 　国外事業者から「電気通信利用役務の提供」を受けた場合の仕入税額控除については、**第3章第2節**「国境を越えた役務の提供に係る課税の特例」を参照してください。

第1節　仕入税額控除とは

(1)　3つの税額控除

消費税には次の3つの税額控除があります。

①　仕入れに係る消費税額の控除（仕入税額控除）

②　売上対価の返還等に係る消費税額の控除（売上返還税額控除）

③　貸倒れに係る消費税額の控除（貸倒れの税額控除）

このうち、①の仕入税額控除は、税の累積を排除するため取引の前段階において課せられた税額を控除するものであり、残る2つは、売上げに係る消費税額を修正するものです。

(2)　仕入税額控除の趣旨

消費税の課税の対象は資産の譲渡等とされており、税率を直接適用する消費税の課税標準は、その課税期間における課税売上高とされています。

消費税は、対消費者取引だけに限らず事業者間取引をも課税の対象としており、1つの商品が消費者に届けられるまでには、流通の各段階で幾重にも消費税が課税されることになります。

そこで、課税資産の譲渡等の前段階において課税された消費税、すなわち、課税仕入れの対価の額に含まれる消費税額及び課税貨物を輸入する際に税関に納付した消費税額は、売上げの消費税額から控除し、税の累積を排除します。

仕入税額控除は、取引のたびに課税される消費税が累積することを避け、前段階で課税された消費税を排除するために設けられた前段階税額控除の手続です。

したがって、仕入税額控除は、他の税においてみられるような一定の納税者に対する優遇や

特典として存在する税額控除とはその位置づけが異なります。売上げに係る消費税額と仕入れに係る消費税額のいずれもが正しく把握されてこそ、その事業者が納付すべき適正な税の算定が可能となります。

　日本の消費税制度は、単一税率であり、かつ、非課税対象が限定的であること等を踏まえ、長く請求書等保存方式が採用されてきましたが、軽減税率の導入に伴い、令和5年10月1日から適格請求書等保存方式（インボイス制度）となりました。

　複数税率制度の下で前段階税額控除の仕組みを適正に機能させるためには、欧州諸国の付加価値税制度において広く採用されているインボイス制度が必要であると判断されたのです。インボイス制度は、売手における適用税率の認識と買手における適用税率の認識を一致させるために、売手に必要な情報を記載したインボイスの発行を義務付け、インボイスの保存を仕入税額控除の適用要件とするものです。インボイスに記載した税率の適正性は、交付した事業者自らが申告することによって担保されると考えられることから、インボイスはインボイス発行事業者の登録をした課税事業者でなければ交付することができず、免税事業者からの仕入れは、仕入税額控除の対象となりません。

　インボイス制度における仕入税額控除の要件については、**第2章第8節**「仕入税額控除の要件」（154頁）を参照してください。

第2節　控除対象仕入税額の計算方法

(1)　控除対象仕入税額の計算方法

　課税仕入れ等の税額のうち、その課税期間の課税標準額に対する消費税額から控除することができる税額を「控除対象仕入税額」といいます。

　控除対象仕入税額は、①全額控除、②一括比例配分方式、③個別対応方式、④簡易課税の4つの方法のいずれかにより計算することとなります。

控除税額の計算方法		課税仕入れ等		
		課税売上対応分	非課税売上対応分	共通対応分
一般課税	全額控除 （408頁）	課税仕入れ等の税額の全額を控除する		
	一括比例配分方式 （427頁）	課税仕入れ等の税額に課税売上割合を乗じた金額を控除する		
	個別対応方式 （411頁）	課税売上対応分の税額は全て控除する	非課税売上対応分の税額は控除しない	共通対応分の税額に課税売上割合を乗じた金額を控除する
簡易課税　（527頁）		売上げの消費税額にみなし仕入率を乗じた金額を控除する		

※ 簡易課税制度を適用するためには、事前の届出が必要です。
※ 個別対応方式か一括比例配分方式かは、申告のときに選択します。
※ 令和8年9月30日の属する課税期間までは、2割特例の経過措置があります（37頁参照）。

(2) 一般課税による控除対象仕入税額計算の流れ

一般課税による控除対象仕入税額の計算の流れは、次図のとおりです。

◆一般課税による控除対象仕入税額の計算の流れ◆

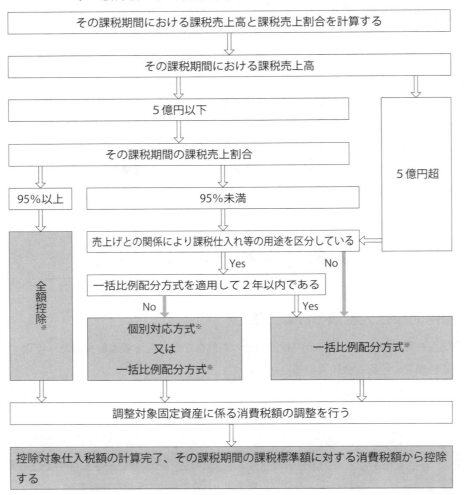

※ 前課税期間において免税事業者であった場合には期首棚卸資産について、翌課税期間に免税事業者となる場合には期末棚卸資産について、消費税額の調整を行います。

(3) 個別対応方式と一括比例配分方式との適用関係

① 更正の請求による変更

一括比例配分方式により控除対象仕入税額を計算して確定申告を行った後に、更正の請求に

より個別対応方式に変更することはできません。

　国税通則法23条は、「当該申告書に記載した課税標準等若しくは税額等の計算が国税に関する法律の規定に従っていなかったこと又は当該計算に誤りがあったことにより、当該申告書の提出により納付すべき税額が過大であるとき」は、法定申告期限から5年間、更正の請求をすることができるものとしています。

　課税仕入れ等につき、売上げとの対応関係を正しく区分して経理している事業者は、個別対応方式によることも一括比例配分方式によることも認められ、いずれの計算によっても正しい控除対象仕入税額の計算となります。

　一括比例配分方式による計算は、「税額等の計算が国税に関する法律の規定に従っていなかったこと」にも、「計算に誤りがあったこと」にも該当しないため、更正の請求の対象とはなりません。

　個別対応方式から一括比例配分方式への変更についても同様です。

② 修正申告による変更

　確定申告において個別対応方式を適用していたものを修正申告書において一括比例配分方式に変更することはできません。

　また、確定申告において一括比例配分方式を適用していたものを修正申告書において個別対応方式に変更することはできません（消基通15－2－7）。

　例えば、当初申告において一括比例配分方式を適用していた事業者が、非課税売上げを課税売上げと誤認していたことに気がついて、正しい課否判定に基づいて計算したところ、課税売上割合が小さくなったために、控除対象仕入税額の減少額が課税標準額に対する消費税額の減少額を上回り、修正申告の必要が生じるという場合があります。このとき、修正に係る増差税額をより少なくするために、控除対象仕入税額の計算方法を個別対応方式に変更する、ということは認められません。

③ 中間申告との関係

　中間申告で一括比例配分方式を適用したときであっても、一括比例配分方式に係る2年間の継続適用の規定が適用される場合を除き、確定申告においては、個別対応方式を適用することができます（消基通15－1－7）。

　また、その課税期間について一括比例配分方式を継続適用しなければならない場合であっても、その課税期間に係る中間申告においては、個別対応方式を適用することができます。

④ 全額控除との関係

　確定申告において全額控除を適用した場合において、課税売上高が5億円を超えること又は課税売上割合が95％未満であることが判明し修正申告を行うときは、修正申告においていずれかの方式を選択することになります。

第3節 全額控除

全額控除とは

全額控除とは、国内において行った課税仕入れに係る消費税額及び保税地域からの課税貨物の引取りに係る消費税額の全額を控除対象仕入税額とする計算方法です（消法30①）。

(1) 課税仕入れに係る消費税額

国内において行った課税仕入れに係る消費税額の計算は、「その課税仕入れに係る適格請求書（インボイス）又は適格簡易請求書（簡易インボイス）の記載事項を基礎とする計算」（以下「請求書等積上げ計算」といいます。）によるものとされています（消法30①、消令46①）。

また、課税仕入れの都度、帳簿に計上した仮払消費税額等を積算する「帳簿積上げ計算」によることもできます（消令46②）。

ただし、これらの計算によらなければならないのは、売上税額に積上げ計算を適用する場合に限られています。売上税額の「積上げ計算」は、少額の売上げを大量に繰り返す小売業等において、顧客から受領する消費税額等の1円未満の端数を切り捨てている場合を想定した計算方法であり、多くの事業者においては、その課税期間中の課税仕入れに係る支払対価の額の合計額を基礎とする「割戻し計算」を適用することができます（消令46③）。

仕入税額の積上げ計算については、**第8章第2節❶**「仕入税額の計算方法」を参照してください。

(2) 課税仕入れ等の税額

国内において行った課税仕入れに係る消費税額は、割戻し計算においては、その課税期間中に国内において行った課税仕入れに係る支払対価の額の合計額に$\frac{7.8}{110}$を乗じて算出します。

また、保税地域からの課税貨物の引取りに係る消費税額とは、その課税期間における保税地域からの引取りに係る課税貨物につき課された又は課されるべき消費税額をいいます。

課税仕入れ等の税額	=	その課税期間中に国内において行った課税仕入れに係る支払対価の額の合計額 × $\frac{7.8}{110}$ + その課税期間における保税地域からの引取りに係る課税貨物につき課された又は課されるべき消費税額

※ 保税地域からの引取りに係る消費税額の控除については、**第21章第6節**「輸入に係る消費税額の仕入税額控除」を参照。

上記の$\frac{7.8}{110}$の割合は、令和元年10月1日以後に行った標準税率が適用される課税仕入れに係るものです。

その課税期間において異なる税率（旧税率又は軽減税率）が適用される課税仕入れを行っている場合には、その税率の異なるごとに課税仕入れ等に係る税額を計算します。

〈計算例〉

① 標準税率10%を適用した国内課税仕入れの支払対価の額　550,000,000円

② 軽減税率8%を適用した国内課税仕入れの支払対価の額　108,000,000円

① 標準税率10%を適用した国内課税仕入れに係る計算	② 軽減税率8%を適用した国内課税仕入れに係る計算
550,000,000円×$\frac{7.8}{110}$＝39,000,000円	108,000,000円×$\frac{6.24}{108}$＝6,240,000円
この課税期間の国内課税仕入れに係る消費税額 39,000,000円＋6,240,000円＝45,240,000円	
（地方消費税は別に計算します。）	

2 全額控除の要件

全額控除は、その課税期間の課税売上割合が95%以上であること及びその課税期間における課税売上高が5億円以下であることが適用の要件です（消法30②）。これを一般に、「95%ルール」といいます。

全額控除の要件
〈次のいずれにも該当すること〉 ・その課税期間における課税売上高が5億円以下 ・その課税期間における課税売上割合が95%以上

(1) 課税売上割合による判定

課税資産の販売のみを行う事業者においては、非課税売上げは、預金の預け入れ等による受取利息のみである場合が多いと考えられます。預金利息等を得るために直接要する課税仕入れ等はないのが通常であり、課税売上割合が95%以上である場合、すなわち非課税売上高が5%以下である場合には、課税入れ等の全額を控除しても、納税額の大きな圧縮にはつながらないと考えられます。そこで、わずかな非課税売上げのために控除対象仕入税額の計算が複雑になることを避けるため、課税売上割合による判定を基礎としています。

(2) 5億円基準

しかし、課税売上高が多額となる大企業等においては、この5%以下という枠も相対的に大

きくなり、金融取引以外の非課税売上げがあっても、それに要する課税仕入れ等の税額が控除の対象となってしまいます。

　こうしたことから、その課税期間における課税売上高が5億円を超える事業者については、95％ルールを適用することができないものとされています。

　その課税期間における課税売上高は、その課税期間中に国内において行った課税資産の譲渡等の対価の額（税抜き）の合計額から、その課税期間における売上げに係る対価の返還等の金額（税抜き）の金額の合計額を控除して計算します（消法30⑥）。

　その課税期間が1年に満たない場合には、12か月相当額に換算して、5億円を超えているかどうかを判定します。この場合、月数は、暦に従って計算し、1か月に満たない端数は1か月とします。

　これは、基準期間における課税売上高の計算方法と同じです（消基通11－5－10）。

区　分	その課税期間における課税売上高
課税期間が1年である場合	税抜き課税売上高　＋　免税売上高 （税抜き対価の返還等の金額※を控除）
課税期間が1年未満である場合	上記により計算した金額　×　$\dfrac{12}{課税期間の月数}$ （月数は暦により、1か月未満は1か月とする）

※　その対価の返還等に係る課税資産の譲渡等を行った課税期間において免税事業者であった場合には、税込みとします。

※　設立第1期の月数

　法人を月の末日に設立した場合の月数については注意が必要です。

　期間の計算について、国税通則法は、「月又は年の始めから期間を起算しないときは、その期間は、最後の月又は年においてその起算日に応当する日の前日に満了する。ただし、最後の月にその応当する日がないときは、その月の末日に満了する」（通法10①三）と定めています。この規定は、月数をかぞえるための規定ではありませんが、月数はこの規定に準じて計算するものと解されています。

　したがって、例えば、3月31日決算の法人を1月31日に設立した場合、1月31日の応当日の前日を見ていくと、2月28日、3月30日となり、余った3月31日は1日で1つの月とみなされ、1月31日から3月31日までの月数は、3ということになります。

　また、4月30日決算の法人を1月31日に設立した場合、1月31日の応当日の前日を見ていくと、2月28日、3月30日、4月30日となり、余りはありません。1月31日から4月30日までの月数は、3ということになります。

第4節 個別対応方式

　個別対応方式は、課税売上高が5億円を超える場合又は課税売上割合が95％未満である場合の控除対象仕入税額の計算方法です（消法30②一）。

◆個別対応方式による控除対象仕入税額◆

① 課税資産の譲渡等にのみ要する課税仕入れ等（課税売上対応分）の税額は全て控除する。
② 非課税資産の譲渡等にのみ要する課税仕入れ等（非課税売上対応分）の税額は控除しない。
③ 課税資産の譲渡等と非課税資産の譲渡等に共通して要する課税仕入れ等は、その税額に課税売上割合又は税務署長の承認を受けた課税売上割合に準ずる割合を乗じて計算した金額を控除する。
　なお、共通対応分の課税仕入れ等は、合理的な基準により、課税売上対応分又は非課税売上対応分に区分することができる。

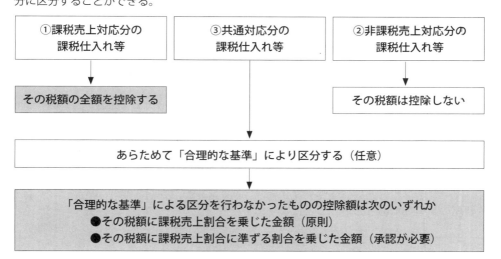

1　個別対応方式を適用するための要件

　個別対応方式を採用するためには、その課税期間において行った個々の課税仕入れ等の全てについて、必ず、課税売上対応分、非課税売上対応分、共通対応分の3つに区分しておく必要があります。例えば、課税売上対応分だけを区分しておいて、残りを共通対応分とする区分方法などは認められません（消基通11－2－18）。

　また、一括比例配分方式については2年間継続適用の義務があるため、新たに一括比例配分方式を採用した課税期間の翌年においては、個別対応方式を適用することはできません（消法30⑤）。

2 用途区分

(1) 課税資産の譲渡等にのみ要するもの

「課税資産の譲渡等にのみ要するもの」とは、「直接、間接を問わず、また、実際に使用する時期を問わず、その対価の額が最終的に課税資産の譲渡等のコストに入るような課税仕入れ等だけをいうと解される。」と説明されています（さいたま地裁平成25年6月26日判決）。

次のようなものは、課税資産の譲渡等にのみ要する課税仕入れ等（課税売上対応分）となります（消基通11-2-10〜14）。

◆課税売上対応分の具体例◆

- そのまま他に譲渡される課税資産
- 輸出、国外での販売のための課税資産
- 課税資産の製造用材料、外注加工費、容器、包装紙等
- 課税資産の保管倉庫料、運搬費、広告費等
- 課税資産の試供品、試作品

「課税資産の譲渡等」とは、「資産の譲渡等」のうち、国内取引の非課税とされるもの以外のものと定義されています（消法2①九）。

非課税は、消費税法6条に、国内において行う資産の譲渡等について定められており、国外において行う資産の譲渡等には非課税の考え方はなく、国外における資産の譲渡等はその全てが課税資産の譲渡等であるということになります。

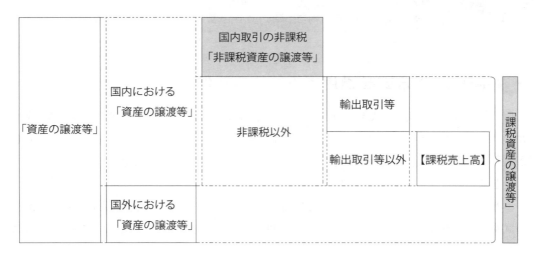

輸出免税の適用を受ける売上げのための課税仕入れ等や国外において行う売上げのための課税仕入れ等は、いずれも、課税売上対応分に該当します（消基通11-2-11）。

(2)　非課税資産の譲渡等にのみ要するもの

　次のようなものは、非課税資産の譲渡等にのみ要する課税仕入れ等（非課税売上対応分）となります（消基通11－2－15）。

◆非課税売上対応分の具体例◆

- 更地のまま販売する土地の造成費用
- 更地のまま販売する土地の売買に係る仲介手数料
- 賃貸住宅の建築費、入居に係る広告費
- 有価証券の売買手数料

※　賃貸住宅の建築費については、**第7節**「居住用賃貸建物に係る仕入税額控除」を参照してください。

(3)　課税資産の譲渡等と非課税資産の譲渡等に共通して要するもの

　個別対応方式の適用にあたっては、全ての課税仕入れ等について、「課税資産の譲渡等にのみ要するもの」、「非課税資産の譲渡等にのみ要するもの」及び「共通して要するもの」の3つに区分する必要があります（消法30②）。法律上、1つのものを3つに分ける場合に、その3つを直接ないし限定的に定義して齟齬を生じない例は少ないと思われます。そこにはいずれの定義にも該当しない「その他」が生じてしまうからです。そうすると、「共通して要するもの」という区分は、「課税資産の譲渡等にのみ要するもの」又は「非課税資産の譲渡等にのみ要するもの」のいずれにも該当しないものの受け皿と解するべきであり、課税売上げと非課税売上げに共通して必要であったものを探し出して入れる区分ではないということになります。つまり、課税売上対応分にも、非課税売上対応分にも該当しないものは、全て「共通して要するもの」に区分されるということです。

　次のようなものは、課税資産の譲渡等と非課税資産の譲渡等に共通して要する課税仕入れ等（共通対応分）となります（消基通11－2－16〜17）。

◆共通対応分の具体例◆

- 課税商品と非課税商品の両方に使用する原材料、包装材料等
- 通信費、水道光熱費、接待交際費等の一般管理費
- 土地建物一括譲渡に係る仲介手数料
- 株券、社債券の印刷費や手数料など、不課税取引のためのもの
- 贈与、寄附した課税資産の購入費
- 課税仕入れ等を行った課税期間の末日までに使用目的が決まっていないもの

①　不課税取引のために要する課税仕入れ等

　金銭以外の資産を贈与した場合のその贈与した資産の取得費用や損害賠償金を得るための弁

413

護士費用等のように、資産の譲渡等に該当しない取引に要する課税仕入れ等は、共通対応分となります（消基通11－2－16～17）。

② 合理的な基準による区分

　原材料、包装材料、土地建物一括譲渡の場合の仲介手数料等、共通対応分の課税仕入れ等であっても、生産実績その他の合理的な基準による区分が可能なものは、その合理的な区分によることができます（消基通11－2－19）。詳細については、❹「『課税売上割合に準ずる割合』と『合理的な基準による区分』」を参照してください。

(4)　課税仕入れ等の区分の方法

　個別対応方式の適用にあたっては、全ての課税仕入れ等について、課税売上対応分、非課税売上対応分、共通対応分の3つに区分する必要があります。ただし、その区分の具体的な方法について法令の定めはありません。

　したがって、課税仕入れ等に係る仕訳ごとに帳簿にその区分を記入する方法や、区分ごとに勘定科目や補助科目を設定して管理する方法が考えられます。また、会計帳簿とは別に、一覧表等を作成して区分する方法なども認められ、必ずしも会計帳簿に記録されている必要はありません。しかし、一般的には、会計システムを利用して区分している場合が多いと思われます。

　総勘定元帳や決算書類は、会計ソフトに取引の仕訳及び決算振替仕訳を入力し、会計ソフトの自動計算により集計して出力します。この場合、仕訳入力が正確に行われていれば、決算書類等も適正な数値を示しているものということになります。会計ソフトの多くは、消費税の申告に必要な計数の管理を行う機能を持ち、仕訳の際に必要な情報を入力すれば、消費税の申告の基礎となるデータが作成されます。したがって、決算書類等の作成と同様に、仕訳を行う際に情報が正しく入力されているかどうかが重要となります。事業の規模が大きくなると、申告時期において、膨大な量の取引の課否判定と売上げとの対応関係を一から検証することは不可能ですから、仕訳入力の際の判断に委ねられる部分はより大きくなります。

　消費税の計算に必要な情報のインプットが仕訳の入力とともに行われるものであることを踏まえ、それが正しい判断に基づいて行われたと担保することができるシステムの整備が必要です。自動仕訳や補助科目の設定、入力項目の見直し、社内共通又は部門ごとのマニュアルの作成、判断に必要な情報の管理系統の整備、担当者への研修等を通して、仕訳入力時の正確性を図ることが求められます。

　税務調査では、どのような方法により区分したのか確認するため、区分の内容を説明する資料の提示が求められるので、申告書の計数の基礎となった資料は、整理して保存しておく必要があります。

(5)　課税仕入れ等の区分の時期

　売上げとの対応関係は、課税仕入れについてはその仕入れを行った日、課税貨物については

414

その貨物を引き取った日（特例申告に係る課税貨物である場合には申告の日）の状況により判断します（消基通11－2－20）。

　仕入税額控除は、流通過程における税負担の累積を防止するため、一定の要件の下に、売上げに係る税額から仕入税額を控除する制度です。ただし、仕入れた資産が、仕入れの日の属する課税期間中に譲渡されるとは限らないため、控除額の算定においては、売上げと仕入れの期間的な対応関係を切断し、その資産の譲渡が実際に実現したか否かを考慮することなく、課税仕入れを行った日の属する課税期間において控除の対象とするものとされています（消法30①）。

　このような制度の趣旨にかんがみると、個別対応方式による場合の用途区分は、課税仕入れを行った日の状況等に基づき、その課税仕入れをした事業者が有する目的、意図等諸般の事情を勘案し、事業者において行う将来の多様な取引のうちどのような取引に要するものであるのかを客観的に判断すべきものであるといえます。したがって、課税仕入れ等の用途区分は、仕入れの日の状況によるのであり、その判断は、その後に状況の変化や用途の変更があっても影響を受けません（ただし、調整対象固定資産の用途を変更した場合には、変更を行った課税期間において控除対象仕入税額の調整が必要となる場合があります。）。

　実務的には、用途を変更した場合には、仕入れの日の状況を説明する資料を整理しておくことが肝要です。事実として存在する用途が計算の基礎となった仕入れの日の用途と異なり、その仕入れの日の用途を説明する資料がないという場合には、税務調査において疑義が呈される可能性が高くなります。

　なお、課税仕入れを行った日又は課税貨物を引き取った日において、その区分が明らかにされていない場合で、その日の属する課税期間の末日までに、その区分が明らかにされたときは、その明らかにされた区分によって個別対応方式を適用することとして差し支えないものとされています（消基通11－2－20）。

⑹　非課税売上げが預金利息のみである場合

　非課税売上高が預金利息のみである場合、預金の預入れについては、それに直接要する費用はないのが通例であり、非課税売上対応分は生じません。

　しかし、その場合であっても、その事業者において生じる全ての課税仕入れ等が課税売上対応分となるわけではありません。例えば、経理部門や会社全体の業務を行う総務部門は、法人全体の業務に関与しており、法人全体に奉仕するものです。したがって、棚卸資産の譲渡のためだけに存在しているとはいえず、会社に生じる全ての収入に関係しています。

　預金利息等があるかないかによって、事業者に生じる管理費等の額が変動するわけではありませんが、預金利息が生じている以上、会社全体の業務を行う部門において生じる家賃や管理費等は、共通対応分となります。

　これによらず、課税仕入れ等の全てを課税資産の譲渡等にのみ要するものとした場合には、結局、課税仕入れ等についての区分をしていないということにもなりかねません。課税仕入れ

等の区分をしていない場合には、個別対応方式による計算はできないので注意が必要です。

(7) 店舗等において預金管理を行っている場合

　課税資産である商品の譲渡等のみを行う支店や店舗において、小口現金や売上金の保管のために、店舗専用の預金口座を開設している例はよく見られます。この場合、課税資産の譲渡等のみを行う店舗であるにもかかわらず、その預金口座に生じるわずかな預金利息のために、店舗における管理費等の全てが共通対応分となるのではないかとの疑問が生じます。

　しかし、店舗がその預金口座を利用していたとしても、それは法人そのものの預金口座であり、そこに生じる預金利息は、店舗に直接帰属するものではなく、法人そのものに帰属するものと考えるべきです。

　したがって、店舗が使用する預金口座があっても、その預金口座を法人として管理する本社等が別にあり、店舗においては商品の販売のみを行っているのであれば、その店舗において生じる管理費は課税売上対応分と考えて問題はありません。

誤りやすい事例　土地取得のための費用

　当社は、X土地を1億円、隣接するY土地を4,000万円、X土地の上に存するZ建物を1,000万円で取得し、取得直後にZ建物を取り壊し（取壊し費用800万円）、Y土地の造成（造成費用1,500万円）を行いました。予定では、X土地及びY土地とをあわせて区画整理し、戸建て住宅を建設して販売することとしています。

　Z建物は、当社にとっては不要の物であり、購入対価からその取壊し費用を差し引いてほしいところですが、地主との交渉の結果、Z建物についても、1,000万円の対価で購入することになりました。

　法人税においては、取壊し予定の建物の取得の対価及びその取壊し費用、土地の造成費用は、いずれも土地の取得価額に算入され、費用が発生した事業年度の損金の額に算入することができません。消費税において、これら費用は、どのように取り扱えばいいのでしょうか。

解 説

　まずこれらの費用が、課税仕入れの支払対価に該当するかどうかですが、建物の取得は、たとえ取り壊す予定で購入したものであっても課税仕入れになります。また、建物の取壊し費用及び土地の造成費用は、取壊し又は造成工事という役務の提供の対価ですから、課税仕入れとなります。

　次に、これら課税仕入れの用途区分について考えてみます。

第9章　仕入税額控除

　土地を取得する目的で1年以内に取り壊す予定で取得した建物の取得に係る費用やその取壊し費用、土地の造成費用は、法人税法上、土地の取得費に含まれることになっており、土地の取得という非課税仕入れに付随する費用です。ただし、課税仕入れ等の区分は、あくまで売上げとの対応関係により、課税資産の譲渡等にのみ要するもの、非課税資産の譲渡等にのみ要するもの、共通して要するものの3つに区分するものですから、土地の取得ではなく、その土地によって得られる売上げは何であるかによって判断すること こなります。

　事例の場合には、建物を建設し、土地と建物を一括して販売する予定とのことですので、これらの費用は、共通して要するものに区分します。

　課税仕入れ等の用途は、使用目的に応じて、次の表のように整理することができます。

◆取壊し予定の建物取得費・土地の造成費用等の区分◆

土地の使用目的		売上げとの対応関係		
		課税用	非課税用	共通用
自社で使用する建物を建設する場合	課税売上げ業務のみを行う事業場	○		
	非課税売上げ業務のみを行う事業場		○	
	課税・非課税売上げの双方の業務を行う事業場※			○
社宅を建設する場合	家賃を徴収する		○	
	家賃を徴収しない			○
賃貸用ビルを建設する場合	事務所ビル（住宅でない）の建設をする場合	○		
	マンション（住宅）の建設をする場合		○	
	住宅と住宅以外の両方の賃貸をする場合※			○
土地付きで売却する建物を建設する場合				○
更地で売却する場合			○	
課税仕入れ等の課税期間の末日までに使用目的が決まらない場合				○

※　床面積等の合理的な基準により、区分することも可能です（消基通11−2−19）。

　なお、販売する建物の建築費は、建物の販売に直接対応しているので、課税売上対応分となります。

417

◆建物建築費・修繕費の区分◆

建物建築費・修繕費の区分	売上げとの対応関係
売却目的の建物	課税用
売却目的以外の建物	土地の造成費用と同様に区分

※　居住用賃貸建物に係る課税仕入れは、仕入税額控除の対象となりません（第7節参照）。
【参考】消法2①十二、6①、30①②、別表第二第一号、消基通11－2－19、法基通7－3－5、7－3
　　　　－6

誤りやすい事例　　仲介手数料

　当社は、土地建物を一括購入し、これを転売しました。購入及び売却に係る仲介手数料の取扱いを教えてください。

解　説

① 　購入に係る仲介手数料

　土地建物一括購入に係る手数料は、仲介に係る役務の提供を受けたことに対する対価であり、課税仕入れ等の支払対価となります。転売目的で土地建物を購入した場合は、土地の売却と建物の売却との両方に対応するので、共通対応分に区分します。

　購入に係る仲介手数料については、消費税法基本通達11－2－19に従って、合理的な基準により課税売上対応分と非課税売上対応分とに区分できるかどうかが問題となります。共通対応分の課税仕入れ等を区分する合理的な基準は、実現している事象の数値を拠りどころとしていることが求められます（❹「『課税売上割合に準ずる割合』と『合理的な基準による区分』」参照）。

　したがって、購入に係る仲介手数料については、その課税期間において転売が実現していない場合には、「合理的な基準による区分」を行うことは難しいと考えられます。

　なお、転売目的以外の場合には、土地の造成費用に準じた取扱いとなるため、前事例の表を参照してください。

② 　売却に係る仲介手数料

　土地建物一括売却に係る仲介手数料は、土地の売却と建物の売却との両方に対応するので、共通対応分に区分します。ただし、土地と建物の売却価額の比により両者を区分することも可能です。

【参考】消法2①十二、6①、30①②、別表第二第一号、消基通6－1－6、11－2－19

第9章 仕入税額控除

③ 課税売上割合に準ずる割合

　個別対応方式では、課税資産の譲渡等と非課税資産の譲渡等とに共通して要する課税仕入れ等については、課税売上割合によってその控除額を計算します。

　課税売上割合は、その課税期間に実現した課税売上高と非課税売上高の比として計算されるのであり、必ずしも共通対応分に区分された課税仕入れ等の実態を反映したものであるとはいえません。

　そこで、個別対応方式による控除対象仕入税額の計算に当たっては、その課税仕入れ等の性質に応じて課税売上げとの関連を合理的な基準により算出した割合がある場合には、課税売上割合に代えて、その合理的な割合により計算することが認められています（消法30③）。

　この場合の合理的な割合を「課税売上割合に準ずる割合」といいます。

　「課税売上割合に準ずる割合」によって計算すれば、控除対象仕入税額を適正な金額に調整することができます。

(1) 適用のための手続

　課税売上割合に準ずる割合を適用するためには、納税地を所轄する税務署に「消費税課税売上割合に準ずる割合の適用承認申請書」を提出して、承認を受けなければなりません（消法30③、消令47①）。課税売上割合に準ずる割合は、税務署長の承認を受けた日の属する課税期間から適用するものとされています（消法30③）。

　税務署長は、申請書の提出があった場合には、遅滞なく、これを審査し、承認又は却下するものとされています（消令47②）。ただし、承認の審査には一定の時間を要し、また、みなし承認の制度もないため、申請書は余裕をもって提出する必要があります。そのため、従来は、課税期間の末日の間際に課税売上割合に準ずる割合を適用するべきものと判断した場合には、対応することができませんでした。

　そこで、令和3年度税制改正においては、課税売上割合に準ずる割合を適用しようとする課税期間の末日までに申請書の提出があった場合において、同日の翌日から同日以後1か月を経過する日までの間に承認があったときは、その適用しようとする課税期間の末日においてその承認があったものとみなすこととされました（消令47⑥）。

　この改正は、令和3年4月1日以後に終了する課税期間について適用されています。

令和3年3月31日までに終了する課税期間	●承認を受けた日の属する課税期間から適用
令和3年4月1日以後に終了する課税期間	●承認を受けた日の属する課税期間から適用 ●適用しようとする課税期間の末日までに申請書を提出し、その末日の翌日以後1か月以内に承認を受けた場合には、申請書を提出した課税期間から適用

419

なお、改正後においても、1か月以内に承認することを約束するものではないことに留意する必要があります。申請書はできるだけ余裕をもって提出し、その割合が合理的なものであることを説明する資料を準備しておくべきでしょう。

(2)　承認後は強制適用

「課税売上割合に準ずる割合」の適用申請をして所轄税務署長の承認を受けた場合には、たとえ課税売上割合によって計算したほうが有利になるときでも、必ず「課税売上割合に準ずる割合」によって計算しなければなりません。

(3)　適用を止めるための手続

「課税売上割合に準ずる割合」は、不適用届出書を提出すれば、提出した課税期間からその適用がなくなります（消法30③）。取りやめは、申請ではなく届出なので、税務署長の承認は必要ありません。

また、簡易課税制度や課税事業者選択の制度のように2年間継続適用を強制されることはなく、1年でやめることができます。

(4)　全額控除の適用の判定は課税売上割合

「課税売上割合に準ずる割合」の承認を受けたとしても、その課税期間における課税売上高が5億円以下である場合に、課税仕入れ等の税額の全額を控除することができる95％以上であるかどうかの判定は、課税売上割合によります（消基通11－5－9）。

(5)　適用単位と算出方法

「課税売上割合に準ずる割合」は、その業務に就いている使用人の数や消費又は使用する資産の価額などの合理的な基準により算出します（消基通11－5－7）。

また、その適用は、その事業者が行う事業の全てに同一の割合を適用する必要はなく、事業の種類、事業場の単位などの異なるごとに承認を受けて適用することができます（消基通11－5－8）。

適用単位		算出方法
事業の全部について同一の割合を適用可能		・使用人の数の割合 ・従事日数の割合 ・消費又は使用する資産の価額による割合 ・使用数量の割合 ・使用面積の割合 ・その他合理的な割合
事業の種類の異なるごと	それぞれ異なる「課税売上割合に準ずる割合」を適用可能（全てについて承認が必要）	
販売費、一般管理費その他の費用の種類の異なるごと		
事業場の単位ごと		

⑹ 具体的な割合の算定

　課税売上割合に準ずる割合の適用は、個別対応方式における共通対応分に係る仕入控除税額の計算において、その事業者における事業内容等の実態が、その課税仕入れ等のあった課税期間の課税売上割合によっては必ずしも反映されていない場合に認められるものです。

　したがって、算定した割合が、課税売上割合に準ずる割合として、その事業者における事業内容等の実態を反映したものであるかどうかについては、その事業者の営む事業の種類等により異なるものと考えられます。

　なお、従業員割合等を課税売上割合に準ずる割合として申請する場合に留意すべき点は、次のとおりです。

■ 従業員割合

【従業員割合の計算方法】

$$従業員割合 = \frac{課税資産の譲渡等にのみ従事する従業員数}{課税資産の譲渡等にのみ従事する従業員数 + 非課税資産の譲渡等にのみ従事する従業員数}$$

【留意事項】
① 割合の算定・割合の適用範囲

(ⅰ) 従業員数を課税資産の譲渡等と非課税資産の譲渡等に係る業務ごとに区分できることが前提となります。

　※ 課税資産の譲渡等及び非課税資産の譲渡等の双方の業務に従事する従業員がいる場合には、「課税資産の譲渡等にのみ従事する従業員数」を、「総従業員数−非課税資産の譲渡等のみ従事する従業員数」という方法で把握することは認められません。

(ⅱ) 計算の基礎となる従業員数は、原則として課税期間の末日の現況によります。

　※ 課税期間の末日における従業員数が課税期間における実態と異なるなど、事業の実態を反映しないものであるときは、課税期間中の各月末の平均数値によることができます。

(ⅲ) 課税資産の譲渡等及び非課税資産の譲渡等の双方の業務に従事する従業員については、原則としてこの割合の計算上、分母、分子のいずれにも含めません。

　　ただし、事務日報等により課税資産の譲渡等及び非課税資産の譲渡等の双方の業務に従事する従業員全員の従事日数が記録されていて、この記録により従業員ごとの従事日数の割合が計算できる場合には、当該従事日数の割合により当該従業員数を各業務にあん分することは認められます。

　※ 非課税資産の譲渡等にのみ従事する従業員が皆無の場合であっても、課税資産の譲渡等及び非課税資産の譲渡等の双方の業務に従事する従業員全員について、上記のただし書に規定する状況にあるときは、その従事日数の割合により、従業員割合の適用が認められます。

(ⅳ) 例えば、建設会社の海外工事部門の従業員など、国外取引にのみ従事する従業員については、この割合の計算上、分母、分子のいずれにも含めません。

(ⅴ) 法人の役員（非常勤役員を除きます。）も従業員に含めて取り扱います。また、アルバイト等についても、従業員と同等の勤務状況にある場合には、従業員に含めて取り扱います。

(ⅵ) 本店・支店ごと又は事業部門ごとにそれぞれの従業員割合を適用することは認められません。

② 適用対象となる共通対応分

共通対応分のうち、従業員数に比例して支出されると認められるものについて適用できます。

■ 事業部門ごとの割合

【事業部門ごとの課税売上割合に準ずる割合の計算方法】

$$\text{事業部門ごとの課税売上割合に準ずる割合} = \frac{\text{事業部門ごとの課税売上高}}{\text{事業部門ごとの課税売上高} + \text{事業部門ごとの非課税売上高}}$$

【留意事項】

① 割合の算定・割合の適用範囲

(ⅰ) 事業部門ごと（本店・支店ごとによる場合を含みます。）に、当該事業部門に係る課税売上高と非課税売上高を基礎として、課税売上割合と同様の方法により割合を求めます。

(ⅱ) この割合は、独立採算制の対象となっている事業部門や独立した会計単位となっている事業部門についてのみ適用が認められるものです。

(ⅲ) 総務、経理部門等の事業を行う部門以外の部門については、この割合の適用は認められません。

(ⅳ) 総務、経理部門等の共通対応分の消費税額全てを各事業部門の従業員数比率等適宜の比率により事業部門に振り分けた上で、事業部門ごとの課税売上割合に準ずる割合によりあん分する方法も認められます。

(ⅴ) 課税売上割合に準ずる割合が、本来の課税売上割合よりも低いこととなる場合であっても、その承認を受けた事業部門における課税売上割合に準ずる割合を使用します。

② 適用対象となる共通対応分

課税売上割合に準ずる割合の承認を受けた事業部門の共通対応分に係る消費税額について適用できます。

■ 床面積割合

【床面積割合の計算方法】

$$\text{床面積割合} = \frac{\text{課税資産の譲渡等に係る業務で使用する専用床面積}}{\text{課税資産の譲渡等に係る業務で使用する専用床面積} + \text{非課税資産の譲渡等に係る業務で使用する専用床面積}}$$

【留意事項】

① 割合の算定・割合の適用範囲

(ⅰ) 床面積を課税資産の譲渡等と非課税資産の譲渡等に係る業務ごとに区分できることが前提となります。

※ 課税資産の譲渡等及び非課税資産の譲渡等の双方の業務で使用する床面積がある場合には、「課税資産の譲渡等に係る業務で使用する専用床面積」を、「総床面積－非課税資産の譲渡に係る業務で使用する専用床面積」という方法で把握することは認められません。

(ⅱ) 計算の基礎となる床面積は、原則として課税期間の末日の現況によります。

第9章 仕入税額控除

　　※　課税期間の末日における床面積が課税期間における実態と異なるなど、事業の実態を反映しないものであるときは、課税期間中の各月末の平均数値等によることができます。

　(iii)　課税資産の譲渡等及び非課税資産の譲渡等の双方の業務で使用する専用床面積については、原則としてこの割合の計算上、分母、分子のいずれにも含めません。

　(iv)　本店・支店ごと又は事業部門ごとにそれぞれの床面積割合を適用することは認められます。

② 適用対象となる共通対応分

　共通対応分のうち、専用床面積に比例して支出されると認められるものについて適用できます。

■ 取引件数割合

【取引件数割合の計算方法】

$$取引件数割合 = \frac{課税資産の譲渡等に係る取引件数}{課税資産の譲渡等に係る取引件数 ＋ 非課税資産の譲渡等に係る取引件数}$$

【留意事項】

① 割合の算定・割合の適用範囲

　(i)　取引件数を課税資産の譲渡等と非課税資産の譲渡等に係る件数に区分できることが前提となります。

　(ii)　本店・支店ごと又は事業部門ごとにそれぞれの取引件数割合を適用することは認められます。

② 適用対象となる共通対応分

　共通対応分のうち、取引件数に比例して支出されると認められるものについて適用できます。

■ 土地の譲渡があった場合

【承認される割合】

　国税庁の質疑応答によれば、土地の譲渡により課税売上割合が大きく変化した場合には、次の「課税売上割合に準ずる割合」が承認されることとされています。

　過去3年間の課税売上割合が変動していないことが要件となるため、1年限りの適用を前提に承認するものであり、翌課税期間には不適用となるよう不適用の届出が求められ、不適用の届出がない場合には、その翌課税期間以後の承認を取り消す処分が行われることとされています。

区　分	「課税売上割合に準ずる割合」	備　考
次の要件を満たす場合 ① 土地の譲渡が単発で発生 ② 営業の実体に変動なし ③ 過去3年間の課税売上割合の最高・最低の差が5％以内	次のいずれか低い方の割合 ・前期以前3年間の通算課税売上割合 ・前課税期間の課税売上割合	土地を譲渡した課税期間についてのみ承認される

【承認される理由】

　「課税売上割合に準ずる割合」は、「当該割合が当該事業者の営む事業の種類又は当該事業に係る販売費、一般管理費その他の費用の種類に応じ合理的に算定されるものであること」を要

423

件としています（消法30③一）。

　通算課税売上割合や前課税期間の課税売上割合は当期の実績ではありませんが、たまたま土地の譲渡があった場合には、①事業者は土地の販売を事業としていないため、事業の種類の異なるごとの割合は採り得ない、また、②土地の譲渡がたまたま行われたものであるため、事業に係る販売費、一般管理費その他の費用の種類の異なるごとの割合も採り得ない、という事情にあります。そこで、たまたま土地を譲渡した場合には、その譲渡をした課税期間の課税売上割合よりも、前3年間の課税売上割合のほうがより事業の実体を反映したものと考えられるため、便宜的に、過去の実績により「課税売上割合に準ずる割合」を算定することとしているものです。

　なお、課税売上割合に準ずる割合によるまでもなく、消費税法基本通達11－2－19に示されるとおり、共通対応分の課税仕入れ等につき合理的な基準により課税売上対応分又は非課税売上対応分に区分することができる場合には、その区分によるものとされています。

(7)　一括比例配分方式では使用できない

　「課税売上割合に準ずる割合」によって計算することができるのは、個別対応方式の共通対応分の課税仕入れ等についての税額だけです。一括比例配分方式の計算には使用できません。

❹　「課税売上割合に準ずる割合」と「合理的な基準による区分」

　上述のとおり、消費税法30条3項は、税務署長の承認を受けた場合には、「課税売上割合に準ずる割合」により計算することができるものとしています。他方、消費税法基本通達11－2－19は、「課税資産の譲渡等とその他の資産の譲渡等に共通して要するものに該当する課税仕入れ等であっても、例えば、原材料、包装材料、倉庫料、電力料等のように生産実績その他の合理的な基準により課税資産の譲渡等にのみ要するものとその他の資産の譲渡等にのみ要するものとに区分することが可能なものについて当該合理的な基準により区分している場合には、当該区分したところにより個別対応方式を適用することとして差し支えない」（以下「合理的な基準による区分」といいます。）としています。

　両者は、いずれも、売上げとの対応関係により課税仕入れ等を区分して厳密な控除額の計算を行う事業者については、その実態に即した計算が行えるよう手当するという趣旨から、共通対応分の消費税額について、課税売上割合を用いず、「合理的」に控除できるものと控除できないものとに区分する取扱いであり、その目的や考え方に大きな差異はありません。しかし、前者は税務署長の承認を要し、後者は納税者の任意で申告書に反映させることができるという手続上の違いがあり、両者をどのように使い分けるかが問題となります。

(1)　「合理的な基準による区分」の適用範囲

　この点につき、平成24年3月26日に国税庁が公表した「『95％ルール』の適用要件の見直し

を踏まえた仕入控除税額の計算方法等に関するQ＆A（平成24年３月）」には、「合理的な基準による区分」について、次のように記載されています。

【共通対応分の合理的な基準による区分（基通11－２－19の適用範囲）】（問20）

…この場合の区分することが可能なものとは、原材料、包装材料、倉庫料、電力料のように製品の製造に直接用いられる課税仕入れ等をその適用事例の典型として示していることからも明らかなように、課税資産の譲渡等又は非課税資産の譲渡等と明確かつ直接的な対応関係があることにより、生産実績のように既に実現している事象の数値のみによって算定される割合で、その合理性が検証可能な基準により機械的に区分することが可能な課税仕入れ等をいいます。

つまり、その課税期間において実現している数値により機械的に区分することが可能であるかどうかが、「合理的な基準による区分」の適用範囲の基準となります。

上記Q＆Aには、課税製品又は非課税製品にも使われる包装紙については使用枚数等が、土地と建物を一括して譲渡した場合の仲介手数料についてはその譲渡代金の割合が、合理的な基準として示されています（上記Q＆A【具体的事例編】問４－１、４－２）。

① **使用の実績による区分**

課税仕入れ等の区分は、仕入れの日の状況で判断をする（消基通11－２－20）ので、例えば、課税資産と非課税資産とを同じ材料で製造する場合には、その材料の購入は共通対応分といわざるを得ません。しかし、使用後の状況においては、課税売上げのために使用されたか、非課税売上げのために使用されたかは、現実の投入量で明らかとなります。このような場合には、その現実の投入量で区分することは、売上高の比、すなわち課税売上割合によって計算するよりも合理的です。現実の投入量は、実現した数値であり、検証可能な基準といえるので、あらかじめ「課税売上割合に準ずる割合」の承認を受ける必要はありません。

また、医業における薬品の仕入れは共通対応分となりますが、課税期間の終了後に、現実に非課税売上げに使用したものと課税売上げに使用したものとに区分することは、「合理的な基準による区分」と認められます。調剤薬局における医薬品の課税仕入れについて、領収書控等により売上数量に仕入単価を乗じた金額を集計する方法及び領収書控により集計した売上高に期中の平均原価率を乗じる方法が合理的とされた事例（平成23年３月１日裁決）があります。

このように、その仕入れの日の状況により共通対応分となる課税仕入れ等につき、課税期間終了後の実績により、あらためて区分を試みた場合に、課税売上対応分と非課税売上対応分とに塗り替えが可能と判断されるものは、「合理的な基準による区分」といえます。

② **一の契約の内容による区分**

課税仕入れ等の区分は、個々の課税仕入れについて判断するものとされています（平成19年２月14日裁決、消基通11－２－18）。したがって、一の契約による課税仕入れ等は、その契約ごとに判断をすることとなりますが、客観的にその内容を区分することができるものもあります。例えば、上記Q＆Aに示されるとおり、土地建物を一括譲渡した場合の仲介手数料は、土地及び建物の売却収入に比例して生じる費用であり、両者の比による区分は、課税売上割合による計算

よりも合理的です。

　また、建物の建築請負契約については、通常、一棟の建築費が一の課税仕入れとなりますが、これが住宅の貸付けと住宅以外の貸付けとに供するものである場合に、平成13年12月21日裁決は、住宅としての賃貸部分と住宅以外の賃貸部分の建築単価が同等であれば、床面積による区分が合理的であるとしました（ただし、原則として建物全体が居住用賃貸建物に該当します）。

　また、建物の賃借料については、一の契約であっても、使用するフロアの面積による区分は「合理的な基準による区分」と認められると考えられます。

③　「合理的な基準による区分」の適用と撤回

　個別対応方式を適用するためには、課税仕入れ等を、①課税売上対応分、②非課税売上対応分、③共通対応分の３つに区分していればよく、共通対応分についての「合理的な基準による区分」は、事業者の任意で行うものです。

　ただし、事業者が、「合理的な基準による区分」を行って確定申告をした場合には、その基準が合理的である限りは、これを取り消すことはできないものと解されています（平成23年3月1日裁決）。

(2)　「課税売上割合に準ずる割合」の適用範囲

　「合理的な基準による区分」との関係から考えると、「課税売上割合に準ずる割合」は、その課税期間の実績ではないけれど、その事業者の実情に則した仕入控除税額の計算となると認められる割合であり、税務署長の承認を受けることを要件に適用することが認められるものであるということができます。

　例えば、医業において、保険適用と保険適用外の診療件数により区分することは、「合理的な基準による区分」ではなく、「課税売上割合に準ずる割合」として検討すべき基準と考えられます。これは、実際の使用量による割合ではありませんが、一回の診療で処方される薬品の量には自ずと限りがあり、給食費や差額室料等の医薬品の使用に関係のない売上げの影響を受ける課税売上割合によるよりも合理的である場合もあるからです。

　また、上述のように、たまたま土地を譲渡した場合には、通算課税売上割合は、当期の実績ではありませんが、たまたま土地を譲渡した当課税期間の課税売上割合よりも、前３年間の通算課税売上割合のほうが、より事業の実体を反映したものと考えられるため、認められる取扱いといえるでしょう。

| 第 9 章 | 仕入税額控除 |

第 5 節 一括比例配分方式

　一括比例配分方式は、課税売上高が5億円を超える場合又は課税売上割合が95%未満である場合の控除対象仕入税額の計算方法です（消法30②二）。

◆一括比例配分方式による控除対象仕入税額◆

売上げとの対応に関係なく、その課税期間の課税仕入れ等の税額全てにつき、課税売上割合を乗じて計算した金額を控除する。

| その課税期間の課税仕入れ等 |

↓

| 控除対象仕入税額 ＝ その税額の全額に課税売上割合を乗じた金額 |

※　課税売上割合に準ずる割合の適用はない。

(1)　用途区分している場合

　一括比例配分方式は、課税仕入れ等の用途区分ができなかった課税期間についても控除対象仕入税額の算出を可能とするための趣旨から設けられた計算方法ですが、個別対応方式を適用した場合よりも多くの控除対象仕入税額を算出する結果となる場合があります。したがって、課税仕入れ等につき、売上げとの対応関係により用途区分している場合であっても、事業者の選択により、一括比例配分方式により計算することができることとされています。

(2)　2年間の継続適用

　一括比例配分方式によって控除対象仕入税額を計算した場合には、2年間継続して適用しなければなりません（消法30⑤）。

　この規定は、簡易課税制度の選択等に係る2年間の継続適用と同様に整理されることがありますが、簡易課税制度や課税事業者の選択については、課税期間が開始する前に届出書を提出する必要があり、他方で一括比例配分方式の適用は、申告書の作成にあたって選択適用するものであるため、実質的に継続適用が強制されるのは、選択した翌課税期間のみであるといえます。

　一括比例配分方式を適用した課税期間の翌期以後に課税売上高が5億円以下で、かつ課税売上割合が95%以上となったために全額控除した場合や、免税事業者となったために申告しなかった場合には、一括比例配分方式を継続適用したことになります（消基通11-2-2）。

427

第6節　課税仕入れ

　消費税法における仕入れは、売上原価を構成する会計上の仕入れより広い概念であり、棚卸資産のほか、固定資産や消耗品等の資産の購入、資産の借受け、業務の外部委託等、事業遂行のために行う全ての資産やサービスの調達をいいます。

　また、課税仕入れとは、事業者が事業として他の者から資産を譲り受け、若しくは借り受け、又は役務の提供を受ける取引で、相手方が事業として行った場合に課税資産の譲渡等に該当するものをいいます。

　ただし、所得税の給与所得の対象となる給与等を対価とする役務の提供、輸出免税の対象となる輸出取引等は課税仕入れになりません（消法2①十二）。

　なお、居住用賃貸住宅に係る課税仕入れ等については**第7節**「居住用賃貸建物に係る仕入税額控除」を、輸入に係る消費税額については**第21章第6節**「輸入に係る消費税額の仕入税額控除」を参照してください。

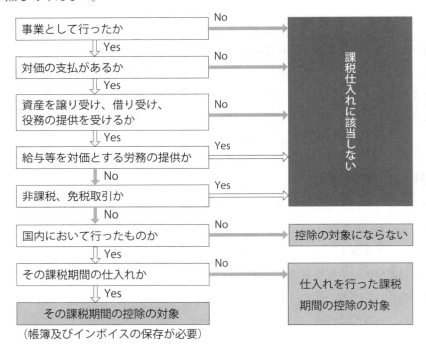

1　インボイスの保存

　この節では、課税仕入れに該当するかどうかの判断について説明しています。
　インボイス制度においては、原則として、帳簿に併せて、インボイス発行事業者から交付を

受けたインボイス、又は、インボイスの記載事項を記載してその記載事項につき仕入先の確認を受けた仕入明細書等を保存しない場合には、仕入税額控除の適用を受けることができません。

インボイスの保存なしで、帳簿の保存のみで仕入税額控除ができる特例は、**第2章第8節**❺「請求書等の保存を要しない場合」を参照してください。

課税仕入れの留意点

(1) 課税仕入れの相手方の範囲

その仕入れが課税仕入れに該当するかどうかは、仕入れに係る相手方が仮に事業者であった場合に課税売上げとなるかどうかで判断します（消基通11-1-3）。ただし、インボイス発行事業者以外の者からの課税仕入れは、原則として仕入税額控除の対象となりません。

(2) 支出した金銭の源泉

仕入税額控除の対象となるかどうかは、資産の譲受け等のために支出した金銭の源泉を問いません。保険金、補助金、損害賠償金等の収入を支払に充てた場合であっても、その資産の譲受け等が課税仕入れに該当するときは、仕入税額控除の対象となります（消基通11-2-8）。

(3) 費用収益の期間対応の考え方はない

法人税では費用収益対応の原則があり、仕入れた商品がその事業年度に販売されなければ期末の在庫として資産に計上しなければならず、損金の額に算入することはできません。しかし消費税では、その課税期間に発生した課税仕入れは、その課税期間において販売されたかどうかにかかわりなく、税額控除の対象となります。

また、固定資産についても、期間利益算定の考え方がないため減価償却の手続は行わず、購入した時点で全額が仕入税額控除の対象となります。

(4) 贈与した資産

取引先に対して資産を贈与した場合、法人税法においては、無償の譲渡であっても益金を認識することになります（法法22②）。

しかし消費税では、贈与した相手が自社の役員でない限り、時価による譲渡があったものとみなされることはなく、無償の譲渡は課税されません。

また、贈与した資産が課税資産である場合には、その仕入れは、課税仕入れとして仕入税額控除の対象となります。

(5) 販売促進費の取扱い

一定量の販売数量を達成したこと等により販売奨励金を現金で支払った場合には、その販売

奨励金は、売上割戻しと同様のものであり、売上対価の返還等に係る税額控除の対象となります。

　販売促進目的で商品の無償提供をした場合には、商品の無償提供自体に課税関係が生じることはなく、提供される商品の仕入れが仕入税額控除の対象となります（消基通14－1－2）。

販売促進費の内容	処　理
販売数量等に応じた販売奨励金の支払	売上対価の返還等に係る税額控除
商品の無償提供	購入時に仕入税額控除

⑹　滅失した資産

　資産の廃棄、盗難、滅失、棚卸減耗は、対価を得て行う資産の譲渡等ではないため、課税の対象となりません（消基通5－2－13）。ただし、このように、結果的に資産の譲渡等を行うことができなかった課税仕入れについても、仕入税額控除の対象となります（消基通11－2－9）。

⑺　交際費の損金不算入額の取扱い

　消費税においては、接待交際費について特に控除できないとする規定はありません。ただし、仕入税額控除の対象となるのは、その仕入れが課税取引であることが確認できるものに限られます。したがって、交際費や機密費等の名目で会社が負担した経費であっても、その使途を明らかにすることができない費用は控除できません（消基通11－2－23）。

　また、渡切り交際費は、法人税法・所得税法において、その支払を受けた役員等の給与として課税されます（法基通9－2－9）。消費税法においても、その内容がわからないため、控除できません。

　金銭を相手方に贈与する香典や祝金等は、仕入れの対価として支払ったものではないので、課税仕入れではありません。

⑻　会費等の取扱い

　会費、組合費、入会金、公共施設の負担金等の支払が課税仕入れに該当するかどうかは、例えば、その会費等を支払うことによって一定の割引率で商品を購入する権利や情報の提供を受ける権利が与えられる等、その会費等と対価関係が明らかである役務の提供等があるかどうかにより判定します。

　対価関係が明らかでない場合には、会費等を収受する団体等において判断し会費等の支払者に通知した内容により判定します（191頁参照）（消基通11－2－4～7）。

⑼　現物出資に係る資産の取得

　現物出資により、課税仕入れに該当する資産を取得した場合には、その出資された資産の時

価ではなく、現物出資を行った者に交付する株式の交付の時における価額のうち課税資産に対応する部分の金額が、課税仕入れに係る支払対価の額となります（消基通11－4－1）。

その対価の額は、別途消費税等の金額を授受しない場合には、その株式の時価を消費税等を含む税込支払対価の額として取り扱います。

これは、現物出資をした事業者において認識する課税売上げに対応する取扱いです（346頁参照）。

⑽　事後設立に係る資産の取得

事後設立による資産の譲渡は、株式の交付を受ける現物出資ではなく、事後設立契約に基づく資産の譲渡であることから、事後設立により資産を譲渡した事業者においては、現実に対価として収受する金銭の額が資産の譲渡等の対価の額となります（346頁参照）。

これに対応して、事後設立により資産を譲り受けた法人は、その資産につき、現実に支払った金銭の額が仕入れに係る対価の額となります（消基通11－4－1（注））。

⑾　課税資産と非課税資産との一括取得

事業者が、課税資産と非課税資産とを同一の者から同時に譲り受けた場合には、その譲受けに係る支払対価の額を課税仕入れに係る支払対価の額とその他の仕入れに係る支払対価の額とに区分します。

この場合の区分は、譲渡を行った者において行う合理的な区分と一致するものです。その合理的な区分は、交付されたインボイスの記載により確認することができます（342頁参照）。

⑿　下取り

新車の購入にあたり、保有する車両を下取りさせて下取り価額を控除した差額により決済を行った場合であっても、その下取り価額は課税仕入れについての値引きではなく、下取りをさせた車両の売上げとして認識します（消基通10－1－17）。

区分	自動車販売会社	新車両を購入した事業者
下取り値引き前の価額	新車両の譲渡の対価	新車両の仕入れの対価 （新車両の使用目的により用途区分）
下取りによる値引き額	旧車両の仕入れの対価 （旧車両の使用目的により用途区分）	旧車両の譲渡の対価

なお、車両の下取りに伴い、その車両に係るリサイクル預託金について、金銭債権の譲渡として非課税売上げを認識することになります（458頁参照）。

⒀　課税資産の譲渡等に係る為替差損益

　外貨建取引に係る課税仕入れの支払対価の額は、法人税又は所得税に定められた方法により邦貨換算します。

　決済に当たって生じる為替差損益は、その課税仕入れに係る支払対価の額に加減算することなく不課税の差額として取り扱われ、その課税仕入れの支払対価の額は、課税仕入れにつき邦貨換算した額とします（消基通11－4－4）。

⒁　課税仕入れに係る支払対価の額が確定していない場合の見積り

　仕入税額控除は、その課税仕入れに係る目的物の引渡しを受けた日の属する課税期間又はその課税仕入れに係る役務の提供が完了した日の属する課税期間において行います。目的物の引渡しや役務の提供が実現しているにもかかわらず、課税期間の末日までにその支払対価の額が確定しない場合は、適正に見積もった支払対価の額により控除額を計算します（消基通11－4－5）。

①　見積もりインボイスの交付を受ける場合

　仕入先から見積額が記載されたインボイスの交付を受ける場合は、これを保存することで見積額による仕入税額控除が認められます。

　その後、確定額が見積額と異なる場合には、確定額が記載されたインボイス（対価の額を修正したインボイス）の交付を受けて保存する必要があります。

②　見積もり仕入明細書を作成する場合

　見積額を記載した仕入明細書を自ら作成し、相手方の確認を受けた場合は、これを保存することで見積額による仕入税額控除が認められます。

　その後、確定額が見積額と異なる場合には、確定額を記載した仕入明細書を作成して相手方の確認を受けた上で、これを保存する必要があります。

③　見積もりインボイスの交付を受けられない場合

　電気・ガス・水道水の供給のようなインボイス発行事業者から継続して行われる取引や、機械等の保守点検、弁護士の顧問契約のように契約等に基づき継続的に課税資産の譲渡等が行われ、金額が確定した際にインボイスの交付を受ける蓋然性の高い取引については、見積額が記載されたインボイスや仕入明細書の保存がなくとも、その後、金額が確定したときに交付されるインボイスを保存することを条件として、課税仕入れを行う事業者が課税期間の末日の現況により適正に見積もった金額で、仕入税額控除を行うことができます。

第9章 仕入税額控除

誤りやすい事例　公共施設の負担金

　当社は、県が建設する道路の工事負担金を支出することになりました。負担金の明細には、工事費用とそれに係る消費税等の記載がありますが、県は、負担金の全てについて消費税の課税対象外であると説明しています。どういうことでしょうか。

　なお、完成後の道路は、誰でも自由に往来ができるものであり、利用権等の設定は一切ありません。

解　説

　公共施設の負担金については、その事業の実施に伴う役務の提供との間に明白な対価関係があるかどうかによって資産の譲渡等の対価であるかどうかを判定します。

　事例の負担金は、貴社においては、道路の取得や利用権の設定、他と比べて特別に受ける便益等の対価として支払うものではなく、相手方（県）において課税資産の譲渡等に該当するものではありません。したがって、課税仕入れに係る対価ではなく、仕入税額控除の対象になりません。

　また、負担金の明細に消費税等の記載があるとのことですが、それは、貴社が支払う負担金について課税されるべき消費税等の金額を表示したものではなく、その負担金の額の積算の根拠を示すため、工事費用の明細を表示したものと考えられます。

　なお、負担金について、明白な対価関係による判定が困難な場合には、負担金の受入れ側が課税の対象でないと判断して支払側に通知し、支払う事業者がその支払を課税仕入れに該当しないこととしている場合には、その処理を認めるものとしています。

【参考】消法2①八、十二、4①、30①、消基通5－2－5

誤りやすい事例　受け入れた損害賠償金で支払う資産の取得費

　当社は、事業用資産について損害を被り、修理を行いました。修繕費用は、全て加害者から受け取った損害賠償金で支払いました。損害賠償金の収入が不課税となる場合に、これによって支払う修理費用は仕入税額控除の対象となりますか。

解　説

　破損した事業用資産の修理費用は、課税仕入れの対価に該当して仕入税額控除の計算の基礎となります。

　この修理費用は、不課税の収入である加害者から受け取った損害賠償金によって賄われるものですが、課税仕入れに該当するかどうかは何を仕入れたのかによって判断するものであり、支払資金の調達の方法はその判断に影響しません。

433

また、個別対応方式を適用する場合の区分にあたっても、修理費用と損害賠償金とを関連付けて考える必要はなく、修理費用はその修理した事業用資産の使用目的によって区分します。

【参考】消法2①十二、30①②、消基通11－2－8

 給与等の取扱い

(1) 給与か報酬か

　消費税法2条1項12号は、課税仕入れの範囲から「所得税法第28条第1項（給与所得）に規定する給与等を対価とする役務の提供を除く」としています。役務の提供の対価が給与等に該当するかどうかは、その支払を受ける者において、その収入が給与所得の収入に該当するかどうかによって判断することとなります。

　所得税法28条1項にいう「給与等」とは、俸給、給料、賃金、歳費及び賞与並びにこれらの性質を有する給与であり、雇用契約等（雇用契約又はこれに準ずる契約）に基づく役務の提供の対価です。

　消費税では、過去の労務の提供を給付原因とする退職金、年金等も給与として取り扱います（消基通11－1－2）。

　自己の計算において独立して行われる事業から生ずる所得、例えば、請負契約等に基づく業務の遂行ないし役務の提供の対価は事業所得に該当し、これを支払う者においては課税仕入れとなります。

① 最高裁の判断基準

　事業所得又は給与所得のいずれに分類すべきかの判断の一応の基準として、最高裁昭和56年4月24日判決（民集35巻3号672頁）は、「事業所得とは、自己の計算と危険において独立して営まれ、営利性、有償性を有し、かつ反覆継続して遂行する意思と社会的地位とが客観的に認められる業務から生ずる所得をいい、これに対し、給与所得とは雇傭契約又はこれに類する原因に基づき使用者の指揮命令に服して提供した労務の対価として使用者から受ける給付をいう。なお、給与所得については、とりわけ、給与支給者との関係において何らかの空間的、時間的な拘束を受け、継続的ないし断続的に労務又は役務の提供があり、その対価として支給されるものであるかどうかが重視されなければならない」としています。

② 消費税法基本通達の判断基準

　給与か事業かの判断について、消費税法基本通達1－1－1は、次のように示しています。

- 事業者とは自己の計算において独立して事業を行う者をいうから、個人が雇用契約又はこれに準ずる契約に基づき他の者に従属し、かつ、当該他の者の計算により行われる事業に役務を提供する場合は、事業に該当しない。

- 出来高払の給与を対価とする役務の提供は事業に該当しない。
- 請負による報酬を対価とする役務の提供は事業に該当する。
- 出来高払の給与であるか請負による報酬であるかの区分については、雇用契約又はこれに準ずる契約に基づく対価であるかどうかによる。
- この場合において、その区分が明らかでないときは、例えば、次の事項を総合勘案して判定する。

次の事項を総合勘案して判定		
① その契約に係る役務の提供の内容が他人の代替を容れるかどうか	作業従事者の代替性あり	事業所得の要素
② 役務の提供に当たり事業者の指揮監督を受けるかどうか	指揮監督あり	給与所得の要素
③ まだ引渡しを了しない完成品が不可抗力のため滅失した場合等においても、当該個人が権利として既に提供した役務に係る報酬の請求をなすことができるかどうか	危険負担なし	給与所得の要素
④ 役務の提供に係る材料又は用具等を供与されているかどうか	材料等の供与あり	給与所得の要素

③ 実態による判断

民法623条は、「雇用は、当事者の一方が相手方に対して労働に従事することを約し、相手方がこれに対してその報酬を与えることを約することによって、その効力を生ずる」とし、632条は、「請負は、当事者の一方がある仕事を完成することを約し、相手方がその仕事の結果に対してその報酬を支払うことを約することによって、その効力を生ずる」としています。その区分は、契約の形式ではなく契約内容の実態によって判断しなければなりません。

契約の名目や所得区分を取り決めておく当事者間の合意は、多くの場合、契約内容を反映しているものと考えられ、契約内容の実態を推認させるものです。しかし、それはあくまで間接的な要素であって、契約の名目によって所得区分を判断することはできません。

❶ 契約の名目

雇用契約等であるか請負契約等であるかは、その契約の名目によらず、定められた内容に照らして判断することとなります。

❷ 所得区分に関する当事者間の取り決め

契約当事者間の取り決めにより、支払をする者が給与等の源泉徴収をせず、支払を受ける者が自ら事業所得に該当するものとして確定申告を行った場合であっても、その労務の提供の実態が雇用関係等に基づくものと認められる場合には、支払者において源泉徴収義務が免除されたり、課税仕入れとして取り扱うことが許容されたりするものではありません。

❸ 各種保険の加入手続

労働保険又は社会保険等の被保険者となる資格は、保険の種類ごとに要件が定められており、被保険者の加入手続が行われているかどうかは、所得区分の判断に直接影響しません。ま

た、被保険者となる資格は、雇用の実態が存在することに加え各種保険において定められた要件から導き出される結果であり、保険の加入手続が行われていないことをもって雇用の実態がないことを主張することはできません。

(2) 外交員等の報酬

外交員、集金人、電力量計等の検針人その他これらに類する者に対して支払う報酬又は料金については、所得税法の所得区分に従い、給与に該当するものは課税仕入れになりません（消基通11－2－3、所基通204－22）。

外交員等へ支払う報酬		所得税	消費税
その報酬又は料金がその職務を遂行するために必要な旅費とそれ以外の部分とに明らかに区分されている場合	適正通勤費部分	非課税	課税仕入れ
	それ以外の部分	給与等	課税仕入れでない
上記以外で、その報酬又は料金が、固定給と歩合報酬の部分とに明らかに区分されている場合	固定給部分（固定給を基準とする賞与を含む）	給与等	課税仕入れでない
	それ以外の部分（歩合報酬が一定期間の募集成績等によって又はその成績による格付けにより自動的にその額が定まるものを含む）	報酬又は料金	課税仕入れ
上記以外の場合には、その報酬又は料金の支払の基因となる役務を提供するために要する旅費等の費用の額の多寡その他の事情を総合勘案して判断する	給与等と認められるもの	総額が給与等	課税仕入れでない
	その他のもの	総額が報酬又は料金	課税仕入れ

(3) 現物給付する資産の取得

使用人等に対する給与の現物支給に充てるための資産の取得であっても、その取得が課税仕入れに該当すれば、仕入税額控除の対象となります。

この場合の判断は、現物支給を受けた使用人等が給与等として課税されるかどうかにかかわりません（消基通11－2－1）。

ただし、その現物支給が、金銭による給与の支払に代えて現物を引き渡す代物弁済に該当する場合には、資産の取得を課税仕入れとするとともに、代物弁済による課税売上げを認識することとなります。

⑷　使用人等の発明等に係る報償金等の支給

　　事業者が、業務上有益な発明、考案等をした使用人等に支給する報償金、表彰金、賞金等の金銭が課税仕入れに係る支払対価に該当するかどうかは次表によります（消基通11－2－2）。

区　　　　分		使用人等の所得税	支払者の消費税
業務上有益な発明、考案又は創作をした使用人等から、当該発明等に係る特許を受ける権利、実用新案登録を受ける権利、意匠登録を受ける権利又は特許権、実用新案権、意匠権を承継したことにより支給するもの		これらの権利の承継に際し一時に支払を受けるもの……譲渡所得	課税仕入れ
		これらの権利を承継させた後に支払を受けるもの……雑所得	
特許権、実用新案権又は意匠権を取得した使用人等にこれらの権利に係る実施権の対価として支給するもの		雑所得	
特許、実用新案登録、意匠登録を受けるには至らないが、事務又は作業の合理化、製品の品質改良、経費の節約等に寄与する工夫、考案等をした使用人等に支給するもの	その考案等がその者の通常の職務の範囲内の行為である場合	給与所得	課税仕入れでない
	その他の場合	一時所得	課税仕入れでない
		雑所得	課税仕入れ

⑸　出向先事業者が支出する給与負担金

　　出向とは、出向元事業者に雇用される使用人（出向者）が、出向元事業者との雇用関係を存続させたままで出向先事業者との間においても雇用関係（役員の場合には委任の関係）に基づき業務に従事する勤務形態をいい、出向者については、出向元事業者と出向先事業者との両方で二重の雇用関係が成立することになります。

　　使用人等の出向が行われた場合において、出向者に対する給与を出向元事業者が支給することとしているため、出向先事業者が給与負担金を出向元事業者に支出したときは、その給与負担金は、出向先事業者における出向者に対する給与として取り扱います。

　　経営指導料等の名義で支出する場合であっても、実質的に給与負担金の性質を有するものは給与として取り扱います（消基通5－5－10）。

⑹　労働者派遣に係る派遣料

　　労働者の派遣は、自己の雇用する労働者をその雇用関係の下に、他の者の指揮命令を受けて他の者のために労働に従事させるもので、派遣先と労働者との間に雇用関係は成立しません。

したがって、派遣料の授受は出向契約に基づく給与負担金とは区別され、派遣会社においては課税売上げに、派遣を受けた事業者においては課税仕入れに該当します（消基通5－5－11）。

4 密輸品の課税仕入れについての仕入税額控除の制限

　課税仕入れに係る資産が納付すべき消費税を納付しないで保税地域から引き取られた課税貨物（密輸品）であることを、課税仕入れの時点で課税仕入れを行う事業者が知っていた場合には、その課税仕入れについては、仕入税額控除の適用は認められません（消法30⑫）。

　密輸品であることを課税仕入れの時点で知っていたという事実は、例えば、密輸者と買取業者とのやり取りの履歴等の明白な事実により認定することが想定されますが、そのような明白な事実がない場合であっても、買い受けた資産の形状、数量、頻度等の情報を総合的に勘案し、認定することになると考えられます。

　この措置は金又は白金の地金の密輸品に限らず、全ての密輸品に適用されることになります。

※　「納付すべき消費税を納付しない」という状況は、滞納、単なる計算誤り等による過少申告や延滞税等の附帯税の不納付などでも起こり得ると考えられますが、今般の改正は、金地金等の密輸に対応するための見直しであることから、こうした密輸とは言えないような場合にまで、この規定が適用されることはありません。

　また、関税法等の規定により、納税が免除されるものや納付が一時的に猶予されているものについては、そもそも「納付すべき消費税」が発生していない又は納付期限が法令の規定に基づき延長されているものであるため、この規定が適用されることはありません。

5 免税購入品の仕入れについての仕入税額控除の制限

　課税仕入れに係る資産が輸出物品販売場において免税購入された物品であることを、課税仕入れの時点で課税仕入れを行う事業者が知っていた場合には、その課税仕入れについては、仕入税額控除制度の適用は認められません（消法30⑫）。

　この取扱いは、令和6年4月1日以後に国内において事業者が行う課税仕入れについて適用されます。（令6年改法附13⑨）。

第7節　居住用賃貸建物に係る仕入税額控除

　令和2年税制改正において、居住用賃貸建物の課税仕入れ等を仕入税額控除の対象から除外し、転用又は譲渡した場合に仕入税額を調整する特例が創設されました。

　居住用賃貸建物の課税仕入れ等を仕入税額控除の対象から除外する措置は、令和2年4月1日の住宅の貸付けの範囲の見直しによって補強されています。住宅の貸付けに該当するかどう

第9章　仕入税額控除

かは、非課税の範囲を限定するための消極的判断から、仕入税額控除を厳格化するための積極的判断に転換しました（第4章第2節⑬「住宅の貸付け」を参照してください。）。

居住用賃貸建物に係る仕入税額控除の制限

居住用賃貸建物に係る課税仕入れ等の税額には、仕入税額控除の規定は適用されません（消法30⑩）。

また、居住用賃貸建物に係る課税仕入れ等の税額については、課税事業者となった場合等の「棚卸資産に係る調整」（消法36①③）は行いません。

【適用時期】

この取扱いは、令和2年10月1日以後に行う居住用賃貸建物に係る課税仕入れ等に適用されます（令2改法附1①一イ）。

ただし、令和2年3月31日までに締結した契約に基づく居住用賃貸建物に係る課税仕入れ等には適用されません（令2改法附44）。

(1) 居住用賃貸建物の範囲

居住用賃貸建物とは、非課税となる住宅の貸付けの用に供しないことが明らかな建物以外の建物で、高額特定資産又は調整対象自己建設高額資産に該当するものをいい、その附属設備を含みます（消法30⑩）。

① 高額特定資産

高額特定資産とは、棚卸資産及び調整対象固定資産のうち、その資産の一の取引の単位に係る課税仕入れに係る支払対価の額の $\frac{100}{110}$ に相当する金額、特定課税仕入れに係る支払対価の額又は保税地域から引き取られるその資産の課税標準である金額、すなわち税抜価額が1,000万円以上であるものをいいます（消法12の4①、消令25の5①）。

また、他の者との契約に基づき、又はその事業者の棚卸資産若しくは調整対象固定資産として自ら建設、製作又は製造（以下「建設等」といいます。）をした高額特定資産を「自己建設高額特定資産」といいます。

その建設等に要した原材料費及び経費に係る税抜価額（事業者免税点制度及び簡易課税制度の適用を受ける課税期間に行ったものを除きます。）の累計額が1,000万円以上となった場合に、高額特定資産に該当することとなります（消令25の5②）。

② 調整対象自己建設高額資産

調整対象自己建設高額資産とは、他の者との契約に基づき、若しくはその事業者の棚卸資産として自ら建設等をした棚卸資産（当該事業者が相続、合併又は分割により被相続人、被合併法人又は分割法人の事業を承継した場合において、当該被相続人、被合併法人又は分割法人が自ら建設等をしたものを含みます。）で、その建設等に要した課税仕入れに係る支払対価の額の $\frac{100}{110}$ に相当する金額、特定課税仕入れに係る支払対価の額及び保税地域から引き取られるその

資産の課税標準である金額の累計額が1,000万円以上となったものをいいます（消法12の4②、消令25の5③）。

この累計額の計算には、事業者免税点制度及び簡易課税制度の適用を受ける課税期間に行ったものが含まれており、この点が自己建設高額特定資産の計算（消令25の5①二②）とは異なっています。

(2) 住宅の貸付けの用に供しないことが明らかな建物の範囲

「住宅の貸付けの用に供しないことが明らかな建物」とは、建物の構造及び設備の状況その他の状況により住宅の貸付けの用に供しないことが客観的に明らかなものをいい、例えば、次に掲げるようなものが該当します（消基通11－7－1）。

① 建物のすべてが店舗等の事業用施設である建物など、建物の設備等の状況により住宅の貸付けの用に供しないことが明らかな建物

② 旅館又はホテルなど、旅館業法に規定する旅館業に係る施設の貸付けに供することが明らかな建物

③ 棚卸資産として取得した建物であって、所有している間、住宅の貸付けの用に供しないことが明らかなもの

(3) 住宅の貸付けの用に供しないことが明らかな部分がある居住用賃貸建物

住宅の貸付けの用に供しないことが明らかな部分がある居住用賃貸建物について、その構造及び設備の状況その他の状況により住宅の貸付けの用に供しないことが明らかな部分と居住用賃貸部分とに合理的に区分しているときは、その居住用賃貸部分に係る課税仕入れ等の税額についてのみ、仕入税額控除の適用がありません（消令50の2①）。

この場合、「住宅の貸付けの用に供しないことが明らかな部分がある居住用賃貸建物」とは、例えば、建物の一部が店舗用の構造等となっている居住用賃貸建物をいいます（消基通11－7－3）。

また、「合理的に区分している」とは、使用面積割合や使用面積に対する建設原価の割合など、その建物の実態に応じた合理的な基準により区分していることをいいます（消基通11－7－3）。

(4) 居住用賃貸建物に係る資本的支出

「居住用賃貸建物に係る課税仕入れ等の税額」には、その建物に係る資本的支出に係る課税仕入れ等の税額が含まれます（消基通11－7－5）。

ただし、例えば、次に掲げる場合のように、建物に係る資本的支出自体が居住用賃貸建物の課税仕入れ等に該当しない場合には、その資本的支出に係る課税仕入れ等の税額については、仕入税額控除の適用は制限されません（消基通11－7－5）。

① 建物に係る資本的支出自体が高額特定資産の仕入れ等を行った場合に該当しない場合
② 建物に係る資本的支出自体が住宅の貸付けの用に供しないことが明らかな建物に係る課税仕入れ等に該当する場合

（5）居住用賃貸建物の判定時期

居住用賃貸建物に該当するかどうかは、課税仕入れを行った日の状況により判定します。

ただし、課税仕入れを行った日の属する課税期間の末日において、住宅の貸付けの用に供しないことが明らかにされたときは、居住用賃貸建物に該当しないものとすることができます（消基通11－7－2）。

自己建設資産である場合は、その建設等に要した費用の累計額が1,000万円以上となり、自己建設高額特定資産の仕入れを行った場合に該当することとなった日において、居住用賃貸建物に該当するかどうかを判定します（消法12の4、消基通11－7－2）。居住用賃貸建物の仕入れを行った場合に該当することとなった日の属する課税期間以後のその建物に係る課税仕入れ等の税額については、仕入税額控除の対象となりませんが、その課税期間の前課税期間以前に行われたその建物に係る課税仕入れ等の税額は、仕入税額控除の対象となります（消令50の2②、消基通11－7－4）。

（6）納税義務の免除の特例との関係

高額特定資産又は調整対象自己建設高額資産について、居住用賃貸建物に係る仕入税額控除の制限の規定が適用された場合であっても、高額特定資産の仕入れ等をして一般課税で申告した場合に事業者免税点制度及び簡易課税制度を適用しない取扱い（消法12の4①②、37③）の適用があります（消基通1－5－30）。

> **誤りやすい事例**　　**住宅の貸付けの用に供しないことが明らかな建物**
>
> マンションやアパート等の住宅であっても、課税仕入れを行った事業者が事務所用として賃貸することを予定している場合には、その住宅は、居住用賃貸建物に該当しないこととなるのでしょうか。
>
> **解 説**
>
> 居住用賃貸建物とは、住宅の貸付けの用に供しないことが明らかな建物以外の建物であって、高額特定資産又は調整対象自己建設高額資産に該当するものをいいます。
> 貸付けの用に供するために仕入れたマンションやアパート等の住宅は、たとえ、事務所用として賃貸することを予定しているものであっても、「建物の構造及び設備の状況その他の状況により住宅の貸付けの用に供しないことが客観的に明らかなもの」ではないため、

居住用賃貸建物に該当することになります。

　ただし、現実に事務所用として賃貸し、第三年度の課税期間においての末日にその居住用賃貸建物を有している場合には、その居住用賃貸建物の課税仕入れ等の税額に課税賃貸割合を乗じて算出した消費税額をその第三年度の課税期間の控除対象仕入税額に加算する調整を行います（消法35の2①）。

誤りやすい事例　社宅の取得に係る課税仕入れ

　社宅として使用する住宅は、居住用賃貸建物に該当しますか。入居する従業員から家賃を徴収するかしないかによって取扱いが変わりますか。

解説

①　社宅の使用料

　社宅の貸付けは住宅の貸付けに該当し、その使用料は非課税売上げになります。

②　使用料を徴収する場合の社宅の仕入れ

　入居する従業員から使用料を徴収する社宅は、居住用賃貸建物に該当します。

　したがって、その社宅の取得に係る課税仕入れ等の税額は、仕入税額控除の対象となりません。

③　使用料を徴収しない場合の社宅の仕入れ

　国税庁質疑応答事例「社宅に係る仕入税額控除」は、従業員から使用料を徴収せず、無償で貸し付けることがその取得の時点で客観的に明らかな社宅は、居住用賃貸建物に該当しないものとしています。ただし、一般に社宅を無償で貸し付ける例は少ないと考えられるため、無償で貸し付けることが客観的に明らかであるかどうかの事実認定は慎重に行うべきでしょう。

　居住用賃貸建物でないと判断した場合、個別対応方式を適用する場合の用途区分は、原則として課税資産の譲渡等と非課税資産の譲渡等に共通して要するものとなります。

誤りやすい事例　住宅の貸付けの用に供しないことが明らかな部分

　当社は、貸付けの用に供する建物を建築します。1階及び2階は店舗用に賃貸する予定であり、居住するために必要なキッチンやバスルームといった設備はありません。3階から5階は住宅等の設備を整えています。

　この建物の課税仕入れはどうなりますか。なお、この建物の引渡しを受ける課税期間の課税売上割合は、95％以上になると予測しています。

第9章 仕入税額控除

解　説

　その課税期間の課税売上割合が95％以上で、かつ、課税売上高が5億円以下であり、全額控除の適用を受ける場合であっても、居住用賃貸建物の課税仕入れ等には、仕入税額控除が適用されません。居住用賃貸建物とは、住宅の貸付けの用に供しないことが明らかな建物以外の建物であって高額特定資産等に該当するものをいいます。ただし、居住用賃貸建物のうち、住宅の貸付けの用に供しないことが明らかな部分については仕入税額控除の規定を適用することができます（消令50の2①）。

　ご質問の場合、居住するために必要なキッチンやバスルームといった設備がなく、店舗用としての賃貸を予定する1階及び2階は、住宅の貸付けの用に供しないことが明らかな部分といえるでしょう。使用面積割合や使用面積に対する建設原価の割合など、その建物の実態に応じた合理的な基準により、住宅の貸付けの用に供しないことが明らかな部分を区分して、仕入税額控除の対象とすることができます。

　この場合において、全額控除の適用がなく個別対応方式を適用するときは、住宅の貸付けの用に供しないことが明らかな部分（課税賃貸用に供する部分）は、課税売上対応分に区分することになります。

　ただし、居住用賃貸建物については、調整期間内に課税賃貸用に供した場合の仕入税額の調整規定（消法35の2①）があります（444頁参照）。返還しない保証金も含めて店舗に係る賃貸料が住宅に係る賃貸料よりも割高となる場合や、店舗の貸付けが住宅の貸付けに先行する場合等は、第三年度において調整規定の適用を受けた方が有利になるものと想定されます。そのため、課税仕入れ等にあたっては、あえて建物の全部について控除の対象としないという選択を検討するべきでしょう。

誤りやすい事例　　転売目的で購入した中古マンション

　当社は、転売する目的で中古マンションを購入します。このマンションには入居者が入っており住宅として賃貸中であるため、当課税期間においては、その家賃収入と譲渡収入が生じることになります。しかし、マンションを購入した目的は転売であることから、居住用賃貸建物には該当しないと判断してもよろしいですか。

解　説

　令和2年10月1日以後は、居住用賃貸建物の課税仕入れ等には、仕入税額控除が適用されません。居住用賃貸建物とは、住宅の貸付けの用に供しないことが明らかな建物以外の建物であって高額特定資産等に該当するものをいいます。

居住用賃貸建物とならない「住宅の貸付けの用に供しないことが明らかな建物」について、消費税法基本通達11-7-1は、建物の構造及び設備の状況その他の状況により住宅の貸付けの用に供しないことが客観的に明らかなものをいうものとし、その例として、「棚卸資産として取得した建物であって、所有している間、住宅の貸付けの用に供しないことが明らかなもの」を掲げています。ご質問の場合、転売目的で購入するとのことですが、このマンションには、現に賃借人が存在し家賃収入が生じていますから、住宅の貸付けの用に供しないことが明らかな建物とはいえず、居住用賃貸建物に該当することになります。

　ただし、仕入税額控除の適用が認められなかった居住用賃貸建物については、調整期間内に譲渡した場合の仕入税額の調整措置（消法35の2②）があります（446頁参照）。

　貴社は、この調整により、その建物の課税仕入れ等の税額の多くの部分を控除税額とすることができるものと考えられます。

② 居住用賃貸建物に係る仕入税額の調整

　居住用賃貸建物に係る仕入税額控除の制限の適用を受けた居住用賃貸建物を課税賃貸用に供した場合又は譲渡した場合には、その仕入税額の調整を行います（消法35の2①②）。

※　自己建設高額特定資産については、居住用賃貸建物に係る仕入税額控除の制限を受けることとなった建設等に要した費用の累計額が1,000万円以上となった課税期間以後の課税仕入れ等について、課税賃貸用に転用した場合又は譲渡した場合の調整を行います（消令50の2②）。

※　住宅の貸付けの用に供しないことが明らかな部分として、居住用賃貸部分から除かれ、居住用賃貸建物に係る仕入税額控除の制限の適用を受けなかった部分は、調整の対象ではありません。居住用賃貸部分についてのみ調整を行います（消令53の4①）。

※　居住用賃貸建物に該当するため、課税事業者となった場合等の「棚卸資産に係る調整」（消法36①③）の適用を受けなかった場合において、その居住用賃貸建物を課税賃貸用に転用したとき又は譲渡したときは、新たに課税事業者となった日を居住用賃貸建物の仕入れ等の日として、調整を行います（消令53の3）。

※　居住用賃貸建物の仕入れ等の日の属する課税期間又は調整を行うべき課税期間において免税事業者である場合又は簡易課税制度を適用する場合には、調整の適用はありません（消法35の2①②、消法37①）。

(1) 課税賃貸用に供した場合の調整

　居住用賃貸建物に係る仕入税額控除の制限の適用を受けた場合において、第三年度の課税期間の末日においてその居住用賃貸建物を有しており、かつ、その居住用賃貸建物の全部又は一部を調整期間に課税賃貸用（住宅の貸付け以外の貸付けの用）に供したときは、その有している居住用賃貸建物に係る課税仕入れ等の税額に課税賃貸割合を乗じて計算した金額に相当する消費税額をその第三年度の課税期間の仕入れに係る消費税額に加算します（消法35の2①）。

※　この取扱いは、第三年度の課税期間の末日においてその居住用賃貸建物を有していることが要件となっているので、その居住用賃貸建物を除却又は譲渡した場合には、適用がありません。譲渡した場合には、次の「(2) 譲渡した場合の調整」によります（消基通12-6-2）。

※　また、その建物に関連する資産の譲渡等が別にあったとしても、その建物の全部又は一部を住宅の貸付け以外の貸付けの用に供しない限り、適用されません（消基通12-6-1）。

| ① 第三年度の課税期間の末日においてその居住用賃貸建物を有している |
| かつ |
| ② その居住用賃貸建物の全部又は一部を調整期間に課税賃貸用に供した |

↓

| 第三年度の課税期間に課税賃貸割合に応じた金額を仕入税額控除の額に加算する |

① 第三年度の課税期間

第三年度の課税期間とは、居住用賃貸建物の仕入れ等の日の属する課税期間の開始の日から3年を経過する日の属する課税期間をいい、居住用賃貸建物の仕入れ等の日とは、その居住用賃貸建物の課税仕入れの日をいいます（消法35の2③）。

自己建設高額特定資産については、その自己建設高額特定資産の建設等が完了した日を居住用賃貸建物の仕入れ等の日として、第三年度の課税期間を判定します（消法35の2③）。

② 調整期間

調整期間とは、その居住用賃貸建物の仕入れ等の日から第三年度の課税期間の末日までの間をいいます（消法35の2①）。

③ 課税賃貸割合

課税賃貸割合とは、調整期間に行ったその居住用賃貸建物の貸付けの対価の額の合計額のうちに、調整期間に行ったその居住用賃貸建物の課税賃貸用の貸付けの対価の額の合計額の占める割合です。これらの対価の返還等があった場合には、その返還等の金額をそれぞれの対価の額の合計額から控除した残額によります（消法35の2③、消令53の2①）。

課税賃貸用の貸付けの対価の額及びその対価の返還等の額には、消費税及び地方消費税を含みません（消令53の2③）。

$$課税賃貸割合 = \frac{調整期間に行ったその居住用賃貸建物の課税賃貸用の貸付けの対価の額の合計額（対価の返還等の額を控除した残額）}{貸付けの対価の額の合計額（対価の返還等の額を控除した残額）}$$

※ 貸付けの対価の額は、第三年度の課税期間の末日において有している部分の対価の額に限ります（消令53の2①）。

④ 事業を承継した者における調整

この取扱いは、相続によりその居住用賃貸建物に係る事業を承継した課税事業者である相続人、合併によりその事業を承継した課税事業者である合併法人及び分割によりその居住用賃貸建物に係る事業を承継した課税事業者である分割承継法人においても適用があります（消法35の2①）。

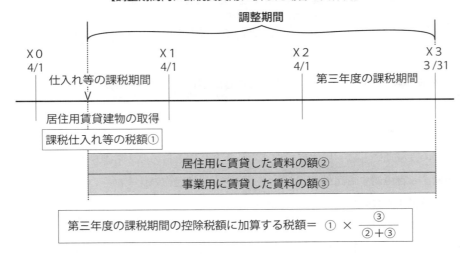

(2) 譲渡した場合の調整

　居住用賃貸建物に係る仕入税額控除の制限の適用を受けた場合において、その居住用賃貸建物の全部又は一部を調整期間に他の者に譲渡したときは、その譲渡をした居住用賃貸建物に係る課税仕入れ等の税額に課税譲渡等割合を乗じて計算した金額に相当する消費税額をその譲渡をした課税期間の仕入れに係る消費税額に加算します（消法35の2②）。

その居住用賃貸建物の全部又は一部を調整期間に他の者に譲渡した

↓

譲渡をした課税期間に課税譲渡等割合に応じた金額を仕入税額控除の額に加算する

① 譲渡の範囲

　譲渡には、次のものが含まれます（消法35の2②、消令53の4③）。

- 個人事業者が事業用資産を家事消費した場合のみなし譲渡
- 法人が資産をその役員に対して贈与した場合のみなし譲渡
- 代物弁済による資産の譲渡
- 負担付き贈与による資産の譲渡
- 金銭以外の資産の出資
- 法人課税信託の委託者がする信託財産となる資産の移転
- 法人課税信託への出資があったとみなされるもの
- 所有権その他の権利を収用され、その権利を取得する者からその権利の消滅に係る補償金を取得した場合

② 課税譲渡等調整期間

　課税譲渡等調整期間とは、その居住用賃貸建物の仕入れ等の日からその居住用賃貸建物を譲渡した日までの間をいいます（消法35の2③）。

③ 課税譲渡等割合

　課税譲渡等割合とは、課税譲渡等調整期間に行ったその居住用賃貸建物の貸付けの対価の額の合計額及びその居住用賃貸建物の譲渡の対価の額の合計額のうちに、課税譲渡等調整期間に行ったその居住用賃貸建物の課税賃貸用の貸付けの対価の額の合計額及びその居住用賃貸建物の譲渡の対価の額の合計額の占める割合です。これらの対価の返還等があった場合には、その返還等の金額をそれぞれの対価の額の合計額から控除した残額によります（消法35の2③、消令53の2②）。

　課税賃貸用の貸付けの対価の額及び譲渡の対価の額並びにこれらの対価の返還等の額には、消費税及び地方消費税を含みません（消令53の2②）。

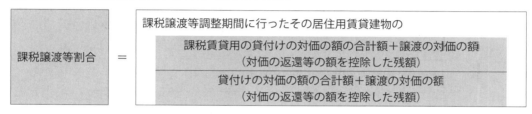

※　課税譲渡等調整期間とは、その居住用賃貸建物の仕入れ等の日からその居住用賃貸建物を譲渡した日までの間をいいます（消法35の2③）。
※　居住用賃貸建物の一部を譲渡した場合には、貸付けの対価の額は、その譲渡した部分の対価の額に限ります（消令53の2②）。

④ 事業を承継した者における調整

　この取扱いは、相続によりその居住用賃貸建物に係る事業を承継した課税事業者である相続人、合併によりその事業を承継した課税事業者である合併法人及び分割によりその居住用賃貸建物に係る事業を承継した課税事業者である分割承継法人においても適用があります（消法35の2②）。

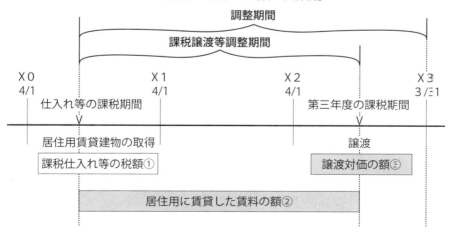

【調整期間内に譲渡した場合の具体例】

【課税賃貸用の貸付けがある場合の具体例】

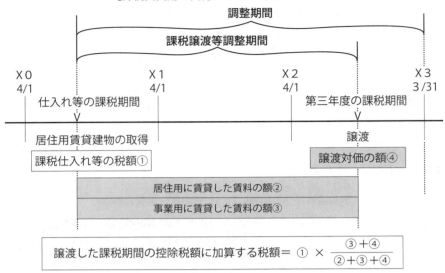

誤りやすい事例　調整期間後の譲渡

当社の課税期間は、4月1日から3月31日までの1年です。令和4年10月1日に取得した居住用賃貸建物の課税仕入れについては、仕入税額控除の適用を受けることができません。この居住用賃貸建物を令和7年5月1日に譲渡した場合に、譲渡した場合の調整を行うことができますか。

解説

この場合の調整期間は、令和4年10月1日から令和7年3月31日までの間となります。

【調整期間後に譲渡した場合】

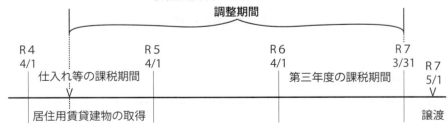

仕入税額控除の適用を受けなかった居住用賃貸建物を調整期間の後、すなわち令和7年4月1日以後に譲渡した場合には、調整の適用はありません。

| 第9章　仕入税額控除 |

誤りやすい事例　契約締結日を譲渡の日とすることの可否

　前事例において、令和7年3月31日までに譲渡契約を締結しておけば、引渡しの日が4月1日以後であっても、消費税法基本通達9-1-13のただし書きに示された契約日基準を採用することにより、譲渡があった場合の調整の適用を受けることができると考えますが、よろしいでしょうか。

解　説

　消費税法基本通達9-1-13は、「固定資産の譲渡の時期は、別に定めるものを除き、その引渡しがあった日とする。ただし、その固定資産が土地、建物その他これらに類する資産である場合において、事業者が当該固定資産の譲渡に関する契約の効力発生の日を資産の譲渡の時期としているときは、これを認める」と示しています。その契約において効力発生の時期の定めがない場合には、契約の効力は、契約を締結した時に生じるものと解され、この通達の文言を素直に読めば、引渡基準に代えて契約日基準によることが納税者の判断に委ねられていると解することができそうです。

　しかし、令和元年12月、そのような解釈を否定する裁判がありました。事案は、住宅の貸付けの用に供する建物の課税仕入れにあたり、その売買契約を締結した課税期間に金地金の売買を行って課税売上割合を100％とし、契約日基準を適用してその課税仕入れに係る消費税の全額を控除対象仕入税額としたものであり、典型的な「消費税還付スキーム」です。

　東京高裁令和元年12月4日判決は、課税資産の譲渡等の時期については権利確定主義が妥当し、通達9-1-13のただし書は、契約においてその効力発生日を当該資産の譲渡の日と定めている場合に、当該契約の効力発生日をもって権利が確定したと認められる事情があるときは、これが認められる趣旨のものにすぎず、権利の実現が未確定な場合についてまで、契約の効力発生の日をもって資産の譲渡の時期とすることはできない旨、判示しました（判決については504頁を参照してください）。

　判決が、「消費税還付スキーム」を実行した納税者に対して、契約日基準を適用することを厳しく否認したこと、令和2年度の居住用賃貸建物に係る改正が「消費税還付スキーム」封じ込めの決定版としての位置づけであることを踏まえれば、調整期間内に譲渡契約を締結し、調整期間後に引渡しを行った場合に、契約日基準によって譲渡を認識し、居住用賃貸建物を譲渡した場合の調整を行った場合には、税務調査においてその適用関係に疑義が指摘されることは容易に想定されます。これを踏まえた慎重な判断を行うべきでしょう。

| 誤りやすい事例 | 自己建設高額特定資産と調整対象自己建設高額資産 |

自己建設高額特定資産と調整対象自己建設高額資産とは、どのような違いがあるのですか。

解 説

①　平成28年度税制改正における納税義務の免除の特例等の創設

平成28年度税制改正において、「高額特定資産を取得した場合の納税義務の免除の特例及び簡易課税制度の特例」が創設されました。

この特例は、会計検査院の平成24年度決算検査報告における指摘を受けて設けられたものです。会計検査院は、事業者免税点制度又は簡易課税制度について、事務処理能力等があると考えられる事業規模の法人が、中小事業者の事務負担に配慮するという制度の趣旨に沿わない適用をしている例があり、制度の在り方について検討を行うべきとしました。

高額特定資産の判断基準としての1,000万円の金額については、中小企業実態基本調査において、1,000万円の設備投資は、売上高1億円前後の事業者における平均的な設備投資額であり、経常的に事業を行う中小事業者への影響をおおむね回避できる水準であると考えられています（財務省「平成28年度税制改正の解説」832頁）。

②　自己建設高額特定資産

「高額特定資産」とは、棚卸資産又は調整対象固定資産であって、その資産の課税仕入れに係る支払対価の額の110分の100に相当する金額、その資産に係る特定課税仕入れに係る支払対価の額又は保税地域から引き取られるその資産の課税標準である金額、すなわち税抜価額が、一の取引の単位につき、1,000万円以上のものをいいます（消令25の5①一）。

※　一の取引の単位は、通常一組又は一式をもって取引の単位とされるものにあっては、一組又は一式となります。

自己建設高額特定資産は、高額特定資産の中の一つのカテゴリであるといえます。

「自己建設高額特定資産」とは、高額特定資産のうち他の者との契約に基づき自ら建設等をした資産又は事業者の棚卸資産若しくは調整対象固定資産として自ら建設等をした資産であって、その建設等に要した課税仕入れに係る支払対価の額の110分の100に相当する金額、特定課税仕入れに係る支払対価の額及び保税地域から引き取られる課税貨物の課税標準である金額、すなわち、その建設等のために要した原材料費及び経費に係る課税仕入れ等の税抜価額の累計額が1,000万円以上のものをいいます（消令25の5①二）。

この計算に当たっては、事業者免税点制度及び簡易課税制度の適用を受ける課税期間に行った課税仕入れ等を除きます（消令25の5①二）。

第9章 仕入税額控除

③ 調整対象自己建設高額資産

　他方、「調整対象自己建設高額資産」は、令和2年度税制改正において、「高額特定資産を取得した場合の納税義務の免除の特例及び簡易課税制度の特例」の見直しを行う際に、高額特定資産とは別に定義されました。

　令和2年度税制改正では、高額特定資産の仕入れ等を行った場合のみならず、納税義務の免除を受けないこととなった場合等の棚卸資産に係る仕入税額の調整措置（以下「棚卸資産の調整措置」といいます。）の適用を受けた場合についても、事業者免税点制度及び簡易課税制度の適用を制限することとされました。

　上述のとおり、自己建設高額特定資産の判断を行う際には、事業者免税点制度及び簡易課税制度の適用を受ける課税期間に行った課税仕入れ等が除かれますが、棚卸資産の調整措置は、免税事業者であった期間中の課税仕入れ等に係る調整措置であるため、免税事業者であった期間中の課税仕入れ等の累計額を計算する必要があります。

　そこで、高額特定資産とは別に、調整対象自己建設高額資産が定められました。

　「調整対象自己建設高額資産」とは、他の者との契約に基づき自ら建設等をした棚卸資産で、その建設等に要した課税仕入れに係る支払対価の額の110分の100に相当する金額、特定課税仕入れに係る支払対価の額及び保税地域から引き取られる課税貨物の課税標準である金額、すなわち、その建設等のために要した原材料費及び経費に係る課税仕入れ等の税抜価額の累計額が1,000万円以上のものをいいます（消令25の5③）。

　この累計額の計算には、事業者免税点制度及び簡易課税制度の適用を受ける課税期間に行ったものが含まれており、この点が自己建設高額特定資産の計算とは異なっています。

【高額特定資産】 税抜価額が1,000万円以上の棚卸資産又は調整対象固定資産	【調整対象自己建設高額資産】 建設等に要した課税仕入れ等の税抜価額の累計額が1,000万円以上のもの （事業者免税点制度及び簡易課税制度の適用を受ける課税期間に行った課税仕入れ等を含む。）
【自己建設高額特定資産】 建設等に要した課税仕入れ等の税抜価額の累計額が1,000万円以上のもの （事業者免税点制度及び簡易課税制度の適用を受ける課税期間に行った課税仕入れ等を除く。）	

| 誤りやすい事例 | 原価の累計額が1,000万円に達しない課税期間の課税仕入れ等 |

当社は、住宅として賃貸する目的で、マンションを自己建設しています。その建設等のために要した原材料費及び経費に係る課税仕入れ等の税抜価額の累計額を計算したところ、当課税期間の末日において、1,000万円に達していません。この場合、これらの課税仕入れ等について、仕入税額控除の適用はどうなりますか。

解 説

① 原価の累計額が1,000万円に達しない課税期間の課税仕入れ等

自己建設資産（他の者との契約に基づき自ら建設等をした資産又は事業者の棚卸資産若しくは調整対象固定資産として自ら建設等をした資産）については、その建設等に要した課税仕入れ等の税抜価額の累計額が1,000万円以上となり、自己建設高額特定資産の仕入れを行った場合に該当することとなった日において、居住用賃貸建物に該当するかどうかを判定します（消法12の4、消基通11－7－2）。

したがって、自己建設高額特定資産の仕入れを行った場合に該当することとなった日の属する課税期間以後のその建物に係る課税仕入れ等の税額については、仕入税額控除の対象となりません。

その課税期間の前課税期間以前に行われたその建物の建設等に要した課税仕入れ等の税額は、仕入税額控除の対象となります（消令50の2②、消基通11－7－4）。

② 仕入税額の調整

居住用賃貸建物の取得等に係る仕入税額控除の制限の適用を受けた居住用賃貸建物について、課税賃貸用に供した場合には第三年度の課税期間において、譲渡した場合に該当する場合にはその譲渡した課税期間において、居住用賃貸建物の取得等に係る仕入税額の調整を行います。

自己建設高額特定資産である場合、建設等に要した課税仕入れ等の税抜価額の累計額が1,000万円に達しないため、居住用賃貸建物に係る仕入税額控除の制限を受けなかった課税仕入れ等については、この調整の対象とはなりません。

仕入税額控除の制限を受けることとなった課税期間以後の課税仕入れ等が、仕入税額の調整の対象となります（消令53の4②）。

第9章 仕入税額控除

誤りやすい事例　居住用賃貸建物に係る控除対象外消費税額等

当社は、令和2年4月1日以後に賃貸用マンションの売買契約を締結し、令和2年10月1日以後に引渡しを受けました。居住用賃貸建物の課税仕入れ等は仕入税額控除の対象から除外されるため、税抜経理方式による場合には、居住用賃貸建物の課税仕入れ等に係る消費税額及び地方消費税額は控除対象外消費税額等となります。

この控除対象外消費税額等は、法人税における所得の金額の計算上、その居住用賃貸建物の仕入れ等を行った事業年度の損金の額に算入することができますか。

解説

① 資産に係る控除対象外消費税額等の損金算入の時期

法人税法施行令139条の4は、「資産に係る控除対象外消費税額等」を定義し、これについて「繰延消費税額等」となるもの及びその損金算入の時期を定めています。

「資産に係る控除対象外消費税額等」とは、課税仕入れ等について税抜経理をした場合に、仕入税額控除をすることができない課税仕入れ等の消費税額及び地方消費税額に相当する金額の合計額で資産に係るものをいいます（法令139の4⑤）。

イ 全額損金算入することができる場合

資産に係る控除対象外消費税額等は、次のいずれかに該当する場合は、損金経理することを要件に、その発生した事業年度の損金の額に算入することができます（法令139の4①②）。

- その事業年度の課税売上割合が80%以上である場合
- 棚卸資産に係る控除対象外消費税額等である場合
- 特定課税仕入れに係る控除対象外消費税額等である場合
- 一の資産に係る控除対象外消費税額等が20万円未満である場合

ロ 繰延消費税額等の償却

上記イにより損金の額に算入をしたもの以外の控除対象外消費税額等は、「繰延消費税額等」となります。

繰延消費税額等につき各事業年度において損金の額に算入する金額は、その内国法人がその繰延消費税額等につき損金経理をした金額のうち、次の算式より計算した金額に達するまでの金額となります（法令139の4③④）。

【繰延消費税額等が生じた事業年度】

$$損金算入限度額 = 繰延消費税額等 \times \frac{その事業年度の月数}{60} \times \frac{1}{2}$$

【その後の事業年度】

$$損金算入限度額 = 繰延消費税額等 \times \frac{その事業年度の月数}{60}$$

ハ　資産の取得価額に算入する場合

　資産に係る控除対象外消費税額等をその資産の取得価額に算入した場合には、減価償却等の資産の種類に応じた方法により損金の額に算入されることとなります。

　資産の取得価額に算入するかどうかは、その全額について選択することとなります。個々の資産ごとに選択することはできません。その事業年度に生じた資産に係る控除対象外消費税額等の一部を資産の取得価額に算入した場合には、その資産の取得価額に算入した資産に係る控除対象外消費税額等は、資産の取得価額から減額して、繰延消費税額等として処理することとなります（経理通達13）。

② 　居住用賃貸建物の課税仕入れ等に係る消費税額等

　税抜経理方式による場合、居住用賃貸建物に係る仮払消費税等の額は、資産に係る控除対象外消費税額等となります。

　上記①の要件に照らすと、居住用賃貸建物は1,000万円以上の資産であるため、自己建設でない限り居住用賃貸建物の控除対象外消費税額等が20万円未満となることはありません。また、棚卸資産ではないとのことですので、貴社が取得した居住用賃貸建物に係る控除対象外消費税額等は、課税仕入れ等を行った事業年度の課税売上割合が80％以上である場合に、損金経理を要件に、その全額をその課税仕入れ等を行った事業年度の損金の額に算入することができることとなります。

誤りやすい事例　　仕入税額の調整を行った場合の所得の計算

　法人税における所得の金額の計算において、居住用賃貸建物の取得等に係る仕入税額の調整を行った場合、控除対象仕入税額に加算される金額の取扱いについて教えてください。

解　説

　居住用賃貸建物の取得等に係る仕入税額控除の制限の適用を受けた居住用賃貸建物を、第三年度の末日までに課税賃貸用に供した場合又は譲渡した場合には、所定の金額を控除対象仕入税額に加算する調整が行われます。

　この場合について、国税庁の質疑応答事例「居住用賃貸建物に係る控除対象外消費税額等について」は、仮受消費税等の金額から仮払消費税等の金額を控除した金額と納付すべき消費税等の額の差額は、益金の額に算入するものと回答しています。つまり、控除対象仕入税額に加算することによって納付すべき消費税等の額を減少させた金額は、法人税における所得の金額の計算上、益金の額に算入することになります。

第9章 仕入税額控除

> **誤りやすい事例** 仕入税額控除の制限と高額特定資産を取得した場合等の特例との関係

居住用賃貸建物であるため仕入税額控除の適用を受けなかった場合には、高額特定資産を取得した場合等の納税義務の免除の特例及び簡易課税制度の特例は適用されないと考えてよいでしょうか。

> **解 説**

居住用賃貸建物に係る仕入税額控除の制限を受けた場合であっても、高額特定資産の仕入れ等をして一般課税により申告した場合に事業者免税点制度及び簡易課税制度を適用しない特例（3年縛り）の適用があります（消基通1-5-30）。

また、令和2年度税制改正においては、高額特定資産である棚卸資産若しくは課税貨物、又は調整対象自己建設高額資産について、課税事業者となった場合の棚卸資産に係る仕入税額の調整（消法36①③）の適用を受けた場合を3年縛り対象とする取扱いが創設されました（消法12の4②）。この場合も、これらの資産について、居住用賃貸建物に係る仕入税額控除の制限があっても、3年縛りとなるものとされています（消基通1-5-30）。

第8節 カジノ業務に係る仕入税額控除の特例

IR整備法（特定複合観光施設区域整備法）においては、都道府県等が民間事業者と共同で区域整備計画を作成・認定申請し、国土交通大臣の認定を受けた上で特定複合観光施設の設置を行うこととされており、また、特定複合観光施設は、カジノ施設と国際会議場施設、宿泊施設等から構成される一群の施設であって、民間事業者により一体として設置・運営することとされています。

現在、IR整備法に基づく区域整備計画の認定プロセスが進められており、認定後に、認定設置運営事業者による特定複合観光施設の建設工事など、開業に向けた準備が進められることとなります。

このカジノ施設において行われるカジノ行為については、「カジノ事業者と顧客との間又は顧客相互間で（中略）偶然の事情により金銭の得喪を争う行為（後略）」と定義されており（IR整備法2⑦）、消費税法上、対価性がない取引としていわゆる不課税取引に該当します。

消費税における従来からの考え方によれば、対価性のない収入によって賄われる課税仕入れ等は、課税売上げのコストを構成しない最終消費的な性格を持つものであり、消費税の課税の累積を排除する必要はないものと考えられます。このため、恒常的に不課税収入の発生が見込

まれるカジノ事業については、これに係る仕入税額控除を制限することが適当であるとされています。

 仕入税額控除の不適用

　カジノ事業者（IR整備法による認定設置運営事業者）において、同法によりカジノ業務に係るものとして経理されるべきカジノ業務収入は、資産の譲渡等の対価ではなく、課税対象外です。

　したがって、カジノ収入を得るための課税仕入れ等は共通対応分に区分することとなります。

　ただし、そのカジノ事業者のその課税期間におけるカジノ収入割合が５％を超える場合は、カジノ業務に係る課税仕入れ等は、仕入税額控除の適用から除外されます（措法86の６①、措令46の４）。

$$\text{カジノ収入割合} = \frac{\text{カジノ業務収入の合計額}}{\text{資産の譲渡等の対価の額の合計額＋カジノ業務収入の合計額}}$$

 転用した場合の調整

　調整対象固定資産を転用した場合には、その転用をした課税期間において、次の調整を行います(措法86の６②③④)。

(1)　非カジノ業務用からカジノ業務用への転用

　カジノ収入割合が５％を超える課税期間の転用である場合は、控除対象仕入税額から調整税額を控除する。

(2)　カジノ業務用から非カジノ業務用への転用

　カジノ収入割合が５％を超える課税期間の仕入れ等である場合は、控除対象仕入税額に調整税額を加算する。

転用の日		調整税額
仕入等の日から	１年以内	調整対象税額の全額
	１年超２年以内	調整対象税額×$\frac{2}{3}$
	２年超３年以内	調整対象税額×$\frac{1}{3}$

※　調整対象税額とは、調整対象固定資産に係る課税仕入れ等の税額をいいます。

第9節　課税仕入れ等の時期

　仕入税額控除は、課税仕入れ等に係る消費税の負担を課税売上げに転嫁する手続ですから、課税売上げと関連のない課税仕入れ等については控除の対象になりません。これは、売上げと仕入れとの期間的な対応を問うものではなく、売上げとのひもつき関係によるものです。
　消費税では、その課税仕入れ等に対応する課税売上げがその課税期間に行われたか否かにかかわらず、その課税期間中に行った全ての課税仕入れとその課税期間中に保税地域から引き取った課税貨物を基礎に、控除対象仕入税額を計算します。
　輸入に係る仕入税額控除の時期については、779頁を参照してください。

課税仕入れの時期の原則

　消費税法2条1項12号は、「課税仕入れ」とは、事業として他の者から資産を譲り受け、若しくは借り受け、又は役務の提供を受けることであると定義し、同法30条1項は、事業者が、国内において行う課税仕入れについては、国内において課税仕入れを行った日の属する課税期間において仕入税額控除を行う旨を規定しています。
　消費税法基本通達11-3-1は、「課税仕入れを行った日」について、次のように示しています。

項　　目	課税仕入れを行った日
資産の購入	資産の引渡しを受けた日
資産の借受け	資産を借り受けた日
役務の提供	役務の提供を受けた日

　　　　　　　　　　　　　　　　　　｝課税仕入れを行った日の属する
　　　　　　　　　　　　　　　　　　　課税期間に仕入税額控除を行う

　仕入税額控除は、税負担の累積を排除する手続ですから、課税資産の譲渡等を行った事業者が課税資産の譲渡等を認識すると同時に行われるべきです。課税仕入れと課税資産の譲渡等とは表裏の関係にあり、「課税仕入れを行った日」は、資産の譲渡等の時期に準じて判断するものとされています。

(1)　棚卸資産に係る仕入税額控除

　棚卸資産について、その課税期間に販売しなかったため売上原価に算入しない部分についても、法人税、所得税の処理にかかわらず、その仕入れを行った日の属する課税期間において控除の対象とします。

(2)　減価償却資産に係る仕入税額控除

　課税仕入れ等に係る資産が減価償却資産に該当する場合であっても、期間利益の計算という

概念を持たない消費税においては、その資産の引渡しを受けた日の属する課税期間において、その全額が仕入税額控除の対象となります（消基通11－3－3）。

償却を要する繰延資産等についても同様です（消基通11－3－4）。

(3) 資産の割賦購入

資産の購入の対価を分割で支払った場合においても、課税仕入れの時期は、その資産の引渡しを受けた日となります（消基通11－3－2）。

誤りやすい事例 車両のリサイクル料金

当社は、自動車を取得し、リサイクル料金を支払いました。リサイクル料金に係る消費税の課税関係について教えてください。

解 説

リサイクル料金とは、自動車リサイクル法の規定に基づき、自動車の最終所有者が負担する使用済自動車のリサイクルに必要な料金をいいます。

リサイクル料金は、次のa〜eで構成されています。

a シュレッダーダスト料金（使用済自動車の破砕くずのリサイクルに必要な料金）

b フロン類料金（カーエアコンの冷媒に含まれるフロン類の破壊に必要な料金）

c エアバッグ類料金（エアバッグ類のリサイクルに必要な料金）

d 情報管理料金（使用済自動車の処理状況の情報管理等に必要な料金）

e 資金管理料金（リサイクル料金の収納・管理等に必要な料金）

① 自動車を取得した場合

a〜dは、使用済自動車の処分に係る費用の預託ですから、預託金として資産に計上します。課税仕入れではありません。

eは、資金管理という役務の提供の対価であり、支払時の課税仕入れとなります。

② 自動車を他に譲渡した場合

車両を譲渡する場合、車両の譲渡の対価とは別に、あるいは車両の譲渡の対価に含めて、a〜dの預託金に相当する金額を受領することになります。これは金銭債権の譲渡ですから、預託金相当額について非課税売上げを認識することになります。

③ 使用済自動車を引取業者に引き渡した場合

使用済自動車を引取業者に引き渡した（廃車した）時に、資産として計上していた預託金を費用処理し、課税仕入れを認識します。

【参考】消法6①、30①、消令9①四、消基通11－3－1

課税仕入れの時期の特例

　法令に定められた仕入税額控除の時期は、上記❶「課税仕入れの時期の原則」の原則のみであり、以下に掲げる特例は、通達等により認められている取扱いです。

(1) 短期前払費用

　契約に基づいて、継続して役務の提供を受けるために支出した費用のうち、まだ役務の提供を受けていない部分に係るものを前払費用といいます。

　仕入税額控除の対象は、その課税期間に実際に役務の提供を受けたものであり、前払費用は翌期以降の課税仕入れとなるものです。

　しかし、法人税又は所得税において、支払った日から1年以内に提供を受ける役務に係る前払費用については、支出した年度の損金又は必要経費の額に算入することが認められており、法人税又は所得税においてその適用を受けている場合には、消費税においてもその支出した日の属する課税期間の課税仕入れとします（消基通11－3－8）。

(2) 郵便切手類

① 郵便局特例

　郵便局や郵便切手販売所からの郵便切手類の購入は、金銭を郵便料金の支払に用いる郵便切手類に交換する取引であり、郵便に係る役務の提供をいまだ受けていないため、非課税取引とされています。仕入税額控除の対象ではありません（郵便切手類の課否判定については251頁参照）。切手を使用して郵便集配のサービスを受ける時、すなわち、郵便物に貼付して発送した時に課税仕入れを行ったことになります。

　ただし、郵便切手類を貼付して郵便ポストに投函する時にインボイスの交付をすることは困難であることから、この場合の郵便集配サービスについては売手のインボイスの交付が免除され、買手においては、インボイスの保存を要せず、帳簿の保存のみで仕入税額控除の要件を満たすことができるものとされています（消令70の9②、消規26の6二、15の4一）。

② 課税仕入れの時期

　自社で使用する郵便切手類については、課税仕入れの前段階としてその購入があり、購入と使用が繰り返し行われますから、購入の時期と使用の時期を厳格に区分しても納税事務が煩雑になるだけです。

　そこで、自社で使用する郵便切手類については、購入と使用の段階を1つにまとめた簡便な処理方法として、購入段階において課税仕入れとすることが認められています（消基通11－3－7）。

　ただし、他に販売するものや贈与するものについては、購入段階でも販売・贈与の段階でも、課税仕入れとすることはできません。

郵便切手類	購入先	原 則	特 例	
郵便切手 官製はがき 郵便書簡	日本郵便株式会社 郵便局 等	使用時に仕入税額 控除	自社で使用	購入時に仕入税額控除※
			売却・贈与	仕入税額控除なし

※ 継続して購入時に仕入税額控除を行うことが要件です。

(3) 物品切手等

　商品券、プリペイドカード等の物品切手等は、その発行については不課税、譲渡については非課税とされており、購入する側からすれば、いずれも課税仕入れに該当しません（物品切手等の課否判定の詳細については254頁参照）。

　したがって、物品切手等は、取得の時ではなく、物品切手等を使用して資産を仕入れ又は役務の提供を受ける時に課税仕入れを認識するのが原則です。

　ただし、回収特例（158頁参照）の適用を受ける物品切手等については、郵便切手類と同様に、その物品切手等の購入段階において課税仕入れとすることができます（消基通11－3－7）。

　この取扱いは、自社で使用することを前提に、購入と使用の段階を1つにまとめた簡便な処理ですから、贈答用に購入したものはいずれの段階でも課税仕入れにはなりません。

　また、回収特例の適用を受ける場合には、その物品切手等の購入について支払った金額が課税仕入れの対価となりますが、回収特例の適用がない場合は、物品切手等の購入に要した金額の如何にかかわらず、物品切手等を使用して引換給付を受けた時に受領したインボイスに記載された金額を基礎として仕入税額控除の適用を受けることとなります（消基通11－3－7、インボイスQ＆A問101）。

　物品切手等に係る課税仕入れの時期と対価の額は、次のとおりです。

◆自ら引換給付を受ける物品切手等の課税仕入れ◆

回収特例	課税仕入れの時期	対価の額
【適用あり】 簡易インボイスの記載事項（取引年月日を除く）が記載されている物品切手等が、引換給付を受ける際にインボイス発行事業者により回収される ・インボイスの保存不要 ・帳簿のみ保存する	引換給付を受ける時 ただし、物品切手等の購入時（対価の支払時）の課税仕入れとすることができる※	物品切手等の購入に係る対価の額
【適用なし】 引換給付につき受領したインボイス及び帳簿を保存する	引換給付を受ける時	引換給付につき受領したインボイスに記載された対価の額

※ 継続して購入時に仕入税額控除を行うことが要件です。

(4) 未成工事支出金

　未成工事支出金は、工事の請負について工事完成基準を採用する場合に、未完成の工事についてその原価の額を管理するための資産勘定です。

　請負工事に係る原価の控除時期は、それぞれの仕入れを行った時期とされていますが、未成工事支出金に資産計上した課税仕入れ等については、仕入れ時又は完成引渡し時のいずれかを選択して仕入税額控除を行うことができます（消基通11－3－5）。

原則：実際に材料等を仕入れた課税期間に控除

特例：未成工事支出金として資産計上したものは、工事が完成した課税期間にまとめて控除することができる（毎期継続適用が要件）

　法人税における処理と比較すると、次表のようにまとめられます。

区　分	工事完成基準			工事進行基準	
	法人税	消費税		法人税	消費税
		原則	特　例		
工事中の処理	未成工事支出金として資産計上	発生額を控除	完成時まで控除しない	発生額を原価計上	発生額を控除
完成時の処理	未成工事支出金を原価に振替		完成時にまとめて控除		

　簡易課税を適用していた事業者が、本則課税となった場合の前期末における未成工事支出金についても、上記特例を適用し、完成時の控除の対象とすることができます。

(5) 建設仮勘定

　建物等の建設について支払った着手金、中間金等は前払金であり、建物等の引渡しを受けるまで仕入税額控除の対象とはなりません。しかし、個別に購入した材料等については、その材料等の引渡しを受けた時期が課税仕入れの時期となります。

　建設仮勘定には、未だ仕入税額控除の対象となっていない前払金と仕入税額控除を終えたものとが計上されることになり、完成引渡しまで、仕入税額控除のための継続管理が必要となります。

　そこで、建設仮勘定に計上した費用は、完成引渡しの時期にまとめて仕入税額控除の対象とする特例が設けられています（消基通11－3－6）。

原則：工事代金の着手金・中間金等は完成時に控除

　　　直接調達した材料費等は購入時に控除

特例：直接調達した材料費等を建設仮勘定に計上している場合は、完成引渡しの時点で控除することができる

支払項目	仕入税額控除をする課税期間	
設計事務所への設計料の支払	設計完了日	全て建物引渡しの日とすることも可能
材料費の支払	材料仕入日	
建設現場の電気料・水道料等の支払	支払日	
外注費の支払	役務提供完了日	
工事代金の着手金・中間金の支払	建物引渡日	
工事代金の精算金の支払		

※　着手金、中間金は、未だ資産の譲渡等が行われていないので、完成引渡し前に仕入控除することはできません。

⑹　出来高検収

　消費税法30条９項２号には、事業者が作成した仕入明細書等で相手方の確認を受けたものを保存するべき請求書等とする旨が規定されています。

　また、建設業等においては、元請業者が下請業者の作業出来高を検収し、その出来高に応じて対価を支払うという慣習があります。このような実態を考慮して、消費税法基本通達11−6−7は、下請業者の登録番号など、インボイスの記載事項を記載した出来高検収書は仕入税額控除を適用する要件として保存するべきインボイスに該当するものとして取り扱うものとし、その出来高検収書を作成し下請業者に記載事項の確認を受ける日において、その出来高検収書に記載された課税仕入れにつき仕入税額控除を行うことを認めています。

❸　リース取引の取扱い

⑴　ファイナンス・リース取引とオペレーティング・リース取引

　リース取引は、ファイナンス・リース取引とオペレーティング・リース取引とに分けられます。

　ファイナンス・リース取引とは、リース会計基準において、リース期間の中途において契約を解除することができないリース取引又はこれに準ずるリース取引で、借手がその契約に基づき使用するリース物件からもたらされる経済的利益を実質的に享受することができ、かつ、そのリース物件の使用に伴って生じるコストを実質的に負担することとなるリース取引とされています。つまり、リース期間の中途での解約が契約上あるいは事実上不能であり（ノンキャンセラブル）、経済的利益とリスクが実質的に借手に帰属する（フルペイアウト）ものです。

　ファイナンス・リース取引以外のリース取引はオペレーティング・リース取引とされます。

　法人税では、一定のファイナンス・リース取引を「リース取引」といいます（法法64の２③、

法令131の2②）が、会計上のファイナンス・リース取引と税務上のリース取引とは、ほぼ同義に使用されています。

　また、ファイナンス・リース取引は、所有権移転ファイナンス・リース取引と所有権移転外ファイナンス・リース取引とに区分されます。

会計上			法人税法	
リース取引	ファイナンス・リース取引	所有権移転ファイナンス・リース取引	リース取引	所有権移転ファイナンス・リース取引
		所有権移転外ファイナンス・リース取引		所有権移転外ファイナンス・リース取引
	オペレーティング・リース取引		通常の賃貸借	

(2)　法人税の取扱い

　法人税においては、所有権移転ファイナンス・リース取引については、従来、賃貸借取引ではなくリース資産の売買取引とされていました。所有権移転外ファイナンス・リース取引についても、平成19年度税制改正により、平成20年4月1日以後契約を締結するものは、リース資産の売買取引として取り扱うものとされました（法法64の2①）。

　法人税においては、減価償却費の損金算入について損金経理要件がありますが、所有権移転外ファイナンス・リース取引に係る減価償却費の計算はリース定額法によるのであり、従来どおり賃貸借取引として経理処理を行った場合であっても、その賃借料の計上は減価償却費の計上と認められます（法令131の2③）。

　また、資産を譲渡したうえで、譲受人から譲渡人に対してその資産をリース取引の対象にした場合（セール・アンド・リースバック）に、その一連の取引が、実質的に金銭の貸借であると認められるときは、資産の売買及びその賃貸借はなかったものとし、譲受人から譲渡人に対する金銭の貸付けがあったものとされます（法法64の2②）。

(3)　消費税の取扱い

　消費税においては、平成19年度の法人税法の改正の前から、リース取引については、法人税法の取扱いに準じて、売買取引・金融取引の判断をするものとされています。

　法人税における上記所有権移転外ファイナンス・リース取引の取扱いは、所有権移転外ファイナンス・リース取引をリース資産の売買と認識した上で、賃借料の計上を減価償却費として損金経理したものと認めるものです。この取扱いにより法人税において賃借料が損金と認められる場合であっても、取引自体の認識としては、そのリース資産の引渡しの時にリース料総額を対価としたリース資産の譲渡があり、その後支払うリース料は未払金の弁済であるということになります。したがって、消費税においては、リース資産の引渡しがあった課税期間にリー

ス料総額につき仕入税額控除を行うもの（一括控除）と通達に示され（消基通5－1－9、11－3
－2）、法人税の取扱いとそれに準じる消費税の取扱いとに、いわば逆転現象が生じることとな
りました。

この逆転現象について、税理士会は、会計基準に基づいた経理処理を踏まえた経理実務への
簡便性という観点からその是正を強く要望し、これを受けて、国税庁は、平成20年11月に、賃
借人が賃貸借処理をしている場合には、支払うべきリース料について仕入税額控除を行う方法
（分割控除）を認める見解を示しました。

◆一括控除・分割控除の留意点◆

- 売買取引として会計処理した場合は、一括控除による（分割控除は認められない）。
- 賃貸借取引として会計処理した場合は、一括控除又は分割控除の選択が可能。
- 初年度に分割控除を選択した場合は、リース期間終了まで分割控除を適用する（その後の課税期間にリース料の残額の合計額について一括して控除することはできない）。
- 一括控除から分割控除へ又は分割控除から一括控除への変更をして修正申告又は更正の請求をすることはできない。
- リース期間の初年度において簡易課税制度を適用していた者がその後原則課税に移行した場合でも、賃貸借処理をしていれば、その課税期間に支払うべきリース料について仕入税額控除することができる。
- リース期間の初年度に免税事業者であった者がその後課税事業者となった場合でも、賃貸借処理をしていれば、その課税期間に支払うべきリース料について仕入税額控除することができる。

また、セール・アンド・リースバックについては、従来、金融取引とされており、その取扱
いに変更はありません。すなわち、法人税において金融取引と判断するリース取引については、
リース取引の前提となる資産の譲渡及びその賃貸借はなかったものとし、譲受人から譲渡人に
対する金銭の貸付けとして取り扱います。

⑷　新たな会計基準の公表

令和6年9月13日、企業会計基準委員会は、「リースに関する会計基準」（企業会計基準第34
号）、「リースに関する会計基準の適用指針」（企業会計基準適用指針第33号）及び関連する企
業会計基準等を公表しました。これらは、借手のすべてのリースについて資産及び負債を計上
することを基本としています。

税務への影響は、今後明らかになります。

⑸　所有権移転外ファイナンス・リース取引に適用する税率

課税仕入れについては、その対価を施行日以後に支払う場合であっても、課税仕入れを行っ
た日の税率を適用することとされています（税制抜本改革法附2）。分割控除は、その引渡しの日
にリース資産の譲渡を受けたものと認識したうえで、事業者の納税事務に配慮して仕入税額控

第9章 仕入税額控除

除の時期の特例を認めるものですから、施行日前に開始した所有権移転外ファイナンス・リース取引については、たとえ分割控除を行っていたとしても、旧税率を適用することとなります。

誤りやすい事例 リース料についての仕入税額控除の時期

当社は、次のリース契約を締結し、リース資産の引渡しを受けました。

リース資産	リース期間	リース料総額（税込）	備　考
複合機X	4年	252万円	所有権移転外ファイナンス・リース取引に該当
コンピュータY	4年	960万円	所有権移転ファイナンス・リース取引に該当

なお、契約書には利息の額の記載はありませんが、リース会計を行うために必要な利息の額を示すリース計算書の交付を受けています。

また、複合機Xについては少額リースに該当することから賃貸借取引として経理処理を行うこととしています。

消費税の仕入税額控除の時期はどうなりますか。

解　説

ファイナンス・リース取引に係る仕入税額控除の時期は、次のとおりです。

区　分	会計処理	仕入税額控除の時期
所有権移転ファイナンス・リース取引	売買取引	〈一括控除による〉
所有権移転外ファイナンス・リース取引	売買取引	
	賃貸借取引	〈一括控除又は分割控除のいずれかを選択する〉

※　一括控除とは、売買取引として、リース資産の引渡しの時にリース料総額を課税仕入れとする方法。
※　分割控除とは、リース料を支払うべき日に、支払うリース料の額を課税仕入れとする方法。

なお、リース会社が交付するリース計算書には、会計処理に必要な利息に相当する額が示されていますが、そのことをもって契約において利息の額が明らかにされたことにはなりませんから、課税仕入れの対価の額からその利息の額を控除する必要はありません。

また、複合機Xについて、分割控除により4年間にわたって仕入税額控除を行う場合であっても、その税率はリース資産の引渡しを受けた日において施行されている税率によることとなります。

【参考】消法6①、別表第二第三号、消令10③十五、30①、消基通5－1－9、6－3－1、所令184の2、法令136の3

465

| 誤りやすい事例 | 契約解除に伴う残存リース料の支払 |

当社は、複合機Xの所有権移転外ファイナンス・リース取引について、賃貸借取引として会計処理を行い、これに係る仕入税額控除は、分割控除の方法を選択しています。

このたび、高性能の複合機に借換えすることとし、複合機Xのリース契約を解除して残存リース料を支払いました。

この残存リース料の支払について消費税の取扱いはどのようになるのでしょうか。

なお、このリース契約は、平成20年4月1日以後に契約したものです。

解説

ファイナンス・リース取引は、リース資産の譲渡と評価するため、原則としてリース料の総額がリース資産の引渡しの日の属する課税期間における課税仕入れの支払対価の額となりますが、賃借人が賃貸借処理をしている場合には、経理実務の簡便性の観点から分割控除により仕入税額控除を行うことも認められています。ただし、この場合でもファイナンス・リース取引を売買取引であるとする評価にかわりはなく、仕入税額控除の時期をリース料の支払の時期に合わせたにすぎません。したがって、契約解除に伴って支払う残存リース料もリース資産の譲受けの対価であり、その残存リース料は、解約した日の属する課税期間における仕入税額控除の対象となります。

なお、残存リース料の一部が減額された場合の取扱いは次のとおりです。

減額の理由	取扱い
・リース資産を返還すること	・リース資産による残存リース料の代物弁済に該当 ・残存リース料の額を課税仕入れの対価の額とし、減額されるリース料を資産の譲渡の対価とする。
・リース資産の陳腐化のため、合意に基づきリース資産を廃棄すること	・リース料の値引きに該当 ・仕入れに係る対価の返還とする
・リース物件の滅失等を起因として賃貸人に保険金が支払われること	・リース料の値引きに該当 ・仕入れに係る対価の返還とする

【参考】消法2①八、30①、消令45②一、32①、消基通5－1－9

第10節 課税売上割合

　その課税期間における課税売上高が5億円以下である場合、仕入税額控除について、全額控除となるのかそれとも個別対応方式又は一括比例配分方式により計算することとなるのかは、課税売上割合が95％以上かどうかによって判断します。

　また、全額控除の適用がない場合には、個別対応方式による計算に当たり「課税売上割合に準ずる割合」の承認を受けている場合を除き、その控除税額の計算に課税売上割合を適用することとなります。

課税売上割合の計算

　課税売上割合は、課税資産の譲渡等の対価の額の合計額が資産の譲渡等の対価の額の合計額のうちに占める割合であり、これを算式で示すと次のようになります。（消法30⑥、消令48①）。

$$\text{課税売上割合} = \frac{\text{その課税期間中に国内において行った課税資産の譲渡等の対価の額}}{\text{その課税期間中に国内において行った資産の譲渡等の対価の額}}$$

$$= \frac{\text{税抜き課税売上高} + \text{免税売上高}\quad(\text{対価の返還等の金額を控除する})}{\text{税抜き課税売上高} + \text{免税売上高} + \text{非課税売上高}\quad(\text{対価の返還等の金額を控除する})}$$

(1) 事業全体で計算

　課税売上割合は、一の法人、1人の個人事業者の売上げ全体を基に計算します。
　事業所や支店、事業部単位、所得区分ごと等に分割して計算することはできません（消基通11－5－1）。

(2) 課税売上割合の端数計算

　課税売上割合の端数処理について、切捨ては認められますが、四捨五入、切上げはできません（消基通11－5－6）。したがって、端数処理をするより分数式のまま計算する方が有利になります。

(3) 分母・分子に算入する金額の留意点

　課税売上割合の計算上、分母・分子の金額に共通する留意点は次表のとおりです。

区　　分	分母・分子の金額
❶　消費税額及び地方消費税額	含めない
❷　国外において行う取引に係る譲渡対価の額	
❸　輸出取引等に該当する課税資産の譲渡等の対価の額	含める
❹　対価の返還等の金額	控除する
❺　貸倒れの回収金額	含めない
❻　貸倒れとなった金額	控除しない
❼　低額譲渡・みなし譲渡の場合の対価の額とみなされた金額	含める
❽　輸出取引等に該当する非課税資産の譲渡等の対価の額	
❾　海外支店における販売や使用のために輸出した資産の価額	

❶　消費税額及び地方消費税額

　課税売上割合は、税抜対価の額によって計算します。

❷　国外において行う取引に係る譲渡対価の額

　課税売上割合は、国内において行った資産の譲渡等を計算の基礎としています。

　国外において行った資産の譲渡等は課税対象とはならないため、計算の基礎となりません。

❸　輸出取引等に該当する課税資産の譲渡等の対価の額

　輸出取引等に該当する課税資産の譲渡等は、課税標準額には含まれませんが、０％課税の適用を受けるため、その売上高を分母及び分子に算入します。

❹　対価の返還等の金額

　課税売上高、非課税売上高、免税売上高につき、対価の返還等がある場合には、前課税期間以前の売上げに係るものであっても、分母、分子の金額から控除します。

　対価の返還等の金額は、税抜きの処理をした後の金額とします。ただし、免税事業者であった課税期間において行った課税資産の譲渡等に係る売上げ対価の返還等の金額については、税抜処理は行いません（消基通14−1−6）。

　対価の返還等がある場合の課税売上割合の計算は、対価の返還等の金額を控除した「残額」と規定されているため（消令48①）、対価の返還等の金額が売上高を超える場合には、その売上高は０ということになります。

　なお、分子の金額が０である場合、分母及び分子の金額が０である場合の課税売上割合は０％となります。課税売上割合は、課税資産の譲渡等の対価の額の合計額が資産の譲渡等の対価の額の合計額のうちに占める割合であるため、「０を乗じてはいけない」とか「０で除してはいけない」といった数学的考え方によらず、課税資産の譲渡等の対価の額の合計額がないのだから、占める割合は０％である、という判断を行うものです。

❺　貸倒れの回収金額　及び　❻　貸倒れとなった金額

　貸倒れの回収金額、貸倒れとなった金額は、ともに課税売上割合の計算に影響しません。

第9章 仕入税額控除

❼ 低額譲渡・みなし譲渡の場合の対価の額とみなされた金額

　法人が自社の役員に対して資産の贈与を行った場合、個人事業者が事業用資産を家事用に消費した場合には、その資産の時価による譲渡があったものとみなされます。また、法人が自社の役員に対して著しく低い価額で資産を譲渡した場合には、現実に支払を受けた金額ではなく、その資産の時価により譲渡があったものとみなされます。これらの規定の適用を受ける資産が課税資産である場合には、その時価が課税標準額の基礎となると同時に、課税売上割合の計算に当たっても、その資産の時価が分母及び分子の金額に算入されることとなります。また、非課税資産である場合には、その資産の時価が分母の金額に算入されます。

　低額譲渡、みなし譲渡の場合の資産の譲渡等の対価の額とすべき金額の詳細については、348頁を参照してください。

❽ 非課税資産の輸出取引等　及び　❾ 国外への資産の輸出

　控除対象仕入税額の計算に当たっては、非課税資産の譲渡等が輸出免税の対象となる輸出取引等として行われた場合、国外で自己が使用するための輸出又は国外で行う資産の譲渡等のための輸出が行われた場合には、これを課税資産の譲渡等とみなして輸出免税の規定を適用します（消法31）。詳細は、次の❷「非課税資産の輸出取引等と国外移送」を参照してください。

② 非課税資産の輸出取引等と国外移送

　控除対象仕入税額の計算に当たっては、次の(1)又は(2)については、これを課税資産の譲渡等とみなして課税仕入れ等の用途区分及び課税売上割合の計算を行います（消法31）。

(1)　非課税資産の譲渡等に係る輸出取引等

(2)　国外において行う資産の譲渡等又は国外における自己の使用のためにする資産の輸出

　この取扱いは、国外において消費される財貨に日本の消費税を負担させない趣旨から、本来、控除の対象とならない非課税資産の譲渡等にのみ要する課税仕入れ等であっても、それが輸出取引等のために行われる場合には、控除の対象とするというものです。

　したがって、全額控除の適用があるかどうかを判定する基準として課税売上高を算定する場合には、その金額は課税売上高に算入しません。

　また、この規定は、仕入税額控除に当たっての特例規定であるため、基準期間又は特定期間において非課税資産の譲渡等に係る輸出取引等又は国外への資産の移送を行っていたとしても、基準期間における課税売上高に影響することはありません。

(1)　非課税資産の輸出取引等

　非課税資産の譲渡等が、消費税法7条に規定する輸出取引等に該当するものとして行われた場合には、その譲渡対価の額は課税売上高として課税売上割合を計算します。また、その非課税資産の譲渡等のために要した国内の課税仕入れ及び課税貨物は、課税資産の譲渡等にのみ要するものに区分されます（消法31①）。

469

◆輸出取引等として行う非課税資産の譲渡等の具体例◆

- 身体障害者用物品の輸出販売
- 教科用図書の輸出販売
- 非居住者からの貸付金利息の受取り
- 外国債に係る利息の受取り

⑵　国外への資産の移送

　国内にある資産を国外に輸出する行為、単に貨物を国内から国外に運び出す行為は、資産の譲渡等ではありません。しかし、国外で行う資産の譲渡等のための輸出及び国外で自己が使用するための輸出は、その資産が国外で販売され国外で消費されることを前提に、その輸出のために要した国内の課税仕入れ及び課税貨物は、課税資産の譲渡等にのみ要するものに区分されます（消法31②）。

　課税売上割合の計算に当たっては、輸送船等に積み込むまでに要した全ての費用の合計額（本船甲板渡し価格：FOB価格）を課税売上高に算入します（消令51④）。

　FOB価格は、輸出許可証等により確認することができます。

◆輸出取引等として行う国外への資産の移送の具体例◆

- 国外支店に向けて行う棚卸資産の輸出
- 国外で使用する備品等の輸出

資産の譲渡等の区分によりその取扱いをまとめると、次のようになります。

取引の区分			課税区分	課税標準額	課税売上割合の計算	課税仕入れの取扱い
資産の譲渡等	課税資産の譲渡等	国外取引	不課税	——	——	課税売上対応分に区分
		国内取引　輸出等	免税（0％課税）	——	課税売上高に算入	
		国内取引　輸出以外	課税	算入する		
	非課税資産の譲渡等	国内取引　輸出等	非課税	——	課税売上高に算入[1]	課税売上対応分に区分[1]
		国内取引　輸出以外		——	非課税売上高に算入	非課税売上対応分に区分
資産の譲渡等以外		輸出	不課税		FOB価格を課税売上高に算入[1,2]	課税売上対応分に区分[1,2]
		輸出以外			——	共通対応分に区分

470

第 9 章 仕入税額控除

※1 　有価証券・支払手段・抵当証券・貸付金・預金・売掛金その他の金銭債権の輸出を除きます。
※2 　国外での資産の譲渡等又は自己の使用のための輸出に限ります。

3 有価証券等の取引に係る取扱い

(1) 有価証券等の内外判定

　従来、券面のある有価証券（消費税法別表第二第二号に規定する有価証券をいいます。）の譲渡については、国内において行われたか否かの判定は、その譲渡の時に有価証券が所在していた場所の所在地が国内にあるかどうかによるものとされていました（旧消令6①九イ）。

　しかし、社債株式等振替法（「社債、株式等の振替に関する法律」）により株券電子化（株式のペーパーレス化）が実施され、上場会社の株式等に係る株券は全て廃止したうえで、株主権の管理は、証券保管管理機構（ほふり）及び証券会社等の金融機関に開設された口座において電子的に行われています。それにもかかわらず、券面のない有価証券（消費税法施行令9条1項1号に掲げる有価証券に表示されるべき権利をいいます。）の譲渡については、法令上、直接の規定がなく、譲渡を行う者の事務所等の所在地によって判定を行っていました（旧消令6①十）。

　また、平成30年度税制改正にあたり、金融庁は、「無券面の外国債券等の譲渡については、その内外判定基準が不明確との指摘がある。そのため、無券面の外国債券等を譲渡する事業者において的確に判断できるよう、無券面の外国債券等の譲渡に係る消費税の内外判定について明確化する必要がある。」と要望しています。

　有価証券等の譲渡は、国内において行った場合には非課税資産の譲渡等に該当し、課税売上割合の計算に影響するため、その内外判定は適正に行わなければなりません。そこで、有価証券等の譲渡についての内外判定の基準を明確にする改正が行われ、有価証券等の区分に応じて、それぞれ次のとおり判定することとされました。有価証券等の貸付けに係る内外判定基準も同様です。

① 振替機関等が取り扱う有価証券等

　有価証券等は、券面のあるなしにかかわらず、振替機関等において取り扱われるものに係る内外判定の基準は、その振替機関等の所在地で判定することとされました（消令6①九ハ）。

・重複上場有価証券等
　振替機関等で取り扱われる有価証券等には、国内の振替機関（証券保管振替機構（ほふり）及び日本銀行）と国外の振替機関とで重複して取り扱われるものがあります。これを「重複上場有価証券等」といいます。重複上場有価証券等の譲渡に係る内外判定は、その売買の決済に際して、振替に係る業務が国内の振替機関やその口座管理機関において行われるものについては国内取引（非課税取引）となり、これ以外のものについては、国外取引（課税対象外取引）となります。
・登録国債
　登録国債の譲渡については、改正はありません。引き続き、登録国債の登録をした機関の所在地で判定します（消令6①九ロ）。

471

② 振替機関において取り扱われるもの以外の有価証券等

❶ 券面がある有価証券

　振替機関において取り扱われるもの以外の有価証券等のうち、券面のある有価証券の譲渡に係る内外判定の基準は、改正前と同様に、券面の所在していた場所の所在地です（消令6①九イ）。

❷ 券面のない有価証券等

　振替機関において取り扱われるもの以外の有価証券等のうち、券面のない有価証券等（消費税法施行令9条1項3号に掲げる権利、いわゆる権利株を含みます。）の譲渡に係る内外判定の基準は、その有価証券等に係る法人の本店、主たる事務所その他これらに準ずるものの所在地とされました（消令6①九ニ）。

　「有価証券等に係る法人の本店、主たる事務所その他これらに準ずるものの所在地」とは、原則として、その有価証券等を発行した法人の本店所在地をいいますが、これに準ずるものとして、国債や地方債については、これらを発行した国や中央銀行、地方公共団体の所在地で判定し、契約型外国籍投資信託等の投資信託に係る有価証券については、当該投資信託の受託者である受託銀行の所在地で判定することとなります。

③ 適用関係

　この改正は、平成30年4月1日から適用されています（平30改令附1）。

区　分		平成30年4月1日以後の内外判定基準
振替機関等が取り扱う有価証券等		振替機関等の所在地
上記以外の有価証券等	券面あり	券面の所在していた場所の所在地
	券面なし	有価証券等を発行した法人の本店所在地

(2) 非課税売上高に算入する金額

　有価証券の譲渡対価の額は非課税売上高となりますが、その譲渡が繰り返し行われた場合には膨大な非課税売上げの計上につながることから、預金利息等との平仄を合わせる趣旨で、その譲渡対価の5%相当額を課税売上割合の計算に算入します。

　また、金銭債権の譲渡についても、平成26年度の税制改正により、平成26年4月1日以後に行う譲渡については、その5%相当額を課税売上割合の計算に算入することとされました。

　有価証券等の取引を行った場合に、課税売上割合の計算上、非課税売上高に算入すべき金額は次表のとおりです（消令48②③④⑤⑥、消規15の2）。

区　　分		非課税売上高に算入する金額
• 金融商品取引法2条1項に規定する有価証券等（ゴルフ場利用株式等を除く）の譲渡※1 • 登録国債等（国債等の現先取引を除く）の譲渡 • 現先取引以外の海外CD、CPの譲渡		対価の額の5％相当額を算入する
• 合資会社、合名会社、合同会社、協同組合等の持分の譲渡		全額を算入する
• 国債等の現先取引	買戻条件付債権譲渡（売現先）	含めない
	売戻条件付債権買付（買現先）	差益の額を算入し、差損の額を控除する
• 資産の譲渡等の対価として取得した売掛金等の金銭債権の譲渡 • 支払手段の譲渡 • 電子決済手段の譲渡 • 暗号資産の譲渡		含めない
• 貸付金、預金、売掛金等の金銭債権（資産の譲渡等の対価として取得した債権及びゴルフ会員権等を除く）の譲渡		対価の額の5％相当額を算入する※2
• 貸付金、預金、売掛金等の金銭債権の譲り受けた債権の回収		償還差益、弁済差額、立替差益等の額を含める
• 国債、社債等の償還差損益		差益の額を算入し、差損の額を控除する
• 貸付金、預貯金、公社債等の利子 • 手形の受取割引料		全額を算入する
• 利益の配当 • 剰余金の分配		含めない （課税対象外）

※1　有限会社は、会社法が施行された平成18年5年1日から「会社法の施行に伴う関係法律の整備等に関する法律」の規定により特例有限会社（有限会社と名のる株式会社）となり、その特分は株式とみなされています。

※2　平成26年3月31日までに行った金銭債権の譲渡については、その譲渡に係る対価の額の全額を算入します。

(3) 自己株式の取得と処分

　法人が自己株式を取得する場合における株主から法人への株式の引渡し及び法人が自己株式を処分する場合における他の者への株式の引渡しは、いずれも資本取引であり、資産の譲渡等に該当しません。

　ただし、株主から法人へのその法人の自己株式の譲渡が、証券市場において行われる場合には、その株主は、資本の払込みではなく、通常の株式の譲渡として非課税資産の譲渡等を認識します（消基通5－2－9）。

⑷　有価証券等の譲渡の時期

有価証券等の譲渡の時期は次表のとおりです（消基通9－1－17～18）。

区　分			有価証券等の譲渡の時期
株式等	証券又は証書が発行されているもの	原則	その引渡しがあった日
		特例	法人においては譲渡に係る契約日とすることができる
	証券等の発行がないもの	証券の代用物が発行されている	その引渡しがあった日
		証券の代用物が発行されていない	契約等に定めた譲渡の日
登録国債等			名義変更の登録に必要な書類の引渡し等があった日
持分会社、協同組合、人格のない社団等、匿名組合及び民法上の組合の社員又は出資者等の持分等		証券等が発行されている場合	その引渡しがあった日
		証券等が発行されていない場合	契約等に定めた譲渡の日
株式の信用取引等			売付けに係る取引の決済を行った日

⑸　利子等を対価とする資産の譲渡等の時期

貸付金等から生ずる利子の額は、その利子の計算期間の経過に応じその課税期間に係る金額をその課税期間の非課税売上高とするのが原則です。

ただし、金融業、保険業以外の事業に係る貸付金から生ずる利子で、その支払期日が1年以内の一定の期間ごとに到来するものについては、継続処理を要件に、その支払期日の属する課税期間の非課税売上高とすることができます（消基通9－1－19）。

⑹　償還差益を対価とする資産の譲渡等の時期

国債等に係る償還差益は、その国債等の償還が行われた日の属する課税期間に帰属します。

ただし、その国債等が、法人税法施行令139条の2第1項に規定する償還有価証券に該当し、法人税においてその調整差益の額を各事業年度の償還差益の額としている場合には、消費税についても、その調整差益の額を各課税期間の非課税売上高とすることができます（消基通9－1－19の2）。

⑺　償還差損の取扱い

国債等の償還に当たり、償還差損が発生した場合には、その損失の額は、非課税資産の譲渡

等の対価の額から控除します。

　債権を取得するということは、債権を発行する者に対して金銭の貸付けを行うことと同様であり、その償還について発生する差額は、たとえ損失であったとしても受取利息に相当するものと考えられます。したがって償還差損はマイナスの受取利息と考えて、非課税資産の譲渡等の対価の額から控除します。

誤りやすい事例　信販取引に係る課税売上割合の計算

　当社は、信販会社です。消費者が当社の加盟店と割賦購入あっせん契約を締結して商品を購入した場合に、加盟店への代金の立替払と、購入者からの分割払いによる集金を行います。

　加盟店に支払う金額からは加盟店手数料を差し引き、消費者からは商品代金のほかに信販手数料を受領します。

　この場合の課税売上割合の計算はどうなりますか。

解　説

① 　加盟店手数料の取扱い

　信販会社にとって、加盟店への代金の立替払は金銭債権の譲受けに該当します。立替払の際に差し引く加盟店手数料は、譲り受けた債権を回収する際の差益であり、これを信販会社の課税売上割合の計算上、非課税売上高に算入します。

　他方、加盟店においては、加盟店手数料は債権譲渡について生じた譲渡損であり、金銭債権の譲渡収入が非課税売上高となります。ただし、この金銭債権は、資産の譲渡等の対価として取得した売掛債権であるため、譲渡の対価を課税売上割合の計算に含める必要はありません。

② 　信販手数料の取扱い

　信販会社が消費者から代金を集金する行為は、金銭債権の回収であり、課税の対象になりません。ただし、代金とともに受領する信販手数料は、受取利息として課税売上割合の計算上、非課税売上高に算入することになります。

【参考】消法6①、別表第二第三号、消令9①五、10③八、九、48②二

第11節 仕入れに係る対価の返還等を受けた場合の調整

　国内において行った課税資産の譲渡等について、値引きや返品があったことにより対価の額が変更された場合には、売り手側では課税売上高が、買い手側では課税仕入れ高が、その変更額だけ修正されることとなります。

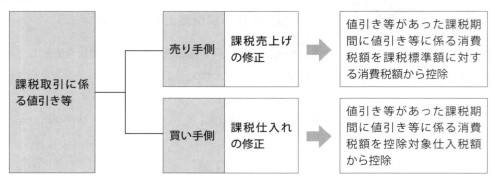

(1) 税額による控除と値引き額による控除

　仕入値引き等があった場合の調整は、その値引き等に係る消費税額を控除対象仕入税額から除く調整計算を行うこととされています。

　ただし、継続経理を要件として、値引き額、返品額等を課税仕入れの金額から直接控除した後の金額を課税仕入れの金額とし、税額による調整を行わないものとすることができます（消基通12－1－12）。

(2) 輸入品について値引き等を受けた場合

　保税地域から引き取った課税貨物につき、値引きや割戻しによる対価の返還があっても調整計算は行いません。

　課税貨物に係る消費税額について、税関で還付を受けた場合の調整については、782頁を参照してください。

(3) 仕入れに係る対価の返還等の意義

　仕入れに係る対価の返還等とは、売り手側において売上げに係る対価の返還等となるものです（消法32①、消基通12－1－1～4）。558頁を参照してください。

(4) 調整の時期

　仕入れに係る対価の返還等に係る調整は、その対価の返還等を受けた日の属する課税期間において行います（消法32①）。その返還等の元になる仕入れが、その課税期間において行われた

ものであるか、前期以前に行われたものであるかにかかわりません。

これは、法人税の所得金額の計算において、法人税基本通達2－2－16が、「当該事業年度前の各事業年度においてその収益の額を益金の額に算入した資産の販売又は譲渡、役務の提供その他の取引について当該事業年度において契約の解除又は取消し、返品等の事実が生じた場合でも、これらの事実に基づいて生じた損失の額は、当該事業年度の損金の額に算入するのであるから留意する」としているのと同じ取扱いです。

(5) 仕入れに係る対価の返還等を受けた場合の計算

仕入れに係る対価の返還等を受けた場合の控除対象仕入税額の計算は次表のとおりです。

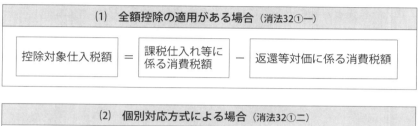

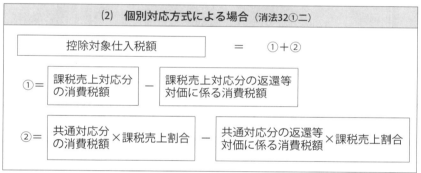

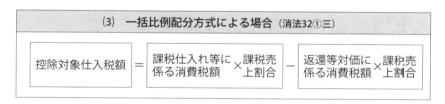

(6) 控除過大調整税額

仕入れに係る消費税額から、仕入れに係る対価の返還等を受けた金額に係る消費税額を控除して控除しきれない金額があるときは、その控除しきれない金額を申告書の控除過大調整税額の欄に記入し、課税標準額に対する消費税額に加算します（消法32②）。

(7) 免税事業者であった課税期間の課税仕入れ

免税事業者であった課税期間に行った課税仕入れについては、課税仕入れを行ったときに仕

入税額控除の計算の基礎とされていないため、仕入れに係る対価の返還等を受けた場合の調整計算は行いません（消基通12－1－8）。

ただし、免税事業者が課税事業者になった場合の棚卸資産に係る消費税額の調整の対象となったものについては控除します（詳細は487頁）。

(8) 債務免除

仕入れ対価の返還等を受けた場合の調整は、返品等、個々の取引についての取引価額の修正があった場合の対応として設けられた規定です。

買掛金その他の債務について債務免除を受けた場合、その債務が課税仕入れに係る債務であっても、仕入れに係る対価の返還等には該当しません（消基通12－1－7）。

ここでいう債務免除は、贈与課税や寄附金課税の対象とならない会社更生法の規定による更生計画認可の決定等に基づく債務免除であり、任意の債務免除については、債務者の支払能力や資産状況等を総合的に勘案して、この規定の対象となるかどうかを検討する必要があります。

第12節 調整対象固定資産に係る調整

1個又は1組100万円以上の固定資産を取得した場合は、その後3年間は仕入税額控除の調整が必要となる可能性があります。

仕入時の処理と調整との関係

固定資産は、長期にわたって利用されるため、会計上、その購入時には資産に計上され、減価償却の手続によって使用される会計期間に費用配分されます。

他方、消費税は、その税負担を最終消費に転嫁するため、課税標準額に対する消費税額から、課税仕入れ等の税額を控除します。ここには、費用収益の期間対応という概念はなく、固定資産に係る課税仕入れであっても、その仕入れを行った課税期間において全て控除の対象となります。しかし、長年にわたって使用する固定資産について、これを取得した課税期間の状況だけで課税関係を完結させてしまうと、課税売上割合が大きく変動した場合やその固定資産の使用目的を変更した場合には、結果的に売上げと仕入れの対応関係の実態が反映されていなかったことになります。

そこで、1個又は1組100万円以上の固定資産を取得した場合は、その後3年間は仕入税額控除の調整を行う規定を設けています。この調整には、次の2つがあります。

| ① | 課税売上割合が著しく変動した場合の調整 |
| ② | 調整対象固定資産の転用を行った場合の調整 |

仕入時の処理		調整計算が必要となる場合	調整時期
全額控除		課税売上割合が著しく変動した場合	第三年度
一括比例配分方式			
個別対応方式	共通用	3年以内に転用した場合	転用した課税期間
	課税売上げ用		
	非課税売上げ用		
簡易課税制度適用・免税事業者		調整なし	

※ 課税仕入れ等を行った日の属する課税期間又は調整を行うべき課税期間において、簡易課税制度の適用がある場合又は免税事業者である場合には、調整計算は不要です（消法37①）。

2 一般課税による申告が強制される特例

次の場合には、その調整対象固定資産又は高額特定資産の仕入れ等をした日の属する課税期間の初日以後3年を経過する日の属する課税期間まで、一般課税による申告が強制されるため、調整計算に留意する必要があります（消法9⑦、12の2②、12の3③、12の4①）。

① 課税事業者を選択した場合の2年間の強制継続適用期間中に調整対象固定資産の仕入れ等をして一般課税で申告した場合

② 新設法人が基準期間がない課税期間中に調整対象固定資産の仕入れ等をして一般課税で申告した場合

③ 特定新規設立法人が基準期間がない課税期間中に調整対象固定資産の仕入れ等をして一般課税で申告した場合

④ 高額特定資産の仕入れ等をして一般課税により申告した場合に調整対象固定資産の仕入れ等をして一般課税で申告した場合

3 調整対象固定資産

調整対象固定資産とは、棚卸資産以外の資産で、その資産に係る課税仕入れに係る支払対価の額の100／110に相当する金額、その資産に係る特定課税仕入れに係る支払対価の額又は保税地域から引き取られるその資産の課税標準である金額が、1個又は1組につき100万円以上であるものをいいます（消令5、消基通12－2－3）。

| 課税仕入れ又は課税貨物となる有形固定資産、無形固定資産、権利金、ゴルフ会員権、資本的支出等 | ⇒ | 棚卸資産ではない | ⇒ | 1個又は1組の税抜対価（付随費用を含まない）が100万円以上 | ⇒ | 調整対象固定資産に該当 |

(1) 付随費用

調整対象固定資産に該当するのは、その資産の税抜き対価の額が、1個又は1組につき100万円以上であるものに限られますが、その判定金額には、資産の購入のために要する引取運賃、荷役費等の付随費用の額は含まれません（消令5、消基通12－2－2）。

(2) 1個又は1組

1個又は1組とは、例えば、機械及び装置にあっては1台又は1基、工具、器具及び備品にあっては1個、1組又は1そろい、構築物のうち例えば枕木、電柱等単体では機能を発揮できないものにあっては社会通念上一の効果を有すると認められる単位ごとに判定します。

この場合において、課税仕入れを行った時において固定資産等として完成されているかどうかを問いません（消令5、消基通12－2－3）。

(3) 資産の範囲

調整対象固定資産となる資産の範囲は、棚卸資産以外の資産で次に掲げるものです（消令5、消基通12－2－1）。

①　建物及びその附属設備

②　ドック、橋、軌道、煙突等の構築物

③　機械及び装置

④　船舶、航空機

⑤　車両及び運搬具

⑥　工具、器具及び備品

⑦　書画・骨董

⑧　無形固定資産（鉱業権・漁業権・水利権・特許権・実用新案権・意匠権・商標権・育成者権・公共施設等運営権・樹木採取権・漁港水面施設運営権・営業権・専用側線利用権・鉄道軌道連絡通行施設利用権・電気ガス供給施設利用権・水道施設利用権・工業用水道施設利用権・電気通信施設利用権・回路配置利用権・著作権・ソフトウエアの開発費等）

⑨　課税資産に係る権利金等

⑩　ゴルフ場利用株式、預託金方式のゴルフ会員権等

⑪　牛、馬、豚、果樹等の生物

⑫　その他これらに準ずるもの

⑬　上記に係る資本的支出

(4) 資本的支出

資本的支出とは、資産の修理、改良等のために支出した金額のうちその資産の価値を高め、又はその耐久性を増すこととなると認められる部分に対応する金額をいいます。上記に掲げる資産に係る資本的支出で、一の資産について行う修理、改良等の税抜き金額が100万円以上であるものは、その資本的支出自体が1つの調整対象固定資産となります（消基通12－2－5）。

土地の造成、改良のために要した課税仕入れに係る支払対価の額のように、調整対象固定資産となる資産に該当しない資産に係る資本的支出については、この取扱いの適用はありません。

一の資産について行う修理、改良等が2以上の課税期間にわたって行われるときは、課税期間ごとに要した課税仕入れに係る支払対価の額によって判定します。

(5) 共有物

他の者と共同で購入した資産は、共有物に係る持分割合に応じて計算した金額によって100万円以上であるかどうかの判定をします（消基通12－2－4）。

調整対象固定資産を転用した場合

(1) 課税用から非課税用への転用

次表の要件に該当する場合には、その固定資産について、課税業務用から非課税業務用への転用があった課税期間において控除対象仕入税額の調整を行います（消法34①）。

課税業務用から非課税業務用への転用
① 仕入れ時に個別対応方式により控除対象仕入税額の計算を行った
② 調整対象固定資産に係る課税仕入れ等の税額について課税資産の譲渡等にのみ要するものとしてその全額を控除した
③ その課税仕入れ等の日から3年以内に非課税資産の譲渡等に係る業務の用に転用した

調整処理
転用をした課税期間における控除対象仕入税額から調整税額を控除する

転用した課税期間の控除対象仕入税額から調整税額を控除して控除しきれない金額がある場合には、その控除しきれない金額を申告書の控除過大調整税額の欄に記入し、課税標準額に対する消費税額に加算します（消法34②）。

(2) 非課税用から課税用への転用

次表の要件に該当する場合には、その固定資産について、非課税業務用から課税業務用への転用があった課税期間において控除対象仕入税額の調整を行います（消法35）。

非課税業務用から課税業務用への転用
① 仕入れ時に個別対応方式により控除対象仕入税額の計算を行った ② 調整対象固定資産に係る課税仕入れ等の税額について非課税資産の譲渡等にのみ要するものとして控除の対象から除外した ③ その課税仕入れ等の日から3年以内に課税資産の譲渡等に係る業務の用に転用した

調整処理
転用をした課税期間における控除対象仕入税額に調整税額を加算する

(3) 調整税額

転用した課税期間の控除対象仕入税額に加減算する調整税額は、その転用の時期に応じて、次表のとおり計算します(消法34①、35)。

転用の時期		加減算する調整税額
仕入れの日から	1年以内	調整対象税額(その調整対象固定資産の課税仕入れ等の税額※)の全額
	1年超2年以内	調整対象税額×$\frac{2}{3}$
	2年超3年以内	調整対象税額×$\frac{1}{3}$

※ 調整対象税額は、調整対象固定資産を国内で仕入れた場合には、その調整対象固定資産の課税仕入れに係る支払対価の額に$\frac{7.8}{110}$を乗じて計算した消費税額であり、調整対象固定資産を輸入した場合には、その調整対象固定資産の輸入につき税関で課せられた消費税額です。

(4) 共通業務用に転用した場合

課税業務用から共通業務用へ転用した場合には調整の適用はありませんが、その後、非課税業務用に転用した場合には、その非課税業務用に転用した時に調整を行うことになります(消基通12-4-1、12-5-1)。その逆の場合も同様です。

(5) 途中で免税事業者等となった場合

課税仕入れを行った課税期間において免税事業者であった場合には、調整計算は行いません。ただし、課税仕入れ等を行った日の属する課税期間と転用した日の属する課税期間との間に免税事業者となった課税期間及び簡易課税制度の適用を受けた課税期間が含まれていても適用があります(消基通12-4-2、12-5-2)。

(6) 簡易課税制度を適用している場合

課税仕入れ等を行った日の属する課税期間又は転用した日の属する課税期間において簡易課税制度の適用がある場合には、調整計算は行いません（消法37①）。

課税売上割合が著しく変動した場合

次表の要件に該当する場合には、第三年度の課税期間において控除対象仕入税額の調整を行います（消法33①②）。

課税売上割合が著しく変動した場合の調整の要件
① 仕入れ時の処理が次のいずれか（比例配分法） ・全額控除によった ・一括比例配分方式によった ・個別対応方式によりその調整対象固定資産を共通用として控除対象仕入税額の計算を行った ② 第三年度の課税期間の末日においてその調整対象固定資産を保有している ③ 通算課税売上割合が著しく増加又は減少している

調整処理
著しく増加した場合：第三年度の課税期間における控除対象仕入税額に調整税額を加算する 著しく減少した場合：第三年度の課税期間における控除対象仕入税額から調整税額を控除する

(1) 著しい変動

著しい変動とは、次図の①②のいずれにも該当するものをいいます（消令53）。

① 変動差≧5％ ② 変動率≧50％	いずれにも該当	著しい変動

※ 変動差とは、仕入れ時の課税売上割合と通算課税売上割合の差をいいます。
※ 変動率とは、次の割合をいいます。
$$\frac{変動差}{仕入れ時の課税売上割合}$$
※ 仕入れ時の課税売上割合が0％の場合には、通算課税売上割合が5％以上であれば、著しい増加に該当します（消基通12－3－2）。

(2) 調整税額

課税売上割合が著しく増加した場合に控除対象仕入税額に加算する調整税額、課税売上割合が著しく減少した場合に控除対象仕入税額から控除する調整税額は、次図により計算します。

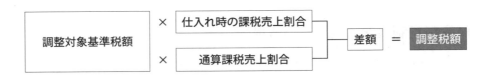

各用語の定義		根拠条文
第三年度の課税期間	仕入れ等の課税期間の初日から3年を経過する日の属する課税期間	(消法33②)
通算課税売上割合	仕入れ時の課税期間から第三年度の課税期間までの各課税期間に適用されるべき課税売上割合を通算した割合	(消法33②、消令53③)
調整対象基準税額	調整対象固定資産の課税仕入れに係る消費税額又は調整対象固定資産である課税貨物に係る消費税額	(消法33①一)

(3) 第三年度の課税期間

　第三年度の課税期間とは、仕入れ等の課税期間の初日から3年を経過する日の属する課税期間をいいます（消法33②）。

　したがって、1年決算法人の場合には仕入れを行った事業年度の翌々事業年度が第三年度の課税期間に当たり、基準期間に調整対象固定資産を取得していれば、当期が調整の時期ということになります。

　ただし、事業年度が1年でない場合、設立の事業年度に調整対象固定資産を取得した場合には、翌々期に当たらなくても第三年度となる場合があるので注意が必要です。

(4) 通算課税売上割合

　通算課税売上割合は、仕入れ時の課税期間から第三年度の課税期間までの各課税期間（通算課税期間）をひとつの課税期間と仮定した場合に計算される課税売上割合です。

　各課税期間の課税売上割合の計算の基礎となる金額を合計して算出します。

$$\text{通算課税売上割合} = \frac{\text{通算課税期間の課税売上高の合計額}}{\text{通算課税期間の総売上高の合計額}^{※}}$$

　※　有価証券等については5％相当額を算入するなど、各課税期間の課税売上割合の計算の基礎となる金額を合計します。

　「課税売上割合に準ずる割合」を適用している場合の通算課税売上割合は、次のとおりです（消令53⑤⑥）。

区　　分	計算方法
通算課税期間中を通して「課税売上割合に準ずる割合」を適用している場合	「課税売上割合に準ずる割合」の算出方法を基礎に通算計算をする
課税売上割合を適用している課税期間と「課税売上割合に準ずる割合」を適用している課税期間がある場合	各課税期間において適用した課税売上割合又は「課税売上割合に準ずる割合」の平均計算をする

(5)　調整対象基準税額

　第三年度の課税期間の末日において保有する調整対象固定資産の課税仕入れに係る消費税額又は調整対象固定資産である課税貨物に係る消費税額をいいます(消法33①一)。

　調整対象基準税額は、調整対象固定資産を国内で仕入れた場合には、その調整対象固定資産の課税仕入れに適用された税率に従いその課税仕入れに係る支払対価の額に$\frac{7.8}{110}$を乗じて計算した消費税額であり、調整対象固定資産を輸入した場合には、その調整対象固定資産の輸入につき税関で課せられた消費税額です。

(6)　途中で免税事業者等となった場合

　課税仕入れを行った課税期間において免税事業者であった場合には調整計算は行いません。ただし、課税仕入れ等を行った日の属する課税期間と第三年度の課税期間との間に免税事業者となった課税期間及び簡易課税制度の適用を受けた課税期間が含まれていても適用があります(消基通12－3－1)。

　なお、通算課税売上割合の計算上、免税事業者であった課税期間については、課税売上高及び売上対価の返還等の金額のいずれについても税抜処理はしません。

　また、免税事業者であった課税期間に行った課税資産の譲渡等に係る売上げ対価の返還等の金額については、その返還等をした課税期間の課税売上割合の計算上、税抜処理は行わないものとされており、通算課税売上割合の計算においても税抜処理はしません（消基通14－1－6）。

(7)　簡易課税制度を適用している場合

　課税仕入れ等を行った日の属する課税期間又は第三年度の課税期間において簡易課税制度の適用がある場合には、調整計算は行いません（消法37①）。

(8)　控除過大調整税額

　通算課税売上割合が著しく減少した場合において、調整税額を第三年度の課税期間の控除対象仕入税額から控除して控除しきれない金額があるときは、その控除しきれない金額を申告書の控除過大調整税額の欄に記入し、第三年度の課税期間の課税標準額に対する消費税額に加算します（消法33③）。

誤りやすい事例　　事業年度が1年でない場合の第三年度

当社は、X1年5月1日に資本金1,000万円で設立した法人です。事業年度は、毎年4月1日から3月31日までの1年間であり、課税期間の特例は選択していません。

第1期の5月に300万円の機械を、第2期の4月に500万円の車両を購入しました。これら調整対象固定資産について、課税売上割合が著しく変動した場合の調整を行うべき第三年度の課税期間はいつになりますか。

解説

① 機械

機械の仕入れをした課税期間の初日はX1年5月1日です。この日から3年を経過する日はX4年4月30日ですから、X4年4月30日が属する課税期間、すなわち、X4年4月1日からX5年3月31日までの課税期間（第4期）が第三年度の課税期間となります。

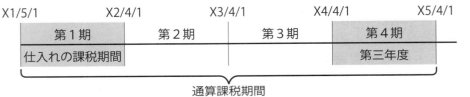

② 車両

車両の仕入れをした課税期間の初日はX2年4月1日です。この日から3年を経過する日はX5年3月31日ですから、X5年3月31日が属する課税期間、すなわち、X4年4月1日からX5年3月31日までの課税期間（第4期）が第三年度の課税期間となります。

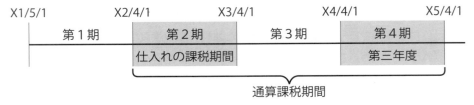

③ 調整

この事例の場合、第4期は、第1期の第三年度の課税期間であると同時に、第2期の第三年度の課税期間でもあります。

したがって、第4期において、機械及び車両についての調整を行うことになります。

第1期に仕入れをした機械については第1期から第4期までの期間を通算課税期間とし、第2期に仕入れをした車両については第2期から第4期までの期間を通算課税期間として、通算課税売上割合を計算します。

【参考】消法33①②

第13節 棚卸資産に係る調整

免税事業者が課税事業者となった場合には、期首棚卸資産に係る税額の調整が必要です。

課税事業者が翌課税期間から免税事業者となる場合には、期末棚卸資産に係る税額の調整が必要です。

相続による棚卸資産の承継等については745頁、合併又は分割による棚卸資産の承継等については765頁を参照してください。

 課税事業者となった場合

免税事業者であった期間中に仕入れた棚卸資産を課税事業者となった課税期間に譲渡した場合、その棚卸資産に係る課税仕入れについて仕入税額控除の適用を受けていないのに、その課税売上高が課税標準に含まれることとなります。そこで、新たに課税事業者となった課税期間の期首棚卸資産に係る消費税額は、その課税期間の仕入税額控除の対象とされています（消法36①、消令54①）。

免税事業者が、インボイス発行事業者の登録の経過措置（平28改法附44④）により、課税期間の途中から課税事業者となる場合は、課税事業者となる日の前日において所有する棚卸資産が対象となります（平30改令附17）。

◆前課税期間において免税事業者であった場合の控除対象仕入税額の計算の基礎◆

期首在庫	以前に課税事業者であった期間中の仕入れ	→ 調整の対象外
	免税事業者であった期間中の仕入れ	国内仕入れ又は引取りに要した費用の額（課税分）× 7.8／110※
当期仕入れ		国内課税仕入れの対価の額 × 7.8／110※
		保税地域から引き取った課税貨物に係る消費税額

右側：控除対象仕入税額の計算の基礎

※ その課税仕入れに適用された税率によって計算します。

(1) 対象となる課税仕入れ等

過去連続して免税事業者であった期間中の課税仕入れ等が対象です。

(2) 適用要件

期首棚卸資産に係る消費税額の調整は、その棚卸資産の品名、数量、取得に要した費用の額等を記録した書類を保存することが要件です（消法36②）。

ただし、書類の保存がない場合においても、災害その他やむを得ない事情により帳簿の保存をすることができなかったことを証明したときは、控除の適用があります。

(3) 仕入値引き等を受けた場合

免税事業者であった課税期間の課税仕入れについて、課税事業者となった課税期間において値引き等の仕入れに係る対価の返還等を受けても、その税額を控除対象仕入税額から控除する必要はありません。

ただし、課税事業者となった課税期間において、期首棚卸資産に係る消費税額の調整を受けた棚卸資産については、その調整により、事実上、課税事業者である課税期間において仕入れたものに転じたことになります。したがって、その棚卸資産について仕入れに係る対価の返還等を受けた場合には、その仕入れに係る対価の返還等に係る消費税額は、控除対象仕入税額から控除することになります。

(4) 簡易課税制度による場合

新たに課税事業者となった課税期間の控除対象仕入税額を、簡易課税制度により計算する場合は、適用がありません（消法37①）。

❷ 相続等により免税事業者の棚卸資産を引き継いだ場合

課税事業者が、相続により免税事業者である被相続人の事業を承継した場合において、その被相続人が免税事業者であった期間中の課税仕入れに等に係る棚卸資産を引き継いだときは、その棚卸資産に係る消費税額は、その引き継いだ課税期間の仕入税額控除の対象となります（消法36③）。

課税事業者である法人が、合併又は分割により事業を承継した場合についても同様です（消法36③）。

❸ 翌課税期間から免税事業者となる場合

課税事業者が翌課税期間に免税事業者となる場合の期末棚卸資産は、仕入税額控除の適用を受けたにもかかわらず、その売上げに課税されないこととなります。そこで、期末棚卸資産に係る消費税額は、その課税期間の仕入税額控除の対象から除かれることとなります（消法36⑤）。

◆翌課税期間が免税事業者となる場合の控除対象仕入税額の計算の基礎◆

※ その課税仕入れに適用された税率によって計算します。

(1) 対象となる課税仕入れ等

その課税期間中の課税仕入れ等が対象です。前期以前に仕入れたものが期末棚卸資産となっていても対象となりません。

(2) 簡易課税制度による場合

翌課税期間において免税事業者となる場合においても、当課税期間の控除対象仕入税額を簡易課税制度により計算する場合は適用がありません（消法37①）。

棚卸資産及びその消費税額

(1) 棚卸資産

棚卸資産とは、商品又は製品（副産物及び作業屑を含みます。）、半製品、仕掛品（半成工事を含みます。）、主要原材料、補助原材料、消耗品で貯蔵中のもの等をいいます（消法2①十五、消令4）。

(2) 棚卸資産に係る消費税額

棚卸資産に係る消費税額は、棚卸資産ごとに、その取得に要した課税仕入れ等となる費用の額に $\frac{消費税率}{1 + 消費税及び地方消費税の合計税率}$ を乗じて計算します（消法36①、消令54①、消基通12－7－1）。

したがって、この調整は、個別法により棚卸資産の評価を行っていることが前提であるといえます。しかし、所得税又は法人税において先入先出法等の評価方法で評価している場合に、消費税の調整のためだけに棚卸資産につき個別管理を求めることはできません。そこで、所得税又は法人税における評価方法による評価額（低価法を除きます。）を基礎に調整税額を計算することも認められています（消基通12－7－1）。

棚卸資産の取得に要した費用の額		消費税額
国内課税仕入れに係る棚卸資産	課税仕入れに該当する次の合計額 ① 支払対価の額 ② 購入付随費用の額 ③ 販売用とするための直接費用の額	
保税地域からの引取りに係る課税貨物	次の合計額 ① 引取りに係る課税標準額 ② 引取りに係る消費税等の税額 ③ 課税仕入れに該当する引取り付随費用の額 ④ 課税仕入れに該当する販売用とするための直接費用の額	課税仕入れについて適用された税率に従い、 $$\frac{消費税率}{1＋消費税及び地方消費税の合計税率}$$ を乗じた額
製作等した棚卸資産	課税仕入れに該当する次の合計額 ① 製作のための原材料費 ② 製作のための経費の額 ③ 販売用とするための直接費用の額	

上記の個別法にかえて、所得税又は法人税において適用している先入先出法等の評価方法による評価額（低価法を除きます。）

前期免税	いずれか小さい方 ・免税期間中の課税仕入れ等の総額 ・期首棚卸資産評価額（課税分）
翌期免税	いずれか小さい方 ・当課税期間の課税仕入れ等の総額 ・期末棚卸資産評価額（課税分）

※ いずれの場合も、税率の異なるごとに区分して計算します。

(3) 少額付随費用の取扱い

棚卸資産の取得価額は、次に掲げる費用の額で少額であるものにつきその取得価額に含めないこととしているときは、その取得価額によります（消基通12－7－2）。

① 買入事務、検収、整理、選別、手入れ等に要した費用の額

② 販売所等から販売所等へ移管するために要した運賃、荷造費等の費用の額

③ 特別の時期に販売するなどのため、長期にわたって保管するために要した費用の額

また、自己の製作等に係る棚卸資産の取得価額についても、次に掲げる費用の額で少額であるものにつきその取得価額に含めないこととしているときは、その取得価額によります（消基通12－7－3）。

① 製造等の後において要した検査、検定、整理、選別、手入れ等の費用の額

② 製造場等から販売所等へ移管するために要した運賃、荷造費等の費用の額

③ 特別の時期に販売するなどのため、長期にわたって保管するために要した費用の額

| 第9章 | 仕入税額控除 |

第14節 裁判例・裁決例

裁決例　横断地下道設置工事負担金

平成15年6月13日裁決（棄却）
〔裁決事例集第65集920頁〕

　請求人は、賃貸用大規模小売店舗を建設するに当たり、進入道路について国道直下を横断する地下道を設置する必要が生じたことから、F市及びM工事事務所と協議し、請求人が事業費の全額を負担したものであるから、F市に対して納入した工事負担金については、その名目が何であれ実質に工事代金で、工事負担金と地下道の設置とは明白な対価関係があり、また、F市からは課税仕入れに係る支払対価に該当する旨指導されたと主張する。しかしながら、請求人は本件地下道工事の工事主体とも工事委託者ともなり得ないことから、やむなく「事業費の全額負担」を条件にF市及びM工事事務所に同工事の施工を要請した者であり、また、本件地下道は完成後にF市道として認定されており請求人だけが便益を受けるものとは認められない。したがって、F市への負担金の支払いは課税仕入れに該当しない。

裁決例　漁業協同組合に支払った漁場迷惑料

平成6年11月2日裁決（棄却）
〔裁決事例集第48集391頁〕

　請求人は、A漁業協同組合に漁場迷惑料を支払ったことについて、海砂を採取する権利である資産の取得であるから、消費税法2条1項12号に規定する課税仕入れに該当し、同迷惑料は課税仕入れに係る支払対価の額に該当すると主張する。

　しかし、請求人が、海砂採取の許可の申請に当たり、県の指導方針により、A漁業協同組合の同意を得るため漁場迷惑料を支払った事実はあるが、海砂は国有財産であり、A漁業協同組合は海砂の所有権又は海砂を採取し若しくはこれを認める独立の法律上・慣習上の権利等を有していないと認められ、また、A漁業協同組合の有する漁業権には海砂採取及びそれに関する作業を行う権利は含まれていない。

　したがって、請求人が、利害関係者の同意を得るため何らかの金員を支払うことが実際上必要であるとしても、A漁業協同組合の地位は上記のとおりであるから、当該金員について、資産の譲受けの対価又は借受けの対価に該当するということはできず、仕入税額控除を適用することはできない。

裁決例　増資に関する業務委託料

平成26年6月5日裁決（全部取消し）

　本件委託業務の性格は、単に、増資に係る新株を引き受ける投資家を集めるという新株式募集のみを行うものではなく、当該募集ができなかった場合には、受託者側の資金による新株の引受けをするなどして、本件増資による請求人の資金調達を確実に成功させることであったと認められる。

　原処分庁は、甲が本件業務委託契約書に基づいた業務を行った事実は認められず、本件支払額は、役務提供が認められない支出であることから、寄附金に該当し、課税仕入れに係る支払対価の額に該当しない旨主張する。

　しかし、甲の指示の下で、甲を含む本件増資関係者によって、実際に本件委託業務は実施され、役務提供が行われ、目的であった本件増資が成功したのであるから、本件業務委託契約書に基づいた業務が行われた事実が認められる。

　本件支払額が、法人税法37条7項に規定する寄附金に該当するためには、当該支払額に対する反対給付が伴っていないことが必要となるところ、当該反対給付として、本件委託業務が行われ、本件増資が成功しているのであるから、本件支払額は、法人税法37条7項に規定する寄附金の額には該当しない。

　さらに、本件支払額は、請求人が本件委託業務の提供を受けたことに対する対価と認められることから、消費税法2条1項12号に規定する課税仕入れに係る対価の額に該当する。

　また、付言すれば、増資に係る資金コストは、その増資の困難さに応じて、一定の料率によるフィーが支払われることについては、一般論として合理性が認められること、そして、報酬割合については、その増資の規模、業務の困難さ、発行株式の引受けリスク、株価下落のリスク等に応じてある程度は高率となることもやむを得ないものと認められること、さらに、これを否定するに足る証拠もないこと等を踏まえれば、増資総額に対して約20％の本件支払額が不相当に高額であったということはできない。

裁決例　関係会計法人に対する支払手数料の対価性

平成25年12月13日裁決（一部取消し）

　法人税法37条7項に規定する寄附金とは、その名義にかかわらず、金銭その他の資産又は経済的な利益の贈与又は無償の供与であり、法人の事業に関連するか否かを問わず、法人が行う対価性のない金銭の支出は、広告宣伝費、交際費及び福利厚生費等に該当するものを除き、寄附金に該当するものと解される。

　会計業務については、平成14年1月以後は請求人の従業員により行われており、本件事業年度において、請求人が会計業務を委託した事実及び会計業務に係る役務の提供を受けた事実は認められないことから、本件支払手数料は対価性があるとは認められない。そうすると、本件支払手数料は、請求人から法人に対して贈与されたものと認めるのが相当であり、本件支払手数料は、法人税法37条7項に規定する寄附金の額に該当する。

第9章 仕入税額控除

消費税法30条6項は、課税仕入れに係る支払対価の額とは課税仕入れの対価の額をいう旨、また、同法2条1項12号は、課税仕入れとは事業者が事業として他の者から資産を譲り受け、若しくは借り受け、又は役務の提供を受けることをいう旨それぞれ規定しているところ、上記のとおり、本件支払手数料について、請求人が法人から役務の提供を受けた事実は認められない。したがって、本件支払手数料は、課税仕入れに係る支払対価の額に該当するとは認められない。

・・

裁決例 加盟店からの使用済みのお買物券の引取り

平成26年7月2日裁決（棄却）

請求人は、本件各加盟店及び顧客との取引モデルが成立するためには、請求人が本件各加盟店に対して、お買物券を提示した顧客に対する商品交換業務を委託しているというのが取引の実態である旨主張するので、請求人が本件各加盟店に対して本件支払金額を支払う理由を、請求人と本件各加盟店及び顧客とのそれぞれの取引関係から、以下のとおり検討する。

請求人は、ポイント加盟店との間で、ポイント加盟店の顧客が請求人指定の方法で交換申込みを行った場合には、請求人が交換申込みのポイント数に相当する商品等を当該顧客に提供する旨合意しており、また、請求人指定の方法については、ポイント加盟店の顧客が、ステーションを利用して又は請求人のホームページから申し込むこととされている。

他方で、請求人は、ポイント加盟店との間で、ポイント覚書により、ポイント加盟店が所定のポイント数とステーションから発行されるお買物券との交換を実施することができる旨合意しているが、ステーションから発行されるお買物券は、ポイント加盟店の顧客が会員カードを利用して所定のポイント数とお買物券との交換を申し込み、それと同時に請求人は、当該お買物券との交換に必要な所定のポイント数を回収してお買物券の交付を行っているものと認められる。したがって、ポイント覚書にポイント加盟店が所定のポイント数とお買物券との交換を実施することができる旨記載されていても、ポイント加盟店が請求人に対して何らかの役務の提供をしているとは認められないので、請求人のポイント加盟店に対する本件支払金額の支払は、所定のポイント数とお買物券との交換とは別の異なる理由によるものと認められる。

そして、ポイント加盟店に対する本件支払金額の支払は、ポイント覚書において、請求人は、ステーションから発行され、顧客がポイント加盟店で使用したお買物券を額面金額で買い取ることとされているが、①当該お買物券は既に物品等の給付請求権が行使された後のものであることから、消費税法別表第一第四号ハに規定する物品切手等には当たらないこと、②ポイントと交換されるお買物券の発行者が請求人であることを踏まえれば、請求人のポイント加盟店に対する本件支払金額の支払は、物品切手等の発行者である請求人が、物品の給付等をしたポイント加盟店に対し、当該物品の給付等の際に顧客が負担しなかった支払債務を精算する行為であると認められることから、消費税法2条1項12号に規定する課税仕入れに該当せず、本件支払金額は課税仕入れに係る支払対価の額に該当しない。

なお、ポイント加盟店が請求人に引き渡す使用済みのお買物券は、ポイント加盟店が顧客に対して物品の給付等を行ったことを示す証拠資料と認めるのが相当である。

請求人は、本件の事実関係は、「平成23年版回答実例消費税質疑応答集（財団法人大蔵財務協会発行）」の「23自ら発行するスタンプ券」の事例と異なるところはなく、本件の場合も、本件各加盟店は顧客にお買物券相当額を値引きして販売をしていると考えられるので、お買物券部分に相当する代金債務は元々発生せず、請求人がお買物券部分の精算を行うべき理由は皆無であり、本件支払金額は使用済みの物品切手等の精算であるとする原処分庁の主張には理由がない旨主張するが、これを本件について検討するに、上記の事例は、飽くまで自店固有のスタンプ券を事業者が自ら作成し消費者等に交付する場合について解説しており、本件のように本件各加盟店以外の者がポイント等を発行し、さらに、当該ポイント等が物品切手等に交換されている場合と事実関係を異にするものであるから、請求人の主張は、その前提に誤りがあり採用できない。

裁決例　軽油引取税

平成23年12月13日裁決（①各更正処分一部取消し、②過少申告加算税の各賦課決定処分全部取消し）

〔裁決事例集第85集〕

　納税義務者の租税の支払は、課税仕入れに係る支払対価の額には該当しないから、軽油引取税を納税義務者として支払う場合には、軽油引取税に相当する金額は課税仕入れに係る支払対価の額には該当しないと解するのが相当である。

　軽油引取税に関する地方税法の規定によれば、軽油引取税の特別徴収義務者である特約業者等又は特約業者等との間で委託販売契約を締結した受託販売業者から軽油を引き取る者が、当該特約業者等又は受託販売業者に支払う軽油引取税相当額は、納税義務者としての租税である軽油引取税の支払であるから課税仕入れに係る支払対価の額には該当せず、一方、当該特約業者等又は受託販売業者ではない者から軽油を引き取る者が支払う軽油引取税相当額は、課税仕入れに係る支払対価の額に該当すると解するのが相当である。

　仕入先であるＦ社は、特約業者であるから、Ｆ社に関する本件各金額は、請求人が納税義務を負う軽油引取税であって、購入した軽油の対価ではない。したがって、Ｆ社に関する本件各金額は、課税仕入れに係る支払対価の額に該当しない。

　仕入先であるＧ社は、軽油引取税の特別徴収義務者、特約業者等又は受託販売業者のいずれにも該当しないと認められる。したがって、請求人は、Ｇ社からの軽油の購入に関しては、軽油引取税の納税義務を負わないから、Ｇ社に関する本件各金額は、Ｇ社が請求人あてに発行した各請求書に軽油引取税として区別して記載されていたとしても軽油の対価の一部であり、課税仕入れに係る支払対価の額に該当する。

> **第 9 章　仕入税額控除**

裁判例　架空の外注委託

名古屋地裁平成21年11月5日判決（棄却）（確定）

　各事実関係によれば、①別会社の資本金は原告等の資金が原資となっており、その設立後に再び出捐者に返金し、資本の実体を有していないこと、②別会社の実質的な経営者は原告代表者であって、別会社の代表者に対しては、名義貸しのお礼などとして金員が支払われていたものの、取締役報酬としての実質を有する金員は支払われていなかったこと、③別会社の本店所在地には事業所はなかったこと、④内勤社員については原告と別会社とで人数が均等になるよう適当に割り当てられていたこと、⑤原告と別会社との間で、外注加工業務に関する契約や取決めはなく、内容虚偽の業務委託契約書が作成されていたこと、⑥原告と別会社の取り分の率が別会社から支出する経費と原告の利益状況とのバランスを考慮して定められ、しかも、取り分の率に従ってされた帳簿上の外注加工費の計上と実際の送金とは大きくかけ離れていたこと、⑦別会社の設立後2度目の決算期を迎えた後は、順次、別の別会社が新たに設立されて、その会社に外注委託するという経理処理が繰り返されていたこと等の事実を総合すると、本件における別会社はいずれも会社としての実体はなく、原告から別会社への外注委託取引は架空のものであったと評価せざるを得ない。

　したがって、原告が計上した別会社に対する本件外注加工費は架空のものであって、本件各課税期間の消費税等の計算において、課税標準額に対する消費税額から本件外注加工費に係る消費税額を控除することはできないというべきである。

　原告ないし原告代表者は、何ら実体のない別会社を次々に設立し、これら別会社に原告の従業員を転籍させたように装い、また、別会社との取引が正当なものであるかのように架空の業務委託契約書などを作成するなどして、原告の請負業務を別会社に外注委託したかのような事実を作出し、別会社に対する本件外注加工費の支払があったかのごとく仮装した経理処理を行っていたのであって、これらの行為は、国税通則法68条1項にいう「隠ぺい」又は「仮装」に当たるものと認められる。

裁判例　弁護士会役員の交際費等

東京地裁平成23年8月9日判決（棄却）、東京高裁平成24年9月19日判決（原判決変更・一部取消し）、最高裁平成26年1月17日決定（申立人国）（不受理）（確定）

　所得税法37条1項は、一般対応の必要経費について「所得を生ずべき業務について生じた費用」であると規定している。また、同法45条1項は、家事費及び家事関連費で政令に定めるものに必要経費に算入しない旨を定めているところ、同条項を受けた所得税法施行令96条1号は、家事関連費のうち必要経費に算入することができるものについて、経費の主たる部分が「事業所得…を生ずべき業務の遂行上必要」であることを要すると規定している。このような事業所得の金額の計算上必要経費が総収入金額から控除されることの趣旨や所得税法等の文言に照らすと、ある支出が事業所得の金額の計算上必要経費として控除されるためには、当該支出が事業所得を生ずべき業務の遂行上必要であることを要すると解するのが相当である。

そして、その判断は、単に事業主の主観的判断によるのではなく、当該事業の業務内容等個別具体的な諸事情に即して社会通念に従って客観的に行われるべきである。

　これに対し、被控訴人は、一般対応の必要経費の該当性は、当該事業の業務と直接関係を持ち、かつ、専ら業務の遂行上必要といえるかによって判断すべきであると主張する。しかし、所得税法施行令96条１号が、家事関連費のうち必要経費に算入することができるものについて、経費の主たる部分が「事業所得を…生ずべき業務の遂行上必要」であることを要すると規定している上、ある支出が業務の遂行上必要なものであれば、その業務と関連するものでもあるというべきである。それにもかかわらず、これに加えて、事業の業務と直接関係を持つことを求めると解釈する根拠は見当たらず、「直接」という文言の意味も必ずしも明らかではないことからすれば、被控訴人の上記主張は採用することができない。

　消費税の「課税仕入れ」とは、事業者が、事業として他の者から資産を譲り受け、若しくは借り受け、又は役務の提供（所得税法28条１項に規定する給与等を対価とする役務の提供を除く。）を受けることをいうところ、このような仕入税額の控除が認められているのは、税負担の累積を防止するためであると解されるから、「課税仕入れ」に該当するのは、消費税額の課税標準である課税資産の譲渡等の対価の額（消費税法28条１項）、すなわち、事業として対価を得て行われる資産の譲渡及び貸付け並びに役務の提供（同法２条９号）の対価の額を生じることとなる事業と関連するものでなければならないというべきである。そして、このような観点に立てば、所得税法上の一般対応の必要経費に算入できないものについては、「課税仕入れ」に該当しないというのが相当である。

裁決例　アマゾン契約におけるサービスの提供

平成30年10月19日裁決（棄却）

　請求人は、ウェブサイトにおいてDVD、CD及び書籍等を出品し、販売する事業を営むため、アマゾン契約を締結し、アマゾンからアマゾン契約におけるサービスの提供を受け、その利用の対価として、アマゾン手数料を支払っていたものと認められる。

　かかる役務の提供は、そのサービスがインターネットを通じて行われるものであることからすれば、消費税法施行令６条２項１号ないし６号に掲げる役務の提供以外のもので国内及び国内以外の地域にわたって行われる役務の提供その他の役務の提供が行われた場所が明らかでないものといえる。この場合、役務の提供を行う者の役務の提供に係る事務所等の所在地が国内にあるかどうかにより判定することとなる。

　そうすると、アマゾン契約のうち出品サービス及びクリックサービスについては、これらの契約当事者である米国アマゾン社が役務の提供を行うものであり、同社の事務所等の所在地がアメリカ合衆国内にあるから、その役務の提供は、国外において行われたものと認められる。したがって、出品サービス及びクリックサービスに係る手数料は、国内において行う課税仕入れに該当しない。

　他方、アマゾン契約のうちFBA（フルフィルメント　by　Amazon）サービスについては、その契約当事者である日本アマゾン社が役務の提供を行うものであり、同社が内国法人であることから、その

役務の提供は、国内において行われたものと認められ、FBAサービスに係る手数料は、国内において行う課税仕入れに該当し、仕入税額控除の対象となる。

筆者注：この事案は、平成21年1月1日から平成25年12月31日までの各課税期間の消費税について争うものです。国内及び国内以外の地域にわたって行われる役務の提供でその場所が明らかでないものの内外判定は改正され、平成27年1月1日以後行う「電気通信利用役務の提供」については、役務の提供を受ける者の住所等が国内にあるかどうかにより判定することとされています。

裁決例　役員の親族に支払った外注加工費

平成29年6月6日裁決（棄却）

　請求人は、本件各金員について、本件各親族が行った請求人の工場内の倉庫での製品の整理や工場裏の草刈り等の役務の提供の対価として支払ったものである旨主張し、本件取締役は、当審判所に対し、本件各親族には、働かないと小遣いはあげられないという感じで、それぞれが休みの日に、その都度、請求人の工場の周りの草刈り、機械の移動の手伝い、文書及び在庫管理等のための表の作成、内職をしてもらう者に依頼する製品の振り分け、製品の積み下ろし等の仕事を依頼し、仕事の内容と作業時間に応じて支払う金額を大雑把に決めて、毎月10日、本件各金員を現金で支払っていた旨、請求人の主張に沿った内容の答述をしている。

　しかしながら、本件取締役の答述は、本件各親族の仕事の内容と作業時間に応じて支払う金額を決定したとする一方で、平成26年4月以前においては毎月各人ごとに一定の金額を、同年5月以後においては全員一律に20,000円を支払ったとするものであるところ、本件各親族が行ったとする仕事が多様で、その作業時間にも長短があったことに鑑みれば、論理が一貫しておらず不自然であるというほかない。

　そして、本件取締役は、本件各金員を毎月一定又は全員一律の金額とした理由については支払う金額の上限が大体これくらいだろうと決めていたからであり深く考えていなかった旨、仕事の内容と作業時間に応じて決定したとする本件各金員の額の具体的な算出方法についても深く考えずに決めていた旨答述するのみであり、また、本件各親族について仕切書を作成しなかった理由及び本件各親族から領収証等の交付を受けなかった理由についても特に問題はなかったからである旨、さらには、本件各親族による作業の確認状況については「私か他の誰かが確認していました。従業員の中には見ていた者がいると思います。」と述べるのみであった。この点について、法人にとって資金の流出となる外注加工費の支出といった重要な取引においては、いかなる内容あるいは量の役務の提供を受けたのかが管理されてしかるべきところ、請求人が、本件各親族以外の者に対して支払った外注加工費については仕切書を作成して管理していた一方で、本件各親族に対して支払ったとする外注加工費については、仕切書を作成しておらず、また、本件内職代内訳書への役務の内容等の記録や領収証等の受領も行っていないなど何らの管理もしていなかったことについて、本件取締役は、上記のとおり、明確で合理的な回答をすることができなかった。

　このように、本件取締役の上記答述は、論理が一貫せず不自然であるとともに重要な点において明確性を欠く不合理なものであって、にわかに信用することができないから、当該答述を前提とする請求人

の主張は採用できず、かえって、本件各金員の支払が役務の提供に対するものではないことがうかがわれるところである。

加えて、当審判所の調査の結果によっても、請求人が、本件各親族から役務の提供を受け、その対価として本件各親族に対する本件各金員を支払った事実を認めるに足りる証拠はない。

以上検討したところによれば、本件各金員については、請求人が本件各親族から役務の提供を受け、その対価として本件各親族に対する本件各金員を支払ったものであると認めることはできない。したがって、本件各金員の額に対応する消費税相当額について、仕入税額控除は認められない。

⌜裁決例⌟ 出向契約に基づく業務分担金

平成11年11月4日裁決（棄却）
〔裁決事例集第58集265頁〕

請求人は、本件出向契約の実質は業務委託契約であり、請求人と本件従業員の間に雇用関係はなく、本件業務分担金は業務委託契約に基づく役務提供の対価であるから課税仕入れに該当し、したがって、仕入税額控除は認められるべきである旨主張する。

しかしながら、出向契約等に基づき支払われる分担金等であっても、その実質が出向先事業者において支払うべき給与に相当するものである場合には、当該出向先事業者における仕入税額控除の対象とはならない。本件出向契約の契約事項及び労務提供の状況等を見ると、①本件従業員は、業務に必要な機械及び器具の自己負担はないこと、②請求人の定める勤務時間内において請求人の指揮監督の下に労務を提供していること、③請求人は、本件従業員を請求人の従業員であるとして労災保険に加入し、給付手続きを行っていることが認められ、これらを総合すると、本件従業員は、請求人の指揮命令に服して、非独立的に労務、役務を提供しているといえるから、請求人と本件従業員との間には雇用関係があると認めるのが相当である。

したがって、本件業務分担金は、その実質が請求人と本件従業員との間の雇用関係に基づき支払われた給与に相当する金額と認められ、消費税法2条1項12号のかっこ書に規定する給与等を対価とする役務の提供によるものに該当するから、仕入税額控除の対象とはならない。

⌜裁決例⌟ 販売員に支払った金員の給与該当性

平成26年2月17日裁決（棄却）
〔裁決事例集第94集〕

《ポイント》

本事例は、百貨店の物産展において弁当の調理・販売を行っている請求人が、職業紹介事業者等を介して手配した各販売員（いわゆるマネキン）に支払った金員について、当該販売業務の具体的態様等に基づき、所得税法28条1項に規定する給与等に該当するとして、消費税の課税仕入れに係る支払対価

第9章 仕入税額控除

の額に該当しないと判断したものである。

《要旨》

　請求人は、マネキン紹介所等からの紹介に基づいて請求人に対する役務の提供を行った販売員（本件各販売員）に金員を支払っていたところ、当該金員に関して、④本件各販売員は販売のプロであること、⑪販売業務に必要なエプロン等は本件各販売員が用意していたこと、⑪本件各販売員は他者をして代わりに販売に当たらせることができること、⑤請求人は業務委託契約を締結する意思であったこと等から、本件各販売員は業務委託契約に基づき役務の提供を行っていたのであり、請求人が本件各販売員に支払った金員は給与等に該当しない旨主張する。

　しかしながら、給与等とは、雇用契約又はこれに類する原因に基づき、自己の危険と計算によることなく、使用者の指揮命令に服して提供した労務の対価として使用者から受ける給付をいうものと解され、具体的には、受給者が①指揮監督を受けているかどうか、②時間的な拘束を受けているかどうか、③材料や用具等の供与を受けているかどうか、④自己の責任において他者を手配して役務の提供に当たらせることが認められるものではないかどうか等の事情を総合勘案して判断するのが相当であると解されるところ、販売業務を行う際に必要なエプロン等については請求人が用意したものでなかったことが認められるが、本件各販売員は、請求人の指揮監督を受けるとともに、時間的拘束を受け、役務の提供の代替が認められていなかったこと、さらに、本件各販売員の役務提供に至る経緯等を併せ考慮すれば、本件各販売員に支払われた金員は、いずれも雇用契約に基づき、自己の危険と計算によることなく、使用者の指揮命令に服して提供した労務の対価として支給されたものといえ、給与等に該当すると認められる。

裁決例　人材派遣業

平成30年6月14日裁決（棄却）

　消費税法2条1項に規定する「資産の譲渡等」とは、事業として対価を得て行われる資産の譲渡及び貸付け並びに役務の提供をいうところ、消費税法基本通達5−1−1は、「事業として」とは、対価を得て行われる資産の譲渡及び貸付け並びに役務の提供が反復、継続、独立して行われることをいう旨定め、この取扱いは当審判所においても相当と認められる。

　なお、給与等とは、雇用契約又はこれに準ずる関係に基づいて、非独立的に提供した人的役務の対価として支払を受ける給付及びこれに準ずる給付で、退職手当等以外のものの全てをいう。

　また、消費税法基本通達5−5−11は、「労働者の派遣」（自己の雇用する労働者を当該雇用関係の下に、かつ、他の者の指揮命令を受けて、当該他の者のために労働に従事させるもので、当該他の者と当該労働者との間に雇用関係のない場合をいう。）を行った事業者が当該他の者から収受する派遣料等の金銭は、資産の譲渡等の対価に該当する旨定めているところ、事業者が、その雇用する労働者を、他の事業者の指揮命令を受けて労働に従事させた場合に、当該他の事業者から収受する対価が課税資産の譲渡等の対価に該当するか否かについては、その対価がその労務の提供を受ける事業者において給与としての性質があるか否か、すなわち、労働者とその労務の提供を受ける事業者との間の雇用関係の

499

有無により判断するのが合理的であるといえるから、同通達の取扱いも当審判所においても相当と認められる。

　請求人は、自己の事業として本件人材派遣等を行っていたところ、①本件各取引先である７社に対し人材派遣等を行い、②本件各取引先からの仕事の依頼に対する諾否の自由を有し、③本件各取引先から従事者を指定されることはなかった。

　そして、本件各取引先は、本件人材派遣等について、給与及び賃金以外の外注費勘定などの経費として計上しており、請求人も、本件各取引先に対し、その屋号を用いて本件人材派遣等の対価について消費税等を加算して請求し、本件人材派遣等の対価の額から従業員の賃金に相当する金額を差し引いた金額については、請求人が取得したと認められる。

　これらの事情によれば、請求人は、本件各取引先に対し、対等な独立の当事者の立場において、自己の計算と危険により、請求人及び請求人が雇用する従業員の労働力を利用した役務の提供を行っていたといえる。

　以上のことからすれば、請求人は、自己の事業として、本件人材派遣等を行っていたところ、本件労務提供は、請求人が、本件各取引先に対し、消費税法基本通達５－１－１に定める「反復、継続、独立して行」った役務の提供であるから、事業として行われたものと認められ、本件各取引先から収受した本件人材派遣等に係る対価のうち、本件人材派遣に係る分についても、消費税法基本通達５－５－11に定める労働者派遣に係る「派遣料等の金銭」とみるのが相当であるから、本件人材派遣等に係る対価の額は、いずれも消費税法28条に規定する「課税資産の譲渡等の対価の額」に該当すると認められる。

··

裁決例　自動車通勤者の通勤手当

平成30年７月９日裁決（棄却）

　消費税法基本通達11－２－２は、事業者が使用人等で通勤者である者に支給する通勤手当のうち、当該通勤者がその通勤に必要な交通機関の利用又は交通用具の使用のために支出する費用に充てるものとした場合の通勤通常必要額は、課税仕入額に該当するものとして取り扱う旨定めている。

　そして、自動車を通勤に使用する者にとっての通勤通常必要額は、事業者の業務上の必要性に基づく支出の実費弁償として支出されるものであり、当該通勤者の通勤に係る時間、距離等の事情に照らし最も経済的かつ合理的と認められる通勤の経路によった場合に、その者が負担することとなるその通勤に使用する交通用具の燃料代及び通行料等の額をいうものと解される。

　①通勤通常必要額は、交通用具の「使用」のために支出する費用のうちの通常必要な額のことであり、②通勤に使用する自動車は、通勤者が、その個人的嗜好に応じて取得するものであるし、通勤以外の個人的な用途に供することも可能であるから、自動車の取得、維持又は管理に係る費用は、事業者の業務上の必要性に基づく支出の実費弁償とはいい難い。

　請求人は、自動車通勤者に対して支給した通勤手当の全額を課税仕入れに係る支払対価の額としたが、原処分庁は、所得税法施行令20条の２《非課税とされる通勤手当》２号に規定する非課税とされる通勤手当の金額を超える金額は課税仕入れに係る支払対価の額に該当しないとして、消費税等の各

第9章 仕入税額控除

更正処分等を行った。

　当審判所において、課税仕入額に算入される金額（すなわち、各自動車のガソリン代）を試算すると、所得税の非課税限度額を下回るから、非課税限度額を超える部分は、課税仕入額に算入されない。

裁決例 一括取得した土地建物の対価の区分①

平成20年5月8日裁決（棄却）
〔裁決事例集第75集711頁〕

　請求人は、土地とともに取得した建物の取得価額は、時価により合理的に算定すべきであるから、売買契約書に記載された建物の価額によらず、売買代金総額を土地及び建物の各固定資産税評価額の価額比であん分して算定した価額によるべきであり、また、本件建物の課税仕入れに係る支払対価の額も、消費税法施行令45条3項及び租税特別措置法関係通達62の3(2)－3の規定等の趣旨に照らし、上記の方法により合理的に算定すべきである旨主張する。

　しかしながら、本件の売買契約は、請求人及びA社が、契約当事者として本件契約書に記載された内容で合意し、本件契約の締結に至ったものと認められ、両者の間に、同族会社であるなど特殊な利害関係あるいは租税回避の意思や脱税目的等の下に故意に実体と異なる内容を契約書に表示したなどの事情は認められず、また、本件契約書に記載された本件建物の価額は、売主が不動産売買の仲介業者に本件土地建物の売却価額の査定を依頼し、その報告書を参考に決定したものであって、当審判所の調査によっても特段不合理なものとは認められないから、本件建物の減価償却に係る取得価額は、本件契約書に記載された本件建物の価額を基に算定するのが相当である。

　また、本件建物の課税仕入れに係る支払対価の額も、本件契約書に記載された本件建物の価額が、契約当事者双方の契約意思を表示するものであり、本件契約書に実体と異なる内容を表示したなどの特段の事情もなく、また、その価額に特段不合理な点が認められないから、本件契約書に記載された本件建物の価額を基に算定するのが相当である。

裁決例 一括取得した土地建物の対価の区分②

令和2年2月17日裁決（棄却）

　売買契約書は、いわゆる処分証書に該当し、その成立の真正に争いはないことから、作成者である契約当事者が通謀して租税回避の意思や脱税目的等の下に故意に実体と異なる内容を当該契約書に記載したなどの仮装行為が認められない限り、作成者である契約当事者双方によって、売買契約書に記載されたとおりの法律行為がなされたものと認めるべきである。そして、請求人と売主の間に特殊な利害関係はなく、その他当審判所の調査の結果によっても、請求人と売主が通謀して故意に実体と異なる内容を売買契約書に記載したなどの事情は認められない。したがって、請求人及び売主は、建物について、売買契約書建物価額で売買することに合意し、契約の締結に至ったものと認められることから、建物に

501

ついて授受することとした対価の額は、売買契約書建物価額であると認めるのが相当である。

　消費税法施行令第45条第3項の規定は、消費税の課税標準の額の計算において、課税資産と非課税資産を一括して譲渡した場合にそれぞれの資産の譲渡に係る対価の額が合理的に区分されていないときは、これらの資産の譲渡の対価の額をそれぞれの資産の譲渡の時における価額の比により区分する旨を定めたものである。この点に関し、土地とともに一括取得した建物の価額の算出について、一義的に決める方法があるわけではないところ、本件建物は、建築基準法における容積率を超過している既存不適格建築物であることや、売主が取得してから全く使用されておらず性能低下、劣化、汚損等があり使用に耐えないなど、様々な瑕疵があり、価額の算出が困難であったことが認められる。

　売買契約書建物価額は、このような事情から、請求人及び売主が総額で合意した土地建物の価額から、土地の価額を差し引くことにより算出されたものであり、土地の価額は、売主における帳簿価額を基準として、土地の固定資産税路線価に基づく評価額とも比較検討の上、決定されたものと認められ、これを不相当とする事情は見当たらない。

　そうすると、売買契約書建物価額の算出方法に特段不合理な点は認められず、売買契約書建物価額は、合理的に区分されたものと認められる。

　建物の課税仕入れに係る支払対価の額は、売買契約書建物価額によるべきである。

・・・

裁判例　　**輸入消費税の仕入税額控除**

東京地裁平成20年2月20日判決（棄却）（確定）

　原告は、中国の法人であるA社との間で、原告が原材料のほとんどを調達してA社に無償で支給し、A社が原告の注文に応じて製品を加工し、原告がA社に加工賃を支払う旨の加工委託取引を行っていた。

　また、原告は、A社から製品の引渡しを受けるに当たって、輸入手続をB社に委託し、B社は、原告に代わって、製品の輸送、輸入に関する保険の締結、製品の保税地域への搬入を行っていたほか、輸入に当たり必要なインボイスの荷受人、輸入申告及び同許可の名宛人、輸入に際し課された関税並びに保税地域からの引取りに際し課された輸入消費税等の申告、納付の名義人となり、輸入許可通知書及び輸入消費税等の納付書の原本を保存していた。

　原告は、B社に対し、これら役務の提供の対価として製品の輸入金額の12パーセント相当額の手続費用及び本件輸入消費税等の額を支払い、本件輸入消費税等の額を控除対象仕入税額の計算の基礎として、資産の譲渡等に係る消費税の確定申告を行った。

　申告納税制度は、法定の納税義務者に対し、その課税内容を最も知悉する者として、法律の定める手続に従って、一定の要式により、できるだけ正確な課税内容を申告することを期待する一方、この納税申告に対し、原則として、既に国家と納税義務者との間に成立している納税義務の確定という公法上の効果を付与するものであり、納税義務者が第三者名義で納税申告することは法が予定していないところであると解される（最高裁昭和46年3月30日判決・刑集25巻2号359頁参照）ところ、本件において、輸入消費税の申告納付は、B社の名義で行われたものであると認められる。

502

第9章 仕入税額控除

　そうすると、B社が本件輸入消費税の納税義務者であったということが公法上確定されたというべきであるから、本件輸入消費税については、原則として、B社が課税事業者として納付すべき消費税において控除されることが予定されるものであるというべきであって、特段の事情がない限り、輸入消費税の申告名義人ではない原告が課税事業者として納付すべき消費税において控除されることはないと解すべきである。

　そもそも本件は、原告において、本件輸入消費税等の申告、納付がB社名義でされるのを容認しながら、仕入税額控除の適用のみ原告名義でしようとしたことに起因するものであるし、仮に原告が輸入消費税についての控除を受けたいのであれば、自ら輸入申告をし、あるいは輸入手続に詳しい業者を代理人として原告に輸入申告の効果を帰属させればよかったのであり、本件においてそのようなことをすることができない障害が存在したことを伺わせる事情も見られないのであるから、本件輸入消費税に係る仕入税額控除を受けられないのは、原告自らの責任に帰すべきものであって、原告の上記主張もまた理由がない。

- -

裁決例　建物の課税仕入れの時期①／当事者が定めた引渡しの日

平成19年2月8日裁決（棄却）

〔裁決事例集第73集519頁〕

　請求人は、本件建物等の課税仕入れの時期について、①消費税法基本通達9－1－13ただし書において、事業者が建物その他の固定資産の譲渡に関する契約の効力発生の日を資産の譲渡の時期としているときはこれを認める旨定めていること及び②ビジネスホテル業は関係諸官庁の営業許可なしでは営業できないことから、本件建物等の引渡しの日については、本件確認書及び本件合意書で定めた日である旨主張する。

　しかしながら、①請求人は、本件売買契約書を締結した日に本件不動産（上記建物及びその敷地）の売買代金の全額を売主へ支払い、同日、所有権移転登記を了しているばかりか、本件不動産の購入資金の借入先（債権者）との間において債務者及び根抵当権設定者をいずれも請求人とする根抵当権設定契約書兼代物弁済予約証書を作成するとともに本件不動産に根抵当権の設定登記を行っていることが認められること及び②本件売買契約書、本件確認書及び本件合意書のいずれにも旅館業の営業許可が下りなければ契約の効力が生じないとする旨の約定がなく、本件売買契約が旅館業の営業許可を受けることを停止条件とする契約であるとは認められないことから、本件不動産の引渡しは、本件売買契約書の契約日に完了していると認めるのが相当である。

　また、本件合意書記載の合意が当事者間において真意でなされたとしても、前述した本件事実関係の下においては、本件不動産は、本件合意書に記載された引渡しの期日よりも前に引渡しが完了していることが認められることから、本件のように引渡しの日について合理的と認められる日が存在している場合には、本件不動産の引渡しの時期についての当事者間の合意があるからといって課税仕入れの時期を左右し得ないものというべきである。

- -

503

裁決例　建物の課税仕入れの時期②／引渡しの日の判断

平成22年11月8日裁決（却下・棄却）

〔裁決事例集第81集〕

　事業者が、国内において課税仕入れ等を行った場合は、当該課税仕入れ等を行った日の属する課税期間の課税標準額に対する消費税額から控除対象仕入税額を控除するところ、不動産に係る課税仕入れを行った日については、引渡しのあった日と解するのが相当であり、引渡しの有無については、登記の有無、代金の支払状況などの客観的な取引実態によって引渡しが完了し、その取引に係る経済的効果が実現しているか否かにより判断すべきであるところ、請求人が取得したマンションの売買代金の支払日、売買を原因として所有権移転登記をした日、抵当権が設定された日、合鍵等の引渡しの日等によれば、当該マンションは本件課税期間より前の平成19年9月28日に引渡しを受けたものと認められるから、当該マンションの取得は本件課税期間の課税仕入れには該当しない。

裁決例　建物の課税仕入れの時期③／建築請負における引渡しの日

平成24年7月24日裁決（全部取消し）

〔裁決事例集第88集〕

　原処分庁は、請求人が注文者として締結した工事請負契約により取得した賃貸用建物（本件建物）は、本件課税期間内には共同住宅として使用できる状態にはなく、工事が完了していたとは認められないから、請求人が本件建物の引渡しを受けた日の属する課税期間は本件課税期間ではないこととなり、本件建物の取得費用に係る消費税額を本件課税期間の消費税の計算において課税仕入れに係る消費税額として控除することはできない旨主張する。

　しかしながら、本件課税期間内に本件建物の大部分は完成しており、請求人は、本件課税期間内に、①権利保全のために所有権保存登記をしていること、②金融機関との間で本件建物に抵当権を設定して自己の所有物として処分していること、③本件建物の工事請負業者に対し請負代金の全部の支払を終えたことなどを併せ考えれば、本件建物の工事に若干の工事が残存して未完成であったとしても、本件課税期間内に本件建物が完成し引渡しがあったものと同視できるから、請求人が本件建物の引渡しを受けた日の属する課税期間は、本件課税期間であると認めるのが相当である。

裁判例　建物の課税仕入れの時期④／契約基準（通達ただし書）の適用

東京地裁平成31年3月14日判決（棄却）、東京高裁令和元年12月4日判決（棄却）、最高裁令和2年10月15日決定（棄却）（確定）

　ア　消費税法は、「課税資産の譲渡等」と「課税仕入れ」を表裏一体のものとして捉えているものと解され、消費税法30条1項1号にいう（譲受人が）「課税仕入れを行った日」とは、譲渡人が課税資産

の譲渡等を行った日と同義であると解するのが相当である。

　　課税資産の譲渡等による対価を収受する権利が確定した時点で、課税資産の譲渡があったとみるのが相当であり、「課税仕入れを行った日」についても、課税資産の譲渡等による対価を収受する権利が確定した日をいうものと解するのが相当である（この意味で、消費税においても、いわゆる権利確定主義が妥当する。）。

イ　控訴人は、不動産等の固定資産の譲渡契約に係る契約の効力発生日を「課税仕入れを行った日」とすることが消費税法30条1項1号の解釈として許容されており、消費税法基本通達9-1-13ただし書はこの解釈を確認する趣旨である旨主張する。

　　しかしながら、本件通達ただし書は、権利確定主義に反する取扱いを認めるものではなく、契約においてその効力発生日を当該資産の譲渡の日と定めている場合に、当該契約の効力発生日をもって権利が確定したと認められる事情があるときは、その日を「課税仕入れを行った日」とすることも同号に反しない旨を確認する趣旨のものにすぎないと解され、権利の実現が未確定な場合についてまで、契約の効力発生の日をもって「課税仕入れを行った日」とすることを認めるものとは解されない。

ウ　控訴人は、「課税仕入れを行った日」及びその解釈上の前提となる「資産の譲渡」の時期については、消費税法の立法当時、取引慣行や納税者の事務負担等にも配慮し、既に十分な議論を経て解釈及び運用がされていた法人税法及び所得税法の「資産の譲渡」と同様に解すべきものとされて、あえて定義規定が定められなかったものであることや、控訴人が法人であることなどを踏まえると、「課税仕入れを行った日」については、専ら法人税法22条2項の「資産の譲渡」の時期、益金の額への算入時期の解釈によるべきであるところ、上記ア及びイのように解することは、租税法規の解釈としては、規定の文言を離れ、更には、立法担当者の説明等からうかがわれる仕入税額控除制度の趣旨や仕組みを何ら考慮しない、立法事実、立法趣旨に反した解釈である旨を主張する。

　　しかし、課税における基礎に関する事情を異にする消費税法と法人税法等との間で、「資産の譲渡」の課税上の処理を当然に同一に解すべきものとする根拠を見いだすことはできず、また、最高裁平成5年判決が判示するとおり、法人税法22条2項の「資産の譲渡」に係る収益の額を各事業年度の所得の金額の計算上当該事業年度の益金の額に算入すべき時期の判断については、同条4項の定める一般に公正妥当と認められる会計処理の基準につき相応の選択の余地があることを考慮しても、最終的には権利確定主義の考え方が妥当すると解すべきものであるから、控訴人の上記の主張は、その前提を欠いているというべきである。

　　その上で、消費税法における課税資産の譲渡等の時期については、納税者の恣意を許さず、課税の公平を期すという観点からすると、対価を収受する権利が確定した時点でその収受すべき対価を取得したものとしてその時点の属する課税期間の課税の対象とすることが相当である。

エ　本件売買契約においては、①本件不動産の売買代金全額の支払と所有権移転登記及び本件不動産の引渡しを同時履行とすること、②本件不動産から発生する賃料・共益費の収益等に関しては、本件不動産の引渡日をもって区分し、引渡日以降は控訴人に帰属すること、③本件売主は、本件不動産の引渡しと同時に、賃貸借契約書、その他の契約書、鍵一式、本件不動産に関する書類一式を引き渡すこと、④控訴人は所有権移転と同時に、本件不動産の賃貸借契約に関わる一切の地位を承継するもの

とすることなどが合意されている。

　そして、本件売買契約の履行状況についてみると、①平成25年12月2日、本件売買契約を原因とする所有権移転登記を了したこと、②控訴人と本件管理会社との間で、同日を契約開始日とする本件建物に係る賃貸借契約及び管理業務契約が締結され、控訴人は同日から本件建物の賃料の収受を開始したことが認められ、本件売主は、同日に、売主としての履行義務を果たしたということができるから、本件建物に係る売買代金請求権が客観的にみて実現可能な状態となった時点、すなわち、同請求権について権利が確定した時点は、同日であると認めるのが相当である。

オ　これに対し、控訴人は、課税資産である建物の譲渡の対価である権利が確定するのは契約の効力発生日であるとして、本件売買契約の成立日が「課税仕入れを行った日」である旨主張する。しかしながら、上記のような本件売買契約の内容及び履行状況に照らすと、本件売買契約の成立日の時点では売買代金請求権が抽象的に発生していたにとどまり、客観的にみて権利の実現が可能な状態になったということはできないから、控訴人の上記主張を採用することはできない。

裁決例　課税期間内に完成していない工事代金の支払

平成29年12月6日裁決（棄却）

イ　消費税法30条1項に規定する「課税仕入れを行った日」がいつであるかについては、原則として、資産の譲渡等の時期の取扱いに準じて判定することが相当である。

ロ　資産の譲渡等の時期については、消費税法28条に課税資産の譲渡等に係る消費税の課税標準は、課税資産の譲渡等の対価として収受し、又は収受すべき一切の金銭等の額とする旨規定されていることからすると、原則として、対価に係る権利が確定する時期をいうものと解するのが相当である。

　そして、完成した目的物の引渡しを要する請負契約においては、完成した目的物の引渡しをもって請負人の報酬支払請求権が確定すると解されているから、建物の建設を目的とする工事請負契約に係る資産の譲渡等の時期は、原則として、請負人が当該建物の全部を完成させ、相手方に引き渡した日であると解され、例外的に、請負人が建物の一部を完成させ、その完成した部分を引き渡した都度その割合に応じて請負代金が支払われるなど、建物の全部の完成引渡しの前に請負代金の一部に係る権利が確定する旨の特約又は慣習がある場合には、当該部分に係る資産の譲渡等の時期が、当該部分の引渡し等の日となると解される。

ハ　そうすると、建物の建設を目的とする工事請負契約に係る課税仕入れの時期は、当該建物の部分引渡しに応じて請負代金が支払われる等の特約等がない限り、当該建物の全部が完成してその引渡しを受けた日と解するのが相当である本件についてみると、本件建物が完成し請求人に引き渡された日は本件完成引渡日であるところ、本件工事請負契約では本件完成引渡日の前に本件建物の部分引渡しはない旨定められており、実際にも本件完成引渡日の前に本件建物の部分引渡しがされた事実がないことからすると、本件建物の引渡しに係る課税仕入れの時期は、本件課税期間以後の本件完成引渡日と認められるから、本件完成引渡日の属さない本件課税期間において本件建物に係る課税仕入れがあったと認めることはできない。したがって、本件前払金は、本件課税期間における課税仕入

れに係る支払対価の額に含めることはできない。

裁決例 個別対応方式の適用／用途区分をしていない場合

平成30年6月14日裁決（棄却）

消費税法基本通達11－2－18は、個別対応方式における区分の判定単位は課税仕入れごとであり、課税仕入れごとにその対応区分を判定する手続を定めていると解されるところ、当審判所においても法令の解釈として相当なものと認められる。

請求人は、高齢者・障害者向けの共同住宅を運営し、その入居者に対し、①その他の資産の譲渡等として、本件各居室の貸付け、及び②課税資産の譲渡等として、食事の提供等のサービスを、一体の契約により行っていた。

広告（求人広告を含む）の掲載料及びパンフレットの印刷料の支払、パソコン、電話機、コピー機の使用料の支払及びこれらの物品に係る消耗品の購入、顧問料の支払に係る資産の譲受け、借受け、又は役務は、いずれも、その一体として行われる本件各居室の貸付け及びサービスについて受けたものであると認められるから、いずれも共通仕入れに該当する。また、回収事務を委託した入居者からの家賃等には、家賃並びに食費及び管理費のいずれもが含まれているから、その事務に係る手数料も共通仕入れに該当する。

以上のような共通仕入れがあることは、その他の資産の譲渡等としての本件各居室の貸付け及び課税資産の譲渡等としての食事の提供等のサービスを一体の契約により行う事業の性質上、容易に認識し得るところである。

請求人は、本件各課税期間において、課税仕入れについて、個々にそれが課税資産の譲渡等、その他の資産の譲渡等のいずれに要するものであるのかについて判断することなく、一律に課税売上対応仕入れとして経理処理したものと認められる。

なお、請求人は、本件事務所、本件食堂及び請求人が従業員の詰所や倉庫として使用する本件各居室を賃借しており、これらは課税仕入れに該当するものと認められるところ、そのほとんどを非課税仕入れとして経理処理していることからしても、課税仕入れの用途区分のみならず、仕入れ全般について消費税法上の取扱いに対応して区分する体制が不十分なものであったと認められる。

以上のことから、請求人は、本件各課税期間において行った個々の課税仕入れについて用途区分を適切に判断せず、そのため、元帳の記載上、課税仕入れが一律に課税売上対応仕入れとされ、共通仕入れの全部が課税売上対応仕入れに混入し、区別できない状態となっていたというべきであり、本件各課税期間において、課税仕入れの用途区分をしていなかったものと認められるから、仕入控除税額の計算は、個別対応方式を適用できず、一括比例配分方式によりすることとなる。

裁決例 個別対応方式における用途区分／調剤薬局①

平成18年2月28日裁決（全部取消し）

〔裁決事例集第71集719頁〕

　個別対応方式については、①課税売上対応分、②非課税売上対応分、③共通売上対応分とに明らかに区分されていることが適用要件である。

　事業者が、課税仕入れについて、合理的な根拠に基づいてこの3区分を行っている限りにおいては、当該区分が認められなければならず、また、当該区分を明らかにする方法については、消費税法30条7項の法定帳簿を区分経理しておくとか、同条9項の請求書等を区分編てつしておくとか、具体的な方法が消費税法上に規定されていないことから、何らかの方法で事業者がその区分を明らかにしていれば、法定要件を満たしていると言わざるを得ない。

　薬局を営む同族会社である請求人は、個別対応方式を選択し、他の保険薬局から仕入れた調剤薬品等の仕入れについては、すべて健康保険法等が適用される非課税売上用に使用されるため非課税売上対応分と区分し、また、問屋から仕入れた調剤薬品等は課税売上げ用又は非課税売上げ用として使用されることから、共通売上対応分と区分し、本件課税期間における共通売上対応分に係る消費税の額としていることが認められる。

　請求人が上述のとおり区分したことは、調剤薬品等のほとんどが非課税売上用として使用されているとしても、法令の趣旨に沿わない不合理な区分とまではいうことができないから、この区分により個別対応方式による控除対象仕入税額を算出することは相当であると認められる。

　また、原処分庁は、共通売上対応分と区分した調剤薬品等の仕入れについて、当該調剤薬品等が課税売上用に使用されたとしても、本来の目的とは別途に事後的に発生するものであり、課税仕入れを行った日の状況においては非課税売上対応分とすべきである旨主張するが、この点に関する原処分庁の主張には理由がない。

裁決例 個別対応方式における用途区分／調剤薬局②

令和元年7月17日裁決（一部取消し）

　原処分庁は、請求人が消費税法30条《仕入れに係る消費税額の控除》2項1号に基づき医薬品等の課税仕入れの用途区分を課税資産の譲渡等以外の資産の譲渡等（その他の資産の譲渡等）のみに要するものに区分したことは、その目的等に照らして合理的であるから、用途区分を誤っていたことを理由とする請求人の更正の請求は、国税通則法23条《更正の請求》1項1号の要件を満たさない旨主張する。

　しかしながら、請求人が問屋から医薬品等を仕入れた日の状況等を客観的にみれば、仕入れた医薬品等を全て非課税となる売上げのために使用するとは限らず、課税となる売上げのために使用する場合もあったと認められるから、当該問屋からの課税仕入れについては、課税資産の譲渡等のみに要するものにも、その他の資産の譲渡等のみに要するものにも区分することができず、課税資産の譲渡等とその他の資産の譲渡等に共通して要するものに区分するのが相当である。

よって、請求人が、問屋からの医薬品等の課税仕入れをその他の資産の譲渡等のみに要するものに区分したことは、消費税法30条2項1号の適用を誤ったものと認められ、国税通則法23条1項1号に規定する国税に関する法律の規定に従っていなかった場合に該当する。

裁決例 個別対応方式における用途区分／信託不動産

平成17年11月10日裁決（棄却）
〔裁決事例集第70集369頁〕

　請求人は、本件各信託不動産（土地及び建物）に係る賃貸収入（住宅の貸付けに伴う賃貸収入）は、当該各不動産の取得に伴い付随的に生じたものにすぎず、当該各不動産の取得が当該各不動産の譲渡を目的とするものであることを妨げるものではないから、当該取得に係る課税仕入れは、消費税法30条2項1号（個別対応方式）の適用に当たり、「課税資産の譲渡等にのみ要するもの」に区分されるべき旨主張する。

　しかしながら、請求人は、本件各信託不動産を、譲渡する目的だけでなく、その賃貸収入を得る目的を併せ持って取得したものであり、また、本件課税期間において、本件各信託不動産を取得した日から課税資産の譲渡等に該当しない当該各不動産に係る賃貸収入（住宅の貸付け）が生じている以上、本件各信託不動産に係る課税仕入れにつき、個別対応方式において、「課税資産の譲渡等にのみ要するもの」に区分することはできず、「課税資産の譲渡等とその他の資産の譲渡等に共通して要するもの」に区分するのが相当であるから、請求人の主張には理由がない。

裁判例 個別対応方式における用途区分／転売目的で取得した入居中のマンション

最高裁令和5年3月6日判決（棄却）（確定）

1　上告人は、転売目的で、住宅として賃貸されているマンション84棟（以下「本件各建物」という。）を購入した（本件各課税仕入れ）。上告人は、転売までの間、本件各建物を棚卸資産として計上し、その賃料を収受した。

2　税務当局は、平成7年頃、関係機関からの照会に対し、仮に一時的に賃貸用に供されるとしても、継続して棚卸資産として処理し、将来的には全て分譲することとしている住宅の購入については、課税対応課税仕入れに該当するものとして取り扱って差し支えない旨の回答をし、同9年頃、関係機関からの照会に対し、賃借人が居住している状態でマンションを購入した場合でも、転売目的で購入したことが明らかであれば、課税対応課税仕入れに該当する旨の回答をした。

　他方、平成17年以降、税務当局の職員が執筆した公刊物等において、事業者の最終的な目的は中古マンションの転売であっても、転売までの間に非課税売上げである家賃が発生する場合には、中古マンションの購入は共通対応課税仕入れに該当する旨の見解が示され、また、本件各申告当時に公表されていた複数の国税不服審判所の裁決例及び下級審の裁判例において、本件各課税仕入れと同様

の建物の取得の用途区分につき、上記と同様の見解に基づく税務当局側の主張が採用されていた。

3　個別対応方式により控除対象仕入税額を計算する場合において、税負担の累積が生ずる課税資産の譲渡等と累積が生じないその他の資産の譲渡等の双方に対応する課税仕入れにつき一律に課税売上割合を用いることは、課税の明確性の確保の観点から一般に合理的といえるのであり、課税売上割合を用いることが当該事業者の事業の状況に照らして合理的といえない場合には、課税売上割合に準ずる割合を適切に用いることにより個別に是正を図ることが予定されていると解されることにも鑑みれば、課税資産の譲渡等とその他の資産の譲渡等の双方に対応する課税仕入れは、当該事業に関する事情等を問うことなく、共通対応課税仕入れに該当すると解するのが消費税法の趣旨に沿うものというべきである。このように解することは、課税仕入れを課税資産の譲渡等「にのみ」要するもの（課税対応課税仕入れ）、その他の資産の譲渡等「にのみ」要するもの（非課税対応課税仕入れ）及び両者「に共通して」要するもの（共通対応課税仕入れ）に区分する同条2項1号の文理に照らしても自然であるということができる。

　　そうすると、課税対応課税仕入れとは、当該事業者の事業において課税資産の譲渡等にのみ対応する課税仕入れをいい、課税資産の譲渡等のみならずその他の資産の譲渡等にも対応する課税仕入れは、全て共通対応課税仕入れに該当すると解するのが相当である。

4　本件各課税仕入れは上告人が転売目的で本件各建物を購入したものであるが、本件各建物はその購入時から全部又は一部が住宅として賃貸されており、上告人は、転売までの間、その賃料を収受したというのである。そうすると、上告人の事業において、本件各課税仕入れは、課税資産の譲渡等である本件各建物の転売のみならず、その他の資産の譲渡等である本件各建物の住宅としての賃貸にも対応するものであるということができる。

　　よって、本件各課税仕入れは、その上告人の事業における位置付けや上告人の意図等にかかわらず、共通対応課税仕入れに該当するというべきである。

5　税務当局は、遅くとも平成17年以降、本件各課税仕入れと同様の課税仕入れを、当該建物が住宅として賃貸されること（その他の資産の譲渡等に対応すること）に着目して共通対応課税仕入れに区分すべきであるとの見解を採っており、そのことは、本件各申告当時、税務当局の職員が執筆した公刊物や、公表されている国税不服審判所の裁決例及び下級審の裁判例を通じて、一般の納税者も知り得たものということができる。他方、税務当局が平成7年頃にした関係機関からの照会に対する回答は、本件各課税仕入れと同様の課税仕入れを、事業者が当該建物の転売を目的とすることに着目して課税対応課税仕入れに区分したものとも理解し得るものの、前提となる事実関係が明らかでなく、必ずしも上記見解と矛盾するものとはいえない。また、税務当局は、平成9年頃、関係機関からの照会に対し、本件各課税仕入れと同様の課税仕入れを課税対応課税仕入れに区分すべき旨の回答をしているが、このことから、直ちに、税務当局が一般的に当該課税仕入れを事業者の目的に着目して課税対応課税仕入れに区分する取扱いをしていたものということはできないし、上記回答が公表されるなどしたとの事情もうかがわれない。

　　そうすると、平成17年以降、税務当局が、本件各課税仕入れと同様の課税仕入れを当該建物が住宅として賃貸されることに着目して共通対応課税仕入れに区分する取扱いを周知するなどの積極的な措置を講じていないとしても、事業者としては、上記取扱いがされる可能性を認識してしかるべき

第9章　仕入税額控除

であったということができる。

筆者注：この事案は、平成26年4月1日から平成29年3月31日までの各課税期間の消費税について争うものです。改正により、令和2年4月1日以後において行う居住用賃貸建物の課税仕入れ等については仕入税額控除の規定は適用しないこととされています（消法30⑩）。

- -

裁決例　個別対応方式における用途区分／建築費の使用面積割合による区分

平成13年12月21日裁決（全部取消し）
〔裁決事例集第62集462頁〕

　建物の建築費のうち大部分を占める基礎工事、躯体工事、外装工事等の費用については、各用途に共通してかかる費用であり、その1平方メートル当たりの建築単価は同一と認められるので、これらの費用については、各用途ごとの使用面積割合による課非区分が合理的と認められる。

　原処分庁は、本件建物の設計概要書及び各階平面図によれば、事務所等と共同住宅の構造及び設備には明らかな差異が認められる旨主張する。本件建築費の見積額を基に、当審判所において試算したところ、①課税資産（事務所等）の譲渡等にのみ要する金額31,774,984円と、その他の資産（共同住宅）の譲渡等にのみ要する金額20,579,609円との割合（およそ6：4）は、各用途ごとの使用面積の割合（およそ7：3）と比較してさほど明確な差異はなく、かつ②共通の資産の譲渡等に要する金額263,745,407円が、本件建築費の見積額316,100,000円のうちの大部分を占めることから、本件の課非区分は合理的と認められる。

　請求人は、本件建築費を共通の資産の譲渡等に要するものに該当する課税仕入れとした上で、使用面積割合により課非区分をしており、消費税法基本通達11-2-19に定める合理的な基準と認められる。

　請求人は当該建築費以外の課税仕入れについても、区分を明らかにしているので個別対応方式を適用することは適法と認められ本件更正処分はその全部を取り消すべきであり、これに伴い、過少申告加算税の賦課決定処分もその全部を取り消すべきである。

- -

裁決例　個別対応方式における用途区分／介護施設

平成22年12月8日裁決（棄却）
〔裁決事例集第81集〕

　請求人は、本件課税期間においては介護保険法上の指定を受けていないため、請求人が取得した認知症対応型共同生活介護を内容とする地域密着型サービス事業（本件介護事業）に対応し得る本件施設において本件介護事業を行うことは不可能であり、本件課税期間における本件施設に係る課税資産の譲渡等は自動販売機手数料のみしかなく、本件施設は飽くまで課税資産の譲渡等にのみ要するもの（課税用）として供したから、本件施設に係る課税仕入れの用途区分は課税用に区分される旨主張する。

　しかしながら、消費税法基本通達11-2-20《課税仕入れ等の用途区分の判定時期》が定める、課

税仕入れを行った日の状況とは、当該課税仕入れを行う目的や当該課税仕入れに対応する資産の譲渡等がある場合には、その資産の譲渡等の内容等を勘案して判断するのが相当である。

請求人は、①本件課税期間より前に本件介護事業の適正事業者の決定を受け、本件施設の新築工事に着工し、本件課税期間中にその引渡しを受けたこと及び、②本件課税期間中に介護保険法に規定する地域密着型サービス事業を行う事業所の指定を受けるための指定申請書を提出し、同期間内にその指定通知書を受理していることからすれば、請求人は本件施設の取得日において、介護保険法の規定に基づく介護事業を行う目的で本件施設を取得したものと認められる。

そして、本件介護事業に係る資産の譲渡等については原則として消費税は課されないこと、請求人は本件課税期間内において本件施設に関し自動販売機設置手数料を得ていることから、本件施設に係る課税仕入れの用途区分については、課税資産の譲渡等とその他の資産の譲渡等に共通して要するもの（共通用）に区分するのが相当である。

裁決例　個別対応方式における用途区分／区分の判定単位

平成19年2月14日裁決（棄却）

〔裁決事例集第73集〕

請求人が、本件不動産を信託財産とする信託受益権を取得し、本件不動産の取得に係る本件付随費用の消費税額について、個別対応方式により仕入控除税額を計算するに当たり、本件付随費用の総額を、本件不動産を構成する本件個々の資産の取得価額の比で本件個々の資産に配賦し、本件個々の資産の取得目的に応じ「課税対応」及び「共通対応」に区分したところ、原処分庁は、本件付随費用はいずれも「共通対応」に区分すべきであるとして消費税等の更正処分を行った。

これに対し、請求人は、消費税の課税対象となる一の取引金額の内訳又は複数の取引金額の合計の内訳について、個別対応方式における対応区分が明らかにされていれば、その明らかとなっている区分に応じて対応関係を判定すべきであり、本件付随費用は本件個々の資産にそれぞれの取得価額の比で配賦されているから、個別対応方式における区分は明らかである旨主張する。

しかしながら、課税仕入れとは、「事業者が、事業として他の者から資産を譲り受け、若しくは借り受け、又は役務の提供を受けること」のそれぞれの取引を指すことから、消費税法30条2項1号に規定する「課税仕入れにつきその区分が明らかにされている場合」とは、課税仕入れである個々の取引についての対応区分が明らかにされている必要があるものと解される。

そうすると、請求人は、本件付随費用について、その総額を一つの単位とし、各付随費用の合計額を本件個々の資産の取得価額により按分した結果をもって「課税対応」及び「共通対応」に係る課税仕入れの額として集計したに過ぎず、個々の課税仕入れにつきその区分を判定していないことは明らかであるから、請求人の主張は採用できない。

第9章 仕入税額控除

> **裁決例** 個別対応方式における用途区分／区分の時期①

平成23年3月23日裁決（一部取消し）

〔裁決事例集第82集〕

　請求人は、本件建物の取得目的がF社に対して本件建物及びこれに付属する機械式駐車場（本件マンション）に係る信託受益権を売買することにあり、また、本件建物の取得に係る課税仕入れのあった日において、F社との間の信託受益権売買契約の法的な解除やテナントとの間の賃貸借契約の締結がされていなかったとして、本件建物及び本件水道施設利用権の取得に係る課税仕入れが課税資産の譲渡等にのみ要するもの（課税用）に該当する旨主張し、一方、原処分庁は、本件マンションの取得目的は販売及び住宅として貸し付けることであったことから本件建物及び本件水道施設利用権の取得に係る課税仕入れは課税資産の譲渡等とその他の資産の譲渡等に共通して要するもの（共通用）に該当する旨主張する。

　請求人は、本件建物の取得に係る課税仕入れのあった日において、F社による信託受益権の売買残代金の支払が事実上不可能で、F社との間の信託受益権売買契約を解消することとなり、同契約において予定されていた日に信託受益権の譲渡が行われないとの認識を有していたといえ、さらに、請求人は、F社が破産手続開始の決定を受ける以前に、本件マンションの新たな売却先を探すため、L社に本件マンションの再査定を依頼したことが認められ、本件マンションの売却先及び売却時期が未定の状況下で、請求人自らがH社との間で本件マンションの管理委託契約を締結し、入居者の募集を開始したという賃料収入を得ることを前提とした行為をしていることを考え併せると、本件建物の取得に係る課税仕入れのあった日において、請求人は、本件マンションの新たな売却先が見つかるまでの間、本件マンションを住宅として貸し付け、これによる賃料収入を得ることを予定していたと認めることができる。そうすると、本件建物の取得に係る課税仕入れを本件信託受益権の売買にのみ要する課税仕入れとして、課税用として区分したことには合理性がないというべきであり、本件建物の取得に係る課税仕入れは、共通用に該当すると認めるのが相当である。

　一方、本件水道施設利用権の取得に係る課税仕入れのあった日においては、請求人に帰属すべき賃料収入が生ずる可能性は、具体的なものではなかったというべきであり、同日における状況からすれば、請求人に賃料収入が帰属することが予定されていたということはできず、本件水道施設利用権の取得に係る課税仕入れを信託受益権の売買にのみ要する課税仕入れとして、課税用として区分したことが不合理な区分とまではいうことはできないから、本件水道施設利用権の取得に係る課税仕入れは、課税用と認めるのが相当である。

> **裁判例** 個別対応方式における用途区分／区分の時期②

さいたま地裁平成25年6月26日判決（棄却）（確定）

（上記の平成23年3月23日裁決において取り消されなかった部分の処分を不服として提訴され

たもの）

　仕入税額控除は、流通過程における税負担の累積を防止するため、一定の要件の下に、資産等の譲渡に係る税額から仕入税額を控除する制度であるが、法30条の規定に照らすと、仕入れた資産が、仕入日の属する課税期間中に譲渡されるとは限らないため、控除額の算定においては、仕入れと売上げの対応関係を切断し、当該資産の譲渡が実際に課税資産譲渡に該当したか否かを考慮することなく、仕入れた時点において、課税仕入れに当たるか否かを判断するものとしたと解される。

　このような制度趣旨にかんがみると、上記用途区分は、課税仕入れを行った日の状況等に基づき、当該課税仕入れをした事業者が有する目的、意図等諸般の事情を勘案し、事業者において行う将来の多様な取引のうちどのような取引に要するものであるのかを客観的に判断すべきものと解するのが相当である。

　「課税資産の譲渡等にのみ要するもの」とは、課税資産の譲渡等を行うためにのみ必要な課税仕入れ等をいう。すなわち、直接、間接を問わず、また、実際に使用する時期を問わず、その対価の額が最終的に課税資産の譲渡等のコストに入るような課税仕入れ等だけをいうと解される。

　上記用途区分の基準となる課税仕入れを行った日とは、課税仕入れに該当する資産の譲受け若しくは借受けをした日又は役務の提供を受けた日をいうものと解される。

　本件受益権売買契約は本件課税仕入れの日より後の平成20年10月31日の経過をもって解除されたものとみなされたのであるから、客観的には、本件課税仕入れ時には、同契約は存続していたといわざるを得ない。加えて、譲渡契約の相手方が破産しそうだという情報を得た後には、第三者に売却する準備を進め、最終的には本件マンションを売却したのである。これらの経緯からすると、本件課税仕入れである本件マンションの取得時に、譲渡契約の相手方が破産状態に陥ったために同契約が履行されないと考えていたかどうかはともかく、客観的に見て、本件マンションを販売する又はその信託受益権を譲渡する目的で取得したということは否定できない。

　一方、本件課税仕入れの日と同日に賃貸のための管理委託契約を締結し、その後間もなく、本件各賃貸借契約を締結している。そして、本件管理委託契約及び本件各賃貸借契約とも、本件マンションの使用目的を住宅に限定し、本件課税期間において、本件マンションの貸付け等に係る収入として807万7,880円の賃料収入を得ている。これらの経緯からすると、本件課税仕入れである本件マンションの取得時に、客観的にみて、本件マンションを住宅として貸し付ける目的でも取得したと認めるのが相当である。

裁判例 **個別対応方式における用途区分／区分の時期③**

名古屋地裁平成26年10月23日判決（棄却）（確定）

　消費税法30条2項1号が、「課税資産の譲渡等にのみ要するもの」、「課税資産の譲渡等以外の資産の譲渡等（中略）にのみ要するもの」、「課税資産の譲渡等とその他の資産の譲渡等に共通して要するもの」と規定しており、その文言上、現実に課税資産の譲渡等に要するものであったかどうかは問題としていないことに照らすと、課税仕入れの区分については、当該課税仕入れが行われた日の状況に基づ

き、客観的に判断すべきものと解するのが相当である。

　これに加えて、①仕入れた資産の譲渡等は、実際問題として、必ずしもその仕入れた日の属する課税期間中に行われるとは限らないこと、②消費税法34条（課税業務用調整対象固定資産を非課税業務用に転用した場合の仕入れに係る消費税額の調整）及び同法35条（非課税業務用調整対象固定資産を課税業務用に転用した場合の仕入れに係る消費税額の調整）は、課税仕入れを行った日の属する課税期間中に用途を変更した場合であっても、これらの規定による調整計算の対象としていることを指摘することができるところ、これら諸点に照らしても、課税仕入れの用途区分は当該課税仕入れが行われた日の状況によって判断されるべきものであることは明らかである。

　①本件建物は、所有者である原告の注文に基づき、事務所及び住宅を有する建物として設計・建築され、設計・建築当時から、２階部分の居室を主に原告の事務所として使用し、３階ないし10階までの各居室を主に居住用住宅として貸し付けることが予定されていたこと、②原告は、本件課税仕入れの日（平成23年８月●日）より前である同月17日、Jに対し、本件建物のM号室の一部を事務所として賃貸し、さらに、同月20日には、乙と丙に対し、本件建物の居室を住居用として賃貸していたこと、③原告は、本件建物の引渡以降、本件建物のM号室のうちJに賃貸していない部分を自らの事務所として使用していることを指摘することができる。これらの事情に照らして本件課税仕入れが行われた日の状況から客観的に判断すると、本件建物は、「課税資産の譲渡等」（課税売上げ）である住宅以外の貸付けのみを目的として取得したものであるということも、また、「その他の資産の譲渡等」（非課税売上げ）に当たる住宅の貸付けのみを目的として取得したものであるということもできないから、本件建物に係る課税仕入れ（本件課税仕入れ）は、消費税法30条２項１号所定の「課税資産の譲渡等とその他の資産の譲渡等に共通して要するもの」に該当するというべきである。

裁決例 サービス付賃貸住宅事業における個別対応方式の適用

平成30年６月14日裁決（棄却）

　消費税法基本通達11－２－18は、個別対応方式により仕入れに係る消費税額を計算する場合には、その課税期間中において行った個々の課税仕入れ等について、必ず、課税売上対応仕入れ、非課税売上対応仕入れ及び共通仕入れに区分しなければならない旨定めている。同通達は、個別対応方式における区分の判定単位は課税仕入れごとであり、課税仕入れごとにその対応区分を判定する手続を定めていると解されるところ、当審判所においても法令の解釈として相当なものと認められる。

　請求人は、高齢者・障害者向けの共同住宅を運営し、その入居者に対し、①その他の資産の譲渡等として、本件各居室の貸付け、及び②課税資産の譲渡等として、食事の提供等のサービスを、一体の契約により行っていたものと認められるところ、課税仕入れは、いずれも、その一体として行われる本件各居室の貸付け及びサービスについて受けたものであると認められるから、いずれも共通仕入れに該当する。

　また、他に回収事務を委託した入居者からの家賃等には、家賃並びに食費及び管理費のいずれもが含まれているから、当該回収事務に係る手数料も共通仕入れに該当する。

請求人は、本件各課税期間において、課税仕入れについて、個々にそれが課税資産の譲渡等、その他の資産の譲渡等のいずれに要するものであるのかについて判断することなく、一律に課税売上対応仕入れとして経理処理したものと認められる。

なお、請求人は、本件事務所、本件食堂及び請求人が従業員の詰所や倉庫として使用する本件各居室を賃借しており、これらは課税仕入れに該当するものと認められるところ、そのほとんどを非課税仕入れとして経理処理していることからしても、課税仕入れの用途区分のみならず、仕入れ全般について消費税法上の取扱いに対応して区分する体制が不十分なものであったと認められる。

以上のことから、請求人は、本件各課税期間において行った個々の課税仕入れについて用途区分を適切に判断せず、そのため、本件元帳の記載上、課税仕入れが一律に課税売上対応仕入れとされ、共通仕入れの全部が課税売上対応仕入れに混入し、区別できない状態となっていたというべきであり、請求人は、本件各課税期間において、課税仕入れの用途区分をしていなかったものと認められるから、仕入控除税額の計算は、個別対応方式を適用できず、一括比例配分方式によりすることとなる。

裁決例 土地及び建物を信託財産とする信託受益権の取得に要した手数料の用途区分

平成30年4月25日裁決（棄却）

請求人は、土地及び建物（本件各物件）を信託財産とする各信託受益権（本件各信託受益権）の取得に要した各手数料（本件各手数料）に係る課税仕入れについて、消費税法30条《仕入れに係る消費税額の控除》2項1号に規定する個別対応方式による用途区分の判定をするに当たっては、その用途区分は、当該課税仕入れをした事業者が有する、その課税仕入れを行った日における確定的な状況の下においての、目的、意図等をも勘案した上で、なお客観的に判断すべきであり、また、本件各物件はその取得時には事業用に賃貸されており、決算上も有形固定資産に計上しているから、本件各手数料に係る課税仕入れは課税資産の譲渡等にのみ要するものに該当する旨主張する。

しかしながら、個別対応方式による用途区分の判定は、課税仕入れを行った日の状況により行うこととされ、課税仕入れを行った日の状況とは、当該課税仕入れの目的及び当該課税仕入れに対応する資産の譲渡等がある場合にはその資産の譲渡等の内容等を勘案して判断するのが相当であり、本件各信託受益権の取得時においては、本件各物件の賃貸のみではなく本件各信託受益権を譲渡することを目的としていたと認められること及び会計上の科目の判定が課税仕入れの用途区分の判定につながるものではないことなどからすれば、本件各手数料に係る課税仕入れは、課税資産の譲渡等と課税資産の譲渡等以外の資産の譲渡等に共通して要するものに区分するのが相当である。

裁決例 課税売上割合に準ずる割合の合理性

平成7年2月16日裁決（全部取消し）

消費税法施行令47条2項は、「遅滞なく」と規定するのみで、具体的にいつまでといった期限も定め

第 9 章 仕入税額控除

ておらず、税務署長に対して申請に対する応答を遅滞なくするよう命じた訓示規定であり、この規定に違反していることを理由にその処分の有効性を争うことはできないと解するのが相当である。

しかし、請求人は貸金業、不動産賃貸業及び不動産仲介業を営んでいるが、金融部門の受取利息の金額は、課税・非課税売上げの合計額の75％を超えていること、その融資先は20件程度で、かつ、その大部分は取引の長い固定的な顧客であり、「売上全体の70％を占める非課税売上げが変化しても共通用課税仕入れの変化はなく、売上げを配分基準とすることの説得力は小さい」とする請求人の主張は相当と認められる。

請求人が主張する課税売上割合に準ずる割合の計算方法は合理的であり、原処分は取り消すべきである。

裁判例　更正の請求において一括比例配分方式から個別対応方式に変更

福岡地裁平成 9 年 5 月27日判決（棄却）（確定）

原告は、一括比例配分方式により算出された納付すべき消費税額が、個別対応方式により算出された右額に比して著しく高額になる場合は、一括比例配分方式の適用が税負担の公平に反するものとして許されない旨主張するが、区分経理を行っている事業者は、確定申告の時点で、両方式によって納付すべき消費税額がそれぞれいくらになるかを計算し得るのであって、顕著な差異が生じる場合、納税者がより負担の低い個別対応方式を選択することには何ら制限がない。

他方、一括比例配分方式には、個別対応方式に比してより計算が簡便であるという利点があるのであるから、両方式の長所・短所を勘案した上で、そのいずれを選択するかを当該事業者の判断に委ねるとすることに何ら問題はなく、両方式の選択が納税者の任意に委ねられている以上、その不利益を甘受するものとして同方式を選択したものと見るほかはない。そして、右の点は、両方式による納税額の格差が顕著となるからといって別異に解すべきでない。

原告は、本件課税期間における消費税額の確定申告において、控除すべき課税仕入等に係る消費税を計算するに当たり、一括比例配分方式を選択している。

なお、本件のように、一括比例配分方式を適用した場合の納付税額が、個別対応方式を適月した場合と比して極めて高額となる場合、右金額の具体的な差異を納税者本人が認識していれば、あえて一括比例配分方式を適用することは通常考えられないこと、消費税法の施行が昭和63年12月30日であり、本件課税期間に係る消費税の確定申告の時点において、納税者の消費税法に対する理解が十分であったといえるか疑問がないではないこと等から、本件事案において原告の被る不利益の大きさ及び消費税法施行と本件確定申告との時期的関係に鑑み、その更正請求に対する弾力的な処分を検討する余地が全くないとまではいえない。

しかし、税制改革法17条 2 項によれば、消費税法の施行から平成元年 9 月30日までの期間、同法の執行に当たり広報、相談及び指導を中心として弾力的運用が行われたことが認められ、他方、原告が本件課税期間に係る消費税の確定申告を行ったのは、右期間経過後更に 2 年を経た平成 3 年10月31日であること、原告は、本件申告に先立って平成元年及び平成 2 年の各10月末日においても消費税の確定

517

申告を行っていることが認められることから、これに弁論の全趣旨を考慮すれば、前記の点に鑑みても、なお結論を異にしなければ原告の利益を不当に害するとまではいえない。

裁決例　個別対応方式における用途区分／合理的な基準による区分の撤回

平成23年3月1日裁決（棄却）

消費税法基本通達11－2－18、11－2－19及び11－2－20の定めは、当審判所においても相当と認められ、これらの定めによれば、課税仕入れがされた日において課税売上対応分又は非課税売上対応分のいずれかに区分することができない場合であっても、課税期間の末日までに、当該課税仕入れと対応する売上実績等の合理的な基準により課税売上対応分と非課税売上対応分とに区分され、当該区分が明らかにされれば、その明らかにされた区分によることができると解するのが相当である。

請求人は、G店においては領収書控え等により品名及び数量を抽出し、当該医薬品の各仕入単価を医薬品ごとの各売上数量に乗じた各金額を集計する「個別仕入単価集計方式」により、H店においては領収書控え等により各売上金額を算定し、これにH店におけるすべての医薬品の仕入原価を売上金額で除した原価率を乗じる方法「原価率方式」により、課税売上対応分又は非課税売上対応分の課税仕入れ等の金額を算出しており、これらの方法は、個別に把握可能な課税売上げに係る医薬品名及び数量又は金額を基準として、売上実績に基づいて区分する方法であり、合理性があるものと認められる。なお、本件調剤薬局ごとに個別仕入単価集計方式又は原価率方式という異なる計算方式を採用していたとしても、それぞれの計算方式に合理性がある以上、これを併用したことをもって、本件各用途区分の合理性を否定する根拠とはならない。

通則法23条1項1号が適用される場合とは、申告当時に納税義務者が採用した区分の方法に合理性がなく、合理性のない区分の方法を採ることによって、納付すべき消費税等の税額が過大となる場合をいうのであるから、本件各用途区分がいずれも合理性があるものと認められる以上、国税に関する法律の解釈適用についての誤りがあった場合には該当せず、通則法23条1項1号の規定を根拠に、これを撤回して更正の請求をすることはできない。

裁判例　銀行預金口座の入出金履歴による帳簿及び請求書等の代用

大阪高裁平成30年9月14日判決（棄却）（確定）

原告は、本件修正申告の勧奨は、仕入税額控除を全く認めていない点で内容に誤りがあり、国家賠償法上違法である旨主張する。しかし、原告が消費税法30条7項、8項及び9項に定める要件を満たす書類として提出する売上げ及びその入金を記載した帳簿は、課税仕入れに係る事実が記載されたものとは認められないし、銀行預金口座の入出金履歴は、同条8項1号又は同条9項1号所定の事項の記載がないから、これらはいずれも同条8項1号所定の「帳簿」及び同条9項1号所定の「請求書等」に当たらない。これに対し、原告は、記載がない部分も推測によって内容が把握できる旨主張するが、記載

第9章 仕入税額控除

がない以上、上記各号所定の要件を満たさないから、同主張は失当である。

··

裁判例 税務調査時における帳簿の保存と提示①

前橋地裁平成12年5月31日判決（棄却）、東京高裁平成13年1月30日判決（棄却）、最高裁平成16年12月16日判決（一部棄却、一部却下）（確定）

　申告納税方式の下では、納税義務者のする申告が事実に基づいて適正に行われることが肝要であり、必要に応じて税務署長等がこの点を確認することができなければならない。そこで、事業者は、帳簿を備え付けてこれにその行った資産の譲渡等に関する事項を記録した上、当該帳簿を保存することを義務付けられており（法58条）、税務職員は、必要があるときは、事業者の帳簿書類を検査して申告が適正に行われたかどうかを調査することができるものとされ（法62条）、税務職員の検査を拒み、妨げ、又は忌避した者に対しては罰則が定められていて（法68条1号）、税務署長が適正に更正処分等を行うことができるようにされている。法が事業者に対して上記のとおり帳簿の備付け、記録及び保存を義務付けているのは、その帳簿が税務職員による検査の対象となり得ることを前提にしていることが明らかである。そして、事業者が国内において課税仕入れを行った場合には、課税仕入れに関する事項も法58条により帳簿に記録することが義務付けられているから、税務職員は、上記の帳簿を検査して上記事項が記録されているかどうかなどを調査することができる。

　法30条7項は、法58条の場合と同様に、当該課税期間の課税仕入れ等の税額の控除に係る帳簿又は請求書等が税務職員による検査の対象となり得ることを前提にしているものであり、事業者が、法30条8項1号所定の事項が記載されている帳簿又は（平成7年改正前）同条9項1号所定の書類で同号所定の事項が記載されている請求書等を保存している場合において、税務職員がそのいずれかを検査することにより課税仕入れの事実を調査することが可能であるときに限り、同条1項を適用することができることを明らかにするものであると解される。

　事業者が、消費税法施行令50条1項の定めるとおり、法30条7項に規定する帳簿又は請求書等を整理し、これらを所定の期間及び場所において、法62条に基づく税務職員による検査に当たって適時にこれを提示することが可能なように態勢を整えて保存していなかった場合は、法30条7項にいう「事業者が当該課税期間の課税仕入れ等の税額の控除に係る帳簿又は請求書等を保存しない場合」に当たり、当該保存がない課税仕入れに係る課税仕入れ等の税額については、適用されないものというべきである。

　上告人は、被上告人の職員から帳簿書類の提示を求められ、その求めに特に違法な点はなく、これに応じ難いとする理由も格別なかったにもかかわらず、上記職員に対し、平成2年分の接待交際費に関する領収書を提示しただけで、その余の帳簿書類を提示せず、それ以上調査に協力しなかったというのである。これによれば、上告人が、法62条に基づく税務職員による上記帳簿又は請求書等の検査に当たり、適時に提示することが可能なように態勢を整えてこれらを保存していたということはできず、本件は法30条7項にいう「事業者が当該課税期間の課税仕入れ等の税額の控除に係る帳簿又は請求書等を保存しない場合」に当たり、本件各処分に違法はないというべきである。

519

| 裁判例 | 税務調査時における帳簿の保存と提示② |

静岡地裁平成14年12月12日判決（棄却）、東京高裁平成15年10月23日判決（棄却）、最高裁平成16年12月20日判決（棄却）（確定）

消費税法が採る申告納税制度の趣旨及び仕組み並びに法30条7項の趣旨に照らせば、事業者は、同条1項の適用を受けるには、消費税法施行令50条1項の定めるとおり、法30条7項に規定する帳簿又は請求書等（平成7年改正前）を整理し、これらを所定の期間及び場所において、法62条に基づく税務職員による検査に当たって適時に提示することが可能なように態勢を整えて保存することを要するのであり、事業者がこれを行っていなかった場合には、法30条7項により、事業者が災害その他やむを得ない事情によりこれをすることができなかったことを証明しない限り、同条1項の規定は適用されないものというべきである（最高裁平成16年12月16日判決）。

上告人は、被上告人の職員が上告人に対する税務調査において適法に帳簿等の提示を求め、これに応じ難いとする理由も格別なかったにもかかわらず、上記職員に対して帳簿等の提示を拒み続けたというのである。そうすると、上告人が、上記調査が行われた時点で帳簿等を保管していたとしても、法62条に基づく税務職員による帳簿等の検査に当たって適時にこれを提示することが可能なように態勢を整えて帳簿等を保存していたということはできず、本件は法30条7項にいう帳簿等を保存しない場合に当たるから、被上告人が上告人に対して同条1項の適用がないとしてした各処分に違法はないというべきである。

(注) この判決には、おおむね以下のような裁判官滝井繁男の反対意見が付されている。

〔裁判官滝井繁男の反対意見〕

1 私は、税務調査において、帳簿等の提示を拒み続けたというだけの理由で、「帳簿（中略）等を保存しない場合」に当たるとして、課税仕入れに係る消費税額の控除を受けることができないと解するのは相当でないと考える。

2 (1)我が国消費税は、税制改革法の制定を受けて消費に広く薄く負担を課すことを目的とし、事業者による商品の販売、役務の提供等の各段階において課税することとしたものであるが、同法は課税の累積を排除する方式によることを明らかにし（同法4条、10条、11条）、これを受けて、法30条1項は、事業者が国内において課税仕入れを行ったときは、当該課税期間中に国内で行った課税仕入れに係る消費税額を控除することを規定しているのである。この仕入税額控除は、消費税の制度の骨格をなすものであって、消費税額を算定する上での実体上の課税要件にも匹敵する本質的な要素とみるべきものである。ただ、法は、この仕入税額控除要件の証明は一定の要件を備えた帳簿等によることとし、その保存がないときは控除をしないものとしているのである（同条7項）。しかしながら、法が仕入税額の控除にこのような限定を設けたのは、あくまで消費税を円滑かつ適正に転嫁するために（税制改革法11条1項）、一定の要件を備えた帳簿等という確実な証拠を確保する必要があると判断したためであって、法30条7項の規定も、課税資産の譲渡等の対価に着

実に課税が行われると同時に、課税仕入れに係る税額もまた確実に控除されるという制度の理念に即して解釈されなければならないのである。

(2)多数意見は、結局、事業者が検査に対して帳簿等を正当な理由なく提示しなかったことをもって、これを保存しなかったものと同視するに帰着するといわざるを得ないのであり、そのような理由により消費税額算定の重要な要素である仕入税額控除の規定を適用しないという解釈は、申告納税制度の趣旨及び仕組み、並びに法30条7項の趣旨をどのように強調しても採り得ないものと考える。

(3)保存がないことを理由に仕入税額控除を認めないでなされた課税処分に対し、所定の帳簿等を保存していたことを主張・立証することを許さないとする法文上の根拠はない。また、大量反復性を有する消費税の申告及び課税処分において迅速かつ正確に課税仕入れの存否を確認し、課税仕入れに係る適正な消費税額を把握する必要性など制度の趣旨を強調しても、法30条7項における「保存」の規定に、現状維持のまま保管するという通常その言葉の持っている意味を超えて、税務調査における提示の求めに応ずることまで合ませなければならない根拠を見出すことはできない。そのように解することは、法解釈の限界を超えるばかりか、課税売上げへの課税の必要性を強調するあまり本来確実に控除されなければならないものまで控除しないという結果をもたらすことになる点において、制度の趣旨にも反するものといわなければならない。

(4)納税者が正当な理由なく税務職員による帳簿書類の提示の要求に応じないときに、帳簿書類の備付け、記録及び保存の義務を履行していないものとして青色承認の取消事由になるものと解されている。青色申告制度は、納税義務者の自主的かつ公正な申告による租税義務の確定及び課税の実現を確保するため、一定の信頼性ある記帳を約した納税義務者に対してのみ、特別な申告手続を行い得るという特典を与え、制度の趣旨に反する事由が生じたときはその承認を取り消しその資格を奪うこととしているものである。

これに対し、法における仕入税額控除の規定は、前記のとおり課税要件を定めているといっても過言ではなく、青色申告承認のような単なる申告手続上の特典ではないと解すべきものである。

(5)制度の趣旨を強調し、調査への協力が円滑適正な徴税確保のために必要であることから、税額の計算に係る実体的な規定をその本来の意味を超えて広げて解することは、租税法律主義の見地から慎重でなければならないものである。

3　以上のような理由で、私は法30条7項についての多数意見には賛成することができないのである。同項につき上述したところと異なる解釈を採った原判決には、判決に影響を及ぼすことが明らかな法令の違反がある。そして、同項にいう帳簿等の「保存」の有無につき更に審理を尽くさせる必要があるから、本件は原審に差し戻すべきものであると考える。

裁判例 税務調査時における帳簿の保存と提示③／本坊事件

熊本地裁平成15年11月28日判決（棄却）、福岡高裁平成16年6月15日判決（棄却）、最高裁第一小法廷平成17年3月10日判決（棄却）（確定）

　事業者が消費税法30条1項の適用を受けるには、同条7項に規定する帳簿等を整理し、これらを所定の期間及び場所において、税務職員による検査に当たって適時に提示することが可能なように態勢を整えて保存することを要し、事業者がこれを行っていなかった場合には、事業者が災害その他やむを得ない事情によりこれをすることができなかったことを証明しない限り、同条1項の規定は適用されないものというべきである（最高裁平成16年12月16日判決、最高裁同年12月20日判決）。

　上告人は、税務職員から税務調査において適法に帳簿等の提示を求められ、これに応じ難いとする理由も格別なかったにもかかわらず、帳簿等の提示を拒み続けたということができる。そうすると、上告人が、上記調査が行われた時点で帳簿等を保管していたとしても、同法62条に基づく税務職員による帳簿等の検査に当たって適時にこれを提示することが可能なように態勢を整えて帳簿等を保存していたということはできず、本件は同法30条7項にいう帳簿等を保存しない場合に当たり、本件各更正処分等に違法はないというべきである。

　よって、裁判官全員一致の意見で、主文のとおり判決する。

- -

裁決例 調査中に取り寄せた資料

平成15年6月26日裁決（棄却）
〔裁決事例集第65集937頁〕

　請求人は、仕入税額控除に係る帳簿及び請求書等の保存がない場合であっても、請求人が提出した資料によって、原処分庁は仕入税額を把握できたのであるから、仕入税額控除をすべきである旨主張する。

　しかしながら、消費税法30条7項の規定は、仕入税額の証明手段を法定の帳簿及び請求書等に限定していると解され、他の証拠資料によって課税仕入れに係る支払対価を合理的に推認できる場合であっても認められないこと、また、帳簿及び請求書等の保存は、法所定の保存期間の始期から全期間にわたって所持・保管を継続することを意味し、帳簿及び請求書等を保存の始期の後に取得しても、その保存の要件を欠き、仕入税額控除が認められないところ、請求人が提出した資料は、その大半が調査の開始後に取引先から取り寄せた元帳のコピーであるなど、いずれも同項に規定する帳簿及び請求書等に該当しないから、仕入税額控除の適用はできない。

- -

第9章 仕入税額控除

裁決例 | 帳簿等の記載事項

平成16年9月9日裁決（棄却）

　請求人は、本件浜買いの相手先は、請求書、納品書等の必要性や知識に乏しく、領収書の発行すら行っておらず、浜買いの相手先に住所、氏名を問い質すことは困難であり、強行すれば商取引の危機を招き、さらに、零細漁師、半漁で他に勤めている者など多種多様であって、概ね不特定多数の部類に属し、取引金額もほとんど3万円未満が多いから、消費税法施行令49条2項に該当すると主張する。

　しかしながら、消費税法施行令49条2項にいう再生資源卸売業とは、日本産業標準分類の中分類に規定されている空瓶・空缶等空容器卸売業、鉄スクラップ卸売業、非鉄金属スクラップ卸売業及び古紙卸売業等であり、また、再生資源卸売業に準ずるものとは、不特定かつ多数の者から課税仕入れを行う事業のうち、取引の実態から仕入れの相手方の氏名又は名称を確認することが不可能に近いという点で再生資源卸売業に準ずるものをいうと解されるところ、本件において、請求人がその帳簿書類に、浜買いに係る仕入れの相手先を記載していない理由は、請求人と当該相手先との関係及び請求人の営業上の問題に起因しているものであるから、本件浜買いは相手方の氏名又は名称を確認することができない取引実態にあると認めることはできず、再生資源卸売業に準ずるものに該当しない。

裁決例 | 出面帳の帳簿該当性

平成23年3月30日裁決（一部取消し）
〔裁決事例集第82集〕

　原処分庁は、本件出面帳について、その大半につき、消費税法30条《仕入れに係る消費税額の控除》8項1号に規定する法定記載事項のうち課税仕入れに係る支払対価の額の記載がないことから、法定記載事項が記載された法定帳簿の保存を定めた同条7項の趣旨に照らして、これを法定帳簿と認める余地はない等と主張する。

　確かに、法定帳簿については、課税仕入れに係る①相手方氏名等、②課税仕入れの年月日、③その役務等の内容及び④支払対価の額の法定記載事項の各記載が必要であり、これらの要件を欠く帳簿は法定帳簿として認めることはできないものの、本件出面帳の記載内容等を法定帳簿の保存を法が定めた趣旨に照らせば、本件出面帳のうち、法定記載事項のすべてを満たしていると認められる部分のみを法定帳簿と認めることが法定帳簿の保存を定めた法の趣旨に反するとはいえない。したがって、当該原処分庁の主張を採用することができない。

裁決例 | 通謀虚偽表示には当たらないとした事例

令和2年5月19日裁決（全部取消し）

　原処分庁は、請求人が取引先の法人（本件法人）から軽種馬（本件軽種馬）を購入する取引（本件各

取引）に係る売買契約は、通謀虚偽表示により無効であり、実体は、請求人が軽種馬生産に関する農業協同組合を通じて直接本件軽種馬を購入したものであるから、本件法人が当該農業協同組合から落札し購入した金額と、本件各取引に係る売買金額の差額分に相当する金額（本件各差額）は、請求人の課税仕入れに係る支払対価の額に該当しない旨主張する。

しかしながら、本件各取引に係る売買契約については、契約内容のとおり履行されており、また、請求人と本件法人との間に通謀虚偽表示を行う十分な動機があったとまでいえない上、これを基礎付ける証拠もないから、通謀虚偽表示により無効であると認めることはできない。したがって、本件各差額は課税仕入れに係る支払対価の額に該当する。

- -

裁判例　調整対象固定資産に係る調整の時期

福岡地裁平成7年9月27日判決（棄却）、福岡高裁平成8年7月17日判決（棄却）、最高裁平成11年6月24日判決（棄却）（確定）

本件課税期間の資産の譲渡等の対価の額は20万5,919円、本件課税期間の課税資産の譲渡等の対価の額は0円であって、課税売上割合は0パーセントとなる。

法33条は、調整対象固定資産を仕入れた日の属する課税期間から起算して第3年度の課税期間において調整することのみを定めており、それ以外の課税期間、殊に原告の主張するような当該仕入れが行われた日の属する課税期間における調整を認めておらず、他にそのような調整を認めた規定は存しない。

原告は、本件課税期間において原告には課税資産の譲渡がなく、もともと消費税の納税義務がなかったのであるから、本件更正処分による還付金の減少に対応する消費税額はない等の主張をするが、国税通則法35条2項2号、28条2項3号ロは、還付金が「国税に関する法律の規定による国税の還付金」であり（同法2条6号）、これに対応する国税の存在が予定されているところから、「還付金の額に相当する税額」の減少分を「納付すべき税額」としているのであって、この場合の「還付金の額に相当する税額」は、還付を受ける者を納税義務者とする税に係る場合が通常であるとしても、右規定の趣旨からすると必ずしも右の場合に限定されると解する必要はない。

原告は、過大な還付請求の申告により、現実に還付がなされた場合とそうでない場合とでは、申告納税制度により保護されるべき国家、社会の利益に対する侵害の程度に明らかな差異があるので、両者に対する取扱いを区別すべきであり、本件では、原告は現実に還付を受けていないので、過少申告加算税を賦課すべきでない旨主張するが、国税通則法65条1項は、還付請求申告書が提出された場合において更正があったときは所定の計算方法による過少申告加算税を課すべきことを定めており、現実に右還付請求申告書のとおりの還付がなされたか否かを区別していない。

- -

第9章 仕入税額控除

裁判例 国家賠償請求／社会保険診療報酬につき転嫁できない消費税

神戸地裁平成24年11月27日判決（棄却）（確定）

　消費税法上、仕入税額相当額を転嫁するための仕組みとして想定されている仕入税額控除あるいは価格の引上げによる転嫁という方法について、一般の事業者であればいずれかの方法を採ることができるにもかかわらず、公定価格とされる社会保険診療等を主たる業としていることに基づいて、いずれの方法も採ることができないことによるものであるということができる。

　そうすると、医療法人等は、消費税法上、仕入税額相当額を転嫁する方法について一般の事業者とは異なる取扱いがされているといえ、その点において区別が生じているものと認められる（以下「転嫁方法の区別」という。）。

　仕入税額控除制度の趣旨に照らすと、非課税取引に対応する仕入税額については税負担の累積を考慮する必要がなく、仕入税額控除を行う根拠を欠くことになるから、社会保険診療等の非課税取引については仕入税額控除をできないとされていることが、立法目的との関連で著しく不合理なものであることが明らかであるとはいえない。

　消費税法は仕入税額相当額の転嫁をする権利又は義務に係る規定を置いていないし、事業者が仕入税額相当額の負担が生じた場合にこれを解消する権利を有していることをうかがわせる規定も見当たらないから、原告らが仕入税額相当額の負担の転嫁（解消）に関する権利を有しているとは認め難く、したがって、転嫁方法の区別によって、原告らが権利を制限されているとはいえない。

　また、転嫁方法の区別は、仕入税額相当額の負担を転嫁する方法として消費税法が想定する仕入税額控除又は価格の引上げという方法を、医療法人等だけが採ることができないという点において、医療法人等につき異なる取扱いをするものであるが、消費税法の制定当初から、消費税の導入による医療法人等の仕入れ価格の上昇に対する手当としては、健康保険法等における診療報酬の適切な改定によって対応することとされていたことが認められるのであるから、消費税法が想定する仕入税額相当額の負担を転嫁する方法に代替する手段は、法制度上、確保されているものと評価できる。

　以上によれば、転嫁方法の区別は医療法人等に対する仕入税額相当額の負担の転嫁等に関する権利の制限を伴うものではなく、法制度上、当該区別を解消するための代替手段も確保されていることが認められるのであるから、これが立法裁量として許容することができないほどの不合理な差別的取扱いに当たるとは解せないというべきである。

　したがって、転嫁方法の区別が憲法14条1項に違反するとはいえないというべきである。

裁決例 課税仕入れの時期

平成12年12月14日裁決（全部取消し）

〔裁決事例集第60集〕

　原処分庁は、請求人が酒類小売販売の営業権を譲り受けた日は、営業権譲渡契約書に「営業譲渡期日は、酒類販売免許変更通知の日とする」旨記載されていることから、請求人が税務署長から通知を受け

525

た平成9年12月17日となり、営業権の譲受けに係る消費税は、同日の属する課税期間の課税仕入れとなる旨主張する。

　しかしながら、①営業権の譲渡者は、請求人が経営する店舗内で平成9年12月31日まで酒類を販売していたこと、②請求人が営業権を資産に計上した日及び営業権の譲渡者が営業権の譲渡対価を雑収入に計上した日は、いずれも平成10年1月1日以後であること、③店舗内の酒類の在庫の引継ぎは平成10年1月1日に行われていることが認められるから、営業権の譲渡者が店舗内で酒類の販売をしていた平成9年12月31日以前に営業権の引渡しがあったとすることは相当でなく、請求人による酒類の販売が可能となった酒類販売業免許の日である平成10年1月1日を本件営業権の引渡しの日とするのが相当である。

第10章

簡易課税制度

第1節 簡易課税制度の概要

(1) 仕入税額控除に係る事務負担を軽減する目的

　控除対象仕入税額の計算は複雑であり、小規模な事業者にとって大きな事務負担となります。

　そこで、事業規模の小さい事業者については、これらの事務負担を軽減するため、実際の仕入れについての計算をせず、課税売上高に係る消費税額にみなし仕入率を乗じて控除対象仕入税額を計算する簡易課税制度が設けられています。

(2) 事業規模の判定

　事業規模が小さいかどうかは、課税期間ごとにその課税期間の実際の事業規模で判断するべきであるといえます。そうすると、その課税期間の事業規模はその課税期間が終了するまで判明せず、その課税期間が終了してから簡易課税制度の適用があるかどうかがわかることになります。これでは結局、一般課税となる場合に備えて実際の課税仕入れについての管理、区分等を行わなければならず、これを省略することができる簡易課税制度の意味がなくなってしまいます。そこで、簡易課税制度を適用することができる事業規模であるかどうかは、その課税期間が開始するまでに確定している直近の事業年度、すなわち前々事業年度を基準期間として、その基準期間における課税売上高が5,000万円以下であるかどうかにより判定することとされています。

　ここでは、基準期間が、その課税期間の事業規模を映すスクリーンの役割をしているといえるでしょう。

(3) 一般課税との比較

　簡易課税制度に対して本来の控除対象仕入税額の計算を一般課税といいます。

527

簡易課税制度は、あくまでも控除対象仕入税額の計算方法の特例であるため、それ以外の項目については、一般課税と何ら変わることがありません。

区　分	一般課税	簡易課税
適用要件	帳簿及び請求書等の保存 （消法30⑦）	①　簡易課税制度選択届出書を課税期間開始前に提出（消法37①） ②　基準期間における課税売上高≦5,000万円（消法37①）
課税標準額	税込課税売上高×$\dfrac{1}{1+消費税及び地方消費税の合計税率}$　（消法28①）	
課税標準額に対する消費税額	課税標準額×消費税率（消法29）	
控除過大調整税額	償却債権の回収額×$\dfrac{消費税率}{1+消費税及び地方消費税の合計税率}$　（消法39③）	
	仕入税額控除の調整超過額 （消法32②、33③、34②、60⑤）	なし
控除対象仕入税額	・課税売上高が5億円以下で課税売上割合95%以上 　　　　→　全額控除 ・上記以外 　→$\left\{\begin{array}{l}個別対応方式\\一括比例配分方式\end{array}\right.$ 　　　　　　（消法30）	実際の課税仕入れ等に関係なく次の方法により計算 $\left.\begin{array}{l}課税標準額に対する消費税額\\△売上対価の返還等に係る消費税額\\＋貸倒回収に係る消費税額\end{array}\right\}$ ×みなし仕入率 （消法37①、消令57、消基通13－1－6）
	税額の調整：・非課税資産の輸出等（消法31）・仕入対価の返還等（消法32）・調整対象固定資産（消法33、34、35）・期首在庫・期末在庫（消法36）	
返還等対価に係る税額	売上対価の返還等の金額×$\dfrac{消費税率}{1+消費税及び地方消費税の合計税率}$	
貸倒れに係る税額	貸倒れの金額×$\dfrac{消費税率}{1+消費税及び地方消費税の合計税率}$	

第10章　簡易課税制度

第2節　簡易課税制度による控除対象仕入税額の計算

簡易課税制度の適用を受ける課税期間に行った「特定課税仕入れ」はなかったものとされ、リバースチャージ方式の対象となりません（平27改法附44②）。

 税額の計算とみなし仕入率の計算

簡易課税制度による控除対象仕入税額は、次の算式により計算します（消法37①、消基通13－1－6）。

| 控除対象仕入税額 | ＝ | 課税標準額に対する消費税額
△売上対価の返還等に係る消費税額
＋貸倒回収に係る消費税額 | × | みなし仕入率 |

みなし仕入率は、事業の種類に応じて、次のとおり定められています（消法37①、消令57①、⑤）。

事業区分	該当する事業	みなし仕入率
第一種事業	卸売業	90%
第二種事業	小売業	80%
第三種事業	製造業等	70%
第四種事業	第一・二・三・五・六種以外の事業	60%
第五種事業	運輸通信、サービス業（飲食店業を除く）、金融業・保険業	50%
第六種事業	不動産業	40%

※　農業、林業、漁業のうち、飲食料品の譲渡に係る事業は、第二種事業となります。

複数の事業がある場合のみなし仕入率

兼業の場合のみなし仕入率（有利なものを選択することができる）			
区　分	原　則	特例①	特例②
適用要件		特定の1事業が75％以上	特定の2事業の合計が75％以上
みなし仕入率	各事業の控除税額によりみなし仕入率を算出	75％以上の事業のみなし仕入率をそのまま全体に適用	75％以上の2つの事業のみなし仕入率によって控除税額を算出
	事業の区分をしていない課税売上げは、営む事業のうち最もみなし仕入率が低い事業に該当するものとして計算する（消令57④）		

第一種事業から第六種事業のいずれの事業に該当するかは、個々の課税売上げについて判定するので、例えば、卸売業者が一部の商品を消費者に販売するなど、事業者の多くは、異なる

529

種類の事業を営んでいるという結果になります。

このように、複数の事業を兼業している場合には、原則として、全ての事業に係るみなし仕入率を加重平均して、その課税期間のみなし仕入率を算出します。

しかし、簡易課税制度は、納税事務負担の軽減を目的に設けられていることから、特定の事業の課税売上高が全体の75％以上である場合には、みなし仕入率の原則計算に代えて、その75％以上である事業のみなし仕入率を全体に適用することができます。

みなし仕入率は、原則又は特例のいずれか有利なものを選択して適用することができます（消基通13－4－1～2）。

(1) みなし仕入率の計算の原則

その課税期間において行った課税資産の譲渡等が、第一種事業から第六種事業までの複数の事業に区分される場合には、その課税期間のみなし仕入率は、原則として、売上げに係る消費税額の合計額のうちに、各事業区分のみなし仕入率による控除税額の合計額が占める割合となります（消令57②）。

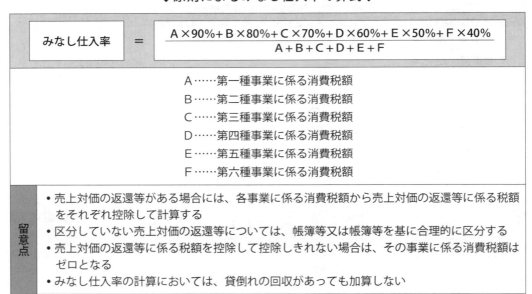

◆原則によるみなし仕入率の算式◆

(2) みなし仕入率の計算の特例（75％ルール）

〈特例①（特定1事業の売上げが75％以上の場合）〉

特定の1つの事業の課税売上高が全体の75％以上である場合には、その特定の1つの事業のみなし仕入率をその課税期間のみなし仕入率とします（消令57③）。

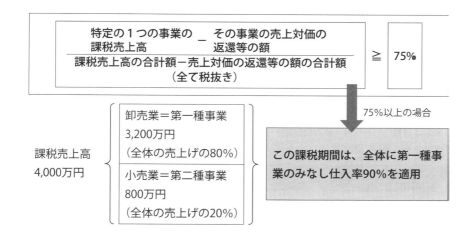

〈特例②（特定2事業で75％以上の場合）〉

　特定の2つの事業の課税売上高の合計額が全体の75％以上である場合には、その2つの事業のうち低い方のみなし仕入率をその2つの事業以外の事業にも適用して、その課税期間のみなし仕入率を計算します。

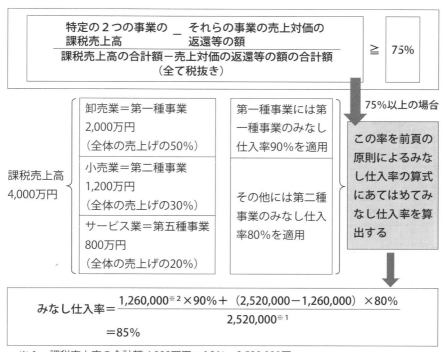

※1　課税売上高の合計額 4,000万円×6.3％＝2,520,000円
※2　第一種事業の売上高 2,000万円×6.3％＝1,260,000円

2 事業区分の判定

　第一種事業から第六種事業のいずれの事業に該当するかは、個々の課税売上げごとに判定します。

　法令及び通達において明らかにされている区分の基準は次表のとおりです。

※　日本標準産業分類は、e-Stat（政府統計ポータルサイト https://www.e-stat.go.jp/classifications/terms/10）において検索することができます。

事業区分	該当する事業			
第一種事業 90%	卸売業 （消令57⑤一）	他の者から購入した商品をその性質及び形状を変更しないで他に販売する事業	他の事業者に販売 （消令57⑥）	事業者へ販売したことが帳簿、書類等により明らかなもの
第二種事業 80%	小売業 （消令57⑤二）	^	第一種事業以外 （消令57⑥）	・購入品を消費者に販売する場合 ・販売先が不明な場合
^	農業、林業、漁業のうち飲食料品の譲渡を行う事業（消令57⑤二）			
第三種事業 70%	農業、林業、漁業、鉱業、建設業、製造業、電気業、ガス業、熱供給業、水道業（消令57⑤三）	製造卸業、製造小売業（消基通13－2－6）		
^	^	おおむね日本標準産業分類（総務省）の大分類に掲げる分類を基準に判定（消基通13－2－4） （第一種事業、第二種事業に該当するもの及び加工賃等を対価とする役務の提供を除きます。また、農業、林業又は漁業のうち、飲食料品の譲渡を行う事業は、第二種事業となります。）		加工賃等を対価とする役務の提供は第四種事業（消基通13－2－4）
第四種事業 60%	第一・二・三・五・六種以外の事業（消令57⑤五）	飲食店業（食堂等としての事業）、固定資産の譲渡（消基通13－2－9）、その他		
第五種事業 50%	運輸通信業、金融業、保険業、サービス業（飲食店業を除きます。）（消令57⑤四）	おおむね日本標準産業分類（総務省）の大分類に掲げる次の事業（消基通13－2－4） 情報通信業、運輸業、郵便業、金融業、保険業、物品賃貸業、学術研究、専門・技術サービス業、宿泊業、生活関連サービス業、娯楽業、教育、学習支援業、医療、福祉、複合サービス事業、サービス業（他に分類されないもの） （第一種事業、第二種事業又は第三種事業に該当するものを除きます。）		
第六種事業 40%	おおむね日本標準産業分類（総務省）の大分類に掲げる不動産業（消基通13－2－4）			

　事業区分をフローチャートにすると、おおむね、次図のようになります。

第10章 簡易課税制度

◆事業区分フローチャート◆

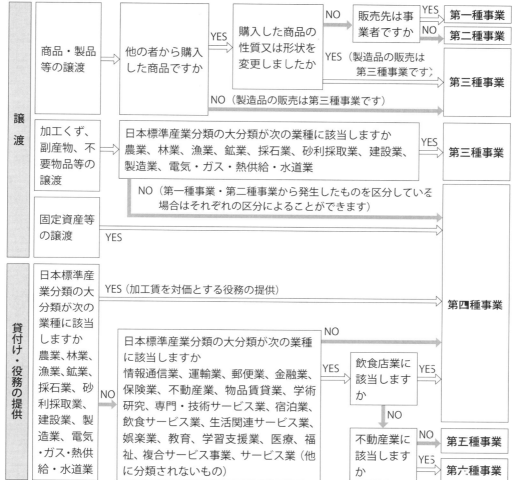

※ 日本標準産業分類の大分類において、農業、林業、漁業、鉱業、採石業、砂利採取業、建設業、製造業、電気・ガス・熱供給・水道業となる本業自体は第三種事業です。
※ 農業、林業、漁業のうち飲食料品の譲渡については、第二種事業（みなし仕入率80％）となります（消令57⑤二）。

（1）卸売業（第一種事業）・小売業（第二種事業）

卸売業及び小売業とは、他の者から購入した商品をその性質及び形状を変更しないでそのまま販売する事業をいいます。

そのうち、事業者に対して販売したことが帳簿その他の書類等から明らかであるものは卸売業に区分され、それ以外のものは小売業に区分されます。

① 性質及び形状を変更しない範囲

次のような行為は、性質及び形状を変更しないものとして取り扱いますので、これらの行為を行っていても小売業又は卸売業となります（消基通13－2－2）。

533

性質及び形状を変更しない範囲
① 他の者から購入した商品に、商標、ネーム等をはり付け又は表示する行為
② 運送の利便のために分解されている部品等を単に組み立てて販売する行為（組立て式の家具の組み立て等）
③ ２以上の仕入商品を箱詰めする等の組合せ行為

② 食料品小売業

　他の者から購入した食料品をそのまま消費者に販売する店舗において、一般的に行われると認められる軽微な加工は、加工後の商品が加工前の商品と同一の店舗で販売されるときには、製造業に該当せず、小売業となります（消基通13－2－3）。国税庁の質疑応答集によれば、「軽微な加工」の判断は、食品に過熱するかどうかが１つの基準のようです。

　また、食肉店、鮮魚店の事業区分については次のように示されています。

食肉店、鮮魚店の事業区分

（問）
食肉店、鮮魚店の事業区分について、別紙のような商品に加工して当該加工に係る小売店店舗で販売する事業は、第二種事業か第三種事業か

（答）
別紙のとおり取り扱う（○を付したものは第一種又は第二種、×は第三種）
仕入商品を切る、刻む、つぶす、挽く、たれに漬け込む、混ぜ合わせる、こねる、乾かす行為等は軽微な加工に該当するが、加熱行為を伴う行為は軽微な加工に該当しないものとして取り扱う
別紙

食肉小売店の商品別事業区分		
1　焼肉	○	
2　挽き肉	○	
3　内臓等肉	○	
4　味付け肉	○	
5　タタキ	×	
6　チャーシュー	×	
7　ローストビーフ	×	
8　ハム（仕入れたハムをスライスする行為）	○	
9　ソーセージ（仕入れたソーセージをカットする行為）	○	
	（生）	（加熱処理）
10　カツ（トンカツ、ビーフカツ、チキンカツ、串カツ）	○	×
11　ヤキトリ	○	×
12　ハンバーグ	○	×
13　コロッケ（食肉を主体としたもの）	×	×
14　餃子（食肉を主体としたもの）	×	×

15	シューマイ（食肉を主体としたもの）	×	×
16	肉まん（仕入れた肉まんを保温する行為）	○	
17	ポテトサラダ	×	

鮮魚小売店の商品別事業区分		
1	丸売り（イワシ、サンマ）	○
2	ひらき（キス、アナゴ）	○
3	２枚おろし（サバ、アジ）	○
4	３枚おろし（カツオ、ブリ）	○
5	むき身（赤貝、あさり）	○
6	切り身（ブリ、サケ）	○
7	サク取り（マグロ）	○
8	刺身（マグロ、ヒラメ、ブリ）	○
9	すり身（イワシ、タラ）	○
10	しめる（サバ、アジ）	○
11	漬ける（マナガツオ、サワラ）	○
12	干す（アジ、キンメ）	○
13	和える（青柳、イカ）	○
14	焼く（アジ、キンキ、タイ）	×
15	あぶる（カツオ）	×
16	ゆでる・むす（カニ、タコ）	×
17	煮る（カレイ、イカ）	×
18	揚げる（アジ、エビ）	×

（注）　鮮魚小売店において14以降の加熱を伴う簡易な加工を、店頭において顧客の注文に応じ無償で行っている場合には、当該簡易な加工は対価のない役務の提供となる。

（2）日本標準産業分類による分類

　日本標準産業分類は、統計調査の結果を産業別に表示する場合の統計基準として、事業所において社会的な分業として行われる財貨及びサービスの生産又は提供に係る全ての経済活動を分類したものであり、統計の正確性と客観性を保持し、統計の相互比較性と利用の向上を図ることを目的として、昭和24年10月に制定されました。

　その具体的な内容は、事業所において行われる農業、建設業、製造業、卸売業、小売業、金融業、医療、福祉、教育、公務など全ての経済活動を、大分類、中分類、小分類及び細分類の４段階に分類したものです。

　統計調査の結果を産業別に表示する場合の統計基準であるという性格上、産業構造の変化を踏まえ、的確な見直しを行うことが要請されており、制定以来14回の改定が行われてきました。直近の改定は、令和５年７月の改定であり、令和６年４月１日から適用されています。

① 日本標準産業分類と事業区分

日本標準産業分類の大分類と簡易課税制度の事業区分とを対比すると、おおむね次のように
なります。

日本標準産業分類の大分類	簡易課税制度の事業区分
A 農業、林業 B 漁業 C 鉱業、採石業、砂利採取業 D 建設業 E 製造業 F 電気・ガス・熱供給・水道業	**第三種事業（製造業等）・・・みなし仕入率70%** ※ 他の者から購入した商品をその性質及び形状を変更しないで販売する事業を除く。 ※ 加工賃その他これに類する料金を対価とする役務の提供を行う事業を除く。 ※ 農業、林業、漁業のうち飲食料品の譲渡は、第二種事業（みなし仕入率80%）となる。
G 情報通信業 H 運輸業、郵便業 J 金融業、保険業 K 不動産業、物品賃貸業 L 学術研究、専門・技術サービス業 M 宿泊業、飲食サービス業 N 生活関連サービス業、娯楽業 O 教育、学習支援業 P 医療、福祉 Q 複合サービス事業 R サービス業(他に分類されないもの)	**第五種事業（サービス業等）・・・みなし仕入率50%** ※ 「K 不動産業、物品賃貸業」は、不動産業に該当するものを除く。 ※ 「M 宿泊業、飲食サービス業」は、飲食サービス業に該当するものを除く。 ※ 他の者から購入した商品をその性質及び形状を変更しないで販売する事業を除く。
K 不動産業、物品賃貸業	**第六種事業（不動産業）・・・みなし仕入率40%** ※ 「K 不動産業、物品賃貸業」のうち、不動産業に該当するものに限る。 ※ 他の者から購入した商品をその性質及び形状を変更しないで販売する事業を除く。
I 卸売業、小売業 S 公務（他に分類されるものを除く） T 分類不能の産業※ ※ 分類不能の産業は、「主として調査票の記入が不備であって、いずれに分類すべきか不明の場合又は記入不詳で分類しえないものである」とされています。	課税資産の譲渡等の内容により、第一種事業、第二種事業、第四種事業のいずれかとなる。

消費税法施行令57条5項3号の規定により第三種事業に該当することとされている製造業
等、4号の規定により第五種事業に該当することとされているサービス業等、5号の規定により第六種事業に該当することとされている不動産業の範囲は、おおむね日本標準産業分類（総務省）の大分類によるものとされています（消基通13－2－4）。

日本標準産業分類は、大分類、中分類、小分類及び細分類の4段階に分類されています。事業の区分は、細分類のいずれに該当するかを確認し、その細分類が属する大分類によって判断

第10章　簡易課税制度

します。

②　製造業等（第三種事業）

　上述のとおり、製造業等の範囲は、日本標準産業分類の大分類によりますが、例えば、次の事業は、製造業等に該当します（消基通13－2－4～6、8）。

製造業等に該当する事業
①　建売住宅を販売する建売業のうち、自ら建築した住宅を販売するもの ②　自己が請け負った建設工事（第三種事業に該当するもの）の全部を下請に施工させる元請としての事業 ③　自己の計算において原材料等を購入し、これをあらかじめ指示した条件に従って下請加工させて完成品として販売する、いわゆる製造問屋としての事業 ④　製造業等に係る事業に伴い生じた加工くず、副産物等の譲渡 ⑤　顧客から特注品の製造を受注し、下請先等に製造させる事業 ⑥　天然水を採取して瓶詰等して人の飲用に販売する事業 ⑦　新聞、書籍等の発行、出版を行う事業 ⑧　製造小売業 ⑨　日本標準産業分類上、修理業を含めて製造業に分類される特定の事業として行う修理

　また、農業、林業、漁業のうち、飲食料品の譲渡を行う事業は、第三種事業から除かれ、第二種事業（みなし仕入率80％）とされています。

　これは、令和元年10月1日の軽減税率導入に伴う措置です。

③　サービス業等（第五種事業）

　上述のとおり、第五種事業のサービス業等の範囲は、日本標準産業分類の大分類によるものとされています（消基通13－2－4）。ただし、サービス業等に該当する事業であっても、他の者から購入した商品をその性質及び形状を変更しないで販売する事業は、第一種事業又は第二種事業となります。

　例えば、修理の場合は、修理業を含めて製造業に分類される特定の事業を除き、第五種事業となります。修理とは、壊れたものをつくろいなおすことを約する請負契約であることから、修理を行うにあたり必要な部品を使用して部品代を別に請求しても、その請負の対価を分解することはできません。

　これに対し、修理等を伴わない部品等の交換は、部品代と交換手数料とを区分していれば、部品の販売は第一種事業（又は第二種事業）、交換の役務の提供は第五種事業となります。

　また、資産の譲渡に伴い通常役務の提供が併せて行われる取引で、その役務の提供の対価を受領していないときは、取引の全体をその資産の譲渡に係る事業として判断することとなり（消基通13－2－1）、交換手数料を受領せず、部品代金だけを受領するような場合には、第一種事業（又は第二種事業）となります。

④　不動産業（第六種事業）

　第六種事業に該当する不動産業の範囲は、おおむね日本標準産業分類の大分類の「K　不動産業、物品賃貸業」のうち、不動産業に該当するものです（消基通13－2－4）。

537

日本標準産業分類の大分類において不動産業に該当する事業は、「建物売買業、土地売買業、不動産代理業・仲介業、貸事務所業、土地賃貸業、貸家業、貸間業、駐車場業、その他の不動産賃貸業、不動産管理業」ですが、このうち、土地の譲渡は非課税であり、購入した建物の譲渡は、第一種事業又は第二種事業となります。

日本標準産業分類の大分類：不動産業	
建物売買業、土地売買業（他の者から購入した商品をその性質及び形状を変更しないで他に販売する事業。ただし、土地の譲渡は非課税） ・・・第一種事業（卸売業）又は第二種事業（小売業）	不動産代理業・仲介業、貸事務所業、土地賃貸業、貸家業、貸間業、駐車場業、その他の不動産賃貸業、不動産管理業 ・・・第六種事業（不動産業）

(3) その他の事業（第四種事業）

　第四種事業は、第一種、第二種、第三種、第五種、第六種のいずれにも該当しない事業及び飲食店業です。例えば、次のものは、第四種事業に該当します（消基通13－2－8～9）。

第四種事業に該当するもの
① 自己使用していた固定資産等の譲渡
② 小売業・卸売業から生じた段ボール等の不要品等の譲渡 　（不要品等が生じた事業区分とすることもできる）
③ 飲食店業（ホテル等の場合は請求書等で宿泊費と明確に区分されている部分）

　加工賃その他これに類する料金を対価とする役務の提供は第三種事業から除かれています（消令57⑤三）。したがって、その事業が日本標準産業分類の大分類においてサービス業等に該当するときは第五種事業となり、製造業等に該当するときには第四種事業となります（消基通13－2－7）。

　「加工賃その他これに類する料金を対価とする役務の提供」とは、対価たる料金の名称のいかんを問わず、他の者の原料若しくは材料又は製品等に加工等を施して、当該加工等の対価を受領する役務の提供又はこれに類する役務の提供をいいます（消基通13－2－7）。

加工賃収入	判　定	
他の者の原料・製品等に対して行う加工等の役務の提供等	日本標準産業分類の大分類で製造業等に該当	第四種
	日本標準産業分類の大分類でサービス業等に該当	第五種

❸ 事業区分の方法

　事業の種類は、次の方法により区分します（消基通13－3－1）。

① 帳簿に事業の種類を記帳する方法
② 納品書、請求書、売上伝票又はレジペーパー等に事業の種類又は売上げ内容を記載する方法
③ 事業場ごとに一の種類の事業のみを行っている場合は、その事業場ごとに区分する方法

第3節 簡易課税制度の適用・不適用の手続

適用上限

(1) 基準期間における課税売上高による適用の制限

　簡易課税制度は、納税義務者があらかじめ届出書を提出することにより任意に選択できる制度です。ただし、課税事業者を選択した事業者等については、その選択について一定の制限があります。

　また、この制度は中小事業者に対する特例として設けられているものであり、基準期間における課税売上高が5,000万円を超える課税期間には適用されません。

　簡易課税制度選択届出書を提出するか否かは納税義務者の任意ですが、届出書を提出した後は簡易課税制度選択不適用届出書の提出がない限り、基準期間における課税売上高が5,000万円以下である課税期間については、必ず適用されることとなります。

　納税義務については、特定期間における課税売上高による判定が行われます。しかし、簡易課税制度の適用は、基準期間における課税売上高によって判定するのであり、特定期間における課税売上高をみる必要はありません。

(2) 新たに設立された法人の場合

　法人の基準期間はその事業年度の前々事業年度とされているため、法人の設立第1期及び設立第2期においては、基準期間が存在しません。

　基準期間が存在しない法人については、その基準期間における課税売上高を0と考えて、簡易課税制度の適用を行うことになります（消基通1－5－19）。

　納税義務の免除の特例とは違って、資本金基準による判定は行いません。

(3) 分割等があった場合

　法人が分割等を行った場合には、新設分割子法人及び新設分割親法人の簡易課税制度の適用

については、新設分割子法人及び新設分割親法人の基準期間における課税売上高の合計額が5,000万円以下であるかどうかにより適用の有無を判定します。この特例に係る計算は、納税義務の免除の特例の場合の計算と同様となっています（757頁参照）。

　ただし、吸収分割、合併、個人事業者における相続については、納税義務の免除の特例と違って、このような特例は設けられていません。

(4)　適用の単位

　簡易課税制度は、その事業者のその課税期間における控除対象仕入税額の計算方法の特例として選択するものです。事業所ごと、支店ごとに簡易課税制度を選択することはできず、その事業者が行う事業全体に適用されます。

　個人事業者の場合、その課税期間において行った資産の譲渡等が、所得税法上、異なる所得区分となることが考えられますが、簡易課税制度は、所得区分ごとに選択することはできず、その個人事業者の全部を対象に適用することとなります。

　また、個人事業者の所得区分に変更があった場合であっても、選択不適用届出書を提出しない限り、選択届出の効力は消滅しません。

①　個人事業者が開業した場合

　個人事業者の基準期間は暦の上での前々年とされているため、個人事業者において基準期間が存在しないということはありません。開業の年及び開業の翌年においては、その前々年には未だ開業していなかったわけですが、このような場合であっても、その未だ開業していなかった前々年が基準期間となり、基準期間における課税売上高が0であったということになります。

②　個人事業者の所得区分に変更があった場合

　基準期間における課税売上高は、所得区分の違いや事業内容の変化にかかわりなく計算することとされています。

　例えば、基準期間（前々年）には物品販売等の事業を行っていたけれど現在はその物品販売業を廃業して不動産貸付けだけを行っているような場合、基準期間における課税売上高の計算の基礎となった事業所得の売上高とその課税期間の不動産所得の売上高とには関連がなく、その課税期間の不動産の貸付けの規模を基準期間の物品販売業の売上高によって判断するのは合理的でないようにも思えます。

　しかし、このような場合であっても、基準期間における課税売上高が5,000万円を超えている場合には、その課税期間は簡易課税制度を適用することはできません。

(5)　国外事業者

　その課税期間の初日において所得税法又は法人税法上の恒久的施設を有しない国外事業者は、簡易課税制度及び2割特例を適用することはできません（新消法37①）。

　この取扱いは、令和6年10月1日以後に開始する課税期間について適用されます（令6改法附13）。

簡易課税制度選択の手続

(1) 簡易課税制度選択届出書

　簡易課税制度の選択は、簡易課税制度選択届出書を納税地の所轄税務署長に提出して行います（消法37①）。

提出単位	事業者ごと（支店、所得区分等の単位で提出することはできない）
効力の発生時期	①　通常の場合……提出した課税期間の翌課税期間 ②　事業を開始した課税期間等に提出した場合 　　　　　　……提出した課税期間又はその翌課税期間
効力の存続	不適用の届出書を提出しない限り、次のような場合にもその効力が存続する ①　免税事業者となった後、再び課税事業者となった場合 ②　基準期間における課税売上高が5,000万円超となった後再び5,000万円以下となった場合

①　簡易課税制度選択届出書を提出することができない場合

　平成22年度税制改正において、課税事業者選択の２年間の継続適用期間中に調整対象固定資産の仕入れ等をして一般課税により申告した場合等には、その後、必ず調整対象固定資産に係る控除対象仕入税額の調整を行うようにするため、その仕入れ等の日の属する課税期間の初日から３年を経過する日の属する課税期間までの間は、免税事業者となることはできず、簡易課税制度を適用することもできないこととされました。

　また、平成28年度税制改正においては、課税事業者が一般課税により申告する課税期間中に高額特定資産（1,000万円以上の棚卸資産又は調整対象固定資産）の仕入れ等をした場合には、その仕入れ等の日の属する課税期間の初日から３年を経過する日の属する課税期間までの間は、免税事業者となることはできず、簡易課税制度を適用することもできない特例が設けられました。

　さらに、令和２年度税制改正では、免税事業者である課税期間に高額特定資産等に該当する棚卸資産の仕入れを行い、その後、課税事業者となった課税期間に棚卸資産に係る調整の適用を受けた場合にも、その対象とする整備が行われました。

　したがって、次の期間は、簡易課税制度選択届出書を提出することができません（消法37③）。

区分	簡易課税制度選択届出書を 提出することができない期間
①　課税事業者を選択した場合 課税事業者を選択した者が、その選択した課税期間の初日から２年を経過する日までの間に開始した課税期間中に調整対象固定資産の仕入れ等をして、一般課税により申告した場合	調整対象固定資産又は高額特定資産の仕入れ等の日の属する課税期間の初日から３年を経過する日の属する課税期間の初日の前日まで

② **新設法人である場合** 新設法人が、その基準期間がない事業年度に含まれる課税期間中に調整対象固定資産の仕入れ等をして、一般課税により申告した場合	
③ **特定新規設立法人である場合** 特定新規設立法人が、その基準期間がない事業年度に含まれる課税期間中に調整対象固定資産の仕入れ等をして、一般課税により申告した場合	調整対象固定資産又は高額特定資産の仕入れ等の日の属する課税期間の初日から3年を経過する日の属する課税期間の初日の前日まで
④ **高額特定資産を取得した場合** 高額特定資産の仕入れ等をして、一般課税により申告した場合	
⑤ **課税事業者となった場合等** 高額特定資産等について課税事業者となった場合等の棚卸資産に係る調整の適用を受けた場合	
⑥ **金地金等の仕入れ等をした場合** 一般課税により申告する課税期間中の金地金等の仕入れ等の金額の合計額が200万円以上である場合	

- 特定非常災害の被災事業者は、この取扱いの対象から除かれます（**第24章**参照）。
- 災害（地震、風水害、雪害等）があったことにより簡易課税制度の選択の変更を認める特例の適用がある場合を除きます（**第24章**参照）。
- 調整対象固定資産又は高額特定資産を廃棄、売却等により処分したとしても、対象となります（消基通13－1－4の3）。
- 高額特定資産等について、居住用賃貸建物に係る仕入税額控除の制限の規定が適用された場合であっても、高額特定資産を取得した場合等の納税義務の免除の特例の規定は適用され、簡易課税制度の選択届出書の提出も制限されます（消基通1－5－30）。

② **適用開始の時期**

　簡易課税制度は、簡易課税制度選択届出書を提出した課税期間の翌課税期間から効力が生じます（消法37①）。例えば2年後等、翌課税期間以外の課税期間を適用開始時期として記載し、指定することはできません。

(2) 提出した課税期間から適用する場合

① 課税資産の譲渡等に係る事業を開始した課税期間

　簡易課税制度選択届出書を提出した課税期間が課税資産の譲渡等に係る事業を開始した課税期間等である場合には、提出した課税期間とその翌課税期間のいずれかを記載して、適用開始の課税期間を指定します（消法37①、消令56、消基通13－1－3の2～4、13－1－5）。

	区　分		適用開始
共通	①　事業者が国内において課税資産の譲渡等に係る事業を開始した日の属する課税期間		次のいずれかを選択
個人事業者	②　個人事業者が相続により事業を承継した課税期間	〈要件〉 • 基準期間における課税売上高が1,000万円以下で相続により事業を承継したために課税事業者となった • 被相続人が簡易課税制度の適用を受けていた	提出した課税期間
法人	③　吸収合併により事業を承継した課税期間	〈要件〉 • 基準期間における課税売上高が1,000万円以下で合併により事業を承継したために課税事業者となった • 被合併法人が簡易課税制度の適用を受けていた	又は
	④　吸収分割により事業を承継した課税期間	〈要件〉 • 基準期間における課税売上高が1,000万円以下で分割により事業を承継したために課税事業者となった • 分割法人が簡易課税制度の適用を受けていた	翌課税期間

　上表のうち、①の「事業者が国内において課税資産の譲渡等に係る事業を開始した日の属する課税期間」とは、課税資産の譲渡等（課税売上げ）が最初に発生した課税期間ではなく、その準備行為も含めて、実質的に事業を開始した課税期間をいいます（消基通１－４－７～８）。

◆事業を開始した日の属する課税期間◆

法人の場合	個人事業者の場合
設立の日の属する課税期間	国内において課税資産の譲渡等に係る事業を開始した課税期間
非課税資産の譲渡等に該当する社会福祉事業等のみを行っていた法人が、新たに国内において課税資産の譲渡等に係る事業を開始した課税期間	
国外取引のみを行っていた法人が、新たに国内において課税資産の譲渡等に係る事業を開始した課税期間	
設立登記を行ったのみで事業活動を行っていない法人が、実質的に事業活動を開始した課税期間	
その課税期間開始の日の前日まで２年以上にわたって国内において課税資産の譲渡等又は課税仕入れ及び保税地域からの課税貨物の引取りがなかった事業者が、課税資産の譲渡等に係る事業を再び開始した課税期間	

②　免税事業者がインボイス発行事業者の登録をした課税期間

　令和５年10月１日から令和11年９月30日までの日の属する課税期間において登録する免税事業者が、登録開始日を含む課税期間中に簡易課税制度選択届出書を提出した場合には、その課税期間の初日の前日に提出したものとみなされます。この場合、簡易課税制度選択届出書にこの取扱いの適用を受ける旨を記載しなければなりません（平30改令附18）。

③ 2割特例を適用した課税期間の翌課税期間

2割特例の適用を受けたインボイス発行事業者が、その適用を受けた課税期間の翌課税期間の末日（確定申告期限ではありません）までに簡易課税制度選択届出書を提出した場合には、その翌課税期間の初日の前日に提出したものとみなされ、その提出した日の属する課税期間から簡易課税制度を適用することができます（平28改法附51の2⑥）。

この場合、簡易課税制度選択届出書にこの取扱いの適用を受ける旨を記載しなければなりません（平28改法附51の2⑥）。

(3) 免税事業者となった場合等

簡易課税制度選択届出書を提出した場合には、簡易課税制度選択不適用届出書を提出しない限り、その効力は存続します（消基通13－1－3）。

したがって、簡易課税制度を選択した後に免税事業者となった場合や基準期間における課税売上高が5,000万円を超えた場合であっても、その後、課税事業者となった場合や基準期間における課税売上高が5,000万円以下となった場合には、再び簡易課税制度が適用されます。

◆3 不適用の手続

(1) 簡易課税制度の適用を受けることをやめる場合

簡易課税制度の選択をやめる場合には、簡易課税制度選択不適用届出書を納税地の所轄税務署長に提出します（消法37⑤）。

(2) 事業を廃止した場合

事業を廃止した場合には、簡易課税制度選択不適用届出書又は事業廃止届出書を納税地の所轄税務署長に提出します（消法37⑤）。

事業を廃止した場合に、課税事業者選択不適用届出書、課税期間特例選択不適用届出書、簡易課税制度選択不適用届出書のいずれかの届出書に事業を廃止した旨の記載をして提出したときは、他の特例の選択についても、事業を廃止する旨の届出書の提出があったものとして取り扱われます（消基通1－4－15）。

また、事業廃止届出書の提出があったときは、課税事業者選択不適用届出書、課税期間特例選択不適用届出書、簡易課税制度選択不適用届出書の提出があったものとして取り扱われます（消基通1－4－15）。

(3) 不適用となる課税期間

簡易課税制度選択不適用届出書又は事業廃止届出書の提出があった日の属する課税期間の末日の翌日以後は、簡易課税制度選択届出書の効力が失われ、一般課税により控除対象仕入税額を計算することとなります（消法37⑦）。

544

2年間の継続適用

　選択届出書の効力は、その届出書を提出した日の属する課税期間の翌課税期間の初日以後生じるものとされ、その効力は、選択不適用届出書を提出しない限り存続するものとされています（消法37①⑤⑦）。

　選択不適用届出書の提出があった場合には、選択不適用届出書を提出した日の属する課税期間の翌課税期間の初日以後は、選択届出書はその効力を失います（消法37⑦）。

　ただし、選択不適用届出書は、事業を廃止した場合を除き、選択届出書の効力が生じた日の属する課税期間の初日から2年を経過する日の属する課税期間の初日以後でなければ提出することができません（消法37⑥）。

　これらの規定から、簡易課税制度は、事業を廃止しない限り、2年間の継続的適用が強制されることとなります。

※　特定非常災害の被災事業者については、この2年間の継続適用の規定は適用されません（第24章参照）。

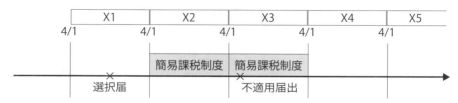

　簡易課税制度選択届出書及び簡易課税制度不適用届出書は、免税事業者であっても提出することができます（消基通13－1－4）。

 ## 提出の留意点

(1) 課税期間の末日が休日である場合等

　課税期間の末日が休日であった場合、郵送により提出する場合の取扱いについては、課税事業者選択届出書の取扱いと同じです（614頁参照）。

(2) 届出の取下げ

　簡易課税制度選択届出書は、その届出書の提出ができる日までは、取下げが可能であると取

り扱われています。

ただし、取下げは法令の規定に基づかない運用上の取扱いですから、取下げ書の書式は定められていません。取下対象となる届出書が特定できるよう、提出日、届出書の様式名（表題）、提出方法（書面又は e-Tax）、届出者の氏名・名称、納税地及び提出した届出書を取り下げる旨の記載をし、署名の上、所轄の税務署へ提出します。

⑶　届出を失念した場合

簡易課税制度選択届出書又は簡易課税制度選択不適用届出書の提出を失念した場合には、課税期間の特例又は事業年度の変更により対応することが考えられます（648頁参照）。

6 災害があった場合の特例等

災害や、やむを得ない事情があった場合の特例については、**第24章**「災害があった場合等の特例」を参照してください。

第4節 裁判例・裁決例

裁判例　パチンコ業における課税資産の譲渡等の対価の額と事業区分

新潟地裁平成15年2月7日判決（棄却）、東京高裁平成15年12月18日判決（棄却・確定）

第5種事業に該当するサービス業の意義または範囲については、消費税法及び同法施行令上定めはないが、消費税法基本通達13-2-4は、第3種事業及び第5種事業の事業区分については、おおむね日本標準産業分類の大分類に掲げる分類を基礎として判定するものの、サービス業に該当することとなる事業であっても、他の者から購入した商品をその性質及び形状を変更しないで販売する事業は、第1種事業または第2種事業に該当するとしている。

パチンコ業は、日本標準産業分類の大分類においてサービス業に区分されているが、このことから直ちに、パチンコ業が簡易課税の区分にあたってもサービス業に分類されることになるわけではないがパチンコ業は、顧客から貸玉料という対価を受けるのと引き換えに、顧客に遊技玉を貸し出し、また、パチンコ店や店内の遊技機を利用させ娯楽というサービスを提供する事業であるから、サービス業と評価できる。

事業者は、本則課税及び簡易課税のいずれによっても納付すべき消費税等の税額を計算し得るものであり、自己の責任と判断においていずれかの方式を選択するものであるから、両算出方法により納付すべき消費税等の税額に多額の差異が生ずる場合であっても、その納付すべき消費税等の税額が当該

パチンコ事業者自らによって申告されたものである以上、その税額が簡易課税制度に従って適法に算出されている限り、当該算出方法に何ら違法はない。

　したがって、パチンコ業における課税資産の譲渡等の対価の額をパチンコ店が顧客から対価として収受した貸玉料の総額としてこれを課税標準額とし、かつ、簡易課税を適用するに際し、パチンコ業を第5種事業に区分して、消費税等の税額を算出することは適法であり、本件処分に違法はない。

裁判例　クレーン車による総合工事等の事業区分

前橋地裁平成15年2月7日判決（棄却）、東京高裁平成15年6月26日判決（棄却）、最高裁第二小法廷平成15年11月7日決定（棄却・確定）

　原告は、主たる事業として、建設請負業者などから依頼を受け、建設現場などに原告の所有に係る移動式クレーンなどの建設機械を搬入するとともに操作資格を有する原告の従業員を派遣し、当該従業員をして当該建設機械その他の建設機械を操作させ、建設資材の運搬や組立補助などの作業を行い、当該作業の日数や残業時間に応じてその対価を得ていた。原告の主たる事業は、自ら仕入れた原材料や建設資材を用いて建設工事を行うものではなく、建設請負業者などに原告の従業員の労働力を提供することにより当該業者の建設工事作業を補助し、その行った作業日数などに応じてその対価を得るものであるから、第3種事業につき規定する消費税法施行令57条5項3号所定の「建設業」に該当するものの、同時に、同号所定の除外事由である「加工賃その他これに類する料金を対価とする役務の提供を行う事業」にも該当するから、結局、第3種事業には該当しない。さらに、原告の主たる事業は、第5種事業につき規定する消費税法施行令57条5項4号所定のいずれの事業にも該当しない。したがって、原告の主たる事業は、第1種、第2種、第3種及び第5種の各事業のいずれにも該当しないから、第4種事業に該当する。

裁判例　建売住宅販売業の事業区分

さいたま地裁平成15年3月5日判決（棄却）、東京高裁平成15年9月16日判決（棄却）、最高裁第三小法廷平成16年6月8日決定（棄却・確定）

　建売住宅の販売業についてみれば、他の者から購入した建物をその性質及び形状を変更しないで一般消費者に販売する事業形態をとっているような場合は第二種事業に当たるが、自ら建築施工した建物を販売する事業形態をとっているような場合には基本的に第三種事業に分類されると解するのが相当である。

　原告は、自らが建築主として建築基準法における建築確認を受け、建設業者との間で、原告自らが施主となって請負契約を締結し、建設業者に施工させた建物を一般消費者に販売する事業形態をとっていたものと認められる（原告自らが施主となって請負契約を締結して建物を建築した以上、現実の施工が他の業者であっても、社会通念上、なお原告自らが建築施工したものと認められる。）。そうすると、原告の営む事業は第三種事業に分類されるのが相当である。

裁判例	歯科技工所の事業区分

名古屋地裁平成17年6月29日判決（全部取消し）、名古屋高裁平成18年2月9日判決（原判決取消し）、最高裁第三小法廷平成18年6月20日決定（上告棄却・上告不受理）

―名古屋地裁―

第3種事業及び第5種事業に属する各事業自体の内容を明らかにした定義規定は存在しない。また、第3種事業の1つである製造業については、「製造した棚卸資産を小売する事業を含む。」との、第5種事業の1つであるサービス業については、「飲食店業に該当するものを除く。」とのかっこ書きが付記されているものの、それらの意味内容が法令によって明らかにされていることはない。

日本語の通常の用語例によれば、消費税法施行令57条5項3号ヘにいう製造業は、「有機又は無機の物質に物理的、化学的変化を加えて新製品を製造し、これを卸売又は小売する事業」と、他方、同項4号ハにいうサービス業とは、「無形の役務を提供する事業不動産業、運輸通信業及びサービス業（飲食店業に該当するものを除く。）」と解するのが相当である。

これによれば、製造業とサービス業とは、まず、その給付の対象が有形物（物質的）か無形の役務（非物質的）かによって区別されると考えられる。

歯科技工士は、印象採得、咬合採得、試適、装着等、患者と直接接することが禁止され、まして、歯科技工士が患者と対面することも考えられない歯科技工所で営まれる本件事業は、原材料を基に患者の歯に適合するように成形した補てつ物を納入し、これの対価として一定の金員を受け取るという内容であり有形物を給付の内容とすることが明らかであるから、本件事業が製造業に当たると解するのが相当である。また、患者に対して無体の役務を提供しているとみることは困難であるから、サービス業には当たらない。

―名古屋高裁―

憲法84条（課税）は、法律の定めなくしては租税を課すことはないとする租税法律主義の原則を定めており、この定めの趣旨が、課税に対する法的安定性と納税者に予測可能性を与えるものであることにかんがみると、その内容として納税義務者及び課税標準等の課税要件や租税の課税徴収手続が法律によって定められていなければならず、また、上記課税要件について、実体法上、その内容が多義的でなく明確かつ一義的なものであることが要求されている。したがって、租税法規の定めはできるだけ明確かつ一義的であるのが望ましいことはいうまでもない。

しかし、租税法規が対象とする課税対象となる納税者側の社会生活上の事象は千差万別であり、特に、納税者の自由な経済活動等による多様な形態による事業、取引等がなされることを前提にすると、それらのすべてを法律により一義的に規定し尽くすことは不可能であり、その内容の明確性については自ら一定の限界があることもやむを得ないというべきである。したがって、租税法規の解釈については、当該法令が用いている用語の意味、内容が明確かつ一義的に解釈できるかをまず検討することが必要であることはいうまでもないが、それができない場合には、立法の趣旨目的及び経緯、税負担の公平性、相当性等を総合考慮して検討した上、用語の意味、内容を合理的に解釈すべきである。

第10章　簡易課税制度

「製造業」及び「サービス業」の用語の意味自体は、その意味内容ないし用語例として必ずしも一義的に解釈することが可能なほど明確な概念とまではいえない。

消費税法基本通達13－2－4では、第3種事業及び第5種事業の範囲として、「…おおむね日本標準産業分類（総務庁）の大分類に掲げる分類を基礎として判定する。なお、日本標準産業分類の大分類の区分では製造業等又はサービス業等に該当することとなる事業であっても、他の者から購入した商品をその性質及び形状を変更しないで販売する事業は、第一種事業又は第二種事業に該当するのであるから留意する。」とされ、「サービス業等とは、日本標準産業分類の大分類に掲げる不動産業、情報通信業、運輸業、飲食店・宿泊業（飲食店に該当するものを除く。）、医療・福祉、教育・学習支援業、複合サービス事業及びサービス業（他に分類されないもの）をいうものとする。」を付加している。

本件事業は、大分類「N医療、福祉」に分類されており、消費税法基本通達に従えば、消費税法施行令57条5項4号ハ所定の「サービス業」に該当することになるところ、TKC経営指標（平成13年版）の資料によれば、1企業当たり平均の課税仕入れは、製造業が70.7％、歯科技工所が42％であることが認められ、消費税法施行令57条の定めでは、みなし仕入率は、「製造業」が第三種事業として100分の70、「サービス業」が第五種事業として100分の50とほぼ符号するものである。したがって、歯科技工所を営む事業者が、簡易課税制度の適用を利用する場合の税負担の公平性、相当性等の面からみて、上記「サービス業」に分類することに不合理性は認められない。

消費税基本通達が、消費税法施行令における事業の範囲判定の基準として、いずれも日本標準産業分類を掲げているところ、同分類は、本来、統計上の分類の必要から定められたものではあるが、日本における標準産業を体系的に分類しており、他にこれに代わり得る普遍的で合理的な産業分類基準は見当たらないことなどから簡易課税制度における事業の範囲の判定に当たり、同分類によることの合理性は否定できないこと、本件事業が前記のとおり、歯科医師の指示書に従って、歯科補てつ物を作成し、歯科医師に納品することを業務内容としており、歯科医療行為の一端を担う事業である性質を有すること、また、1企業当たり平均の課税仕入れ（最大見込額）及び構成比に照らしても、みなし仕入率を100分の50とすることには合理性があること及び税負担の公平性、相当性等をも考慮すると、本件事業は、消費税法施行令57条5項4号ハ所定の「第5種事業」中の「サービス業」に該当するものと判断するのが相当である。

裁決例　ボーリング業務の下請けの事業区分

平成26年9月19日裁決（棄却）

簡易課税制度における第三種事業及び第五種事業については、消費税法施行令57条5項において業種を列挙しているのみで、ある事業がどの業種に属するかの範囲が規定されていないことから、その範囲は社会通念に照らしてこれを判断するほかはない。

そして、事業者が行う事業が、消費税法施行令57条5項各号のいずれの事業に該当するかの判定について、消費税法基本通達13－2－4は、第三種事業及び第五種事業の範囲につき、おおむね産業分類の大分類に掲げる分類を基礎として判定する旨定めているところ、産業分類は日本の産業に関する統

計の正確性と客観性を保持し、統計の相互比較性と利用の向上を図るために、統計調査の結果を産業別に表示する場合の統計基準として設定されたものであり、その分類は社会通念に基づく客観的なものであると認められるから、産業分類を基礎として事業区分を判定している本件通達の取扱いは当審判所においても相当と認められる。

　請求人の本件各課税期間における本件事業は、元請先との請負契約に基づき、マンションや高速道路の建築予定地等において、これらの建築等の前提として行われる地質調査を目的として試錐機を用いて地盤を穿孔し、その過程で、原位置試験である標準貫入試験や現場透水試験並びに土壌又は地層の試料の採取を行い、当該元請先にその調査結果及び試料を提供する作業の請負であるところ、試錐とは、地下の地質を調査したり、資源を探ったりする目的で、特殊な機器を用いて地面に細く深い穴を穿つことを意味することから、請求人の行っていた作業は試錐に当たると認められ、また、これらの作業が鉱物の探査を目的とするなど鉱山用のものに該当する事実は認められないことから、本件事業は、鉱山用を除く試錐業に当たり、産業分類の「大分類L−学術研究、専門・技術サービス業」に該当すると認めるのが相当である。

- -

裁判例　飲食店業か営業委託料を対価とする役務の提供か

福岡地裁令和3年7月14日判決（棄却）（控訴）、福岡高裁令和4年1月13日判決（棄却）（上告受理申立て）、最高裁令和4年6月10日決定（不受理）（確定）

　本件契約の形態は、本件会社が行う飲食サービスのために「荒利益折半方式」と呼ばれる契約を締結して店舗運営等を委託し、対価として営業委託料を支払うというものである。「荒利益折半方式」では、契約書に定めた方法で営業委託料を計算し、これを本件会社が受託者（本件では原告）に対して支払う。

　原告が本件会社の委託に基づいて行う本件店舗の運営業務は、調理業務、原材料の発注業務、売上金の回収業務、従業員の管理、店舗のクレンリネスの維持等を含む本件店舗の運営に係る一連の業務であり、本件会社から指示された業務内容等を忠実に遂行することを基本とすること、営業時間や価格等の設定、仕入れ先の選定などの決定は本件会社が行い、本件店舗の運営業務のために原告が負担する経費は主として人件費であり、人件費以外の経費（原材料費、水道光熱費、店舗建物や什器備品の費用等）は委託者である本件会社が負担するものとされていることが認められる。また、原告は、本件会社から本件店舗の運営業務を委託され、その対価として「営業委託料」の支払を受けているところ、営業委託料は、本件店舗の売上額を基礎として計算されるものの、本件店舗の売上げは、会計上、全て本件会社の売上に帰属するものとされていること、また、営業委託料の最低保証額が定められているため、原告は、本件店舗が赤字であっても、本件会社から営業委託料を受け取ることができることが認められる。

　以上によれば、本件事業は、原告が、本件会社の指示に従って、本件店舗における調理業務、原材料の発注業務、売上金の回収業務、従業員の管理、店舗のクレンリネスの維持等を含む本件店舗の運営に係る一連の業務を遂行することにより、本件会社から、上記業務遂行の対価として営業委託料を受領することを内容とする事業であるといえる。すなわち、原告は、対価の支払者たる本件会社との関係にお

いては、本件店舗の一連の運営業務の遂行という役務を提供している（主に人件費の負担による労働力の提供）のであって、注文に応じ調理した飲食料品等をその場所で飲食させるという役務を提供している（原材料費等の負担による飲食料品及び飲食の場の提供）とはいえない。また、本件契約の条項等からすれば、原告は、本件店舗の運営業務を委託されているものであって、本件会社と共に本件店舗の経営を行っているとはいえない。したがって、本件事業は、「主として客の注文に応じ調理した飲食料品、その他の食料品又は飲料をその場所で飲食させる事業」に該当するものとはいえず、飲食店業には該当しない。

裁判例　簡易課税制度選択届出の効力／事業区分の空欄

名古屋地裁平成15年5月28日判決（棄却）、名古屋高裁平成15年8月19日判決（棄却）、最高裁第一小法廷平成15年12月18日決定（棄却・確定）

　法施行規則17条1項によれば、簡易課税制度選択届出書には、①届出者の氏名又は名称及び納税地、②届出者の行う事業の内容及び法施行令57条5項1号ないし5号に掲げる事業の種類、③法37条1項に規定する翌課税期間の初日の年月日、④③の翌課税期間の基準期間における課税売上高、⑤その他参考となるべき事項を記載しなければならない。

　原告は、本件届出書の事業区分欄が記載されていない以上、簡易課税制度選択届出としては無効である旨主張する。しかしながら、簡易課税制度において用いられるみなし仕入率は、課税期間中に実際に行われた事業の内容・割合に応じて定まるべきものであり、届出書に記載された事業区分のとおりのみなし仕入率が適用されるとは限らないというべきである。

　したがって、簡易課税制度選択届出書は、その記載事項すべてが記入されていなければその効力を有しないと解することは合理的ではなく、どの事業者がいつから簡易課税制度を選択するのかに関わる事項など、簡易課税制度選択の趣旨に照らして必要不可欠と考えられる事項の記載が欠けている場合には、その届出は効力を生じないが、それ以外の事項については、その記載を欠くからといって、直ちに届出の効力を否定すべきものとはいえない。事業区分については、あくまでも実際に行われた事業の内容が基準となるから、簡易課税制度選択の趣旨に照らして必要不可欠な事項とはいえないというべきであり、むしろ、このような事項の不備を理由に届出が無効とされるのであれば、仕入税額に関する煩雑な会計処理を回避して課税売上税額のみから簡単に税額を算出しようとして、簡易課税制度を選択した事業者の利益を害する結果を招来しかねないというべきである。

裁決例　簡易課税制度選択／課税事業者選択

平成15年12月12日裁決（棄却）
〔裁決事例集第66集341頁〕

　請求人は、課税事業者に該当することから簡易課税制度を選択したものであり、免税事業者であれば

簡易課税制度を選択することもないし、消費税法37条は法的効力も有しないところ、請求人の本件課税期間に係る基準期間の課税売上高は3,000万円以下であり、免税事業者であるにもかかわらず、本件課税期間について課税事業者選択届出書を提出することにより、消費税法9条1項本文の特例規定の適用を放棄して課税事業者となったのであるから、本件課税期間の仕入れに係る消費税額の計算においては、消費税法37条の規定の適用はなく、原則計算である同法30条の規定により行うこととなる旨主張する。

しかしながら、①請求人は平成7年3月23日に簡易課税制度選択届出書を提出した後、平成14年12月24日に簡易課税制度選択不適用届出書を提出しているが、それ以前に簡易課税制度選択不適用届出書を提出した事実は認められないこと、②平成14年6月24日に適用開始日を本件課税期間の開始日とする課税期間特例選択届出書を提出した上で、本件課税期間について課税事業者選択届出書を提出していること及び③本件課税期間に係る基準期間における課税売上高は2億円以下であることから、本件課税期間において簡易課税制度の適用を受ける事業者であることは明らかである。

消費税法9条4項に規定する課税事業者選択届出書を提出した事業者は、同条1項本文の規定の適用はないのであるから同法37条1項のかっこ書きにある「同法第9条第1項本文の規定により消費税を納める義務を免除される事業者を除く」の規定により同法37条の規定が適用されないと解する余地はないといわざるを得ず、請求人の主張は独自の見解に基づくものであるから、採用することはできない。以上のとおり、原処分庁が、請求人の本件課税期間の消費税等について簡易課税制度を適用して仕入れに係る消費税額を算出したことは相当と認められる。

・・

裁判例 　**簡易課税制度選択届出の撤回**

名古屋地裁平成17年12月22日判決（棄却）、名古屋高裁平成18年5月18日判決（棄却・確定）

製造問屋は、自己の計算において、購入した原材料を加工業者に支給して指示どおりに加工させ、完成品を顧客に納入する形態の事業者であって、購入した原材料から製品が完成し、これを顧客に納入するまでの一連の過程を自己の計算において企画、指図していることに照らすと、一般的には、購入した商品をそのまま納入する卸売業及び小売業と比較して、課税売上高に占める課税仕入金額の割合が小さくなると考えられるから、製造問屋を第三種事業に区分し、卸売業及び小売業よりも低いみなし仕入率を適用することとした通達13-2-5は、施行令57条5項、6項の解釈基準として不合理であるとはいえない。

簡易課税制度選択届出書の提出に当たって、事業者の営む事業の区分に認識のそごがあり、その結果、予想していたよりも低いみなし仕入率が適用されることとなったとしても、民法95条を適用して直ちに上記届出を無効とすべきものではなく、ただ、上記届出書の提出が、第三者による詐欺、強迫に基づいて行われた場合などのように事業者に帰責事由がなく、かつ簡易課税制度の不適用を許さないならば、事業者の利益を著しく害して正義に反すると認められる特段の事情がある場合に限り、錯誤による無効を主張することが許されると解すべきである（昭和39年最判参照）。

原告の代理人である補佐人税理士は、本件事業が卸売業に該当すると考えたが、決算をする上で再度

確認したところ、本件事業は、いわゆる製造問屋を製造業とする本件通達によって、簡易課税制度の適用においては、第三種事業として扱われていることを初めて知った。

そこで、「嘆願書」及び「『嘆願書』提出に際してのお願い」と題する書面を提出し、本件届出書の提出は、原告の事業区分を誤解した結果、錯誤に陥ってした意思表示であり、このような誤解に、誤解を招きやすい外形的事実が原因であり、納税者に帰責性はないことなどを理由として、同選択届出書の提出の取下げ（撤回）を要請した。

しかしながら、原告は、上記の見込みや動機を形成するについて、第三者による詐欺や強迫行為を受けたわけではなく、自由な意思決定の下に簡易課税制度を選択したと認められる上、錯誤の内容が簡易課税制度の本質的部分に関わるものではないことなどを総合すると、原告及びその代理人である補佐人税理士が、簡易課税制度の適用を選択した課税期間の始期から2か月余を経過したにすぎない時点で取下げ（撤回）を申し入れたとしても、なお特段の事情に当たらないと判断するのが相当である。

裁決例　簡易課税制度選択届出の効力／喪失の時期

平成17年1月7日裁決（棄却）

〔裁決事例集第69集402頁〕

請求人は、事業廃止届出書の提出がなかったとしても、事業の廃止という事実が否定されるものではないから、消費税法37条2項に規定する事業廃止届出書提出の有無にかかわらず、事業を廃止した日の属する課税期間の末日の翌日に、簡易課税制度選択届出書の効力は喪失すると解すべきである旨主張する。

しかしながら、消費税法37条2項及び同条4項には、簡易課税制度を選択した事業者が事業を廃止した場合は、事業廃止届出書を提出しなければならず、当該届出書が提出された日の属する課税期間の末日の翌日以後、簡易課税制度選択届出書の効力が失われると規定されているのであるから、簡易課税制度選択届出書の効力が喪失するのは、事業廃止届出書の提出があった日の属する課税期間の末日の翌日と解するほかないというべきである。

請求人は、いずれも消費税法37条2項に規定する事業廃止届出書等と認められる「簡易課税制度選択不適用届出書」及び「事業廃止届出書」を平成14年8月30日に提出しており、本件各課税期間の開始の日の前日までに提出されていないことから、本件各課税期間については、本件簡易課税制度選択届出書の効力は存続しているものといわざるを得ない。

裁決例　税理士の病気により提出が遅れた簡易課税制度選択届出書の効力

平成26年7月11日裁決（棄却）

請求人は、本件初日の前日に間に合うように関与税理士に届出書を郵便で送付したのであり、所定の時までに届出書の提出がされなかったのは、当該税理士が急な発熱のため仕事を休んでいて郵便物を

開封していなかったためであるから、消費税法37条7項及び消費税法施行令57条の2第1項でいうやむを得ない事情があるものとして、所定の時までに提出したものとみなされるべきであると主張する。

　しかし、請求人は、自らの意思と責任において、税理士に税務代理等を委任し、本件選択届出書等の提出など、請求人が簡易課税制度の適用を受けるための手続をするように依頼した以上、本件選択届出書が本件初日の前日までに提出されなかったことについても、受任者である税理士の行為は、委任者である請求人の責任の範囲内の行為であると解され、消費税法37条7項に規定するやむを得ない事情の存否については、基本的に当該税理士を基準に判断するべきであるというべきである。

　税理士の病状は、39度ほどの発熱で、医師の指示に基づき感冒薬を服用し自宅で安静にしていたという程度のものであり、自ら行動しなくとも、他人を介して本件選択届出書を提出する手配ができないようなものではなく、現に、事務所には他に税理士がおり、郵便物の到着の確認や開封の指示ができたものであって、天災又は自己の責任によらない火災などの人的災害が発生したり、これらの災害に準ずるような状況又は自己の責めに帰することができない状態にあることにより、届出書の提出ができない状態になったといえるような「やむを得ない事情」があったとは到底いえない。

　請求人は、「やむを得ない事情」とは、災害又はそれに準ずるような状況に限定されず、「自己の責に帰することができない事情」が「やむを得ない事情」であり、「自己の責に帰することができない事情」とは、当該事業者に「故意ないし重過失がないこと」が要件であるところ、請求人は、税理士の病気を知らなかったのであり、そのことに過失はないから、これらの事情は、「やむを得ない事情」に該当する旨主張する。

　しかしながら、まず、「やむを得ない事情」があるかどうかを、請求人自身を基準に判断すべきであるとする点で採用できないし、「故意ないし重過失がないこと」をもって「やむを得ない事情がある」とする点でも採用できない。

　請求人は、税理士が病気になったことにより本件選択届出書を本件初日の前日までに提出できなかったことは、請求人が病気になり届出書が提出できなかった場合と同視できる旨主張する。

　しかしながら、請求人に代理人がおらず自らが体調不良となった場合であっても、その具体的状況等により「やむを得ない事情」に当たるか否かは個別に判断すべきものであり、本件についてそのような仮定的な場合と同視すべきかどうかを判断するのは、そもそも相当ではなく、請求人の主張は採用することができない。

裁判例 　**簡易課税制度の合理性**

静岡地裁平成29年3月16日判決（棄却・控訴）、東京高裁平成29年10月4日判決（棄却・確定）

　簡易課税制度は、中小事業者にとって煩雑である仕入れに係る消費税額の計算を簡便にし、もって税の簡素化を図るとともに、仕入税額控除の要件とされる帳簿及び請求書等の保存を不要とすることにより、中小事業者の事務負担の軽減を図るものであって、合理性を有するといえる。簡易課税制度の趣旨、内容等を考慮すると、簡易課税の適用を受ける課税期間において、簡易課税を適用した場合の消費

税等の額が、本則課税を適用した場合の消費税等の額を上回ることがあったとしても、このような結果
は、事業者において、簡易課税の適用による事務負担の軽減の利益を享受しようとした自らの判断による選択の結果としてこれを甘受すべきものであるといえ、本則課税を適用した場合に比して公平を欠くものであるとはいえない。したがって、本件において、本則課税を適用した場合と簡易課税を適用した場合とで消費税額に80万8,700円（約5倍）の差が生じたとしても、簡易課税を適用して消費税額を算出した更正処分が違法であるとはいえない。

　原告は、金額の差が生じるおそれがあるのならばその説明をすべきであり、その説明をせずに簡易課税による消費税額の納税を強要することは詐欺行為であると主張する。

　しかしながら、税務署長が説明義務を負うことを根拠付ける法令上の根拠は見当たらないことに加え、簡易課税制度の適用を受ける課税期間において、簡易課税を適用した場合の消費税等の額が本則課税を適用した場合の消費税等の額を上回ることがあることは一般的に予測可能であることからすれば、島田税務署長が上記のような説明をしなかったとしても、更正処分が詐欺行為に該当し違法であるとはいえない。

　原告は、一度簡易課税の適用を選択すると、翌々年の課税期間まで変更できないのは余りに負担が大きいと主張する。しかしながら、原告が本件届出書を提出したのは平成18年12月19日であり、本件課税期間は、その翌々年の課税期間よりも後の課税期間であるから、原告は、平成25年12月31日までに簡易課税選択不適用届出書を提出すれば本則課税の適用を受けられたといえる。消費税簡易課税制度選択届出書を提出した事業者は、事業を廃止した場合を除き、届出書を提出した日の属する課税期間の翌課税期間の初日から2年を経過する日の属する課税期間の初日以後でなければ、簡易課税選択不適用届出書を提出することができないが、これが著しく不合理であるとまではいえず、原告に対する更正処分を違法とするものともいえない。

***

裁判例　税理士が提出した簡易課税制度選択届出書の有効性

東京高裁令和2年9月10日判決（棄却）（確定）

　①控訴人は、平成7年2月当時、事業を始めたばかりであり、税務に関する専門的な知識が乏しかったため、知人からの紹介を受けた乙税理士に税務代理を委任することとしたこと、②個人事業者の税務において、消費税等の納税義務の判断や税額の計算等は、所得税の損益計算を基礎として行われるものであることから、個人の納税者が、税務代理を委任する場合に、所得税と消費税等のどちらか一方のみを委任することは例外的といえること、③控訴人が乙税理士に委任する税務事務の内容を限定すべき具体的な動機や事情等は見当たらないこと、④控訴人は、乙税理士との間で、税務代理の内容を定める契約書等を作成していないが、平成8年秋頃以降、税務代理を委任していた丙税理士との間においても、同様に税務代理の委任等に関する契約書は取り交わされていないことが認められ、これらに加えて、⑤審査請求手続の段階では、控訴人自身が、乙税理士に税務代理を委任した際のやりとりについて、「税務をお願いする。任せる。」と述べたことを認めていたこともうかがわれるところである。

　控訴人は、平成8年分の所得税の確定申告について丙税理士に依頼しようと考えたが、同税理士から

「平成8年も半年以上経過しているので、平成8年分の所得税の確定申告は乙税理士に依頼しては如何か」と助言されたため、乙税理士に対し、平成8年分の所得税の申告を最後に依頼することができなくなった旨を電話で伝え、同税理士の了解を得たとされているところであり、控訴人は、乙税理士に対し、平成8年11月頃、同年分の所得税の確定申告に係る事務が終了するのと同時に平成7年2月に委任していた控訴人の所得税及び消費税等を含む税務全般に係る税務代理を終了させる旨を告げたものと認めるのが相当である。

　以上によれば、控訴人は、平成7年2月頃、乙税理士に対し、少なくとも所得税及び消費税等に係る税務について、年分（期間）を限ることなく税務代理を委任したものと認めるのが相当であり、乙税理士は、平成8年分の所得税の確定申告が終了するまで、控訴人の所得税及び消費税等を対象として、税務全般に係る税務代理権を有していたというべきである。

　控訴人は、乙税理士は控訴人に対し、簡易課税制度選択届出書の提出等について報告・説明すべき義務を負うにもかかわらず、同届出書の控えの交付もしておらず、これらの義務の履行がないことは、同届出書の作成・提出が無権代理行為であることを裏付ける旨主張する。しかし、乙税理士が控訴人の所得税及び消費税等に係る税務代理権を有していたことは前記のとおりであるから、仮に乙税理士が控訴人に対し、簡易課税制度選択届出書の提出等について報告・説明し、同届出書の控えを交付すべき契約上の義務を履行していないとしても、そのことによって、同届出書の作成・提出が無権代理行為であるということはできない。

- -

裁判例 　簡易課税制度選択不適用届出書を提出することができなかった「やむを得ない事情」

東京地裁令和4年4月12日判決（棄却）（控訴）

　簡易課税の届出をした事業者が簡易課税の適用を受けることをやめようとするときは、所轄の税務署長に対し、適用をやめようとする課税期間の開始日の前日までに不適用届出書を提出しなければならず、同日までにこれを提出できなかった場合には、「やむを得ない事情」がやんだ後相当の期間内に不適用承認申請書を提出して、所轄税務署長の承認を受けなければならない。

　簡易課税の趣旨はあくまで中小事業者の事務負担の軽減であって、課税期間終了後に簡易課税の適用の有無を任意に選択することによって租税負担の回避・軽減を図ることまで許容する趣旨ではないことを明確にするものであると解される。その趣旨を踏まえると、やむを得ない事情とは、天災又は人的災害で自己の責任によらないものに基因する災害が発生したことにより不適用届出書の提出ができない状態になったと認められる場合その他これに準ずる場合をいうと解するのが相当であり、少なくとも、当該事業者の不注意や法の不知等により不適用届出書を提出しなかった場合はこれに含まれないものというべきである。

　原告が不適用届出書を提出期限までに提出しなかった主な理由は、平成20年に原告の経理責任者が交代した際に簡易課税届出書に関する事務引継が十分に行われず、簡易課税適用の有無について十分な確認がされなかったことであると認められ、原告の責めに帰することができない事情はうかがえないから、やむを得ない事情があったということはできない。

原告は、提出期限までに不適用届出書の提出をしなかったことについて、①簡易課税届出書を提出してから課税期間までに30年近くが経過しており、最後に簡易課税により申告を行ってから10年以上にわたり本則課税により申告してきたこと、②平成10年以降、課税売上高が5億円や2億円を超えた期はなく、本社ビルの解体及び新築工事という特殊要因があった基準期間から課税期間までの間を除き、課税売上高が5,000万円を下回る期もなかったこと、③平成20年頃に原告の経理責任者が甲から乙に交代した際、甲がその後も原告の課税売上高が5,000万円を下回るとは考えず、簡易課税に関する事務引継等を行わなかったこと、④乙が、その後も原告が数年間にわたり本則課税により申告し続けてきた結果、簡易課税届出書が提出されていることに気付かなかったことからすれば、やむを得ない事情がある旨主張する。

仮に原告の主張が事実であったとしても、これらはいずれも天災など原告の責めに帰することができない状態にあることにより不適用届出書の提出ができなかったものとはいえないのはもとより、これと同視すべき事情と評価することもできないから、やむを得ない事情があったとは認められない。

第11章 売上げに係る対価の返還等をした場合の消費税額の控除

> 本章は、「特定課税仕入れ」がないことを前提に記述しています。事業者が、「事業者向け電気通信利用役務の提供」を受ける場合は、あわせて、**第3章第2節**「国境を越えた役務の提供に係る課税の特例」を参照してください。

第1節 売上返還税額控除とは

　売上げの計上時期は、原則として目的物の引渡しを行った時であり、引渡しの時に計上された対価の額が課税標準額の基礎となります。したがって、いったん課税売上げとして計上した金額につき、その後値引き等があった場合には、その分だけ純売上高に比べて納付税額が過大に計算されることになります。

　そこで、値引き等があった場合には、その部分の消費税額を控除して、売上げに係る消費税額を修正することとされています。

　この税額控除を「売上対価の返還等に係る消費税額の控除」（以下「売上返還税額控除」）といい、この規定により控除すべき消費税額を「売上げに係る対価の返還等をした場合の消費税額」（以下「返還等対価に係る税額」）といいます。

第11章 売上げに係る対価の返還等をした場合の消費税額の控除

第 2 節　売上返還税額控除の計算

◆売上返還税額控除のポイント◆

① 値引き等をした課税期間において課税事業者であること
② 売り上げた課税期間において課税事業者であったこと
③ 自己の課税売上げに対する値引き等であること
④ 輸出免税に該当する売上げの値引き等でないこと
⑤ 記載事項を満たす帳簿の保存があること

1　売上返還税額控除の対象

売上返還税額控除の対象となるのは、次表の売上げに係る対価の返還等です（消法38①、消基通14－1－1～4）。

項目	内容	
返品・値引き	売上商品の返品による返金、売上金額の値引き	左の理由により対価の返還又は売掛金の減額
割戻し（リベート）	一定期間に一定額又は一定量を購入した取引先に対する代金の一部返戻（飛越しリベートを含む※）	
売上割引	売掛金等がその支払期日前に決済されたことにより支払うもの	
販売奨励金	販売促進の目的で、販売数量・販売高等に応じて取引先に支払うもの	
事業分量配当金	協同組合等が組合員に支払う事業分量配当金のうち、販売分量等に応じて支払うもの	
船舶の早出料	貨物の積卸期間が短縮され、運送期間が短縮したために行う運賃の割戻し	

※　売上げ割戻し（リベート）については、直接の取引先に支払うものの他、間接的な取引先に支払う、いわゆる飛越しリベートも含みます。

2　控除額の計算等

売上返還税額控除は、税額ベースで控除する方法と売上高から売上返還等の金額を直接控除する方法とがあります。いずれにしても、その対価の返還等に係る課税資産の譲渡等に適用された税率によって計算します。

(1)　税額ベースでの控除

税額ベースで控除を行う場合は、課税標準額に対する消費税額から、返還等対価に係る税額を控除します（消法38①）。

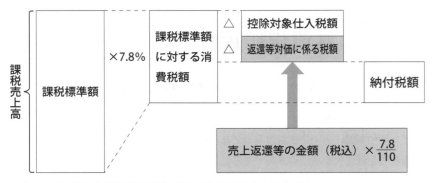

※ 税率は、その売上返還等に係る課税資産の譲渡等に適用された税率です。

(2) 売上高ベースでの控除

継続処理を要件に、税額による調整に代えて、売上高を直接調整する方法によることができます（消基通10－1－5、14－1－8）。

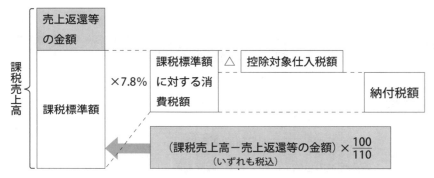

※ 税率は、その売上返還等に係る課税資産の譲渡等に適用された税率です。
※ 10日間特例又は卸小売特例の適用を受けた課税資産の譲渡等につき、その売上げに係る対価の返還等の金額を税率の異なるごとに区分することが困難な場合には、その対価の返還等の金額にその課税資産の譲渡等を行った課税期間における軽減売上割合又は小売等軽減仕入割合（これを50％とした場合は50％）を乗じて計算した金額によることができます（平28改法附38⑤）。

(3) 控除しきれない場合

課税標準額に対する消費税額から返還等対価に係る税額を控除して、控除しきれない金額は還付されます。

(4) 輸出免税に係る値引き等

売上返還税額控除は、納付税額の計算の基礎となった課税売上げの修正を行うためのものですから、輸出取引等として免税の取扱いを受ける課税資産の譲渡等や非課税資産の譲渡等に係る対価の返還等は、その売上げが課税標準とされていないため、適用がありません（消法38①）。

(5) 売上割戻しを行った日

売上割戻しを行った日は次によります（消基通14－1－9）。

区　分	売上割戻しの時期	
次のいずれにも該当する場合 ① 算定基準が販売価額・販売数量によっている ② 算定基準が契約等により相手方に明示されている	原則	課税資産の譲渡等をした日
	特例	通知日又は支払日 （継続適用が要件）
上記以外	原則	通知日又は支払日
	特例 未払金計上した日	〈要件〉 ① 課税期間の末日までに算定基準が決定している ② 決定額の未払金計上 ③ 申告期限までに相手方に通知 ④ 継続適用

なお、一定期間支払われない売上割戻しについては次によります（消基通14－1－10）。

一定期間支払われない割戻し	売 上 割 戻 し の 時 期	
契約等により、次の期間、保証金等として預かる割戻し ① 特約店契約の解約、災害の発生等の特別な事実が生ずるときまで ② ５年を超える一定の期間が経過するまで	原則	現実に支払を行った日又は売掛金等へ充当した日
	特例	相手方が実質的にその利益を享受できることとなった日 〔例〕 • 契約等に基づき通常の金利を付け、その金利相当額については現実に支払っている又は請求があれば支払う場合 • 契約等に基づき保証金等に代えて有価証券その他の財産を提供することができることとしている場合 • 保証金等として預っている金額が売上割戻しの金額のおおむね50%以下である場合 • 契約等に基づいて相手方名義の預貯金又は有価証券として保管している場合

(6) 一括値引等の区分

税率の異なる課税資産の譲渡等又は非課税資産の譲渡等を同時に行い、それらの資産の譲渡等を対象として一括して対価の額の値引きや割戻しが行われた場合において、適用税率ごとの値引等の額又は値引等の控除後の対価の額が明らかでないときは、その値引額をその資産の譲渡等に係る価額の比率により按分し、適用税率ごとの値引等の額又は値引等の控除後の対価の額を算出します。

ただし、その資産の譲渡等に際して顧客へ交付するインボイス又は返還インボイス等により適用税率ごとの値引等の額又は値引等の控除後の対価の額が確認できるときは、その値引等の額又は値引等の控除後の対価の額が、適用税率ごとに合理的に区分されているものに該当します（消基通1−8−5、14−1−5）。

(7) 売上げの取消しがあった場合

課税資産の譲渡等を行った後に、その課税資産の譲渡等が無効であることが判明した場合又は取消しがあった場合には、当初からその課税資産の譲渡等はなかったものとして処理することとなります。

ただし、その取消し又は無効が、課税資産の譲渡等を行った課税期間の後の課税期間にあった場合には、売上対価の返還等をした場合の処理によることができます（消基通14−1−11、通法23②）。

区　分	処理方法
課税資産の譲渡等を行った課税期間に無効又は取消しとなった場合	課税資産の譲渡等を直接取消し
その後の課税期間に無効又は取消しとなった場合	更正の請求
	値引き等をした場合の処理によることが可能

(8) 相続、合併等があった場合

相続により被相続人の事業を承継した相続人が、被相続人により行われた課税資産の譲渡等につき売上げに係る対価の返還等をした場合には、その相続人が行った課税資産の譲渡等につき売上げに係る対価の返還等をしたものとみなして、売上返還税額控除の規定を適用します（消法38③）。

また、合併により事業を承継した合併法人、分割により事業を承継した分割承継法人が被合併法人等により行われた課税資産の譲渡等につき売上げに係る対価の返還等をした場合においても、その合併法人等が行った課税資産の譲渡等につき売上げに係る対価の返還等をしたものとみなして、売上返還税額控除の規定を適用します（消法38④）。

(9) 免税事業者であった課税期間の売上げに係る対価の返還等

免税事業者であった課税期間において行った課税資産の譲渡等について、課税事業者となった課税期間において売上げに係る対価の返還等を行った場合には、その売上げには課税されていないため売上返還税額控除の対象とはなりません（消基通14−1−6）。

562

(10) 免税事業者等となった後に行う対価の返還等

課税事業者が事業を廃止し又は免税事業者となった後において、課税事業者であった課税期間における課税資産の譲渡等につき売上げに係る対価の返還等を行った場合に、その返還等の金額に係る消費税額について、売上返還税額控除を適用して還付申告を行うことはできません（消基通14－1－7）。

帳簿の保存要件

売上返還税額控除は、その対価の返還等をした金額その他の明細を記録した帳簿を保存することが適用要件とされています（消法38②）。

◆ **帳簿の記載事項**（消令58①） ◆

① 相手方の氏名又は名称
② 売上対価の返還等を行った年月日
③ 内容
④ 金額

不特定多数の者を取引相手とする小売業・飲食店業・駐車場業等の場合は、①の相手方の氏名又は名称は記載不要です。

(1) 保存期間

帳簿は、帳簿の閉鎖の日の属する課税期間の末日の翌日から2か月を経過した日において帳簿として完成し、その後7年間保存するものとされています（消令58②）。なお、6年目、7年目については、マイクロフィルムによる保存が可能です（消令58③）。

(2) 災害その他やむを得ない事情

また、災害その他やむを得ない事情により、帳簿の保存をすることができなかったことを証明した場合には、帳簿等の保存がなくても売上返還税額控除の適用があります（消法38②）。

災害その他やむを得ない事情とは、仕入税額控除の適用要件についての宥恕規定と同じであり、次のものをいいます（消基通8－1－4）。

災害	震災、風水害、雪害、凍害、落雷、雪崩、がけ崩れ、地滑り、火山の噴火等の天災又は火災その他の人為的災害で自己の責任によらないものに基因する災害
やむを得ない事情	災害に準ずるような状況又はその事業者の責めに帰することができない理由により帳簿及び請求書等の保存ができない状況にある事態

(3) 返還インボイスの交付

インボイス発行事業者は、1万円以上の売上げに係る対価の返還等を行う場合には、その売上げに係る対価の返還等を受ける他の事業者に対して、返還インボイスを交付しなければなり

ません（消法57の4③）。

　返還インボイスの交付については、**第2章第7節❸**「適格返還請求書（返還インボイス）」を参照してください。

　返還インボイスの交付は、売上返還税額控除の要件ではありません。対価の返還等の金額が1万円未満であるため返還インボイスの交付を行わなかった場合であっても、帳簿を保存することにより適用を受けることができます。

誤りやすい事例　販売奨励金と売上割引

　当社は、健康食品の卸売りを行う会社です。このたび、キャンペーン企画にあたり販売店と次のような契約を締結しています。

① 　キャンペーン期間内に商品を100個以上の単位で購入する販売店には、購入数100個につき10個の同商品を進呈する。

② 　キャンペーン期間を通じて購入した商品の総数が1万個を超えた販売店には、キャンペーン終了後に100円×購入数に相当する販売奨励金を進呈する。

③ 　キャンペーン期間中に生じた売掛金につき決済期日より前に決済をした販売店には、年6％に相当する割合で売上割引を行う。

消費税の取扱いはどうなりますか。

解説

　①の商品の進呈は、無償による資産の譲渡であり、課税の対象となりません。また、無償で進呈した商品の仕入れは、課税売上対応分として仕入税額控除の対象となります。

　②の販売奨励金の進呈は、販売促進の目的で販売奨励金の対象とされる課税資産の販売数量に応じて金銭により支払うものですから、その実質は売上割戻しであり、課税資産の譲渡等に係る対価の返還等に該当します。

　販売奨励金は、通常、売上高の内訳とせずに販売費又は一般管理費として損益計算書に表示され、また、資産の購入等を伴わない金銭の支払であるため、消費税の計算から漏れる恐れがあり、注意が必要です。

　③の売上割引は課税資産の譲渡等に係る対価をその支払期日よりも前に支払を受けたことを基因として支払うものであることから、利息の支払に該当し、非課税取引であると考えるかもしれません。

　しかし、消費税が非課税とするのは、利子を対価とする金銭の貸付けです。売上割引を受ける販売店は金銭の貸付けをしたわけではなく、債務者が期日前にその債務の履行を行ったにすぎません。したがって、債権者から債務者に対して支払われる売上割引は、利子を対価とする金銭の貸付けには該当せず、売上代金の一部の返還として取り扱います。

【参考】消法2①八、38①、消基通11－2－14、14－1－2、14－1－4

第12章

貸倒れに係る消費税額の控除

第 1 節　貸倒れの税額控除とは

　消費税は、売上げに係る消費税額から仕入れに係る消費税額を控除して納付税額を計算します。売上げの計上時期は、原則として目的物の引渡しを行った時であり、引渡しの時に計上された対価の額が課税標準額の基礎となります。したがって、いったん課税売上げとして計上した金額につき、その後貸倒れにより代金が回収できないこととなった場合には、結果的に「対価を得て」という課税の対象の要件を欠くものに課税が及ぶこととなります。

　そこで、貸倒れがあった場合には、その部分の消費税額を控除して、売上げに係る消費税を修正することとされています。

　この税額控除を「貸倒れに係る消費税額の控除」（以下「貸倒れの税額控除」）といい、この規定により控除すべき消費税額を「貸倒れに係る消費税額」（以下「貸倒れに係る税額」）といいます。

　なお、貸倒れの税額控除を行った後に売掛金等の回収ができた場合には、その回収額に係る消費税額は、回収があった課税期間の課税資産の譲渡等に対する消費税額に加算します。

565

| 第 2 節 | 貸倒れの税額控除の計算 |

　課税事業者が国内において行った課税資産の譲渡等に係る売掛金その他の債権について、貸倒れが生じた場合には、その貸倒れが生じた日の属する課税期間の課税標準額に対する消費税額から、その課税期間において生じた貸倒れの金額に係る消費税額を控除します（消法39①）。

◆貸倒れの消費税額の控除のポイント◆

① 貸倒れの事実が生じた課税期間において課税事業者であること

② 売り上げた課税期間において課税事業者であったこと

③ 自己の課税売上げに係る貸倒れであること

④ 輸出免税に該当する売上げの貸倒れでないこと

⑤ 貸倒れの事実を証明する書類の保存があること

⑥ 貸倒れの消費税額の控除を行った後に売掛金等の回収ができた場合には、再度の調整が必要となる

第12章 貸倒れに係る消費税額の控除

1 貸倒れの税額控除の対象

貸倒れの税額控除の対象となる貸倒れの範囲と対象金額は、次図のとおりです（消法39①、消令59、消規18）。

貸倒れの範囲			貸倒れの金額
課税資産の譲渡等に係る売掛金その他の債権	法律上の債権の消滅	法的手続	切捨て額
		・会社更生法の規定による更生計画認可の決定により債権の切捨てがあったこと ・民事再生法の規定による再生計画認可の決定により債権の切捨てがあったこと ・会社法の規定による特別清算に係る協定の認可の決定により債権の切捨てがあったこと ・金融機関更生法の規定による更生計画認可の決定により債権の切捨てがあったこと	
		関係者協議	
		・関係者の協議決定で次に掲げるものにより債権の切捨てがあったこと 　イ　債権者集会の協議決定で合理的な基準により債務者の負債整理を定めているもの 　ロ　行政機関、金融機関等のあっせんによる当事者間の協議により締結された契約で合理的な基準により債務者の負債整理を定めているもの	
		債務免除	債務免除額
		・債務者の債務超過の状態が相当期間継続し債務の弁済が不可能と認められる場合に書面により債務免除を行ったこと	
	事実上の貸倒れの認識	債権に係る債務者の財産の状況、支払能力等からみて債務者が債務の全額を弁済できないことが明らかであること※	債権額
	会計処理による貸倒れ	●次に掲げる事実が生じ、債権額から備忘価額を控除した残額を貸倒れとして経理したこと 　イ　継続的な取引を行っていた債務者につきその資産の状況、支払能力等が悪化したことにより、当該債務者との取引を停止した時以後一年以上経過した場合（最後の弁済期、最後の弁済の時、取引を停止した時のうち最も遅い時から起算）※ 　ロ　同一地域の債務者について有する債権の総額がその取立てのために要する旅費等の費用に満たない場合で債務者に対し支払を督促したにもかかわらず弁済がないとき	備忘記録を残して貸倒れ処理した額

※　債権について担保物がある場合には、その担保を処分した後に貸倒れを認識します。

※　取引を停止した時

　会計処理による貸倒れのうち、「取引を停止した時」とは、継続的な取引を行っていたことを前提に、債務者の資産の状況、支払能力等が悪化したためその取引を停止するに至った時をいいます。したがって、例えば、固定資産に係る取引のようにたまたま取引を行った債務者に対して有する債権について1年以上支払がないからという理由で貸倒れの経理を行ったとしても、貸倒れの税額控除の規定は適用されません（消基通14－2－1）。

② 控除額の計算等

　貸倒れに係る税額は、その貸倒れとなった課税資産の譲渡等の税込対価の額に、$\frac{7.8}{110}$を乗じて計算します（消法39①）。

$$\boxed{\text{貸倒れに係る税額}} = \boxed{\text{貸倒れの金額（税込み）} \times \frac{7.8}{110}}$$

※　売上返還税額控除のように課税売上高を直接減額する処理は認められません。
※　税率は、その貸倒れに係る課税資産の譲渡等に適用された税率です。
※　10日間特例又は卸小売特例の適用を受けた課税資産の譲渡等につき、その領収をすることができなくなった税込価額を税率の異なるごとに区分することが困難な場合には、その領収をすることができなくなった税込価額にその課税資産の譲渡等を行った課税期間における軽減売上割合又は小売等軽減仕入割合（これを50％とした場合は50％）を乗じて計算した金額によることができます（平28改法附38⑥）。

(1)　控除しきれない場合

　課税標準額に対する消費税額から、貸倒れに係る税額を控除して控除しきれない金額は、還付されます。

(2)　輸出免税に係る貸倒れ

　貸倒れの税額控除は、納付税額の計算の基礎となった課税売上げの修正を行うためのものですから、輸出取引等の対象となり免税の取扱いを受ける課税資産の譲渡等や非課税資産の譲渡等に係る貸倒れは、その売上げが課税標準とされていないため、適用がありません（消法39①）。

(3)　免税事業者であった課税期間の売上げに係る貸倒れ

　免税事業者であった課税期間に行った課税資産の譲渡等について課税事業者となった課税期間において貸倒れとなった場合には、その売上げには課税されていないため、控除の対象とはなりません（消基通14－2－4）。

(4)　免税事業者等となった後における貸倒れ

　事業を廃止した者、免税事業者となった者は、消費税の確定申告を行う義務がなく、還付申告を行うこともできません。

貸倒れの税額控除は、貸倒れが生じた課税期間において税額控除を行うこととされているため、課税事業者であった課税期間において行った課税資産の譲渡等に係る売掛金等につき、事業を廃止し又は免税事業者となった後の課税期間において貸倒れが生じた場合には、その貸倒れが生じた課税期間において還付申告をすることも、課税事業者であった課税期間の申告につき更正の請求をすることもできません（消基通14－2－5）。

(5) 貸倒れ額の区分

課税資産の譲渡等に係る売掛金等とそれ以外の売掛金等について貸倒れがあった場合において、これらを区分することが著しく困難であるときは、貸倒れがあったときのそれぞれの売掛金等の割合によって両者を区分することができます（消基通14－2－3）。

(6) 相続、合併等があった場合

相続により被相続人の事業を承継した場合において、被相続人により行われた課税資産の譲渡等につき貸倒れとなったときは、その相続人が行った課税資産の譲渡等につき貸倒れが生じたものとみなして、貸倒れの税額控除の規定を適用します（消法39④）。

また、合併により事業を承継した場合、分割により事業を承継した場合において、被合併法人等により行われた課税資産の譲渡等につき貸倒れが生じたときは、その合併法人等が行った課税資産の譲渡等につき貸倒れが生じたものとみなして、貸倒れの税額控除の規定を適用します（消法39⑥）。

3 償却済債権の回収

貸倒れの税額控除の適用を受けた後に、その控除の対象となった金額の全部又は一部の領収をしたときは、領収をした金額に係る消費税額をその領収をした日の属する課税期間の課税標準額に対する消費税額に加算します（消法39③）。

加算する消費税額は、申告書において、「控除過大調整税額」として課税標準額に対する消費税額の次に表示します。

(1) 相続、合併等があった場合

相続により被相続人の事業を承継した場合において、被相続人により行われた課税資産の譲渡等につき貸倒れとなり貸倒れの税額控除を行った後に、その控除の対象となった金額の全部

又は一部の領収をしたときは、領収をした金額に係る消費税額をその領収をした日の属する課税期間の課税標準額に対する消費税額に加算します（消法39⑤）。

また、合併又は分割により事業を承継した場合においても同様に、被合併法人等により行われた課税資産の譲渡等につき貸倒れとなり貸倒れの税額控除を行った後に、その控除の対象となった金額の全部又は一部の領収をしたときは、領収をした金額に係る消費税額をその領収をした日の属する課税期間の課税標準額に対する消費税額に加算します（消法39⑥）。

(2) 免税事業者等となった後における回収

事業を廃止した者、免税事業者となった者は、消費税の確定申告を行う義務がありません。

したがって、事業を廃止した者、又は免税事業者となった者は、貸倒れの税額控除の規定の適用を受けた貸倒れの額についてその全部又は一部を領収した場合であっても、それによって確定申告を行う必要が生じることはありません（消基通14－2－5）。

書類の保存要件

貸倒れの税額控除は、その貸倒れの事実を証明する書類を保存することが要件とされています（消法39②）。

(1) 保存期間

書類は、貸倒れがあった日の属する課税期間の末日の翌日から2か月を経過した日において確保し、その後7年間保存するものとされています（消規19）。

なお、6年目、7年目については、マイクロフィルムによる保存が可能です（消令58③）。

(2) 災害その他やむを得ない事情

また、災害その他やむを得ない事情により、書類の保存をすることができなかったことを証明した場合は、書類の保存がなくても貸倒れの税額控除の適用があります（消法39②、消基通8－1－4）。

災害その他やむを得ない事情とは、仕入税額控除の適用要件についての宥恕規定と同じであり、次のものをいいます（消基通8－1－4）。

災　害	震災、風水害、雪害、凍害、落雷、雪崩、がけ崩れ、地滑り、火山の噴火等の天災又は火災その他の人為的災害で自己の責任によらないものに基因する災害
やむを得ない事情	災害に準ずるような状況又はその事業者の責めに帰することができない理由により帳簿及び請求書等の保存ができない状況にある事態

第12章　貸倒れに係る消費税額の控除

誤りやすい事例　取引先が破産した場合の貸倒れ

　得意先のＡ社が破産の申立てを行い、破産手続の開始の決定がありました。Ａ社に対する売掛金について、貸倒れの税額控除の対象としてもよろしいでしょうか。

解説

　破産手続には、会社更生法や民事再生法などと違って、債権の切捨てという手続きがありません。破産手続開始の決定があった場合でも、これらの決定をもって、法律的に債権が消滅したことにはなりません。

　したがって、破産手続廃止の決定又は破産手続終結の決定があった時点で、又は破産管財人から配当がない旨の通知があり、保証人等による弁済の可能性もないなど、事実上、その債権の全額について回収の可能性がないことが明らかになった時点で貸倒れを認識することとなります。

【参考】消法39①、消令59、消規18、平成20年6月26日裁決

誤りやすい事例　保証債務を履行するために行った土地建物の譲渡

　私は、店舗ビルを賃貸する消費税の課税事業者であり、法人Ａの取締役です。

　法人Ａの金融機関から借入れについて連帯保証人となっていましたが、法人Ａが倒産したことにより保証債務の履行を求められ、やむなく自宅と店舗ビルを売却しました。

　所得税においては、譲渡所得の特例の適用があり課税されないと確認しましたが、消費税はどうなるのでしょうか。

解説

　国内において事業者が行った資産の譲渡等は消費税の課税の対象となり、資産の譲渡等とは、事業として対価を得て行われる資産の譲渡及び貸付け並びに役務の提供をいうものとされています。

　資産の譲渡等に該当するかどうかは、その原因を問わず、他の者の債務の保証を履行するために行う資産の譲渡又は強制換価手続により換価された場合の資産の譲渡であっても、そのことによって課税の対象から除かれるものではありません。

　貴方は、自宅と賃貸の用に供している店舗ビルとを売却しました。自宅は事業用の資産ではないので、その売却は課税の対象となりません。しかし、店舗ビルは事業用資産ですから、たとえその譲渡が保証債務を履行するためであっても課税の対象となり、建物の売却は課税資産の譲渡等に該当し、土地の売却は非課税資産の譲渡等に該当します。

571

所得税においては、保証債務を履行するため資産の譲渡を行った場合において、その履行に伴う求償権の全部又は一部を行使することができないこととなったときは、その行使することができないこととなった金額を譲渡の対価の貸倒れの金額とみなして、所得の金額の計算上、なかったものとすることとされています。しかし、消費税法には、この取扱いに見合う規定はありません。

　また、消費税法39条は、課税資産の譲渡等の相手方に対する売掛金等につき更生計画認可の決定により債権の切捨てがあったこと等の事実が生じたため、その課税資産の譲渡等の税込価額の全部又は一部の領収をすることができなくなったときは、その領収をすることができないこととなった日の属する課税期間において、貸倒れに係る消費税額の控除をする旨を定めています。消費税は、有償取引に限り課税することとしていますが、いったん課税売上げに計上したものにつき、その対価の額を領収することができないこととなった場合には、結果的に、「対価を得て」という課税の対象となる要件に欠けることとなるため、その領収することができないこととなった部分に係る消費税額を控除して、売上げに係る消費税額の修正を行うものです。

　貴方は、店舗ビルの売却に際してその対価を受領しています。その上で、これを法人Aの債務の弁済に充て、その不利益を法人Aから償還請求する権利、求償権が行使不能となったものですから、貸金の貸倒れと同じ位置づけとなり、貸倒れに係る消費税額の控除の適用を受けることはできません。

【参考】消法2①八、4①、39、消基通5－2－2、所法64②

第3節 裁決例

裁決例 　貸倒れの事実に係る立証

平成30年3月6日裁決（棄却）

　貸倒れは、通常の事業活動によって必然的に発生するものではなく、取引の相手方の破産等の特別の事情がない限り生ずることのないものである上、貸倒れの不存在という消極的事実の立証には相当の困難を伴うものである反面、納税者においては、貸倒れの内容を熟知し、これに関する証拠も納税者が保持しているのが一般であるから、納税者において貸倒れとなる債権の発生原因、内容、帰属並びに回収不能の事実等について具体的に特定して主張し、貸倒れの存在をある程度合理的に推認させるに足りる立証を行わない限り、事実上その不存在が推定されるものと解するのが相当である。

　本件においては、請求人から本件各請求書の写しが提出され、貸倒れとなる債権の発生原因、内容及び帰属についてはおおむね特定して主張されている。他方、回収不能の事実については、本件取引明細

表により本件口座が解約されたことが明らかにされているにとどまり、請求人が提出したその他の資料をみても、貸倒先の財産の状況及び支払能力等に係る的確な証拠はなく、貸倒れの存在をある程度合理的に推認させるに足りる立証が行われたということはできない。したがって、法令の規定による整理手続によって債権の切捨てがあったとは認められず、また、債務の全額を弁済できないことが明らかであるとはいえず、更にその他消費税法施行規則に規定する事実が生じたことも認められず、本件各貸倒主張金額に係る貸倒れは、存在しないものと推定されるから、平成28年6月課税期間において、消費税法39条1項に規定する貸倒れに係る消費税額の控除の適用を受けることはできない。

第13章 納税義務者

第1節 納税義務の原則

1 納税義務者

　全ての事業者は、原則として、国内取引に係る消費税の納税義務者となります（消法5①）。事業者とは、法人及び個人事業者をいいます（消法2①四）。

　また、保税地域から課税貨物を引き取る者は、事業者であるか否かにかかわらず、引取りに係る消費税の納税義務者となります。

区　分	国内取引	輸入取引
事業者 （法人・人格のない社団等・国・地方公共団体・個人事業者）	納税義務者	納税義務者
事業者以外 （消費者が資産を売却）	納税義務者でない	輸入の消費税は国内取引に係る消費税の計算上、仕入税額控除の対象

※　輸入に係る納税義務については、771頁を参照してください。

2 資産の譲渡等を行った者の実質判定

　法律上資産の譲渡等を行ったとみられる者が単なる名義人であって、その資産の譲渡等に係る対価を享受せず、その者以外の者がその資産の譲渡等に係る対価を享受する場合には、その資産の譲渡等は、その対価を享受する者が行ったものとして、消費税法の各規定を適用します（消法13）。

　これは、所得税法、法人税法における実質所得者課税の原則と同様の取扱いであり、売上げ及び仕入れの人的帰属につき、実質主義をとろうというものです。資産の譲渡等を行った者以

外の者が取引の名義人となっている場合には、その形式的な名義にかかわらず、私法上の実質に従って取引を行った者を判断します。

③ 人格のない社団等と任意組合

　法律上の人格を持たない任意の組織は、大きくは、民法667条から688条に規定される民法上の任意の組合（以下「任意組合」）と、人格のない社団等とに分類することができます。消費税においては、人格のない社団等は法人とみなされ、それ自体が事業者として納税義務者になります。他方、任意組合である場合にはその組合自体は消費税の納税義務者とならず、任意組合が行った資産の譲渡等や課税仕入れ等は、任意組合の構成員がその出資の割合に応じて行ったものとなります。この取扱いを一般に「パススルー課税」といいます。したがって、その組織が人格のない社団等であるか任意組合であるかは、課税上の重要な判断です。

(1) 人格のない社団等

　人格のない社団等は法人とみなされ、法人税及び消費税の納税義務者となります（消法8、法法3）。

　人格のない社団等とは、法人でない社団又は財団で代表者又は管理人の定めがあるものをいいます（消法2①七）。

　ここにいう「代表者又は管理人の定めがあるもの」とは、社団又は財団の定款、寄附行為、規則、規約等によって代表者又は管理人が定められている場合のほか、社団又は財団の業務に係る契約を締結し、その金銭、物品等を管理する等の業務を主宰する者が事実上あることをいうものです。したがって、法人でない社団又は財団が資産の譲渡等を行う場合には、必ず代表者又は管理人の定めがあるものに該当します（消基通1－2－3）。

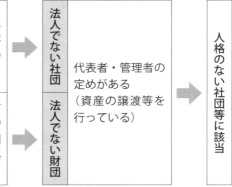

　人格のない社団等のうち、権利能力なき社団（人格のない社団）については、次の要件を満たすものがこれに該当すると最高裁判例に示されています（最高裁昭和39年10月15日判決）。

(1)	共同の目的のために結集した人的結合体であって
(2)	団体としての組織を備え
(3)	多数決の原理が行われ
(4)	構成員の変更にもかかわらず、団体そのものが存続し
(5)	その組織によって、代表の方法、組合の運営、財産の管理その他団体として主要な点が確定しているもの

⑵　任意組合

　民法上の任意組合は、民法667条（組合契約）から688条に規定された組合をいい、複数の者が、共通の目的のため出資（労務出資が可能）をして共同事業を営む契約によって作られた組合をいい、構成員の変更が予定されていないところが、人格ない社団等との違いとしてあげられる大きな特徴です。

　民法上の組合契約を結んでいても、人格のない社団等の条件を満たしたものについては、人格のない社団等としての取扱いを受ける可能性があるため、その契約の形式にかかわらず、実態に即した判断が必要です。

①　パススルー課税

　パススルー課税とは、構成員課税ともいわれ、事業体自体には課税せず、その構成員に対して課税（パススルー）する制度です。

　ジョイントベンチャーなどの共同事業は、一般に民法上の任意組合に該当し、パススルー課税が原則です。

　したがって、共同事業として行う資産の譲渡等又は課税仕入れ等については、その共同事業の構成員が、事業の持分の割合又は利益の分配割合に対応する部分につき、それぞれ資産の譲渡等又は課税仕入れ等を行ったことになります（消基通1－3－1）。

　この場合、原則として、共同事業として資産の譲渡等を行った時に各構成員が資産の譲渡等を行ったこととなります。ただし、各構成員において、共同事業の計算期間（1年以内のものに限ります。）の終了する日に資産の譲渡等及び課税仕入れ等を行ったものとすることもできます（消基通9－1－28）。この取扱いは、各構成員の計算の便宜を考慮し、法人税基本通達14－1－1の2《任意組合等の組合事業から受ける利益等の帰属の時期》を準用したものです。

②　有限責任事業組合（LLP）

　有限責任事業組合とは、民法上の組合契約の特例として定められた「有限責任事業組合契約に関する法律」に規定する事業体をいいます。海外では類似の事業体がLimited Liability Partnershipと称されることからLLPと略称されています。

　①構成員全員が有限責任、②内部自治の徹底、③パススルー課税が、LLPの特徴であり、消費税においても、任意組合と同様の取扱いとなります。

法人税法においては、LLPの事業から生じた損失は、原則として出資の金額を超えて構成員の損金の額に算入することはできません（措法67の13①）。しかし、消費税においては、現在のところ、出資の金額を超える課税仕入れが生じたとしても、その仕入税額控除を制限する規定は設けられていません。

(3) 匿名組合

匿名組合については、匿名組合の営業者が単独で事業を行うものであり、匿名組合の構成員は、消費税法上、利益の配分を受ける出資者の取扱いを受けます（消基通1－3－2）。

したがって、匿名組合が行う事業については、その営業者が納税義務者となり、パススルー課税は行われません。

その他の取扱い

(1) 従業員団体が行う取引

事業者の役員・従業員等で組織する従業員団体が行う事業については、次の区分により、その事業者がその事業の全部又は一部を行ったものとされます（消基通1－2－4）。

その団体の課税仕入れ等が、事業者から拠出された部分と構成員から収入した会費等の部分とであん分する等、適正に区分されている場合には、その適正な区分に従って、事業者が行った課税仕入れの額とします（消基通1－2－5）。

区　分	納税義務者
事業経費の相当部分をその事業者が負担 かつ、次のいずれかに該当 　① 従業員団体の役員が、その事業者の役員・使用人等のあて職となっていること 　② 従業員団体の行う事業の運営にその事業者が参画していること 　③ 施設の大部分をその事業者が提供していること	その事業の全部についてその事業者が納税義務者となる
事業者が行った部分と従業員団体が行った部分とが適正に区分されている場合	その区分された部分について事業者又は従業員団体が納税義務者となる

(2) 非居住者が行う取引

非居住者が行うものであっても、国内において行われる資産の譲渡等は、その非居住者が事業者である限り、課税の対象となります（消基通5－1－11）。

なお、消費税における非居住者は、外国為替及び外国貿易法6条1項6号に規定する非居住

者であり、外国法人であっても国内に支店等を有する場合には、その支店等は非居住者ではなく居住者とみなされます（消基通7−2−15）（301頁参照）。

(3) 公共法人・公益法人等が行う取引

国・地方公共団体・公共法人・公益法人等であっても、国内において資産の譲渡等を行う限り、消費税の納税義務者となります。

ただし、国・地方公共団体の一般会計は、課税標準額に対する消費税額と控除対象仕入税額とは同額とみなされ、消費税の申告納税を行うことはありません（消法60⑥⑦）。

公益法人等の取扱いについては**第17章「公益法人等の取扱い」**を参照してください。

(4) 委託販売の判定

委託販売その他の業務代行等については、委託者がその業務についての納税義務者となり、受託者は、その業務について受託手数料を収受するものです。

資産の譲渡等が委託販売等であるかどうかの判定は、契約の内容・価格決定の経緯・代金の最終的な帰属者等を総合的に判定します（消基通4−1−3）（**第6章第1節**❷「課税標準額の計算の留意点」参照）。

第2節　小規模事業者に係る納税義務の免除

 事業者免税点制度

(1) 小規模事業者の事務負担に配慮した制度

小規模事業者については、その事務負担に配慮するため、消費税の納税義務を免除することとされています。小規模事業者は納税額が少額であり税収への影響が少ないことから、納税義務を免除することによって税務執行のコストを節減することができるというメリットもあります。

一般にこの制度を「事業者免税点制度」といい、納税義務が免除される事業者を「免税事業者」、納税義務がある事業者を「課税事業者」といいます。

(2) インボイス発行事業者の適用除外

インボイス発行事業者の登録をしている事業者には、納税義務の免除は適用されません（消

法9①）。

(3)　過去の売上高による判定

　小規模事業者であるかどうかは、その課税期間の基準期間における課税売上高が1,000万円以下であるかどうかにより判断します（消法9①、9の2①）。

　法人においては、原則として、その事業年度の前々事業年度が基準期間となります（消法2①十四）。

　事業規模の測定を課税売上高によって行うならば、その課税期間において生じた課税売上高を見るべきと考えられますが、しかし、納税義務の有無は、「その課税期間」でなく、「基準期間」という過去の課税売上高により判定することとされています。

　この制度の趣旨は次のように説明されています。

　「基準期間という過去の一定の期間における課税売上高によって納税義務の有無を判定することとしているのは、消費税が転嫁を予定している税であることから、事業者自身がその課税期間の開始前に判定できることが必要であり、当該課税期間開始前に確定している直近の実績である基準期間における課税売上高を基にその判定をすることとされている」（斎須朋之ほか、『改正税法のすべて〔平成23年度版〕』2011年644頁）

　「事業者免税点制度は、中小事業者の事務負担等に配慮する観点から設けられている制度であるが、課税事業者であるか否かが消費税相当分の価格への転嫁の有無や記帳の有無に影響を及ぼすこと等から、この制度の適用の有無を課税期間の開始前に確定しておくことが適正な課税の実現等のために不可決」（「参議院議員牧山ひろえ君提出中小法人等への課税に関する質問に対する答弁書」第189回国会答弁書第338号内閣参質189第338号、平成27年10月6日）

　すなわち、その課税期間における課税売上高を基準とするならば、その課税期間の事業規模はその課税期間が終了した後に判定することとなり、その課税期間が開始する時点では売上げや仕入れについての区分等の事務を省略することができるかどうかがわかりません。

　また、消費税は事業者が販売する商品やサービスの価格に含まれて転嫁していくことが予定されているものであることから、納税義務の有無を踏まえて販売する商品等の値決めを行う必要があり、その課税期間に課税事業者となるかどうかは、事業者自身がその課税期間の開始前にこれを判定することができる仕組みでなければならないということです。現実の取引価額は、むしろそれ以外の要素によって決定される場合も多いと思われますが、制度の構築にあたってはそのような前提がおかれ、消費税の納税義務の有無は、その課税期間の課税売上高の大きさに関係なく、「基準期間」という過去の課税売上高により判定することとされています。

　また、基準期間における課税売上高が1,000万円以下であっても、特定期間における課税売上高が1,000万円を超えている場合には、納税義務は免除されないこととされています（消法9の2）。

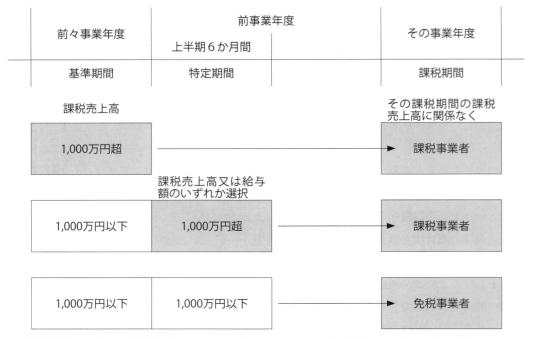

　課税期間を短縮する特例を選択している場合であっても納税義務の有無の判定が統一されるように、基準期間及び特定期間は、「課税期間」ではなく、「事業年度」(個人事業者の場合は「年」)を単位にして定められています。

(4) 納税義務の免除の特例

　事業者免税点制度においては、小規模事業者にも還付申告の機会を与えるために課税事業者を選択する特例が設けられています。

　また、制度の趣旨に反して大規模の事業者が納税義務の免除の規定の適用を受けることを防止するといった目的から、適用除外とする特例を創設する改正がたびたび行われ、とても複雑な適用関係となっています。その原因は、「その課税期間に課税事業者となるかどうかは、事業者自身がその課税期間の開始前にこれを判定することができる仕組みでなければならない」という前提によるものと考えられます。

　さらに、納税義務の免除の特例と併せて、簡易課税制度についても、過度に有利な計算方法とならないため、あるいは、大規模の事業者が制度を利用することを防止するために、数度の改正が重ねられています。

　消費税は全ての取引に均一に課税することが原則ですが、ある目的のために設けられた特別措置は、それをフォローするさらなる特別措置を必要とし、複雑化し、制度の歪みが広がることになります。

　制度の複雑化によって、その適否と選択の判断を行うことが事業者の負担となりますが、インボイス制度の導入により、納税義務の免除を選択できないケースが増加し、結果として、その複雑化による弊害が緩和されています。

原則	免除	免除の特例	詳細
事業者（法人及び個人事業者）は、原則として、国内取引に係る消費税の納税義務者である	基準期間における課税売上高が１，０００万円以下である場合は、免税事業者となる（免除の特例の適用がある場合を除きます。）	**特定期間における課税売上高が1,000万円を超える場合は課税事業者** 特定期間における課税売上高はその期間の給与の額とすることもできる。	588頁
		課税事業者を選択した場合は課税事業者 課税事業者の選択は２年間継続適用しなければならない。	608頁
		２年間継続適用期間中に調整対象固定資産を取得し一般課税で申告した場合は、仕入れ等から３年後の課税期間まで課税事業者の選択が継続	611頁
		この期間中は簡易課税制度を適用することもできない。	541頁
		新設法人（基準期間がなく期首の資本金1,000万円以上）である場合は課税事業者	596頁
		基準期間がない課税期間中に調整対象固定資産を取得し一般課税で申告した場合は、仕入れ等から３年後の課税期間まで課税事業者	597頁
		この期間中は簡易課税制度を適用することもできない。	541頁
		特定新規設立法人（基準期間がなく支配する者の課税売上高が５億円超）である場合は課税事業者	598頁
		基準期間がない課税期間中に調整対象固定資産を取得し一般課税で申告した場合は、仕入れ等から３年後の課税期間まで課税事業者	603頁
		この期間中は簡易課税制度を適用することもできない。	541頁
		高額特定資産を取得し一般課税で申告した場合は、仕入れ等から３年後の課税期間まで課税事業者	618頁
		この期間中は簡易課税制度を適用することもできない。	541頁
		高額特定資産等について課税事業者となった場合等の棚卸資産に係る調整の適用を受けた場合は、調整から３年後の課税期間まで課税事業者	622頁
		この期間中は簡易課税制度を適用することもできない。	541頁
		相続により事業を承継した相続人は、被相続人の課税売上高を加味して課税事業者 相続があった年の相続の日以後は被相続人の課税売上高による判定も行う。 相続の翌年及び翌々年は相続人の課税売上高と被相続人の課税売上高の合計額により判定する。	740頁
		合併法人は、被合併法人の課税売上高を加味して課税事業者 合併事業年度の合併の日以後は被合併法人の課税売上高による判定も行う。 合併事業年度の翌事業年度以後は合併法人の課税売上高と被合併法人の課税売上高の合計額により判定する。	752頁
		子法人は、親法人の課税売上高を加味して課税事業者 分割事業年度及び翌事業年度は親法人の課税売上高により判定する。 分割の翌々事業年度以後は、特定要件に該当する場合に、子法人の課税売上高と親法人の課税売上高の合計額により判定する。	757頁
		親法人は、子法人の課税売上高を加味して課税事業者 分割の翌々事業年度以後は、特定要件に該当する場合に、親法人の課税売上高と子法人の課税売上高の合計額により判定する。	758頁
		吸収分割承継法人は、分割法人の売上高を加味して課税事業者 分割事業年度及びその翌事業年度は、分割法人の課税売上高による判定も行う。	761頁
		法人課税信託の固有事業者は、受託事業者の課税売上高を加味して課税事業者 固有事業者の課税売上高に受託事業者の課税売上高を加算したものが基準期間における課税売上高となる。	637頁
		法人課税信託の受託事業者は、固有事業者の判定に準じて課税事業者	
		上記のいずれにも該当しない場合は免税事業者	579頁
	基準期間における課税売上高が1,000万円を超える場合は課税事業者		579頁

※　災害ややむを得ない事情がある場合の取扱いは、**第24章「災害があった場合等の特例」**を参照してください。

② 届出・経理方式

⑴ 届出

納税義務に関して定められている届出書は、次のとおりです。

（1）「消費税課税事業者選択届出書」（第1号様式）
　　課税事業者を選択する旨の届出書です（消法9④）。

（2）「消費税課税事業者選択不適用届出書」（第2号様式）
　　課税事業者の選択をやめようとする旨又は課税事業者を選択している事業者が事業を廃止した旨の届出書です（消法9⑤）。

（3）「消費税課税事業者届出書（基準期間用）」（第3－⑴号様式）
　　基準期間における課税売上高が1,000万円を超えることとなった旨の届出書です（消法57①一）。
　　誤って、「消費税課税事業者選択届出書」（第1号様式）を提出しないよう注意が必要です。

（4）「相続・合併・分割等があったことにより課税事業者となる場合の付表」（第4号様式）
　　相続があった場合の納税義務の免除の特例、合併があった場合の納税義務の免除の特例又は分割等があった場合の納税義務の免除の特例の規定の適用を受ける者は、「消費税課税事業者届出書（基準期間用）」（第3－⑴号様式）に併せて提出します（消法10、11、12、57①一）。

（5）「消費税課税事業者届出書（特定期間用）」（第3－⑵号様式）
　　特定期間における課税売上高が1,000万円を超えていることによって課税事業者となった旨の届出書です（消法9の2①、57①一）。

（6）「消費税の納税義務者でなくなった旨の届出書」（第5号様式）
　　基準期間における課税売上高が1,000万円以下となった旨の届出書です（消法57①二）。

（7）「高額特定資産の取得に係る課税事業者である旨の届出書」（第5－⑵号様式）
　　高額特定資産を取得した場合の納税義務の免除の特例の規定の適用を受ける課税期間の基準期間における課税売上高が1,000万円以下となった場合の届出書です（消法12の4①、57①二の二）。

（8）「事業廃止届出書」（第6号様式）
　　事業を廃止した旨の届出書です（消法57①三）。

（9）「個人事業者の死亡届出書」（第7号様式）
　　個人事業者が死亡した旨の届出書です（消法57①四）。

（10）「合併による法人の消滅届出書」（第8号様式）
　　法人が合併により消滅した旨の届出書です（消法57①五）。

（11）「消費税納税管理人届出書」（第9号様式）
　　納税管理人を定めた旨の届出書です（通法117②）。

（12）「消費税納税管理人解任届出書」（第10号様式）
　　納税管理人を解任した旨の届出書です（通法117②）。

（13）「消費税の新設法人に該当する旨の届出書」（第10-⑵号様式）
　　新設法人に該当することとなった旨の届出書です（消法12の2、57②）。

（14）「消費税の特定新規設立法人に該当する旨の届出書」（第10-⑶号様式）
　　特定新規設立法人に該当することとなった旨の届出書です（消法12の3、57②）。

⑵ 免税事業者の経理方式

　免税事業者は、法人税又は所得税の課税所得金額の計算上、売上げ及び仕入れに係る消費税等について、税抜経理方式によることはできません（所得税経理通達5、経理通達5）。

したがって、交際費の損金算入限度額や、少額減価償却資産の判定についても、税込みの金額によって、計算することとなります。

基準期間における課税売上高

(1) 基準期間

　基準期間は、課税期間の短縮特例を適用している場合等においてもその判定が統一されるよう、課税期間ではなく、法人においては事業年度、個人事業者においては暦年を基礎に規定されています。基準期間とは、次の期間をいいます（消法2①十四）。

◆個人事業者の基準期間◆

判定する年の前々年

　前々年において個人事業者でなかったとしても、個人事業者の基準期間は前々年となります。

◆法人の基準期間◆

原則	判定する事業年度の前々事業年度
設立第1期・第2期	基準期間なし
前々事業年度が1年未満の場合	その事業年度開始の日の2年前の日の前日から1年を経過するまでの間に開始した各事業年度を合わせた期間

① 法人の基準期間

　当事業年度の基準期間は、前々事業年度です。

② 事業年度を変更した場合

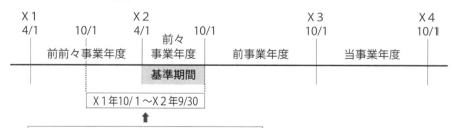

　前々事業年度が1年未満であるため、「当事業年度開始の日の2年前の日の前日から同日以後1年を経過する日までの間に開始した各事業年度を合わせた期間」が基準期間となります。したがって、当事業年度の基準期間は、X1年10月1日からX2年9月30日までの間に開始し

た前々事業年度です。この期間の売上高を12か月相当額に換算したものが基準期間における課税売上高となります。

③　連続して事業年度を変更した場合

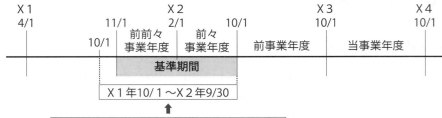

前々事業年度が1年未満であるため、「当事業年度開始の日の2年前の日の前日から同日以後1年を経過する日までの間に開始した各事業年度を合わせた期間」が基準期間となります。したがって、当事業年度の基準期間は、X1年10月1日からX2年9月30日までの間に開始した前前々事業年度及び前々事業年度を合わせた期間です。この期間の売上高を12か月相当額に換算したものが基準期間における課税売上高となります。

④　6か月決算法人の場合

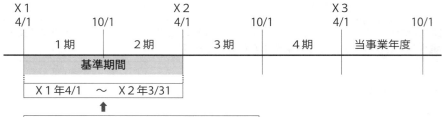

前々事業年度が1年未満であるため、「当事業年度開始の日の2年前の日の前日から同日以後1年を経過する日までの間に開始した各事業年度を合わせた期間」が基準期間となります。したがって、当事業年度の基準期間は、X1年4月1日からX2年3月31日までの間に開始したX1期及びX2期を合わせた期間です。

⑤　基準期間がない場合

法人の基準期間はその事業年度の前々事業年度とされているため、法人の設立第1期及び第2期においては、基準期間が存在しないということになります。

基準期間がない法人の納税義務については、資本金の額を基準とする特例（新設法人の特例）及びその法人を支配する者等の課税売上高を基準とする特例（特定新規設立法人の特例）が設けられています（596、598頁参照）。

⑥　基準期間において開業していない場合

法人においては、設立登記を行ったのみで事業活動を行っていない事業年度であっても、基準期間となります。

また、個人事業者の基準期間は暦の上での前々年とされており、開業した年であっても暦の上で前々年は存在するわけですから、個人事業者において基準期間が存在しないということはあり得ません。事業を開始した年及びその翌年においては、その前々年には未だ開業していなかったわけですが、その未だ開業していなかった前々年が基準期間となり、基準期間における課税売上高が０であったということになります。

（2）基準期間における課税売上高

　基準期間における課税売上高とは、次の金額をいいます（消法９②）。

区　分	基準期間における課税売上高		
① 基準期間に課税事業者であった	課税売上高　－　課税売上対価の返還額（税抜き）	＋	免税売上高　－　免税売上対価の返還額
② 基準期間に免税事業者であった	課税売上高　－　課税売上対価の返還額（税抜きしない）	＋	免税売上高　－　免税売上対価の返還額
③ 基準期間が１年でない（法人のみ※1）	上記①又は②により計算した金額	×	$\dfrac{12}{\text{基準期間の月数}^{※2}}$

※1　個人事業者は、基準期間を暦年で認識するため、年の途中で開業していても基準期間が１年でないということはありません。

※2　月数は、暦に従って計算し、１か月未満は、１か月として計算します（消法９③）。

◆基準期間における課税売上高の留意点◆

- 複数の事業、複数の支店等がある場合でも、事業者単位で計算する
- 所得区分の違いや事業内容の変化にかかわりなく事業者単位で計算する
- 課税期間の特例を選択していても年又は事業年度単位で基準期間となる
- 基準期間において課税事業者であった場合は税抜き処理を行う
- 基準期間において免税事業者であった場合は税抜き処理を行わない
- 免税事業者であった課税期間の課税売上げについては、課税事業者となった基準期間に返還を受けた対価の返還等を受けても税抜き処理しない
- 輸出売上高を含む
- 売上対価の返還等の金額を控除する
- 貸倒れの金額は控除しない
- 貸倒回収の金額は加算しない
- みなし譲渡を含む
- 低額譲渡は売上高とみなされた金額を算入する
- 輸出取引等に該当する非課税資産の譲渡等があっても加算しない
- 国外へ移送した資産の本船甲板渡し価格は加算しない
- 個人事業者の法人成りにより設立された法人であっても、その個人事業者の課税売上高は、設立された法人の基準期間における課税売上高とならない
- 月数は暦に従って計算し、1か月未満は、1か月として計算する
- 個人事業者は基準期間の中途で開業していても年換算しない

① 課税売上高の算定単位

　基準期間における課税売上高は事業者単位で算定します。

　事業者が異なる種類の事業を行っている場合や複数の事業所がある場合であっても、それらの事業又は事業所における課税売上高の合計額により基準期間における課税売上高を算定します（消基通1－4－4）。

② 個人事業者の所得区分に変更があった場合

　所得税においては、所得の源泉や性質によって異なる担税力を考慮するため、所得金額は10種類の各種所得に区分して計算します。

　しかし、消費税においてはこのような所得区分の考え方はありません。基準期間における課税売上高は、所得区分の違いや事業内容の変化にかかわりなくすべての課税売上高により計算することとされています。

　例えば、基準期間には物品販売等の事業を行っていたけれど、現在はその物品販売業を廃業して不動産貸付けだけを行っているような場合、基準期間における課税売上高の計算の基礎となった事業所得の売上高とその課税期間の不動産所得の売上高とには関連がなく、その課税期間の不動産の貸付けの規模を基準期間の物品販売業の売上高によって判断するのは合理的でな

いようにも思えます。

しかし、このような場合であっても、基準期間における課税売上高が1,000万円を超えている場合には、その課税期間は課税事業者となり、不動産の貸付けについて消費税の納税義務は免除されません。

③　法人成りの場合

個人事業者のいわゆる法人成りにより新たに設立された法人であっても、その個人事業者の基準期間における課税売上高は、その設立された法人の基準期間における課税売上高とはなりません（消基通1－4－6）。

ただし、特定新規設立法人の納税義務の免除の特例の適用については、598頁以降を参照してください。

④　基準期間が免税事業者であった場合

免税事業者は、その取引価額に消費税等は含まれていないと判断されます。したがって、基準期間が免税事業者であった場合には、売上高及び対価の返還等の金額のいずれについても税抜処理をしません（消基通1－4－5）。

⑤　課税期間の途中で課税事業者となった場合

免税事業者が、インボイス発行事業者の登録をしたことや、相続により課税事業者の事業を承継したことにより、課税期間の途中から課税事業者となった場合において、その課税期間が基準期間となったときは、基準期間における課税売上高は、免税事業者であった期間の課税売上高は税抜処理を行わない金額、課税事業者であった期間の課税売上高は税抜処理を行った金額によることとなります（消法9②一、消基通1－4－5、インボイスQ＆A問8－2）。

⑥　免税事業者であったときの売上げに係る対価の返還等

免税事業者であった課税期間において行った資産の譲渡等につき対価の返還等を受けた場合には、対価の返還等を受けた課税期間において課税事業者であったとしても売上返還税額控除の適用はありません。したがって、基準期間において、免税事業者であった課税期間の売上げに係る対価の返還等を受けた場合には、基準期間において課税事業者であったとしても、基準期間における課税売上高の計算上、対価の返還等につき税抜き処理はしません（消基通14－1－6）。

⑦　原材料等の支給を受ける加工等の場合

原材料等の支給を受けて加工等を行った場合、基準期間における課税売上高に算入される課税売上高は、原則として、次によります（消基通1－4－3）。

これは、その課税期間における税額計算の基礎となる課税売上高と同様の取扱いです。

区　分	課税売上高
原材料等の有償支給を受ける製造販売契約	製品の譲渡の対価の額
原材料等の無償支給を受けて行う加工請負の場合	加工等に係る役務の提供の対価の額

4 特定期間における課税売上高

(1) 個人事業者の特定期間

　個人事業者において、特定期間とは、その年の前年1月1日から6月30日までの期間をいいます（消法9の2④一）。

　個人事業者の特定期間は、暦の上の日を指して規定されています。

個人事業者の特定期間	前年1月1日から6月30日までの期間

誤りやすい事例　個人事業者の特定期間

　私は、X2年4月1日から個人事業を開始しました。開業の翌年であるX3年の特定期間はどのようになりますか。

解説

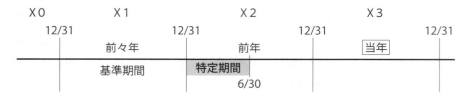

　X3年の特定期間は、X2年1月1日から6月30日までの期間となります。

　個人事業者の特定期間は、暦の上の日を指して規定されています。したがって、前年の4月1日に開業した場合であっても、4月1日から6か月間とはなりません。1月1日から6月30日までの期間が特定期間となり、その期間において現実に発生した課税売上高又は支払った給与等の額を集計して特定期間における課税売上高を算出することになります。

【参考】消法9の2④一

(2) 法人の特定期間

① 原則

　法人において、特定期間とは、その事業年度の前事業年度の開始の日以後六月の期間をいいます（消法9の2④二）。

法人の特定期間	前事業年度開始の日以後六月の期間

② 六月の期間の特例

　法人の特定期間となる六月の期間の末日は、その前事業年度の終了の日に合わせることとさ

れています（消法9の2⑤）。

前事業年度終了の日が月の末日である場合において、六月の期間の末日が月の末日でないときは、六月の期間の末日の属する月の前月末日が六月の期間の末日とみなされます（消法9の2⑤、消令20の6①一）。

前事業年度終了の日が月の末日でない場合において、六月の期間の末日が前事業年度の終了応当日でない場合には、その六月の期間の末日の直前の終了応当日が六月の期間の末日とみなされます（消法9の2⑤、消令20の6①二）。

◆六月の期間の特例◆

六月の期間の末日がその前事業年度の終了応当日でない場合の特定期間	
前事業年度終了の日が月末である場合	前事業年度開始の日から六月の期間の末日の属する月の前月末日までの期間
前事業年度終了の日が月末でない場合	前事業年度開始の日から六月の期間の末日の直前の終了応当日までの期間

※　「応当日」とは、暦の上で他の年、他の月の同じ位置にある日をその日に応当する日をいい、「前事業年度の終了応当日」とは、その前事業年度終了の日に応当するその前事業年度に属する各月の日をいいます（消令20の6①二）。

※　六月の期間の末日の前に決算期を変更した場合は変更後の事業年度により、六月の期間の末日の後に決算期を変更した場合は変更前の事業年度により特例の適用の有無を判定します（消令20の6①）。

③　前事業年度が短期事業年度である場合

その課税期間が開始するまでに免税事業者となるか課税事業者となるかを判断するためには、事業年度が開始するまでに特定期間における課税売上高を算出しておく必要があります。法は、この計算を行うための期間として2か月を確保する前提を置いています。したがって、前事業年度が2か月の計算期間を確保することができない「短期事業年度」である場合には、その前事業年度は特定期間とすることができません。この場合、一般には、特定期間は存在しないこととなります。しかし、希には、前々事業年度の上半期6か月間が特定期間となる場合もあります。

前事業年度が短期事業年度である場合
❶　特定期間は存在しないこととなる（通常） ❷　前々事業年度の上半期6か月間が特定期間となる（レアケース）

❶　特定期間は存在しないこととなる場合

通常の場合、1年決算法人の前事業年度が7か月以下であるときは、特定期間は存在せず、特定期間における課税売上高による判定の適用除外となります。

具体的には、特定期間が存在せず、特定期間における課税売上高による判定が不要となるのは次のような場合です（消法9の2④三、消令20の5①②）。

◆前事業年度が 短期事業年度 に該当し、前々事業年度が 基準期間等に該当する場合 ◆

短期事業年度

① その事業年度の前事業年度で7か月以下であるもの
② その事業年度の前事業年度で特定期間となるべき六月の期間の末日（六月の期間の特例適用後）の翌日からその前事業年度終了の日までの期間が2か月未満であるもの

※ 短期事業年度は、六月の期間の後、当事業年度が開始するまでに売上高を集計する期間として2か月が確保されないため、特定期間になりません。
※ 六月の期間の特例があるので、通常、7か月を超える事業年度は短期事業年度になりません。②は、六月の期間の末日を過ぎてから事業年度を変更するなど、ごく限られた場合です。

基準期間等に該当する場合

① 前々事業年度がその事業年度の基準期間に含まれる場合
② 前々事業年度開始の日以後六月の期間の末日（六月の期間の特例適用後）の翌日から前事業年度終了の日までの期間が2か月未満である場合
③ 前々事業年度が6月以下で前事業年度が2か月未満である場合

※ 基準期間と特定期間が重複することはありません。
※ ②③は、前々事業年度の上半期6か月間を特定期間とした場合に、六月の期間の後、当事業年度が開始するまでに売上高を集計する期間として2か月が確保されないものです。

誤りやすい事例　設立の翌事業年度の特定期間①

当社は、X1年8月10日に設立しました。当社の事業年度は4月1日から翌年3月31日までの期間です。設立第2期である当期の特定期間はどのようになりますか。

解説

X1年8月10日から六月の期間の末日はX2年2月9日ですが、六月の期間の特例により、六月の期間の末日はX2年1月31日に調整されます。したがって、第2期の特定期間は、X1年8月10日からX2年1月31日までの期間となります。第2期においては、その事業年度開始の日における資本金の額が1,000万円未満であっても、特定期間における課税売上高が1,000万円超である場合には、課税事業者となります。

※ 特定期間における課税売上高の計算については、特定期間中の給与等の支払額によることができます。

なお、**第3節❷**「特定新規設立法人の特例」の特定新規設立法人に該当する場合は、その事業年度開始の日の資本金の額が1,000万円未満で、特定期間における課税売上高が

1,000万円以下であっても、課税事業者となります。
【参考】消法9の2⑤、消令20の6①一

誤りやすい事例　設立の翌事業年度の特定期間②

当社は、X1年8月1日に設立しました。当社の事業年度は3月21日から翌年3月20日までの期間です。設立第2期である当期の特定期間はどのようになりますか。

解説

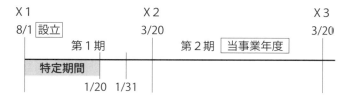

X1年8月1日から六月の期間の末日はX2年1月31日ですが、六月の期間の特例により、六月の期間の末日はX2年1月20日に調整されます。したがって、第2期の特定期間は、X1年8月1日からX2年1月20日までの期間となります。

なお、**第3節❷**「特定新規設立法人の特例」の特定新規設立法人に該当する場合は、その事業年度開始の日の資本金の額が1,000万円未満で、特定期間における課税売上高が1,000万円以下であっても、課税事業者となります。
【参考】消法9の2⑤、消令20の6①二

誤りやすい事例　設立の翌事業年度の特定期間③

当社は、X1年8月1日に設立しました。設立当初、当社の事業年度は4月1日から翌年3月31日までの期間でしたが、第1期の12月に、事業年度終了の日を3月20日に変更しました。設立第2期である当期の特定期間はどのようになりますか。

解説

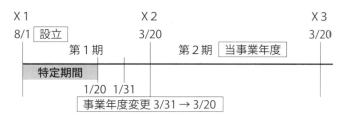

X1年8月1日から六月の期間の末日はX2年1月31日です。この日の前に事業年度を変更した場合には、六月の期間の末日は変更後の事業年度終了の日により調整されます。

したがって、第2期の特定期間は、X1年8月1日からX2年1月20日までの期間となります。

なお、**第3節❷**「特定新規設立法人の特例」の特定新規設立法人に該当する場合は、その事業年度開始の日の資本金の額が1,000万円未満で、特定期間における課税売上高が1,000万円以下であっても、課税事業者となります。

【参考】消法9の2⑤、消令20の5①

誤りやすい事例　設立の翌事業年度の特定期間④

当社は、X1年8月1日に設立しました。設立当初、当社の事業年度は4月1日から翌年3月31日までの期間でしたが、第1期の2月に、事業年度終了の日を3月20日に変更しました。設立第2期である当期の特定期間はどのようになりますか。

解説

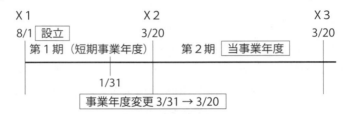

X1年8月1日から六月の期間の末日はX2年1月31日です。事業年度を変更した場合であっても、その変更がこの日の後に行われた場合には、六月の期間の末日は、変更前の事業年度によるものとなります。したがって、第2期においては、その事業年度の変更によって六月の期間の末日が調整されることはなく、8月1日から1月31日までの期間が六月の期間となります。そうすると、六月の期間の末日の翌日からその前事業年度終了の日までの期間が2月未満となることから、前事業年度は短期事業年度となり、貴社の第2期については、特定期間は存在しません。

なお、**第3節❷**「特定新規設立法人の特例」の特定新規設立法人に該当する場合は、課税事業者となります。

【参考】消法9の2⑤、消令20の5①

❷ 前々事業年度の上半期6か月間が特定期間となる場合

前事業年度が短期事業年度である場合において、前々事業年度が基準期間等でないときは、前々事業年度の上半期6か月間が特定期間となります（消法9の2④三、⑤、消令20の5）。

6か月決算法人は、これに該当します。

1年決算法人である場合、前々事業年度は基準期間となるので、これに該当するのは、連続

して事業年度を変更するなど特殊な場合に限られます。

> 前事業年度が短期事業年度であり、前々事業年度が基準期間等でないとき
>
> ↓
>
> 特定期間は前々事業年度開始の日以後六月の期間となる

この場合、六月の期間は、前事業年度の上半期6か月間を特定期間とする場合と同様にその末日を調整します（消法9の2⑤、消令20の6②）。

◆六月の期間の特例◆

六月の期間の末日がその前々事業年度の終了応当日でない場合の特定期間	
前々事業年度終了の日が月末である場合	前々事業年度開始の日から六月の期間の末日の属する月の前月末日までの期間
前々事業年度終了の日が月末でない場合	前々事業年度開始の日から六月の期間の末日の直前の終了応当日までの期間

※ 六月の期間の末日において予定している事業年度によるため、その後に決算期を変更した場合でも変更前の事業年度終了の日によってこの特例を適用します（消令20の6②）。

また、前々事業年度が6か月未満である場合には、その前々事業年度開始の日からその終了の日までの期間が特定期間となります（消法9の2④三）。

◆六月の期間の特例◆

前々事業年度が6か月未満である場合の特定期間
前々事業年度開始の日からその終了の日までの期間

誤りやすい事例　6か月決算法人の特定期間

当社は、1月1日から6月30日まで及び7月1日から12月31日までを事業年度とする6か月決算法人です。当社の第6期の特定期間はどのようになりますか。

解説

6か月決算法人においては、前々事業年度が特定期間となり、その前1年間が基準期間となります。

① 基準期間

　6か月決算法人である貴社においては、第6期の前々事業年度が1年未満であるため、X1年1月1日から12月31日までの期間が第6期の基準期間となります。

② 特定期間

　第6期の前事業年度は短期事業年度ですから、六月の期間の特例により、前々事業年度（第4期）が特定期間となります。

(3) 特定期間における課税売上高

　特定期間における課税売上高は、次のいずれかとなります。

> ・基準期間における課税売上高と同様に計算した金額
> ・特定期間中に支払った給与等の金額に相当する額

① 基準期間における課税売上高と同様に計算した金額

　特定期間における課税売上高とは、原則として、特定期間中に国内において行った課税資産の譲渡等の対価の額の合計額から、特定期間中に行った売上対価の返還等の金額の合計額を控除した残額をいいます（消法9の2②）。

　これは、基準期間における課税売上高と同様の計算となります。ただし、基準期間における課税売上高については、基準期間が1年でない場合には1年相当額に換算しますが、特定期間における課税売上高は、特定期間が6か月でない場合であっても6か月相当額に換算する規定はありません。

② 特定期間中に支払った給与等の金額に相当する額

　この規定の適用に当たっては、特定期間中に支払った給与等の金額の合計額をもって、特定期間における課税売上高とすることができます（消法9の2③）。

　「給与等」とは、所得税法28条1項に規定する給与等をいい（消法9の2③、所法226①）、俸給、給料、賃金、賞与その他これらの性質を有する給与で（所法28①）、その支払を受ける者において、給与所得となるものをいいます。

　また、「給与等の金額」とは、所得税法施行規則100条1項1号に規定する支払明細書に記載すべき給与等の金額をいいます。したがって、所得税の課税対象とされる給与、賞与等が該当し、所得税が非課税とされる通勤手当、旅費等は該当せず、未払額は含まれません（消基通1−5−23）。

　この給与等の金額による判定について、適用要件は設けられていません。したがって、課税売上高によるか給与等の金額によるかは、納税者の任意で選択することができます。

◆特定期間における課税売上高による判定◆

基準期間	特定期間		判定
基準期間における課税売上高が1,000万円以下	課税売上高が1,000万円以下	給与等の金額の合計額が1,000万円以下	**免税事業者**
		給与等の金額の合計額が1,000万円超	**免税事業者**又は**課税事業者**（いずれの判断も可能）
	課税売上高が1,000万円超	給与等の金額の合計額が1,000万円以下	
		給与等の金額の合計額が1,000万円超	**課税事業者**

　国外事業者は、令和6年10月1日以後に開始する年又は事業年度は、特定期間における課税売上高について、給与等の金額によることはできません（新消法9の2③、令6改法附13）。

第3節 新たに設立された法人の納税義務

　消費税の創設当時は、法人の基準期間がない課税期間の納税義務は免除することとされていましたが、設立当初から相当の規模で事業を行う法人もあることから、平成6年度の改正により、平成9年4月1日以後は、新たに設立された基準期間がない法人について、その事業年度開始の日の資本金の額が1,000万円以上である場合には、納税義務は免除しないこととされました。

　その後、会社法において最低資本金規制がなくなり、個人事業を法人成りする場合に資本金を1,000万円未満とすることにより設立から2年間免税事業者となっている例、あるいは企業グループ内で資本金1,000万円未満の法人の設立を繰り返す例等が見られたことから、平成23年6月の改正により、特定期間における課税売上高により判定する特例が設けられました。しかし、設立第1期には特定期間がなく、第2期においても、第1期を7か月以下にしておけば特定期間は存在しないことになります。

　そこで、税制抜本改革法において、消費税率8％への引上げに伴い、基準期間がない法人が課税売上高5億円を超える者に支配される場合には、その納税義務を免除しない特定新規設立法人の特例が創設されました。

新設法人の特例

その事業年度の基準期間がなく、その事業年度開始の日における資本金の額又は出資の金額が1,000万円以上である法人を「新設法人」といいます。新設法人については、納税義務は免除されないものとされています(消法12の2①)。

したがって、法人の第2期においては特定期間における課税売上高が1,000万円以下であっても、第2期の期首における資本金の額が1,000万円以上である場合には、課税事業者となります。

(1) 出資の金額の範囲

法人の第1期及び第2期の納税義務を判断する「出資の金額」とは、法人の種類を問わず、出資を受け入れることとしている法人に係る出資の金額をいいます(消基通1-5-16)。

◆出資の額◆

出資を受け入れることとしている法人の出資の金額	〔例〕 ・合名会社、合資会社又は合同会社に係る出資の金額 ・公益法人に係る出資の金額 ・農業協同組合及び漁業協同組合等の協同組合に係る出資の金額 ・特別の法律により設立された法人で出資を受け入れることとしている法人に係る出資の金額 ・地方公営企業に係る出資の金額

また、「資本金の額」とは、原則として、会社法において定義されている資本金の額をいいます。

会社法においては、株主が払い込んだ金額のうち $\frac{1}{2}$ までの金額は資本金の額に計上せず資本準備金とすることができます(会法445②③)。この場合に納税義務の判定を行う資本金の額には、資本準備金の額は含みません。

(2) 社会福祉法人の取扱い

社会福祉法に規定する社会福祉法人で専ら非課税資産の譲渡等を行うことを目的として設立された法人については、たとえ、その事業年度開始の日における出資の金額が1,000万円以上であっても、この特例は適用されません。

(3) 新設法人の届出

納税義務が免除されない新設法人に該当する場合には、「消費税の新設法人に該当する旨の届出書」を提出することとされています(消法57②)。

ただし、法人税法148条の規定による法人等の設立の届出書に新設法人に該当する旨等の記載がある場合には、「消費税の新設法人に該当する旨の届出書」の提出があったものとして取り

扱われます（消基通1－5－20）。

⑷　調整対象固定資産の仕入れ等があった場合

　資本金の額が1,000万円以上で基準期間がない新設法人が、その基準期間がない事業年度中に調整対象固定資産の仕入れ等を行った場合には、その調整対象固定資産の仕入れ等をした課税期間から3年間は、事業者免税点制度の適用がなく、簡易課税制度を適用することもできません（消法12の2②、37②③）。

　3年の間にその調整対象固定資産を廃棄、売却等により処分したとしても、この規定の適用があります（消基通1－5－22）。

資本金1,000万円以上の新設法人である		
基準期間がない課税期間中に 調整対象固定資産の仕入れ等をした		基準期間がない課税期間中に調整対象固定資産の仕入れ等をしていない
仕入れ等の課税期間に一般課税を適用した	仕入れ等の課税期間に簡易課税を適用した	

①　基準期間がない課税期間は、課税事業者となる
②　基準期間が生じた後は、基準期間における課税売上高又は特定期間における課税売上高で判定（課税事業者を選択した場合を除きます。）する

設立の課税期間から、仕入れ等の課税期間の初日から3年を経過する日の属する課税期間まで
①　引き続き課税事業者となる
②　簡易課税制度を選択することができない

※　特定非常災害の被災事業者は、この取扱いの対象から除かれます。

- これにより、調整対象固定資産に係る控除対象仕入税額の調整の適用を受けることになります（調整対象固定資産についての仕入税額控除に係る調整は、478頁参照）。
- 新設法人については、特定期間における課税売上高が1,000万円超であることにより課税事業者となったのか、資本金基準により課税事業者となったのかを問うことなく、この特例が適用されます（消基通1－5－21）。
- 調整対象固定資産の課税仕入れ等を行った課税期間において簡易課税制度を適用する場合は、この規定は適用されません。
- 令和6年10月1日以後に開始する事業年度においては、その事業年度の基準期間がある外国法人が、その基準期間の末日の翌日以後に国内において課税資産の譲渡等に係る事業を開始した場合には、その事業年度については、基準期間がないものとみなして、新設法人の納税義務の免除の特例を適用します（新消法12の2③、令6改法附13）。

> **誤りやすい事例**　設立した事業年度に増資した場合
>
> 　資本金500万円で設立した法人がその設立した事業年度において資本金1,000万円に増資した場合、新設法人に該当することとなりますか。
>
> **解説**
>
> 　新設法人に該当するかどうかの判定は、その基準期間がない事業年度の開始の日における資本金の額により判定します。その課税期間が開始した後に納税義務に変更が生じて課税事業者となると、その対応が困難となるからです。したがって、設立時の資本金の額が1,000万円未満である法人が、その事業年度において資本金1,000万円に増資した場合には、設立第1期は新設法人に該当せず、設立第2期には新設法人に該当することになります。
> 【参考】消法12の2①

2　特定新規設立法人の特例

　5億円超の課税売上高を有する事業者が、直接又は間接に支配する法人を設立した場合には、その設立された法人の設立当初2年間については、たとえ資本金の額が1,000万円に満たない場合であっても、資本金1,000万円以上の新設法人と同様に、納税義務は免除されません（消法12の3①）。

```
┌─────────────────────────────────────────────┐
│            新規設立法人 である               │
│   （資本金1,000万円未満で設立された法人である）│
└─────────────────────────────────────────────┘
```

```
┌─────────────────────────────────────────────┐
│    新設開始日 において 特定要件に該当する     │
│        （他の者に50％を超えて支配されている） │
└─────────────────────────────────────────────┘
```

```
┌─────────────────────────────────────────────┐
│特定要件に該当する旨の判定の基礎となった他の者及びその者の 特殊関係法人 のうち│
│いずれかの者（ 判定対象者 ）の基準期間相当期間における課税売上高が5億円を超える│
│         （支配する者の課税売上高が5億円超）  │
└─────────────────────────────────────────────┘
```

```
┌─────────────────────────────────────────────┐
│            特定新規設立法人 に該当する       │
└─────────────────────────────────────────────┘
```

```
┌─────────────────────────────────────────────┐
│  特定新規設立法人 の基準期間がない課税期間は、課税事業者となる│
└─────────────────────────────────────────────┘
```

　令和6年10月1日以後に開始する事業年度においては、次のように取り扱います（令6改法附13）。

- 判定対象者の基準期間に相当する期間における総収入金額が50億円を超える場合には、特定新規設立法人に該当することとなります（新消法12の3①）。
- その事業年度の基準期間がある外国法人が、その基準期間の末日の翌日以後に国内において課税資産の譲渡等に係る事業を開始した場合には、その事業年度については、基準期間がないものとみなして、特定新規設立法人の納税義務の免除の特例を適用します（新消法12の3⑤）。

(1) 新設法人と新規設立法人

消費税法においては、「新設法人」、「新規設立法人」という用語は、使い分けることになります。

いずれも、専ら非課税となる社会福祉事業を行う法人を除くその事業年度の基準期間がない法人に使用する用語ですが、新設法人とは、その事業年度開始の日における資本金の額が1,000万円以上である法人をいい、新規設立法人とは、その事業年度開始の日における資本金の額が1,000万円未満である法人をいいます（消法12の2①、12の3①）。

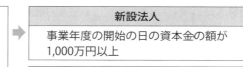

(2) 特定要件に該当する場合

特定要件に該当する場合とは、他の者により新規設立法人が支配される場合です。

具体的には、基準期間がない事業年度開始の日（新設開始日）において、次に該当する場合をいいます（消法12の3①、消令25の2①、消基通1－5－15の2）。

① 株式保有割合が50%超である場合

(i) 当該他の者が新規設立法人の発行済株式又は出資（自己株式等を除きます。以下「発行済株式等」といいます。）の総数又は総額の50%を超えて有する場合

(ii) 当該他の者及び次に掲げる者が新規設立法人の発行済株式等の総数又は総額の50%を超えて有する場合

 イ　当該他の者の親族等

 ロ　当該他の者（親族等を含みます。以下同じ。）が完全に支配している法人

 ハ　当該他の者及びロの法人が完全に支配している法人

 ニ　当該他の者及びロとハの法人が完全に支配している法人

② 議決権保有割合が50%超である場合

　当該他の者及び上記(ii)イ～ニに掲げる者が新規設立法人の次に掲げる議決権のいずれかにつき、その総数の50％を超えて有する場合

　　イ　事業の全部若しくは重要な部分の譲渡、解散、継続、合併、分割、株式交換、株式移転又は現物出資に関する決議に係る議決権

　　ロ　役員の選任及び解任に関する決議に係る議決権

　　ハ　役員の報酬、賞与その他の職務執行の対価として法人が供与する財産上の利益に関する事項についての決議に係る議決権

　　ニ　剰余金の配当又は利益の配当に関する決議に係る議決権

③ 社員数が50%超である場合

　合名会社、合資会社又は合同会社の場合には、当該他の者及びこれと上記(ii)イ～ニに掲げる者が新規設立法人の社員（業務を執行する社員を定めた場合には業務を執行する社員。以下同じ。）の総数の半数を超える数を占める場合

• 親族等

　親族等とは、次に掲げる者をいいます（消令25の2②）。

　　イ　当該他の者の親族

　　ロ　当該他の者と婚姻の届出をしていないが事実上婚姻関係と同様の事情にある者

　　ハ　個人である当該他の者の使用人

　　ニ　イ～ハまでに掲げる者以外の者で当該他の者から受ける金銭その他の資産によって生計を維持しているもの

　　ホ　ロからニまでに掲げる者と生計を一にするこれらの者の親族

• 完全に支配している場合

　法人を「完全に支配している」とは、次に掲げる場合のいずれかに該当する場合をいいます（消令25の2③）。

　　イ　その法人の発行済株式等の全部を有する場合

　　ロ　その法人の上記②イ～ニの議決権のいずれかにつき、その総数の全部を有する場合

　　ハ　その合名会社、合資会社又は合同会社の社員の全部を占める場合

• 議決権行使に同意するもの

　個人又は法人との間でその個人又は法人の意思と同一の内容の議決権を行使することに同意している者がある場合には、その者が有する議決権はその個人又は法人が有するものとみなし、かつ、その個人又は法人（その議決権に係る法人の株主等であるものを除きます。）はその議決権に係る法人の株主等であるものとみなして、上記の判断を行います（消令25の2④）。

(3)判定対象者

　新規設立法人の納税義務は、特定要件に該当する旨の判定の基礎となった他の者（新規設立

法人の発行済株式等若しくは議決権を有する者又は合名会社、合資会社、合同会社である新規設立法人の社員である者に限ります。）又はその者と特殊な関係にある法人（特殊関係法人）の基準期間相当期間における課税売上高により判定することとなります（消法12の3①）。

① 特殊関係法人

この場合の特殊な関係にある法人（特殊関係法人）とは、次に掲げる法人のうち、非支配特殊関係法人以外の法人です（消令25の3①）。

　イ　当該他の者（新規設立法人の発行済株式等若しくは議決権を有する者又は合名会社、合資会社、合同会社である新規設立法人の社員である者に限り、その者が個人である場合には、親族等を含みます。以下同じ。）が完全に支配している法人

　ロ　当該他の者及びイに掲げる法人が完全に支配している法人

　ハ　当該他の者及びイロに掲げる法人が完全に支配している法人

② 非支配特殊関係法人

上記①に掲げる非支配特殊関係法人とは、次に掲げる法人をいいます（消令25の3②）。

　イ　当該他の者（新規設立法人の発行済株式等若しくは議決権を有する者又は合名会社、合資会社、合同会社である新規設立法人の社員である者に限ります。）と生計を一にしない親族等（別生計親族等）が完全に支配している法人

　ロ　別生計親族等及びイに掲げる法人が完全に支配している法人

　ハ　別生計親族等及びイロに掲げる法人が完全に支配している法人

(4) 基準期間相当期間における課税売上高

① 基準期間相当期間

基準期間相当期間とは、次の期間をいいます（消令25の4③）。

(i) 判定対象者が個人である場合

　イ　新規設立法人の新設開始日の2年前の日の前日から同日以後1年を経過する日までの間に12月31日が到来する年

　ロ　新規設立法人の新設開始日の1年前の日の前日から新設開始日の前日までの間に12月31日が到来する年（同日の翌日から新設開始日の前日までの期間が2か月未満であるものを除きます。）

　ハ　新規設立法人の新設開始日の1年前の日の前日から新設開始日の前日までの間に6月30日が到来する年（同日の翌日から当該新設開始日の前日までの期間が2か月未満であるものを除きます。）の1月1日から6月30日までの期間

(ii) 判定対象者が法人である場合

　イ　新規設立法人の新設開始日の2年前の日の前日から同日以後1年を経過する日までの間に終了したその判定対象者の各事業年度を合わせた期間

　ロ　新規設立法人の新設開始日の1年前の日の前日から新設開始日の前日までの間に終了し

たその判定対象者の各事業年度（その終了する日の翌日から新設開始日の前日までの期間が２か月未満であるものを除きます。）を合わせた期間
　ハ　新規設立法人の新設開始日の１年前の日の前日から新設開始日の前日までの間にその判定対象者の事業年度開始の日以後六月の期間（当該六月の期間の末日の翌日から当該新設開始日の前日までの期間が２か月未満であるものを除きます。）の末日が到来する場合のその六月の期間

　　この場合には、特定期間に係る六月の期間の特例を準用します（消令25の４④）。

② **基準期間相当期間における課税売上高**

　判定対象者の基準期間相当期間における課税売上高は、基準期間相当期間の国内における課税資産の譲渡等の対価の額の合計額から、売上対価の返還等の金額を控除した残額とされています（消令25の４①）。

　なお、その判定対象者の基準期間相当期間が、上記①(ii)イ又はロである場合には、12か月相当額に換算します。

　この場合、月数は、暦に従って計算し、１か月に満たない端数を生じたときは、これを１か月とします（消令25の４⑤）。

(5)　特殊関係法人が解散した場合

　新規設立法人を支配する者と特殊な関係にあった法人がすでに解散している場合であっても、原則として、その解散した法人を判定から除外することはできません。

　すなわち、新規設立法人がその新設開始日において特定要件に該当し、かつ、その特定要件の判定の基礎となった者と特殊な関係にある法人であったもので、その新規設立法人の設立の日前１年以内又はその新設開始日前１年以内に解散したもののうち、その解散した日において特殊関係法人に該当していたもの（解散法人）がある場合には、その解散法人は、特殊関係法人とみなされます。したがって、解散法人の基準期間相当期間における課税売上高が５億円を超えるときは、その新規設立法人は特定新規設立法人に該当し、納税義務は免除されないこととなります（消法12の３②）。

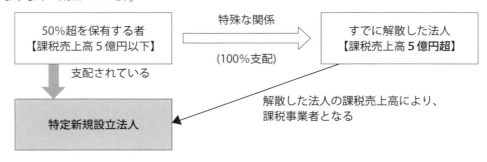

⑹　売上高がわからない場合

　新規設立法人を支配する者は、新規設立法人から課税売上高が５億円を超えるかどうかの判定に関し必要な事項について情報の提供を求められた場合には、これに応じなければならないこととされています（消法12の3④）。

　したがって、その課税売上高が不明であることにより、納税義務の有無の判断ができないという事態が生じることは予定されていません。

⑺　特定新規設立法人が調整対象固定資産の仕入れ等をした場合

　資本金の額が1,000万円未満である新規設立法人のうち、特定新規設立法人に該当する法人については、資本金1,000万円以上の法人と同様に取り扱うものとされています。

　したがって、特定新規設立法人が調整対象固定資産の仕入れ等をして一般課税により申告をした場合には、その調整対象固定資産の仕入れ等の日の属する課税期間からその課税期間の初日以後３年を経過する日の属する課税期間までの各課税期間については、引き続き課税事業者となり、簡易課税制度を適用することができないこととなります（消法12の3③、37②二、消基通1－5－21、1－5－21の2）。

新設法人	特定新規設立法人
資本金1,000万円以上で基準期間がない法人	資本金1,000万円未満であり、判定対象者の課税売上高が５億円超で基準期間がない法人

基準期間がない課税期間中に調整対象固定資産の仕入れ等をした

仕入れ等の課税期間に一般課税を適用した	仕入れ等の課税期間に簡易課税を適用した
調整対象固定資産の仕入れ等から３年間、課税事業者として一般課税により申告しなければならない	左の取扱いはない

誤りやすい事例　法人の第１期及び第２期の納税義務

資本金500万円で法人を設立しました。
第１期及び第２期は、その期首において特定要件に該当していなければ免税事業者となりますか。

解説

特定新規設立法人に該当するかどうかの判定は、新設開始日において行うこととされているので、法人の第１期又は第２期の期首（基準期間がない課税期間の事業年度開始の日）において特定要件に該当しなければ、特定新規設立法人となることはありません。

新たに設立された法人の納税義務は、次のとおり判定することになります。

期首の資本金の額が1,000万円未満の法人である場合には、第１期は判定対象者（設立された法人を支配する者及びその特殊関係法人）の基準期間相当期間における課税売上高により判定し、第２期においては、その新規設立法人の特定期間における課税売上高と判定対象者の基準期間相当期間における課税売上高により判定します。

また、第１期及び第２期の期首の資本金の額が1,000万円以上であるときは、新設法人に該当し、課税事業者となります。

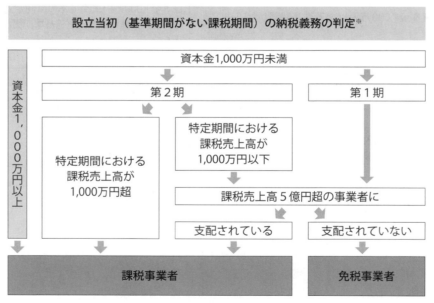

※　社会福祉法人その他の専ら非課税資産の譲渡等を行うことを目的として設立された法人、課税事業者を選択している法人、合併等により設立された法人を除きます。

【参考】消法９の２①、12の２①、12の３①

第13章 納税義務者

誤りやすい事例　課税売上高が5億円を超える会社の孫会社

　X社は、A社の完全子会社であるB社の100％出資で設立された資本金500万円の株式会社です。

　A社は基準期間相当期間における課税売上高が5億円を超えていますが、B社の基準期間相当期間における課税売上高は5億円以下です。

　この場合、X社は、特定新規設立法人に該当しますか。

解説

　新規設立法人（事業年度開始日の資本金が1,000万円未満で、その事業年度の基準期間がない法人）は、①その基準期間がない事業年度の開始の日において特定要件に該当し、②判定対象者の基準期間相当期間における課税売上高が5億円を超える場合には、特定新規設立法人となり、その課税期間の納税義務は免除されません。

　②の判定対象者は、特定要件の判定の基礎となった者のうち新規設立法人の株主等である者及びその者が完全支配する法人等（特殊関係法人）です。

　照会の場合には、A社及びB社のいずれもがX社を直接又は間接に支配する他の者となりますが、A社は、X社の株主等ではないので、判定対象者にはなりません。X社を支配する者のうち判定対象者となるのはB社であり、B社の基準期間相当期間における課税売上高により、X社の納税義務を判定します。

　したがって、X社は、特定新規設立法人に該当しません。

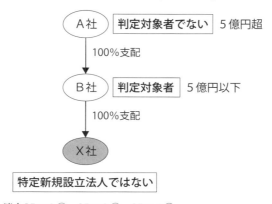

【参考】消法12の3①、消令25の2①、25の3①、25の4①

誤りやすい事例　課税売上高が5億円を超える会社の兄弟会社

X社は、A社の100％出資で設立された資本金500万円の株式会社です。

A社の基準期間相当期間における課税売上高は5億円以下ですが、A社の完全子会社であるB社の基準期間相当期間における課税売上高は5億円を超えています。

この場合、X社は、特定新規設立法人に該当しますか。

解説

新規設立法人（事業年度開始日の資本金が1,000万円未満で、その事業年度の基準期間がない法人）は、①その基準期間がない事業年度の開始の日において特定要件に該当し、②判定対象者の基準期間相当期間における課税売上高が5億円を超える場合には、特定新規設立法人となり、その課税期間の納税義務は免除されません。

②の判定対象者は、特定要件の判定の基礎となった者のうち新規設立法人の株主等である者及びその者が完全支配する法人等（特殊関係法人）です。

A社は、X社を支配する者であり判定対象者であるため、その基準期間相当期間における課税売上高を見てみると5億円以下です。

次に、B社は、X社を支配する者ではありませんが、X社を支配しかつX社の株主等であるA社の特殊関係法人であるため、判定対象者となります。

X社は、B社の基準期間相当期間における課税売上高が5億円を超えているため、特定新規設立法人となります。

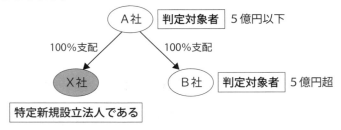

【参考】消法12の3①、消令25の2①、25の3①、25の4①

第13章 納税義務者

誤りやすい事例　支配する者が複数ある場合

X社は、A社から40％、B社から40％、C社から20％の割合で出資され設立された資本金500万円の株式会社であり、A社はB社の完全親会社です。

A社の基準期間相当期間における課税売上高は5億円以下ですが、A社の完全子会社であるB社の基準期間相当期間における課税売上高は5億円を超えています。

この場合、X社は、特定新規設立法人に該当しますか。

解説

新規設立法人（事業年度開始日の資本金が1,000万円未満で、その事業年度の基準期間がない法人）は、①その基準期間がない事業年度の開始の日において特定要件に該当し、②判定対象者の基準期間相当期間における課税売上高が5億円を超える場合には、特定新規設立法人となり、その課税期間の納税義務は免除されません。

②の判定対象者は、特定要件の判定の基礎となった者のうち新規設立法人の株主等である者及びその者が完全支配する法人等（特殊関係法人）です。

A社の持ち株は40％ですが、A社はB社を100％支配しているので、B社の持ち株をあわせて特定要件の判定（X社を50％を超えて支配しているかどうかの判定）を行います。したがって、A社は、X社を支配する者であり判定対象者でもあります。

B社も、A社についての特定要件の判定の基礎となった者であり、また、A社の特殊関係法人に該当し、判定対象者となります。

これらのうち、B社の基準期間相当期間における課税売上高が5億円を超えているため、X社は特定新規設立法人となります。

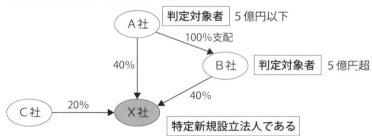

【参考】消法12の3①、消令25の2①、25の3①、25の4①

> **誤りやすい事例**　特定新規設立法人の簡易課税制度の適用

特定新規設立法人に該当して納税義務が免除されない課税期間においては、簡易課税制度を適用することもできないのですか。

> **解　説**

特定新規設立法人に係る納税義務の免除の特例は、新規設立法人の資本金の額だけでなく、その法人を支配する者及びその特殊関係法人（判定対象者）の基準期間相当期間における課税売上高によって、新規設立法人の納税義務を判断しようとするものです。

これは、納税義務の判定について、判定対象者の基準期間相当期間における課税売上高を用いるということであって、判定対象者の基準期間相当期間における課税売上高を新規設立法人の基準期間における課税売上高とみなすというものではありません。

したがって、特定新規設立法人に該当して納税義務が免除されない場合であっても、その特定新規設立法人には基準期間がないのですから、特定新規設立法人の基準期間における課税売上高は5,000万円以下であるものとして、簡易課税制度の適用の有無を判断します。

ただし、特定新規設立法人が調整対象固定資産の仕入れ等をした場合には、簡易課税制度の適用が制限される場合があります。

第4節　課税事業者の選択

課税事業者の選択

課税事業者は、課税期間ごとにその課税期間の末日の翌日から2か月以内に確定申告書を提出しなければならないとされています（消法45①）。その課税期間の課税標準額がなく、納付税額（中間申告税額控除前）がない場合は、申告書の提出を省略することができますが、その場合であっても、還付を受けるための申告書を提出することができます（消法45①、46①）。

他方、納税義務が免除されると、確定申告書の提出義務がなく、輸出業を行う事業者であるなど還付申告となる事業者であっても、還付を受けるための申告書を提出することができません。

そこで、基準期間及び特定期間における課税売上高が1,000万円以下であっても、仕入税額控除等による還付を受けるための申告書を提出することができるように、その事業者の選択に

より、課税事業者となることができる特例が設けられています（消法9④）。

また、免税事業者がインボイス発行事業者の登録をする場合には、課税事業者を選択しなければなりません。

課税事業者を選択した場合は、2年間ないし4年間は、継続して適用することになります。

(1) 適用の単位

課税事業者の選択は、その事業者が、その課税期間につき、課税事業者となることを選択するものです。事業所ごと、支店ごとに選択することはできません。

(2) 個人事業者が複数の事業を営む場合

個人事業者の場合、その課税期間において行った資産の譲渡等が、所得税法上、異なる所得区分に分類されている場合であっても、所得区分ごとに課税事業者を選択することはできません。

また、個人事業者の所得区分に変更があった場合であっても、選択不適用届出書を提出しない限り、選択届出書の効力は消滅しません。

 課税事業者選択の手続

課税事業者の選択は、課税事業者選択届出書を納税地の所轄税務署長に提出して行います（消法9④、消規11①）。税務署長の許可や承認は必要ありません。

◆課税事業者選択届出書◆

提出ができる者	課税事業者となることを選択しようとする事業者
提出単位	事業者ごと（支店、所得区分等の単位で提出することはできない）
効力の発生時期	① 通常の場合 　　……提出日の属する課税期間の翌課税期間 ② 事業を開始した課税期間等に提出した場合 　　……提出日の属する課税期間又はその翌課税期間
効力の存続	・不適用の届出書を提出するまで存続する ・基準期間又は特定期間における課税売上高が1,000万円超となった後再び1,000万円以下となった場合にもその効力が存続する

(1) 適用開始の時期

課税事業者選択届出書は、提出日の属する課税期間の翌課税期間からその効力が生じます（消法9④）。例えば2年後等、翌課税期間以外の課税期間を適用開始の課税期間として記載し、指定することはできません。

(2) 提出した課税期間から適用する場合

　課税事業者選択届出書の提出日の属する課税期間が課税資産の譲渡等に係る事業を開始した課税期間等である場合には、提出日の属する課税期間とその翌課税期間のいずれかを記載して、適用開始の課税期間を指定します（消法9④、消令20、消基通1－4－14）。

区　分		適用開始
事業開始	① 事業者が国内において課税資産の譲渡等に係る事業を開始した日の属する課税期間	次のいずれかを選択 提出した課税期間 又は 翌課税期間
個人事業者の相続	② 個人事業者が相続により課税事業者を選択していた被相続人の事業を承継した場合における相続があった日の属する課税期間	
法人の合併等	③ 法人が吸収合併により課税事業者を選択していた被合併法人の事業を承継した場合における合併があった日の属する課税期間	
	④ 法人が吸収分割により課税事業者を選択していた分割法人の事業を承継した場合における吸収分割があった日の属する課税期間	

　上記表における①「事業者が国内において課税資産の譲渡等に係る事業を開始した日の属する課税期間」とは、課税資産の譲渡等（課税売上げ）が最初に発生した課税期間ではなく、その準備行為も含めて、実質的に事業を開始した次の課税期間をいいます（消基通1－4－7～8）。

事業を開始した日の属する課税期間	
法　人　の　場　合	個人事業者の場合
設立の日の属する課税期間	国内において課税資産の譲渡等に係る事業を開始した課税期間
非課税資産の譲渡等に該当する社会福祉事業等のみを行っていた法人が、新たに国内において課税資産の譲渡等に係る事業を開始した課税期間	
国外取引のみを行っていた法人が、新たに国内において課税資産の譲渡等に係る事業を開始した課税期間	
設立登記を行ったのみで事業活動を行っていない法人が、実質的に事業活動を開始した課税期間	
その課税期間開始の日の前日まで2年以上にわたって国内において課税資産の譲渡等又は課税仕入れ及び保税地域からの課税貨物の引取りがなかった事業者が、課税資産の譲渡等に係る事業を再び開始した課税期間	

　令和11年9月30日までの日の属する課税期間においては、課税事業者選択届出書の提出をしなくても、インボイス発行事業者の登録申請書の提出により、インボイス発行事業者である課税事業者となる経過措置（平28改法附44④）があります（111頁参照）。

(3) 基準期間又は特定期間における課税売上高が1,000万円超となった場合

　課税事業者の選択は、基準期間における課税売上高が1,000万円以下である課税期間における特例という規定振りになっていますが、結果的には、課税事業者選択届出書を提出してその効力が生じている課税期間においては、基準期間又は特定期間における課税売上高による納税義務の判定を行わずとも、選択届出書の効力により必ず課税事業者となります。

　基準期間又は特定期間における課税売上高が1,000万円を超え、再び1,000万円以下となった場合であっても、課税事業者選択不適用届出書を提出しない限り選択の効力は失われることなく、課税事業者となります（消基通1－4－11）。

3 不適用の手続

(1) 課税事業者選択の適用を受けることをやめる場合

　課税事業者の選択をやめる場合には、課税事業者選択不適用届出書を納税地の所轄税務署長に提出します（消法9④）。

(2) 事業を廃止した場合

　事業を廃止した場合には、課税事業者選択不適用届出書又は事業廃止届出書を納税地の所轄税務署長に提出します（消法9④）。

　事業を廃止した場合において、課税事業者選択不適用届出書、課税期間特例選択不適用届出書、簡易課税制度選択不適用届出書、任意の中間申告書の提出の取りやめの届出書のいずれかの届出書に事業を廃止した旨を記載して提出したときは、他の特例の選択についても、事業を廃止する旨の届出書の提出があったものとして取り扱われます（消基通1－4－15）。

　また、事業廃止届出書の提出があったときは、課税事業者選択不適用届出書、課税期間特例選択不適用届出書、簡易課税制度選択不適用届出書、任意の中間申告書の提出の取りやめの届出書の提出があったものとして取り扱われます（消基通1－4－15）。

(3) 不適用となる課税期間

　課税事業者選択不適用届出書又は事業廃止届出書の提出があった日の属する課税期間の末日の翌日以後は、課税事業者選択届出書の効力が失われ、基準期間及び特定期間における課税売上高によって納税義務の有無を判断することとなります（消法9⑧）。

4 継続適用

　課税事業者の選択については、原則として、2年間の継続適用の期間が設けられており、その期間内に調整対象控除固定資産の仕入れ等をした場合には、加えて、3年間継続して適用し

なければならないこととされています。

したがって、課税事業者選択不適用届出書は、次のとおり、その提出が制限されます。

(1) 2年間の継続適用

課税事業者選択不適用届出書は、原則として、事業を廃止した場合を除き、課税事業者を選択した課税期間の初日から2年を経過する日の属する課税期間の初日以後でなければ提出することができないものとされています（消法9⑥）。この制限により、課税事業者を選択すると、原則として2年間は継続して課税事業者となることが強制されることになります。

課税事業者を選択した場合、課税標準額に対する消費税額よりも控除税額の方が大きければ還付申告を行うことになりますが、逆に控除税額の方が小さければ、消費税を納めなければなりません。ここで、免税・課税の選択を無制限に認めると、両者をうまく行き交って還付申告だけをとることが考えられます。そこで、少なくとも2年間は、課税事業者の選択を継続しなければならないこととされています。

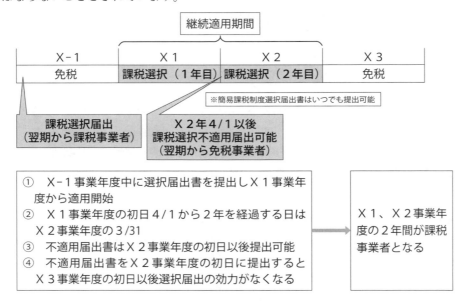

(2) 3年間の継続適用

調整対象固定資産の仕入れ等をした場合には、課税事業者選択不適用届出書の提出はさらに制限されます（消法9⑦）。

上記のように、原則として、2年間の継続適用が義務付けられる課税事業者選択の仕組みですが、固定資産の仕入れについて還付申告を行った場合にその還付申告が適正であったかどうかの見直しを行うことを目的として、さらに3年間の継続適用の義務が加えられています（消法9⑦、37③一）。

調整対象固定資産の仕入れ等を行ったために課税事業者選択不適用届出書を提出することができない期間は、簡易課税制度選択届出書を提出することもできません（消法37③）。

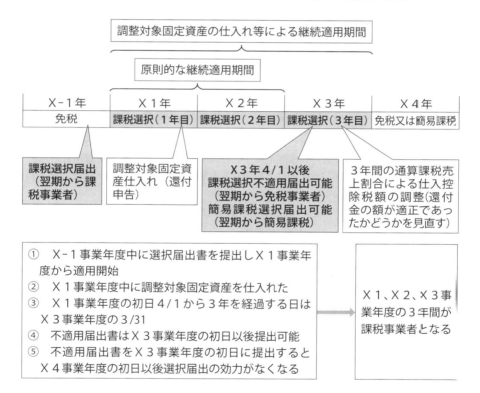

※　課税事業者選択2年目で調整対象固定資産の仕入れ等を行った場合には、課税事業者の選択は4年間の継続適用となります。
※　その継続適用の期間は簡易課税制度を選択することができず（消法37③）、一般課税により申告を行うことになります。その結果として、調整対象固定資産の仕入れ等から3年目に、「調整対象固定資産に係る仕入控除税額の調整」規定により、還付申告が適正であったかどうかの見直しが行われることになります（「調整対象固定資産に係る仕入控除税額の調整」については478頁参照）。

調整対象固定資産の課税仕入れ等を行った課税期間において簡易課税制度の適用がある場合は、上記規定は適用されません。

3年の間にその調整対象固定資産を廃棄、売却等により処分したとしても、この規定が適用されます（消基通1－4－15の2）。

資本金1,000万円以上の新設法人についても同様の規定があります。

免税事業者が課税事業者となった場合において、納税義務が免除されていた期間中に仕入れた棚卸資産を有するときは、その棚卸資産の仕入れ等に係る消費税額は、簡易課税制度の適用がある場合を除き、課税事業者となった課税期間において調整の対象となります。したがって、簡易課税制度を選択することを予定していない限り、棚卸資産の仕入れ等があることを理由に、課税事業者を選択する必要はありません。納税義務が免除される事業者が課税事業者を選択する理由のほとんどは、輸出業を営んでいることによる消費税額の還付又は固定資産の仕入れ等に係る消費税額の還付を受けるためです。また、調整対象固定資産の金額基準は、100万円と大変低く設定されています。したがって、課税事業者を選択した場合には、ほぼこの規定の対象になると考えられます。

また、事業年度が1年でない場合や、事業年度を変更した場合には、継続適用期間が5年を超えるケースもあります。

◆課税事業者選択不適用届出書◆

提出できる日	①　課税事業者を選択した課税期間の初日から2年を経過する日の属する課税期間の末日までに調整対象固定資産の仕入れ等をして一般課税を適用した場合 　　調整対象固定資産の仕入れ等をした課税期間の初日から3年を経過する日の属する課税期間の初日以後
	②　課税事業者を選択した課税期間の初日から2年を経過する日の属する課税期間の末日までに調整対象固定資産の仕入れ等をして簡易課税制度を適用した場合 　　課税事業者を選択した課税期間の初日から2年を経過する日の属する課税期間の初日以後
	③　調整対象固定資産の仕入れ等がない場合 　　課税事業者を選択した課税期間の初日から2年を経過する日の属する課税期間の初日以後
	④　廃業する場合 　　廃業する課税期間
提出単位	事業者ごと
不適用となる課税期間	提出した課税期間の翌課税期間以後

5　提出の留意点

課税事業者選択届出書又は課税事業者選択不適用届出書を提出する場合は、次の点に留意する必要があります。

(1)　課税期間の末日が休日である場合

　国税に係る手続について、その期限が定められているものについては、その期限の日が土曜日、日曜日等の休日である場合には、その期限は翌日に延長されることとなっています（通法10）。

　しかし、課税事業者選択届出書又は課税事業者選択不適用届出書については提出期限を定めるのではなく、効力の発生時期を定める規定となっているため、課税期間の末日が休日であっても、提出期限がその翌日に延長されることはありません。したがって、課税期間の末日が休日である場合には、その前日までに提出する必要があります。

(2)　郵送による提出

　郵便等に係る書類の提出時期については、納税申告書及び国税庁長官が定める書類が郵便又は信書便により提出された場合には、その郵便物等の通信日付印、いわゆる消印により表示された日に提出されたものとみなすこととされています（通法22）。

　「国税庁長官が定める書類」とは、次のとおり告示されており、課税事業者選択届出書、課税事業者選択不適用届出書は、「書類を提出した日を基準として国税に関する法律の規定が適用される期間又は期限が定まるため、一定の期間内又は期日に提出する必要がある書類」であり、「後続の手続に影響を及ぼすおそれのあるもの」として指定されたものに該当しません。したがって、消印有効の取扱いを受けます。

国税通則法第22条に規定する国税庁長官が定める書類を定める件

（国税庁告示第7号）

　国税通則法（昭和37年法律第66号）第22条の規定に基づき、同条に規定する国税庁長官が定める書類を次のように定め、平成18年4月1日から適用する。

平成18年3月31日

国税庁長官　木村　幸俊

　国税通則法第22条に規定する国税庁長官が定める書類は、国税に関する法律の規定により提出する申告書、申請書、請求書、届出書その他の書類のうち、次に掲げる書類から後続の手続に影響を及ぼすおそれのあるものとして別表に掲げる書類を除いた書類とする。

　一　国税に関する法律に提出期限の定めがある書類
　二　国税に関する法律に提出期限の定めがある書類に準ずる次に掲げる書類
　　イ　国税通則法第74条第1項の規定に基づき時効により消滅する場合がある還付金等に係る国に対する請求権を行使するために提出する書類
　　ロ　書類を提出した日を基準として国税に関する法律の規定が適用される期間又は期限が定まるため、一定の期間内又は期日に提出する必要がある書類

別表一

次に掲げる書類

　イ　国税徴収法（昭和34年法律第147号）第101条第1項の規定により提出する入札書

　ロ　国税徴収法第130条第1項の規定により提出する申立書

　ハ　国税徴収法第133条第2項の規定により提出する申出書

　ニ　国税徴収法施行令（昭和34年政令第329号）第19条第1項の規定により提出する請求書

　ホ　国税徴収法施行令第20条の規定により提出する請求書

　ヘ　国税徴収法施行令第47条の規定により提出する申出書

　ト　酒税法施行令（昭和37年政令第97号）第53条第3項の規定により提出する申告書

　チ　酒税法施行令第56条の2第1項の規定により提出する届出書

二

　税務署長、国税局長、国税庁長官、徴収職員（国税徴収法第2条第11号に規定する徴収職員をいう。）若しくは税関長（以下「税務署長等」という。）以外の者に提出する書類又は税務署長等以外の者を経由して提出する書類（本則第二号イに該当する書類を除く。）

(3)　届出の取下げ

　課税事業者選択届出書は、その届出書の提出ができる日までは、取下げが可能であると取り扱われています。

　ただし、取下げは法令の規定に基づかない運用上の取扱いですから、取下げ書の書式は定められていません。取下対象となる届出書が特定できるよう、提出日、届出書の様式名（表題）、提出方法（書面又は e-Tax）、届出者の氏名・名称、納税地及び提出した届出書を取り下げる旨の記載をし、署名の上、所轄の税務署へ提出します。

(4)　届出を失念した場合

　課税事業者選択届出書又は課税事業者選択不適用届出書の提出を失念した場合には、課税期間の特例又は事業年度の変更により対応することが考えられます（648頁参照）。

6　災害があった場合の特例等

　災害や、やむを得ない事情があった場合の特例については、**第24章**「災害があった場合等の特例」を参照してください。

第 5 節 高額特定資産を取得した場合等

平成28年度税制改正により、高額特定資産を取得した場合の納税義務の免除の特例が設けられ、令和2年度税制改正において、課税事業者となった場合の棚卸資産に係る調整の適用を受けた場合等についても特例の対象とする整備が行われました。

改正の背景

会計検査院は、「平成24年度決算検査報告」において、高額の不動産等の取得、賃貸、売買等を行う事業者において、事業者免税点制度又は簡易課税制度をその趣旨に沿わない形で適用している例が相当数見られたと指摘しました。例えば、次のような事例です。

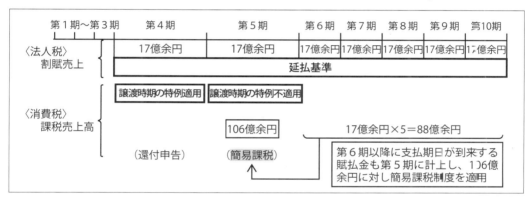

B法人は、PFI事業※を実施するために設立されたSPC（特別目的会社）であり、第1期から第3期まで課税売上高は0円でした。施設が完成し国に引き渡した第4期には譲渡時期の特例（延払基準）を適用して4億1,080万余円の還付申告を行いました。

第5期は、消費税において譲渡時期の特例の適用をやめ、第5期以後に支払期日が到来する賦払金の全額であるおよそ106億円を課税売上高とし、簡易課税制度を適用して、消費税額およそ1億2,700万円を申告納付しました。

※ 「PFI事業」（民間資金等の活用による公共施設等の整備等に関する事業）は、「民間資金等の活用による公共施設等の整備等の促進に関する法律」に基づき、平成11年度以後、国及び地方公共団体等が管理者等となり実施されています。事業を実施するために選定された事業者は、PFI事業を実施する特別目的会社を新たに設立するのが通例となっていて、公共施設の建設費等が高額であることなどから、完成後の一定事業期間に割賦方式で整備費が支払われます。

この事例では、施設の建築費に係る課税仕入れ等について仕入税額控除を行った上で、その翌課税期間に簡易課税制度を適用することにより、仕入税額およそ3億7,000万円（地方消費税を含みます。）の「二重控除」が行われたわけです。

このような指摘に対応するため、平成28年度税制改正において、課税事業者が、一般課税により申告する課税期間において、高額特定資産の仕入れ等を行った場合に、事業者免税点制度

及び簡易課税制度の適用を制限する特例が創設されました。

　ただし、免税事業者である課税期間に高額特定資産に該当する棚卸資産の仕入れ等を行い、その後、課税事業者となった課税期間に「棚卸資産に係る調整」の適用を受けた場合には、高額特定資産について仕入税額控除の適用を受けたにもかかわらず、制限の対象とならないという制度の矛盾が生じました。そこで、令和2年度税制改正において、このような場合にも、事業者免税点制度及び簡易課税制度の適用を制限することとされました。

　また、令和2年度税制改正においては、令和2年10月1日以後は、居住用賃貸建物の課税仕入れ等を仕入税額控除の対象としない改正が行われました。これにより、高額特定資産又は調整対象自己建設高額資産について、居住用賃貸建物に係る仕入税額控除の制限がされた場合であっても、高額特定資産を取得した場合等の特例の規定が適用されます（消基通1－5－30）。

 高額特定資産を取得した場合

> ①　課税事業者が一般課税により申告する課税期間中に
> ②　高額特定資産（1,000万円以上の棚卸資産又は調整対象固定資産）の仕入れ等を行った

　上記の場合には、その高額特定資産の仕入れ等の日の属する課税期間の翌課税期間から、その仕入れ等の日の属する課税期間の初日以後3年を経過する日の属する課税期間までの各課税期間においては、事業者免税点制度は適用されません（消法12の4①）。

　また、その高額特定資産の仕入れ等の日の属する課税期間の初日から同日以後3年を経過する日の属する課税期間の初日の前日までの期間においては、簡易課税制度選択届出書を提出することができません（消法37③三）。

　つまり、1,000万円以上の棚卸資産又は調整対象固定資産の仕入れ等を行った課税期間に一般課税で申告した場合には、その課税期間の初日から3年が経過するまでは、事業者免税点制度及び簡易課税制度の適用はなく、一般課税による申告が強制されるということです。

（注）　高額特定資産の仕入れ等の課税期間の前課税期間までに「簡易課税制度選択届出書」の提出がある場合には、高額特定資産の仕入れ等がその「簡易課税制度選択届出書」の効力に影響を及ぼすことはありません。

　改正により、会計検査院が指摘したPFI事業を行うSPCの事例では、還付申告を行った後2年間は特例によって一般課税による申告が強制され、その後の課税期間においては、基準期間における課税売上高が5,000万円を超えているため一般課税による申告を行うことになります。

　したがって、上記のような簡易課税制度の利用による仕入税額の「二重控除」はできなくなりました。

(1) 適用時期

　この規定は、平成28年4月1日以後に高額特定資産の仕入れ等を行った場合について適用されます（平28改法附32①）。

　ただし、平成27年12月31日までに締結した契約に基づき、平成28年4月1日以後に高額特

定資産の仕入れ等を行った場合には、適用の対象から除かれます（平28改法附32②）。

◆事業年度が１年の３月末決算法人である場合◆

（2）高額特定資産

　「高額特定資産」とは、一の取引の単位につき、支払対価の額が税抜1,000万円以上の棚卸資産又は調整対象固定資産をいいます（消法12の４①、消令25の５①一）。

　高額特定資産の仕入れ等には、国内における高額特定資産の課税仕入れだけでなく、高額特定資産の特定課税仕入れ及び高額特定資産に該当する課税貨物の保税地域からの引取りも含まれ、1,000万円以上であるかどうかは、次の金額によって判断します（消法12の４①、消令25の５①一）。

高額特定資産
次の金額が1,000万円以上の棚卸資産又は調整対象固定資産 • 課税仕入れである場合 ……………………… 支払対価の額の$\frac{100}{110}$に相当する金額[※1] • 特定課税仕入れである場合 …………………… 支払対価の額 • 保税地域からの引取り[※2]である場合 ………… 引き取る資産の課税標準である金額[※2]

[※1]　経過措置により旧税率が適用された場合には、その税率によります。
[※2]　特例申告に係る課税貨物の引取りについては、その特例申告書の提出をした場合（決定については、決定の通知を受けた場合）に、上記の判定を行います（消法12の４②、消令25の６）。

①　一の取引の単位

　通常一組又は一式をもって取引の単位とされるものである場合には、その一組又は一式の金額で判断します（消令25の５①一）。

　従来、調整対象固定資産に該当するかどうかの100万円以上の判定は、「一の取引の単位」を基準としており（消令５）、高額特定資産の判定においても同様とされたものです。

②　付随費用

　1,000万円以上の判定は、その資産の価額によります。したがって、その資産の購入のために要する引取運賃、荷役費等又はその資産を事業の用に供するための付随費用の額は、「課税仕入れに係る支払対価の額」に含まれません（消基通１−５−24）。

③　共有である場合

　課税仕入れ等を行った資産が、他の者との共有物である場合には、その共有物に係る自己の

持分割合に応じて、1,000万円以上であるかどうかを判定します（消基通1－5－25）。

(3) 高額特定資産を売却した場合等

この特例は、課税事業者が、「一般課税により申告する課税期間中に高額特定資産の仕入れ等を行った」という要件ですから、その課税仕入れ等を行った後に、その高額特定資産を廃棄、売却等により処分したとしても適用されることになります（消基通1－5－22の2）。

(4) 高額特定資産の仕入れ等の前に簡易課税制度選択届出書を提出した場合

簡易課税制度選択届出書は、高額特定資産の仕入れ等を行った場合にその提出が制限されることになるので、その課税期間の初日から高額特定資産の仕入れ等を行う日までの間に簡易課税制度選択届出書を提出している、という場合が想定されます。

この場合には、高額特定資産の仕入れ等により、その届出書の提出はなかったものとみなされます（消法37④）。

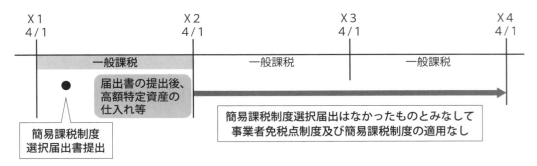

課税事業者を選択している事業者が、その課税期間の初日から高額特定資産の仕入れ等を行う日までの間に課税事業者選択不適用届出書を提出している場合も同様に、高額特定資産の仕入れ等により、その届出書の提出はなかったものとみなされます（消法9⑦）。

3 自己建設高額特定資産である場合

他者との契約に基づき自ら建設等※をした場合、又は、自己の棚卸資産若しくは調整対象固定資産として自ら建設等をした場合の高額特定資産を、「自己建設高額特定資産」といいます（消法12の4①）。自己建設高額特定資産についての特例の取扱いは、次のとおりです。

※　建設等とは、建設、製作又は製造することをいいます。

(1) 特例の適用期間

高額特定資産が自己建設高額特定資産である場合には、一般課税により申告を行う課税期間の自己建設高額特定資産の建設等に要した費用の額が税抜1,000万円以上となった場合に適用

され、その課税期間の翌課税期間から、その自己建設高額特定資産の建設等が完了した日の属する課税期間の初日以後3年を経過する日の属する課税期間までの各課税期間が、特例の対象となります（消法12の4①）。

◆事業年度が1年の3月末決算法人が自己建設する場合◆

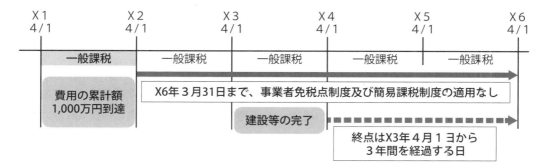

(2) 1,000万円以上の判定

自己が建設する資産（自己建設資産）については、次の「仕入れ等に係る支払対価の額」の合計額が、累計で1,000万円以上となった場合に、自己建設高額特定資産に該当することとなります（消令25の5①二、②）。

仕入れ等に係る支払対価の額
自己建設資産の建設等に要した原材料費及び経費に係る ・課税仕入れ …………… 支払対価の額の$\frac{100}{110}$に相当する金額※ ・特定課税仕入れ ……… 支払対価の額 ・保税地域からの引取り …… 引き取る資産の課税標準である金額

※ 経過措置により旧税率が適用された場合には、その税率によります。

① 免税事業者であった課税期間及び簡易課税を適用した課税期間の課税仕入れ等

次の課税期間において行った課税仕入れ等の対価は、仕入れ等に係る支払対価の額に含まれません（消令25の5①二）。

- 免税事業者である課税期間
- 簡易課税制度の適用がある課税期間

② 課税仕入れ以外の費用

課税仕入れ以外の費用の額は、自己建設資産の仕入れ等に係る支払対価の額に含まれません。
したがって、課税仕入れとならない給与や行政手数料等の額については、たとえ建設等の原価に算入されるものであっても、自己建設資産の仕入れ等に係る支払対価の額の計算から除かれることになります。

③ 資産ごとの判定

自己建設資産が調整対象固定資産である場合には、建物及びその附属設備、構築物、機械及

び装置、船舶、航空機、車両及び運搬具、工具、器具及び備品等の資産（消費税法施行令5条各号に掲げる資産）ごとに、その建設等に要した仕入れ等に係る支払対価の額の合計額を基礎として、1,000万円以上であるかどうかを判定します（消基通1－5－26）。

なお、自己建設資産が棚卸資産である場合には、その棚卸資産の原材料として調整対象固定資産に該当する資産を仕入れる場合があります。この場合には、その原材料となる資産ごとに判定するのではなく、その資産の仕入れに係る支払対価の額を含め、棚卸資産ごとに、その棚卸資産の建設等に要した仕入れ等に係る支払対価の額の合計額を計算します（消基通1－5－27）。

④　保有する棚卸資産を自己建設資産の原材料として使用した場合

保有する建設資材等の棚卸資産を自己建設資産の原材料として使用した場合には、その使用した棚卸資産の仕入れに係る支払対価の額は、自己建設資産の建設等に要した仕入れ等に係る支払対価の額に含まれます（消基通1－5－28）。

ただし、上記①のとおり、免税事業者である課税期間又は簡易課税制度の適用を受ける課税期間において仕入れた棚卸資産を使用した場合には、その使用した棚卸資産の仕入れに係る支払対価の額は含まれません。

棚卸資産に係る調整の適用を受けた場合

高額特定資産である棚卸資産について、課税事業者となった場合等の棚卸資産に係る調整の適用を受けたときは、その適用を受けた課税期間の翌課税期間から、その適用を受けた課税期間の初日以後3年を経過する日の属する課税期間まで、事業者免税点制度を適用することができません（消法12の4②）。また、3年を経過する日の属する課税期間の初日の前日までの間は簡易課税制度選択届出書を提出することができないため、簡易課税制度を適用することもできません（消法37③四）。

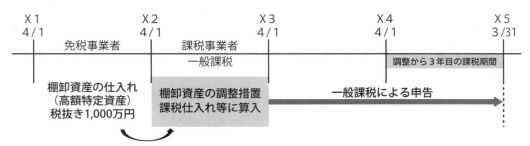

（1）適用時期

この改正は、令和2年4月1日以後に棚卸資産に係る調整の適用を受けた場合に適用されます（令2改法附1①一イ）。

（2）調整対象自己建設高額資産である場合

他の者との契約に基づき、又は棚卸資産として自ら建設等をした棚卸資産（その事業者が相

続、合併又は分割により被相続人、被合併法人又は分割法人の事業を承継した場合において、その被相続人、被合併法人又は分割法人が自ら建設等をしたものを含みます。）で、その建設等のために要した原材料費及び経費に係る課税仕入れに係る税抜対価の額、特定課税仕入れに係る支払対価の額及び保税地域から引き取る課税貨物の課税標準である金額の累計額が1,000万円以上となったものを「調整対象自己建設高額資産」といいます（消法12の4②、消令25の5③）。

調整対象自己建設高額資産について、課税事業者となった場合等の棚卸資産に係る調整の適用を受けたときは、その適用を受けた課税期間の翌課税期間から、その調整対象自己建設高額資産の建設等が完了した日の属する課税期間の初日以後3年を経過する日の属する課税期間まで、事業者免税点制度及び簡易課税制度は適用することができません（消法12の4②、37③四）。

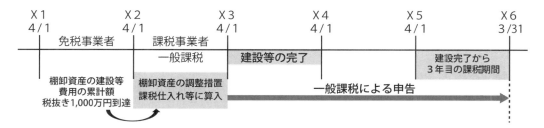

5 金又は白金の課税仕入れ等が200万円以上である場合

課税事業者が、一般課税により申告する課税期間中に国内における金地金等の課税仕入れ等を行った場合において、その課税期間中の金地金等の仕入れ等の金額の合計額が200万円以上であるときは、その金地金等の仕入れ等を行った課税期間の翌課税期間から、その仕入れ等を行った課税期間の初日以後3年を経過する日の属する課税期間までの各課税期間においては、事業者免税点制度は適用されません（消法12の4③）。

また、その課税期間の初日から同日以後3年を経過する日の属する課税期間の初日の前日までの期間においては、簡易課税制度選択届出書を提出することができません（消法37③五）。

「金地金等の仕入れ等」とは、次の資産の課税仕入れ又は保税地域からの引取をいいます（消法12の4③、消規11の3）。

① 金又は白金の地金
② 金貨又は白金貨
③ 金製品又は白金製品

③金製品又は白金製品については、金又は白金の重量当たりの単価に重量を乗じて得た価額により取引されるものに限るものとし、その事業者が製造する製品の原材料として使用されることが明らかなものを除きます。

また、200万円以上の判定は、金地金等の仕入れ等に係る課税仕入れに係る支払対価の額の100/110に相当する金額及び保税地域から引き取った金地金等の仕入れ等に係る課税貨物の課

税標準である金額の合計額につき、その課税期間が1年に満たない場合には、その合計額をその課税期間の月数で除し、これに12を乗じて計算した金額によります（消令25の5④）。

　この場合の月数は、暦に従って計算し、一月に満たない端数はこれを一月とします。
この取扱いは、令和6年4月1日以後に事業者が行う金地金等の仕入れ等について適用されます（令6改法附13）。

第6節　裁判例・裁決例

裁判例　免税であった場合の基準期間における課税売上高／張江訴訟

東京地裁平成11年1月29日判決（棄却）、東京高裁平成12年1月13日判決（棄却）、最高裁第三小法廷平成17年2月1日判決（棄却）（確定）

　法9条1項に規定する「基準期間における課税売上高」とは、事業者が小規模事業者として消費税の納税義務を免除されるべきものに当たるかどうかを決定する基準であり、事業者の取引の規模を測定し、把握するためのものにほかならない。

　法9条2項1号は、上記の課税売上高の意義について、消費税の課税標準を定める法28条1項の規定するところに基づいてこれを定義している。

　法28条1項は、「課税資産の譲渡等に係る消費税の課税標準は、課税資産の譲渡等の対価の額（対価として収受し、又は収受すべき一切の金銭又は金銭以外の物若しくは権利その他経済的な利益の額とし、課税資産の譲渡等につき課されるべき消費税に相当する額を含まないものとする。）とする。」と規定する。

　同項の趣旨は、課税資産の譲渡等の対価として収受された金銭等の額の中には、当該資産の譲渡等の相手方に転嫁された消費税に相当するものが含まれることから、課税標準を定めるに当たって上記のとおりこれを控除することが相当であるというものである。したがって、消費税の納税義務を負わず、課税資産の譲渡等の相手方に対して自らに課される消費税に相当する額を転嫁すべき立場にない免税事業者については、消費税相当額を上記のとおり控除することは、法の予定しないところというべきである。

　以上の法9条及び28条の趣旨、目的に照らせば、法9条2項に規定する「基準期間における課税売上高」を算定するに当たり、課税資産の譲渡等の対価の額に含まないものとされる「課されるべき消費税に相当する額」とは、基準期間に当たる課税期間について事業者に現実に課されることとなる消費税の額をいい、事業者が同条1項に該当するとして納税義務を免除される消費税の額を含まないと解するのが相当である。

| 裁判例 | ジョイントベンチャー内部取引 |

平成18年2月15日裁決（全部取消し）

　本件共同企業体は、民法上の組合に当たると認められる、民法上の組合における消費税は、組合員がその出資の割合に応じて資産の譲渡等又は課税仕入れ等を行ったものとみるのが相当である。

　本件共同事業体の構成員であるＩ社が、本件役務の提供等をしたとして、その対価の額を他の構成員に請求することにより、本件取引はＡ社と他の構成員との間で成立したことになる。

　共同事業としての資産の譲渡等は、持分の割合又は利益の分配割合に対応する部分について、それぞれ構成員が行ったこととなるから、各構成員が資産の譲渡等を行ったことになる部分についての資産の譲渡等の時期は、現実に共同事業として資産の譲渡等を行った時となる。

　本件共同事業体においては、Ｉ社が本件経理取扱規則により、経理書類及び証ひょう書類を保管し、各構成員に会計報告をする旨定められており、これに基づき、毎月、出資持分に応じた出資金の支払いを求める請求書及びその添付資料からなる本件ＪＶ請求書を請求人に送付し、請求人はこれらの書類を保存している。このような事実関係のもとでは、請求人については、本件ＪＶ請求書を消費税法30条7項に規定する請求書に該当するものとして、課税仕入れに係る消費税額の控除を認めるのが相当である。

| 裁決例 | 基準期間における課税売上高／受託販売 |

平成16年3月29日裁決（棄却）

　通達10-1-12が、受託販売における課税資産の譲渡等の対価は、受託販売手数料であることを原則とするが、総額主義の方法によることも差し支えない旨を定めているのは、受託者において、受託販売手数料の区分経理の煩雑さや営業政策上の理由等より決算上の利益及び所得税又は法人税の所得の計算を総額主義の方法により算定しているケースがあるという実態を踏まえたものと解され、当審判所においても相当の取扱いであると認められる。

　さらに、受託者たる納税者の消費税等の確定申告に当たり、総額主義の方法を選択するか否かは、専ら、納税者の判断に委ねられていると解するのが相当である。

　損益計算書の表示によると、請求人は、受託販売手数料につき、自ら選択して採用した総額主義の方法に基づいて本件基準期間申告書及び本件申告書を作成したと認めるのが相当であり、総額主義の方法によって、本件基準期間の課税売上高を計算すると、53,160,276円となり、3,000万円を超えることが明らかである。

| 裁判例 | 破産財団における基準期間 |

福井地裁平成19年9月12日判決（全部取消し）（被告控訴）（納税者勝訴）、名古屋高裁平成20

年６月16日判決（控訴人国）（原判決取消し、被控訴人の請求棄却）（上告受理申立て）、最高裁平成22年３月30日決定（不受理）（確定）

　破産者は、破産宣告を受けても、あくまで破産財団の管理処分権を喪失するにすぎず、その財産の帰属主体たる地位や所有権を喪失するものではなく、破産手続終了後に残余財産が存在すれば、その管理処分権を回復するし、破産管財人の行った換価処分の効果は、すべて破産者に帰属するというべきである。

　このように破産者が破産手続中も破産財団の帰属主体たる地位や所有権を喪失するものではないと解すべきことは、①旧破産法４条は、解散した法人は破産の目的の範囲内で存続したものとみなす旨規定している（新破産法35条も同旨）ところ、これは、法人が破産すると解散となり、清算が行われることとなるが、解散と同時に法人格が消滅すると、清算手続中の権利義務の帰属主体が欠けてしまうため、解散した法人も、破産の目的の範囲内でその存続を認めたものであり、破産者が破産手続中も破産財団の帰属主体たる地位や所有権を喪失するものでないことを前提とした規定と考えられること、②消費税法45条４項（課税資産の譲渡等についての確定申告）は、「清算中の法人」の残余財産が確定した場合には当該法人に消費税を課す旨を規定しているところ、破産は一種の清算手続であるから、破産法人が「清算中の法人」に該当し、消費税の納税義務者は、破産財団ではなく破産法人であると考えられること、③最高裁昭和43年判決（最三小判昭和43年10月８日民集22巻10号2093頁）は、破産宣告後に破産財団に属する財産が別除権の行使により競売され、その譲渡所得に課せられた所得税について、この所得が破産者の所得であることを前提に、所得税が一暦年内の個人の総所得金額について個人的事由に基づく諸控除を行う人的税であることを根拠に、破産財団に関して生じたる請求権にあたらない旨判示したものであり、その納税義務者を、破産財団ではなく破産者としていること、④所得税法９条１項10号（非課税所得）は、「資力を喪失して債務を弁済することが著しく困難である場合における国税通則法第２条第10号（定義）に規定する強制換価手続による資産の譲渡による所得」を非課税所得と規定し、国税通則法２条10号（定義）は、強制換価手続を「滞納処分（その例による処分を含む。）、強制執行、担保権の実行としての競売、企業担保権の実行手続及び破産手続をいう。」と規定しているから、所得税法は、破産手続による資産の譲渡による所得は、当該破産者の所得であることを前提として、その担税能力に鑑み、これを非課税所得とする旨規定していると考えられること、⑤法人は、破産すると解散となって清算が行われることとなり、破産は一種の清算手続であるところ、法人税法は、解散の場合の清算所得に対する法人税を規定し、破産清算の場合につき適用除外とする規定を設けていないから、破産法人を納税義務者としているものと解されること、⑥現に、最高裁昭和62年判決（最三小判昭和62年４月21日民集41巻３号329頁）は、破産法人に法人税法102条、105条（清算中の所得に係る予納法人税の予納申告、納付義務規定）の適用があることを前提とするものであるし、最高裁平成４年判決（最三小判平成４年10月20日民集166号105頁）は、破産法人にこれらの規定の適用がある旨判示していること、以上の諸点からも裏付けられる。

　また、仮に、破産財団は破産法人とは別の権利主体であり「事業者」にあたると解すると、破産宣告から２年間は消費税の基準期間がないため、消費税の納税義務を負わないことになる。そうすると、破産管財人が破産財団に属する財産を換価した際に譲受人から受領したものと取り扱われる消費税額分は、破産債権者に対する配当原資に充てられることになるが、上記の消費税額分は、破産財団に属する

財産の譲受人からの預り金にすぎず、本来、国に納付すべきものであるから、これが破産債権者への配当に充てられる結果となるのは、消費税法の趣旨・目的に反し相当でないことが明らかである。したがって、破産財団は、破産法人の基準期間における課税売上高を引き継がない別の法的主体と解することはできず、破産法人が「事業者」として消費税の納税義務を負うと解するのが相当である。

裁決例　特定期間の課税売上高か給与等支払高か

平成29年9月7日裁決（棄却）

　本件は、請求人が平成26年課税期間の消費税等の確定申告書を提出したところ、更正処分を受けたことから、請求人が、更正処分には手続上の違法などがあること、また、そもそも本件課税期間において、請求人は消費税の納税義務が免除される事業者に該当することなどを理由として、原処分の全部の取消しを求めた事案である。

　消費税法9条の2第1項により、基準期間における課税売上高が1,000万円以下である事業者であっても、特定期間の課税売上高が1,000万円を超える場合には、同法9条1項の規定は適用されず、また、同法9条の2第3項において同条1項の規定を適用する場合においては、給与等支払額をもって、同項の特定期間における課税売上高とすることができることとされている。

　そうすると、本件特例の判定に当たっては、事業者が、給与等支払額を判定基準とすれば課税売上高は判定基準とされないし、逆に、課税売上高を判定基準とすれば給与等支払額は判定基準とされないから、当該事業者が、両者のうちのいずれを判定基準とするかは、二者択一の関係にあるといえる。

　したがって、上記事業者が課税事業者であるか免税事業者であるかは、当該事業者が特定期間における課税売上高を本件特例の判定基準とした事実が認められるか、給与等支払額を本件特例の判定基準とした事実が認められるかによって判断することになる。

　請求人は、本件基準期間における課税売上高が1,000万円以下であり、かつ、本件特定期間の課税売上高が1,000万円を超え、給与等支払額は1,000万円以下である事業者であるから、請求人は、本件課税期間について、本件特定期間の課税売上高を本件特例の判定基準とすれば課税事業者となることができるし、給与等支払額を本件特例の判定基準とすれば、免税事業者となることができる。

　そこで、請求人が本件課税期間について、本件特定期間における課税売上高又は給与等支払額のいずれを本件特例の判定基準としたのかについて検討すると、請求人は、①平成27年3月13日に本件還付申告書を原処分庁に提出し、②本件確認文書を送付した本件担当職員に対し、本件特定期間における課税売上高が1,000万円を超えており、本件特例に該当するので本件還付申告書を提出した旨申述し、③本件担当職員からの指摘に基づいて、本件特定期間の課税売上高を「■■■■■」円、給与等支払額を「－」円と記載した「特定期間用の消費税課税事業者届出書」を提出したことからすると、本件特定期間における課税売上高を本件特例の判定基準とした事実が認められるから、請求人は、本件課税期間において課税事業者に該当するものと認められる。

| 裁判例 | 誤って提出した課税事業者届出書 |

京都地裁平成16年10月13日判決（棄却）、大阪高裁平成17年5月20日判決（棄却）、最高裁平成17年10月13日決定（棄却・不受理）（確定）

原告は、平成12年3月ころ、160億円を超える事業用資産を同年7月末に買い受けることが決まったため、仕入税額控除をすることによって消費税の還付を受けることを計画した。

顧問税理士事務所の職員から、平成12年6月末までに、法人の異動等届出書を提出して会計年度を9月末日から6月末日に変更した上、同時に、消費税課税事業者となるための届出書を提出することによって、本件期間において消費税の課税事業者になるように指導を受けたが、その際、届出用紙の交付は受けず、届出書の正式な名称も聞かなかった。

原告は、事業年度を変更するための届出書と消費税課税事業者となるための届出書の用紙を中京税務署で取得した上で、自ら、その届出書に記載することとしたが、「消費税課税事業者選択届出書」のほかに、「消費税課税事業者届出書」があることは認識していなかった。

原告が「消費税課税事業者届出書」用紙等を取得した経過について、原告は、平成12年6月12日又は同月13日、中京税務署の法人課税第1部門を訪れ、対応した同部門の20歳代の男性職員に対し、現在、原告が免税事業者であること、翌月に大きな資産取得をする予定であることを伝えた上で、消費税の還付を受けるために課税事業者になりたいので、そのための届出書の用紙と会計年度変更のための届出書の用紙交付を求めた旨主張し、中京税務署の財務事務官の平成13年11月20日付けの質問てん末書にも同旨の記載がある。

当時法人課税第1部門で唯一の20歳代に見える男性職員であった丙は、用紙を交付した記憶がないと供述しており、他に乙に用紙を交付したことを認める税務署職員はいない。また、上記のとおり、「消費税課税事業者届出書」の用紙及び「法人・源泉徴収義務者の異動等届出書」の用紙は、いずれも、税務署職員を経ずに自ら探して取得することも可能であることが認められる。これらを考慮すると、乙が税務署職員に尋ねることなく自ら各用紙を探して取得した可能性や、税務署職員に消費税課税事業者届出書の用紙を求めるような表現（例えば、「消費税課税事業者届出書を下さい。」、「消費税の課税事業者となる届出書を下さい。」など。）で用紙の交付を求めた可能性を否定することはできないから、上記原告主張事実を認めることはできない。

原告は、免税事業者である原告が消費税課税事業者となるために届け出る趣旨で、「消費税課税事業者届出書」と題する用紙に記入して被告中京税務署長に提出したのであるから、消費税課税事業者選択届出の意思表示があると主張する。しかし、本件届出書には、「基準期間における課税売上高が3,000万円を超えることとなったので、消費税法第57条第1項第1号の規定により届出します。」と記載されているのみで、免税事業者が法9条1項本文の適用を受けないこととする旨の記載はないから、本件届出書の提出を法9条4号に基づく届出と解することはできない。

原告は、中京税務署職員に、消費税課税事業者となることを選択した旨を伝えた上で、同職員から交付を受けた用紙を用いて、届出書を提出したのであるから、消費税課税事業者選択届出をしたと解されると主張するが、上記のとおり、原告が中京税務署職員に消費税課税事業者となることを選択した旨を伝えた事実は認められない。

第13章 納税義務者

　原告は、平成13年7月ころに税務署から消費税の確定申告書の用紙が送付されてきたことを理由に、被告中京税務署長が本件届出書を消費税課税事業者選択届出書として受領していることが明らかと主張するが、上記認定のとおり、被告中京税務署長は、本件届出書の提出を消費税課税事業者届出書の提出として受け、消費税の確定申告書の用紙を送付したと認められるのであるから、原告の主張は採用できない。

　また、原告は、中京税務署が消費税課税事業者選択届出書を提出していないと取り扱うことは信義則に反すると主張し、前項の事情のほか、「消費税課税事業者届出書」と題する用紙と「消費税課税事業者選択届出書」と題する用紙は紛らわしく、課税者側でこのような状態を作出しているという事情を挙げるが、各用紙には、その根拠条文が明記されており、用紙の記載内容を確認すれば、両者が異なる趣旨の用紙であることを理解することは困難ではない。また、上記認定事実に照らし、原告の提出した本件届出書の内容、それを提出した経緯、それを提出した後の事情のいずれにおいても、被告中京税務署長が原告から消費税課税事業者選択届出書の提出を受けていないと取り扱うことが信義則に反するとすべき事情があるとはいえない。

裁決例　信用を出資の目的とした出資の額

平成29年6月15日裁決（棄却）

〔裁決事例集第107集〕

　信用を出資の目的とした出資の額は消費税法12条の2第1項に規定する「出資の金額」に該当する。

　請求人は、消費税法12条の2（新設法人の納税義務の免除の特例）第1項に規定する「事業年度開始の日における資本金の額又は出資の金額」について、消費税法に定義規定が置かれていないから会社計算規則30条（資本金の額）1項の規定を借用すべきであり、これを借用すると信用を出資の目的とした出資（信用出資）は資本金概念に含まれないから、当該課税期間において消費税及び地方消費税を納める義務はない旨主張する。

　しかしながら、関係法令の規定からすると、請求人が受け入れた信用出資は消費税法12条の2第1項に規定する「出資の金額」に該当するものと解され、当該信用出資の額は1,000万円以上であることから、請求人は当該課税期間において消費税等を納める義務を免除されない。

裁判例　事業を開始した課税期間

長野地裁平成16年3月26日判決（棄却）（控訴）、東京高裁平成16年8月31日判決（棄却）（確定）

　控訴人は、平成5年9月7日にゴルフ場の経営等を目的として設立された法人であり、設立以来ゴルフ場開場のための事業を行ってきたことは明らかであり、現に、控訴人は、本件課税期間前の平成8年8月1日から平成9年7月31日までの事業年度において、課税仕入れ（法2条1項12号）にあたる広告宣伝費100万5,280円を、平成9年8月1日から平成10年7月31日までの事業年度にも広告宣伝費

81万7,687円を計上し、決済していることが認められる。したがって、控訴人が、課税事業者選択届出書を提出した日である平成11年２月４日の属する課税期間である本件課税期間が、控訴人にとって法９条４項括弧書きの「事業を開始した日の属する課税期間」にも、令20条１号の「国内において課税資産の譲渡に係る事業を開始した日の属する課税期間」にも当たらないことは明らかであるから、控訴人に法９条４項括弧書き（令20条１号の場合も含む。）が適用される余地はないというべきである。

なお、控訴人が課税事業者選択届出書及び確定申告書の各提出時に指摘した「基本通達１－４－８」は、「令20条第１号（事業を開始した日の属する課税期間等の範囲）に規定する「課税資産の譲渡等に係る事業を開始した日に属する課税期間」には、その課税期間開始の日の前日まで２年以上にわたって国内において行った課税資産の譲渡等又は課税仕入れ及び保税地域からの課税貨物の引取りがなかった事業者が課税資産の譲渡等に係る事業を再び開始した課税期間も該当するものとして取り扱う。」としているもので、既に説示した広告宣伝費の支出をしている控訴人が、同通達のいう「その課税期間（本件課税期間）開始の日の前日まで２年以上にわたって国内において行った課税資産の譲渡等又は課税仕入れ及び保税地域からの課税貨物の引取りがなかった事業者」に該当しないことは明らかである。

裁決例　新設法人の納税義務の判定

平成30年２月23日裁決（棄却）

請求人は、消費税法９条の２《前年又は前事業年度等における課税売上高による納税義務の免除の特例》第１項の規定は「法人のその事業年度の基準期間の課税売上高が1,000万円以下である場合において」と限定されており、同項の規定を条文に沿って解釈すれば、その事業年度の基準期間がない場合には同項の適用はないところ、請求人の場合、同項の規定の適用はなく、また、同法12条の２《新設法人の納税義務の免除の特例》第１項の規定の適用もないから、同法９条《小規模事業者に係る納税義務の免除》１項本文の規定により、消費税の納税義務はない旨主張する。

しかしながら、消費税法９条１項本文に規定する「事業者のうち、その課税期間に係る基準期間における課税売上高が1,000万円以下である者」には、当然に「その事業年度の基準期間がない法人」も含まれ、同法９条の２第１項に規定する「法人のその事業年度の基準期間における課税売上高が1,000万円以下である場合」についても、同様に「その事業年度の基準期間がない」場合が含まれる。また、同法12条の２第１項の括弧書において、同条の適用がある法人の課税期間から同法９条の２第１項の規定により納税義務が免除されないこととなる課税期間が除かれていることからすると、同法12条の２第１項は、同法９条の２第１項の規定の適用対象に「その事業年度の基準期間がない法人」が含まれていることを前提に規定されており、このことをみても、同法９条の２第１項の規定の適用対象に「その事業年度の基準期間がない法人」が含まれることは明らかである。以上のことから、消費税法９条の２第１項の規定は、その事業年度の基準期間がない場合についても適用があり、同項の規定の適用がある場合、同法12条の２第１項の規定の適用はないことから、同法９条の２第１項及び第３項の規定により、請求人の消費税の納税義務は免除されない。

第13章 納税義務者

裁決例 課税資産の譲渡等に係る事業を開始した日

平成24年6月21日裁決（棄却）
〔裁決事例集第87集〕

　事業者が新たに事業を行うに当たっては、当該事業を遂行するために必要な準備行為を行うのが通常であるところ、消費税法9条《小規模事業者に係る納税義務の免除》4項の趣旨に照らせば、事業を遂行するために必要な準備行為を行った日の属する課税期間も「課税資産の譲渡等に係る事業を開始した日」の属する課税期間に該当すると解するのが相当である。そして、事業を遂行するために必要な準備行為であるか否かは、必ずしも個々の行為だけではなく、一連の行為を全体として判断すべき場合もあるところ、請求人は、本件課税期間開始前から、事業に使用するための材料及び器具の購入を繰り返し行うとともに、本件医院を建築するための本件契約を締結しており、このことは請求人の事業開始に向けた一連の行為の一部であって、これら一連の行為が全体として事業に係る準備行為であると認められるから、「課税資産の譲渡等に係る事業を開始した日」の属する課税期間は、事業に使用するための材料及び器具の購入の開始日の属する課税期間（本件課税期間の前課税期間）とするのが相当である。

裁決例 事業を開始する前に提出した消費税課税事業者選択届出書

平成27年6月11日裁決（棄却）
〔裁決事例集第99集〕

　請求人は、課税期間（本件課税期間）の開始の日の前日までに、消費税法9条《小規模事業者に係る納税義務の免除》4項に規定する同条1項本文の適用を受けない旨の届出書（本件選択届出書）を提出しているから、本件課税期間において納税義務は免除されず、消費税及び地方消費税（消費税等）の還付を受けることができる旨主張する。

　しかしながら、請求人は、本件選択届出書を提出した日の属する課税期間において、消費税法上の事業者ではなく、本件選択届出書は、事業を行う個人以外の個人から提出されたものであって、その届出の実体的効果は、本件選択届出書が提出された時から生じていないというべきである。したがって、請求人は、本件課税期間において消費税を納める義務が免除される事業者であるから、本件課税期間における消費税等の還付を受けることはできない。

631

裁決例　課税資産の譲渡等に係る事業を開始した日の属する課税期間

平成29年6月16日裁決（棄却）
〔裁決事例集第107集〕

　事業を行うために必要な準備行為を行った日の属する課税期間は「課税資産の譲渡等に係る事業を開始した日の属する課税期間」に当たる。

　請求人は、消費税法施行令20条（事業を開始した日の属する課税期間等の範囲）1号に規定する「事業者が国内において課税資産の譲渡等に係る事業を開始した日の属する課税期間」の判断に当たっては、「事業を開始した日」について法令等に明確な規定がない以上、納税者の意思を尊重し、かつ、経済活動の実態に即した一般的な社会通念に沿って判断すべきであり、本件では、請求人が事業（本件事業）を開始したと認識し、個人事業開業届出書に本件事業を開始した日として記載した日の属する課税期間（本件課税期間）が同号に規定する「事業を開始した日の属する課税期間」に該当する旨主張する。

　しかし、新たに事業を行うに当たり必要な準備行為を行った日の属する課税期間は、同号に規定する「事業を開始した日の属する課税期間」に当たると解するのが相当であり、本件において、請求人は、本件課税期間の前の課税期間中に請負契約を締結してその契約金を支払うなどしており、これらの行為は本件事業を行うために必要な準備行為と認められるから、本件課税期間は、同号に規定する「事業を開始した日の属する課税期間」には該当せず、請求人が本件課税期間中に提出した課税事業者選択届出書の効力は、本件課税期間の翌課税期間から生ずるため、本件課税期間について、請求人は消費税の免税事業者となる。

第14章

信　託

(1)　信託に際しての信託財産の移転

　信託に当たっては、信託財産の財産権を受託者に移転することによってその財産の管理・処分権を受託者に与え、受託者は、自己の固有財産や他の信託財産とは明確に区分して、委託者の信託目的に従ってその信託財産の管理・運用を行います。

　受託者は報酬を受けるにとどまり、信託の利益は受益者が享受し、信託契約の終了時には、信託財産は委託者又は受益者に移転します。

　信託制度は、財産の所有及び管理とその収益とを分離して、その実質的な利益を全て受益者に享受させようとする制度であり、信託財産の所有権の移転は形式的なものにすぎません。

　したがって、信託の開始に際し信託契約に基づいて委託者がその財産を受託者に移転する行為、又は、信託の終了により受託者から委託者又は受益者に信託財産を移転する行為は、原則として、資産の譲渡等には該当しないものとされます。

　ただし、法人税法2条29号ハに規定する特定受益証券発行信託又は同法2条29号の2に規定する法人課税信託の委託者が金銭以外の資産の信託をした場合における資産の移転、受益者がその信託財産に属する資産を有するものとみなされる信託が法人課税信託に該当することとなった場合に法人税法4条の7第9号に規定する出資があったものとみなされるものについては、その資産の移転のときに、移転時の時価をもってその資産の譲渡があったものとなります（消令2①三）。

区　　分	取扱い
• 信託契約に基づく信託による資産の移転（下記以外）	資産の譲渡等に該当しない
• 特定受益証券発行信託による資産の移転 • 法人課税信託による資産の移転又はその出資とみなされるもの	資産の譲渡等に該当 （対価の額は移転時の時価）

⑵　資産の譲渡等の帰属

　受益者等課税信託については、その信託財産の運用に係る売上げ及び仕入れは、その信託の受益者に帰属し、その信託の受益者が納税義務者となります。

　法人税法に規定する法人課税信託については、その信託ごとに別個の法人として、消費税法の規定を適用します。

第1節　課税関係の概要

　消費税の課税関係からみると、信託は次表のように分類することができます。

　これは、信託に際しての信託財産の移転、信託財産の運用から生じる取引の帰属、収益の分配、信託報酬等の消費税の課税関係をまとめたものです（消法14①、15②、別表第二第三号、消令2①三、10③二、消基通4－2－1、4－2－2）。

信託の分類				信託財産の移転 令2①三、 基通4－2－1	取引の帰属 法14①、15②、 基通4－2－2	収益の 分配 令10③二	信託 報酬 別表第二 第三号
受益者等課税信託 （発生時に受益者に所得税又は法人税が課税されるもの）				資産の譲渡なし	受益者に帰属	不課税	課税
受益者等課税信託以外	分配時に受益者に所得税又は法人税が課税されるもの	集団信託 ※1	合同運用信託★1	資産の譲渡なし （収益の分配金を対価とする信託のための移転等）	受託者に帰属	非課税	非課税
			証券投資信託　公社債投資信託★2				非課税
			証券投資信託　その他				課税
			その他の投資信託　公社債等運用投資信託★3				非課税
			その他の投資信託　その他				課税
		特定受益証券発行信託※2		資産の譲渡			課税
		退職年金等信託※4		資産の譲渡なし （収益の分配金を対価とする信託のための移転等）			課税
		特定公益信託等※5					課税
	法人課税信託※3 （受託者に対して信託ごとに法人税が課税されるもの）			資産の譲渡	各受託事業者に帰属		──

634

各信託の定義は次によります。
※1　法法2二十九　　※4　法法12④一　　★1　所法2①十一
※2　法法2二十九　　※5　法法12④二　　★2　所法2①十五
※3　法法2二十九の二　　　　　　　　　★3　所法2①十五の二

第2節　受益者等課税信託

1　信託財産に係る資産取引等の帰属

　信託は、原則として、信託の開始又は終了による信託財産の移転は資産の譲渡と認識せず、その信託財産は受益者に帰属するものとして、信託の収益が発生した時点で受益者に課税するものとされています。このような取扱いを受ける信託を受益者等課税信託といいます。
　受益者等課税信託については、消費税においても、信託財産に係る資産取引等（資産の譲渡等、課税仕入れ、課税貨物の引取り）は、受益者が行ったものとみなして課税します（消法14①、消基通9－1－29）。
　なお、法人税法に規定する「集団投資信託」「法人課税信託」「退職年金等信託」「特定公益信託等」については、その資産等取引は受託者に帰属するものとされます（消法14①）。

2　受益者の範囲

　信託の受益者は、受益者としての権利を現に有する者です（消法14①）。
　ただし、信託の変更をする権限を現に有し、かつ、信託財産の給付を受けることとされている者は、受益者とみなされます（消法14②）。
　受益者が複数の場合は、信託財産に属する資産の全部をそれぞれの受益者がその有する権利の内容に応じて有するものとし、資産等取引の全部をそれぞれの受益者がその有する権利の内容に応じて行ったものとされます（消法14③、消令26④）。

(1)　他の受益者が存在しない場合

　その受益者が有する受益者としての権利がその信託財産に係る受益者としての権利の一部にとどまる場合であっても、その他の権利を有する者が存しない又は特定されていないときには、その受益者がその信託財産に属する資産の全部を有するものとみなされ、かつ、資産等取引の全部がその者に帰属します（消基通4－3－1）。

635

(2) 信託の受益者としての権利の譲渡

受益者等課税信託の受益者等が有する権利の譲渡が行われた場合には、その権利の目的となる信託財産の譲渡が行われたこととなります（消基通4－3－3）。

(3) 受益者等課税信託に係る受益者の範囲

信託の受益者には、原則として、次に掲げる者は含まれません（消基通4－3－4）。
① その信託が終了するまでの間における残余財産の帰属権利者
② 委託者が生存している間において、委託者の死亡の時に受益者となるべき者として指定された者
③ 委託者が生存している間において、委託者の死亡の時以後に信託財産に係る給付を受ける受益者

(4) 受益者とみなされる委託者

受益者とみなされる者には、信託の変更をする権限を有している委託者が次に掲げる場合であるものが含まれます（消基通4－3－5）。
① 委託者が信託行為の定めにより帰属権利者として指定されている場合
② 残余財産受益者等の指定に関する定めがない場合又は残余財産受益者等として指定を受けた者の全てがその権利を放棄した場合

第3節 法人課税信託

固有事業者と受託事業者

法人課税信託の受託者は、各法人課税信託の信託資産等及び固有資産等ごとにそれぞれ別の者とみなして、5条、14条、20条から27条まで、47条、50条及び51条並びに六章を除く消費税法の各規定を適用し（消法15①）、各法人課税信託の信託資産等及び固有資産等は、それぞれ別の者とみなされた者に帰属します（消法15②）。

また、個人事業者が受託事業者である場合には、その受託事業については、法人とみなして消費税法の規定を適用します（消法15③）。

この場合、信託資産等が帰属するとみなされた者を受託事業者といい、固有資産等が帰属するとみなされた者を固有事業者といいます。

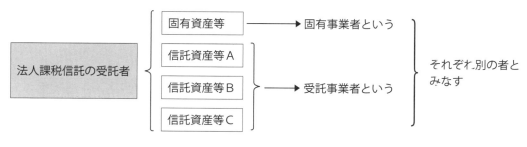

◆用語解説◆

法人課税信託：法人税法2条29号の2に規定する法人課税信託（消法14①）
資産等取引　：資産の譲渡等、課税仕入れ及び課税貨物の保税地域からの引取り（消法14①）
信託資産等　：信託財産に属する資産及び当該信託財産に係る資産等取引（消法15①）
固有資産等　：法人課税信託の信託資産等以外の資産及び資産等取引（消法15①）
受託事業者　：法人課税信託の受託者について、法人課税信託に係る信託資産等が帰属する者として消費税法の規定を適用する場合における当該受託者（各別に法人とみなされる）（消法15②③）
固有事業者　：法人課税信託の受託者について、固有資産等が帰属する者として消費税法を適用する場合における当該受託者（消法15④）

2 法人課税信託の納税義務等

(1) 固有事業者の基準期間における課税売上高

固有事業者については、その納税義務の判定及び簡易課税制度の適用の判定に用いる基準期間における課税売上高は、次のとおり計算します（消法15④、消令27①②）。

固有事業者の基準期間における課税売上高＝①＋②

① 固有事業者の固有資産等に係る基準期間における課税売上高
② 固有事業者の基準期間の初日から1年以内に終了した受託事業者の各事業年度における課税売上高

(2) 受託事業者の納税義務

受託事業者が課税事業者であるか免税事業者であるかは、その課税期間の初日における固有事業者の納税義務の有無により判定します（消法15⑥⑦⑪、消基通4-4-1）。

したがって、基準期間における課税売上高が1,000万円超である場合のほか、課税事業者を選択している場合、合併や分割があった場合の特例により固有事業者が課税事業者となる場合

には、受託事業者も課税事業者となります（消法15⑦）。

また、受託事業者は、固有事業者とは別に独立して課税事業者を選択することはできません（消基通4－4－4）。

受託者	固有事業者	X1年 600万円	X2年 610万円	X3年 620万円	X4年 630万円	X5年 640万円	X6年 650万円	X7年 660万円	X8年 670万円
	受託事業者A				A1年 200万円	A2年 210万円			
	受託事業者B			B1年 400万円	B2年 410万円	B3年 420万円	B4年 430万円	B5年 440万円	

固有事業者	X3年の判定	X1年＝600万円≦1,000万円	∴免税事業者
	X4年の判定	X2年＝610万円≦1,000万円	∴免税事業者
	X5年の判定	X3年＝620万円≦1,000万円	∴免税事業者
	X6年の判定	X4年630万円＋B1年400万円＝1,030万円＞1,000万円	∴課税事業者
	X7年の判定	X5年640万円＋A1年200万円＋B2年410万円＝1,250万円＞1,000万円 ∴課税事業者	
	X8年の判定	X6年650万円＋A2年210万円＋B3年420万円＝1,280万円＞1,000万円 ∴課税事業者	
受託事業者A	A1年の判定 → A1年の初日が属するX4年の判定に準じる		∴免税事業者
	A2年の判定 → A2年の初日が属するX5年の判定に準じる		∴免税事業者
受託事業者B	B1年の判定 → B1年の初日が属するX3年の判定に準じる		∴免税事業者
	B2年の判定 → B2年の初日が属するX4年の判定に準じる		∴免税事業者
	B3年の判定 → B3年の初日が属するX5年の判定に準じる		∴免税事業者
	B4年の判定 → B4年の初日が属するX6年の判定に準じる		∴課税事業者
	B5年の判定 → B5年の初日が属するX7年の判定に準じる		∴課税事業者

(3)　受託事業者の簡易課税制度の適用関係

受託事業者の簡易課税制度の適用の有無は、その課税期間の初日において固有事業者に簡易課税制度の適用があるかどうかにより判定します（消法15⑧、消基通4－4－2）。

受託事業者は、固有事業者とは別に独立して簡易課税制度を選択することはできません（消基通4－4－4）。

(4)　受託事業者の課税期間の短縮

受託事業者は、固有事業者とは別に独立して課税期間の短縮の特例の適用を受けることができます（消基通4－4－4）。

638

第14章 信 託

⑸ 課税売上割合に準ずる割合

　受託事業者は、固有事業者とは別に独立して課税売上割合に準ずる割合の承認申請をし、その承認を受けて適用することができます（消基通4−4−4）。

第 4 節 令和6年度改正による見直し

　「公益信託に関する法律」（令和6年法律第3号）が令和6年5月14日に成立し、同月22日に公布されました。公益信託に関する法律の施行期日は、原則として、公布の日から起算して2年を超えない範囲内において政令で定める日とされています。

　この法律への対応として、消費税については、⑴受託者課税への見直し、⑵申告単位の見直し、⑶特定収入がある場合の仕入控除税額の調整措置の適用等の改正が行われました。「近年の改正のポイント❾令和6年度の税制改正」を参照してください。

第15章 課税期間

第1節 課税期間の原則

　課税期間は、納付する消費税額の計算の基礎となる期間であり、法人においては事業年度、個人事業者においては暦年とされています。

法人の課税期間の原則

　法人の課税期間は、原則として、法人税法13条及び14条に規定する事業年度又はみなし事業年度とされています（消法19①）。

　法人税法13条に規定する事業年度とは、法人の会計期間で、法令で定めるもの又は法人の定款等に定めるものをいい、法令又は定款等に会計期間の定めがない場合には、納税地の所轄税務署長に届け出た会計期間又は所轄税務署長が指定した会計期間等をいいます。

　ただし、これらの期間が1年を超える場合は、その開始の日以後1年ごとに区分した各期間とし、最後に1年未満の期間を生じたときは、その1年未満の期間が事業年度となります（法法13①）。

区　分		法人税の事業年度	
		1年以内の場合	1年を超える場合
法人の会計期間で、法令又は定款等に定める会計期間		その会計期間	その開始の日以後1年ごとに区分した各期間（最後に1年未満の期間を生じたときは、その1年未満の期間）
法令又は定款等に会計期間の定めがない場合	税務署長に届け出た会計期間		
	税務署長が指定した会計期間		

→ 消費税の課税期間

640

会社法においては、会社の事業年度は1年以内の期間とされており（会社計算規則7②）、会社法の規制を受ける株式会社等の事業年度は、通常、法人税法に規定する事業年度と一致することになります。

　しかし、事業年度を変更する場合には、変更後の最初の事業年度については、会社法上は1年6か月以内であればよいもの（会社計算規則71②）とされています。会社がそのように定めることは非常に稀なケースと考えられますが、その場合には、法人税法に規定する事業年度と一致しないこととなります。

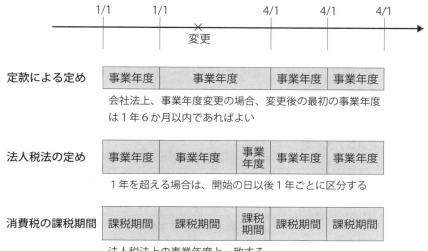

(1) 組織変更をした場合

　会社法においては、特例有限会社は有限会社を名乗る株式会社と位置づけられ、いつでも、通常の株式会社に移行することができるものとされています（会社法の施行に伴う関係法律の整備等に関する法律45）。また、合名会社から株式会社へ、株式会社から合資会社へ等の組織変更も可能です（会法743）。

　このように、法人が法律上の組織を変更して他の種類の法人となった場合には、組織変更前の法人の解散の登記、組織変更後の設立の登記が行われることになりますが、消費税法上その解散又は設立はなかったものとして取り扱われます。したがって、課税期間は組織変更によって区分されず、継続することとなります（消基通3－2－2）。

(2) 法人を設立した場合

　新たに設立された法人の最初の課税期間開始の日は、法人の設立形態に応じて次表のとおりとなります（消基通3－2－1）。

設立形態等	最初の課税期間開始の日
設立の登記により成立する法人（合併・分割を除く）	設立の登記をした日
行政官庁の認可・許可によって成立する法人	認可・許可の日
合併により設立された法人	合併契約書において定められた合併期日
分割により設立された法人	分割契約書において定められた分割期日

(3) 解散等があった場合

解散等があった場合には、法人税法上、事業年度は次のように定められています（会法494①、法法14、消基通3－2－3～5）。

区　分		事業年度（課税期間）
解散	合併以外の解散	① 事業年度開始の日から解散の日まで
		② 解散の日の翌日から事業年度終了の日まで※
清算中の法人	残余財産が確定した場合	事業年度開始の日から残余財産の確定の日まで
	継続した場合	① 事業年度開始の日から継続の日の前日まで
		② 継続の日から事業年度終了の日まで
	上記以外	事業年度※
更生会社	会社更生法による更生会社	① 事業年度開始の日から更生計画認可又は不認可の日まで
		② 更生計画認可又は不認可の日の翌日から事業年度終了の日まで
人格のない社団等	事業を止め、残余財産の全部を分配した場合	事業年度開始の日から分配の日まで
設立無効	設立無効又は設立取消しによる清算	① 事業年度開始の日から設立無効等の判決の日まで
		② 設立無効の判決の日の翌日から事業年度終了の日まで

※　株式会社が解散をした場合には、会社法494条の規定により、解散の日の翌日から1年ごとの期間がその事業年度となります。
※　合併等があった場合の課税期間は、762頁を参照してください。

個人事業者の課税期間の原則

個人事業者の課税期間は、原則として、暦年とされています（消法19①）。

新たに事業を開始した場合や事業を廃止した場合であっても、課税期間は暦の上での1年とされています。

◆個人事業者の課税期間の原則◆

継続して事業を行っている年	
事業を開始した年	1月1日から12月31日まで
事業を廃止した年	

第2節 課税期間の特例

課税期間は、事業者の選択により、3か月ごと又は1か月ごとに区分して短縮することができます。

なお、課税期間の特例を選択した場合は、2割特例の適用はありません。

法人の課税期間の特例

特例を選択した場合の課税期間は、それぞれ次によります（消法19①四、四の二）。

区　分	課税期間	申告期限
3か月ごとに短縮する場合	その事業年度をその開始の日以後3か月ごとに区分した各期間（最後に3月未満の期間を生じたときは、その3月未満の期間）	各期間の末日の翌日から2か月以内
1か月ごとに短縮する場合	その事業年度をその開始の日以後1か月ごとに区分した各期間（最後に1月未満の期間を生じたときは、その1月未満の期間）	

例えば、3月末決算法人において、3か月ごとに課税期間を短縮する特例が10月1日から適用された場合、その事業年度開始の日から9月30日までの期間は、特例の適用によって3か月ごとに区切られる課税期間ではないし、事業年度と一致する原則的な課税期間でもありません。そこで、特例の適用開始に当たっては、その事業年度開始の日から特例が適用される日の前日までの期間は、一の課税期間とみなされます。

また、特例の適用終了に当たっては、特例適用の終了の日の翌日からその事業年度の末日までの期間は、一の課税期間とみなされます。

【原則から3か月に短縮する場合】

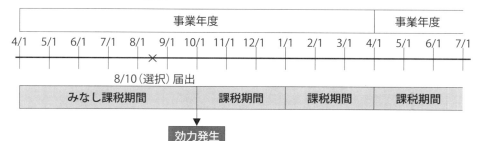

【原則から1か月に短縮する場合】

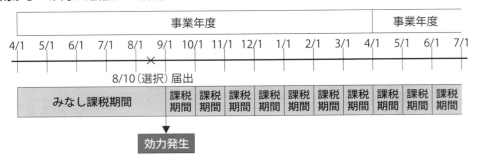

【3か月から1か月に変更する場合】

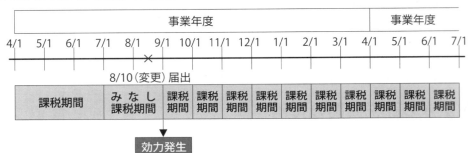

【1か月から3か月に変更する場合】

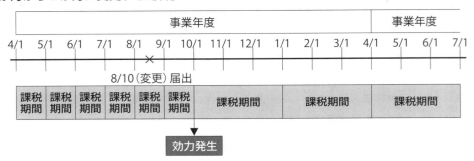

【3か月特例を原則にする場合】

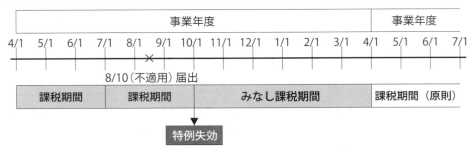

【1か月特例を原則にする場合】

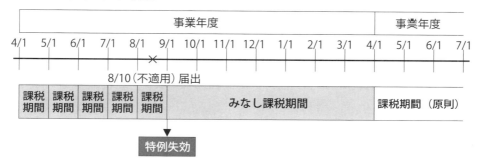

2 個人事業者の課税期間の特例

この特例の適用がある場合の課税期間は、それぞれ次表によります（消法19①四、四の二）。

区　分	課税期間	申告期限
3か月ごとに短縮する場合	1月1日～3月31日	5月31日
	4月1日～6月30日	8月31日
	7月1日～9月30日	11月30日
	10月1日～12月31日	翌年3月31日
1か月ごとに短縮する場合	1月から11月の各月	各月の翌々月の末日
	12月1日～末日	翌年3月31日

　法人の場合と同じように特例の適用開始に当たっては、その年の1月1日から特例が適用される月の前月末日までの期間は一の課税期間とみなされ、特例の適用終了に当たっては、終了の月の翌月初日からその年の12月31日までの期間は一の課税期間とみなされます。

3 課税期間特例選択（変更）の手続

(1) 概要

　課税期間の特例は、納税義務者があらかじめ届出書を提出することにより任意に選択できる制度です。税務署長の許可や承認は必要ありません。

　課税期間の特例の選択は、課税期間特例選択届出書を納税地の所轄税務署長に提出して行います（消法19①）。

　選択届出書の効力は、その届出書を提出した日の属する期間（その届出により短縮しようとする期間）の翌期間の初日以後生じるものとされ、その効力は、選択不適用の届出書を提出しない限り存続するものとされています（消法19②⑤）。

　選択不適用届出書の提出があった場合には、選択不適用届出書を提出した日の属する課税期

間の翌課税期間の初日以後、選択届出書はその効力を失います（消法19④）。

　ただし、選択不適用届出書は、事業を廃止した場合を除き、選択届出書の効力が生じた日の属する課税期間の初日から2年を経過する日の属する課税期間の初日以後でなければ提出することができません（消法19⑤）。

　これらの規定から、課税期間の特例は、事業を廃止しない限り、2年間の継続的適用が強制されることとなります。

　また、短縮の期間を1か月ごとから3か月ごとに、3か月ごとから1か月ごとに変更することが可能ですが、この場合にも2年間継続適用をした後でなければ、変更することができません（消法19⑤）。

(2)　課税期間特例選択（変更）届出書

　課税期間の特例の選択は、課税期間特例選択届出書を納税地の所轄税務署長に提出して行います（消法19①）。

　また、1か月から3か月への変更、3か月から1か月への変更も、同じ届出書を使用します。

(3)　適用開始の時期

　課税期間の特例は、課税期間特例選択届出書を提出した期間（その届出により短縮しようとする期間）の翌期間から適用されます（消法19②）。

(4)　提出した期間から適用する場合

　課税期間特例選択届出書を提出した期間が、課税資産の譲渡等に係る事業を開始した期間等である場合には、その提出をした期間から適用されます（消法19②、消令41①）。

(5)　免税事業者となった場合等

　課税期間特例選択届出書を提出した場合には、課税期間特例選択不適用届出書を提出しない限り、その効力は存続します。

　したがって、課税期間の特例を選択した後に免税事業者となった場合であっても、その後課税事業者となったときは、再び課税期間の特例が適用されます。

(6)　事業を承継した場合

　被合併法人、分割法人等が提出した「消費税課税期間特例選択届出書」の効力は、合併法人、分割承継法人等には及びません。

　合併法人等が適用を受ける場合には、新たに届出書を提出しなければなりません（消基通3－3－2～4）。

　また、相続により事業を承継した相続人も同様に、課税期間の短縮をしようとする場合には、

646

被相続人が提出した届出書に関係なく新たな届出が必要です。

 ## 4 不適用の手続

　課税期間特例の選択をやめようとする場合には、課税期間特例選択不適用届出書を提出します（消法19③）。

　事業を廃止した場合は、廃止届を提出すれば、課税期間特例選択不適用の届出があったものとみなされます（消基通1－4－15）。

　課税期間特例選択不適用届出書を提出した課税期間の翌課税期間以後は、選択届出書はその効力を失い、課税期間は事業年度となります（消法19④）。

　ただし、課税期間特例選択不適用届出書は、課税期間の特例を選択した課税期間の初日から2年を経過する日の属する課税期間の初日以後でなければ提出することができません（消法19⑤）。

　これらの規定から、課税期間の特例は、事業を廃止しない限り、2年間の継続適用が強制されることになります。

◆消費税課税期間特例選択不適用届出書◆

提出先	所轄税務署長
提出する場合	課税期間の特例の適用をやめる場合 事業を廃止した場合
提出ができる日	事業を廃止した場合を除き、課税期間特例の選択（変更）の効力が発生した日から2年を経過する日の属する短縮された課税期間の初日以後
提出単位	事業者ごと
不適用となる期間	提出した期間の翌期間以後

 ## 5 期間の末日が休日である場合等

　選択をしようとする期間の前期間の末日が休日である場合や、郵送等により提出する場合の留意点については、課税事業者選択届出書や簡易課税制度選択届出書等と同じです（615頁参照）。

| 第3節 | 課税期間の特例の活用 |

(1) 早期に消費税の還付を受けたい場合

　輸出免税の適用を受ける課税資産の譲渡等を行った場合は、その売上げに課税されない一方で課税仕入れ等については仕入税額控除の対象となることから、輸出取引等を主に行っている事業者は、消費税について経常的に還付申告を行うこととなります。

　事業年度を課税期間とする場合は、1年間の取引に係る還付申告を年に一度、まとめて行うことになりますが、課税期間を1か月又は3か月に短縮すれば、1か月ごと又は3か月ごとに還付申告を行い、早期に還付を受けることができます。

(2) 簡易課税制度選択届出書の提出を失念した場合等

　課税事業者選択届出書、簡易課税制度選択届出書は、事業を開始した課税期間を除いて、その届出書を提出した課税期間の翌課税期間の初日以後その効力が生ずるものとされており、適用しようとする課税期間の前課税期間中に提出しなければなりません。

　この届出を失念し適用しようとする課税期間が開始してしまった場合や、課税期間が開始した後に事業計画を変更した場合等には、事前の届出がないため、適用を受けることができません。

　このような場合、課税期間の特例によって対応することが考えられます。

　ただし、課税売上割合の計算やみなし仕入率の計算は、その短縮した課税期間において発生した金額を基礎とするため、事業年度を課税期間としている場合とは違う数値となることに注意が必要です。

① 簡易課税制度選択届出書の提出を失念した場合

　課税期間が開始してすぐに1か月短縮特例の選択届出書と簡易課税制度選択届出書とを提出すれば、課税期間を原則としている場合に比べて11か月早く簡易課税制度の適用を受けることができます。

　ただし、調整対象固定資産又は高額特定資産の仕入れ等により簡易課税制度選択届出書の提出が制限される取扱い（消法37③）に注意してください。

② 簡易課税制度選択不適用届出書の提出を失念した場合

　多額の課税仕入れが発生（原則として、引渡しの時に発生）する月の前月末日までに1か月短縮特例の選択届出書と簡易課税制度選択不適用届出書とを提出すれば、課税仕入れを行った時には一般課税となっており、還付を受けることができます。

　ただし、その課税仕入れ等を行う月の前月末までに簡易課税制度の選択適用から2年以上経過していなければ、課税期間を短縮しても2年間継続適用の規定により選択不適用届出書の提出はできません。

(3) 簡易課税制度等の強制継続適用期間が2年を超える場合

　簡易課税制度選択不適用届出書は、選択届出書の効力が生じた日の属する課税期間の初日から2年を経過する日の属する課税期間の初日以後でなければ提出することができないものとされています（消法37③）。

　課税期間は、個人事業者においては暦年、法人においては事業年度とされています。

　個人事業者の場合、年の途中で事業を開始した場合であっても、その課税期間は、事業開始の日にかかわらずその年の1月1日から開始します。

　しかし法人においては、原則として設立の日が事業年度の開始の日であり、課税期間の開始の日となります。したがって、法人が設立の課税期間から簡易課税制度の特例を適用した場合には、不適用届出書を提出することができる課税期間は、通常の場合よりも1期後になり、継続適用が強制される期間は、1期長くなります。

　この場合にも、上記のとおり、課税期間の短縮又は事業年度の変更により対応することが考えられます。

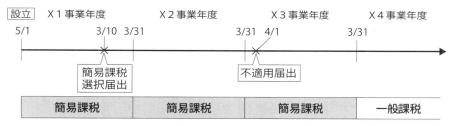

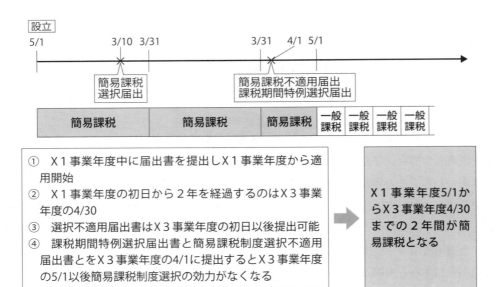

① X1事業年度中に届出書を提出しX1事業年度から適用開始
② X1事業年度の初日から2年を経過するのはX3事業年度の4/30
③ 選択不適用届出書はX3事業年度の初日以後提出可能
④ 課税期間特例選択届出書と簡易課税制度選択不適用届出書とをX3事業年度の4/1に提出するとX3事業年度の5/1以後簡易課税制度選択の効力がなくなる

→ X1事業年度5/1からX3事業年度4/30までの2年間が簡易課税となる

(4) 事業年度の変更による対応

法人の場合は、上記のように課税期間短縮の特例によるほか、事業年度を変更することによって対応することも可能です。

事業年度を変更するか、課税期間の短縮をするかは、次表のような影響を踏まえて検討します。

対応方法	処理	その後の影響
課税期間の短縮	課税期間特例選択届出書とともに、簡易課税制度選択届出書等、選択したい又はやめたい特例の届出書を提出する	・課税期間の特例は2年間継続する必要があり、1か月ごと又は3か月ごとの申告となるので煩雑 ・課税売上割合、みなし仕入れ率は、短縮した課税期間をベースに計算
決算期の変更（法人のみ）	決算期を変更し、変更後の事業年度が開始する前に決算期の異動届出書とともに、簡易課税制度選択届出書等、選択したい又はやめたい特例の届出書を提出する	・会社の経理や事業計画の期間に影響 ・法人税の申告時期も変更になる ・課税売上割合、みなし仕入れ率は、変更後の事業年度をベースに計算 ・1年でない事業年度が生じるため、基準期間となる期間と計算に注意 ・1年でない事業年度が生じるため、第3年度となる期間に注意

第16章

申告と納付

第1節 課税資産の譲渡等についての確定申告

　課税事業者は、課税期間ごとに、課税期間の末日の翌日から2か月以内に、消費税の確定申告書を提出しなければなりません。

　免税事業者は、確定申告書を提出する義務がなく、還付申告書を提出することもできません。

1 租税債務の確定と履行

　国内取引に係る消費税の納税義務は、一つひとつの課税資産の譲渡等につき、その課税資産の譲渡等を行った時に成立します（通法15②七）。

　課税資産の譲渡等に係る消費税は、課税期間ごとに、事業者が自ら計算し、確定申告書に必要事項を記載して税務署長に提出することによって、その納付すべき税額が確定します（通法16①）。

　このように、納税義務者の申告によって納付税額が確定し、その申告がない場合に限って税務署長が確定のための処分を行う方式を申告納税方式といいます。

　確定申告は租税債務の確定手続であり、税の納付は確定した租税債務を履行するものです。確定申告書の提出期限は、その申告に係る納付期限でもありますが（消法49）、申告と納付とは、租税債務の確定とその履行という法的な位置づけが異なる行為です。

4/1	課税期間	3/31	2か月以内　5/31
	課税資産の譲渡等を行った時に納税義務が成立		確定申告 （租税債務の確定）
			納付 （租税債務の履行）

651

申告納税方式における租税債務の確定手続は、期限内申告（中間申告を含みます。）、期限後申告、修正申告、更正、決定の５つです。
　国内取引に係る消費税の確定申告書を提出すべき者が、その確定申告書を提出期限までに提出しなかった場合には、税務署長が、その税額につき決定処分を行うこととなります。納税者は、申告期限の後は、税務署長による決定があるまでは、期限後申告書を提出できるものとされています。このことは、法定申告期限を境に、租税債務の確定手続を行うことのできる権利が、納税者から課税庁に移転するとみることができます。
　そうすると、先に提出した確定申告書の訂正を行いたい場合は、法定申告期限内であれば、訂正後の申告書を提出して先の申告書に差し替え、初めから適正な申告であったとすることも可能であると考えられます。実務においては、法定申告期限内に複数の申告書が提出された場合には、最後に提出された申告書が有効な申告書として取り扱われています（参考：所基通120－４）。

 電子申告

　消費税法は、消費税の中間申告書、確定申告書及び還付申告書並びにこれらの申告書の添付書類は、書面により提出しなければならないこととしています（消法42、43、45、46）。ただし、事業者の選択により、電子情報処理組織（e-Tax）を使用する方法により行うことができます（国税関係法令に係る行政手続等における情報通信の技術の利用に関する省令３～６、別表）。

(1)　e-Taxとは

　e-Taxとは、申告などの国税に関する各種の手続について、インターネットを利用して電子的に手続を行うシステムです。

(2)　電子申告の基本的な流れ

　e-Taxを利用して申告及び申請・届出等手続を行う場合の基本的な流れは、次のとおりです。
① 　市町村役場や法務局で電子証明書を取得します。税理士の電子証明書は、日本税理士会連合会が発行しています（所得税徴収高計算書及び納付情報登録依頼のみを利用する場合には、電子証明書は不要です。）。
② 　電子申告等開始届出書を所轄の税務署に提出し、利用者識別番号を取得します。電子申告等開始届出書の提出には、インターネットを利用してオンラインで提出する方法、書面により提出する方法があります。利用者識別番号は、オンライン提出の場合にはオンラインで、書面による提出の場合には書面により通知されます。
③ 　e-Taxソフトのインストール及び電子証明書の登録などの初期登録を行います。
④ 　e-Taxソフト等を利用して申告等データを作成し、送信します（書面で申告する場合の署名押印に代わる措置として、電子署名が必要となります。）。

652

⑤　送信データの審査結果（受信通知）を確認します。

　ダイレクト納付を利用して納税を行う場合には、事前にダイレクト納付利用届出書を税務署に提出する必要があります。

　インターネットバンキングを利用して納税を行う場合には、利用する金融機関との間で、あらかじめインターネットバンキングの利用手続を行っておく必要があります。

❸ 法人の申告期限

(1) 原則

　法人の確定申告期限は、原則として、その課税期間の末日の翌日から2か月以内とされています（消法45①）。納付期限は申告期限と同じです（消法49）。

　2か月は、暦に従って計算するので、ひと月の日数にかかわらず決算の翌々月の決算日に応当する日が申告期限となります。

　したがって、法人の消費税の申告期限は、通常の場合、法人税の申告期限と同じになりますが、課税期間の短縮特例を選択している場合には、1か月又は3か月に区切ったそれぞれ期間ごとに2か月以内の申告期限となります。

　法人の確定申告期限を一覧すると次図のようになります。

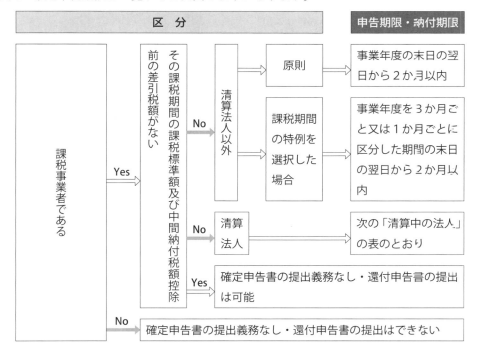

(2) 清算中の法人

清算中の法人については、次表のような特例が設けられています（消法45④、消基通15－2－6）。

清算中の法人	確定申告期限
残余財産が確定するまでの期間	課税期間の末日の翌日から2か月以内
その法人の資産負債を全部引き継ぐ実質的な営業譲渡があった場合	引継日の翌日から1か月以内
残余財産が確定した場合	確定した日の翌日から1か月以内
確定した日の翌日から1か月以内に最後の分配を行う場合	分配の日の前日まで

4 法人税法における申告期限の延長がある場合

(1) 法人の確定申告書の提出期限の特例

法人税の「確定申告書の提出期限の延長の特例」（法法75の2①）の適用を受ける法人は、「消費税申告期限延長届出書」の提出により、消費税及び地方消費税の確定申告書の提出期限を1か月延長することができます（消法45の2①）。

この特例は、届出書の提出をした日の属する事業年度以後の各事業年度の末日の属する課税期間に係る確定申告書について適用されます（消法45の2①）。

また、法人税と同様に、延長された期間に係る利子税の納付が必要です（消法45の2⑤）。

(2) 連結法人への適用

法人税の申告期限の延長の特例の適用を受ける連結親法人又はその連結子法人が「消費税申告期限延長届出書」を提出した場合には、その提出をした日の属する連結事業年度（その連結事業年度終了の日の翌日から45日以内に提出した場合のその連結事業年度を含みます。）以後は、各連結事業年度終了の日の属する課税期間について、消費税の確定申告の期限が1か月延長されます（消法45の2②）。

5 大法人の電子申告の義務（e-Taxによる申告の特例）

行政手続の電子化を進め、官民あわせたコストの削減や企業の生産性向上を推進する観点から、申告データを円滑に電子提出できるように環境整備を進めつつ、大法人について電子申告を義務とする「電子情報処理組織による申告の特例（e-Taxによる申告の特例）」が設けられています。

(1) 対象法人

　e-Taxによる申告の特例の対象となる法人を特定法人といいます（消法46の2①）。特定法人となる範囲は、次のとおりです（消法46の2②）。

法人の区分				法人税等	消費税等
内国法人	普通法人	株式会社等	資本金の額等が1億円超	C	○
			資本金の額等が1億円以下	×	×
		受託法人（法人課税信託）		×	×
		相互会社		○	○
		投資法人		○	○
		特定目的会社		○	○
	公共法人	国・地方公共団体		－	○
		国・地方公共団体以外	資本金の額等が1億円超	－	○
			資本金の額等が1億円以下	－	×
	公益法人等	資本金の額等が1億円超		○	○
		資本金の額等が1億円以下		×	×
	協同組合等	資本金の額等が1億円超		○	○
		資本金の額等が1億円以下		×	×
	人格のない社団等			×	×
外国法人				×	×

① 　資本金の額等の判定は、事業年度開始の日において行います（消法46の2②）。設立根拠法にその資本金又は出資金に係る規定のある法人及び定款に出資持分に関する定めがあることを前提とした制度が規定されている法人のうち、事業年度開始の日において資本金の額又は出資金の額が1億円を超えるものが該当することとなります。

② 　公共法人、公益法人及び協同組合等も、資本金の額又は出資の金額を有しており、かつ、それが1億円を超える場合には、特定法人に該当します。

③ 　国又は地方公共団体については、そもそも国又は地方公共団体は電子申告を推進する立場であることや行政コスト削減の観点から、納税義務が生じる消費税においてe-Taxによる申告の特例の対象とされました（消法46の2②五）。

④ 　人格のない社団等及び法人課税信託に係る受託事業者は、特定法人に該当しないこととされています（消法3、消規11の4）。また、外国法人も対象外です。

⑤ 　連結納税が適用される法人税申告については、親法人が上記基準に該当すれば電子申告の

義務化の対象です。ただし、法人税で連結納税を適用している場合でも、消費税等の申告については、連結グループ内の個々の法人ごとに、上記基準により、電子申告の義務化の対象か否かを判定します。

(2) 対象となる手続

e-Taxによる申告の特例の対象税目は、法人税、法人地方税、消費税及び地方消費税の申告（地方税については、法人住民税及び法人事業税）です。

対象となる手続は、中間申告書、確定申告書（確定申告書に係る期限後申告書を含みます。）、還付申告書又はこれらの申告書に係る修正申告書及び添付書類の提出の全てです（消法46の2①、法法75の3①）。

税理士等による代理送信も、当然に可能です。

(3) 電子申告の到達時期

電子申告による消費税の申告は、国税庁の電子計算機に備えられたファイルへの記録がされた時に税務署長に到達したものとみなされます（消法46の2④）。事業者が選択により行うことができる電子申告の場合（行政手続等における情報通信の技術の利用に関する法律3③）と同様です。

(4) 適用開始届

e-Taxによる申告の特例の対象となる法人（特定法人）は、次の期限までに、所轄税務署長に対し、「e-Taxによる申告の特例に係る届出書」を提出する必要があります（消規23の2①、平30改消規附3）。

① 増資、設立等により特定法人となる場合

増資…資本金の額等が1億円超となった日から1か月以内

設立…設立の日から2か月以内

② 特定法人であって消費税の免税事業者から課税事業者となる場合…課税事業者となる課税期間開始の日から1か月以内

(5) 特定法人が書面により提出した場合

e-Taxによる申告の特例は、申告方法をe-Taxに限定するものです。

特定法人が、法定申告期限までにe-Taxにより申告をせず、書面により提出した場合には、次の「例外的書面申告」の指定を受けていない限り、その申告書は無効なものとなり、無申告加算税の対象となります。

なお、法定申告期限までに書面により申告書を提出した後、法定申告期限後にe-Taxにより申告した場合でも同様です。

⑹　e-Taxを使用することが困難であると認められる場合

①　例外的書面申告

　電気通信回線の故障、災害その他の理由によりe-Taxを使用することが困難であると認められる場合において、書面により申告書を提出することができると認められるときは、納税地の所轄税務署長の事前の承認を要件として、税務署長が指定する期間内に行う申告については、申告書及び添付書類を書面によって提出することができます（消法46の3①）。

　書面による納税申告書等の提出をすることができると認められることが承認の要件とされていることから、書面による納税申告書等の提出ができないときは承認を受けることができません。書面による納税申告書等の提出ができない場合には、国税通則法11条の規定による申告期限の延長の適用を受けることができる可能性があります。

②　承認申請

　承認を受けようとする法人は、その指定を受けようとする期間の開始の日の15日前までに、「e-Taxによる申告が困難である場合の特例の申請書」及び添付書を所轄税務署長に提出しなければなりません（消法46の3②）。

　電気通信回線の故障や災害等が生じた日が申告書の提出期限の15日前の日以後である場合において、確定申告書の提出期限が指定期間内であるときは、申請書の提出期限は、指定期間の開始の日となります（消法46の3②）。

③　承認及びみなし承認

　申請に対する承認又は却下の処分は、所轄税務署長が書面によりその旨を通知します（消法46の3④）。

　ただし、申請書に記載した指定を受けようとする期間の開始の日までに承認又は却下の通知がなかった場合には、その日においてその承認があったものとみなされます（消法46の3⑤）。

　このように提出期限から適用始期までの期間が短く、かつ、みなし承認の制度が設けられていることから、この申請書は、到達主義によることとされています（国税通則法第22条に規定する国税庁長官が定める書類を定める件（平成18年国税庁告示第7号）別表第1号ヌ）。

④　取消し

　税務署長は、例外的書面申告の適用を受けている法人について、e-Taxを使用することが困難でなくなったと認める場合には、書面により取消しの処分を通知します（消法46の3⑥⑦）。

⑤　取りやめ

　例外的書面申告の適用を受けている法人は、その適用をやめようとするときは、「e-Taxによる申告が困難である場合の特例の取りやめの届出書」を提出しなければなりません。届出書の提出があった場合には、その提出日の翌日以後は、税務署長の承認の効力が失われます（消法46の3⑧、消規23の3③）。

個人事業者の申告期限

　個人事業者の確定申告期限は、その課税期間の翌年3月31日とされています（措法86の4）。納付期限は申告期限と同じです（消法49）。

　ただし、課税期間の特例を選択している場合には、その課税期間の末日の翌日から2か月以内が申告期限となり、12月31日が属する課税期間については、翌年3月31日が申告期限となります（消法45①）。

　個人事業者の確定申告期限を一覧すると次図のようになります。

　相続があった場合の申告については、748頁を参照してください。

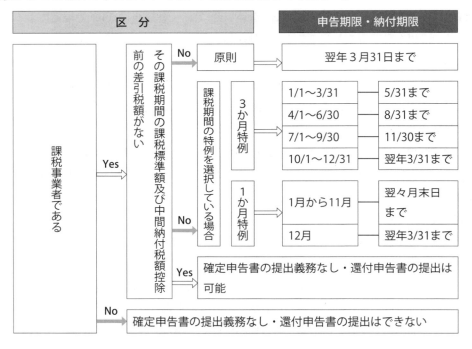

※　個人事業者が出国する場合
　　個人が出国する場合には、出国の時までに所得税の確定申告書を提出しなければなりません（所法127）。
　　しかし、消費税では、国内に居住しない個人事業者であっても国内で課税資産の譲渡等を行う限り、消費税の納税義務者であることに変わりはありません。出国に際しての確定申告は不要です。

 ## 災害等による期限の延長

　災害その他やむを得ない理由により、期限までに申告又は納付をすることができない場合については、国税通則法11条による災害等に伴う一般的な期限の延長及び特別法等における被災事業者の取扱いによって対応することとされています。

第16章 申告と納付

⑧ 提出の留意点

(1) 添付書類

確定申告書には、次の事項を記載した明細書を添付しなければなりません（消法45⑤、46③、消規22②③）。

① 資産の譲渡等の対価の額の合計額の計算に関する明細

② 課税売上割合・控除対象仕入税額の計算に関する明細

③ その他参考となるべき事項

(2) 提出期限が休日である場合

確定申告書の提出期限が、土曜日、日曜日、祝日等の休日にあたるときは、その翌日がその期限となります（通法10②）。

(3) 郵送による提出

確定申告書及びその添付書類を郵便又は信書便により提出する場合には、その郵便物等の通信日付印（消印等）に表示された日、通信日付印が明瞭でない場合には発信日として推定される日に、提出したものとみなされます（通法22）。

郵便物には、封書の第一種郵便物（書留、速達等のオプションが利用できます。）、はがきの第二種郵便物、定期刊行物の第三種郵便物、通信教育用郵便物等の第四種郵便物の４種類があり、申告書は第一種郵便物として送付することになります。

申告書は、原則として、郵便又は信書便以外の方法（宅配便等）で送付することはできないものとされていますが、誤ってこのような方法で送付しても受領されるようです。ただし、この場合には、本人が持参したものと同様であると認識して、実際に税務署に到達した日が提出日となります。

区　　分		提出の日
第一種郵便物	書留・簡易書留・配達証明	郵便物受領証等に記載された引受日
	普通郵便・速達郵便・レターパック	消印日（消印が明瞭でない場合には発信日として推定される日）
信書便物	一般信書便事業者、特定信書便事業者が行う信書便	配送伝票等に記載された差出日
その他	ゆうパックやゆうメールなどの小包郵便物は、郵便法の定める郵便物ではなく、宅配便等とともに申告書や申請書の送付には使えないものとされている	

⑷　時間外文書収受箱への投函

　税務署の開庁時間は、月曜日から金曜日の午前8時30分から午後5時までです。開庁時間外には、税務署の時間外文書収受箱に投函して申告書を提出することができます。

　この場合の提出日の取扱いは、行政文書「国税庁の行政文書の取扱いに関する訓令」取扱細則（事務運営指針）に、次のように示されています。

「国税庁の行政文書の取扱いに関する訓令」取扱細則（事務運営指針）

（東京国税局　総総第89号平成12年6月28日　総総第6号平成17年1月7日改正）

24　時間外文書収受箱（第19条関係）

　署の勤務時間外における行政文書の収受は、時間外文書収受箱によって行われるため、総務課は、正規の勤務時間開始と同時に、時間外文書収受箱に投かんされた行政文書を取り出して収受する。収受日付印の日付については、後記26による。

26　収受日付印の日付について（第20条関係）

　収受日付印の日付は、行政文書が実際に到着した日の日付とし、1日を通じて変更しないこととする。

　ただし、時間外文書収受箱より取り出した行政文書には、到着した日の確認が困難であるので、前日（前日が閉庁日の場合は直前の開庁日）の収受日付印を押なつする。

　つまり、夜間に時間外文書収受箱に投函した申告書は、翌開庁日の勤務時間開始と同時に取り出され、その直前の開庁日に提出がされたものとして取り扱われます。

　この取扱いは申告書に限らず、税務署に提出する文書一般に共通するものです。

⑸　期限後申告と納付

　課税事業者は、確定申告書の提出期限後においても、決定があるまでは、期限後申告書を提出することができます。この場合には、その申告書を提出する日までにその申告書に記載した消費税を国に納付しなければなりません（通法18、35②）。

⑹　申告書の様式

　確定申告書は、"消費税及び地方消費税の確定・中間（仮決算）・還付・修正申告書（一般用）「3−⑴号様式」"が、添付書類とともに定められています。なお、簡易課税制度の適用がある場合には「3−⑶号様式」を使用します（消法45①⑤・46③、消規22①②③・23、消費税申告書様式等通達）。

第16章 申告と納付

第2節 還付申告

(1) 控除不足還付税額と中間納付還付税額

その課税期間の納付すべき消費税額を計算した結果、課税標準額に対する消費税額から控除対象仕入税額等の税額を控除して控除しきれない金額は、確定申告書に控除不足還付税額の記載をして申告することにより還付されます（消法52）。

また、中間納付額についても、その課税期間の消費税額から控除して控除しきれない金額は、中間納付還付税額として還付されます（消法53）。

(2) 申告不要

課税事業者であっても、その課税期間において課税標準額の基礎となる課税売上高がなく、中間納付額を控除する前の差引税額がない場合には、確定申告書を提出する必要はありません（消法45①）。

ただし、課税事業者は、申告不要の場合であっても、還付税額がある場合には、還付を受けるための申告を行うことができます（消法46）。

(3) 免税事業者

免税事業者は、たとえ、課税取引に係る仕入高が売上高を超えている場合、売上対価の返還等や貸倒れがある場合であっても、還付申告書を提出することはできません。

(4) 還付請求権の消滅時効

還付金等の還付請求権は、その請求ができる日から5年間行使しないときは時効により消滅します（通法74①）。

還付申告は、課税期間の末日の翌日以後行うことができるので、その課税期間の末日の5年後の同日までに申告書を提出しなければ、時効が成立します。

(5) 申告書の様式

還付申告に係る申告書の様式・記載事項・添付書類等は納付する申告書と同じです（消法46①、消規22、消費税申告書様式等通達）。

(6) 還付加算金

国税の納付遅延に対し延滞税が課されることとのバランスから、還付金等には利息に当たる還付加算金が付されます（通法58、消法52）。

661

還付加算金の計算の基礎となる期間は、次のとおりです（消法52②）。

ただし、未納となっているその課税期間の中間申告に係る消費税等に充当する場合は、還付加算金及び未納消費税等に係る延滞税は計算されません（消法52③）。

区分	期間の初日	期間の終日
期限内申告	申告期限の翌日	支払決定をする日 又は 他の国税に充当する日
期限後申告	提出日の属する月の翌月初日	

還付加算金の割合は、年7.3％とされていますが、各年の「還付加算金特例基準割合」が年7.3％に満たない場合には、還付加算金特例基準割合となります（通法58①、措法95）。

令和4年、令和5年及び令和6年の還付加算金特例基準割合は、0.9％となっています。

※　還付加算金特例基準割合とは、平均貸付割合（各年の前々年の9月から前年の8月までの各月における銀行の新規の短期貸出約定平均金利の合計を12で除して計算した割合（0.1％未満の端数は切り捨てます。）として各年の前年11月30日までに財務大臣が告示する割合）に、年0.5％の割合を加算した割合です。

第3節　修正申告と更正の請求

確定申告や税務署長が行った決定によりいったん確定した消費税額について、その計算方法に誤りがあった場合や計算の基礎に変更があった場合には、その確定した消費税額を訂正することができます。

申告等による税額が過小であり、追加納付の必要があると判明した場合には、納税義務者の判断により修正申告を行うことができます。

申告等による税額が過大である場合には、納税義務者は自ら税額を減額することはできず、税務署長に対して、更正の請求を行うこととなります。更正の請求は、一定の要件に該当した場合に行えるものとされています。

税額の確定の区分	
期限内申告	
無申告	期限後申告
	決定

税額の増減	手続
税額が増加した場合	修正申告
税額が減少した場合	更正の請求

1 修正申告

申告書・決定通知書・更正通知書に記載された税額に不足額がある場合又は還付金の額が過大である場合には、税務署長による更正があるまでは、修正申告書を提出することができます（通法19）。

(1) 申告書の様式

修正申告に係る申告書の様式・記載事項・添付書類等は確定申告の場合と同じです（消費税申告書様式等通達）。

(2) 修正申告による納付

修正申告書を提出した場合は、その申告書を提出した日までに申告書に記載した消費税を国に納付しなければなりません（通法35②）。

(3) 仕入税額控除の計算方法

修正申告について、仕入控除税額の計算方法を個別対応方式又は一括比例配分方式のいずれとするかは、その修正申告に係る確定申告書において適用した仕入税額控除の計算方法によります（消基通15－2－7（注））。

確定申告書において個別対応方式を適用していたものを修正申告において一括比例配分方式とし、又は、確定申告書において一括比例配分方式を適用していたものを修正申告において個別対応方式とすることはできません（消基通15－2－7）。

2 更正の請求

次の場合には、更正の請求を行い、税務署長から更正処分を受けることによって消費税の還付を受けることができます。

事　由		更正の請求期限
申告書に記載した課税標準等又は税額等の計算に誤りがあった場合	期限内申告・期限後申告	申告期限から5年以内
	確定申告書を提出する義務がない場合の還付申告書が、法定申告期限後に提出された場合	提出日から5年以内
① 申告又は決定による税額計算の基礎となった事実に関する訴えについて、計算の基礎としたところと異なる判決・和解等があった場合 ② 課税物件の帰属を変更する更正又は決定があった場合 ③ 法定申告後に生じた①②に類するやむを得ない理由がある場合		その事実が確定した日の翌日から起算して2か月以内

※ 更正の請求又は更正の申出を行う際には、「事実を証明する書類」の提出が必要です。

(1)　通常の更正の請求（計算に誤りがあった場合）

　納税申告書を提出した者は、次のいずれかに該当する場合には、その申告書に係る法定申告期限（還付を受けるための申告書を法定申告期限後に提出した場合はその申告書を提出した日）から 5 年以内に限り、税務署長に対し、更正の請求をすることができます（通法23①）。

通常の更正の請求の要件
①　その申告書に記載した課税標準等若しくは税額等の計算が国税に関する法律の規定に従っていなかったこと又はその計算に誤りがあったことにより、その申告書の提出により納付すべき税額が過大であるとき
②　①の理由により、その申告書に記載した還付金の額に相当する税額が過少であるとき、又はその申告書に還付金の額に相当する税額の記載がなかったとき

　無申告により決定を受けた場合には、適用がありません。

　個別対応方式又は一括比例配分方式のいずれかを適用して確定申告を行った課税期間の控除対象仕入税額の計算方法について、これを変更して更正の請求をすることはできません。

(2)　後発事象に基づく更正の請求（計算の基礎に変更があった場合）

　更正の請求ができる期間は、通常の場合は、前述のとおり法定申告期限から 5 年以内ですが、その後においても、納税申告書を提出した者又は決定を受けた者は、次のいずれかに該当する場合には、それぞれに掲げる期間において、更正の請求をすることができます（通法23②）。

更正の請求ができる場合	更正の請求の期限
その申告、更正又は決定に係る課税標準等又は税額等の計算の基礎となった事実に関する訴えについての判決等により、その事実がその計算の基礎としたところと異なることが確定したとき	その確定した日の翌日から起算して 2 か月以内
その申告、更正又は決定に係る課税標準等又は税額等の計算に当たってその申告をし、又は決定を受けた者に帰属するものとされていた所得その他課税物件が他の者に帰属するものとするその他の者に係る国税の更正又は決定があったとき	その更正又は決定があった日の翌日から起算して 2 か月以内
その他当該国税の法定申告期限後に生じた上記に類するやむを得ない理由があるとき	その理由が生じた日の翌日から起算して 2 か月以内

(3)　前課税期間の修正申告等があった場合

　上述のとおり、決定を受けた者は、後発的事由に基づく場合においてのみ更正の請求ができるものとされています。

　ただし、修正申告・決定・更正により、その修正申告等に係る課税期間の後の決定を受けた課税期間の納税額が過大となった場合又は還付金の額が過少となった場合には、その修正申告

等があった日の翌日から2か月以内に限り、更正の請求をすることができます（消法56、消基通15－3－1）。

第4節 決定、更正

決定等の処分と手続

申告納税方式において税務署長の処分は、納税者の納税申告手続に対する補完的な手続として設けられています。

すなわち、納税者が法定申告期限までにその申告書を提出しなかった場合には決定が、納税者の提出した申告書に誤りがある場合には更正が行われることとなります（通法24、25、26）。

税務署長が行う処分		手続
決定 （通法25）	法定申告期限までに申告書の提出がなかった場合には、調査により、その申告書に係る課税標準等及び税額等を決定する。	決定通知書を送達
更正 （通法24）	期限内申告書、期限後申告書に記載された課税標準等又は税額等の計算が国税に関する法律の規定に従っていなかったとき、その他当該課税標準等又は税額等がその調査したところと異なるときは、その調査により、更正する。	更正通知書を送達
再更正 （通法26）	更正又は決定をした後、その更正又は決定をした課税標準等又は税額等が過大又は過少であることを知ったときは、その調査により、更正する。	

租税法は強行法規であるため、税務署長等の裁量により、決定又は更正の処分を猶予することは認められないものとされています。

更正、決定等の期間制限

国税について国が行使できる権利を無期限に認めると、納税者の法的安定性の確保と画一的執行が困難となるため、賦課権には除斥期間、徴収権には消滅時効の期間制限が設けられています。

(1) 賦課権の除斥期間

税務署長が更正、決定、賦課決定を行う権利を賦課権といいます。賦課権の行使可能期間には制限があります。

更正又は決定は、その更正又は決定に係る国税の法定申告期限から5年を経過した日以後に

おいてはすることができません（通法70①一）。

　還付申告書に係る更正については、その申告書を提出した日から5年間が処分可能期間となります（通法70①）。

　ただし、更正をすることができないこととなる日前6か月以内にされた更正の請求に係る更正又はその更正に伴って行われることとなる加算税の賦課決定は、その更正の請求があった日から6か月を経過する日まですることができます（通法70③）。

　偽りその他不正の行為により税を免れ又は税の還付を受けた場合についての更正は、法定申告期限の翌日から7年を経過する日まですることができます（通法70④）。

　賦課権の行使は、その期間の末日までに処分の通知書が納税者に到達した場合に有効となります。

　賦課権の期間制限には除斥期間の制度がとられています。除斥期間の制度の主な特徴は次のとおりです。

①　時効の中断がない
②　権利の存続期間があらかじめ予定されていて、その期間の経過によって権利が消滅し、当事者の援用を要しない
③　除斥期間による権利の消滅は遡及効がなく、将来に向かって消滅する

(2)　徴収権の消滅時効

　徴収権は、既に確定した租税債務の履行を求め、収納することができる権利です。私法上の債権と同様に、一定期間に権利を行使しなければその権利が消滅する時効の制度がとられています。時効は、決定・更正、督促等により中断します（通法73）。

◆徴収権の行使可能期間◆

区　分	起算日	消滅時効の期間
原則（通法72①）	法定納期限の翌日	5年
偽りその他の不正があった場合（通法73③）		7年

第5節　中間申告

　資産の譲渡等は、通常、課税期間を通じて行われ、その取引の都度、消費税の納税義務が成

立しています。

　他方、課税資産の譲渡等に係る消費税の課税期間は、暦年又は事業年度とされており、確定申告によって消費税が納付されるのは、期首から14か月を経過した時期となるため、事業者は、日々発生している納税義務をその期間保留されたかたちとなっています。

　また、国の財政面からは、税の収入の時期を平準化させたいという要請があり、中間申告の制度が設けられています。

❶　中間申告の回数は、前課税期間の確定消費税額で決まります。
❷　申告手続を省略することができるみなし申告の制度があります。
❸　仮決算による申告を行うこともできます。
❹　任意で中間申告を行うことができる制度があります。

中間申告書の提出義務

　課税事業者は、中間申告書を提出し、その中間申告書に記載した消費税を国に納付しなければなりません。

　中間申告書の提出義務は、前課税期間の確定消費税額に応じて、次表のように区分されます。

前課税期間の確定消費税額	中間申告の義務
１か月相当額が400万円超 （年税額4,800万円超である場合）	年11回
３か月相当額が100万円超1,200万円以下 （年税額400万円超4,800万円以下である場合）	年３回
６か月相当額が24万円超200万円以下 （年税額48万円超400万円以下である場合）	年１回
６か月相当額が24万円以下 （年税額48万円以下である場合）	中間申告不要 ただし、任意で行う制度があります。

(1)　一月中間申告

　前課税期間の確定消費税額の１か月相当額が400万円超である場合、すなわち、１年決算法人では、前課税期間の確定消費税額が4,800万円超である場合には、一月中間申告を行う義務があるものとされています（消法42①）。この場合の中間申告書の提出期限は、次表のとおりです。

　なお、消費税の確定申告の期限の延長特例の適用を受けている法人の場合は、その事業年度開始後の２か月分はその事業年度開始日から３か月を経過した日から２か月以内となり、以後９か月分は中間申告対象期間の末日の翌日から２か月以内になります。

法人		個人	
中間申告対象期間	申告期限	中間申告対象期間	申告期限
その事業年度開始の日から1か月間	その事業年度開始の日から2か月を経過した日から2か月以内	1月1日～末日	5月31日
次の1か月間（2か月目）	中間申告対象期間の末日の翌日から2か月以内	2月1日～末日	
次の1か月間（3か月目） ⋮ 次の1か月間（11か月目）	中間申告対象期間の末日の翌日から2か月以内	3月1日～末日	
		4月1日～末日 ⋮ 11月1日～末日	中間申告対象期間の末日の翌日から2か月以内

（「その事業年度開始の日から2か月を経過した日から2か月以内」と「中間申告対象期間の末日の翌日から2か月以内」は同じ日）

⑵　三月中間申告

　前課税期間の確定消費税額の3か月相当額が100万円超1,200万円である場合、すなわち、1年決算法人では、前課税期間の確定消費税額が400万円超4,800万円以下である場合には、その課税期間を3か月ごとに区分したそれぞれの期間の末日の翌日から2か月以内に三月中間申告書を提出しなければなりません（消法42④）。

　ただし、一月中間申告の適用があった場合において、その後、確定消費税額が更正によって減少し、400万円超4,800万円以下となったときは、一月中間申告の適用があった3か月ごとの期間は、三月中間申告の対象になりません。

⑶　六月中間申告

　前課税期間の確定消費税額の6か月相当額が24万円超200万円以下である場合、すなわち、1年決算法人では、前課税期間の確定消費税額が48万円超400万円以下である場合には、その課税期間開始の日から6か月を経過した日の翌日から2か月以内に六月中間申告書を提出しなければなりません（消法42⑥、消基通15－1－9）。

　ただし、一月中間申告又は三月中間申告の適用があった場合において、その後、確定消費税額が更正によって減少し、48万円超400万円以下となったときは、六月中間申告の必要はありません。

⑷　みなし申告

　中間申告書の提出期限までにその提出がなかった場合には、その提出期限において、前課税期間の確定消費税額による中間申告書の提出があったものとみなされます（消法44、消基通15－

$1-6$）。

したがって、仮決算による中間申告を行おうとする場合には、必ずその申告期限までに中間申告書を提出しなければなりません。

みなし申告の制度により、中間申告につき無申告となることはありません。

(5) 中間申告不要の場合

次の事業者は、中間申告は不要となります。

① 設立１期目の法人（合併による設立を除きます。）

② その年に新規開業した個人事業者（相続による事業の承継を含みます。）

③ 事業年度が３か月以下の法人

④ 課税期間の特例の適用がある事業者

⑤ 前課税期間の確定消費税額の６か月相当額が24万円以下の事業者

⑥ 国税通則法11条の規定に基づき申告期限が延長され、中間申告書の提出期限と確定申告書の提出期限とが同一の日となる事業者

(6) 前課税期間の確定消費税額

前課税期間の確定消費税額について、修正申告等により増減があった場合には、その課税期間開始の日以後、その中間申告対象期間の末日において確定した金額により判定します。

(7) 合併等があった場合

法人の合併があった場合には、中間申告書の提出の要否及び税額について、被合併法人の確定消費税額を加味した調整計算が必要となります（消法42②③⑤⑦）。

ただし、会社分割があった場合、個人事業者において相続があった場合については、中間申告に関する特別の調整計算の規定はありません（消基通15－１－１）。

区　分	調整計算
法人の合併があった場合	調整計算あり
法人の分割があった場合	調整計算なし
相続があった場合	

② 中間申告による納付

中間申告書を提出した者は、その申告書の提出期限までに、次の消費税を国に納付しなければなりません（消法48）。

(1) 前課税期間の確定消費税額による場合

中間申告対象期間について仮決算による申告を選択しない場合は、中間申告回数に応じて、その中間申告回数の判定に用いた前課税期間の確定消費税額の1か月相当額、3か月相当額、6か月相当額を納付します。

中間申告が必要な事業者には、前課税期間の確定消費税額による中間申告額を印字した中間申告書及びその納付書が所轄税務署長から送付されます。

前課税期間の確定消費税額による場合は、この申告書、納付書を利用すると便利です。

(2) 仮決算による場合

中間申告対象期間を一の課税期間とみなして仮決算を行った場合は、その仮決算により納税額を計算して申告することができます（消法43）。

① 簡易課税を適用している場合

簡易課税制度を適用すべき事業者は、簡易課税制度を適用して計算します（消基通15－1－3）。

② 提出義務の判定

仮決算により計算した納付税額にかかわらず、申告書の提出義務及びその回数は、前課税期間の確定消費税額により判定します（消基通15－1－4）。

③ 個別対応方式の適用

個別対応方式を適用することができる事業者は、一括比例配分方式を適用して仮決算による中間申告書を提出した場合においても、確定申告については、個別対応方式を適用することができます。

また、一括比例配分方式を適用した場合の2年間継続適用の規定によって、その課税期間の控除対象仕入税額の計算方法が、一括比例配分方式によるものとされる場合でも、中間申告については、個別対応方式を適用することができます（消基通15－2－7）。

④ 仮決算による還付

仮決算によって控除不足額が生じても、中間申告による還付は行われません（消基通15－1－5）。

⑤ 申告書の様式等

仮決算により申告する場合の申告書の記載事項、様式及び添付する明細書は、中間申告対象期間を記載すること等の他は、確定申告書と同一となります（消法43①、消規21①、消費税申告書様式等通達）。

(3) 計算方法の併用

一月中間申告、三月中間申告を行う場合には、中間申告の度毎に、前課税期間の確定消費税額による方法と仮決算を行う方法のいずれかを選択適用することができます（消基通15－1－2）。

◆3◆ 任意の中間申告制度

　消費税の滞納を未然に防止するため、直前の課税期間の確定消費税額の６か月相当額が24万円以下であることにより中間申告義務のない事業者であっても、中間申告書を提出する旨の届出書を提出した場合には、中間申告書を提出することができることとされています（消法42⑧）。

(1)　任意の中間申告を行う場合の手続

　任意の中間申告を希望する事業者は、その旨を記載した届出書を納税地の所轄税務署長に提出します。

　届出書を提出すると、その提出をした日以後にその末日が最初に到来する六月中間申告対象期間から、中間申告を行うこととなります（消法42⑧）。

(2)　任意の中間申告をやめる場合の手続

　任意の中間申告をやめようとするとき又は事業を廃止したときは、その旨を記載した届出書を納税地の所轄税務署長に提出します（消法42⑨）。

　任意の中間申告をやめる旨の届出書の提出があった場合には、その提出があった日以後にその末日が最初に到来する六月中間申告対象期間から、適用がなくなります（消法42⑩）。

(3)　届出書を提出した事業者が中間申告書を提出しなかった場合

　任意の中間申告を行う旨の届出書を提出した事業者が、六月中間申告書をその提出期限までに提出しなかった場合には、その事業者は、任意の中間申告をやめる旨の届出書をその六月中間申告対象期間の末日に提出したものとみなされます（消法42⑪、消基通15－1－1の2、15－1－6（注））。

　任意の中間申告においては、中間申告書の提出がない場合のみなし中間申告の規定は適用されません（消法44）。

　ただし、その課税期間において免税事業者となったため中間申告書を提出しない場合には、任意の中間申告をやめる旨の届出があったとはみなされず、再び課税事業者となった場合には、任意の中間申告を行うことができます（消基通15－1－1の3）。

(4)　任意の中間申告による納付額

　任意の中間申告書による中間納付額は、直前の課税期間の確定消費税額の６か月相当額です。

　ただし、仮決算を行って計算した消費税額等による中間申告書を提出することができます。

　任意の中間申告については、直前の課税期間の確定消費税額の６か月相当額又は仮決算を行って計算した税額のいずれかを記載した申告書を提出し、その申告書に記載した納付税額を納付することとなります。

なお、前課税期間において免税事業者であった場合や、前課税期間において還付申告を行った場合には、直前の課税期間の確定消費税額の6か月相当額は0円となります（消基通15－1－1の2）。

(5) 延滞税

任意の中間申告書を提出した場合には、その申告書に記載した納付税額を納付する義務があります。任意の中間申告書を提出した場合において、期限までに納付しないときは、延滞税が課税される場合があります。

第6節 加算税等

 租税法における制裁措置

租税法は、適正な納税義務を実現するために、納税義務の履行を怠った者に対して、制裁措置を設けています。1つは行政上の措置である延滞税及び加算税等の賦課（通法60～69）であり、また1つは司法上の措置である刑事罰（消法64～67）です。

 加算税

(1) 無申告加算税

申告期限までに確定申告書を提出しなかった場合には、たとえ期限後に申告書を提出したとしても、「法定申告期限内に申告がなかった」ことにより、無申告加算税が課せられます（通法66）。期限後申告に係る修正申告及び決定に係る修正申告も、無申告加算税の対象となります。

ただし、次の場合には、無申告加算税は賦課しないものとされています（通法66①⑥、通令27の2）。
① 期限内申告をしなかったことに正当な理由がある場合
② 調査があったことにより決定があるべきことを予知して提出されたものでない期限後申告書で、その申告書が法定申告期限から1か月以内に提出され、かつ、その申告書に係る納付すべき税額の全額が法定納期限までに納付されている等の期限内申告書を提出する意思があったと認められる一定の場合

上記②の取扱いは、平成18年度税制改正において、無申告加算税の賦課要件を緩和するため設けられたものです。そのきっかけは、「関電事件」と呼ばれる事件です。関西電力は、平成

14年分の消費税につき納期限までに税の納付は行っていたものの申告書の提出を失念して、数日遅れの期限後申告となりました。税負担を免れようとしたのではなく、申告期限の延長が認められる法人税の取扱いと混同した事務的なミスによって期限後申告となったものですが、このような場合であっても、無申告であることは動かせない事実であり、また、その失念は正当な理由とも認められず、結果として、12億円を超える無申告加算税が賦課されました。

平成18年度に行われた賦課要件を緩和する改正は、実務上発生する重大な問題を現行法の解釈では解決できないと司法が判断し、租税立法がこれに対応した例です。

(2) 過少申告加算税

期限内申告書に記載した税額が過少であった場合には、過少申告加算税が課せられます（通法65）。

ただし、過少申告となったことに正当な理由がある場合、調査があったことにより決定があるべきことを予知して提出されたものでない場合には賦課しないものとされています（通法65④⑤）。

(3) 重加算税

所得税又は法人税につき不正事実があり、これらについて重加算税を賦課する場合には、その不正事実が影響する消費税の不正事実に係る増差税額についても、重加算税を課するものとされています。また、重加算税が課せられる消費税固有の不正事実としては、例えば、次のような不正事実が該当します。

① 課税売上げを免税売上げに仮装する。

② 架空の免税売上げを計上し、同額の架空の課税仕入れを計上する。

③ 不課税又は非課税仕入れを課税仕入れに仮装する。

④ 非課税売上げを不課税売上げに仮装し、課税売上割合を引き上げる。

⑤ 簡易課税制度の適用を受けている事業者が、資産の譲渡等の相手方、内容等を仮装し、高いみなし仕入率を適用する。

(4) 加算税の税率

令和6年1月1日以後に法定申告期限が到来する国税の加算税は、次のとおりです。

名称	課税要件	課税割合 （増差本税に対する）	不適用・割合の軽減	
			要件	不適用・ 軽減割合
過少申告 加算税 （注1~3）	期限内申告について、修正申告・更正があった場合	10% 〔期限内申告税額と50万円のいずれか多い金額を超える部分（※）〕 15%	・正当な理由がある場合 ・更正を予知しない修正申告の場合（注4）	不適用
無申告 加算税 （注1・3・ 5・6）	①期限後申告・決定があった場合 ②期限後申告・決定について、修正申告・更正があった場合	15% 〔50万円超300万円以下の部分〕 20% 〔300万円超の部分〕 30%（注7）	・正当な理由がある場合 ・法定申告期限から1月以内にされた一定の期限後申告の場合	不適用
			更正・決定を予知しない修正申告・期限後申告の場合（注4）	5%
不納付 加算税	源泉徴収等による国税について、法定納期限後に納付・納税の告知があった場合	10%	・正当な理由がある場合 ・法定納期限から1月以内にされた一定の期限後の納付の場合	不適用
			納税の告知を予知しない法定納期限後の納付の場合	5%
重加算税 （注5・6・ 8）	仮装隠蔽があった場合	〔過少申告加算税・不納付加算税に代えて〕 35% 〔無申告加算税に代えて〕 40%		

（※の例）
申告納税額250万円
修正申告により納付すべき税額
- 50万円 … 15%
- 100万円 … 10%
- 期限内申告100万円

（注1）　国外財産調書・財産債務調書の提出がある場合には5％軽減（所得税・相続税）する。国外財産調書・財産債務調書の提出がない場合等には5％加算（所得税・相続税（財産債務調書については所得税））する。国外財産調書について、税務調査の際に国外財産の関連資料の不提出等があった場合には更に5％加算等する。

（注2）　電子帳簿等保存法上の一定の要件を満たす電子帳簿（優良な電子帳簿）に記録された事項に関して生じる申告漏れ（重加算税対象がある場合を除く。）については、過少申告加算税を5％軽減する。

（注3）　税務調査の際に行われる税務当局の質問検査権の行使に基づく帳簿の提示又は提出の要求に対し、帳簿の不提出等があった場合には、過少申告加算税又は無申告加算税を5％又は10％加算（所得税・法人税・消費税）する。

（注4）　調査通知以後、更正・決定予知前にされた修正申告に基づく過少申告加算税の割合は5％（※部分は10％）、期限後申告等に基づく無申告加算税の割合は10％（50万円超300万円以下の部分は15％、300万円超の部分は25％）とする。

（注5）　過去5年内に、無申告加算税（更正・決定予知によるものに限る。）又は重加算税を課されたことがあるときは、10％加算する。

（注6）　前年度及び前々年度の国税について、無申告加算税（申告が、調査通知前に、かつ、更正・決定予知前にされたものであるときに課されたものを除く。）又は無申告重加算税を課される者が更なる無申告行為を行う場合には、10％加算する。

（注7）　納税者の責めに帰すべき事由がないと認められる事実に基づく税額（例えば、相続税事案で、本人に帰責性がないと認められる事実に基づく税額（相続人が一定の確認をしたにもかかわらず、他の相続人の財産が事後的に発覚した場合において、その相続財産について課される税額））については、上記の300万円超の判定に当たっては除外される。

（注8）　スキャナ保存が行われた国税関係書類に係る電磁的記録又は電子取引の取引情報に係る電磁的記録に

記録された事項に関して生じる仮装隠蔽があった場合の申告漏れについては、重加算税を10%加算する。
(出典:納税環境整備に関する基本的な資料「加算税の概要」)

(5) 納付期限

過少申告加算税、無申告加算税、重加算税は、その賦課決定処分の通知書が発せられた日の翌日から1か月以内に納付しなければなりません(通法35③)。

3 延滞税

(1) 賦課要件

税金が法定納期限までに納付されないなど、次のような場合には、利息に相当する延滞税が課税されます(通法60)。なお、延滞税は本税を対象としており、加算税等には課税されません。

- 申告などで確定した税額を法定納期限までに完納しないとき
- 期限後申告書又は修正申告書を提出した場合で、納付しなければならない税額があるとき
- 更正又は決定の処分を受けた場合で、納付しなければならない税額があるとき

(2) 延滞税の計算

延滞税は、法定納期限の翌日から納付する日までの日数に応じて次の割合により賦課されます(通法60②、措法93①)。

なお、納期限とは、期限内申告の場合には法定納期限、期限後申告又は修正申告の場合には申告書を提出した日、更正又は決定の場合には更正通知書等を発した日から1か月後の日をいいます(通法35)。

◆納期限の翌日から2か月を経過する日までの期間の延滞税の割合◆

区分			割合
平成11年12月31日までの期間			年7.3%
平成12年1月1日から平成25年12月31日までの期間			
	年「7.3%」と「基準割引率+4%」のいずれか低い割合	平成12年1月1日~13年12月31日	年4.5%
		平成14年1月1日~18年12月31日	年4.1%
		平成19年1月1日~同年12月31日	年4.4%
		平成20年1月1日~同年12月31日	年4.7%
		平成21年1月1日~同年12月31日	年4.5%
		平成22年1月1日~25年12月31日	年4.3%

平成26年1月1日以後		
年「7.3%」と「特例基準割合＋1％」のいずれか低い割合	平成26年1月1日〜同年12月31日	年2.9%
	平成27年1月1日〜28年12月31日	年2.8%
	平成29年1月1日〜同年12月31日	年2.7%
	平成30年1月1日〜令和2年12月31日	年2.6%
令和3年1月1日以後		
年「7.3%」と「延滞税特例基準割合＋1％」のいずれか低い割合	令和3年1月1日〜同年12月31日	年2.5%
	令和4年1月1日〜6年12月31日	年2.4%

※　特例基準割合とは、各年の前々年の10月から前年の9月までの各月における銀行の新規の短期貸出約定平均金利の合計を12で除して得た割合として各年の前年の12月15日までに財務大臣が告示する割合に、年1％の割合を加算した割合をいいます。

※　延滞税特例基準割合とは、各年の前々年の9月から前年の8月までの各月における銀行の新規の短期貸出約定平均金利の合計を12で除して得た割合として各年の前年の11月30日までに財務大臣が告示する割合に、年1％の割合を加算した割合をいいます。

◆納期限の翌日から2か月を経過した日以後の延滞税の割合◆

区分		割合
平成25年12月31日までの期間		年14.6%
平成26年1月1日以後		
年「14.6%」と「特例基準割合＋7.3%」のいずれか低い割合	平成26年1月1日〜同年12月31日	年9.2%
	平成27年1月1日〜28年12月31日	年9.1%
	平成29年1月1日〜同年12月31日	年9.0%
	平成30年1月1日〜令和2年12月31日	年8.9%
令和3年1月1日以後		
年「14.6%」と「延滞税特例基準割合＋7.3%」のいずれか低い割合	令和3年1月1日〜同年12月31日	年8.8%
	令和4年1月1日〜6年12月31日	年8.7%

■ 延滞税の計算期間の特例

　次の場合には、一定の期間を延滞税の計算期間に含めない除算期間の特例があります（通法61）。

区　分	除算期間
期限内申告書が提出されていて、法定申告期限後1年を経過してから修正申告又は更正があったとき	法定納期限から1年を経過する日の翌日から、修正申告書を提出した日又は更正通知書が発せられた日まで
期限後申告書が提出されていて、その申告書提出後1年を経過してから修正申告又は更正があったとき	期限後申告書の提出があった日の翌日から1年を経過する日の翌日から、修正申告書を提出した日又は更正通知書が発せられた日まで

 罰則

消費税法には、次のような罰則が設けられています。

(1) 偽りその他不正の行為

次のいずれかに該当する者は、10年以下の懲役若しくは1,000万円以下の罰金に処され、又はこれが併科されます（消法64①）。

① 偽りその他不正の行為により、消費税を免れた者
② 偽りその他不正の行為により、輸入の消費税を免れようとした者
③ 偽りその他不正の行為により、還付申告に基づく消費税の還付を受けた者
④ 偽りその他不正の行為により、更正の請求に基づく還付を受けた者

③④については未遂も罰することとなっており、偽りその他不正の行為による消費税の還付申告は、実際に還付金を受け取っていない場合であっても、罰せられます（消法64②）。

なお、上記の犯罪（②を除きます。）に係る課税資産の譲渡等及び特定課税仕入れに対する消費税に相当する金額又は還付金に相当する金額が1,000万円を超える場合には、情状により、その罰金は、1,000万円を超えその消費税に相当する金額又は還付金に相当する金額以下とすることができるものとされています（消法64③）。

また、保税地域から引き取られる課税貨物に対する消費税に相当する金額の10倍が1,000万円を超える場合には、情状により、その罰金は、1,000万円を超えその消費税に相当する金額の10倍に相当する金額以下とすることができるものとされています（消法64④）。

(2) 故意の申告書不提出

故意に申告書をその提出期限までに提出しないことにより消費税を免れた者は、5年以下の懲役若しくは500万円以下の罰金に処され、又はこれが併科されます（消法64⑤）。

なお、課税資産の譲渡等及び特定課税仕入れに対する消費税に相当する金額が500万円を超える場合には、情状により、その罰金は、500万円を超えその消費税に相当する金額以下とすることができるものとされています（消法64⑥）。

第7節 納税地

　納税地とは、申告・納付・申請・届出等の諸手続に関する所轄税務署長を定める基準となる場所をいいます。

　申告書その他の書類は所轄税務署に提出することとなります。

　税の納付も、税務署で納付する場合は、所轄税務署に限られ、他の税務署では受け付けません。金融機関・郵便局は、税務署から委託された収納機関となります。金融機関・郵便局で納付する場合は、所轄地域に限らず、全国の金融機関等を利用することができます。

　国内取引についての消費税の納税地は、原則として所得税・法人税の納税地と同じです。

法人の納税地

(1) 内国法人と外国法人

　国内取引について、法人の資産の譲渡等に係る消費税の納税地は、原則として法人税の納税地と同じです。

　法人の場合、その納税地は内国法人と外国法人とに区分して次の図のように定められており（消法22、消令43）、その他の場所を納税地として選択することはできません。

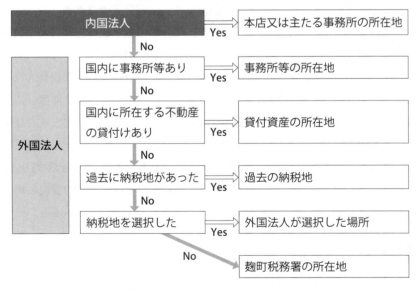

(2) 人格のない社団等

　人格のない社団等の納税地は法人と同様に本店又は主たる事務所の所在地です。人格のない社団等はその本店又は主たる事務所の所在地を登記によって確認することができないため、規約による定め等によって、次表のように判断します（消基通2−2−1）。

区　分	本店又は主たる事務所等
定款、規約等に本店又は主たる事務所の所在地の定めがある場合	定められている所在地
上記以外	その事業の本拠とされている場所 ・代表者等が駐在し、その人格のない社団等の行う業務が企画されている場所 ・本拠となる場所が一定でない場合には、代表者又は管理人の住所地

(3) 被合併法人

　合併があった日後における被合併法人の納税地は、合併法人（合併後存続する法人又は合併により設立された法人）の納税地となります（消基通2−2−2）。

② 個人事業者の納税地

　国内取引について、個人事業者の資産の譲渡等に係る消費税の納税地は、原則としてその住所地となります（消法20）。

　ただし、所得税法に準じて、納税地を選択することができます（消法21）。

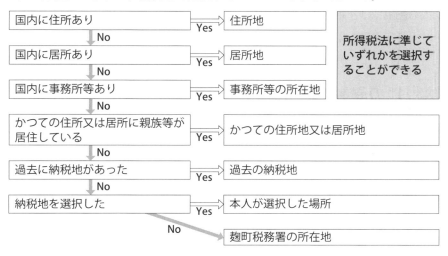

(1) 住所地

「住所」とは、各人の生活の本拠をいい、生活の本拠であるかどうかは客観的事実によって判定します（消基通2－1－1）。

(2) 事務所等

事務所等とは、事務所、事業所のほか、これに準ずるものをいい、工場、農園、養殖場、植林地、展示即売場、貸ビル、貸倉庫又は事業活動の拠点となっているホテルの一室等名称のいかんを問わず、資産の譲渡等に係る事業を行う一定の場所をいいます（消基通2－1－2）。

また、事務所等が複数ある場合には、主たる事務所等の所在地が納税地となります。

(3) かつての住所又は居所に親族等が居住している場合

国内に住所、居所、事務所等のいずれもなく、かつての住所又は居所に親族等が居住している場合にはそのかつての住所地又は居所地が納税地となります。

この場合の親族等とは、親族その他その個人事業者の特殊関係者をいい、特殊関係者とは、次の者をいいます（消令42②）。

① 個人事業者とまだ婚姻の届出をしないが事実上婚姻関係と同様の事情にある者
② 個人事業者の使用人
③ 上記①②の者及び個人事業者の親族以外の者でその個人事業者から受ける金銭その他の資産によって生計を維持しているもの

(4) 被相続人の納税地

被相続人の納税地は、相続人の納税地によらず、被相続人の死亡当時の納税地となり、相続税や被相続人の所得税の納税地と同じになります（消法21④）。

3 納税地の異動の届出

国内取引に係る消費税の納税地に異動があった場合には、遅滞なく、その異動前の納税地を所轄する税務署長に、書面により、その旨を届け出なければなりません（消法25）。

個人事業者は、令和5年1月1日以後の納税地の異動・変更について、その旨の届出書の提出が不要となります。

4 納税地の指定

(1) 納税地の指定

　事業者の納税地が、資産の譲渡等の状況からみて納税地として不適当であると認められる場合には、その納税地を所轄する国税局長は、その資産の譲渡等に係る消費税の納税地を指定することができます（消令23①）。事業者の納税地と指定する納税地とが異なる国税局長の管轄区域となる場合には、納税地の指定は、国税庁長官が行います（消法23①、消令44）。

　国税局長又は国税庁長官が消費税の納税地を指定したときは、その事業者に対し、書面によりその旨を通知します（消法23②）。

(2) 指定の取消し

　国税局長又は国税庁長官が行った納税地の指定に不服がある場合には、不服申立ての手続により、その指定の取消しを申立てることができます。その不服申立てが却下され、なお、その処分の取消しを求める場合には、訴訟に訴えることになります。

　再調査の請求についての決定、審査請求についての裁決、裁判の判決により、納税地の指定の処分の取消しがあった場合においても、納税地の指定があった時からその取消しの時までの間に、その指定された納税地において行われた申告、申請、請求、届出その他書類の提出等は、有効な手続とされ、その取消しがこれらの申告等に影響を及ぼすことはありません（消法24）。

第8節　税務調査

1 課税処分のための調査

　税法上の主要な調査は、その目的によって、課税処分のための調査、滞納処分のための調査及び犯則事件処理のための調査の3つに分けられます。

　課税処分のための調査には、純粋な任意調査と間接強制を伴う任意調査の2つがあります。純粋な任意調査においては、調査の相手方（納税者等）は受忍の義務をまったく負わず、したがって、この純粋な任意調査に関する税法上の規定はありません。

　課税処分のための調査として規定されているのは、罰則を背景とする間接強制を伴う任意調査です。一般に、「任意調査」、「税務調査」は、この間接強制を伴う任意調査を指しています。

申告納税制度においては、租税債務確定の第一の義務は納税者にあり、その義務は同時に申告納税制度が保障する納税者の権利でもあります。課税庁の職員による質問検査等はこの制度を担保する手段であって、その者の適正な租税債務を確認し、申告内容に誤りがある場合にはこれを是正する課税処分を行うことを目的としています。

　納税者による申告がない場合又はその申告が正しくない場合には、課税庁による課税処分が行われます（通法16①一）。課税庁による処分は、調査によって確認した事実に基づいて行われるのであり（通法16①一、24、25）、そのため、課税庁の職員には、課税処分のために調査を行う質問検査権が与えられています（通法74の2～74の6）。任意調査は、納税者がこれに応じることによって成立するので、納税者には正当な理由なくこれを忌避した場合の罰則が設けられています（通法128）。

　任意調査の受忍義務について、最高裁昭和48年7月10日決定は、「質問検査に対しては相手方はこれを受忍すべき義務を一般的に負い、その履行を間接的心理的に強制されているものであって、ただ、相手方においてあえて質問検査を受忍しない場合にはそれ以上直接的物理的に右義務の履行を強制しえないという関係を称して一般に『任意調査』と表現されている」としています。

(1)　質問検査権の範囲

　消費税に関する質問検査権は、次のように定められています。

　国税庁等又は税関の当該職員は、消費税に関する調査について必要があるときは、次の者に質問し、その者の事業に関する帳簿書類その他の物件（税関の当該職員が行う調査にあっては、課税貨物又はその帳簿書類その他の物件）を検査し、又は当該物件（その写しを含みます。）の提示若しくは提出を求めることができます（通法74の2①）。

①　国税庁等の職員が行う消費税に関する調査

　　イ　消費税法の規定による消費税の納税義務がある者若しくは納税義務があると認められる者又は還付を受けるための申告書を提出した者

　　ロ　イに掲げる者に金銭の支払若しくは資産の譲渡等をする義務があると認められる者又はイに掲げる者から金銭の支払若しくは資産の譲渡等を受ける権利があると認められる者

②　税関の職員が行う消費税に関する調査

　　イ　課税貨物を保税地域から引き取る者

　　ロ　イに掲げる者に金銭の支払若しくは資産の譲渡等をする義務があると認められる者又はイに掲げる者から金銭の支払若しくは資産の譲渡等を受ける権利があると認められる者

　なお、質問検査権は、納税義務者等の代理人、使用人その他の従業者にも及びます（「国税通則法第7章の2（国税の調査）関係通達（法令解釈通達）」課総5－9ほか平成24年9月12日（以下「調査通達」といいます。）1－4）。

　国税通則法に定められた任意調査に関する基本的な用語を確認しておきましょう。

第16章　申告と納付

用語の定義	
質問検査等	国税通則法74条の2から74条の6まで（当該職員の質問検査権）の規定による「質問、検査又は提示若しくは提出の要求」をいう（通法74の9①）。
質問検査権	「質問検査等」を行う権限をいう（通法74の2～74の6）。
質問検査権等	「質問検査等」及び「提出物件の留置き」をする権限をいう（通法74の8）。
実地の調査	納税義務者の事業所等に臨場して質問検査等を行う調査をいう（通法74の9①一、調査通達3－4）。

(2)　物件の提示と提出

　「物件の提示」とは、課税庁職員の求めに応じ、遅滞なくその物件（その写しを含みます。）の内容を課税庁職員が確認し得る状態にして示すことをいい、「物件の提出」とは、課税庁職員の求めに応じ、遅滞なく課税庁職員にその物件（その写しを含みます。）の占有を移転することをいいます（調査通達1－6）。

　ここでいう「提出」は、調査の現場限りにおける課税庁職員への「提出」であり、具体的には、調査を実施している場所において、課税庁の調査官の手に取らせ、閲覧させることと解されます。なぜなら、課税庁職員が、提出を受けた物件を税務署の庁舎において占有する状態は、次の「留置き」にあたる（調査通達2－1(1)）とされているからです。

(3)　提出物件の留置き

　課税庁の職員は、国税の調査について必要があるときは、預り証を交付した上で、調査において提出された物件を留め置くことができるものとされています（通法74の7、通令30の3①）。

　提出物件の留置きは、例えば、納税者の事務所等に十分なスペースがない場合や検査の必要がある帳簿書類等が多量なため検査に時間を要する場合のように、調査担当者が帳簿書類等を預かって税務署内で調査を継続した方が、調査を円滑に実施する観点や納税者の方の負担軽減の観点から望ましいと考えられる場合に、留め置く必要性を説明した上、留め置く必要性がなくなるまでの間、帳簿書類等を預かることについて納税者の理解と協力の下、その承諾を得て行うものです。承諾なく強制的に留め置かれることはありません（税務調査手続に関するＦＡＱ（一般納税者向け）（以下「一般向けＦＡＱ」といいます。）問10）。

　課税庁の職員には、留め置く必要がなくなったときは、遅滞なく、これを返還する義務（通令30の3②）、善良な管理者の注意をもって管理する義務（通令30の3③）があります。

(4)　罰則

　次の各号のいずれかに該当する者は、1年以下の懲役又は50万円以下の罰金に処することとされています（通法127）。

683

① 質問検査権の規定による当該職員の質問に対して答弁せず、若しくは偽りの答弁をし、又はこれらの規定による検査を拒み、妨げ、若しくは忌避した者

② 当該職員の物件の提示又は提出の要求に対し、正当な理由がなくこれに応じず、又は偽りの記載若しくは記録をした帳簿書類その他の物件（その写しを含みます。）を提示し、若しくは提出した者

なお、「税務当局としては、罰則があることをもって強権的に権限を行使することは考えておらず、帳簿書類等の提示・提出をお願いする際には、提示・提出が必要とされる趣旨を説明し、納税者の方の理解と協力の下、その承諾を得て行う」とされています（一般向けFAQ問3）。

また、国税通則法施行令30条の3は、留め置く物件についての善管注意義務等について、次のように定めています。

- 国税庁等又は税関の当該職員は、物件を留め置く場合には、当該物件の名称又は種類及びその数量、当該物件の提出年月日並びに当該物件を提出した者の氏名及び住所又は居所その他当該物件の留置きに関し必要な事項を記載した書面を作成し、当該物件を提出した者にこれを交付しなければならない。
- 当該職員は、留め置いた物件につき留め置く必要がなくなったときは、遅滞なく、これを返還しなければならない。
- 当該職員は、留め置いた物件を善良な管理者の注意をもって管理しなければならない。

② 事前通知

税務署長等は、職員に納税義務者に対し実地の調査において質問検査等を行わせる場合には、あらかじめ、当該納税義務者（当該納税義務者について税務代理人がある場合には、当該税務代理人を含みます。）に対し、その旨及び次に掲げる事項を通知する必要があります（通法74の9①、通令30の4①）。

1．質問検査等を行う実地の調査（以下「調査」といいます。）を開始する日時

2．調査を行う場所

3．調査の目的

4．調査の対象となる税目

5．調査の対象となる期間

6．調査の対象となる帳簿書類その他の物件

7．納税義務者の氏名及び住所又は居所

8．調査を行う職員の氏名及び所属官署

9．日時又は場所の変更に関する事項

10．3から6の通知事項以外の事項について非違が疑われることとなった場合には、その事項に関し質問検査等を行うことを妨げない旨

事前通知は、書面通知の形式を取りません。したがって、通常は電話によります。

(1) 税理士への通知

提出された税務代理権限証書に、事前通知は税務代理人に対して行われることについて同意する旨（事前通知に関する同意）の記載があるときには、納税者への事前通知は、税務代理人に対して行えば足りることとなります。

また、調査の事前通知について税務代理人が数人ある場合、納税者が税務代理権限証書に代表する税務代理人を定めたときは、これらの税務代理人への事前通知は、その代表する税務代理人に対してすれば足りることとなりました。

(2) 事前通知の時期と調査日時等の変更

事前通知の時期についての定めは設けられていません。

税務署長等は、事前通知を受けた納税義務者から合理的な理由を付して日時と場所について変更の求めがあった場合には協議するよう努めるものとされています（通法74の9②）。

(3) 事前通知の除外規定

税務署長が、調査対象者の申告は過去の調査結果の内容、事業内容に関する情報その他国税庁等が保有する情報などから、事前通知をすると、

① 違法又は不当な行為を容易にし、正確な課税標準等又は税額等の把握を困難にするおそれがあると認められる場合、又は、

② その他、調査の適正な遂行に支障を及ぼすおそれがあると判断した場合

には、事前通知の必要はありません（通法74の10）。

これは、単に不特定多数の取引先との間において現金決済による取引をしているということのみをもって事前通知を要しない場合に該当するとはいえないこととされています（調査通達4－7）。

①の「違法又は不当な行為を容易にし、正確な課税標準等又は税額等の把握を困難にするおそれがあると認められる場合」とは、例えば次のような場合をいいます（調査通達4－9）。

(1) 調査忌避を助長することが合理的に推認される場合

(2) 調査の実施を困難にすることを意図し逃亡することが合理的に推認される場合

(3) 調査に必要な帳簿書類その他の物件を破棄し、移動し、隠匿し、改ざんし、変造し、又は偽造することが合理的に推認される場合

(4) 過去の違法又は不当な行為の発見を困難にする目的で、質問検査等を行う時点において適正な記帳又は書類の適正な記載と保存を行っている状態を作出することが合理的に推認される場合

(5) その使用人その他の従業者若しくは取引先又はその他の第三者に対し、上記(1)から(4)までに掲げる行為を行うよう、又は調査への協力を控えるよう要請する（強要し、買収し又は共謀することを含む。）ことが合理的に推認される場合

また、②の「その他、調査の適正な遂行に支障を及ぼすおそれがあると判断した場合」とは、例えば次のような場合をいいます（調査通達4－10）。

(1) 事前通知をすることにより、税務代理人以外の第三者が調査立会いを求め、それにより調査の適正な遂行に支障を及ぼすことが合理的に推認される場合
(2) 事前通知を行うため相応の努力をして電話等による連絡を行おうとしたものの、応答を拒否され、又は応答がなかった場合
(3) 事業実態が不明であるため、実地に臨場した上で確認しないと事前通知先が判明しない等、事前通知を行うことが困難な場合

３ 調査終了の際の手続

調査の結果、更正決定等をすべきと認められない場合には、納税義務者に対し、その時点において更正決定等をすべきと認められない旨を書面により通知されます（通法74の11①）。

更正決定等をすべきと認める場合には、その調査結果の内容（金額及びその理由を含みます。）が説明され（通法74の11②）、この説明にあわせて、課税庁の職員は、修正申告又は期限後申告を勧奨することができることとされています。

勧奨をする場合には、納税義務者が納税申告書を提出した場合には不服申立てをすることはできませんが、更正の請求をすることはできる旨を説明するとともに、その旨を記載した書面を交付しなければなりません（通法74の11③）。

すなわち、実地の調査は、必ず、次のいずれかをもって終了することになります。

① 是認通知の交付
② 勧奨による申告書の提出
③ 更正決定等の処分

(1) 税務代理人への説明等

調査結果の内容の通知及び説明等は、納税義務者の同意を得ている場合は、税務代理人に対して行うことができます（通法74の11⑤）。この場合における納税義務者の同意の有無の確認は、先の申告書の提出等において代理権限証書を添付していたことでは足りず、電話又は臨場により納税義務者に直接同意の意思を確認する方法、又は、税務代理人から納税義務者の同意を得ている旨の申出があった場合には同意の事実が確認できる書面の提出を求める方法のいずれかにより行うものとされています（平成24年9月国税庁「調査手続の実施に当たっての基本的な考え方等について（調査事務運営指針）」第2章4(5)）。

日本税理士会連合会は、国税庁との協議により、同意の事実が確認できる書面の書式（「調査の終了の際の手続に関する納税義務者の同意書」）を作成しています。

(2)　是認通知の交付

平成23年の国税通則法の改正前は、調査が終了しているにもかかわらず、納税者にはそのことが通知されず調査が終了したかどうか不明のまま放置されている場合もあり、課税庁の納税者に対する説明責任を強化する観点から、国税通則法を改正して、従来の運用上の取扱いを法令上明確化した、と説明されています。

改正後は、従来のこのような状況はなくなり、税目ごと、課税期間ごとに、是認・否認のいずれかの判断がなされ、各税目の各課税期間について、更正決定等をすべきと認められない旨の通知が書面により行われることとなります。

(3)　修正申告の勧奨

従前、修正申告等の慫慂（しょうよう）とよばれる運用は、調査により非違が発見された場合、課税庁が更正決定等により是正する前に、申告納税制度の趣旨に照らし、まずは納税者による自発的な修正申告等を促すという一種の行政指導として、これまで実務において行われてきました。

この「慫慂」は、修正申告を行った場合には、納税者がこれを取り消すことを求めて争いを起こすことはできないので、訴訟を維持するだけの確証がない場合に、調査を終結させる方法として利用される可能性がありました。しかし、平成23年の国税通則法の改正後の修正申告の勧奨は、更正処分を行うべき準備が整っていることが前提となります。

(4)　再調査

調査（以下「前回の調査」といいます。）が終了した後においても、新たに得られた情報に照らし非違があると認めるときは、その納税義務者に対し、再び質問検査等（以下「再調査」といいます。）を行うことができるものとされています（通法74の11⑥）。

再調査には、①「新たに得られた情報」があり、②「これに照らし非違があると認めるとき」、という2つの要件が付されているので、前回の調査で対象となった事業年度を次の調査でも再び対象とするといったことはできないものと解されます。

なお、平成27年度税制改正により、再調査の前提となる前回の調査の範囲は、「実地の調査」に限ることとされました（通法74の11⑥）。「実地の調査」とは、国税の調査のうち、課税庁職員が納税義務者の支配・管理する場所（事業所等）等に臨場して質問検査等を行うものをいいます（調査通達3－4）。したがって、前回の調査が実地の調査以外の調査である場合、「新たに得られた情報」がなくても、必要があるときは、再調査を行うことができることとされています（調査通達5－6）。

この改正は、平成27年4月1日以後に行う前回の調査（同日前から引き続き行われているものを除きます。）の終了後に行う再調査について適用されます。

処分の理由付記

　国税通則法は、多くの部分で行政手続法の規定を準用しています。

　平成23年の改正前は、行政手続法8条「理由の提示」及び14条「不利益処分の理由の提示」は、準用規定から除かれていました。したがって、国税通則法が定める青色申告書に対して発する処分通知についてのみ処分の理由が付記されていました。

　しかし、税制構築法における改正によりこの除外規定がなくなったことから、現在は、国税においても、すべての不利益処分に理由が付記されることとなっています。

第9節　申告書等閲覧サービス

 課税処分のための調査

　法令において、納税者がすでに提出した申告書や届出書等を閲覧する手続は定められていません。ただし、「財務省設置法」（平成11年法律第95号）19条に規定された国税庁の任務である「内国税の適正かつ公平な賦課及び徴収の実現、酒類業の健全な発達」に資するため、提出済みの申告書等（各種申請書、届出書、請求書を含みます。）を閲覧に供する行政サービスとして、「申告書等閲覧サービス」があります。

　申告書等閲覧サービスは、申告書等を作成するに当たり、過去に提出した申告書等の内容を確認する必要があると認められる場合に限って実施するものとされており、これ以外の目的（第三者からの申告内容の問合せに対する回答など）のために利用することはできません。

　以下は、国税庁の「申告書等閲覧サービスの実施について」及びその事務運営指針を参照しています。

1．閲覧申請の受付等

　閲覧申請は、納税地を所轄する税務署の管理運営部門又は管理運営・徴収部門の窓口で受け付けます。必要事項の書き写しが原則ですが、次の事項に同意する場合は、写真撮影ができます。

　①　デジタルカメラ、スマートフォン、タブレット又は携帯電話など、撮影した写真をその場で確認できる機器を使用すること（動画の撮影はできません）。

　②　撮影した写真を署員に確認させ、対象書類以外が写り込んでいた場合は、署員の指示に

従い消去すること。

③　撮影した写真は申告書等の内容確認以外で利用しないこと。

２．閲覧サービスの対象文書

　閲覧サービスの対象文書は、次に掲げる行政文書です。e-Taxにより提出されたものを含みます。

①　所得税及び復興特別所得税申告書

②　法人税及び地方法人税申告書、復興特別法人税申告書

③　消費税及び地方消費税申告書

④　相続税申告書

⑤　贈与税申告書

⑥　酒税納税申告書

⑦　間接諸税に係る申告書

⑧　各種の申請書、請求書、届出書及び報告書等

⑨　納税者が上記の申告書等に添付して提出した書類（青色申告決算書や収支内訳書など申告書等とともに保存している書類を含み、所得税及び復興特別所得税申告書に係る医療費の領収書など申告書等閲覧サービスの対象としてなじまない書類を除く。）

　「申告書」には確定（納税）申告書（清算確定申告を除く。）のほか修正申告書、中間申告書、準確定申告書、訂正申告書、還付申告書を含みます。

３．閲覧申請者の範囲等

　申告書等の閲覧ができるのは、納税者本人又はその代理人です。

　代理人の範囲は、次のとおりです。

①　未成年者又は成年被後見人の法定代理人（納税者が個人である場合）

②　配偶者及び４親等以内の親族（納税者が個人である場合）

③　納税管理人（納税者が個人である場合）

④　税理士、弁護士、行政書士（行政書士については、その業務として作成できる書類）

⑤　当該法人の役員又は従業員

４．閲覧申請時に必要な書類等

〈納税者本人が閲覧を申請する場合〉

(1)　閲覧申請書に記載した閲覧申請をする者の氏名及び住所等と同一の氏名及び住所等が記載されている次に掲げる書類のいずれかの提示が必要です。

①　運転免許証

②　健康保険等の被保険者証

③　個人番号カード

④　住民基本台帳カード

⑤　出入国管理及び難民認定法（昭和26年政令第319号）第19条の３に規定する在留カード

⑥　特別永住者証明書

⑦　上記以外の法律等の規定により交付された書類であって、本人確認ができるもの

⑵　相続税の申告書等を閲覧する場合には、閲覧申請をする者以外の相続人全員の実印を押印した委任状及び印鑑登録証明書（申請日前30日以内に発行されたもの）。

　　また、被相続人が生前に提出した申告書等の場合は、これに加え、相続人全員を明らかにする戸籍謄（抄）本又は法定相続情報一覧図の写し（申請日前30日以内に発行されたもの）が必要です。

〈代理人が閲覧を申請する場合〉

　　税理士法施行規則の一部を改正する省令（令和４年財務省令第24号）の施行（令和６年４月１日）により、税理士法関係様式が改正されたこと等に伴い、代理人が税理士である場合は、納税者の印鑑証明書の提出は不要となりました。

　　閲覧申請者が税理士、弁護士、行政書士である場合に求められる書類について、事務運営指針は次のように改正されています。

【改正前】

ニ　税理士、弁護士、行政書士 　資格士業の証明書（税理士証票、弁護士の身分証明書、行政書士証票）とし、これを持参していない場合には、記章（バッジ）と運転免許証等の証票。 　（注）　申告書等の閲覧は税務代理行為に当たらないため、税理士（通知弁護士を含む。）が申告等に添付した税務代理権限証書に基づき、納税者等に代わって閲覧することは認められず、委任状の提出が必要となることに留意する。 　　　　行政書士については、その業務として作成できる書類（石油ガス税等に係るもの）に限る。

【改正後】

ニ　税理士 　税理士証票とし、これを持参していない場合には、記章（バッジ）と運転免許証等の証票。 　（注）　税理士（通知弁護士を含む。）については、令和６年４月１日以降に提出された税務代理権限証書に申告書等の閲覧に係る委任事項が記載されている場合には、委任状及び印鑑証明書の提出は不要であることに留意する。 　　　　また、委任状を提出する場合においては、印鑑証明書の提出は要しない。 ホ　弁護士、行政書士 　資格士業の証明書（弁護士の身分証明書、行政書士証票）とし、これを持参していない場合には、記章（バッジ）と運転免許証等の証票。 　（注）　行政書士については、その業務として作成できる書類（石油ガス税等に係るもの）に限る。

　　この改正を受けて、代理人の区分ごとに提示又は提出が必要となる書類は、次のように整理することができます。

◆代理人の区分ごとに提示又は提出が必要となる書類◆

申告書等の分類 / 必要書類 （代理人）	個人に係る申告書等					法人に係る申告書等
	未成年者又は成年被後見人の法定代理人	配偶者・4親等以内の親族	納税管理人	税理士	弁護士 行政書士	法人の役員・従業員
代理人本人であることを確認する書類	提示	提示	提示	提示	提示	提示
委任状（納税者本人の実印（届出印）が押印されたもの）		提出	提出 ※実印以外での押印でも差し支えありません。	提出（押印不要）※税務代理権限証書の提出でも差し支えありません。	提出	提出
印鑑登録証明書（申請日前30日以内に発行されたもの）		提出			提出	提出
戸籍謄（抄）本、家庭裁判所の証明書又は登記事項証明書で申請日前30日以内に発行されたもの	提示又は提出					
戸籍謄（抄）本若しくは住民票の写し（申請日前30日以内に発行されたもの）又は健康保険等の被保険者証等で本人との親族関係が確認できるもの		提示又は提出				
税理士証票、弁護士の身分証明書、行政書士証票				提示	提示	
役員又は従業員の地位を証する書類（社員証など）						提示

（注1）　顔写真のある運転免許証等の証票で本人であることを照合できる場合を除き、いくつかの質問により代理人本人であることを確認する、又は、納税者本人に対して電話により委任の事実を確認することがあります。

（注2）　共同で提出された相続税申告書を閲覧申請する場合、共同で提出した相続人全員の実印を押印した委任状及び印鑑登録証明書（申請日前30日以内に発行されたもの）の提出が必要です。

（注3）　被相続人が生前に提出した申告書等を閲覧する場合、相続人全員を明らかにする戸籍謄（抄）本又は法定相続情報一覧図の写し並びに相続人全員の実印を押印した委任状及び印鑑登録証明書（申請日前30日以内に発行されたもの）の提出が必要です。

5．申告書等のコピーの交付について

　申告書等のコピーの交付は、原則として、下記の理由から認められていません。

・申告書等閲覧サービスは申告書の作成等に資するために実施しており、閲覧によりその目的を達成できること

・個人又は法人の固有の目的のために謄写費用や事務量を負担することは公平性の観点から制約があること

　同様の趣旨から、書き写した又は写真撮影した内容等が原本と相違ないことを証明するといったサービスはありません。

第10節 裁判例・裁決例

裁判例 納付をしたものの申告書の提出を失念した場合／関西電力事件

大阪地裁平成17年9月16日判決（棄却）（確定）

　原告は、消費税等について、その法定申告期限までに納付はしたものの、法定申告期限の後にその申告書を提出した。

　原告は、本件納付書の提出と本件納付をもって「瑕疵ある申告」とみなすことができ、かつ、期限後申告書（本件申告書）の提出によって同瑕疵が治癒したものといい得るから、「無申告」には該当しない旨主張する。

　しかし、納税申告書と納付書とは、その機能及び法的効果が全く異なるものである。したがって、本件納付書をもって本件課税期間に係る消費税等の納税申告書とみることは到底できない。

　原告が本件課税期間に係る消費税等についてその法定申告期限内に納税申告書（期限内申告書）を提出しなかったのは、原告が同申告書の提出を失念していたということに尽きるのであって、これは納税者である原告の責めに帰すべき事由に基づくものにほかならず、このように失念して期限内に納税申告書を提出しなかった原告に対し行政制裁として無申告加算税を課すことは、何ら不当と評価されるものではない。

....

裁決例 信書便によらない納税申告書の提出

平成17年1月28日裁決（棄却）
〔裁決事例集第69集1頁〕

　請求人は、原処分が違法である理由として、〔1〕本件各申告書をその法定申告期限内にA社に引き渡しているのであるから、本件各申告書は期限内申告書であること、〔2〕国税通則法66条の規定の趣旨は、納税者に正しい税額の計算と期限内納税を行わせるためのものであるところ、請求人は本件各申告書に記載した納付すべき税額を法定期限内に完納していること、しかも、同条の規定自体が、納税額がある者だけに課されるなど不合理なものであり法改正されてしかるべきであること、を主張する。

　しかしながら、納税者から納税申告書が提出された場合、いつの時点をもって提出日とするかについては、原則として申告書が税務官庁に到達した日（到達主義）と解されており、また、この到達主義の例外として、国税通則法22条は、納税申告書が郵便又は信書便により提出された場合には、その通信日付印により表示された日に提出されたとみなす旨規定しているところ、本件各申告書の提出日については法定申告期限の翌日に原処分庁に到達していることが認められ、また、A社は信書便事業者ではないので信書便により提出された場合に該当しないことから、本件各申告書を法定申告期限内に提出したとする請求人の主張には理由がない。

　次に、無申告加算税の規定は、納税申告書の提出が期限内にされなかった場合の行政上の制裁として

設けられたものであるから、納税申告書に記載された納付すべき税額が法定納期限内に完納されたか否かということで、その適用が左右されるものではなく、この点に関する請求人の主張は採用できない。

なお、国税通則法66条の規定は合理性がないもので法改正されてしかるべきものである旨の主張については、当審判所の権限外のことであり審理の限りでない。

裁決例 重加算税／仮装の事実

平成20年1月11日裁決（棄却）
〔裁決事例集第75集93頁〕

請求人が工事業者に依頼した請求書は納品書を兼ねていること、請求人において契約した二事は、通常、完了する前に当該工事に係る請求書を受け取ることはないことなどを併せ考えれば、本件各請求書については、請求人における経理処理上、単に工事業者に対する金銭の支出の基準となる書類であるのみならず、本件各工事が完了したかどうかの判定の基準となる書類、すなわち、消費税の課税仕入れの帰属時期を確定する際の必要かつ重要な証ひょう類でもあったと認められる。

請求人の本件各現場担当者が本件各工事の担当者に本件各請求書の発行を依頼した目的は、請求人における経理処理上、本件各工事の完了時期の判定基準となる書類である本件各請求書を平成17年3月31日までに徴することにより、同日までに本件各工事を完了したものとして処理し、請求人の平成16年4月1日から平成17年3月31日までの事業年度における本件各工事に係る予算を消化することにあったと容易に推認できる。

これらのことからすると、本件各現場担当者が、本件各工事が明らかに完了していないことを認識していたにもかかわらず、本件各工事業者に対し、本件課税期間中の日付の請求書の発行を本件各工事に係る予算を本件事業年度内に消化させようとする明確な意図に基づいて依頼したことは、本件各工事が平成17年3月31日までに完了してなかった事実を同日までに完了したごとく仮装したものと認めるのが相当である。

そして、請求人は、受領した本件各請求書が本件各工事の完了日を仮装したものであるとの認識のもと、これに基づき本件各工事について課税仕入れを行った日が本件課税期間中にあったものとして消費税等の納付すべき税額を算出し、過少申告となる本件確定申告書を提出したものと認められる。

裁決例 相談担当職員の誤った指導があり無申告には「正当な理由」があると主張したが、認められなかった事例

平成30年5月29日裁決（棄却）

資本金の額を5,000万円として設立された法人である請求人は、設立第2期において、調整対象固定資産を取得し、「主な固定資産等の取得」欄に本件資産を取得した旨を記載した「消費税の還付申告に関する明細書」を添付した設立第2期の消費税等の確定申告書を提出した。設立第3期に係る課税期間

の消費税については期限後申告をしたところ、無申告加算税の賦課決定処分を受けたため、請求人は、確定申告書を法定申告期限までに提出しなかったのは、原処分庁が請求人の納税義務について誤った指導を行ったことが原因であるから、国税通則法66条1項ただし書に規定する「正当な理由」があるとして、賦課決定処分の全部の取消しを求めた。

通則法66条に規定する無申告加算税は、納税者に期限後申告書を提出したという事実があれば、原則として、その納税者に課されるものであり、これによって当初から適法に申告し納税した納税者との間の客観的な不公平の実質的な是正を図るとともに、無申告による納税義務の違反の発生を防止し、適正な申告納税の実現を図り、もって納税の実を挙げようとする行政上の措置である。

このような無申告加算税の趣旨からすれば、通則法66条1項ただし書に規定する「正当な理由」があると認められる場合とは、期限内申告書が提出されなかったことについて、真に納税者の責めに帰することのできない客観的事情があり、上記の趣旨に照らしても、なお、納税者に無申告加算税を賦課することが不当又は酷となる場合をいうものと解するのが相当である。

そうすると、納税者からの納税申告に係る相談や質問について、「正当な理由」があると認められる場合としては、例えば、納税者から十分な資料の提出及び説明があったにもかかわらず、税務職員が納税者に対して誤った指導を行い、納税者がその指導に従ったことにより無申告となった場合で、かつ、納税者がその指導を信じたことについてやむを得ないと認められる事情がある場合など、無申告となったことについて真にやむを得ない理由があるため、無申告加算税を課すことが不当又は酷となる場合などがこれに当たると解される。

請求人は、本件税理士が、電話により行った本件照会の際、本件相談担当職員に、設立第1期及び設立第2期において、高額な固定資産を購入したため、本件課税期間についても課税事業者となる旨説明したが、本件相談担当職員は、本件税理士に対し、調整対象固定資産に係る納税義務の判定は、「消費税課税事業者選択届出書」を提出している事業者のみが行うものであり、当該届出書を提出していない請求人は関係しない旨の誤った説明及び指導をしたため無申告になったと主張する。

しかし、請求人の主張する資料の提出は、本件照会とは異なる時期に本件照会とは関係なくされたものと認められるから、このことをもって直ちに、本件照会に当たり、当該資料を提出していたということにはならない。

また、本件照会に関する回答は、行政サービスの一環として、本件相談担当職員が、本件税理士の提示した資料及びその説明の範囲内で検討して、関係する法令等の適用や申告手続等について回答するものであることからすれば、特段の事情がない限り、本件税理士が本件相談担当職員に対して提示した資料及び説明した内容等の範囲を超えて、本件相談担当職員が自ら、事実関係を探索し、あるいは原処分庁保管の資料に基づいて説明すべき義務まで負うものではない。

当審判所の調査及び審理の結果によっても、本件税理士が、本件照会において、本件相談担当職員に対し、請求人が調整対象固定資産を取得した旨を説明したとは認められず、本件税理士が、十分な資料を提出した上で、調整対象固定資産の取得について説明したにもかかわらず、本件相談担当職員から誤った指導を受けたとは認められない。

当審判所の調査及び審理の結果によっても、本件課税期間の消費税等の確定申告書を法定申告期限までに提出しなかったことについて、通則法66条1項ただし書に規定する「正当な理由」があるとは

認められない。

・・・

裁判例　**審査請求期間の徒過**

東京地裁平成30年9月19日判決（却下）（確定）

　原告代表者は、平成28年12月26日、更正通知書及び賦課決定通知書（以下「本件各通知書」という。）の手交を受け、「送達記録書」に署名をした。

　原告は、平成29年3月30日、国税不服審判所長に対し、本件各処分を不服として審査請求（以下「本件審査請求」という。）をしたところ、国税不服審判所長は、国税通則法所定の不服申立て期間を経過した後にされた不適法なものであるとして、本件審査請求を却下する旨の裁決をした。

　不服申立て期間の起算日は、原告が本件各処分に係る通知を受けた平成28年12月26日の翌日である同月27日であるところ、本件審査請求は、同日から起算して3か月を経過した後にされており、不服申立て期間を経過した後にされたものといえる。

　原告は、不服申立て期間が経過する前である平成29年3月25日に、税理士が電話により再調査の請求をしたとのことであるが、再調査の請求は、法定の事項を記載した書面を提出してしなければならないから（国税通則法81条1項）、これをもって適法な再調査の請求があったものとは認められない。

　原告は、原告代表者が外国人であり、日常会話程度の日本語は理解できるが漢字の読み書きはできず、本件各通知書の意味内容を理解して受領したものではない旨の主張をするが、国税通則法77条1項が「処分があったことを知った日」とは別に、「処分に係る通知を受けた場合には、その受けた日」を起算日の基準として定めていることからすれば、この「通知を受けた」の意義として、通知を受領した者において当該通知の意味内容を理解したことなどの主観的な事情を問うものと解することはできず、当該原告の主張は採用できない。

・・・

第17章

公益法人等の取扱い

第1節 公益法人等の消費税の概要

◆公益法人等の消費税のポイント◆

- 納税義務の有無や取引の課否判定については一般事業者と同じ判断であり、法人税法上の収益事業、非収益事業の区分とは無関係です。
- 特定収入割合が5％超であれば、控除対象仕入税額算定の特例規定が適用されます。

(1) 納税義務と課否判定

公益法人等について法人税法では、その公益法人等の行う事業が定められた34の収益事業に該当する場合に限って課税し、収益事業を行っていない場合には申告納税の義務はありません。

しかし、消費税法では、公益法人等について特別にその納税義務を免除する規定がないことから、基準期間における課税売上高が1,000万円を超える場合には、消費税の課税事業者となります。

課税の対象は、収益事業に該当するか否かに関係なく、また、公益性や非営利性にも関係なく、個々の取引について、他の一般事業者と同じ基準、すなわち国内における資産の譲渡等であるかどうかによって判断します。

法　人　税		消　費　税	
非収益事業 納税義務なし	収益事業 納税義務あり	資産の譲渡等以外	不課税
		非課税資産の譲渡等	非課税
		課税資産の譲渡等（輸出取引等）	免税
		課税資産の譲渡等	課税

696

法人税法において非収益事業となるものは、補助金や寄附金等の受取り、社会福祉事業、学校教育というようなものであり、消費税においてもその多くが課税対象外（不課税）又は非課税となります。

ただし、消費税の課税範囲は、法人税法において限定列挙された収益事業の範囲より広いといえるでしょう。

(2) 公益法人等の消費税の特例

公益法人等には、普通法人にない次の5つの特例があります。

① 資産の譲渡等の時期の特例

② 課税期間の特例

③ 確定申告期限の特例

④ 特定収入に係る仕入税額控除の特例

⑤ 特定収入に係る帳簿の記載事項の特例

このうち、①資産の譲渡等の時期の特例、②課税期間の特例、③確定申告期限の特例は、税務署長の承認を受けた場合に適用される特例です。

④特定収入に係る仕入税額控除の特例は、補助金や寄附金等、資産の譲渡等以外の収入がある場合に控除対象仕入税額の一部を制限する特例です。特定収入がある場合には、⑤特定収入に係る帳簿の記載事項の特例も適用されます。

(3) 国・地方公共団体の消費税の特例

国・地方公共団体については、一般会計又は特別会計ごとに、一の法人が行う事業とみなすこととされています（消法60①）。

したがって、その会計ごとに一の法人として消費税の納税義務者となりますが、一般会計については、仕入税額控除を行う消費税額を課税標準額に対する消費税額と同額とすること、確定申告の規定を適用しないこと等の特例により、申告・納税をしないこととなっています（消法60⑥⑦）。

つまり、国・地方公共団体をその会計ごとに通常の事業者とみなすことによって、一般の事業者又は異なる会計との間で取引を行うにあたって独立したものとしたうえで、自らが自らに納税する矛盾を避けるために、一般会計については納税の必要をなくすものとしています。

公益法人等、国、地方公共団体、公共法人についての特例をあわせて整理すると、次表のとおりです。

区　分	公益法人等（別表第三の法人）	他の法律により別表第三の法人とみなされる法人	人格のない社団等（法人とみなされる）	国の特別会計	地方公共団体の特別会計 地方公営企業	地方公共団体の特別会計 その他	国、地方公共団体の一般会計
事業単位	法人ごと			会計ごと			
資産の譲渡等の時期	承認により公会計基準に準じることができる※		特例なし	公会計基準に準じる			
仕入税額控除	特定収入による制限あり			特定収入による制限あり			課税標準額に対する消費税額と控除対象仕入税額とは同額とみなす
課税期間	定款等に定める期間（1年を超える場合は開始の日以後1年ごとに区分した各期間）			原則として会計年度			
申告期限	6か月以内の承認された期間		2か月以内（特例なし）	5か月以内	3か月以内	6か月以内	申告なし

※　その法人が、国又は地方公共団体の会計の処理の方法に準じて収入及び支出の帰属を認識している場合に限られ、社団法人、財団法人等、発生主義により経理することとされている法人は対象外です（消基通16－1－2の2）。

⑷　公益法人等との取引

　消費税の納税額は、事業者が国内において行った課税仕入れに係る消費税額及び保税地域から引き取った課税貨物について課せられる消費税額を基礎に控除対象仕入税額を計算し、これを課税標準額に対する消費税額から控除して計算します（消法30①）。

　一般の事業者が公益法人等に対して資産の譲渡等を行った場合に、譲渡等の相手方が公益法人等であることを理由に消費税を課税しないという取扱いはありません。

　また、国内において行った課税仕入れとは、事業者が、事業として他の者から資産を譲り受け、若しくは借り受け、又は役務の提供を受けることをいい、それが課税仕入れに該当するかどうかは、その譲渡等をした相手側が、仮に、事業者であった場合に課税売上げとなるかどうかによって判断します（消法2①十二）。したがって、国・地方公共団体、公共法人、公益法人等からの資産の譲受け等であっても、その資産の譲受け等が課税取引に該当する場合には、仕入税額控除の対象となります。

第17章 公益法人等の取扱い

誤りやすい事例　宗教法人が行う物品の販売

宗教法人が行うお守り、お札、おみくじ、経典、数珠の販売は、消費税の課税の対象となりますか。

解　説

宗教法人は営利を目的とするものではありませんが、自然人ではなく法によって人格を与えられた法人である以上、行う行為の全てが「事業として」行うものに該当すると判断されます。

宗教法人が宗教活動を行うにあたって収受する喜捨金は、信仰心に基づいて無償で提供された財産であり、資産の譲渡等の対価ではありません。したがって、お布施や葬儀の執行いに伴う収入（会場使用料、食事の提供の対価等を除きます。）のほか、お守り、お札、おみくじの下賜による収入は、課税の対象になりません。

しかし、経典や数珠の販売は、一般の商取引と同様の行為です。宗教活動の一環として収受する喜捨金と認められない物品の販売は、課税の対象となります。

なお、ろうそくや線香、供花の販売のうち、参詣に当たって神前等に献ずるために下賜するものは課税の対象となりません。

【参考】消法4①、5①、消基通5−1−1

第2節　特定収入に係る仕入税額控除の特例

◆特定収入に係る仕入税額控除の特例のポイント◆

- 公益法人等の収入は補助金や寄附金など不課税となるものが多いため、これらの収入によって賄われる課税仕入れについては、仕入税額控除の対象としない特例が設けられています。
- 簡易課税制度を選択した場合には、この特例の適用はありません。
- 特定収入割合が5％以下の場合には、この特例の適用はありません。

1 特定収入に係る仕入税額控除の特例の概要

　公益法人等が国等から交付を受けた補助金等（特定収入）によって課税仕入れの対価を支払った場合には、その課税仕入れは仕入税額控除の対象となりません。

　補助金等の収入をもって支払われる課税仕入れは、形式上は公益法人等を経由して支払われますが、実質は補助金等を交付した機関がその費用を負担しています。そのような課税仕入れについて仕入税額控除を行えば、補助金等を受け取れば受け取るほど公益法人等の消費税の還付額が増加する、ということになります。

　仕入税額控除は、最終的に消費者に税負担を負わせることを目的に、売上げに係る消費税から仕入れに係る消費税を控除する仕組みですから、補助金収入や会費収入、寄附金収入等が主な収入源となっている公益法人等については、特定収入により賄われる課税仕入れ等について仕入税額控除を制限する特例が設けられています。

　ただし、簡易課税制度を選択した場合や特定収入の額が僅少と認められる場合には、上記特例の適用はありません。

2 対象となる公益法人等

　仕入税額控除の特例は、次表の法人のうち、特定収入割合が5％を超えるものに適用されます（消法60④）。

◆特例の対象となる公益法人等の範囲◆

① 国又は地方公共団体の特別会計
② 消費税法別表第三に掲げる法人
③ 人格のない社団等
④ 個別法により別表第三に掲げる法人とみなされる法人 　　NPO法人（NPO法） 　　法人である政党又は政治団体（政党等法人法） 　　地方自治法260条の2第1項の認可を受けた地縁団体 　　マンション管理組合法人（区分所有法） 　　マンション建替組合、マンション敷地売却組合（マンション建替法） 　　防災街区整備事業組合（防災街区整備促進法）

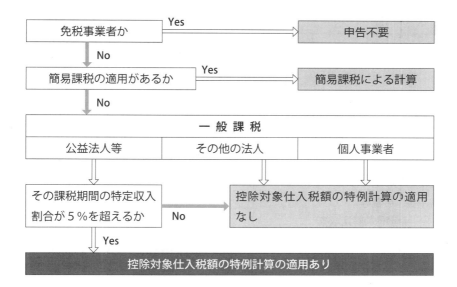

(1) 別表第三に掲げる法人

別表第三には、例えば次のような法人が掲げられています。
① 公共法人
② 一般財団法人、一般社団法人、公益法人、学校法人、宗教法人
③ 健康保険組合、商工会、税理士会、弁護士会

財団法人、社団法人については、公益性の認定を受けるか否かにかかわらず別表第三に掲げる法人となります。

(2) 人格のない社団等

人格のない社団等とは、法人でない社団又は財団で代表者又は管理人の定めがあるものをいいます（消法2①七）。人格のない社団等であるかどうかの判断については、575頁を参照してください。

(3) NPO法人

NPO法人（特定非営利活動法人）とは、宗教活動、政治活動を行わない不特定多数の者の利益の増進に寄与する団体で、特定非営利活動促進法によって法人格を付与されたものをいいます（特定非営利活動促進法2、70②）。

 ## 3 特例による控除対象仕入税額の計算

(1) 収入と支出との関係

補助金等の収入がある場合、その公益法人等の収入と支出とは、次の図のような関係になります。

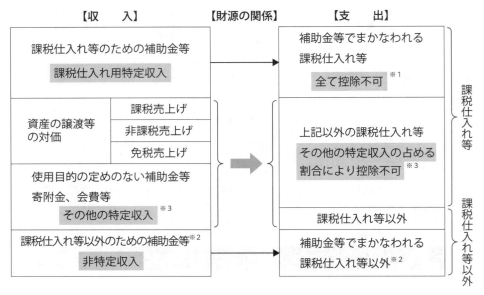

※1 「補助金等でまかなわれる課税仕入れ等」は、仕入税額控除の対象から除外します。
※2 課税仕入れ等以外は、もともと仕入税額控除の対象ではありません。
※3 「使用目的の定めのない補助金等、寄附金、会費等」は、資産の譲渡等の対価収入とともに、課税仕入れ等及び課税仕入れ等以外の両方に充てられることになるため、これらの収入の比によって仕入税額控除できない金額を計算します。

(2) 控除対象仕入税額の計算

この特例の適用がある場合には、まず、特例の適用がないものとして控除対象仕入税額を計算し、次にその特例の適用がないものとして計算した控除対象仕入税額から、「特定収入に係る課税仕入等の税額」を控除します。

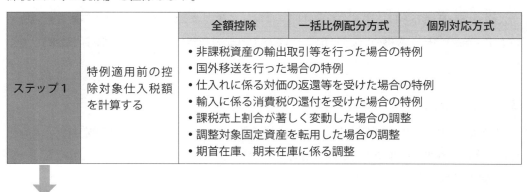

第17章 公益法人等の取扱い

　したがって、納付すべき消費税額は、次のように計算することとなります。

納付すべき 消費税額	=	課税標準額に 対する消費税額	−	特例適用前の 控除対象仕入税額	−	特定収入に係る課 税仕入れ等の税額

　特例の適用がないものとして計算した控除対象仕入税額から控除する特定収入に係る課税仕入れ等の税額は、次により計算します。

特定収入に係る課税仕入れ等の税額 （記号は706頁の公益法人の収入の区分表による）	
全額控除の場合 （消令75④一）	特定収入に係る課税仕入れ等の税額＝①＋② ①：課税仕入れ用特定収入（特課）× $\dfrac{7.8}{110}$ ②：（特例前の控除対象仕入税額−①）×調整割合
一括比例配分方式 （消令75④三）	特定収入に係る課税仕入れ等の税額＝①＋② ①：課税仕入れ用特定収入（特課）× $\dfrac{7.8}{110}$ ×課税売上割合 ②：（特例前の控除対象仕入税額−①）×調整割合
個別対応方式 （消令75④二）	特定収入に係る課税仕入れ等の税額＝①＋②＋③ ①：課税売上対応課税仕入れ用特定収入（特課Ａ）× $\dfrac{7.8}{110}$ ②：共通対応課税仕入れ用特定収入（特課Ｃ）× $\dfrac{7.8}{110}$ ×課税売上割合 ③：（特例前の控除対象仕入税額−①−②）×調整割合

(3)　適用する税率

　上記 $\dfrac{7.8}{110}$ の割合は、令和元年10月１日以後に受け入れる特定収入について適用します。この間に受け入れたものであっても旧税率適用支出に係る特定収入については、旧税率で計算します（平25.3改令附14①）。

※　旧税率適用支出に係る特定収入

　旧税率適用支出に係る特定収入とは、法令、交付要綱等、国又は地方公共団体が合理的な方法により使途を明らかにした文書において、旧税率適用課税仕入れ等に係る課税仕入れに係る支払対価の額、旧税率適月課税仕入れ等に係る課税貨物の引取価額又は旧税率適用課税仕入れ等に係る借入金等の返済金等に係る支出のためにのみ使用することとされている収入をいいます（平25.3改令附14①）。

※　旧税率適用課税仕入れ等

　旧税率適用課税仕入れ等とは、次に掲げる課税仕入れ及び課税貨物の保税地域からの引取りをいいます（平25.3改令附14②）。

　①　国、地方公共団体等の仕入れに係る消費税額の特例の規定の適用を受ける事業者（以下「国等」といいます。）が国内において行った課税仕入れ及び保税地域から引き取った課税貨物のうち、新税率施行日前の課税仕入れ等であるため、旧税率が適用されるもの

　②　国等が国内において行った課税仕入れのうち、税率に関する経過措置により、旧税率が適用されるもの

703

❹ 控除過大調整税額

　通常の控除対象仕入税額から、特定収入に係る課税仕入れ等の税額を控除してマイナスとなる場合には、そのマイナス金額は、控除過大調整税額として課税標準額に対する消費税額に加算しなければなりません（消法60⑤）。

　加算額は、申告書の「控除過大調整税額」の欄に記載します。

❺ 課税売上割合・特定収入割合・調整割合

　公益法人等においては、次の３つの割合を用いて控除対象仕入税額を計算します（消法60④）。

　これらの割合を計算するためには、資産の譲渡等の対価に該当しないものも含め、全ての収入を区分する必要がありますが、その区分の方法については後述します。

　ここでは、３つの割合の計算方法を確認しましょう。

(1) 課税売上割合

　課税売上割合は、公益法人等においても、一般事業者と同様に計算します（消法30⑥、消令48①）。

$$\boxed{課税売上割合}\ \text{(記号は706頁の〈公益法人等の収入の区分表〉による)}$$

$$=\frac{国内において行った課税資産の譲渡等の対価の額の合計額}{国内において行った資産の譲渡等の対価の額の合計額}=\frac{課+免}{課+免+非}$$

(2) 特定収入割合

　特定収入割合は、公益法人等の全ての収入から非特定収入を除いたもののうちに、特定収入が占める割合です。

　特定収入に係る仕入税額控除の特例は、特定収入割合が５％超の場合に適用されます（消令75③）。

$$\boxed{特定収入割合}\ \text{(記号は706頁の〈公益法人等の収入の区分表〉による)}$$

$$=\frac{特定収入の額の合計額}{資産の譲渡等の対価の額の合計額＋特定収入の額の合計額}=\frac{特他+特課}{資+特他+特課}$$

(3) 調整割合

　調整割合は、資産の譲渡等の対価収入及び使途の特定されていない特定収入の合計額のうちに使途の特定されていない特定収入の占める割合です。

　使途の特定されていない特定収入がどれだけの課税仕入れ等を賄っているかを求め、その部分の仕入税額控除を制限します（消令75④一）。

第17章 公益法人等の取扱い

> **調整割合**（記号は706頁の〈公益法人等の収入の区分表〉による）
>
> $$= \frac{その他の特定収入の額}{資産の譲渡等の対価の額の合計額＋その他の特定収入の額の合計額} = \frac{\fbox{特}他}{\fbox{資}＋\fbox{特}他}$$

⑷　資産の譲渡等の対価の額

　課税売上割合の計算方法は、消費税法施行令48条に規定されています。ここに定められた対価の額についての特別の取扱いは、課税売上割合を計算する場合に限ってのものであるため、特定収入割合及び調整割合を計算する場合の資産の譲渡等の対価の額の範囲とは、次表のように異なっています（消令48②〜⑥、75③）。

区分	資産の譲渡等の対価の額	
	特定収入割合・調整割合の計算	課税売上割合の計算
相違点	・国外の売上高を含む ・有価証券の譲渡対価の全額を算入 ・金銭債権の譲渡対価は５％相当額を算入しない ・非課税資産の輸出に係る売上高を算入しない ・国外移送に係る本船甲板渡価格を算入しない ・売上対価の返還等の金額を控除しない	・国内の売上高に限る ・有価証券の譲渡対価は５％相当額を算入 ・金銭債権の譲渡対価は５％相当額を算入 ・非課税資産の輸出に係る売上高を算入 ・国外移送に係る本船甲板渡価格を算入 ・売上対価の返還等の金額を控除する
共通点	・課税売上高は税抜き金額 ・輸出売上高を含める ・貸倒れの金額は控除しない ・貸倒れ回収額は加算しない ・低額譲渡・みなし譲渡の場合の対価の額とみなされた金額を含める	

⑥ 収入の区分

公益法人等においては、仕入税額控除の特例のため、その収入の全てを次の〈公益法人等の収入の区分表〉のとおりに区分します（消法60④、消令75①②、消基通16－2－1）。

◆公益法人等の収入の区分表◆

公益法人等の収入の区分					計算要素	
国内収入・国外収入	資産の譲渡等の対価		国外取引……課税対象外		不	資
		国内取引	国内における課税売上げ　……課税		課	
			輸出売上げ　　　　　　　……免税		免	
			国内における非課税売上げ……非課税		非	
	資産の譲渡等の対価以外（課税対象外の収入）	特定収入（非特定収入以外の収入）	【例】補助金・交付金収入（下記⑥の人件費補助金等を除きます。）寄附金収入 会費収入 保険金収入 損害賠償金収入 配当金収入 喜捨金等 借入金・債券発行収入（法令にその返済のための補助金等の交付が規定されているものに限ります。）	その他の特定収入（使途が特定されていない特定収入）	特 他	特課
				課税仕入れ等に係る特定収入（法令等により、その使途が課税仕入れ等に特定されている補助金等）		
				課税売上対応分の課税仕入れ用	特課 A	
				非課税売上対応分の課税仕入れ用	特課 B	
				共通対応分の課税仕入れ用	特課 C	
		非特定収入	〈限定列挙〉①　借入金等（法令にその返済のための補助金等の交付が規定されていないもの）②　出資金収入 ③　預金、貯金及び預り金収入 ④　貸付回収金収入 ⑤　返還金及び還付金収入 ⑥　法令又は交付要綱等において、課税仕入れ等の対価の支払い及び借入金等の返済以外にその使途が特定されている補助金等（人件費補助金収入・土地購入補助金等収入等）			

（注）　公益社団法人又は公益財団法人が受ける寄附金のうち、その寄附金の募集要綱等（行政庁の確認を受けたものに限ります。）においてその全額の使途が課税仕入れ等以外に限定されているものは、非特定収入となります。

収入は、次のステップにより区分します。

ステップ1	全ての収入を資産の譲渡等の対価の額とそれ以外とに区分する

↓

ステップ2	資産の譲渡等の対価の額については、国外において行ったものは課税対象外とし、国内において行ったものは、一般の事業者と同じく、課税、免税、非課税に区分する

↓ ここから先のステップは、公益法人等特有の処理

ステップ3	資産の譲渡等以外の収入については、これを特定収入と非特定収入とに区分する

↓

ステップ4	特定収入は、法令等によりその使途が特定されている特定収入と、その使途が特定されていないその他の特定収入とに区分する

↓ 次のステップは個別対応方式のため

ステップ5	法令等によりその使途が特定されている特定収入は、課税売上対応分の課税仕入れ等、非課税売上対応分の課税仕入れ等、共通対応分の課税仕入れ等のいずれに使途が特定されているのか区分する

7 特定収入と非特定収入

(1) 特定収入

この特例の趣旨は、他者の支払負担によって行った課税仕入れ等については仕入税額控除をさせないというものです。

特定収入とは、課税仕入れ等につき、その支払を他者が負担する結果となる収入です。

特定収入は、資産の譲渡等の対価に該当しない収入から非特定収入を除いたものとされていますので、何が特定収入であるかは、非特定収入を抽出することによって明らかになります。

(2) 非特定収入

非特定収入とは、他者の負担により仕入税額控除の基礎となる支払がされる可能性のない収入です。借入金や預り金等の返済を要する収入や課税仕入れ等の支払に充てることができない補助金等がこれにあたります。

非特定収入は、消費税法施行令75条1項に、次のとおり限定列挙されています。

◆非特定収入の範囲（消令75①の限定列挙）◆

① 借入金等（借入金及び債券の発行に係る収入で、法令においてその返済又は償還のため補助金、負担金等の交付を受けることが規定されているもの以外のもの）

② 出資金

③ 預金、貯金及び預り金

④ 貸付回収金

⑤ 返還金及び還付金

⑥ 次に掲げる収入

　法令、交付要綱等又は国、地方公共団体若しくは特別の法律により設立された法人が合理的な方法により資産の譲渡等の対価以外の収入の使途を明らかにした文書において、次に掲げる支出以外の支出（特定支出）のためにのみ使用することとされている収入

イ　課税仕入れに係る支払対価の額に係る支出

ロ　特定課税仕入れに係る支払対価等の額に係る支出

ハ　課税貨物の引取価額に係る支出

ニ　①の借入金等の返済金又は償還金に係る支出

　上記⑥の特定支出のためにのみ使用される収入は、その収入により仕入税額控除の基礎となる支払がなされる可能性がない補助金等です。その補助金等がなかったとしても、控除対象仕入税額が増減することがないため、特例計算に影響しない非特定収入とされています。

　また、特定支出の定義のうち、上記ニの「①の借入金等の返済金又は償還金に係る支出」は、他の３つと違って、課税仕入れと関係していないように見えます。しかし、その返済についての補助金等との関係により、次のように特例計算に影響します。

(3)　借入金収入の取扱い

　借入金収入は返済を予定した収入ですから、借入金収入によって課税仕入れ等を行ったとしても、他者の負担によって賄われた課税仕入れ等にはなりません。

　ただし、その返済につき補助金等の交付があるとすれば、結果的には、借入という方法を経由して補助金による課税仕入れ等が行われたことになります。

　そこで、借入金収入については、補助金との関係により、特定収入又は非特定収入に区分するものとされています。

　公益法人等が行う借入や債権の発行について、法令等の規定により借入金返済のための補助金等が交付される場合には、通常、借入前に借入返済のための補助金等の使途を限定した交付要綱等が作成されます。この場合には、その交付要綱に従って借入金収入が特定収入となるかどうかを判断し、その返済のために交付される補助金等は非特定収入となります（消令75①）。

　また、借入後に返済のための補助金等が交付されることとなった場合には、借入金収入は非特定収入とし、その返済のための補助金等につき、借入金等の使途により特定収入となるかどうかを判断します（消令75①、消基通16－2－2(1)(注)）。

第17章　公益法人等の取扱い

　返済のための補助金等が特定収入に該当した場合のその特定収入の使途についても、借入金等の使途により、その使途を特定します。

借入金の区分			判　定	
			借入金	補助金等
返済のための補助金等の交付あり	借入前に交付決定	課税仕入れ等のために使用しないとされている	非特定収入	非特定収入
		その他	特定収入	
	借入後に交付決定	課税仕入れ等のために使用していない	非特定収入	非特定収入
		その他		特定収入
返済のための補助金等の交付なし			非特定収入	交付なし

　また、借入金の返済のための補助金の判断は、**第2節❽**「補助金等の使途」によります。

⑷　基金の取扱い

　公益法人等が、その行う事業の財源となる基金に充てるために受け入れた金銭は、次表のとおり判定します（消基通16−2−5）。

区　分	判　定
一定の事業目的のために設立された公益法人等の活動の原資となる金銭でその法人等の解散の際には金銭の支出者に残余財産が帰属するなど、出資としての性格を有し、かつ、公益法人等の貸借対照表上資本勘定又は正味財産の部に計上される金銭	出資金としての性格を有するものであり、特定収入に該当しない。
基金として受け入れる金銭で、一定期間又は事業の終了によりその金銭の支出者に返済することとなり、借入金としての性格を有し、かつ、公共法人等の貸借対照表上負債勘定で計上される金銭	借入金としての性格を有するものであり、特定収入に該当しない。
上記以外の基金として受け入れる金銭で、法令において、事業はその基金を運用した利益で行い、元本については取り崩しができないこととされている金銭	公益法人等の解散等一定の事実の下にその基金が取り崩される課税期間にその取崩額の収入があったものとする。
	取り崩す基金の使途により特定収入に該当するかどうかの判定を行う。
基金として受け入れる金銭で上記以外のもの	その基金を受け入れた課税期間において特定収入となる。

709

(5)　寄附金収入の取扱い

　一般的な寄附金は、給付に対する対価の支払ではないため、資産の譲渡等の対価以外の収入であり、公益法人等においては、使途が特定されていない「その他の特定収入」となります。

　しかし、寄附金という名目であっても、その実質が資産の譲渡又は貸付け、サービスの提供の対価である場合には、課税の対象となります（消基通5－2－14）。

区　分		寄附を受けた公益法人等	寄附を行った者
実質で判定	金銭の贈与	その他の特定収入※ 特他	課税仕入れでない
	寄附金等の名目であっても資産の譲渡等の対価であるもの　課税資産の譲渡等	課税売上げ	課税仕入れ（仕入税額控除の対象）
	非課税資産の譲渡等	非課税売上げ	課税仕入れでない

※　平成26年4月1日以後は、公益社団法人又は公益財団法人が作成した寄附金の募集に係る文書において、次の要件を満たすことが明らかにされ、行政庁の確認を受けている寄附金収入は、非特定収入となります（消令75①六ハ）。
　　①　特定の活動に係る特定支出のためにのみ使用されること
　　②　期間を限定して募集されること
　　③　他の資金を明確に区分して管理されること

(6)　宗教法人の収入

　宗教法人の収入のうち、献金、お布施、戒名料、玉串料、葬儀・法要等に伴う収入は、宗教活動に伴う喜捨金と認識されるものであり、資産の譲渡等の対価にはあたりません。

　お守り・おみくじ等の販売も原則として不課税取引であり、線香・ろうそく・供花等々の販売も、参詣にあたって神前・仏前に献げるために下賜するものは資産の譲渡等に該当しません。

　ただし、例えば次表に掲げるものは、たとえ宗教法人が行った場合であっても、資産の譲渡等に該当します。

資産の譲渡等の例	備　考
墓地・霊園の管理料を対価とする役務の提供	
墓地の永代使用	土地の貸付けに当たり非課税
神前結婚・仏前結婚等の挙式のための衣装その他の物品の貸付け、挙式後の披露宴における飲食物の提供	挙式を行う行為で本来の宗教活動の一部と認められるものはその他の特定収入
常設の美術館・博物館・資料館・宝物館等における所蔵品の観覧	参拝、礼拝等の行為ではない

拝観料	原則として不課税でありその他の特定収入 一般施設の入場料に該当するものは課税
新聞・雑誌・講話集・法話集・教典の出版・販売	
茶道・生花・書道等の教授	

(7) 学校法人等の収入

　学校等は、非課税となる授業料等及び補助金等を主な収入源としていることから、課税売上割合が95％未満であり、さらにこの特例が適用され、複雑な計算になります。
　また、補助金等の使途の特定は税額計算に大きく影響することから、次の❽「補助金等の使途」により慎重に検討する必要があります。

(8) 前期繰越金収入の取扱い

　前期繰越金は、公益法人等の収支計算においては当期の収入として計上されますが、特定収入ではありません。

補助金等の使途

(1) 使途の特定

　資産の譲渡等の対価以外の収入の使途は、
① 法令、交付要綱など国、地方公共団体又は特別の法律により設立された法人から資産の譲渡等の対価以外の収入を受ける際にこれらの者が作成した当該収入の使途を定めた文書（消令75①六イ）
② 国又は地方公共団体が合理的な方法により資産の譲渡等の対価以外の収入の使途を明らかにした文書（消令75①六ロ）
において明らかにされた使用目的により判断するものとされています。
　これらの文書には、実績報告書、予算書、決算書等を含むものとされていますが、いずれにしても、国、地方公共団体又は特別の法律により設立された法人から受けた補助金、助成金等についてその使途を特定することができることとしたものです。したがって、それ以外の収入については、原則として、寄附者の意思表示や双方の合意があることを根拠にその使用目的が特定された収入であるとすることはできません。
※　平成26年4月1日以後は、一定の寄附金を非特定収入とする取扱いがあります（706頁参照）。

(2) 区分の方法

上記のとおり、消費税法施行令75条1項によると、資産の譲渡等の対価以外の収入は、全ての対象法人において上記①の文書によりその使途を特定し、国又は地方公共団体である場合には、その補助金等の交付を受ける国又は地方公共団体の特別会計が作成した上記②の文書によってその使途を明らかにするものとされています。

ただし、実務においては、公益法人等であっても、交付を受ける補助金等につき、上記②の使途を明らかにする文書を作成し、その作成した文書により明らかにしたところにより使途を特定することもできることとされています。

なお、個別対応方式による場合には、課税仕入れ等に係る特定収入（特課）は、その課税仕入れ等の用途区分に従って、課税資産の譲渡等にのみ要する課税仕入れ等に係る特定収入（特課A）、非課税資産の譲渡等にのみ要する課税仕入れ等に係る特定収入（特課B）、課税資産の譲渡等と非課税資産の譲渡等に共通して要する課税仕入れ等に係る特定収入（特課C）の3つに区分する必要があります。

◆補助金等の使途特定の手順◆

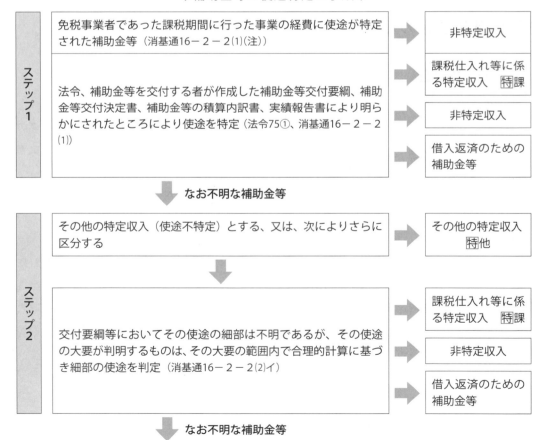

第17章　公益法人等の取扱い

ステップ3

その他の特定収入（使途不特定）とする、又は、次によりさらに区分する ➡ その他の特定収入 　特他

⬇

予算書、予算関係書類、決算書、決算関係書類で明らかにされたところにより使途を特定（消基通16−2−2(2)ロ）

➡ 課税仕入れ等に係る特定収入　特課

➡ 非特定収入

➡ 借入返済のための補助金等

⬇ **なお不明な補助金等**

ステップ4

その他の特定収入（使途不特定）とする、又は、次によりさらに区分する ➡ その他の特定収入 　特他

⬇（消基通16−2−2(2)ニ）

右の算式により使途を特定

$$補助金等の額 \times \frac{その課税期間における課税仕入れ等の支出額}{その課税期間における支出額}$$ ➡ 課税仕入れ等に係る特定収入、特課

$$補助金等の額 \times \frac{その課税期間における課税仕入れ等以外の支出額 − その課税期間の借入金等返済額}{その課税期間における支出額}$$ ➡ 非特定収入

$$補助金等の額 \times \frac{その課税期間の借入金等返済額}{その課税期間における支出額}$$ ➡ 借入返済のための補助金等

支出額、課税仕入れ等の支出額、課税仕入れ等以外の支出額及び借入金等返済額は、既に使途が特定されているものに係る金額を除いた金額です。

　上記表において「借入返済のための補助金等」に該当するものの使途は、次表により判断します。

713

◆借入返済のための補助金等◆

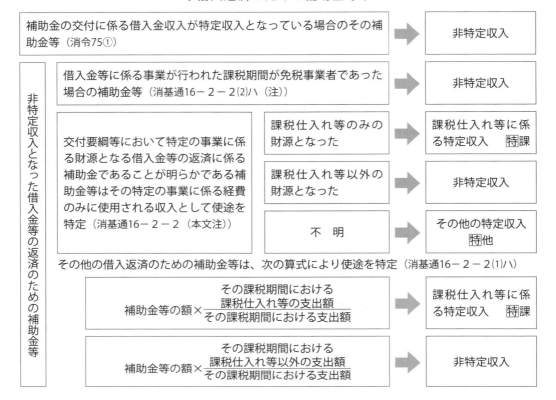

❾ 通算調整割合による調整

　公益法人等に対する仕入税額控除の特例を適用するに当たって、調整割合は、課税期間ごとに資産の譲渡等の対価の額とその他の特定収入の額により計算します。

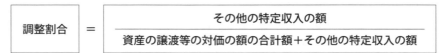

　したがって、寄附金等の収入が安定していない場合には、調整割合も課税期間ごとに大きく変動します。

　例えば、施設の建設のための寄附金につき、その収入の課税期間と施設の完成引渡しの課税期間とが同一でない場合には、控除することができない税額の計算にその寄附金収入を反映していない調整割合が適用されることになります。

　そこで、過去３年間をみて調整割合が著しく変動していると認められる場合には、調整計算を行うこととされています。

(1)　調整計算を行う場合

　次のいずれにも該当する場合には、調整計算を行います（消令75⑤⑥）。

> ・その課税期間の調整割合と通算調整割合との差が20％以上
> ・過去２年間の課税期間においてこの調整を行っていない

⑵　通算調整割合

通算調整割合は、次のとおり計算します（消令75⑥）。

通算調整割合	$=$	通算課税期間におけるその他の特定収入（特他）の額の合計額
		通算課税期間における資産の譲渡等の対価の額（資）の合計額　$+$　通算課税期間におけるその他の特定収入（特他）の額の合計額

通算課税期間とは、その課税期間の初日の２年前の日の前日の属する課税期間からその課税期間までの各課税期間をいいます。すなわち、１年決算法人の場合には、前々期、前期、当期の３年間の各課税期間となります（消令75⑤一ロ）。

⑶　通算調整割合による調整計算

通算調整割合による調整計算は、各課税期間の調整割合に代えて、通算調整割合を用いて控除が制限される特定収入に係る課税仕入等の税額を計算しようとするものです。

具体的な手順は次のとおりです。

まず、通算課税期間における特定収入に係る課税仕入等の税額の合計額と、通算調整割合を用いて計算した場合の特定収入に係る課税仕入等の税額の合計額との差額を把握します。

次に、その差額をその課税期間において控除する税額に加減算します。

①　調整割合による税額と通算調整割合による税額の差額

差額(X) ＝ (Y)と(Z)との差額

(Y) ＝	その課税期間の調整割合により計算した通算課税期間の各課税期間の特定収入に係る課税仕入等の税額の合計額

(Z) ＝	調整割合に代えて通算調整割合を用いて計算した通算課税期間の各課税期間の特定収入に係る課税仕入等の税額の合計額

②　(Y)＜(Z)の場合（通算調整割合を適用した方が大きい）

控除対象仕入税額	$=$	通常の計算による控除対象仕入税額	$-$	（その課税期間の調整割合により計算した特定収入に係る課税仕入等の税額　$+$　差額(X)）

③　(Y)＞(Z)の場合（通算調整割合を適用した方が小さい）

控除対象仕入税額	$=$	通常の計算による控除対象仕入税額	$-$	（その課税期間の調整割合により計算した特定収入に係る課税仕入等の税額　$-$　差額(X)）

インボイス発行事業者以外の者からの課税仕入れに充てられた特定収入がある場合の調整

「特定収入に係る課税仕入れ等の税額」の計算は、特定収入のあった課税期間におけるその特定収入の金額により行うこととなります。

そのため、インボイス発行事業者以外の者からの課税仕入れ（以下「控除対象外仕入れ」といいます。）を課税仕入れ等に係る特定収入（課税仕入れ等に使途が特定されている特定収入）により支出したとしても、仕入控除税額の制限の対象となってしまいます。

そこで、課税仕入れ等に係る特定収入により支出された課税仕入れのうち、インボイス発行事業者以外の者からの課税仕入れが5％を超える場合において、国等へ報告することとされている文書又は国、地方公共団体が合理的な方法により使途を明らかにした文書により、その控除対象外仕入れに係る支払対価の額の合計額を明らかにしているときは、控除対象外仕入れに係る仕入控除税額の制限額に相当する額を、その明らかにした課税期間における課税仕入れ等の税額の合計額に加算することができることとされています。

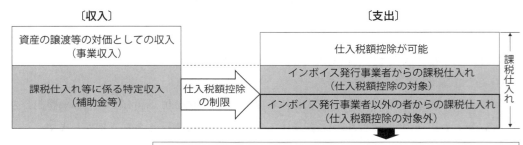

【計算式】

① 課税仕入れ等に係る特定収入のあった課税期間における課税売上高が5億円以下で課税売上割合が95％以上である場合

$$調整対象額 = 控除対象外仕入れに係る支払対価の額^{※1}の合計額 \times \frac{7.8^{※2}}{110} \times (1-調整割合)^{※3}$$

※1 免税事業者である課税期間及び簡易課税制度又は2割特例の適用を受ける課税期間においてインボイス発行事業者以外の者から行った課税仕入れに係る支払対価の額は含まれません。また、インボイス発行事業者以外の者から行った課税仕入れであることにより仕入税額控除の適用を受けないこととなるものに限られます。以下②③においても同様です。

※2 控除対象外仕入れに係る支払対価の額の合計額のうち他の者から受けた軽減対象課税資産の譲渡等に係る控除対象外仕入れに係る支払対価の額については108分の6.24を乗じます。以下②③においても同様です。

※3 「1－調整割合」とは、課税仕入れ等に係る特定収入のあった課税期間における資産の譲渡等の対価の額の合計額に、その課税期間における課税仕入れ等に係る特定収入以外の特定収入の合計額を加算した金額のうちに、その資産の譲渡等の対価の額の合計額の占める割合（＝事業収入の割合）を指します。以下②③においても同様です。

② 課税仕入れ等に係る特定収入のあった課税期間における課税売上高が5億円超又は課税売上割合が95％未満で個別対応方式を適用している場合

調整対象額 ＝（A＋B）×（1－調整割合）

$$A ＝ 課税資産の譲渡等にのみ要する控除対象外仕入れに係る支払対価の額の合計額 × \frac{7.8}{110}$$

$$B ＝ 課税資産の譲渡等とその他の資産の譲渡等に共通して要する控除対象外仕入れに係る支払対価の額の合計額 × \frac{7.8}{110} × 課税売上割合^※$$

※ 課税売上割合は、課税仕入れ等に係る特定収入のあった課税期間における課税売上割合を用います。以下③においても同様です。

③ 課税仕入れ等に係る特定収入のあった課税期間における課税売上高が5億円超又は課税売上割合が95％未満で一括比例配分方式を適用している場合

$$調整対象額 ＝ 控除対象外仕入れに係る支払対価の額の合計額 × \frac{7.8}{110} × 課税売上割合 ×（1－調整割合）$$

第 3 節 特定収入に係る帳簿の記載事項の特例

　公益法人等においては、公益法人等に係る仕入税額控除の規定の適用を受けるかどうかを判定するため、課税期間ごとに、特定収入の額を把握する必要があります。

　したがって、一般の事業者の記帳の義務に加えて、特定収入等に関する事項についての記帳の義務があります（消令77、消規31）。

特定収入及び非特定収入に関する記載事項

- 相手方の氏名又は名称 ──────→ 相手方が不特定多数の場合には省略することができる
- 収受年月日
- 収入の内容
- 収入の金額
- 収入の使途

第4節 資産の譲渡等の時期の特例

　国又は地方公共団体等の会計処理に準ずる方法が認められる公益法人等については、その会計基準に即した資産の譲渡等の時期及び課税仕入れの時期についての特例があります（消法60②③、消令73、74）。

　人格のない社団等には、資産の譲渡等の時期の特例はありません。

区　　分			資産の譲渡等の時期
国 （予算決算及び会計令１条の２又は２条の規定による）			・その対価を収納すべき会計年度の末日 ・その費用の支払をすべき会計年度の末日
地方公共団体 （地方自治法施行令142条又は143条による）			
国等に準ずる会計処理が認められる公益法人等	税務署長の承認を受けた日の属する課税期間以後		
	承認を受けていない課税期間		特例なし（発生主義による経理）
その他の公益法人等			
人格のない社団等			

　この特例を受けようとする公益法人等は、「消費税法別表第三に掲げる法人に係る資産の譲渡等の時期の特例の承認申請書」に定款等の写しを添付して納税地の所轄税務署長に提出して申請し承認を受けなければなりません（消令74③）。

第5節 確定申告期限の特例

　消費税の確定申告書は、課税期間の末日の翌日から２か月以内に提出することとされています。

　しかし、法令により会計年度の末日の翌日から２か月を超えた日以後に決算が完結するとされている公益法人等においては、課税期間の末日の翌日から２か月以内に確定申告書を提出することが困難である場合があると考えられます。

　そこで、このような公益法人等については、確定申告期限の特例が設けられています（消法60⑧、消令76①〜⑥）。

718

この特例を受けようとする公益法人等は、「消費税法別表第三に掲げる法人に係る申告書の提出期限の特例の承認申請書」を納税地の所轄税務署長に提出して申請し承認を受けなければなりません（消令76⑤）。

第6節　課税期間の特例

　法人の消費税の課税期間は、課税期間短縮の特例を選択しない限り、法人税法に規定する事業年度とされています（消法2①十三、19①二）。

　法人税法の規定の適用を受けない国又は地方公共団体には、法人税法における事業年度がなく、課税期間は、原則として、その会計年度となります（消令3）。

　また、収益事業を行っていないため、法人税法の規定の適用を受けない公益法人等、人格のない社団等についても、課税期間の特例が設けられています（消令3）。

　上記の期間が1年を超える場合には、その開始の日以後1年ごとに区分した各期間とし、1年未満の期間が生じたときは、その1年未満の期間が課税期間となります。

　会計年度等の定めの届出は、国内において課税資産の譲渡等に係る事業を開始した日以後2か月以内に行わなければなりません。

第 7 節 裁決例

裁決例 宗教法人が行った絵画の譲渡

平成19年11月26日裁決（棄却）

〔裁決事例集第74集439頁〕

　請求人は、請求人が行った絵画の譲渡は、その売却資金をすべて宗教活動の資金としている等、宗教法人である請求人の宗教活動の一環として行われたものであること、また、単発的な取引であり、消費税法2条1項8号に規定する「事業として」行われたものに該当しないことから、消費税等の課税対象とはならない旨主張する。

　しかしながら、宗教法人が宗教活動の一環として行った資産の譲渡等について消費税等を課税しないとする法令上の規定はなく、また、法人はそれ自体が事業を行う目的で設立されることからすれば、法人が行う資産の譲渡等は、そのすべてが事業として行われたものに該当することになると解されるから、法人である請求人が行う絵画の譲渡は、事業として行われたものに該当することになる。したがって、請求人の主張には理由がない。

裁決例 宗教法人が収受した拝観料

平成7年7月7日裁決（一部取消し）

　請求人は、拝観料に対する消費税の決定処分は、宗教活動そのものに対する不利益処分であり、公権力による内心の信仰に対する介入にほかならないから、憲法20条に保障する信教の自由を侵すものであり、請求人に間接税である消費税の徴収を強制することは、憲法18条（奴隷的拘束及び苦役からの自由）を侵害するものであると主張する。

　しかし、消費税法には、宗教法人の行う宗教活動については消費税を課さない旨の規定又は宗教法人には消費税を納める義務はない旨の規定はなく、また、宗教法人については消費税を納付する義務を免除する旨の規定はない。

　また、請求人は、拝観料は宗教行為に伴う喜捨金であり、対価性がなく、消費税の課税対象である課税資産の譲渡等に該当しない、と主張する。

　しかし、本来、喜捨金等とは、信仰心に基づき反対給付を求めずに支出する無償の財産的給付であると解されるところ、事実によれば、大人800円、高校生500円の入園料は、入園のための対価であると認められること、管理委託先に支払う管理料の金額及び苗木賃借料の金額は、入園料総額を基準として算定していることが認められ、請求人は、入園料収入とこの事業以外の事業の喜捨金等の性質を持つ収入とを区別していると認められることその他の事実を考慮すると、入園料が喜捨金等の性質を有していると認めることができない。

　また、消費税の納税義務があるとしても、消費税法60条4項の規定を適用した結果、納付すべき税

額が拝観料収入に対する預り消費税額から支払管理料等に係る仮払消費税額を控除した金額を上回る金額となり、この上回る金額は、本来の宗教活動に負担を求めることとなるから、憲法20条に違反する、と主張する。

しかし、請求人には各課税期間において、特定収入があり、かつ、特定収入割合が100分の5を超えるから、原処分庁が同項の規定に基づき算定したことは、相当と認められる。

なお、原処分庁がその他の特定収入とした金額の中には、内部取引に係る金額が含まれているので、当審判所においては、これらの金額をその他の特定収入から除いたところで、特定収入に係る課税仕入れ等の消費税額を算定した。

裁決例 寄附金名目で受領した金銭

平成8年1月22日裁決（一部取消し）

請求人は、結果報告の対価として出入業者から受領した金員は寄付金収入であるので、消費税の課税対象とならない旨主張する。

しかしながら、請負業に係る収入金額、仲立業に係る収入金額はいずれも収益事業に係る対価の額であり、いずれも課税資産の譲渡等の対価の額に該当するものと認められる。

なお、納付すべき税額の計算を訂正するため、処分の一部を取り消す。

裁決例 免税期間の借入金等の返済に使途が特定された補助金

平成17年1月26日裁決（棄却）
〔裁決事例集第69集414頁〕

請求人は、地方公共団体の特別会計であり、本件課税期間において、一般会計からの繰入金によって免税事業者であった期間に起債した地方債の償還を行い、この繰入金を非特定収入とした。

通達16－2－2は、借入後に法令又は交付要綱等で借入金等の返済又は償還のためにのみ使途が特定された補助金等の交付があった場合は、当該補助金等の額をその借入金等に係る事業が行われた課税期間における支出のうちの課税仕入れ等の支出の額とその他の支出の額との割合で、課税仕入れ等に係る特定収入とそれ以外のものとに区分する旨を定めたものであり、特定収入に見合う課税仕入れ等の税額を仕入税額控除の対象としないという消費税法60条4項の規定の趣旨からみて、当審判所においても、この取扱いは相当であると認められる。

本件繰入金等の額のうち、免税事業者であった期間に係る地方債の元金償還に充当された額については、借入金等の償還に使途が特定されていることから、消費税法60条4項及び通達16－2－2により、その借入金等に係る事業が行われた課税期間における支出のうちの課税仕入れ等の支出の額とその他の支出の額の割合であん分して、特定収入の額を算出することになる。

請求人は、免税期間において消費税の仕入税額控除や還付も受けていないことから、本件課税期間に

おいて仕入控除税額の調整を行った原処分は違法である旨主張するが、免税事業者が消費税の仕入税額控除や還付を受けるためには、消費税法9条4項に規定する「消費税課税事業者選択届出書」を原処分庁に提出することが要件とされているところ、請求人は自らの判断で課税事業者を選択しなかったのであって、免税期間において消費税の仕入税額控除や還付を受けていたか否かが、消費税法60条4項の規定の適用の可否を左右するものではない。

※ 消費税法基本通達16−2−2は、借入金等に係る事業が行われた課税期間が免税事業者であった場合のその借入金等の返済のための補助金等は非特定収入となる旨、改正されています（平20.3.28）。

[裁決例] 収益事業部門と非収益事業部門との区分

平成24年2月7日裁決（棄却）
〔裁決事例集第86集〕

　請求人は、収益事業部門（結婚式場等）と非収益事業部門（神社）における収支を厳密に区分経理しており、非収益事業部門における初穂料等の収入（本件収入）が収益事業部門における課税仕入れに使われることはないなどとして、本件収入が消費税法60条4項に規定する特定収入に該当しない旨主張する。

　しかしながら、消費税法施行令75条1項6号イは、法令又は交付要綱等によって課税仕入れ等に係る支払対価以外の支出のみに使途が限定されている収入を特定収入から除く旨規定しているところ、本件収入は、法令の規定又は交付要綱等によって拘束されることなく請求人が自らその使途を選択できる収入であり、請求人が収益事業部門と非収益事業部門における収支を厳密に区分経理していたとしても、請求人が任意に本件収入の使途を定めているにすぎず、そのことをもって、本件収入が特定収入から除かれる収入に当たるということはできない。

第18章

個人事業者の取扱い

第1節 所得区分との関係

　国内取引に係る消費税の納税義務者は、法人及び個人事業者とされています。

　本書は、全体として法人の取扱いを中心に解説していますので、個人事業者における所得税と消費税との取扱いの違いについては、本章をあわせて確認してください。

(1) 消費税の税額計算の基礎

　所得税においては、所得の源泉や性質によって異なる担税力を考慮するため、所得金額は、10種類の各種所得に区分して計算します。

　しかし、消費税においてはこのような所得区分の考え方はありません。

　消費税の課税の対象となるものは、所得税においては、おおむね、事業所得、不動産所得、山林所得、譲渡所得、雑所得に分類されることから、その課税期間において行った資産の譲渡等が、異なる所得区分に分類されている可能性があります。営む事業がこのような複数の所得区分に分かれていても、その所得区分に関係なく、その年に行われた取引に係る全ての課税売上高が課税標準額の基礎となり、全ての課税仕入れが控除対象仕入税額の計算の基礎となります。

(2) 基準期間における課税売上高

　その課税期間の納税義務を判定する基準期間における課税売上高は、所得区分の違いや事業内容の変化にかかわりなく計算することとされています。

　例えば、基準期間には物品販売等の事業を行っていたけれど、現在はその物品販売業を廃業して不動産貸付けだけを行っているような場合、基準期間における課税売上高の計算の基礎となった事業所得の売上高とその課税期間の不動産所得の売上高とには関連がなく、その課税期間の不動産の貸付けの規模を基準期間の物品販売業の売上高によって判断するのは、合理的で

723

あるとはいえません。

しかし、このような場合であっても、基準期間における課税売上高が1,000万円を超えている場合には、その課税期間は課税事業者となり、不動産の貸付けについて消費税の納税義務は免除されません。また、基準期間における課税売上高が5,000万円を超えている場合には、簡易課税制度は適用されません。

(3) 課税事業者の選択とインボイス発行事業者の登録

課税事業者の選択は、事業者が、その課税期間の納税義務につき、免除の適用を受けないことを選択するものです。

その課税期間において行った資産の譲渡等が、異なる所得区分に分類されている場合であっても、ある所得につき課税事業者を選択して、その所得区分に属するものだけを対象に税額計算を行うというようなことはできません。その個人事業者が行う事業の全部を対象に適用することとなります。

また、個人事業者の所得区分に変更があった場合であっても、選択不適用届出書を提出しない限り、選択届出の効力は消滅しません。

インボイス発行事業者の登録をした場合も同じです。

(4) 簡易課税制度の選択

簡易課税制度は、その課税期間における控除対象仕入税額の計算方法の特例として選択するものです。事業所ごと、支店ごとに簡易課税制度を選択することはできません。

その課税期間において行った資産の譲渡等が、異なる所得区分に分類されている場合であっても、簡易課税制度は、所得区分ごとに選択することはできず、その個人事業者の全部を対象に適用することとなります。

また、個人事業者の所得区分に変更があった場合であっても、選択不適用届出書を提出しない限り、選択届出の効力は消滅しません。

第 2 節　課税の対象

 個人事業者と消費者

個人事業者は、事業者としての側面と消費者としての側面とがあるため、個々の取引につい

第18章　個人事業者の取扱い

て、事業として行われたものかどうか判断する必要があります。

　個人事業者については、事業として行う売上げ及び仕入れのみが課税の対象となり、消費者の立場で行う自宅の売却や生活用品の購入等は、消費税の納税額の計算に関係ありません。個人が行う取引は、次のとおり整理することができます（消基通5−1−1、5−1−8、11−1−3）。

区　分		判定
法人	全ての取引	課税対象
個人事業者	**事業として行う資産の譲渡、貸付け、役務の提供** • 所得税の事業所得より範囲が広く、規模を問わない • 事業付随行為を含む • 事業用資産の家事消費を含む	課税対象
個人事業者	**上記以外の取引**（例えば次のような取引） • 自宅の売却 • 事業資金の調達のためにする生活用資産の譲渡 • 仕入代金の支払に代えて家事用資産を引き渡す代物弁済 • 会員権取引業者以外が行うゴルフ会員権等の譲渡 • 事業資金以外の預貯金の利子の受取り	課税対象外（不課税）
事業を行わない個人	全ての取引	課税対象外（不課税）

② 個人事業者と給与所得者

　事業者とは、自己の計算において独立して事業を行うものをいい、雇用契約等に基づき他の者に従属して他の者が行う事業に役務の提供をして給与の支払を受ける場合には、年俸割や出来高払によるものであっても事業に該当せず、消費税の課税の対象となりません（消基通1−1−1）。

　雇用契約等に基づく給与であるかどうかが明らかでない場合は、その実態により判断することとなりますが、消費税法の適用にあたって、その労務の提供の対価が給与であるかどうかの判断は、所得税の所得区分において給与所得となるかどうかによるものとされています（消法2①十二）。詳細は、434頁を参照してください。

③ 「事業として」の判断

　法人はその種類を問わず事業者となり（消法2①四）、法人が行う取引は営利を目的として行ったかどうかにかかわらず、そのすべてが事業として行った取引となります（消基通5−1−1（注2））。

　したがって、事業性の判断は個人が行う取引に限った論点であり、個人事業者においては、「事業として」行った取引であるかどうかが、最も重要な論点の1つであるといえます。

　「事業として」は、次の2つに区分して考えることができます。

725

「事業として」に該当する取引	① 「反復・継続・独立」して行われる取引
	② 事業に付随する取引 （それ自体は単発であっても、「反復・継続・独立」して行われる取引に付随して行われるもの）

(1) 「反復・継続・独立」して行われる取引

消費税法にいう「事業」は、所得税において所得区分の基準となる「事業」、あるいは不動産所得の規模を判断する場合の「事業」より範囲の広い概念であり、それが「反復・継続・独立」して行われる場合には、事業性が認められます（消基通5－1－1）。

したがって、主婦やサラリーマンが行う講演、執筆等は、それが雑所得となるものであっても、「反復・継続・独立」して行っていれば、「事業として」に該当することになります。

また、不動産の貸付けについては、所得税において事業的規模に至らないとされるものであっても、継続して貸付けを行う場合は、「事業として」に該当します。

(2) 事業に付随する取引

事業活動の一環として又はこれに関連して行う取引は、「反復・継続・独立」していなくても、「事業として」行ったものに該当します（消令2③、消基通5－1－7）。

◆事業付随行為◆

事業活動の一環として、又はこれに関連して行われるもの	
例 示	・事業の用に供している建物、機械等の売却 ・利子を対価とする事業資金の預入れ ・事業の遂行のための取引先又は使用人に対する利子を対価とする金銭等の貸付け ・新聞販売店における折込広告 ・浴場業、飲食業等における広告の掲示 ・職業運動家、作家、映画・演劇等の出演者等で事業者に該当するものが対価を得て行う他の事業者の広告宣伝のための役務の提供 ・職業運動家、作家等で事業者に該当するものが対価を得て行う催物への参加又はラジオ放送若しくはテレビ放送等に係る出演その他これらに類するもののための役務の提供

(3) 所得税法における「事業」との違い

消費税は、消費の提供を行う事業者を納税義務者としていますが、相手方である消費者の消費を課税物件とし消費支出を測定することを目的としています。したがって、その取引が課税の対象になるかどうかの判断にあたっては、消費を提供する事業者の規模そのものは関係ありません。その事業者が納税事務負担を受忍できない小規模事業者である場合には、事業者免税点制度を設けてこれに対応するのであり、事業者の規模が取引の課否判定に影響することはあ

りません。

これに対し、所得税は、その者が収入として取得する経済的利得（所得）に直接課税するものであり、全ての所得に課税することを前提に、その性質や発生の態様によってそれぞれの担税力の相違を加味する趣旨で、その源泉ないし性質に応じて、所得を10種類に分類しています。ここでの「事業」は、担税力の相違を加味して負担する税を定めるため、「事業所得」や不動産所得についての「事業的規模」として用いられるひとつの基準となります。

したがって、消費を供給する者であるかどうかを判断するための消費税法における「事業」と、所得について担税力の相違を判断するための所得税法における「事業」とは、異なる概念をあらわす文言であり、同一の意味内容に解釈することはできないということになります。

(4) 親族等との取引

所得税法においては、個人事業者が生計を一にする親族等に対して支払った費用の額は、所得税法56条の規定により、必要経費の額に算入することはできず、受け取った親族等においても、その収入金額はなかったものとされます。また、その親族等において受け取った対価につき必要経費の額に算入されるべき金額は、個人事業者の必要経費の額に算入されます。

この所得税法56条に見合う規定は、消費税法には設けられていません。

取引の相手方が生計を一にする親族等であっても、実際に支払った対価の額を売上げ又は仕入れの額として認識します（消基通 5 − 1 −10）。

また、親族等において生じた費用は、所得税においてその事業者の必要経費の額に算入されるものであっても、その事業者の仕入税額控除の対象とすることはできません。

(5) 家事共用資産の譲渡と取得

個人事業者が、事業と家事の用途に共通して使用する資産を譲渡した場合には、その譲渡金額を事業用部分と家事用部分とに合理的に区分して資産の譲渡等の対価の額を計算します。

また、事業と家事の用途に共通して使用する目的で取得した資産や水道光熱費等の経費の支払については、使用率等の合理的基準により計算した事業用部分の金額が仕入税額控除の対象となります（消基通10− 1 −19、11− 1 − 4 〜 5 ）。

◆事業・家事に共通して使用する資産を譲渡又は取得した場合◆

事業用部分と家事用部分に合理的に区分	家事用部分……不課税
	事業用部分……課税売上げ又は課税仕入れ

 個人事業者のみなし譲渡

個人事業者が、事業用資産を自己又は自己と生計を一にする親族の用に消費し、又は使用し

た場合には、課税の対象となります。これをみなし譲渡といいます（消法4④一、消基通5－1－2（注））。

この場合の「使用」とは、完全に転用することをいい、一時的な家事使用は含まれません（消基通5－3－2）。

(1) 廃業の場合

他に売却することができる充分な価値のある事業用資産について、廃業までに譲渡や除却による処分をせず、廃業時に所有している場合には、原則として、事業の廃止時において、家事のために消費し、又は使用したものとして、みなし譲渡をしたものとして取り扱われます。

非課税取引に該当しない限り、その事業を廃止した時の当該資産の通常売買される価額（時価）に相当する金額を、その業を廃止した日の属する課税期間の課税標準額に含める必要があります。

なお、減価償却資産の時価については、資産の状況等により未償却残高も一つの指標となり得ます。

(2) 売上高とすべき金額

みなし譲渡に該当する場合は、その資産の時価を売上げに計上します（消法28②）。

ただし、棚卸資産については、仕入価額又は販売価額の50％のいずれか大きい金額を売上高とします（消基通10－1－18）。

(3) 低額譲渡

個人事業者には、低額譲渡の取扱いはありません。

誤りやすい事例　　事業と称するに至らない不動産の貸付け

私は、個人で機械修理業を営み、その課税売上高が毎年1,000万円を超えていましたが、本年4月1日、株式会社Aを設立して機械修理業を引き継ぎ、個人事業において事務所として使用していた建物を月額15万円で株式会社Aに賃貸しています。この貸付けは、所得税において「事業的規模に至らない」となるので、消費税においても、「事業」に該当しないと判断し、消費税の課税対象外と考えてよろしいでしょうか。

解 説

所得税は、一般的に、担税力の現れとして、人が収入等を得ていることに着目し、収入等の形で新たに取得する経済的利得、即ち所得を直接対象として課されるものです。所得税法上、「事業」の文言は、所得の担税力を加味するために、その所得が事業所得に当たる

か他の所得区分に当たるか、不動産所得を事業所得と同様に取り扱うかどうか等を判断するに当たって用いられています。

これに対し、消費税は、「事業として」行うことを課税の対象の要件としていますが、これは、最終消費に至るまでの流通の各段階に課税する趣旨であり、資産の譲渡等を行う事業者の規模は、課税の対象の判断に影響するものではありません。

消費税法と所得税法とは、着目する担税力や課税対象が異なり、性質の異なる両法の規定中に同一の「事業」という文言があっても、直ちに、それを同一に解釈すべきではなく、消費税法が、消費に広く負担を求めるという観点から制定されたことに照うすと、その課税対象を所得税法上の一課税区分を生じさせるに過ぎない「事業」と同一の範囲における資産の譲渡等に限定しているものと解することはできません。

消費税法における「事業」は、所得税法上の「事業」概念と異なり、その規模を問わず、「反復・継続・独立して行われる」ものと解するべきでしょう（消基通5－1－1）。

貴方は、反復・継続・独立して、対価を得て建物の貸付けを行っているのであり、その賃貸が所得税法上、事業的規模に至らないと判断される場合であっても、消費税においては課税の対象となる「資産の譲渡等」に該当することになります。

【参考】消法2①八、消令2③、消基通5－1－1

第3節 個人事業者の仕入れ

1 仕入れと必要経費

事業としての仕入れに該当するかどうかの判断は、所得税における「業務」の範囲の判断におおむね一致するものと考えられています。

したがって、課税仕入れについての事業性の判断は、所得税において、業務上の支出に該当するかどうかの判断に準じて行います（消基通11－1－5）。

2 所得税における必要経費の範囲

東京高裁平成24年9月19日判決は、「所得税法上の必要経費に算入できないものについては、課税仕入れに該当しない」と判示しています。

各種所得の金額の計算において必要経費に算入されるべき金額は、個人事業者が支出する経費のうち、業務の遂行上必要な経費に限られます。

消費生活上の経費である家事費は、必要経費に算入されません。

家事関連費は、業務の遂行上必要な部分の金額が明らかに区分できるものについては、その区分により、必要経費の額に算入することが認められています。

【参考】所得税における家事関連費の取扱い

所得税法第45条第1項

…次に掲げるものの額は、…必要経費に算入しない。

一　家事上の経費及びこれに関連する経費で政令で定めるもの

所得税法施行令第96条

法第45条第1項第1号（必要経費とされない家事関連費）に規定する政令で定める経費は、次に掲げる経費以外の経費とする。

一　家事上の経費に関連する経費の主たる部分が…業務の遂行上必要であり、かつ、その必要である部分を明らかに区分することができる場合における当該部分に相当する経費

二　前号に掲げるもののほか、青色申告書を提出することにつき税務署長の承認を受けている居住者に係る家事上の経費に関連する経費のうち、取引の記録等に基づいて、…業務の遂行上直接必要であったことが明らかにされる部分の金額に相当する経費

所得税基本通達

（主たる部分等の判定等）

45－1　令第96条第1号に規定する「主たる部分」又は同条第2号に規定する「業務の遂行上直接必要であったことが明らかにされる部分」は、業務の内容、経費の内容、家族及び使用人の構成、店舗併用の家屋その他の資産の利用状況等を総合勘案して判定する。

（業務の遂行上必要な部分）

45－2　令第96条第1号に規定する「主たる部分が不動産所得、事業所得、山林所得又は雑所得を生ずべき業務の遂行上必要」であるかどうかは、その支出する金額のうち当該業務の遂行上必要な部分が50％を超えるかどうかにより判定するものとする。ただし、当該必要な部分の金額が50％以下であっても、その必要である部分を明らかに区分することができる場合には、当該必要である部分に相当する金額を必要経費に算入して差し支えない。

上記のとおり、所得税法施行令96条によれば、白色申告の場合には経費の主たる部分が業務の遂行上必要であることが必要経費に算入するための1つの要件とされています。ただし所得税法基本通達45－2は、この要件をはずす取扱いを示しており、運用上、青色申告であるか白色申告であるかにかかわらず、業務の遂行に必要と認められる部分を明確に区分できる場合には、その部分の必要経費算入が認められることとなります。

第18章　個人事業者の取扱い

| 誤りやすい事例 | 自己が居住する家屋の建設 |

　私は個人で建設業を営んでいますが、事業用に仕入れた材料を使用して自宅を建築しました。使用人である大工が建築に従事し、必要に応じて取引先に作業を外注しています。

| 解　説 |

　自宅の建築に使用するため購入した材料は、事業として仕入れたものではないので、課税仕入れになりません。しかし、自宅の建築に関係なく通常業務の一環として仕入れた材料は、結果として自宅建築工事に使用した場合であっても、仕入れの時点で控除対象仕入税額の計算の基礎となります。この場合、自宅建築のために材料を使用した行為は事業用資産の家事消費に該当し、みなし譲渡の規定により、その仕入金額が課税売上高に計上されることとなります。

　使用人である大工に支払う給与については、所得税においては、自宅の建設に係る部分を必要経費から除く処理が必要ですが、消費税においては、給与は課税仕入れの対価ではないため、特別な計算は必要なく、また、使用人である大工が提供する労務について、家事消費を認識する必要もありません。消費税におけるみなし譲渡は、事業用資産の家事消費とされており、無償の役務の提供について課税する取扱いはありません。

　建設工事に係る外注費は、通常その現場ごとに役務の提供を受けるものと考えられ、自宅建設のため取引先から受けた役務の提供は、もともと事業として行った仕入れではないため、課税仕入れに計上することはできません。

【参考】消法2①八、十二、4④

| 誤りやすい事例 | 店舗併用住宅の取得 |

　私は、土地付一戸建の店舗併用住宅を取得しました。購入対価の額は総額で8,200万円であり、契約書には、土地と建物の価額の内訳は記載されていませんが、受領したインボイスは、対価の額が2,200万円と記載されています。

　1階店舗用部分は60㎡、2階、3階居住用部分は120㎡であり、1階店舗については、別に300万円で内装工事を行いました。

| 解　説 |

　土地付建物の購入は、課税資産と非課税資産の一括購入であり、両者を合理的に区分しなければなりません。本事例の場合は、受領したインボイスに建物の対価の額が2,200万円と記載されています。

また、１階店舗部分のみが事業として行った譲受けであるので、その部分の価額を合理的に算定しなければなりません。この場合、使用床面積等が合理的な基準として認められています。

店舗の内装費用は、その全てが課税仕入れとなります。

また、事業用部分と家事用部分とを一括して支払う水道光熱費等については、その使用率等を基準に、所得税の家事関連費の取扱いに準じ、所得の金額の計算上、必要経費に算入される部分の金額が課税仕入れの支払対価の額となります。

【参考】消法十二、消基通11－1－4、11－1－5

誤りやすい事例　家事用資産の事業用への転用

私は、自己が所有する自宅の１階部分を600万円で改装し、店舗として使用することとしました。この建物は、昨年4,000万円で購入したものであり、１階、２階の面積は、それぞれ100㎡です。

解 説

所得税においては、非業務用資産を業務用資産に転用した場合、転用時点の未償却残高を算定し、これをもとに減価償却費を計算します。したがって、建物の取得費及び店舗改装費用の両方について減価償却を行うこととなります。

他方、消費税においては、非業務用資産を業務用資産に転用した場合であっても、その未償却残高を課税仕入れの金額とみなす規定はありませんから、店舗の改装費用のみが課税仕入れとなります。

【参考】消法2①八、十二、所令135、136

誤りやすい事例　車両の買換え

私は、商品運搬用の車両を購入し、家族で使用していた車両Ｘを下取りさせて値引きを受けました。また、従来、事業用に使用していた車両Ｙ（免税事業者であった課税期間に購入したもの）を家事用に転用しました。

解 説

新車両の取得、車両Ｘ及び車両Ｙの処分は、それぞれ別個の取引として、消費税の課税関係を判断します。

新車両の取得は、事業上の仕入れであり、旧車両の下取りがあっても、その下取り額を控除する前の金額が課税仕入れの対価の額となります。もちろん、自動車税や保険料等、課税仕入れに該当しないものは除きます。

第18章　個人事業者の取扱い

　また、車両Xの下取りによって事業用車両の購入のための決済額が減額されています
が、車両Xは事業用資産ではないため、その下取り額について課税されることはありませ
ん。

　車両Yの家事用への転用は、みなし譲渡に該当します。車両Yは、免税事業者であった
課税期間に購入したものであり、その仕入れについて仕入税額控除の適用を受けていませ
んが、その場合であっても、みなし譲渡の規定を適用しない定めは設けられていないので、
転用時の時価相当額を課税売上げに計上することとなります。

【参考】消法2①八、28②一、30①、消基通5－1－1、5－1－8、10－1－17

誤りやすい事例　親族に賃料として支払った減価償却費相当額

　私は、妻が所有するビルの一室を事務所として借り受け、月額家賃15万円を支払ってい
ます。

　他のテナントは、月額家賃33万円、共益費3万3,000円を支払っているのですが、所得
税においては、支払った家賃に代えて、妻の不動産所得の金額の計算上必要経費に算入さ
れる部分の金額が私の必要経費の額に算入されるので、妻において計算される減価償却費
相当額を家賃の額としました。

解説

　事業者が、国内において行う課税仕入れについては、その相手方が誰であるかにかかわ
らず、仕入税額控除の対象となり、課税仕入れの額は、定価、時価にかかわらず、実際の
支払対価の額となります。

　所得税法においては、所得税法56条の規定により、妻に支払った家賃の額は必要経費の
額に算入することはできず、妻においても、不動産所得の金額の計算上、夫から収受した
家賃は総収入金額に算入しません。そして、妻が不動産所得の金額を計算する場合に必要
経費の額に算入されるべき金額は、夫の必要経費の額に算入されます。

　この所得税法56条に見合う規定は、消費税法には設けられていません。したがって、事
例のように、仕入れの相手方が生計を一にする妻であっても、実際に支払った対価の額が、
仕入税額控除の計算の基礎となり、妻においても、収受した家賃は、課税資産の譲渡等の
対価の額に算入することとなります。

　なお、所得税法上は、使用貸借であっても、妻が不動産の維持、管理に要した費用の額
は、夫の事業所得の金額の計算上、必要経費に算入されますが、所得税法56条に見合う規
定のない消費税では、それらを夫の課税仕入れとすることはできません。

【参考】消法2①八、28②一、30①、消基通5－1－10、11－1－3、所法56、所基通56－1

誤りやすい事例　顧客の接待のために購入したゴルフ会員権

　私は、顧客の接待のためにゴルフ会員権を購入し、青色申告決算書の貸借対照表に計上しました。また、顧客サービスの一環としてゴルフコンペ大会を開催し、その費用30万円を支払いました。

解　説

　個人事業者が会員権販売業者であって、ゴルフ会員権を販売目的で取得したものであれば、棚卸資産の仕入れに該当し、課税仕入れとなります。

　しかし、一般に、ゴルフ会員権は事業を行わない個人も保有するものです。したがって、個人事業者が会員権販売業者でない場合には、顧客の接待のために必要と判断してゴルフ会員権を取得し、事業上の固定資産として貸借対照表に計上したときであっても、その全部を事業上の仕入れと判断することはできず、また、事業に必要な部分の金額を明らかに区分することもできないので、その一部について課税仕入れとすることもできません。

　また、このゴルフ会員権を譲渡した場合には、たとえ、事業上の固定資産として貸借対照表に計上していたものであっても、課税の対象になりません。

　次にゴルフプレー費が課税仕入れになるかどうかですが、所得税法上、これが必要経費の額に算入されるか否かに準じて判断することとなります。交際費については、個人消費の要素が混入しやすいため、「必要経費に該当するのは、事業遂行上、その支出の必要性が特に強い場合ないし専ら事業上の必要に基づく場合などに限ることが適当と考えられる」（植松守雄『注解所得税法』977頁、平成23年）とされています。

　このような基準により、そのゴルフプレー費が所得税において必要経費に該当すると判断される場合には、消費税においても課税仕入れとなります。ただし、その場合であっても、ゴルフ場利用税の額は、その支払対価の額から除外される個別消費税です。ゴルフ場利用税の納税義務者は利用者であり、ゴルフ場は特別徴収によって道府県に納付する制度になっているため、その金額が明確に区分されている限り、対価の額から除かなければなりません。

【参考】消法2①八、十二、28①、消基通5－1－1、10－1－11、地法75、82

第4節 現金基準

1 現金基準の適用

　個人事業者が、その年の前々年の事業所得又は不動産所得の金額の合計額が300万円以下である場合において、所得税の所得金額の計算について現金基準の適用を受けているときは、消費税においても、その入金日又は支払日に売上げ又は仕入れを計上することができます（消法18①、所法67）。

　この場合には、確定申告書の摘要欄に〇を付します（消法18②、所法67）。

2 適用をやめる場合

　現金基準の適用をやめる場合には、発生基準と現金基準の調整のため、最後の適用課税期間において、次図の処理を行います（消法18③、消令40、消規12）。

　現金基準の適用を開始する場合には、このような調整はありません。

■ 売上げの調整

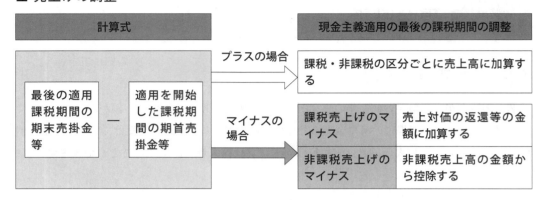

■ 仕入れの調整

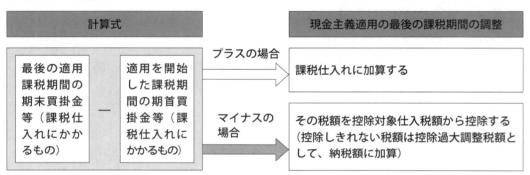

第5節　裁判例・裁決例

裁判例　消費税における事業の意義

富山地裁平成15年5月21日判決（棄却）、名古屋高裁平成15年11月26日判決（棄却）（上告）、最高裁平成16年6月10日決定（棄却）（確定）

　消費税法は、「事業」自体の一般的な定義規定は置いていないから、その意義については、消費税法制定の趣旨・目的等に照らして解釈すべきである。

　消費税法は、徴税技術上、納税義務者を物品の製造者や販売者、役務の提供者等としているものの、その性質は、その相手方である消費者の消費支出に着目したもので、これを提供する事業者の規模そのものは、消費税法が課税を意図する担税力と直ちに結びつくということはできない。しかも、消費税法

は、個人事業者を含む小規模事業者につき、課税売上高を基準に免税点制度（消費税法９条１項）を設け、これと共に課税事業者選択制度（消費税法９条４項）を設けているが、これらの諸制度は、同法が個人事業者を含む事業者をその規模を問うことなく納税義務者として定めていることを前提とするものであるということができる。

これに対し、所得税とは、一般的に、担税力の現れとして、人が収入等を得ていることに着目し、収入等の形で新たに取得する経済的利得即ち所得を、直接対象として課されるものである。そして、所得税法は、利得をすべて課税対象たる所得とすることを前提に、その性質や発生の態様によってそれぞれの担税力の相違を加味する趣旨で、その源泉ないし性質に応じて、所得を10種類に分類した（所得税法23条ないし35条）。そこで、所得税法上の「事業」については、当該所得が事業所得に当たるか他の所得区分に当たるかを判断するにあたって、各所得区分間の担税力の相違を加味するとの上記所得税法の趣旨に照らし、解釈することになる。

そうすると、消費税法と所得税法とは、着目する担税力や課税対象を異とするものであるから、このような性質の異なる両法の規定中に同一文言があるからといって、直に、それを同一に解釈すべきであるということにはならない。

また、消費税法が、消費に広く負担を求めるという観点から制定されたこと（税制改革法10条１項）に照らすと、その課税対象を、所得税法上の１課税区分を生じさせるに過ぎない「事業」の範囲における過程の消費について、限定的に定めたものということはできない。

消費税の趣旨・目的に照らすと、消費税法の「事業」の意義内容は、所得税法上の「事業」概念と異なり、その規模を問わず、「反復・継続・独立して行われる」ものであるというべきである。

裁判例 「事業として」の意義／40年に一度の立木の譲渡

平成15年12月17日裁決（棄却）

〔裁決事例集第66集309頁〕

請求人は、「事業として行う資産の譲渡」というには、反復、継続が必須であるところ、約40年間立木の譲渡はなく今回初めて譲渡したものであって反復、継続していないこと、今回譲渡した立木は、当初３年程下草刈りをした後、10年後くらいに１回間伐しただけであり、以後27年間程度は何の手入れもしていないなど十分な育成、管理を行っていないことから、反復、継続の蓋然性があるともいえないこと、森林施業計画に係る森林の伐採の届出書は、育成、管理したことを証明するものではなく、森林施業計画の認定を受けたカラマツを伐採、譲渡したことをもって、反復、継続的に育成、管理していたとはいえないことから、本件立木の譲渡は課税資産の譲渡に該当しない旨主張する。

しかしながら、山林の育成には長期間を要するのが通例であることから、山林の伐採又は譲渡が消費税法２条１項８号の「事業として」に該当するかどうかは、伐採又は譲渡の反復性、継続性のみにより判断するのではなく、伐採又は譲渡の準備行為ともいえる山林の育成、管理の度合いも加味して総合的に判断すべきものと解されるところ、請求人は、森林法11条１項に規定する森林施業計画を定期的に作成し市町村の長にその認定を求めていること、Ｐ市長に対し「立木の伐採（譲渡）証明申請書」を提

出し、本件譲渡が森林施業計画に基づくものであるとの証明を受けていること及びT広域森林組合の
J総務部長の「請求人が今回譲渡した立木は成長も悪くなく、手入れをしていたということは、はっき
り分かった」との申述からすれば、本件立木の譲渡は、森林施業計画に基づき反復、継続的な育成、管
理が行われていたと認めるのが相当である。

　以上のとおり、本件立木の譲渡は消費税法2条1項8号に規定する「事業として対価を得て行われる
資産の譲渡」に該当するとした本件更正処分は適法である。

裁決例　事業付随行為

平成14年10月8日裁決（棄却）

　請求人は、建築業及び不動産賃貸業を営む個人事業者であったが、事業の一部を法人組織とする（法
人成り）ため平成9年10月6日にA株式会社を設立し、同社の代表取締役に就任した。平成9年10月
20日付で建築業に係る消費税の「事業廃止届出書」を原処分庁へ提出したが、その後も、引き続いて
不動産賃貸業を営んでいる。

　請求人は、個人事業として営む建築業の事務所及び倉庫等として使用していた本件建物を、A株式会
社に無償で使用させた後、平成10年3月10日にA株式会社に対して譲渡した。原処分庁は、本件建物
の譲渡が付随行為に当たるとして、本件課税期間に係る消費税等の決定処分及び無申告加算税の賦課
決定処分を行った。

　A株式会社の設立以後、請求人が個人として建築業の営業活動を行っていた形跡はなく、A株式会社
の設立の時点で個人としての建築業は廃業したかのようにも見えるが、通常、法人成りをするに当たっ
ては、事業用資産は、現物出資、譲渡、賃貸借又は使用貸借等によって、権利の設定又は移転が行われ
ることからすると、請求人が法人成りを契機として個人事業を廃業したというためには、その有する事
業用資産の法人への引継ぎが終了し、事業の清算が結了することが必要と解される。

　本件譲渡が、法人成りから5か月しか経っていない時期に行われたこと等を考えると、A株式会社が
本件建物を本件譲渡まで無償で使用していたのは、法人成りを完成させるまでの過渡的な措置として
事実上使用させていたにすぎないものというべきであり、本件譲渡は法人成り及び請求人が個人で営
む建築業を清算するための一過程であると考えられ、本件譲渡によって初めて法人成りが完成し、請求
人の個人として営む建築業が廃業されたものと見るのが相当である。

　そうすると、本件譲渡までは、請求人は、個人として営む建築業を廃止したとはいえず、本件譲渡
は、建築業に係る事業者である請求人が事業活動の一環として、又はこれに関連して、事業用資産を譲
渡したものであると考えるのが相当である。

　また、請求人は、本件建物については、建築業を廃止した平成9年10月の時点で、みなし譲渡の規
定が適用されるべき旨主張するが、請求人が個人で営んでいた建築業は、少なくとも、本件譲渡の時点
までは廃止されたとはいえないことから、この点に関する請求人の主張は理由がない。

　なお、原処分庁は、A株式会社の設立以後における請求人の事業が不動産賃貸業のみであるとの前提
に立ち、請求人が消費税法上の事業者である以上、本件建物はその不動産賃貸業に供されている資産で

第18章　個人事業者の取扱い

ある旨主張する。しかしながら、消費税法においては、事業者が行う資産の譲渡等のすべてが付随行為であるとしているわけではなく、消費税等の課税の対象となる資産の譲渡等に該当するか否かについては、事業の内容と切り離して考えることはできないものであると考えるのが相当である。請求人は、本件建物を不動産賃貸業の用に供しておらず、また、譲渡までの間、A株式会社には無償で使用させており、不動産賃貸業の用に供していないのであるから、本件建物は、不動産賃貸業との関係において見れば、事業用資産でないといわざるを得ない。

　そうすると、請求人が不動産賃貸業を営む課税事業者であっても、本件建物はその不動産賃貸業の事業用資産ではないから、請求人が他の事業を営んでいることを理由として、本件譲渡が付随行為に該当するということはできない。したがって、この点に関する原処分庁の主張は、採用することができない。

裁決例　稲作農地であった土地の譲渡

平成23年３月８日裁決（棄却）

〔裁決事例集第82集〕

　請求人は、稲作農地であった本件土地は、宅地に整地した時点で稲作ができなくなり、その時点で家庭用資産になったのであるから、本件土地の譲渡は「資産の譲渡等」に当たらない旨主張する。

　しかしながら、本件土地は稲作農地として請求人の事業の用に供されていた土地であって、例年どおり冬季の休作状態にあった時期に、本件土地の売却の話があり、それを受けて宅地に整地するための工事が行われたことからすれば、当該工事は、請求人の事業用資産である本件土地の売却を目的として行われたものにすぎず、事業用資産としての性格を失わせる事情にはならない。また、他に本件土地の事業用資産としての性格を失わせる事情は認められないことを併せて考えると、本件土地は、売却時点において、請求人が営む事業の用に供していた資産であったと認めるのが相当であり、本件土地の譲渡は、請求人の事業活動に関連して行われる資産の譲渡であって、「資産の譲渡等」に該当するものと認められる。

第19章 相続による事業の承継

第1節 相続があった場合の納税義務の免除の特例

　その課税期間の基準期間における課税売上高が1,000万円以下である場合には、原則として、免税事業者となります。ただし、相続により事業を承継した場合、その基準期間における課税売上高は、相続により拡大した事業の規模を反映していません。そこで、消費税の納税義務がない相続人が、相続により、被相続人の事業を承継した場合には、被相続人の基準期間における課税売上高を加味して、納税義務の免除の判定を行います。

　課税事業者である相続人が、被相続人の事業を承継した場合には、その承継した事業についても当然に納税義務が生じます。

 相続開始の年に遺産分割が行われた場合

(1) 相続があった年の納税義務

　相続があった場合において、免税事業者又は事業を行っていなかった相続人が、基準期間における課税売上高が1,000万円を超えているため課税事業者となる被相続人の事業を承継したときは、その相続人は、相続開始の日の翌日から課税事業者となります（消法10①）。

　ただし、事業を分割して相続した場合は、各相続人が承継した事業に係る部分の課税売上高により1,000万円超の判定を行います（消令21）。

　被相続人及び相続人の双方が免税事業者である場合には、被相続人の基準期間における課税売上高と相続人の基準期間における課税売上高との合計額が1,000万円超となっても、事業の承継により課税事業者となることはありません（消法10①）。

　相続人が事業の承継前から課税事業者であった場合は、免税事業者であった被相続人から承継した事業についても納税義務が生じます。

◆相続があった年の相続人の納税義務◆

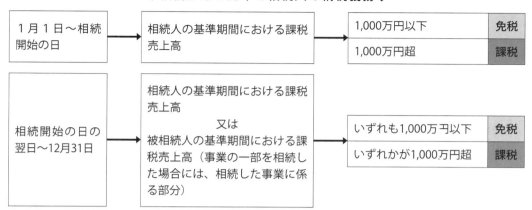

※ 相続があった年においては、相続人と被相続人の基準期間における課税売上高を合計して判定することはありません。
※ 相続人の特定期間における課税売上高が1,000万円を超える場合にはその相続人は課税事業者となります。

(2) 相続があった年の翌年、翌々年の納税義務

相続があった年の翌年及び翌々年においては、被相続人、相続人それぞれの基準期間における課税売上高が1,000万円以下であったとしても、その合計額が1,000万円を超える場合は、課税事業者となります（消法10②）。

ただし、事業を分割して相続した場合は、各相続人が承継した事業に係る部分の課税売上高との合計額により1,000万円以下の判定を行います（消令21）。

◆相続があった年の翌年及び翌々年の相続人の納税義務◆

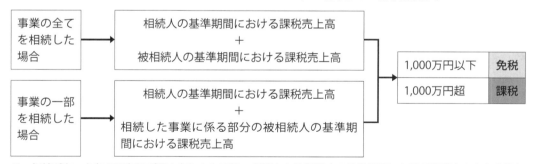

※ 相続があった年の翌年及び翌々年においては、相続人と被相続人の基準期間における課税売上高を合計して判定します。
※ 相続人の特定期間における課税売上高が1,000万円を超える場合にはその相続人は課税事業者となります。

② 年末までに事業承継者が確定していない場合

(1) 年末までに遺産分割が行われなかった年

　年末までに遺産分割が行われなかった場合には、被相続人の基準期間における課税売上高を法定相続分によりあん分した金額を計算の基礎として、各相続人の納税義務の有無を判定します（消基通1−5−5）。

　その結果、課税事業者となる場合には、法定相続分によりあん分した課税売上高により各相続人の納付すべき消費税額を計算します。

　共同相続人が法定相続分により申告等の処理を終了しているものについては、翌年以後、分割が行われた後に修正申告等により是正する必要はありません。

(2) 遺産分割が行われた年

　遺産分割が行われた年の判定については、2つの考え方があります。

　1つは、相続開始の翌年以降に遺産分割が確定した場合であっても、遺産分割の効果は相続開始の時に遡及し（民法909）、相続開始の日に事業承継があったものとして納税義務を判定するというものです。これによれば、分割のあった年の納税義務は、各相続人の基準期間における課税売上高と被相続人の基準期間における課税売上高のうち承継した事業に係る部分の課税売上高との合計額を1,000万円と比較して判定することになります。

　また、他の1つは、納税義務はその課税期間が開始する前に判明していなければならないから、その年の前年12月31日の現況に基づいて判定するべきであるとする考え方です。これによれば、分割のあった年の納税義務は、各相続人の基準期間における課税売上高と被相続人の基準期間における課税売上高のうち法定相続分に応じた課税売上高との合計額を1,000万円と比較して判定することになります。

　前者は消費税創設当時の考え方です。

　後者は東京国税局の平成24年9月18日の文書回答事例「前年に相続があった場合の共同相続人の消費税の納税義務の判定について」において明らかにされた見解であり、現在の実務は、この考え方によっています。

(3) 相続があった年に不動産賃貸業を承継した場合の納税義務

　また、大阪国税局の平成27年3月24日の文書回答事例「相続があった年に遺産分割協議が行われた場合における共同相続人の消費税の納税義務の判定について」は、次のような照会についてこれを認める回答を示しています。

　被相続人は平成26年2月に亡くなり、遺言はありませんでした。遺産の分割が行われるまでの間、被相続人が営んでいた不動産賃貸業に供されていた不動産は被相続人名義のままで、そ

の管理は、相続開始前と同様に不動産管理法人に委託されていました。また、相続財産は相続人の共有に属するという認識の下、不動産賃貸業は共同相続人が共同して営んでおり、不動産賃貸業から生ずる収入は、共同相続人の了承の下、便宜上、照会者の口座に入金していました。その後、同年中に遺産分割協議が成立し、照会者は、被相続人が営んでいた不動産賃貸業（貸店舗等）を承継しました。

照会者の平成26年分の消費税の納税義務の判定にあたり、被相続人の基準期間における課税売上高を計算すると、法定相続分によれば1,000万円以下で免税事業者となり、分割により承継した不動産の売上げによれば1,000万円超で課税事業者となります。

照会者の見解は、「事業者が、判定時点での適正な事実関係に基づき消費税関係法令等の規定に従って納税義務が判定されたものである場合にはその判定が認められるものと解するのが相当であると考えます。したがって、私の場合には、当初に判定したとおり免税事業者に該当するものと取り扱って差し支えないと考えます。」というものです。

資産から生ずる収益は、その収益の基因となる資産の権利者に帰属することになるので、被相続人が不動産賃貸業を営んでいた場合には、遺産分割協議が成立するまでは、その事業は未分割であるということになり、上記のような判断をしたものと考えられます。

(4)　法定果実の帰属

未分割財産の中に賃貸中の不動産がある場合には、その貸付不動産に係る賃料債権の帰属が問題となります。実務においては、法定果実を含めて分割協議を行っている例や分割の結果に応じてその年の1月1日に遡って各相続人が取得した法定果実を認識している例も少なくありません。

平成17年9月8日の最高裁判決は、「遺産分割は、相続開始の時にさかのぼってその効力を生ずるものであるが、各共同相続人がその相続分に応じて分割単独債権として確定的に取得した賃料債権の帰属は、後にされた遺産分割の影響を受けないものというべきである。」こしました。

したがって、分割までの期間に生じた法定果実は、分割協議の対象ではなく、法定相続分により各相続人が取得することとなり、これによって各相続人の売上高を計算することとなります。

| 第 2 節 | 課税事業者の選択、簡易課税制度、課税期間の特例 |

(1) 課税事業者選択届出書

　免税事業者である相続人が課税事業者を選択したいときは、被相続人が課税事業者を選択していたとしても、改めて選択届出書を提出しなければなりません（消基通1－4－12(1)）。

　相続開始前には事業を営んでいなかった相続人の適用関係は、通常の新規開業と同じ取扱いとなります。

　相続開始前から個人事業者であった相続人が、相続により事業を承継した課税期間から課税事業者となるための要件は次のとおりです（消基通1－4－12(2)）。

　①　被相続人が課税事業者を選択しており、

　②　相続開始の課税期間中に課税事業者選択届出書を提出すること

　なお、インボイス発行事業者の事業を承継した場合には、少なくとも相続開始から4か月間、その事業を承継した相続人をインボイス発行事業者とみなす取扱いがあります（消法57の3③④、110頁参照）。

(2) 簡易課税制度選択届出書

　相続人が簡易課税制度の適用を受けたいときは、被相続人が簡易課税制度の適用を受けていたとしても、改めて選択届出書を提出しなければなりません（消基通13－1－3の2）。

　相続開始前には事業を営んでいなかった相続人の適用関係は、通常の新規開業と同じ取扱いとなります。

　相続開始前から個人事業者であった相続人が、相続により事業を承継した課税期間から簡易課税制度の適用を開始するための要件は次のとおりです（消基通13－1－3の2～4）。

　①　被相続人が簡易課税を選択しており、

　②　相続があったために課税事業者となり、

　③　相続開始の課税期間中に簡易課税制度選択届出書を提出すること

(3) 簡易課税制度の適用上限

　簡易課税制度の適用上限については、納税義務の判定とは違って、被相続人の基準期間における課税売上高が相続人の簡易課税制度適用の5,000万円の判定に影響することはありません。

(4) 課税期間特例選択届出書

　相続人が課税期間の特例を選択したいときは、被相続人が課税期間の特例を選択していたとしても、改めて選択届出書を提出しなければなりません（消基通3－3－2(1)）。

相続開始前には事業を営んでいなかった相続人の適用関係は、通常の新規開業と同じ取扱いとなります。

相続開始前から個人事業者であった相続人が、相続により事業を承継した短縮期間から課税期間の特例を受けるための要件は次のとおりです（消基通3－3－2(2)）。

① 被相続人が課税期間の特例を選択しており、

② 相続開始の短縮期間中に課税期間特例選択届出書を提出すること

(5) 12月中に相続があった場合

12月中に相続が開始したことは、やむを得ない事情に該当し、簡易課税制度選択又はその不適用、課税事業者の選択又はその不適用につき、「やむを得ない事情がある場合の届出特例」の規定（消法9⑨、37⑧）が適用されます（消基通1－4－16、13－1－5の2）。

第 3 節 **事業用資産の受入れ等**

(1) 資産及び負債の承継

相続により事業を承継する際の事業用資産の受入れは、包括的な資産負債の引継ぎであり、対価を支払って行う資産の譲受けに該当しません。したがって、資産の種類にかかわらず、消費税の課税関係は生じません。

相続の限定承認を行ったため、所得税において、被相続人が相続財産を譲渡したものとみなされる場合であっても、消費税の課税の対象とはなりません。

(2) 棚卸資産に係る調整

免税事業者が相続により課税事業者となる場合において、課税事業者となった日の前日において、免税事業者であった期間中に仕入れた棚卸資産を保有するときは、その棚卸資産に係る税額は、課税事業者となった課税期間の課税仕入れ等の税額とみなされます（消法36①）。

また、課税事業者が相続により免税事業者であった被相続人の棚卸資産を受け入れた場合には、被相続人が免税事業者であった期間中に仕入れた棚卸資産に係る税額は、その相続人のその相続があった課税期間の課税仕入れ等の税額とみなされます（消法36③）。

これらの取扱いについては、対象となる棚卸資産の明細を記録した書類の保存が要件となっています。

(3) 調整対象固定資産に係る調整

相続により承継した固定資産が調整対象固定資産に該当する場合には、自らが取得した調整対象固定資産と同様に、その相続人において、次の調整を行います（消法33、34、35）。

① 課税売上割合が著しく変動した場合の仕入税額控除の調整
② 転用の場合の仕入税額控除の調整

この場合の通算課税売上割合の計算は、次図によります。

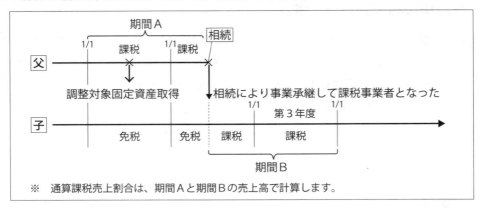

※ 事業を承継したときに子が有していた棚卸資産は、仕入税額控除の対象となります。

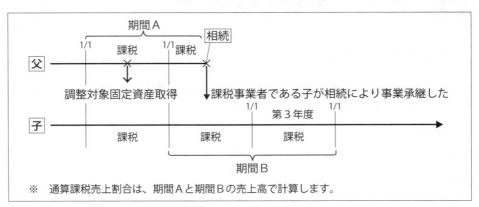

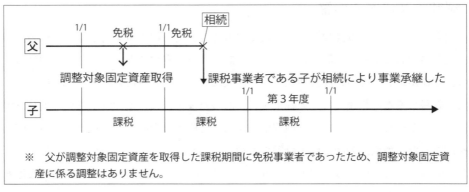

※ 相続により承継した棚卸資産は、仕入税額控除の対象となります。

(4) 延払基準

相続により、延払基準の適用を受けている被相続人の事業を承継した場合には、被相続人がまだ計上していない部分の売上げについては、相続人の売上高となります（消法16④）。

(5) 工事進行基準

相続により、工事進行基準の適用を受けている被相続人の事業を承継した場合には、その請負工事については、被相続人が計上した売上高を除いたところで相続人の売上高とします（消令38①）。

(6) 仕入対価の返還等

相続により事業を承継した相続人が、被相続人が行った課税仕入れにつき、仕入れに係る対価の返還等を受けた場合には、相続人が自ら行った課税仕入れにつき対価の返還等を受けたものとみなして、その返還等対価に係る消費税額を控除対象仕入税額から除きます（消法32③）。

(7) 輸入に係る消費税の還付

相続により事業を承継した相続人が、被相続人が保税地域から引き取った課税貨物につき税関長から消費税の還付を受けた場合には、相続人が自ら引き取った課税貨物につき消費税の還付を受けたものとみなして、控除対象仕入税額から除きます（消法32⑥）。

(8) 売上返還税額控除

相続により事業を承継した相続人が、被相続人が行った課税売上げにつき、売上げに係る対価の返還等を行った場合には、相続人が自ら行った課税売上げにつき対価の返還等を行ったものとみなして、売上返還税額控除を行います（消法38③）。

(9) 貸倒れの税額控除

相続により承継した売掛金等について貸倒れがあった場合には、相続人が自ら行った課税売上げに係る貸倒れとみなして、税額控除を行います（消法39④）。

(10) 中間申告

相続により事業を承継した場合でも、被相続人の確定消費税額は加味せず、相続人の確定消費税額のみによって、中間申告の義務を判断します。

| 第4節 | 被相続人の確定申告 |

被相続人に係る消費税についての申告及び納付の義務は、その事業を承継したかどうかにかかわらず、全ての相続人がこれを承継するものとされています。

(1) 申告義務

課税事業者が、課税期間の中途において死亡した場合には、相続人は、事業を承継したかどうかにかかわらず、その死亡した課税期間分の確定申告書を提出しなければなりません（消法45③）。

また、確定申告書を提出する義務のある個人事業者が、1月1日から3月31日までの間に前年分の確定申告書を提出しないで死亡した場合についても、その相続人に確定申告書の提出義務が生じます（消法45②）。

上記申告書の提出期限は、いずれも、その相続の開始があったことを知った日の翌日から4か月以内です。

また、被相続人が無申告で死亡した場合には、その相続人に対し、決定処分が行われることとなります。この場合には、相続人は、決定があるまでは、その被相続人に係る期限後申告書を提出することができます。

(2) 被相続人の還付申告

被相続人の消費税につき、還付を受けるための申告書を提出することができる場合には、相続人は、還付申告書を提出することができます（消法46②、59）。

(3) 帳簿の保存義務

相続があった場合には、相続人は被相続人の中間申告義務、確定申告義務に併せて、取引の記録及び帳簿の保存義務を承継します（消法59）。

(4) 被相続人の納税地

被相続人の消費税に係る納税地は、その相続人の納税地によらず、被相続人の死亡当時の納税地となります（消法21④）。

これは、被相続人に係る所得税の納税地及び相続税の納税地と同じです。

(5) 死亡の届出

相続人は、被相続人が死亡した旨の届出書を提出しなければなりません（消法57①四）。

| 第19章 | 相続による事業の承継 |

誤りやすい事例　相次相続の場合の納税義務の判定

　昨年に父が亡くなり、母がその不動産賃貸事業を承継しました。ところが、本年に母が亡くなり、私がその不動産賃貸事業を承継しました。

　私の消費税の納税義務は、父の一昨年の課税売上高によって判定するのでしょうか。

　父の賃貸事業を相続するまで、母も私も事業を営んだことはありません。

　各年の課税売上高は、次のとおりです。

区分	X1年	X2年	X3年 （第一次相続の年）	X4年 （第二次相続の年）
父の課税売上高 （第一次相続の被相続人）	1,500万円	1,500万円	700万円	―
母の課税売上高 （第二次相続の被相続人）	―	―	800万円	400万円
私の課税売上高 （第二次相続の相続人）	―	―	―	1,100万円

解説

　平成15年度税制改正前において、消費税法施行令21条2項は、相次相続があった場合に、第二次相続の相続人の納税義務の判定にあたっては、第一次相続の被相続人の基準期間における課税売上高を加えて判断する旨を規定していました。

　しかし、平成15年度の税制改正において、事業者免税点が3,000万円から1,000万円に引き下げられたことに伴い、制度の簡素化等の観点から、消費税法施行令21条2項は削除され、この取扱いは、平成16年3月31日をもって廃止されました。

> **旧消費税法21条2項**
> 　その年又はその年の前年若しくは前々年において相続があった場合において、そのいずれかの年において当該相続に係る被相続人が相続（以下この項において「第一次相続」という。）により事業を承継した事実があるときにおける法第10条第1項又は第2項の規定の適用については、これらの規定に規定する被相続人の基準期間における課税売上高は、当該被相続人の当該基準期間における課税売上高と当該第一次相続に係る被相続人の当該基準期間における課税売上高（法第9条第1項に規定する基準期間における課税売上高をいう。次条第6項において同じ。）との合計額とする。

　したがって、貴方は、納税義務の判定にあたって、父の基準期間における課税売上高を考慮する必要はありません。

	X1年	X2年	X3年 第一次相続	X4年 第二次相続
第一次相続の被相続人（父）の課税売上高	1,500万円	1,500万円	700万円	
第二次相続の被相続人（母）の課税売上高	0円	0円	800万円	400万円
第二次相続の相続人（貴方）の課税売上高	0円	0円	0円	1,100万円

貴方のX4年の納税義務の判定

① **X4年1月1日から母の相続が開始した日までの期間**

　第二次相続の相続人（貴方）は事業を営んでいないため、消費税の納税義務者ではありません。

② **相続開始の日の翌日からX4年12月31日までの期間**

　第二次相続の相続人（貴方）は、基準期間において事業を営んでいなかったため、基準期間における課税売上高はありません。

　第二次相続の被相続人（母）も、基準期間において事業を営んでいなかったため、基準期間における課税売上高はありません。

　第一次相続の被相続人（父）の基準期間における課税売上高1,500万円は、貴方の納税義務の判定に影響しません。

　したがって、貴方は、X4年を通して免税事業者となり、母から相続した不動産の賃貸事業について、消費税の申告を行う義務はありません。

第19章 相続による事業の承継

第5節 裁決例

裁決例 相続があった場合の納税義務の免除の特例

平成17年6月10日裁決（棄却）

〔裁決事例集第69集335頁〕

　請求人は、①被相続人名義預金に振り込まれた売上代金は、被相続人の妻が全額受け取ったこと、②被相続人の事業廃止届を提出したこと、③被相続人の雇用していた従業員は、本人の意向を確かめた上で改めて請求人の事業に勤務させたことから、被相続人の事業を承継していない旨主張する。

　しかしながら、消費税法10条の相続により事業が承継されたか否かについては、請求人及び被相続人が営んでいた労働者の派遣業において、事業遂行上不可欠な要素である取引先及び取引先に派遣する塗装工が、被相続人から請求人に承継されているか否かで判断するのが相当であると解されるところ、取引先に関しては、①被相続人の事業を行う上で一身専属的な性質を有するものは必要でないこと、②請求人は被相続人の取引先との取引を継続していること、③請求人と取引先との取引条件は、被相続人が取引していた時と変更されていないことから、被相続人から請求人に承継されていると認めるのが相当である。また、取引先に派遣する塗装工に関しては、①被相続人の相続に際し、被相続人が取引先に派遣していた塗装工を請求人が解雇した具体的事実はないこと、②請求人は、塗装工を継続して取引先に派遣していること、③請求人が取引先に派遣している塗装工の雇用条件は、被相続人の事業に従事していた時と変更されていないことから、実態として、被相続人から請求人に承継されていると認めるのが相当である。

　そうすると、本件においては、事業遂行上の要素である取引先、取引先に派遣する塗装工が共に本件被相続人から請求人に承継されているので、請求人は消費税法10条2項に規定する、相続により被相続人の事業を承継した相続人に該当すると認められ、請求人に納税義務があるとしてされた原処分は相当である。

751

第20章

合併・分割による事業の承継

　合併又は分割があった場合の納税義務の判定は、その組織再編成前の法人の、判定する法人の基準期間に対応する期間（以下「基準期間対応期間」といいます。）における課税売上高を考慮して行います。

第 1 節　合併があった場合の納税義務の免除の特例

　合併により存続する又は設立される法人を合併法人、合併により消滅する法人を被合併法人といいます（消法2①五、五の二）。

　事業者の納税義務が免除されるかどうかは、課税期間の開始時において明らかにしておく必要があるため、前々事業年度の事業規模、すなわち基準期間における課税売上高によって判定するものとされています。

　ただし、法人が、合併により被合併法人の事業を承継した場合には、合併法人の基準期間における課税売上高は、合併により引き継いだ事業規模を反映していません。そこで、合併法人の納税義務については、被合併法人の課税売上高を織り込んで納税義務の判定を行うこととされています。

　なお、法人税法においては、適格合併と非適格合併の別によって課税上の取扱いが異なりますが、消費税ではそのような区分はありません。

　また、合併・分割があった場合の納税義務の免除の規定はその判定計算が複雑であるため、以下においては、全て1年決算法人を前提として説明しています。

1　新設合併の場合

　新設合併により設立された法人は被合併法人の事業を承継するものであるため、その納税義務は、被合併法人の基準期間における課税売上高を考慮して判定することとされています。

　ただし、次の特例によらないでも、設立時の資本金の額が1,000万円以上である場合には、設立第1期及び第2期は課税事業者となります（消法12の2、消基通1－5－17）。

752

第20章 合併・分割による事業の承継

(1) 新設合併があった事業年度の納税義務

新設合併法人の設立事業年度は、被合併法人のいずれかの基準期間対応期間の課税売上高が1,000万円を超える場合に課税事業者となります（消法11③）。

被合併法人の基準期間対応期間の課税売上高がいずれも1,000万円以下である場合には、原則として免税事業者となりますが、課税事業者を選択した場合及び設立時の資本金の額が1,000万円以上である場合には課税事業者となります（消法9④、12の2、消基通1－5－17）。

(2) 新設合併があった事業年度の翌事業年度、翌々事業年度の納税義務

合併があった事業年度の翌事業年度及び翌々事業年度においては、被合併法人、合併法人それぞれの基準期間における課税売上高が1,000万円以下であったとしても、各被合併法人の基準期間対応期間の課税売上高と合併法人の基準期間における課税売上高との合計額が1,000万円を超える場合は、課税事業者となります（消法11④）。

基準期間対応期間の課税売上高の計算については、755頁の表を参照してください。

◆新設合併法人の納税義務の判定◆

第1期・第2期	第3期
事業年度初日の資本金の額1,000万円以上	合併法人の基準期間における課税売上高が1,000万円以下

YES → 課税事業者　NO

第3期：YES　NO → 課税事業者

第1期	第2期	
各被合併法人の基準期間対応期間の課税売上高がいずれも1,000万円以下	各被合併法人の基準期間対応期間の課税売上高の合計額が1,000万円以下	合併法人の基準期間の課税売上高（年換算前）と各被合併法人の基準期間対応期間の課税売上高との合計額が1,000万円以下
YES → 免税事業者　NO → 課税事業者	YES → 免税事業者　NO → 課税事業者	YES → 免税事業者　NC → 課税事業者

なお、平成25年1月1日以後開始する事業年度においては、合併法人の特定期間における課税売上高が1,000万円を超える場合には、その合併法人は課税事業者となります。また、平成26年4月1日以後設立される法人については特定新規設立法人の取扱いがあります。

2 吸収合併の場合

課税事業者である合併法人が、被合併法人の事業を承継した場合には、その承継した事業についても当然に納税義務が生じます。

753

その課税期間の基準期間における課税売上高が1,000万円以下である場合には、原則として、免税事業者となりますが、その基準期間における課税売上高は、合併により拡大した事業の規模を反映していません。そこで、消費税の納税義務がない合併法人が、合併により、被合併法人の事業を承継した場合には、事業を承継した合併法人の基準期間における課税売上高に、被合併法人の基準期間における課税売上高を加味した金額を1,000万円と比較し、納税義務の免除の判定を行います。

　なお、合併法人の特定期間における課税売上高が1,000万円を超える場合には、その合併法人は課税事業者となります。また、特定新規設立法人の取扱いに注意する必要があります。

(1)　合併があった事業年度の納税義務

　合併法人の基準期間における課税売上高が1,000万円以下であっても、被合併法人の基準期間対応期間の課税売上高が1,000万円を超える場合には、合併法人は、合併の日から課税事業者となります（消法11①）。

(2)　合併があった事業年度の翌事業年度、翌々事業年度の納税義務

　合併があった事業年度の翌事業年度及び翌々事業年度においては、被合併法人、合併法人それぞれの基準期間における課税売上高が1,000万円以下であったとしても、被合併法人の基準期間対応期間の課税売上高と合併法人の基準期間における課税売上高との合計額が1,000万円を超える場合は、課税事業者となります（消法11②）。

　基準期間対応期間の課税売上高の計算については、755頁の表を参照してください。

◆吸収合併による合併法人の納税義務の判定◆

合併事業年度		翌事業年度・翌々事業年度
合併前日まで	合併日以後	
合併法人の基準期間における課税売上高が1,000万円以下	合併法人の基準期間における課税売上高、被合併法人の基準期間対応期間の課税売上高がいずれも1,000万円以下	合併法人の基準期間における課税売上高と被合併法人の基準期間対応期間の課税売上高との合計額が1,000万円以下
YES → 免税事業者　　NO → 課税事業者	YES → 免税事業者　　NO → 課税事業者	YES → 免税事業者　　NO → 課税事業者

第20章 合併・分割による事業の承継

◆合併における基準期間対応期間の課税売上高の計算◆

区　分			吸収合併 （消法11①②、消令22①②）	新設合併 （消法11③④、消令22③④⑤⑥）
判定に用いる課税売上高		基準期間対応期間	①　合併事業年度 …当該事業年度開始の日の2年前の日の前日から1年以内に終了 ②　翌・翌々事業年度 …当該事業年度の基準期間の初日から1年以内に終了	当該事業年度開始の日の2年前の日の前日から1年以内に終了
	合併事業年度	合併日の前日まで	合併法人 のみ	――
		合併日以後	合併法人 又は 被合併法人（年換算）	各被合併法人（年換算） ごと
	合併の翌事業年度		合併法人 又は 合併法人 ＋ 被合併法人（年換算）	各被合併法人（年換算） の合計
	合併の翌々事業年度 （基準期間に合併）		基準期間の初日の合併は特例判定不要 合併法人 又は 合併法人 ＋ 被合併法人（年換算＋期間調整）	合併法人（年換算） 又は 合併法人（年換算なし） ＋ 被合併法人（期間調整）
	その後の事業年度		――	――
簡易課税適用の判定に係る金額			上記適用なし	上記適用なし

①　「判定に用いる課税売上高」は、判定会社については1年決算法人を前提としています。

②　「年換算」とあるものは、その課税売上高の合計額を基準期間対応期間の各事業年度の月数の合計数で除しこれに12を乗じて計算します。

③　吸収合併の「年換算＋期間調整」は、上記②により計算した金額を合併法人の基準期間に含まれる事業年度の月数で除し、これに合併法人のその基準期間の初日から合併があった日の前日までの期間の月数を乗じて計算します。

④　新設合併の「期間調整」は、その課税売上高の合計額を基準期間対応期間の事業年度の月数の合計数で除し、これに合併法人のその事業年度開始の日の2年前の日の前日から合併があった日の前日までの期間の月数を乗じて計算します。

第2節 分割があった場合の納税義務の免除の特例

会社分割があった場合は、分割前の会社規模を考慮して、納税義務の有無を判定することとなります。

会社分割の態様

会社分割は次表のように分類されます（消法2①六、六の二、12①⑦）。なお、法人税法に見られる区分、すなわち、分割にかかる株式の割当て先による分割型分割・分社型分割の区分や、適格・非適格の区分は、納税義務の判定には関係ありません。

分類		内　容	分割された法人	事業を承継した法人
会社分割	分割等	新設分割	分割等の場合には特に「新設分割親法人（親法人）」という	分割等の場合には特に「新設分割子法人（子法人）」という
		現物出資		
		事後設立		
	吸収分割	既存の法人にその分割した事業を引き継がせる形態	分割法人	分割承継法人

(1) 新設分割

新設分割とは、会社法に規定する新設分割をいい（消法12⑦一）、会社の一部門を切り離して、新たに設立した会社に移転し、その事業を承継させることをいいます（会法2三十）。

(2) 現物出資

現物出資とは、金銭の出資にかえて、土地や建物等の資産を出資することをいいます。

現物出資をした法人が100％出資して子会社を設立しその事業を承継させる場合には、納税義務の免除の特例計算を行います（消法12⑦二）。

(3) 事後設立

事後設立とは、株式会社の成立後2年以内に、その成立前から存在する財産で会社の純資産額の$\frac{1}{5}$を超える価額の固定資産を取得することをいいます（会法467①五）。

親会社が100％出資して設立した子会社につき、金銭以外の資産の譲渡が設立の時から予定されており、設立後6か月以内に資産を譲渡した場合には、納税義務の免除の特例計算を行います（消法12⑦三、消令23⑨）。

❷ 新設分割子法人の場合

(1) 分割等があった事業年度、翌事業年度の納税義務

　子法人の設立事業年度及びその翌事業年度は、原則として、親法人の基準期間相当期間の課税売上高が1,000万円を超える場合に課税事業者となります（消法12①②）。

　この場合の基準期間対応期間とは、子法人の判定事業年度の初日の２年前の応当日（暦の上の同じ日）から１年以内に終了する事業年度をいいます。

　基準期間対応期間の課税売上高の計算については、760頁の表を参照してください。

　親法人の基準期間対応期間の課税売上高が1,000万円以下である場合には、原則として子法人は免税事業者となりますが、設立時の資本金の額が1,000万円以上である場合には課税事業者となります（消法9④・12の2、消基通1－5－17）。

　なお、子法人の特定期間における課税売上高が1,000万円を超える場合には、その子法人は課税事業者となります。また、特定新規設立法人の取扱いに注意する必要があります。

(2) 分割等の翌々事業年度以後の納税義務

　子法人の第３期以後の事業年度については、子法人の基準期間における課税売上高が1,000万円以下であっても、特定要件に該当する限り、子法人の基準期間における課税売上高と親法人の基準期間対応期間における課税売上高との合計額が1,000万円を超える場合には納税義務は免除されません（消法12③）。適用する期間の定めはありません。

　この場合の特定要件とは、子法人の基準期間の末日において、子法人の発行済株式の総数又は出資金額の50％超を親法人及びその株主等が所有していることをいいます（消法12⑤）。

　また、基準期間対応期間は、子法人の基準期間中に開始する親法人の事業年度をいいます。

　基準期間対応期間の課税売上高の計算については、760頁の表を参照してください。

　ただし、親法人が複数の場合には、特例計算は要しません。

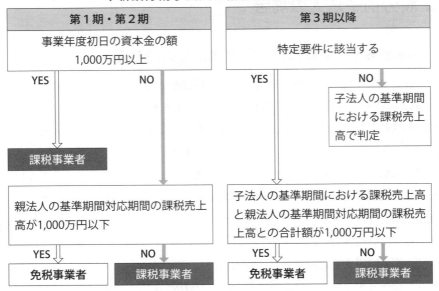

なお、子法人の特定期間における課税売上高が1,000万円を超える場合には、その子法人は課税事業者となります。また、特定新規設立法人の取扱いに注意する必要があります。

③ 新設分割親法人の場合

親法人の分割事業年度及び翌事業年度は、分割に関係なく、親法人の基準期間における課税売上高により判定します。

親法人の分割等の翌々事業年度以降は、親法人の基準期間における課税売上高が1,000万円以下であっても、特定要件に該当する場合には、親法人の基準期間における課税売上高と子法人の基準期間対応期間の課税売上高との合計額により判定することとなります（消法12④）。適用する期間の定めはありません。

この場合の基準期間対応期間とは、親法人の基準期間において開始する子法人の事業年度をいいます。

基準期間対応期間の課税売上高の計算については、760頁の表を参照してください。

ただし、親法人が複数の場合には、特例計算は要しません。

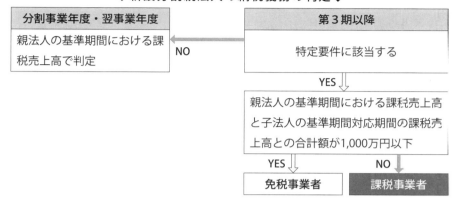

　なお、親法人の特定期間における課税売上高が1,000万円を超える場合には、その親法人は課税事業者となります。また、特定新規設立法人の取扱いに注意する必要があります。

◆分割等における基準期間対応期間の課税売上高の計算◆

区　分			新設分割子法人 （消法12①②③、消令23①②③④）	新設分割親法人 （消法12④、消令23⑤）
基準期間対応期間			①　基準期間なし …当該事業年度開始の日の２年前の日の前日から１年以内に終了 ②　基準期間あり …当該事業年度開始の日の２年前の日の前日から１年以内に開始	当該事業年度開始の日の２年前の日の前日から１年以内に開始
判定に用いる課税売上高	分割事業年度	分割日の前日まで	──	特例判定不要
		分割日以後	新設分割親法人（年換算）ごと	
	分割の翌事業年度			
	分割の翌々事業年度（基準期間に分割）		特定要件に該当（親法人が複数の場合は特例判定不要）： 子法人（年換算）又は 子法人（年換算）＋親法人（年換算） ただし、特定事業年度中の分割の場合 → 子法人（年換算＋期間調整）＋親法人（年換算）	特定要件に該当（親法人が複数の場合は特例判定不要）： 親法人 又は 親法人＋子法人（年換算＋期間調整）
	その後の事業年度		子法人 又は 子法人＋親法人（年換算）	親法人 又は 親法人＋子法人（年換算）
簡易課税適用の判定に係る金額			上記適用有り	上記適用有り

① 「判定に用いる課税売上高」は、判定会社については１年決算法人を前提としています。

② 「年換算」とあるものは、その課税売上高の合計額を基準期間対応期間の各事業年度の月数の合計数で除しこれに12を乗じて計算します。

③ 子法人の「年換算＋期間調整」は、上記②により計算した金額を特定事業年度の月数の合計数で除し、これにその分割等があった日から最後の特定事業年度終了の日までの期間の月数を乗じて計算します。

④ 親法人の「年換算＋期間調整」は、上記②により計算した金額を親法人の基準期間に含まれる月数の合計数で除し、これにその分割等があった日からその親法人の基準期間の末日までの期間の月数を乗じて計算します。

⑤ 「特定事業年度」とは、子法人のその事業開始の日の２年前の日の前日から１年以内に開始した親法人の各事業年度をいいます。

4 吸収分割の場合

(1) 分割承継法人の納税義務

　吸収分割を行った場合、承継法人の分割事業年度とその翌事業年度について、特例計算を行います。

　分割法人、分割承継法人のいずれかの基準期間における課税売上高が1,000万円を超える場合には、納税義務は免除されません。吸収分割については、両者を合算して判定することはありません。

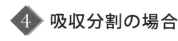

◆分割承継法人の納税義務◆

　なお、分割承継法人の特定期間における課税売上高が1,000万円を超える場合には、その分割承継法人は課税事業者となります。また、特定新規設立法人の取扱いに注意する必要があります。

(2) 分割法人の納税義務

　分割法人には、納税義務の免除の特例計算はありません。

◆吸収分割における基準期間対応期間の課税売上高の計算◆

区　分			分割承継法人 （消法12⑤⑥、消令23⑥⑦）	分割法人
基準期間対応期間			当該事業年度開始の日の2年前の日の前日から1年以内に終了	特例判定不要
判定に用いる課税売上高	分割事業年度	分割日の前日まで	分割承継法人　のみ	
		分割日以後	分割法人　又は　分割承継法人（年換算）	
	分割の翌事業年度			
	分割の翌々事業年度（基準期間に分割）		特例判定不要	
	その後の事業年度			
簡易課税適用の判定に係る金額			上記適用なし	——

① 「判定に用いる課税売上高」は、判定会社については1年決算法人を前提としています。
② 「年換算」とあるものは、その課税売上高の合計額を基準期間対応期間の各事業年度の月数の合計数で除しこれに12を乗じて計算します。

第3節　合併・分割があった場合の課税期間

　合併法人等の課税期間は、合併又は分割を境に区分するという規定は設けられていません。しかし、合併等により免税事業者が課税事業者になった場合には、合併等の日以後に生じた資産の譲渡等及び課税仕入れ等を基礎に納付すべき消費税額を計算するため、合併等の前後に課税期間を区分する必要があります。

　したがって、合併等があった場合の課税期間又は税額計算のために区分する期間は、次表のとおりとなります。

762

区　分		課税期間又は計算期間
合併法人	合併の前後を通して課税事業者又は免税事業者の場合	事業年度
	免税事業者が合併により課税事業者となった場合	① 事業年度開始の日から合併の日の前日まで
		② 合併の日から事業年度終了の日まで
被合併法人	合併による解散	事業年度開始の日から合併の日の前日まで
分割法人		事業年度
分割承継法人	分割の前後を通して課税事業者又は免税事業者の場合	事業年度
	免税事業者が分割により課税事業者となった場合	① 事業年度開始の日から分割の日の前日まで
		② 分割の日から事業年度終了の日まで

第4節　課税事業者の選択、簡易課税制度、課税期間の特例

 合併があった場合

(1) 課税事業者選択届出書

　合併法人が課税事業者を選択したいときは、被合併法人が課税事業者を選択していたとしても、あらためて選択届出書を提出しなければなりません（消基通1－4－13(1)）。
　新設合併法人の適用関係は、通常の法人を設立した場合と同じ取扱いとなります。
　吸収合併による場合、合併により事業を承継した課税期間から課税事業者となるための要件は次のとおりです（消基通1－4－13(2)）。
　① 被合併法人が課税事業者を選択しており、
　② 合併があった課税期間中に課税事業者選択届出書を提出すること

(2) 簡易課税制度選択届出書

　合併法人が簡易課税制度の適用を受けたいときは、被合併法人が簡易課税制度の適用を受けていたとしても、あらためて選択届出書を提出しなければなりません（消基通13－1－3の3(1)）。
　新設合併法人の適用関係は、通常の法人を設立した場合と同じ取扱いとなります。

吸収合併による場合、合併により事業を承継した課税期間から簡易課税制度の適用を開始するための要件は次のとおりです（消基通13－1－3の3(2)）。

① 被合併法人が簡易課税を選択していること

② 合併があったために課税事業者となること

③ 合併があった課税期間中に簡易課税制度選択届出書を提出すること

(3) 簡易課税制度の適用上限

簡易課税制度の適用上限については、納税義務の判定とは違って、被合併法人の基準期間における課税売上高が、合併法人の簡易課税制度適用の5,000万円の判定に影響することはありません。

(4) 課税期間特例選択届出書

合併法人が課税期間の特例を選択したいときは、被合併法人が課税期間の特例を選択していたとしても、あらためて選択届出書を提出しなければなりません（消基通3－3－3(1)）。

新設合併法人の適用関係は、通常の法人を設立した場合と同じ取扱いとなります。

吸収合併の場合に、合併により事業を承継した短縮期間から課税期間の特例の適用を受けるための要件は次のとおりです（消基通3－3－3(2)）。

① 被合併法人が課税期間の特例を選択しており、

② 合併があった短縮期間中に課税期間特例選択届出書を提出すること

◆2 分割があった場合

(1) 課税事業者選択届出書

分割承継法人が課税事業者を選択したいときは、分割法人が課税事業者を選択していたとしても、あらためて選択届出書を提出しなければなりません（消基通1－4－13の2(1)）。

新設分割子法人の適用関係は、通常の法人を設立した場合と同じ取扱いとなります。

吸収分割による場合、吸収分割により事業を承継した課税期間から課税事業者となるための要件は次のとおりです（消基通1－4－13の2(2)）。

① 分割法人が課税事業者を選択していること

② 吸収分割があった課税期間中に課税事業者選択届出書を提出すること

(2) 簡易課税制度選択届出書

吸収分割に係る分割承継法人が簡易課税制度の適用を受けたいときは、分割法人が簡易課税制度の適用を受けていたとしても、あらためて選択届出書を提出しなければなりません（消基通13－1－3の4(1)）。

新設分割子法人の適用関係は、通常の法人を設立した場合と同じ取扱いとなります。

吸収分割の場合に、吸収分割により事業を承継した課税期間から簡易課税制度の適用を開始するための要件は次のとおりです（消基通13−1−3の4(2)）。

① 分割法人が簡易課税を選択しており、

② 分割があったために課税事業者となり、

③ 分割があった課税期間中に簡易課税制度選択届出書を提出すること

(3) 吸収分割の場合の簡易課税制度の適用上限

吸収分割による分割承継法人の簡易課税制度の適用上限については、納税義務の判定とは違って、分割法人の基準期間における課税売上高が、分割承継法人の簡易課税制度適用の5,000万円以下の判定に影響することはありません。

(4) 新設分割子法人、新設分割親法人の簡易課税制度の適用上限

新設分割子法人、新設分割親法人の簡易課税制度の適用上限については、各法人の基準期間における課税売上高だけではなく、納税義務の免除の特例に準じて計算した金額により5,000万円以下の判定を行います。

(5) 課税期間特例選択届出書

分割承継法人が課税期間の特例を選択したいときは、分割法人が課税期間の特例を選択していたとしても、あらためて選択届出書を提出しなければなりません（消基通3−3−3(1)）。

新設分割子法人の適用関係は、通常の法人を設立した場合と同じ取扱いとなります。

吸収分割の場合に、吸収分割により事業を承継した短縮期間から課税期間の特例の適用を受けるための要件は次のとおりです（消基通3−3−3(2)）。

① 分割法人が課税期間の特例を選択しており、

② 吸収分割があった短縮期間中に課税期間特例選択届出書を提出すること

第5節 事業用資産の受入れ等

(1) 資産及び負債の承継

合併、新設分割、吸収分割により事業を承継する際の事業用資産の受入れは、包括的な資産

負債の引継ぎであり、対価を支払って行う資産の譲受けに該当しません。したがって、資産の種類にかかわらず、消費税の課税関係は生じません。

ただし、納税義務の有無の判定につき特例の規定が適用されるものであっても、現物出資又は事後設立は、譲渡によって資産を移転するものであり、分割法人においては資産の譲渡、分割承継法人においては資産の譲受けを認識します。

(2) 棚卸資産に係る調整

免税事業者が合併、分割により課税事業者となる場合において、課税事業者となった日の前日において、免税事業者であった期間中に仕入れた棚卸資産を保有するときは、その棚卸資産に係る税額は、課税事業者となった課税期間の課税仕入れ等の税額とみなされます（消法36①）。

また、課税事業者が合併、分割により免税事業者であった被合併法人等の棚卸資産を受け入れた場合には、被合併法人等が免税事業者であった期間中に仕入れた棚卸資産に係る税額は、その合併法人等のその合併、分割があった課税期間の課税仕入れ等の税額とみなされます（消法36③）。

これらの取扱いについては、対象となる棚卸資産の明細を記録した書類の保存が要件となっています。

(3) 調整対象固定資産に係る調整

合併、分割により承継した固定資産が調整対象固定資産に該当する場合には、その合併法人等において、次の調整を行います（消法33、34、35）。

① 課税売上割合が著しく変動した場合の仕入税額控除の調整
② 転用の場合の仕入税額控除の調整

(4) 延払基準

合併、分割により、延払基準の適用を受けている被合併法人等の事業を承継した場合には、被合併法人等がまだ計上していない部分の売上げについては、合併法人等の売上高となります（消法16④）。

(5) 工事進行基準

合併、分割により、工事進行基準の適用を受けている被合併法人等の事業を承継した場合には、その請負工事については、被合併法人等が計上した売上高を除いたところで、合併法人等の売上高とします（消令38②）。

(6) 仕入対価の返還等

合併、分割により事業を承継した合併法人等が、被合併法人等が行った課税仕入れにつき、

仕入れに係る対価の返還等を受けた場合には、合併法人等が自ら行った課税仕入れにつき対価の返還等を受けたものとみなして、その返還等対価に係る消費税額を控除対象仕入税額から除きます（消法32⑦）。

(7) 輸入に係る消費税の還付

合併、分割により事業を承継した合併法人等が、被合併法人等が保税地域から引き取った課税貨物につき、税関長から消費税の還付を受けた場合には、合併法人等が自ら引き取った課税貨物につき消費税の還付を受けたものとみなして、控除対象仕入税額から除きます（消法32⑦）。

(8) 売上返還税額控除

合併、分割により事業を承継した合併法人等が、被合併法人等が行った課税売上げにつき、売上げに係る対価の返還等を行った場合には、合併法人等が自ら行った課税売上げにつき対価の返還等を行ったものとみなして、売上返還税額控除を行います（消法38④）。

(9) 貸倒れの税額控除

合併、分割により承継した売掛金等について貸倒れがあった場合には、合併法人等が自ら行った課税売上げに係る貸倒れとみなして、税額控除を行います（消法39⑥）。

(10) 分割により事業を承継した場合の中間申告

分割により事業を承継した場合であっても、分割法人の確定消費税額を加味することなく、分割承継法人の確定消費税額のみによって、中間申告の義務を判断し、中間申告納付税額を計算します。

(11) 合併により事業を承継した場合の中間申告

合併により事業を承継した場合には、被合併法人の確定消費税額を加味して、合併法人中間申告の義務を判断し、中間申告納付税額を計算します（消法42②③⑤⑦）。

第6節 被合併法人の確定申告

(1) 申告義務の承継

合併法人は、申告納税の義務、記録及び帳簿の保存義務を承継します（消法59）。

また、被合併法人の消費税につき、還付を受けるための申告書を提出することができる場合には、合併法人は、還付申告書を提出することができます（消法59）。

(2) 被合併法人の納税地

被合併法人の消費税に係る納税地は、その合併法人の納税地となります（消基通2－2－2）。

これは、被合併法人に係る法人税の納税地と同じです。

(3) 被合併法人の消滅の届出

合併法人は、被合併法人が合併により消滅した旨の届出書を提出しなければなりません（消法57①五）。

第21章 輸入の消費税

第1節 課税の対象と納税義務者

　関税法において、「輸入とは、外国から本邦に到着した貨物又は輸出の許可を受けた貨物を本邦に引き取ること」（関税法2①一）と定義されています。

　輸入取引は、資産の譲渡等ではありませんが、輸入の後に国内で消費されることを前提に、輸入する貨物には輸入の消費税を課税することとされています。

　ただし、非課税貨物、免税貨物に該当する場合は、課税されません。

　輸入の際に課せられた消費税は、国内取引の消費税の計算において仕入税額控除の対象となります。

 課税の対象

(1) 保税地域からの引取り

　保税地域から引き取られる外国貨物は、その後国内において消費されるものであり、国内における資産の譲渡等に対する課税とのバランスから、課税の対象とされています（消法4②、消基通5－6－2）。

　輸入取引については、国内取引とは違って、事業者が事業として行ったものであるかどうか、対価性があるかどうかにかかわらず、保税地域から引き取られる全ての外国貨物が課税の対象となります。

　保税地域からの引取りに係る消費税は、関税と併せて税関で申告納付の手続を行います。輸入は関税及び消費税の申告を条件に許可されるのであり、また、輸入の許可を受ける場合には関税及び消費税が課税されます。輸入の許可と関税及び消費税の課税とは、表裏一体の関係にあるといえます。

(2) 保税地域

　保税地域とは、外国から輸入した貨物を関税の課税を保留した状態で保管する地域をいい、輸出する貨物についても保税地域に搬入され、輸出の許可の手続が行われます。保税地域には、次表の5種類があります（関税法29、37、42、56、62の2、62の8）。

保税地域の種類	説　　明
指定保税地域	国・地方公共団体等が所有又は管理する施設で、税関手続の迅速な処理を図るため外国貨物を一時保管できる場所
保税蔵置場	外国貨物の積卸し・運搬・保管ができる場所
保税工場	外国貨物の加工・外国貨物を原料とする製造等をすることができる場所
保税展示場	外国貨物を展示する博覧会・見本市等を行うことができる場所
総合保税地域	一団の土地・建物その他の施設で、外国貨物の積卸し・運搬・点検・加工・製造・展示等を行うことができる場所

(3) 外国貨物と内国貨物

　外国貨物と内国貨物とは、輸入又は輸出の許可を受けているかどうかにより、次のように区分されます（関税法2①二、三）。

外国貨物	① 輸出の許可を受けた貨物 ② 外国から到着した貨物で輸入が許可される前のもの ③ 外国の船舶により公海で採捕された水産物で輸入が許可される前のもの
内国貨物	① 輸出の許可を受けていない貨物 ② 外国から到着した貨物で輸入が許可されたもの ③ 本邦の船舶により公海で採捕された水産物

(4) みなし引取り

　保税地域において外国貨物が消費され、又は使用された場合には、その消費又は使用をした者がその消費又は使用の時にその外国貨物をその保税地域から引き取るものとみなして課税されます。ただし、その外国貨物が課税貨物の原料又は材料として消費又は使用された場合等については課税されません（消法4⑤、消令7、輸徴法5・8、消基通5－6－4）。

事由		判定	納税義務者
外国貨物の消費又は使用	外国貨物が課税貨物の原料又は材料として消費又は使用する場合	不課税	—
	関税法の規定により税関職員が採取した外国貨物の見本をその貨物についての検査のために消費又は使用する場合		
	食品衛生法その他の法律の規定により権限のある公務員が収去した外国貨物をその権限に基づいて消費又は使用する場合		
	上記以外	課税対象	消費又は使用する者
保税地域以外の場所から輸入する場合			輸入者
保税展示場・総合保税地域内で販売された場合			輸入者とみなされた者
外国貨物の公売・売却があった場合			公売・売却の際の所有者
処分によって引き取らせる場合			処分により取得する者
保税展示場の許可期間満了のため関税が徴収される場合			保税展示場の許可を受けた者
保税地域にある外国貨物が災害等により亡失又は滅失した場合		不課税	

(5) 製造品の引取り

外国貨物を原料又は材料として加工又は製造された課税貨物を保税地域から引き取るときには、その引取りは課税の対象となります。

(6) 内国貨物を原料としている場合

保税地域において外国貨物の製造又は加工等が行われる場合においては、内国貨物を材料として使用したときであっても製造された貨物は外国貨物とみなされ、課税の対象となります。

ただし、税関長の承認を受けている場合には、原料となった外国貨物の数量に対応するものが外国貨物とみなされます（消基通5－6－5）。

納税義務者

外国貨物を保税地域から引き取る者は、その外国貨物に係る消費税の納税義務者となります（消法5②）。資産の譲渡等に係る消費税とは違って、輸入の消費税の納税義務者は事業者に限りません。

外国貨物を保税地域から引き取る者とは、関税法における輸入者すなわち輸入申告書に記載した名義人となります。

第2節 輸入に係る消費税の申告と納付等

　保税地域から引き取られる課税貨物については、関税の輸入申告に併せて消費税の申告を行います（消基通15－4－1）。

　申告書の提出期限及び納付期限は次の区分に応じて定められています（消法47・50・51、関税法7・7の2、輸徴法6・7）。

区分		申告期限	納付期限		
			原則	特例	
申告納税方式	一般申告	引取りの時まで	引取りの時まで	個別延長	引取りの日の翌日から3か月以内の延長制度あり
				包括延長	特定月の末日の翌日から3か月以内の延長制度あり
	特例申告	引取りの月の翌月末日まで	申告書の提出期限まで	申告書の提出期限の翌日から2か月以内の延長制度あり	
賦課課税方式		引取りの時まで	引取りの際、税関長が徴収	延長制度なし	

※　納期限の延長には、担保の提供が必要です。

賦課課税方式による場合の申告

(1) 提出期限

　関税法に規定する賦課課税方式（納付すべき税額が税関長の処分によって確定する方式）が適用される課税貨物を保税地域から引き取ろうとする者は、関税の輸入申告の時までに課税標準申告書を税関長に提出しなければなりません（消法47②、関税法6の2②、輸徴法6、7）。

(2) 課税標準申告書の記載事項

　賦課課税方式の課税標準申告書には、次の事項を記載します（消法47②、消規24）。
① 申告者の氏名又は名称・住所又は事務所等
② 引取りに係る保税地域の所在地
③ 課税貨物の仕出国名
④ 課税貨物の品名・数量・課税標準額
⑤ その他参考となるべき事項

(3) 賦課課税方式が適用される課税貨物

賦課課税方式が適用される課税貨物は、次のものです（関税法6の2）。

① 国内への入国者の携帯品

② 一定の郵便物

③ 不当廉売貨物

④ 保税地域内での亡失貨物等

⑤ その他一定の課税貨物

❷ 申告納税方式による場合の申告

(1) 一般申告の提出期限

　関税額の確定について賦課課税方式が適用されない課税貨物は、納付すべき税額が納税義務者の申告によって確定する申告納税方式が適用されます。申告納税方式が適用される課税貨物を保税地域から引き取ろうとする者は、関税の輸入申告の時までに納税申告書を税関長に提出しなければなりません（関税法6の2①、消法47①）。

(2) 特例申告の提出期限

　関税額の確定について申告納税方式が適用される課税貨物を保税地域から引き取ろうとする者が、関税法に規定する特例申告を行う場合には、申告書の提出期限は、その引取りの日の属する月の翌月末日までとなります（関税法7の2、消法47③）。

　関税の特例申告制度とは、あらかじめ税関長の許可を受け、継続的に輸入する一定の貨物について、輸入許可の日の属する月の翌月末日を関税の輸入申告・納付の期限とする制度をいいます。

(3) 申告書の記載事項

　申告納税方式の申告書には、次の事項を記載します（消法47①、消規24）。

① 申告者の氏名又は名称・住所又は事務所等

② 引取りに係る保税地域の所在地

③ 課税貨物の輸入先国名

④ 課税貨物の品名・数量・課税標準額

⑤ 課税標準額に対する消費税額及び地方消費税額

⑥ その他参考となるべき事項

◆3 納付又は徴収

保税地域から引き取られる課税貨物については、次の区分に応じて、その納付又は徴収の期限が定められています。

(1) 賦課課税方式が適用される課税貨物

賦課課税方式が適用される課税貨物に係る消費税は、税関長がその引取りの際、徴収します（消法50②）。

賦課課税方式には納期限の延長制度はありません。

(2) 申告納税方式が適用される課税貨物

申告納税方式が適用される課税貨物に係る消費税の納付の期限は、一般申告についてはその引取りの時、特例申告については納税申告書の提出期限となります（消法50①）。

ただし、その期限までに税関長に納期限の延長申請書を提出し、担保を提供して、その納期限の延長を申請することができます（消法51、消基通15－4－4～6）。

なお、令和6年10月1日以後に特例申告に係る納期限の延長について申請書を提出する場合には、担保は必須ではなく、税関長は消費税の保全のために必要があると認められる場合にのみ提供を求めることができることとなります（新消法51③）。

(1) **一般申告の場合**
　① **個別延長方式**……その引取りの時に、その引き取る課税貨物に係る消費税について、3か月以内に限り、納期限の延長を申請することができます。
　② **包括延長方式**……月ごとに、その月（特定月）に引き取る課税貨物に係る消費税について、特定月の末日の翌日から3か月以内に限り、納期限の延長を申請することができます。
(2) **特例申告の場合**……申告期限から2か月以内に限り、納期限の延長を申請することができます。
(3) **税関長の承認**………税関長は、上記申請を承認して納期限を延長することができます（消法51）。

◆4 納税地

保税地域から引き取られる外国貨物に係る消費税の納税地は、その保税地域の所在地となります（消法26）。

◆5 罰則

偽りその他不正の行為により、保税地域から引き取られる課税貨物に対する消費税を免れ、

又は免れようとした者は、10年以下の懲役若しくは1,000万円以下の罰金に処され、又はこれが併科されます（消法64①）。

　なお、保税地域から引き取られる課税貨物に対する消費税に相当する金額の10倍が1,000万円を超える場合には、情状により、その罰金は、1,000万円を超えその消費税に相当する金額の10倍に相当する金額以下とすることができるものとされています（消法64④）。

第3節　輸入に係る消費税の非課税

　保税地域から引き取られる外国貨物のうち、次に掲げるものは、非課税とされています（消法6②、別表第二の二）。

　外国貨物のうち、非課税とされるのを非課税貨物といい、非課税とならないものを課税貨物といいます（消法2⑪）。

非課税貨物
- ①　有価証券等
- ②　郵便切手類
- ③　印紙
- ④　証紙
- ⑤　物品切手等
- ⑥　身体障害者用物品
- ⑦　教科用図書

　上記は、国内取引について非課税資産の譲渡等とされた取引の目的物のうち、貨物として輸入することができるものです。

第4節　輸入に係る消費税の免税

　輸入について、関税が免除される物品の多くは、輸入品に対する内国消費税の徴収等に関する法律（以下「輸徴法」といいます。）により、消費税も免除することとされています（関税定率法14・15・16・17・輸徴法13）。

　次の○は、輸徴法により消費税が免税となるものです。

無条件免税　関税定率法14条	輸徴法13条
1号　皇室用物品	○
2号　外国元首等物品	○
3号　国際機関等が寄贈する勲章等	○
3号の2　国連等からの寄贈物品等	一部適用
3号の3　国際博覧会等のカタログ類	○
4号　記録文書その他の書類	○
5号　政府等が輸入する専売品	×
6号　注文の取集めのための見本	○
6号の2　品質表示ラベル	○
7号　携帯品	○
8号　引越荷物	○
9号　送還された公用品	○
10号　再輸入貨物；減免戻税適用貨物を除く	一部不適用
11号　再輸入貨物の容器	○
13号　遭難した船舶等の解体等	○
14号　事故によって戻された貨物	○
16号　身体障害者用器具等	一部非課税
17号　ニュース映画用のフィルム等	○
18号　少額貨物	○

※　3号の2の「一部適用」は、国連等から寄贈された教育用又は宣伝用の物品をいう。
※　10号の「一部不適用」は、消費税法7条1項又は8条1項の規定により免除を受けた物品をいう。
※　16号の「一部非課税」は、消費税法施行令14条の4で定められた物品をいう。

特定用途免税　関税定率法15条1項	輸徴法13条
1号　標本、参考品、学術研究用品	×
2号　学術研究用等のための寄贈物	○
3号　慈善用等寄贈品	○
3号の2　国際親善の寄贈物品	○
4号　儀式、礼拝用寄贈物品	○
5号　日赤への寄贈医療物品	○
5号の2　国際博覧会用等消費物品	○

8号　航空機の発着等の安全機器等	×
9号　引越自動車等	○
10号　条約による特定用途免税物品	一部適用

※　10号の「一部適用」は、関税定率法施行令25条の2第2号から4号に掲げる物品をいう。

外交官用貨物等の免税　関税定率法16条1項	輸徴法13条
各号　外交官用貨物等の免税	○

再輸出免税　関税定率法17条1項	輸徴法13条
1号　加工される貨物又は加工材料	○
2号　輸入貨物の容器	○
3号　輸出貨物の容器	○
4号　修繕貨物	○
5号　学術研究用品	○
6号　試験品	○
6号の2　輸出入貨物の試験用機器等	○
7号　注文取集めの見本品等	○
7号の2　国際運動競技会等の使用物品	○
8号　巡回興行用物品等	○
9号　展覧会等の出品等	○
10号　一時入国者が輸入する自動車等	○
11号　条約の規定による物品	○

　平成29年度税制改正において、到着時免税店制度が創設され、海外旅行者等が到着時免税店において購入した物品は、国外で購入して持ち帰った物品及び帰国する機中で購入した物品とあわせて、関税定率法14条7号の携帯品免税の対象となりました。

第5節 輸入に係る消費税の課税標準と税率

課税標準

保税地域から引き取られる課税貨物に係る消費税の課税標準は、関税の課税価格、関税額及びその課税貨物の保税地域からの引取りに係る消費税以外の個別消費税等の額の合計額となります（消法28③）。

| 輸入取引に係る課税標準 | = | 関税課税価格 ＋ 関税額 ＋ 個別消費税額 |

(1) 関税課税価格

関税の課税価格とは、原則として、売り手に対する支払価格と輸入港に到着するまでの運賃、保険料その他運送に関する費用の合計額となり、これをCIF価格（Cost Insurance and Freight）といいます（関税定率法4～4の8）。

| 関税課税価格（CIF価格） | = | 支払価格 ＋ 輸入港までの運賃 ＋ 保険料等 |

(2) 関税額・個別消費税額

消費税以外の個別消費税とは、酒税・たばこ税・揮発油税・石油ガス税・石油石炭税等をいいます。これらは、国内取引に準じて、課税標準額に含めることとされています。

関税額及び個別消費税の額に、附帯税の額は含まれません。

(3) 無償による貨物の輸入等

引取りの時までに支払価格が決定していない場合や無償取引の場合には、その貨物を関税法の規定により評価して課税価格を決定します。

(4) 無体財産権の使用対価

特許権等の無体財産権の使用料を支払う外国貨物を保税地域から引き取る場合の関税の課税価格は、次によります（消基通5－6－3）。

区　　分	使用料の取扱い
使用料の支払が輸入の条件となっている場合	関税の課税価格に含める
使用料の支払が輸入の条件となっていない場合	関税の課税価格に含めない

第21章 輸入の消費税

② 税率

輸入に係る消費税の税率は、国内取引と同じです。

第6節 輸入に係る消費税額の仕入税額控除

　課税事業者が、事業として保税地域から課税貨物を引き取った場合には、その課税貨物の引取りに係る消費税額は、国内において行った課税仕入れに係る消費税額と同様に、国内取引に係る消費税の納付税額の計算に当たって、仕入税額控除の対象となります。

◆1 仕入税額控除の適用を受ける事業者

(1) 原則

　課税貨物の引取りに係る消費税について仕入税額控除の適用を受ける事業者は、関税法における輸入者、すなわち輸入申告書に記載した名義人です。

(2) 限定申告である場合

　関税の減免税を受けるため、実質的な輸入者があるにもかかわらず、課税貨物を国内で使用する者が輸入申告をしなければならない場合（限定申告）において、次の要件の全てに該当するときは、その実質的な輸入者がその課税貨物を保税地域から引き取ったものとして仕入税額控除の規定を適用します（消基通11－1－6）。
① 実質的な輸入者が輸入貨物を輸入申告者に対して有償譲渡する
② 実質的な輸入者がその貨物の引取りに係る消費税等を負担する
③ 実質的な輸入者が輸入許可書等の原本を保存する

◆2 仕入税額控除の時期

　保税地域から引き取られる課税貨物に係る消費税額についての仕入税額控除は、原則として、課税貨物を引き取った日の属する課税期間において行います。

　ただし、特例申告を行った場合には、特例申告書を提出した日の属する課税期間において行います（消法30①、消令46、消基通11－3－9）。

区　　分		仕入税額控除の時期
一般申告	通常の場合	課税貨物を引き取った日
	輸入の許可前に保税地域から課税貨物を引き取った場合	実際に引き取った日
		引取りに係る消費税を納付した日
特例申告	申告の場合	特例申告書を提出した日
	決定を受けた場合	特例申告に関する決定を受けた日

(1)　引き取った日

　貨物の輸入を行う場合、保税地域に陸揚げされた外国貨物は、各種の検査が行われた後に国内への輸入が許可され、関税が課税されます。保税地域からの引取りに係る消費税は、関税と併せて申告納付の手続を行います。

　輸入は関税及び消費税の申告を条件に許可されるのであり、輸入の許可を受ける場合に関税及び消費税が課税されます。このように輸入の許可と課税とは表裏一体の関係にあるといえ、課税貨物を引き取った日とは、関税法に規定する輸入の許可を受けた日となります（消基通11－3－9）。

(2)　輸入の許可前の引取り

　税関長の承認を受けて輸入の許可前に保税地域から課税貨物を引き取った場合には、実際に引き取った日又は納付した日の属する課税期間において仕入税額控除を行います。

　輸入の許可前に保税地域から課税貨物を引き取った場合の見積消費税額が、その後確定した消費税額と異なる場合のその差額は、その確定した日の属する課税期間の課税仕入れ等の税額に加減算します（消基通11－3－10）。

(3)　納期限の延長があった場合

　保税地域からの課税貨物の引取りに係る消費税について、納期限の延長を受けている場合であっても、仕入税額控除の時期は、その納期限の延長に関係なく、引取りの日又は申告の日の属する課税期間となります。

❸ 輸入に係る消費税の額

　国内において行った課税仕入れに係る消費税額は、その支払対価の合計額から割り戻して計算しますが、課税貨物の引取りについて控除対象仕入税額の計算の基礎となる消費税額は、税関においてその課税貨物につき課された又は課されるべき消費税額です（消法30①）。

区分	控除対象仕入税額	
国内取引	課税仕入れに係る支払対価の額の合計額×$\frac{7.8}{110}$	全額控除・個別対応方式・一括比例配分方式の方法により計算
輸入取引	引取りに係る納付すべき消費税額※	

※ 納付すべき消費税額には、附帯税の額は含まれません。

仕入税額控除の要件

　仕入税額控除の規定は、その課税仕入れ等について帳簿及び請求書等の両方を保存していることが要件となっています（消法30⑦⑧⑨、消令49⑤⑥、消基通11－3－11）。

　したがって、帳簿及び輸入許可書等の保存がない課税貨物に係る消費税額については、控除されません。

　課税貨物に係る帳簿及び輸入許可書の記載事項は、次のとおりです。

区分	記載事項
帳簿	① 引取りの日 ② 課税貨物の内容 ③ 課税貨物に係る消費税及び地方消費税の額
輸入許可書等又は輸入申告控等	① 保税地域の所在地を所轄する税関長 ② 輸入の許可を受けた年月日（特例申告の場合は、さらに申告書を提出した日又は決定の通知を受けた日） ③ 課税貨物の内容 ④ 課税貨物に係る消費税の課税標準額 ⑤ 引取りに係る消費税額及び地方消費税額 ⑥ 書類の交付を受ける事業者の氏名又は名称

(1) 保存期間

　帳簿及び請求書等（輸入許可書等）の保存期間は7年間です（消令50①）。

保存の始期		保存期間
帳簿　　　　…その閉鎖の日	の属する課税期間の末日の翌日から2か月を経過した日	7年間
輸入許可書等…その受領した日		

　ただし、終わりの2年間は、マイクロフィルム等の電磁記録による保存が可能です（消令50②）。

(2) 保存を要しない場合

　災害その他やむを得ない事情により、保存ができなかったことをその事業者において証明し

た場合は、帳簿及び輸入許可書等の保存がなくても仕入税額控除の適用があります（消法30⑦、消基通11－2－22、8－1－3）。

災害その他やむを得ない事情とは、次のものをいいます。

災　　害	震災、風水害、雪害、凍害、落雷、雪崩、がけ崩れ、地滑り、火山の噴火等の天災又は火災その他の人為的災害で自己の責任によらないものに基因する災害
やむを得ない事情	災害に準ずるような状況又はその事業者の責めに帰することができない理由により帳簿及び請求書等の保存ができない状況にある事態

課税仕入れに係る資産が納付すべき消費税を納付しないで保税地域から引き取られた課税貨物であることを、課税仕入れの時点で課税仕入れを行う事業者が知っていた場合には、その課税仕入れについては、仕入税額控除制度の適用は認められません（消法30⑫）。

還付を受けた場合の特例

国内において行った課税仕入れについては、その支払対価の額に$\frac{7.8}{110}$を乗じた金額が控除対象仕入税額の計算の基礎となるため、その支払対価の額について値引き等を受けた場合には、控除対象仕入税額を減額調整する必要があります。

他方、課税貨物を輸入した場合には、その輸入に係る支払対価の額ではなく、輸入に際して納付すべき消費税額が控除対象仕入税額の計算の基礎となるため、輸入の相手先から値引き等を受けた場合であっても控除対象仕入税額の調整を行う必要はありません。

ただし、保税地域から引き取った課税貨物に係る消費税額が還付される場合には、その還付を受けた消費税額について、控除対象仕入税額を減額する調整が必要となります（消法32④、消基通11－3－10）。

区　　　　分	処理方法
還付を受けた消費税額	還付を受けた課税期間の控除対象仕入税額から控除
更正等により追加納付した又は追加徴収された消費税額	引取りの日等の属する課税期間の国内取引に係る消費税額につき更正の請求ができる
輸入の許可前に保税地域から課税貨物を引き取った場合の見積消費税額が、その後確定した消費税額と異なる場合の差額	確定した日の属する課税期間の控除対象仕入税額に加減算
輸入先から値引き・割戻し等を受けた場合	処理なし

⑴　還付を受ける場合の具体例

　保税地域から引き取った課税貨物に係る消費税額が還付される場合とは、例えば次のような場合があります（消基通12－1－13）。

---
①　輸入の許可後引き続き保税地域等に置かれていた課税貨物が、災害その他やむを得ない理由により、滅失・変質・損傷した場合
②　輸入のときの性質及び形状が変わっていない課税貨物を輸入の許可の日から1年以内に再輸出する場合
③　品違い・数量違い、輸入後における販売又は使用の禁止等により、再輸出又は廃棄することがやむを得ないと認められる場合において、輸入の許可の日から6か月以内に保税地域に入れられたとき

⑵　調整の時期

　控除対象仕入税額の調整計算は、還付を受ける消費税額が確定した日の属する課税期間において行います（消法32④、消基通12－1－14）。

⑶　控除しきれない場合

　課税仕入れ等の税額から、還付を受ける消費税額を控除して控除しきれない金額があるときは、その控除しきれない金額を課税標準額に対する消費税額に加算します（消法32⑤）。

　加算する金額は、申告書において「控除過大調整税額」として課税標準額に対する消費税額の次に表示します。

⑷　免税事業者であった課税期間の消費税額の還付

　引取りに係る消費税額の還付を受けた場合の調整は、過去において行われた仕入税額控除の修正を行うためのものですから、免税事業者であった課税期間に保税地域から引き取った課税貨物に係る消費税額について還付を受けたとしても、上記の調整計算は行いません。

6　調整対象固定資産の輸入

　保税地域から引き取った課税貨物が調整対象固定資産に該当する場合において、これを転用したとき又は課税売上割合が著しく変動したときは、国内において行った課税仕入れと同様に、控除対象仕入税額の調整が必要となります。

　また、新設法人又は特定新規設立法人が基準期間のない課税期間中に、課税事業者を選択した者が2年間の継続適用期間中に、調整対象固定資産の引取り（特例申告の場合はその申告）をした場合には、その引取りをした課税期間から原則として3年間は、免税事業者になることも、簡易課税制度を選択することもできません（消法9⑦⑨、12の2②③、37②、消令20の3）。

7 棚卸資産の輸入

　免税事業者が課税事業者になった場合の期首棚卸資産に係る仕入税額控除の調整、課税事業者が免税事業者になった場合の期末棚卸資産に係る仕入税額控除の調整は、保税地域から引き取った棚卸資産についても適用があります（消法36①③⑤）。

　この場合、調整の対象となる消費税額は、その棚卸資産につき税関に納付すべき消費税額ではなく、輸入に係る費用の額と課税仕入れに該当する付随費用の額の合計額に$\frac{7.8}{110}$を乗じて算出した税額とされています（消令54①）。

8 高額特定資産の輸入

　保税地域から引き取った貨物が高額特定資産に該当する場合には、高額特定資産を取得した場合等の納税義務の免除の特例の対象となります（消法12の4）。

第7節　裁決例

裁決例　郵便物に添付された税関告知書に基づく賦課決定処分

令和2年5月7日裁決（全部取消し）

　原処分庁は、外国から発送された請求人を名宛人とする郵便物（本件郵便物）の内容品の価格は、税関告知書に記載された金額（本件金額）と認められることから、関税定率法（定率法）4条の6《航空運送貨物等に係る課税価格の決定の特例》2項の適用がある場合における本件郵便物の課税価格は本件金額に基づいて算出すべきである旨主張する。

　しかしながら、請求人は中古のミニカー1個（本件商品）を購入していたところ、

1　請求人による本件商品の発注から本件郵便物の受取までを一連の手続としてみた場合に時系列の点で矛盾点がなく、かつ、不自然な点がないことに加え、請求人と本件商品の譲渡人との電子メールの件名や添付された画像データからも、本件郵便物の内容品は本件商品であったと考えるのが自然であること、

2　本件郵便物の内容品及び本件商品の原産国や重量などをみても、本件郵便物の内容品は本件商品であったと考えるのが自然であること、

3　請求人と本件商品の譲渡人との電子メールでのやり取りから、本件郵便物の内容品が本件商品以外の別の貨物である可能性は極めて低いこと

を総合勘案すると、本件郵便物の内容品は本件商品であったと認められる。

第21章　輸入の消費税

　したがって、本件郵便物の課税価格を本件金額に基づいて算出した賦課決定処分はその全部を取り消すべきである。

第22章

地方消費税

第1節 地方消費税の課税標準と税率

　平成6年度税制改正において、国税である消費税の税率が改正され、平成9年4月1日以後行う課税資産の譲渡等及び課税貨物の引取りにつき、4％となりました。

　これに伴い地方消費税が創設され、平成9年4月1日から施行されています。

　地方消費税では、国内取引に係るものを「譲渡割」といい、輸入取引に係るものを「貨物割」といいます（地法72の77）。

(1) 課税標準

　地方消費税の課税標準は、国税である消費税額です（地法72の77、72の82）。

　地方税の課税標準額は、1,000円未満の端数を切り捨てることとされています（地法20の4の2①）が、地方消費税の計算に当たっては、100円未満の端数を切り捨てた消費税額をそのまま課税標準額として計算することとされています（地法72の82）。

(2) 税率

　地方消費税の税率は次のとおりです。

適用期間	地方消費税の税率	消費税及び地方消費税の合計税率
平成9年4月1日〜平成26年3月31日	$\frac{25}{100}$ （消費税率にすると1％）	4％＋1％＝5％
平成26年4月1日〜令和元年9月30日	$\frac{17}{63}$ （消費税率にすると1.7％）	6.3％＋1.7％＝8％
令和元年10月1日〜	$\frac{22}{78}$ （消費税率にすると2.2％）	標準税率　7.8％＋2.2％＝10% 軽減税率　6.24％＋1.76％＝8%

第 2 節 納税義務者と申告納付の手続

 譲渡割の納税義務者

譲渡割の納税義務者は、国税である消費税の課税事業者です（地法72の78①）。

譲渡割は、課税事業者の住所等又は本店所在地の都道府県が課税します（地法72の78①②）。

 貨物割の納税義務者

貨物割の納税義務者は、課税貨物を保税地域から引き取る者です（地法72の78①）。

貨物割は、保税地域の所在地の都道府県が課税します（地法72の78①）。

3 申告納付の手続

消費税の課税事業者は、消費税の申告期限までに、譲渡割の申告書を住所等又は本店所在地の都道府県知事に提出し、その申告書に記載した地方消費税額を納付しなければならないものとされています（地法72の86、72の88）。

しかし、当分の間の取扱いとして、消費税と併せて所轄税務署長にその申告書を提出し、消費税額と地方消費税額との合計額を納付書に記載して、国に納付するものとされています（地法附9の5、9の6）。

そのため、地方消費税の申告書は、国税である消費税の申告書と併せて1枚の様式とされ、「消費税及び地方消費税の申告書」とされています。

なお、「当分の間」とは、これについての改正があるまでは、ずっとその取扱いを継続するということです。

第23章 価格の表示と経理処理

第1節 総額表示義務

1 総額表示義務の概要

(1) 制度の趣旨

この制度は、
① 課税事業者が
② 不特定多数の消費者に対して資産の譲渡等を行うに当たって
③ あらかじめ価格の表示をするときは
④ 税込価格により表示しなければならない
というものです（消法63）。

一般にこれを「総額表示義務」と呼びます。総額表示義務は、平成15年度税制改正において創設され、平成16年4月1日から施行されました。

財務省の「平成15年度税制改正要綱の参考資料」では、改正の考え方が次のように説明されています。

> 小売段階において支払総額が表示されていないために生じている消費者の煩わしさを解消していくことが、消費税に対する国民の理解を深めることとなり、消費税の一層の定着を図るうえで重要であると考えられることから、消費税額（含む地方消費税額）を含めた価格の表示（総額表示）を義務づける。

また、令和3年1月7日に公表された「事業者が消費者に対して価格を表示する場合の価格表示に関する消費税法の考え方」においても、次のように、「消費者の利便性」を高めるものであることが示されています。

> この義務付けは、税抜価格のみの表示ではレジで請求されるまで最終的にいくら支払えばいいのか分りにくく、また、同一の商品・サービスでありながら「税抜表示」の事業者と「税込表示」の事業者が混在しているため価格の比較がしづらいといったことを踏まえ、事前に「消費税額を含む価格」を一目で分かるようにするという消費者の利便性に配慮する観点から実施されたものである。

　総額表示義務の目的は、「支払う総額を一目で分かるようにして消費者の利便を向上させる」ことです。ひいては買い物のたびに醸成される消費税に対する抵抗感を緩和することが期待されています。

　世界的にも総額表示は標準であり、EC指令（欧州連合（EU）の加盟各国の法的整合性を図るためのルール）は、平成10年（1998年）に総額表示を義務付けています。

(2) 消費者からの信頼の確保

　消費税法には、総額表示をしない場合のペナルティは設けられていません（景品表示法による「不当な表示の禁止」については、後述します。）。また、税抜価格による見かけの値ごろ感を捨てがたいと考える向きがあるかもしれません。

　しかし、総額表示による消費者の利便性の向上は、顧客の企業に対する信頼につながるものと考えられます。総額表示が定着する中で、プライスカードに税抜価格を表示し、支払の際に10％を加えた金額を請求すれば、顧客が戸惑う姿は想像に難くありません。

　価格の表示に当たっては、消費者の利便性の向上という趣旨に鑑み、法律上の義務違反となるかどうかという視点だけでなく、消費者からどのように受け止められるかという点を踏まえて対応することが肝要です。法は、消費者が、購入しようと決めた価格が決済の段階で裏切られるようなことのないように配慮すべきことを喚起するものであって、これは、事業者としての信頼性の確保に通ずるものでもあるでしょう。

　総額表示の制度は、税金の問題ではなく、顧客サービスの一環であることを念頭において対応する必要があります。

　特に、飲食料品と飲食料品以外の商品を取り扱う小売店や、テイクアウトとイートインとを選択できる飲食店等においては、複数税率を踏まえた分かりやすい総額表示を検討する必要があります。

総額表示義務がないもの

　総額表示義務は、課税事業者が不特定多数の消費者に対して資産の譲渡等を行うに当たって、あらかじめ価格の表示をするときは税込価格により表示しなければならない、というものですから、次のような場合には、適用がありません。

◆総額表示の義務がないもの◆

① 免税事業者が価格を表示する場合

② 事業間取引である場合（卸売専門店の値札、建設機械のカタログ等）

③ 特定の取引に当たって提示する書類である場合（見積書等）

④ 取引成立後に発行する書類である場合（納品書、請求書、領収書等）

⑤ メーカー小売希望価格を表示する場合

⑥ 値引き額を表示する場合（値引き後の価格ではない）

⑦ 価格の表示を行わない場合

① 免税事業者が価格を表示する場合

　免税事業者に総額表示の義務がないのは、免税事業者は、消費税等の額を価額に上乗せすることを予定していないからだと説明されています。

　総額表示の義務付けの趣旨は、商品の購入を決定する場合の消費者の利便性に配慮したものですから、免税事業者においても、消費者の支払うべき総額を表示することが適正な表示とされています。

② 事業者間取引である場合

　課税資産の譲渡等が、専ら他の事業者に対して行われる場合には、総額表示義務はありません。

　「専ら他の事業者に課税資産の譲渡等を行う場合」とは、例えば、建設機械の展示販売や事業用資産のメンテナンス等、資産又は役務の内容、性質から、およそ事業の用にしか供されないような資産又は役務の取引であることが客観的に明らかな場合をいいます（消基通18－1－3）。

③ 特定の取引に当たって提示する書類である場合

　消費者に対する価格の表示であっても、見積書等への表示のように、不特定多数の者に対する価格の表示でない場合は、総額表示の義務はありません。

　ただし、一般的には、値札や広告等に税込価格を表示している場合には、その税込価格を基に見積書や請求書等が作成されるものと考えられます。

④ 取引成立後に発行する書類である場合

　消費者に対するものであっても、納品書、請求書、領収書等のように、取引が成立した後に発行する書類等には税込価格そのものを記載する義務はありません。税抜価格と消費税等を別々に記載することができます。

⑤ メーカー小売希望価格を表示する場合

　製造業者、卸売業者、輸入総代理店等、小売業者以外の製造業者等が、自己の供給する商品について、小売業者の価格設定の参考になるものとして設定している、いわゆる希望小売価格は、課税資産の譲渡等を行う課税事業者が取引の相手方である消費者に対して行う価格表示ではないので、総額表示義務の対象となりません。

　ただし、小売業者が、製造業者等が商品本体へ印字した希望小売価格等をそのまま消費者に

対する販売価格とする場合には、総額表示義務の対象となるので、その希望小売価格等が税抜価格である場合には、小売店において棚札などに税込価格を表示する必要があります（消基通18－1－5）。

⑥　値引き額を表示する場合

特定の商品を対象とした一定の営業時間に限った価格の引下げ又は生鮮食料品等について一定の営業時間経過後の価格の引下げ等、いわゆるタイムサービスを行う場合の値引き表示は、値引き前の価格に対する割引率又は割引額を示す方法により表示されるものと思われますが、この表示は、総額表示義務の対象となりません（税込み、又は税抜きのいずれでもかまいません。）。

ただし、値引き後の価格を表示する場合には、その値引き後の価格については、総額表示義務の対象となります（消基通18－1－6）。

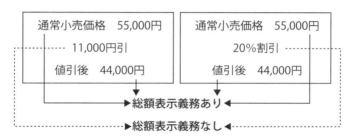

⑦　価格の表示を行わない場合

総額表示義務は、あらかじめ課税資産の譲渡等に係る資産又は役務の価格を表示することが前提です。価格表示をしていない場合にまで表示を義務付けるものではなく、「時価」とだけ表示することを認めないものではありません（消基通18－1－8）。

3　総額表示が義務付けられるもの

課税事業者が消費者に対して行う次のような表示は、消費税等の額を含んだ税込価格により表示しなければなりません（消基通18－1－4、7）。

◆総額表示が義務付けられるもの◆

①　値札、商品陳列棚、店内表示などによる価格の表示
②　商品、容器又は包装による価格の表示及びこれらに添付した物による価格の表示
③　チラシ、パンフレット、商品カタログ、説明書その他これらに類する物による価格の表示（ダイレクトメール、ファクシミリ等によるものを含む。）
④　ポスター、看板（プラカード及び建物、電車又は自動車等に記載されたものを含む。）、ネオン・サイン、アドバルーンその他これらに類する物による価格の表示
⑤　新聞、雑誌その他の出版物、放送、映写又は電光による価格の表示
⑥　情報処理の用に供する機器による価格の表示（インターネット、電子メール等によるものを含む。）
⑦　単価や料率の表示

消費者に対して行われる価格表示であれば、商品本体による表示（商品に添付又は貼付される値札等）、店頭における表示、チラシ広告、新聞・テレビによる広告など、それがどのような表示媒体により行われるものであるかを問わず、総額表示をする義務があります（消基通18－1－7）。

(1) 単価や手数料率の表示

　資産又は役務の単価、手数料率等を表示する場合など、最終的な取引価格そのものを表示しない場合であっても、事実上、価格を表示しているに等しい表示については、総額表示が義務となります（消基通18－1－4）。
　例えば、肉の量り売り、ガソリンなどの一定単位での価格表示、不動産仲介手数料や有価証券の取引手数料など取引金額の一定割合（○%）とされている表示がこれに当たります。

(2) 会員募集のパンフレット

　会員のみが利用できる会員制の店舗等であっても、その会員の募集が不特定かつ多数の者を対象として行われている場合には、総額表示の対象となります（消基通18－1－2）。

具体的な表示方法

(1) 具体的な表示方法と景品表示法

　表示された金額が「税込価格である」旨の表示は、必要ありません。
　税込価格に併せて「税抜価格」又は「消費税額等」を表示することもできます。
　ただし、税込価格と税抜価格を併記する場合には、税込価格が明瞭に表示されていなければなりません。「税抜価格」をことさら強調することにより、一般消費者が表示されている税抜価格を税込価格であると誤認するような表示は、景品表示法5条の「不当な表示」に当たり、同法において禁止されています。
　違反行為が認められた場合、消費者庁は、不当表示により一般消費者に与えた誤認の排除、再発防止策の実施、今後同様の違反行為を行わないことなどを命ずる「措置命令」を行い、違反のおそれのある場合には指導の措置を行うこととされています。
　税込価格表示の文字が著しく小さい、税込価格表示の文字幅が極端に細長い、税込価格を表示する文字と背景が同系色等、といった分かりにくい表示は、表示されている税抜価格を税込価格であると一般消費者が誤認する表示に当たります。

明瞭に表示されているといえる例	明瞭に表示されているとはいえない例
9,800円（税込10,780円）	税込価格の文字が著しく小さい **9,800円**（税込10,780円）
9,800円（税込10,780円）	税込価格の文字幅が極端に細長い 9,800円（税込10,780円）
9,800円（税込10,780円）	税込価格を表示する文字と背景が同系色 9,800円（税込10,780円）
9,800円（税込10,780円）	

　また、このような二次元の媒体だけでなく、例えば、動画による広告、音声による広告など、その表示媒体における表示全体からみて、税込価格が一般消費者にとって見やすく、かつ、税抜価格が税込価格であると一般消費者に誤解されることがないように、注意する必要があります。

（2）端数処理

　総額表示の義務付けに伴い税込価格の設定を行う場合において、1円未満の端数が生じるときは、当該端数を四捨五入、切捨て又は切上げのいずれの方法により処理してもかまいません。

　また、当該端数処理を行わず、円未満の端数を表示する場合であっても、税込価格が表示されていれば、総額表示の義務付けに反するものではありません。

第2節　経理処理

　法人税又は所得税の課税所得の計算に当たっては、税込み又は税抜きのいずれの金額を基礎とするのかが問題となります。

　また、財務諸表の表示についても、いずれの金額によるべきかを判断しなければなりません。

　納付すべき消費税額は、いずれの経理方式であっても同じ計算になります。

税込経理方式と税抜経理方式

消費税の課税の対象となる取引の経理処理には、税込経理方式と税抜経理方式とがあります。

経理方式		内　容	税額の取扱い			
			売上の消費税等	仕入の消費税等	納付税額	還付税額
税込経理方式		対価に含まれる消費税等の額を区分しない	売上金額に含める	資産の取得価額・経費の額に含める	租税公課として損金算入	雑収入として益金算入
税抜経理方式		対価に含まれる消費税等の額を区分する	仮受消費税等とする	仮払消費税等とする	仮受消費税等と仮払消費税等の差額として入出金するため、原則として損益に影響しない	
	税抜方式期末一括	期中は、消費税等の額を区分しないで、合計額により売上げ・仕入れを計上し、決算期末において、一括して消費税等の金額を仮受消費税等・仮払消費税等に振り替える				
	税抜方式月末一括	個々の取引計上時は、消費税等の額を区分しないで、合計額により売上げ・仕入れを計上し、月ごとに一括して消費税等の金額を仮受消費税等・仮払消費税等に振り替える				

　地方消費税は、必ず消費税部分とあわせて処理します（所得税経理通達2（注）3、経理通達2（注）(2)）。

(1)　納付すべき消費税等の額

　その課税期間の納付すべき消費税額は、税抜経理方式又は税込経理方式のいずれの経理処理によっても、必ず同額となります。「第8章　課税標準額に対する消費税額」を参照してください。

(2)　利益の額

　事業者の利益の額や課税所得金額の計算については、経理処理の選択により差異が生じます。例えば、減価償却資産の取得価額や交際費に係る損金不算入の額の計算等によるものです（後述）。

 税込経理方式

　税込経理方式とは、取引に含まれる消費税等の額と本体価額とを区分せずに、合計額で記帳する方法です。

　課税事業者・免税事業者の別にかかわりなく採用することができ、税抜経理方式に比べて、記帳の手間が省けます。

③ 税抜経理方式

　税抜経理方式とは、取引に含まれる消費税等の額と本体価額とを区分して、それぞれの金額を記帳する方法です。

　伝票作成や仕訳、元帳への転記が非常に煩雑になります。

　ただし、一般には会計ソフトを利用して、税込みの金額で仕訳入力し、仮払消費税等及び仮受消費税等の計上はコンピュータが自動処理するように設定しておく方法によるものと思われます。

　税抜経理方式を行った場合には、納付すべき消費税等が利益計算の外におかれるため、仕入税額控除について、全額控除の適用がある場合には、月次の利益の計算を正確に行うことができます。また、納付すべき消費税額は、期中においても、仮受消費税等と仮払消費税等の差額により、税額計算を行うことなく把握することができます。

　しかし、全額控除でない場合や調整対象固定資産に係る調整がある場合、簡易課税制度の適用がある場合には、実際の納付税額と差額が生じ、利益の額についても消費税額の調整等を行う前のものとして把握されます。

④ 期末一括税抜経理方式

(1) 期中処理は税込み

　法人税の課税への影響や消費税額等を除いた経営分析の観点等からすると、税込経理方式より税抜経理方式のほうが優れているといえますが、税抜経理方式は取引の際に授受する金額と帳簿に計上された金額とが一致しないため、経理処理が煩雑になります。

　そこで、期中の計上は税込みの金額で行い、期末に一括して税抜経理方式に修正する処理が認められています（所得税経理通達4、経理通達4）。

　会計ソフトを利用している場合には、税抜処理の設定を仕訳ごとではなく、期末一括に指示しておきます。

(2) 月末一括税抜方式

　税抜修正処理を毎月月末の合計額で行う方法もあります。この方法は、月ごとの経営分析に役立ちます。

⑤ 経理処理の選択

(1) 課税事業者

① 税込経理方式と税抜経理方式

　課税事業者は、税込経理方式又は税抜経理方式のいずれによるかは、任意です（所得税経理通達2、経理通達2）。

② 混合方式による場合

　売上げについて税抜経理方式を適用している場合には、税抜経理方式及び税込経理方式の混合方式とすることもできます。売上げについて税込経理方式を適用した場合には、全て税込経理方式となります（所得税経理通達3、経理通達3）。

　混合方式を選択した場合であっても、次の項目ごとにその処理を統一しなければなりません。個々の取引ごとに違う方法を選択することはできません（所得税経理通達2の2（注）1、経理通達2（注）⑴）。

　　①　売上取引
　　②　棚卸資産の取得取引
　　③　固定資産・繰延資産の取得取引
　　④　経費等の取引

区　分	売上げ	固定資産等		経費等
		棚卸資産	固定資産 繰延資産	
税込経理方式	税込み			
税抜経理方式	税抜き			
混合方式	税抜き	税抜き		税込み
		税込み		税抜き
		税抜き	税込み	税込み
				税抜き
		税込み	税抜き	税込み
				税抜き

　したがって、車両の取得は税込経理方式で建物の取得は税抜経理方式という方法や、経費のうち交際費だけ税抜経理方式をするというような方法は認められません。

　また、次のようなルールがあります（所得税経理通達2の2（注）1、経理通達2（注）⑴）。

• 上記①の売上取引に加えて②③④のうち、少なくとも1項目については税抜経理を行わなければならない。

796

- 棚卸資産の取得に係る取引については、税抜経理又は税込経理を継続適用する。

混合方式は経理処理が複雑になるため、一般には、あまり採用されていません。

(2) 免税事業者

免税事業者は、税込経理方式しか適用できません（所得税経理通達5、経理通達5）。

免税事業者は、本体価額とは別に消費税を受け取ったとしても、納税自体が免除されているため、受け取った金額の全てが事業者の収入となります。

したがって、経営分析等の必要性から、税抜経理方式を採用したとしても、法人税・所得税の所得計算や税務申告に添付する決算書は、税込経理方式に基づいて作成されたものによらなければなりません。

誤りやすい事例　税込経理から税抜経理に変更した場合

当社は、前期まで免税事業者であったため、税込経理方式しか採用することができませんでしたが、当期から課税事業者となったことに伴い、税抜経理方式に変更しました。この場合、棚卸資産及び固定資産の取得費について、何らかの会計処理が必要でしょうか。

解説

① 期首棚卸資産の評価額

前期まで税込経理方式を適用していた事業者が当期から税抜経理方式に変更した場合には、期中に仕入れをした棚卸資産は税抜きの取得費が売上原価の算定の基礎となるのに対し、期首棚卸資産については前期以前に経理処理をした税込みの取得費が売上原価の算定の基礎となり、売上原価の計算にゆがみが生じます。また、免税事業者が新たに課税事業者となった場合においては、期首棚卸資産に係る消費税額は、その課税事業者となった課税期間の課税仕入れ等の税額とみなすこととされています（消法36①、以下「課税事業者となった場合の棚卸資産に係る調整」といいます。）。したがって、期首棚卸資産の評価額に含まれる消費税額等を仮払消費税等に振り替える処理が必要と考えられるかもしれません。

しかし、前期の貸借対照表に表示した棚卸資産の評価額と損益計算書に掲げる期首棚卸資産の金額とが異なることは、通常予定されていません。したがって、税抜経理方式に変更した場合であっても、前期の貸借対照表に計上した棚卸資産の評価額は、そのまま当期の期首棚卸資産の金額となります。

なお、課税事業者となった場合の棚卸資産に係る調整の適用がある場合には、その棚卸資産に係る調整税額は、当期に生じた雑収入の金額とするべきでしょう。

② 減価償却資産の取得価額

　経理方式の変更に伴って固定資産の取得費を見直す必要はなく、経理処理の変更にかかわらず、その固定資産の取得の際に付した取得費を基礎に減価償却費の計算を行うこととなります。

⬥6 法人の選択

　法人税の所得金額の計算の基礎となる取引価額は、原則として、その事業者が選択した経理方式により計上した金額となります（経理通達9）。

　いずれの経理方式によっても消費税の納税額の計算は同一ですが法人税の課税所得金額については、税抜経理方式の方が当期所得金額が少なく計算されます。

- **交際費等**：法人税においては、所得の金額の計算上、交際費等の金額のうち一定額は損金算入することができません。税込経理方式では、損金算入限度額の算定も税込金額によるので、税抜経理方式の方がその限度額が大きくなります。
- **少額減価償却資産等**：取得価額の全額を一時の損金又は必要経費とすることができる少額減価償却資産の限度額は10万円未満（青色中小法人については30万円未満）とされていますが、税込経理方式では税込金額で判定を行います。
- **減価償却資産の取得価額**：税込経理方式を行う場合、減価償却資産の取得価額に含まれる消費税等は、償却が行われるまで、損金算入できません。
- **特別償却等**：特別償却の適用は、少額減価償却資産等の場合と同じく、税抜経理方式の場合は本体価額によって、税込経理方式の場合は消費税等を含んだ金額で判定します。
- **棚卸資産の期末評価**：それぞれの経理処理による取得価額が基礎となるので、税込経理方式では、税抜経理方式より期中の取得価額も期末棚卸の評価額も大きくなります。
- **寄附金課税の時価**：法人税法では、寄附金の損金不算入の規定があるため、資産を贈与又は低額で譲渡した場合でも、その贈与又は譲渡時の時価により譲渡益が算出され課税されます。

　この場合の時価は、売上げに適用している経理処理によることとされており、税込経理方式では、時価は消費税込みの金額となるため、税抜経理方式に比べて、法人税の負担が重くなります。
- **貸倒引当金**：貸倒引当金の損金算入限度額は、売掛金等の金額を対象に計算されるため、いずれの経理方式でも同じ計算結果となります。

第23章 価格の表示と経理処理

区　分	税込経理	税抜経理	混合方式
・少額減価償却資産の判定：10万円未満（青色中小法人30万円未満） ・一括償却資産の判定：10万円以上20万円未満 ・少額繰延資産の判定：20万円未満 ・特別償却等の判定：取得価額 ・資産の評価損 ・寄附金とされる贈与、低額譲渡の金額：時価	消費税等込みの金額で判定（計算）	消費税等抜きの金額で判定（計算）	その資産に適用している方式
寄附金とされる経済的利益の金額			消費税抜きの金額で計算
交際費等の金額		消費税等抜きの金額で計算 （控除対象外消費税額等は取引額に含める）	交際費に適用している方式

個人事業者の選択

(1) 所得税法上の取引価額

　所得税法上、事業所得・不動産所得・山林所得・雑所得の取引価額は、その個人事業者が選択した経理方法によります（所得税経理通達9）。

区　分	税込経理	税抜経理	混合方式
・少額減価償却資産の判定：10万円未満（青色個人事業者は30万円未満） ・一括償却資産の判定：10万円以上20万円未満 ・少額繰延資産の判定：20万円未満 ・特別償却等の判定：取得価額 ・その他	消費税等込みの金額で判定（計算）	消費税等抜きの金額で判定（計算）	資産の取引につき適用している方式による

(2) 事業が複数の所得区分となる場合

　個人事業者は、事業所得、不動産所得、山林所得、雑所得の所得区分ごとに税抜経理方式・税込経理方式・混合方式を選択することができます（所得税経理通達2(注)1）。

(3) 端数処理による差額等

　個別の取引ごとに積み上げて計算された仮受消費税等と仮払消費税等との差額と、納付すべき消費税額等とに差額が生じた場合は、各種所得に係る取引ごとに、それぞれの所得区分における必要経費又は繰延消費税額等に計上します（所得税経理通達6）。

⑷　事業用資産を譲渡した場合

　個人事業者が、事業の用に供していた固定資産を売却した場合には、事業付随行為として消費税の課税の対象となり、この場合の所得区分は譲渡所得となります。

　固定資産の譲渡による譲渡所得の収入金額について税込みの金額とすべきか税抜きの金額とすべきかは、その固定資産を使用していた事業等に適用している経理方式によります（所得税経理通達12）。

誤りやすい事例　譲渡所得に係る譲渡収入金額

　個人事業者Ａは、不動産所得を生ずべき事業の用に供していた土地を5,000万円で、建物を4,400万円で譲渡しました。不動産所得の収支内訳書における土地及び建物の帳簿価額は、いずれも150万円です。

　この場合の譲渡所得の金額及び納付すべき消費税額はどのように計算しますか。

解　説

【経理処理Ⅰ】不動産所得につき税抜経理を採用している場合

〈譲渡所得の金額の計算〉

　建物に係る譲渡所得の収入金額は税抜価格の4,000万円とし、これを基礎に概算取得費を計算します。

　収受した消費税額等は、譲渡所得の収入金額とはせず、仮受消費税等として不動産所得に計上します。

　土地　　収入金額：5,000万円　取得費：5,000万円×5％＝250万円

　　　　　所得金額　5,000万円－250万円＝4,750万円

　建物　　収入金額：4,000万円　取得費：4,000万円×5％＝200万円

　　　　　所得金額　4,000万円－200万円＝3,800万円

〈納付すべき消費税額の計算〉

　消費税の納付税額は、建物につき譲渡所得の収入金額とした4,000万円と不動産所得の仮受消費税等とした400万円を合計した税込課税売上高4,400万円を課税売上高に算入して計算します。

　なお、土地の売上高5,000万円は、課税売上割合の計算上、非課税売上高に算入されます。

〈不動産所得の仕訳〉

譲渡時：事業主貸し	300万円	土地（帳簿価額）	150万円
		建物（帳簿価額）	150万円
事業主貸し	400万円	仮受消費税等	400万円
決算時：仮受消費税等	400万円	未払消費税等	400万円

納付すべき消費税額は、仮受消費税等の振替処理により計上します。

【経理処理Ⅱ】不動産所得につき税込経理を採用している場合

〈譲渡所得の金額の計算〉

建物に係る譲渡所得の収入金額は税込価格の4,400万円とし、これを基礎に概算取得費を計算します。

土地　収入金額：5,000万円　取得費：5,000万円×5％＝250万円

　　　所得金額　5,000万円－250万円＝4,750万円

建物　収入金額：4,400万円　取得費：4,400万円×5％＝220万円

　　　所得金額　4,400万円－220万円＝4,180万円

〈納付すべき消費税額の計算〉

消費税の納付税額は、建物につき譲渡所得の収入金額とした税込価格4,400万円を課税売上高に算入して計算します。

なお、土地の売上高5,000万円は、課税売上割合の計算上、非課税売上高に算入されます。

〈不動産所得の仕訳〉

| 譲渡時：事業主貸し | 300万円 | 土地（帳簿価額） | 150万円 |
| | | 建物（帳簿価額） | 150万円 |

決算時又は申告時：租税公課 400万円／未払消費税等 400万円

納付すべき消費税額は、租税公課として、不動産所得の必要経費となります。

⑧ 設備投資に係る消費税の還付がある場合

設備投資により控除対象仕入税額が増加して還付申告を行う場合、税込経理方式では、その還付税額が総収入金額又は益金の額に算入され、還付を受けた課税期間の所得税又は法人税の税負担が重くなります。

税抜経理方式では、還付税額は仮払消費税等と仮受消費税等の差額であるため、益金又は総収入金額に計上されることはありません。設備投資に係る減価償却資産の償却期間をとおして、所得の金額が調整されます。

❾ 勘定科目・補助科目設定のポイント

(1) 収入の勘定科目

「課税標準額」「課税売上割合」「基準期間における課税売上高」を算定するためには、収入の全てを課税・非課税・免税・不課税に区分して集計する必要があります。

したがって、課税取引・非課税取引等を一括して行った場合には、それぞれの金額が分かるように記載する必要があります。

その区分ごとに勘定科目（補助科目）を設定しておけば、簡便に消費税の計算を行うことができて便利です。

(2) 支出の勘定科目

仕入れについては、課税仕入れ、課税貨物、課税貨物に係る消費税額等及びそれ以外の4つに区分することを念頭に勘定科目及び補助科目を設定します。

個別対応方式を適用する場合は、さらに売上げとの対応関係を記録する必要があります。

主要な課税仕入れ等については、課税売上対応分・非課税売上対応分・共通対応分の別に勘定科目（補助科目）を設定しておけば便利です。

ただし、頻繁に発生しない項目まで分類して設定するとかえって帳簿の記載が煩雑になります。稀にしか発生しないものは、あまり神経質にならず、1つの勘定科目（補助科目）の中で、分類できるように記載しておきます。

(3) 簡易課税を選択した場合

簡易課税のみなし仕入率を算出するには、課税売上げを事業区分ごとに把握する必要があります。簡易課税制度の適用がある場合には、第一種から第六種の事業区分ごとに勘定科目（補助科目）を設定しておくことで集計が容易になります。

区　　分		記　　帳
売上げ	課税売上げ	第一種〜第六種の事業区分ごとに設定
	課税売上げ以外	免税・非課税・不課税の区分不要
仕入れ		消費税のための記帳は不要

簡易課税制度を選択した場合、売上げの金額から控除対象仕入税額を計算するため、仕入れについての帳簿及び請求書を保存する必要はありません。

したがって、仕入関係の帳簿は、消費税を意識せず、会社の利益計算や法人税の所得計算のために記帳することになります。

10 控除対象外消費税額等

その課税期間における課税売上高が5億円を超える場合又は課税売上割合が95％未満である場合には、課税仕入れ等に係る税額の全額を控除することはできません。したがって、税抜経理方式により経理している場合には、仕入税額控除ができない仮払消費税等の額『控除対象外消費税額等』が生じることになります。

控除対象外消費税額等は、所得の金額の計算上、生じた事業年度の損金の額に算入するものと、繰延消費税額等として償却を通して損金の額に算入するものとに区分されます。

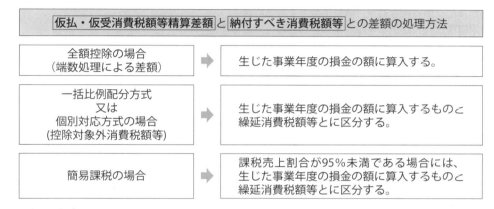

税込経理方式により経理している場合には、消費税額及び地方消費税額は資産の取得価額又は経費の額に含まれるので、控除対象外消費税額等が生じることはありません。

(1) 居住用賃貸建物の課税仕入れ等に係る消費税額等

税抜経理方式による場合、居住用賃貸建物に係る仮払消費税等の額は、資産に係る控除対象外消費税額等となります。

(2) 資産に係る控除対象外消費税額等

資産に係る控除対象外消費税額等とは、課税事業者が、税抜経理方式により経理したときにおける課税仕入れ等の税額のうち仕入税額控除をすることができない金額及びその控除をすることができない金額に係る地方消費税の額に相当する金額の合計額でそれぞれの資産に係るものをいいます（法令139の4⑤、法規28②）。

■ 資産の取得価額に算入する場合

資産に係る控除対象外消費税額等は、資産の取得価額に算入することができます。

資産の取得価額に算入するか否かは、その全額についていずれかを選択することとなります。個々の資産ごとに選択することはできないので、その事業年度に生じた資産に係る控除対象外消費税額等の一部を資産の取得価額に算入した場合には、その資産の取得価額に算入した資産に係る控除対象外消費税額等は、資産の取得価額から減額して、繰延消費税額等として処

理することとなります（経理通達13）。

■ 控除対象外消費税額等の損金算入

資産に係る控除対象外消費税額等は、その資産の取得価額に算入する場合を除き、次のいずれかの方法によって、損金の額に算入します。

① 全額損金算入することができる場合

資産に係る控除対象外消費税額等は、次のいずれかに該当する場合は、損金経理することを要件に、その発生した事業年度の損金の額に算入することができます（法令139の4①②）。

> • その事業年度の課税売上割合が80％以上である場合
> • 棚卸資産に係る控除対象外消費税額等である場合
> • 特定課税仕入れに係る控除対象外消費税額等である場合
> • 一の資産に係る控除対象外消費税額等が20万円未満である場合

② 課税売上割合が80％以上である事業年度において生じたもの

課税売上割合が80％以上である事業年度において資産に係る控除対象外消費税額等が生じた場合において、その生じた資産に係る控除対象外消費税額等の合計額につき、その事業年度において損金経理をしたときは、その損金経理をした金額は、その事業年度の所得の金額の計算上、損金の額に算入します（法令139の4①）。

損金経理をしなかった場合には、控除対象外消費税額等は、繰延消費税額等として取り扱います（法令139の4③）。

③ 課税売上割合が80％未満である事業年度において生じたもの

課税売上割合が80％未満である事業年度において生じた資産に係る控除対象外消費税額等が次に掲げるものに該当する場合において、その該当する資産に係る控除対象外消費税額等の合計額につき、その事業年度において損金経理をしたときは、その損金経理をした金額は、その事業年度の所得の金額の計算上、損金の額に算入します（法令139の4②）。

- • 棚卸資産に係るもの
- • 20万円未満であるもの

損金経理をしなかった場合には、控除対象外消費税額等は、繰延消費税額等として取り扱います（法令139の4③）。

■ 繰延消費税額等の取扱い

繰延消費税額等とは、資産に係る控除対象外消費税額等のうち、上記により生じた事業年度の損金の額に算入される金額以外の金額の合計額をいいます。

① 繰延消費税額等が生じた事業年度

繰延消費税額等が生じた事業年度においては、繰延消費税額等を60で除し、これにその事業年度の月数を乗じて計算した金額の2分の1の範囲内で、その法人が損金経理した金額を損金の額に算入します（法令139の4③）。

$$\text{損金算入限度額} = \text{繰延消費税額等} \times \frac{\text{その事業年度の月数}}{60} \times \frac{1}{2}$$

② その後の事業年度

　その事業年度前の各事業年度において生じた繰延消費税額等については、その繰延消費税額等を60で除し、これにその事業年度の月数を乗じて計算した金額の範囲内で、その法人が損金経理した金額を損金の額に算入します（法令139の4④）。

　なお、損金経理をした金額には、その事業年度前の各事業年度において損金経理した金額のうち損金の額に算入されなかった金額を含みます（法令139の4⑭）。

$$\text{損金算入限度額} = \text{繰延消費税額等} \times \frac{\text{その事業年度の月数}}{60}$$

（3）その他の控除対象外消費税額等

　控除対象外消費税額等が資産に係るものでない場合は、その控除対象外消費税額等の全額をその事業年度の損金の額に算入します。

　なお、交際費等の損金不算入（措法61の4）の規定による損金算入限度額の計算にあたっては、税込経理方式を適用している場合には、交際費等に係る消費税等の額は、その全額が交際費等の額に含まれます。

　税抜経理方式を適用している場合には、交際費等に係る消費税等の額のうち控除の対象となる消費税額等に相当する金額は交際費等の額から除き、控除対象外消費税額等に相当する金額は交際費等の額に含めます（経理通達12）。

税抜経理方式の場合の交際費等の額
控除対象となる消費税額等　…　交際費等の額から除く
控除対象外消費税額等　…　交際費等の額に含める

上記の取扱いを図に示すと、次のとおりです。

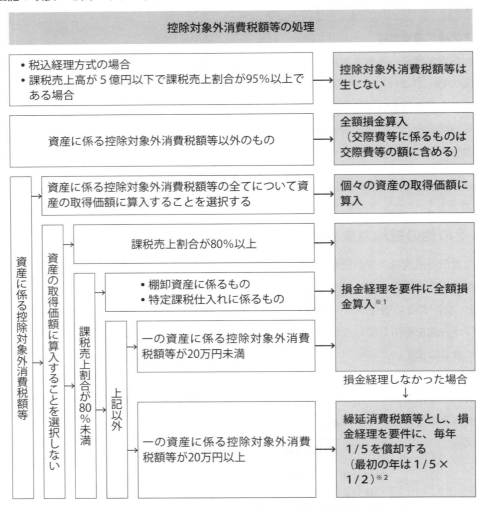

※1　個人事業者の場合には、経理処理にかかわらず、全額を必要経費に算入します。
※2　個人事業者の場合には、経理処理にかかわらず、$\frac{1}{5}$（最初の年は$\frac{1}{5}\times\frac{1}{2}$）を償却します。

(4) 明細書の添付

　資産に係る控除対象外消費税額等又は繰延消費税額等につき損金経理をした金額がある場合には、損金の額に算入される金額の計算に関する明細書をその事業年度の確定申告書に添付しなければなりません（法令139の5）。

(5) 特定課税仕入れに係る控除対象外消費税額等

　特定課税仕入れについて生じた控除対象外消費税額等の取扱いについては、212頁を参照してください。

第23章 価格の表示と経理処理

第 3 節 インボイスの保存がない課税仕入れの税抜経理

(1) 税抜経理方式の原則

インボイス制度では、インボイス発行事業者以外の者（消費者、免税事業者又は登録を受けていない課税事業者）から行った課税仕入れは、原則として仕入税額控除の適用を受けることができません（消法30①）。

また、税抜経理方式における仮払消費税等は、仕入税額控除の適用を受ける課税仕入れ等の消費税額等をいうこととされています（法令139の4⑤⑥、法規28②）。

したがって、税抜経理方式で経理している場合においても、インボイスの保存がない課税仕入れについては、仮払消費税等の額として取引の対価の額と区分して経理する金額はありません。消費税等相当額を含めた支払対価の額を取引の対価として所得金額の計算を行うことになります（経理通達14の2）。

例えば、110万円の建物を購入した場合の経理処理は、次のようになります。

	借 方		貸 方	
①インボイスの保存あり	建物 仮払消費税等	1,000,000円 100,000円	現金	1,100,000円
②インボイスの保存なし	建物	1,100,000円	現金	1,100,000円

(2) 仮払消費税等を計上した場合

消費税等の影響を損益計算から排除する目的や、会計ソフトが対応していないなどの理由で、インボイスの保存がない課税仕入れについて、上記①の仮払消費税等10万円を計上する会計処理を行うケースが想定されます。会計上は、この仮払消費税等の額10万円は、決算において雑損失に振り替えられるものと考えられます。

このような場合、所得金額の計算に当たって、それぞれの取引の対価の額は、その仮払消費税等の額を含めた支払総額に修正しなければなりません（経理通達14の2）。

したがって、法人税申告書別表による申告調整が必要となります。

【事例1】

免税事業者から店舗用建物（耐用年数20年：定額法）を取得して、110万円を支払い、次の経理処理を行った。

税抜経理方式を採用しているが、インボイスの保存がない課税仕入れであるため、本来の経理処理は、次のようになる。

807

	借　方		貸　方	
取得時	建物	1,100,000円	現金	1,100,000円

しかし、仮払消費税等を計上して、次の経理処理を行った。

	借　方		貸　方	
取得時	建物 仮払消費税等	1,000,000円 100,000円	現金	1,100,000円
決算時	減価償却費 雑損失	50,000円 100,000円	建物 仮払消費税等	50,000円 100,000円

※　減価償却費の計算
　　1,000,000円×0.050（20年の償却率）＝50,000円

申告調整

　決算時に雑損失とした額は、「償却費として損金経理をした金額」として取り扱い、償却限度額を超える部分の95,000円を減価償却の償却超過額として所得金額に加算します（経理通達14の2（注）1）。

別表四 所得の金額の計算に関する明細書

区　分		総　額	処　分	
			留　保	社外流出
加算	減価償却の償却超過額	95,000円	95,000円	

別表五（一）利益積立金額及び資本金等の額の計算に関する明細書

I　利益積立金額の計算に関する明細書				
区　分	期首現在 利益積立金額	当期の増減		差引翌期首現在 利益積立金額
		減	増	
建物減価償却超過額			95,000円	95,000円

※　建物減価償却超過額の計算
　　（1,000,000円＋100,000円）×0.050（20年の償却率）＝55,000円（償却限度額）
　　（50,000円＋100,000円）−55,000円＝95,000円

【事例2】

　免税事業者から商品（220万円）を取得して、110万円が期末在庫となった。

　税抜経理方式を採用しているが、インボイスの保存がない課税仕入れであるため、本来の経理処理は、次のようになる。

	借　方		貸　方	
取得時	仕入	2,200,000円	現金	2,200,000円
決算時	商品	1,100,000円	仕入	1,100,000円

しかし、仮払消費税等を計上して、次の経理処理を行った。

	借　方		貸　方	
取得時	仕入 仮払消費税等	2,000,000円 200,000円	現金	2,200,000円
決算時	商品 雑損失	1,000,000円 200,000円	仕入 仮払消費税等	1,000,000円 200,000円

申告調整

　決算時に雑損失とした20万円のうち、期末在庫として残った商品に係る部分の金額10万円を所得金額に加算することになります。

別表四 所得の金額の計算に関する明細書

区　分		総　額	処　分	
			留　保	社外流出
加算	雑損失の過大計上	100,000円	100,000円	

別表五(一) 利益積立金額及び資本金等の額の計算に関する明細書

Ⅰ　利益積立金額の計算に関する明細書				
区　分	期首現在 利益積立金額	当期の増減		差引翌期首現在 利益積立金額
		減	増	
商　品			100,000円	100,000円

　なお、上記の棚卸資産の評価は、個別管理が前提です。

　最終仕入原価法で評価している場合は、期末に最も近い日の仕入れがインボイスの交付を受けたものであるかどうかによって、仮払消費税等の金額の取扱いを判定します。期末に最も近い日の仕入れが免税事業者からの仕入れである場合は、消費税額等を加算して算出した単価に在庫数を乗じて期末棚卸資産の金額を算出することになります。

　例えば、A商品について、X社（課税事業者）とY社（免税事業者）から最終仕入れの単価が同額の1,100円で仕入れている場合において、期末に最も近い仕入先がX社（課税事業者）であるときは、税抜の単価である1,000円をもとに計算します。期末に最も近い仕入先がY社（免税事業者）であるときは、税込の単価1,100円をもとに計算することになります。

税込単価1,100円によるべきところ、税抜単価1,000円をもとに評価しているときは、申告調整が必要になります。

【事例3】

免税事業者が営む飲食店で飲食し、11万円を支払った。

	借　方		貸　方	
支出時	接待交際費 仮払消費税等	100,000円 10,000円	現金	110,000円
決算時	雑損失	10,000円	仮払消費税等	10,000円

申告調整

申告調整は不要です。

この事例では、接待交際費の支出時に仮払消費税等の額として経理した金額を決算時に雑損失として計上しています。この雑損失の額は、本来は接待交際費の額に含めるべきものですが、いずれも損金の額に算入されることについては変わりがないため、結果的に申告調整は不要となります。

交際費等の損金不算入制度（措法61の4）の適用に当たって、交際費等の額の計算や、交際費等の範囲から除かれる飲食費の金額基準である「10,000円以下」の判定は、仮払消費税等の額として経理した金額を飲食のために要した費用の額に算入した後の金額により行うことになります（経理通達12）。

3．8割控除・5割控除の経過措置

◆免税事業者から店舗用建物を取得して110万円を支払った場合の経理処理◆

期　間	仕入税額控除	借　方		貸　方	
R5.10.1〜 R8.9.30	8割控除適用	建物 仮払消費税等	1,020,000円 80,000円	現金	1,100,000円
R8.10.1〜 R11.9.30	5割控除適用	建物 仮払消費税等	1,050,000円 50,000円	現金	1,100,000円
R11.10.1 以後	経過措置終了	建物	1,100,000円	現金	1,100,000円

（1）令和5年10月1日から令和8年9月30日までの経過措置

税抜経理方式で経理している場合においては、支払対価の額のうち消費税等の額の80％相当額が仮払消費税等の額となります（経理通達3の2、経過的取扱い(2)、所得税経理通達3の2、経過的取扱い(2)）。

消費税等相当額の全額（上記の例では10万円）を仮払消費税等として計上した場合には、仕入税額控除の対象とならない20％相当額について申告調整を行うことになります。

(2) 令和8年10月1日から令和11年9月30日までの経過措置

税抜経理方式で経理している場合においては、支払対価の額のうち消費税等の額の50％相当額が仮払消費税等の額となります（経理通達3の2、経過的取扱い(2)、所得税経理通達3の2、経過的取扱い(2)）。

消費税等相当額の全額（上記の例では10万円）を仮払消費税等として計上した場合には、仕入税額控除の対象とならない50％相当額について申告調整を行うことになります。

(3) 事務負担に配慮した特例

上記のような経理処理は事務負担が大きいと考えられることから、令和5年12月の消費税経理通達の改正において、次のような特例が設けられました。

◆インボイスの保存がない課税仕入れに係る仮払消費税等の額◆

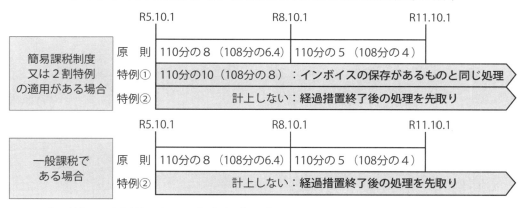

※　図中の割合は、支払対価の額に乗ずる割合（括弧書きは、軽減税率の対象となるものの割合）です。

【特例①】 簡易課税又は2割特例を適用する場合

簡易課税制度を適用している事業者（以下「簡易課税制度適用事業者」といいます。）は、仕入税額控除を適用するに当たってインボイスの保存は不要です。

そこで、税抜経理方式を適用している簡易課税制度適用事業者が、仕入先が、インボイス発行事業者であるか否かを区分する事務負担を軽減する観点から、簡易課税制度を適用している課税期間を含む事業年度における継続適用を条件として、インボイスの保存の有無にかかわらず全ての課税仕入れについて、課税仕入れに係る支払対価の額に110分の10（軽減税率の対象となるものは108分の8。以下同じ。）を乗じて算出した金額を仮払消費税等の額とする経理処理が認められることとされました（経理通達1の2）。

この取扱いの適用を受ける場合は、例えば、控除対象外消費税額等についても、支払対価の

額に110分の10を乗じて算出して仮払消費税等の額とした金額を基礎に計算することになります。

　なお、免税事業者は税込経理方式を適用して法人税の所得金額を計算することになりますが（経理通達5）、一の事業年度中に免税事業者となる期間と課税事業者となる期間が存在する場合において、課税事業者である期間において簡易課税制度を適用するときは、課税事業者である期間の課税仕入れについて支払対価の額に110分の10を乗じて算出した金額を仮払消費税等の額として経理をすることになります。

　2割特例（平28改法附51の2①②）を適用する事業者も同様の経理が認められています（令和5年12月経過的取扱い(2)）。

【特例②】　8割控除・5割控除を適用する場合

　8割控除・5割控除（平28改法附52、53）を適用する場合は、控除できない部分の金額を仮払消費税等の額として経理をすることになりますが、段階的にシステムの改修を行うことの事務負担に配慮する観点から、経過措置期間終了後の原則となる取扱いを先取りし、仮払消費税等の額はないものとして法人税の所得金額の計算を行うことも認められることとされました（令和3年2月経過的取扱い(3)）。

　この取扱いは、簡易課税制度や2割特例制度を適用していない事業者についても適用できることとされています。

第24章 災害があった場合等の特例

第1節　期限の延長と納税猶予

　災害により被災した事業者については、国税通則法11条の規定に基づき、その申告、納付、届出等の期限が延長されることとなります。

1　申告期限等の延長

　国税通則法11条（災害等による期限の延長）は、国税庁長官、国税不服審判所長、国税局長、税務署長又は税関長（以下「税務署長等」といいます。）は、災害その他やむを得ない理由により、国税に関する法律に基づく申告、申請、請求、届出その他書類の提出、納付又は徴収に関する期限までにこれらの行為をすることができないと認めるときは、その理由のやんだ日から2か月以内に限り、その期限を延長することができるものとしています。

2　納税猶予

　国税の猶予制度は、一時に納税をすることにより事業の継続や生活が困難となる場合や災害による損失が生じた場合などの特定の事情があるときに、税務署長の承認を受け、最長で1年間、納税が猶予される制度です。「換価の猶予」と、「納税の猶予」があります（国税徴収法151、151の2、通法46）。

(1)　災害により相当な損失を受けた場合の納税の猶予

　震災、風水害、落雷、火災その他これらに類する災害により納税者がその財産につき相当な損失を受けた場合には、税務署長等は、その損失を受けた日以後1年以内に納付すべき国税で次に掲げるものについて、その災害のやんだ日から2か月以内にされたその者の申請に基づき、その納期限から1年以内の期間を限り、その国税の全部又は一部の納税を猶予することができます（通法46①）。

「相当な損失」とは、災害による損失の額が、その納税者の全積極財産の価額に占める割合が、おおむね20％以上の場合をいいます（通基通46－2）。

> (1) 災害がやんだ日以前に課税期間の満了した所得税又は法人税、災害がやんだ日以前に取得した財産に係る相続税又は贈与税で、納期限がその損失を受けた日以後に到来するもののうち、猶予申請の日以前に納付すべき税額の確定したもの
> (2) 災害がやんだ日の属する月の末日以前に支払われた給与等の源泉所得税等で法定納期限がまだ到来していないもの
> (3) 災害がやんだ日以前に課税期間が経過した消費税で、納期限が損失を受けた日以後に到来するもののうち、猶予申請の日以前に納付すべき税額の確定したもの
> (4) 予定納税に係る所得税並びに中間申告に係る法人税及び消費税

納税の猶予期間は、損失の程度により、納期限から1年以内の期間となります。

(2) 災害等を受けたことにより納付が困難である場合の納税の猶予

災害その他やむを得ない理由に基づき、国税を一時に納付することができないと認められる場合には、税務署長等は、その納付することができないと認められる金額を限度として、納税者の申請に基づき、1年以内の期間を限り、その納税を猶予することができます（通法46②③）。

この納税の猶予を受けるためには、原則として猶予を受けようとする金額に相当する担保の提供が必要です。猶予金額が100万円以下で猶予期間が3か月以内又は特別の事情がある場合には、担保の提供は不要となります。

納税の猶予期間は、原則として1年以内の期間に限りますが、猶予期間内に納付ができないやむを得ない理由がある場合は、既に認められている猶予期間と合わせて2年を超えない期間内で、申請により猶予期間の延長を受けることができます。

同一の災害を理由として、「災害により相当な損失を受けた場合の納税の猶予」、「災害等を受けたことにより納付が困難な場合の納税の猶予」及び「その猶予期間の延長」により、猶予期間は、最長3年間となります。

第2節 事業者免税点制度又は簡易課税制度に係る特例

消費税の課税事業者選択制度、簡易課税制度の届出に関する規定は、その届出書が提出された場合の適用関係を定めたものであり、提出期限を定めたものではないことから、国税通則法11条の規定による申告、納付、届出等の期限延長の対象とはなりません。

そこで、これらについての適用関係の特例が設けられています。

災害の被災者のための消費税の特例

特例の区分	❶ 特定非常災害の指定を受けた場合の特例	❷ 簡易課税制度に係る災害特例	❸ やむを得ない事情がある場合の届出特例
適用対象	特定非常災害の被災事業者	やむを得ない理由がある事業者	やむを得ない事情がある事業者
特例の対象	課税事業者選択制度 簡易課税制度	簡易課税制度	課税事業者選択制度 簡易課税制度
承認等	届出のみで適用	承認を受けて適用（みなし承認あり）	承認を受けて適用
課税事業者選択不適用の制限	解除	—	解除しない
簡易課税制度選択の制限	解除	解除	解除しない
簡易課税制度選択不適用の制限	解除	解除（この特例により不適用とする場合は解除）	解除しない

 特定非常災害の指定を受けた場合の特例

　特定非常災害の指定を受けた場合の特例は、平成29年度税制改正により創設されました。

　原則として、平成29年４月１日以後に指定日が到来する特定非常災害の指定を受けた災害の被災事業者に適用されます。

　「特定非常災害」とは、「特定非常災害の被害者の権利利益の保全等を図るための特別措置に関する法律」２条１項の規定により、特定非常災害に指定された「著しく異常かつ激甚な非常災害」をいいます。

　被災者の生活再建のため、期間の延長など行政上の権利利益の保全等が図られる特例措置が適用されます。これまで特定非常災害に指定された災害は、阪神・淡路大震災（1995年）、新潟県中越地震（2004年）、東日本大震災（2011年）、熊本地震（2016年）、平成30年西日本豪雨（2018年）、台風19号（2019年）、「令和２年７月豪雨」（2020年）です。

　また、上記の災害は、「激甚災害」にも指定されています。激甚災害は、豪雨や地震、台風などで著しい被害があり、復旧事業を進める自治体への財政支援が必要と判断される災害であり、激甚災害法（激甚災害に対処するための特別の財政援助等に関する法律（昭和37年法律第150号））に基づいて政府が指定します。

(1) 対象となる事業者（被災事業者）

　この特例の対象となる「被災事業者」は、特定非常災害の指定を受けた災害の被災者である事業者です（措法86の５①）。例えば、次の事業者が対象となります（消基通20－１－１）。

- 特定非常災害につき国税通則法施行令3条1項の地域指定をされた指定地域内に納税地を有する事業者
- 特定非常災害に被災し、所轄税務署長に「災害による申告、納付等の期限延長申請書」を提出し、税務署長から、国税通則法施行令3条3項の個別指定をされた事業者
- 納税地である本店が指定地域外であり、個別指定も受けていないが、特定非常災害の指定地域内にある支店や事務所などが被災した事業者

(2) 指定日

　特定非常災害が発生した際には、国税庁長官は、災害の状況等を勘案して指定日を定め、告示します（措法86の5①）。

　指定日とは、国税通則法施行令3条の規定に基づき指定される期日とは別に、国税庁長官がその特定非常災害の状況及び国税通則法11条の特定非常災害に係る災害等による期限の延長の規定による申告に関する期限の延長の状況を勘案して定める日をいいます（消基通20－1－2）。

(3) 届出時期の特例

　被災事業者が、次に該当する場合において、指定日までにその届出書を提出したときは、その届出書を適用又は不適用に係る本来の提出時期に提出したものとみなされます（措法86の5①③⑧⑩）。

①	被災日の属する課税期間以後の課税期間において課税事業者を選択する場合
②	被災日の属する課税期間以後の課税期間において課税事業者の選択をやめようとする場合
③	被災日の属する課税期間以後の課税期間において簡易課税制度を選択する場合
④	被災日の属する課税期間以後の課税期間において簡易課税制度の選択をやめようとする場合

　この特例措置の規定に基づく届出書には、その特例の適用を受け、又はやめようとする開始課税期間を明記するとともに、この特例による届出であることを明らかにするため、届出書の参考事項欄等に特定非常災害の被災事業者である旨を記載します（消基通20－1－5）。

```
特定非常災害の指定を受けた災害の被災者である
          ↓
「指定日」までに次の届出書を提出（特定非常災害の被災事業者である旨を記載）
  ・課税事業者選択届出書
  ・課税事業者選択不適用届出書
  ・簡易課税制度選択届出書
  ・簡易課税制度選択不適用届出書
          ↓
その届出書を本来の提出時期までに提出したものとみなされる
```

(4) 継続適用等の除外

① 課税事業者選択、簡易課税制度選択

被災事業者が、指定日までに提出する課税事業者選択届出書、課税事業者選択不適用届出書、簡易課税制度選択届出書又は簡易課税制度選択不適用届出書については、被災日の属する課税期間以後の課税期間において、次の取扱いは適用されません（措法86の5②⑨）。

> イ 課税事業者を選択した場合の2年間の継続適用の取扱い（消法9⑥）
> ロ 簡易課税制度を選択した場合の2年間の継続適用の取扱い（消法37⑥）
> ハ 課税事業者を選択した事業者が、調整対象固定資産の仕入れ等をして一般課税により申告した場合に、3年間継続して課税事業者となり一般課税による申告が義務付けられる取扱い（消法9⑦、37③一）

したがって、2年間継続適用の要件及び3年間継続適用の要件という制限に関係なく、課税事業者選択不適用届出書を提出することができます。

また、簡易課税制度選択届出書及び簡易課税制度選択不適用届出書の提出についても、制限はありません。

② 新設法人、特定新規設立法人

新設法人又は特定新規設立法人（いずれも基準期間のない法人で課税事業者となるものです。）が被災事業者となった場合には、次の取扱いは適用されません（措法86の5④⑥）。

> 新設法人又は特定新規設立法人が、調整対象固定資産の仕入れ等をして一般課税により申告した場合に、3年間継続して課税事業者となり一般課税による申告が義務付けられる取扱い（消法12の2②、12の3③、37③二）

したがって、基準期間ができて以後の事業年度については、3年間の制限に関係なく事業者免税点制度の適用が可能となり、免税事業者となるかどうかは、基準期間における課税売上高、特定期間における課税売上高、課税事業者選択届出書の提出の有無等によって判定することとなります（消基通20-1-4）。

また、簡易課税制度選択届出書の提出についても、制限はありません。

〔届出手続〕

被災事業者となった新設法人又は特定新規設立法人が、支店が被災するなど国税通則法11条の規定の適用を受けたものでない場合には、この特例の適用を受けようとする旨等を記載した届出書を、設立当初の基準期間がない事業年度のうち最後の事業年度終了の日と指定日とのいずれか遅い日までに所轄税務署長に提出する必要があります（措法86の5④、措規37の3の2①、消

基通20－1－3）。

　　届出書名：「特定非常災害による消費税法第12条の２第２項（第12条の３第３項）不適用届
　　　　　　　出書」

　被災事業者が国税通則法11条の規定の適用を受けたものである場合は、届出等の手続は必要
ありません。

③　高額特定資産を取得した場合等

| イ　被災日前に高額特定資産の仕入れ等を行っていた場合 |
| ロ　被災日から指定日以後２年を経過する日の属する課税期間の末日までの間に高額特定資産の仕入れ等を行った場合 |
| ハ　被災日前に高額特定資産等に係る棚卸資産の調整を受けていた場合 |
| ニ　被災日から指定日以後２年を経過する日の属する課税期間の末日までの間に高額特定資産等に係る棚卸資産の調整を受けることとなった場合 |

　被災事業者が上記イ又はロに該当する場合には、被災日の属する課税期間以後の課税期間に
ついては、次の取扱いは適用されません（措法86の５⑤⑥⑧⑨）。

| 　高額特定資産の仕入れ等をした場合等に３年間継続して課税事業者となり一般課税による申告が義務付けられる取扱い（消法12の４①②、37③三） |

　したがって、被災日の属する課税期間以後の課税期間については、３年間の制限に関係なく
事業者免税点制度の適用が可能となり、免税事業者となるかどうかは、基準期間における課税
売上高、特定期間における課税売上高、課税事業者選択届出書の提出の有無等によって判定す
ることとなります。

　また、簡易課税制度選択届出書の提出についても、制限はありません。

〔届出手続〕

　この特例を適用する被災事業者が、支店が被災するなど国税通則法11条の規定の適用を受け
たものでない場合には、この特例の適用を受けようとする旨等を記載した届出書を、高額特定
資産の仕入れ等の日（ハ又はニについては、ハ又はニに該当することとなった日）の属する課
税期間の末日と指定日とのいずれか遅い日までに所轄税務署長に提出する必要があります（措
法86の５⑤、措規37の３の２②、消基通20－1－3）。

　　届出書名：「特定非常災害による消費税法第12条の４第１項（第２項）不適用届出書」

　被災事業者が国税通則法11条の規定の適用を受けたものである場合は、届出等の手続は必要
ありません。

(5)　仮決算による中間申告書の取扱い

　被災事業者が、この特例の適用を受けて簡易課税制度選択届出書又は簡易課税制度選択不適
用届出書を提出した場合において、その提出前にその課税期間に係る仮決算による中間申告書
を提出しているときは、仕入控除税額は、一般課税と簡易課税とで異なることとなりますが、

既に提出された中間申告書について、その仕入控除税額を修正する必要はありません（措令46の3）。

(6) インボイス発行事業者である被災事業者の登録の取消し

適格請求書等保存方式の実施後においては、インボイス発行事業者として登録された事業者は、事業者免税点制度の適用を受けることができません（消法9①）。

インボイス発行事業者がその登録の取消しを求める場合には、「登録取消届出書」を提出しなければなりません。登録の効力は、登録取消届出書が提出された課税期間の翌課税期間（課税期間の末日から起算して30日前の日以後に提出した場合には、その提出があった日の属する課税期間の翌々課税期間）の初日に失われます（消法57の2⑩一）。

ただし、被災事業者が、基準期間における課税売上高が1,000万円以下であるインボイス発行事業者である場合には、指定日までに「登録取消届出書」を提出することにより、その提出をした日の翌日からその登録の効力を失うこととなり、その提出をした日の属する課税期間全体について、事業者免税点制度の適用が可能です（措法86の5⑬）。

この場合、免税事業者となるかどうかについては、特定期間における課税売上高による判定を行う必要があり、合併等の特例についても、確認が必要です。

なお、被災事業者であるインボイス発行事業者がこの特例により課税事業者選択不適用届出書を提出する場合には、その提出と併せて「登録取消届出書」を提出したものとみなされます（措法86の5⑮）。

(7) 適用関係

上記改正は、平成29年4月1日以後に特定非常災害に係る指定日が到来する場合の被災日の属する課税期間から適用されています（平29改法附1、90①）。

なお、平成29年4月1日前に発生した特定非常災害については、一定の経過措置が設けられています（平29改法附90②③、平29改令附32）。

簡易課税制度に係る災害特例

簡易課税制度については、災害その他のやむを得ない理由があるときは、特定非常災害の指定を受けない場合であっても、その選択を変更することができる特例が設けられています。

この特例は、災害その他やむを得ない理由により、著しく事務能力が低下したり臨時的に多額の設備投資が行われたりするなど、その課税期間開始前に想定されていなかった事実が生じた場合に、その必要に応じて簡易課税制度の適用の変更を認めようとするものです。

(1) やむを得ない理由の範囲

やむを得ない理由とは、おおむね以下のような災害の発生等をいいます（消基通13－1－7）。

これは、国税通則法11条の申告、納付、届出等の期限の延長に係る「災害その他やむを得ない理由」と同じです（通基通11－1）。

やむを得ない理由の範囲
(1)　地震、暴風、豪雨、豪雪、津波、落雷、地すべりその他の自然現象の異変による災害
(2)　火災、火薬類の爆発、ガス爆発、その他の人為による異常な災害
(3)　(1)又は(2)に掲げる災害に準ずる自己の責めに帰さないやむを得ない事実

(2)　届出時期の特例

　災害その他やむを得ない理由が生じたことにより被害を受けた事業者が、被害を受けたことにより、その災害その他やむを得ない理由の生じた日の属する課税期間につき、簡易課税制度の適用の変更が必要となった場合において、所轄税務署長の承認を受けたときは、簡易課税制度選択届出書又は簡易課税制度選択不適用届出書をその届出書をその適用又は不適用に係る本来の提出時期に提出したものとみなされます（消法37の2①⑥）。

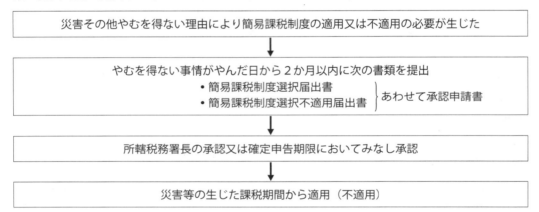

(3)　継続適用等の除外

①　適用に当たっての制限

　この特例の適用に当たっては、この特例により簡易課税制度を選択する場合には、次の取扱いは適用されません（消法37の2①）。

第24章　災害があった場合等の特例

> ①　課税事業者を選択した事業者が、調整対象固定資産の仕入れ等をして一般課税により申告した場合に、簡易課税制度選択届出書の提出を制限される取扱い
> ②　新設法人又は特定新規設立法人が、調整対象固定資産の仕入れ等をして一般課税により申告した場合に、簡易課税制度選択届出書の提出を制限される取扱い
> ③　高額特定資産の仕入れ等をして一般課税により申告した場合に、簡易課税制度選択届出書の提出を制限される取扱い
> ④　高額特定資産等につき、課税事業者となった場合等の棚卸資産に係る調整を受けた場合に、簡易課税制度選択届出書の提出を制限される取扱い

② 　不適用に当たっての制限

　この特例によって簡易課税制度選択不適用届出書を提出する場合は、２年間の継続適用は解除されます（消法37の２⑥）。

(4)　対象となる課税期間

　特例の対象となるのは、次の課税期間です（消令57の３①、消基通13－１－９）。

区分	対象となる課税期間
簡易課税制度選択	災害等が生じた課税期間
簡易課税制度選択不適用	次のうち、いずれか１つの課税期間 ・災害等が生じた課税期間 ・災害等が生じた課税期間の翌課税期間以後の課税期間のうち、次に掲げる要件の全てに該当する課税期間 ①災害等の生じた日からその災害等のやんだ日までの間に開始した課税期間であること ②その災害等が生じた日の属する課税期間につき既にこの特例の不適用の承認を受けていないこと ③簡易課税制度の２年間強制適用の課税期間であること

　不適用の特例は、１つの災害等につき一度だけ適用を受けることができるものとされています（消令57の３①、消基通13－１－９）。

　災害等があった課税期間の翌課税期間以後に災害がやんだ場合は、２年間の継続適用により不適用の届出ができない期間についてはこの特例によることとなり、その期間の後においては次の❸「やむを得ない事情がある場合の届出特例」によることになります。

(5)　承認申請の期限

　この特例は、被災した事業者が、所轄税務署長に対してこの特例の承認を受ける旨の申請書を提出して申請し、承認を受けた場合に適用があります（消法37の２①②⑦）。

　申請書の提出期限は、原則として、災害等のやんだ日から２か月以内です（消法37の２②⑦、消基通13－１－８）。

区分	承認申請書の提出期限
原則	災害等のやんだ日から2か月以内
災害等のやんだ日が、承認を受けようとする課税期間の末日の翌日（個人事業者の12月31日の属する課税期間は翌年2月1日）以後に到来する場合	承認を受けようとする課税期間に係る申告書の提出期限（国税通則法11条の規定により申告書の提出期限が延長された場合はその延長された提出期限）

⑹　承認又は却下の処分とみなし承認

　申請の承認又は却下の処分は書面により通知するものとされていますが、災害等の生じた課税期間の確定申告期限までに承認又は却下の処分がなかったときは、その日においてその承認があったものとみなされます（消法37の2④⑤⑦）。

　ただし、災害その他やむを得ない理由のやんだ日がその課税期間の末日の翌日以後に到来する場合は、この限りではありません（消法37の2⑤）。

❸　やむを得ない事情がある場合の届出特例

　この特例は、課税事業者選択届出書、課税事業者選択不適用届出書、簡易課税制度選択届出書又は簡易課税制度選択不適用届出書を提出することを予定していた事業者が、やむを得ない事情により、所定の時期にその届出書を提出することができなかった場合に、これを救済するために設けられています。

　したがって、やむを得ない事情がなければ届出書を提出していたであろうことが前提であって、この特例によっても、2年間の継続適用が強制されます。

⑴　やむを得ない事情の範囲

　やむを得ない事情とは、以下のような災害の発生等をいい、制度の不知や提出忘れ等は該当しません（消基通1－4－16、13－1－5の2）。

やむを得ない事情の範囲
①　震災、風水害、雪害、凍害、落雷、雪崩、がけ崩れ、地滑り、火山の噴火等の天災又は火災その他の人的災害で自己の責任によらないものに基因する災害が発生したことにより、届出書の提出ができない状態になったと認められる場合
②　①の災害に準ずるような状況又はその事業者の責めに帰することができない状態にあることにより、届出書の提出ができない状態になったと認められる場合
③　その課税期間の末日前おおむね1か月以内に相続があったことにより、その相続に係る相続人が新たに届出書を提出できる個人事業者となった場合 　この場合には、その課税期間の末日にやむを得ない事情がやんだものとして取り扱う。
④　①から③までに準ずる事情がある場合で、税務署長がやむを得ないと認めた場合

(2) 届出時期の特例

　やむを得ない事情があるため、課税事業者選択届出書、課税事業者選択不適用届出書、簡易課税制度選択届出書又は簡易課税制度選択不適用届出書を提出できなかった場合において、所轄税務署長の承認を受けたときは、その届出書を適用又は不適用に係る本来の提出時期に提出したものとみなされます（消法9⑨、37⑤、消令20の2①②、57の2①②）。

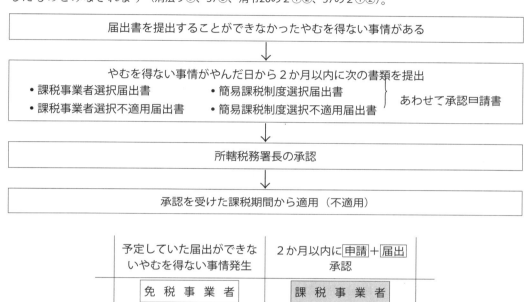

(3) 承認申請の期限

　この特例は、被害を受けた事業者が、所轄税務署長に対してこの特例の承認を受ける旨の申請書を提出して申請し、承認を受けた場合に適用があります（消令20の2①②③、57の2①②③）。

　申請書の提出期限は、「やむを得ない事情」がやんだ日から2か月以内です（消令20の2③、57の2③、消基通1－4－17、13－1－5の2）。

(4) 承認又は却下の処分

　この特例には、みなし承認の取扱いはありません。

　税務署長は、申請書の提出があった場合において、その申請につき承認又は却下の処分をするときは、その申請をした事業者に対し、書面によりその旨を通知することとされています（消令20の2④⑤、57の2④⑤）。

第3節 その他の特例

⑴ 中間申告の特例

　消費税の中間申告書の提出について、国税通則法11条の規定に基づき申告期限が延長され、中間申告書の提出期限と確定申告書の提出期限とが同一の日となる場合は、その中間申告書の提出は必要ありません（消法42の2）。

　任意の中間申告書を提出する旨の届出書を提出している事業者が、この特例により中間申告書を提出しない場合には、任意の中間申告書を提出することの取りやめ届出書を提出したものとはみなされません（消基通15−1−10）。

⑵ 輸出物品販売場における輸出物品の譲渡に係る免税の特例

　輸出物品販売場における輸出物品の譲渡に係る免税の規定は、その譲渡をした輸出物品販売場を経営する事業者が、免税の対象となるものであることを証する書類又は電磁的記録を保存しない場合には、適用がありません（消法8②）。

　ただし、災害その他やむを得ない事情によりその書類又は電磁的記録を保存することができなかったことをその事業者において証明した場合は、この限りではありません（消法8②）。

　また、輸出物品販売場において免税物品を購入した非居住者が、出国する日までにその物品を輸出しないときであっても、その者がその物品を災害その他やむを得ない事情により亡失したため輸出しないことにつき税関長の承認を受けた場合には、消費税の徴収は行われません（消法8③）。

⑶ 仕入税額控除の特例

　仕入税額控除の規定は、事業者がその課税期間の課税仕入れ等の税額の控除に係る帳簿及び請求書等を保存しない場合には、その保存がない課税仕入れ、特定課税仕入れ又は課税貨物に係る課税仕入れ等の税額については、適用がありません（消法30⑦）。

　ただし、災害その他やむを得ない事情によりその保存をすることができなかったことをその事業者において証明した場合は、この限りではありません（消法30⑦）

⑷ 課税事業者となった場合の棚卸資産に係る調整の特例

　免税事業者が、課税事業者となった場合の棚卸資産に係る消費税額の調整の規定は、事業者が棚卸資産又は課税貨物の明細を記録した書類を保存しない場合には、その保存のない棚卸資産又は課税貨物については、適用がありません（消法36②）。

　ただし、災害その他やむを得ない事情によりその保存をすることができなかったことをその

事業者において証明した場合は、この限りではありません（消法36②）。

(5)　売上対価の返還等に係る消費税額の控除の特例

　売上げに係る対価の返還等をした場合の税額控除の規定は、事業者がその売上げに係る対価の返還等をした金額の明細を記録した帳簿を保存しない場合には、その保存のない売上げに係る対価の返還等に係る消費税額については、適用がありません（消法38②）。

　ただし、災害その他やむを得ない事情によりその保存をすることができなかったことをその事業者において証明した場合は、この限りではありません（消法38②）。

　特定課税仕入れに係る対価の返還等を受けた場合の消費税額の控除についても同様です（消法38の2②）

(6)　貸倒れに係る消費税額の控除の特例

　貸倒れに係る消費税額の控除の規定は、事業者が貸倒れが生じたことを証する書類を保存しない場合には、適用がありません（消法39②）。

　ただし、災害その他やむを得ない事情により当該保存をすることができなかったことを当該事業者において証明した場合は、この限りではありません（消法39の2②）。

索引

あ行

【あ】

暗号資産　8

【い】

遺産分割　742

委託販売　82、332、578

著しい変動　483

著しく低い価額　350

一括控除　464

一括取得　431

一括譲渡　79、81、341

一括比例配分方式　405、427

一体資産　76、79、96

一般消費税　54

一般申告　772、780

偽りその他不正の行為　677

移転補償金　343、344

医療　258

印紙税　330

飲食料品　73

インボイス制度　1、105

インボイス発行事業者（登録事業者）　105

【う】

売上計算書　332

売上税　54

売上返還税額控除　558

売上割引　249、559

運送収入　334

【え】

永年勤続記念品　349

益税　66

役務の提供　188

NPO法人　701

延滞税　675

延長保育料　271

【お】

オペレーティング・リース取引　462

卸売業　533

か行

【か】

海外パック旅行　296

海外旅行者への譲渡　313

外貨建取引　331

会計検査院　3

外交員　436

外交官用貨物等の免税　777

外航船舶等　297

外国貨物　288、291、293、298、770

外国為替業務　258

外国人タレント　222

介護サービス　259

解散　642

外食　84

改正資金決済法　8

会費　191、430

戒名料　268

解約手数料　190

価格の表示　788

確定申告　651、718、748、768

加算税　672

家事共用資産　727

貸倒れ　565

貸付け　187

　──（1か月未満）　241、273

　──（日曜日だけ）　241

貸しビル建設中の地代　244

索　引

過少申告加算税　673

課税売上対応分　412

課税売上割合　467、483、704

課税期間　640

課税期間の末日が休日である場合　545、615

課税仕入れ　428

課税譲渡等調整期間　446

課税譲渡等割合　447

課税除外　63、238

課税賃貸割合　445

課税標準額　325、393、786

課税標準額に対する消費税額の計算の特例
　　60

仮想通貨　8

学校教育　269

学校法人　711

割賦購入　458

合併　752

課否判定フローチャート　69

借入金収入　708

仮受消費税等　794

仮払消費税等　794

ガレージ　242

為替差損益　432

簡易課税制度　527、649、724

簡易課税制度選択届出書　541、620、744、
　　763

観光立国推進閣僚会議　19

関税課税価格　778

還付加算金　661

還付申告　661

還付スキーム　22

管理業務　144

【き】

基金　709

期限後申告　660

期限内申告（原則）　652

技術役務の提供　336

基準期間　583

基準期間相当期間　601

基準期間相当期間における課税売上高　601

基準期間における課税売上高　539、583

基準期間に対応する期間　752

寄附金課税　798

寄附金収入　710

期末一括税抜経理方式　795

キャンセル料　190

給与等　434

給与負担金　437

共益費　276、333

教科用図書　273

強制換価手続　338

行政手数料　255

供託　333

共通対応分　413

共同行事に係る負担金　193

共同事業　336

業務　729

業務委託　332

許可前の引取り　780

金地金　15、18、438

金銭以外の物若しくは権利その他経済的な利益
　　328

金融取引　248

【く】

空港内のサテライトショップ　313

組合費　191、430

繰延消費税額等　804

グループ法人課税　191

【け】

ケア付住宅　276

経過措置（税率）　371

軽減売上割合　95

軽減税率　1、72、368

827

軽減対象資産　72

経費補償金　343

契約の自動更新　384

契約の変更　277

軽油引取税　330

経理処理　211、788

ケータリングサービス　90

決定　665

月末一括税抜方式　795

限界控除制度　67

減価償却資産　457、798

現金基準　735

原状回復費　276

建設仮勘定　461

源泉所得税　330

検定料　271

現物給付　436

現物出資　187、345、346、430、756

権利金　190

【こ】

故意の申告書不提出　677

公益法人等　696、700

高額特定資産　617

交換　187、345

公共施設の負担金　192

工業所有権　335

広告宣伝用資産の贈与　346

交際費の損金不算入　430

工事完成基準　360

工事契約に関する会計基準　361

工事進行基準　361、380、747、766

工事の請負　358、373

控除過大調整税額　477、481、485、528、
　　704、736

控除対象外消費税額等　212、803

控除対象仕入税額　405、528、781

更新料　241

更正　662、665

構成員課税　576

更正の請求　662

後発事象　664

公有水面使用料　244

小売業　533

合理的な基準による区分　424

小売等軽減仕入割合　95

５億円基準　409

国外事業者　201

国際通信　295

国際輸送　295

個人事業者　723

国境を越えた役務の提供　201

固定資産税　330

個別消費税　330

個別対応方式　411

固有事業者　636

固有資産等　637

ゴルフ会員権　245

ゴルフ場利用税　330

混合方式　796

さ行

【さ】

災害　546、563、570、616、658、782、
　　813

在学証明　271

再調査　687

債務免除　478、567

再輸出免税　777

材料等の有償支給　191

サービス業　537

【し】

仕入税額控除　65、154、404、455、699、
　　779

仕入れに係る対価の返還等　476

仕入明細書　155

仕入割引　249

自家消費　191

時間外文書収受箱　660

敷金　276、333

事業者向け電気通信利用役務の提供　201、
　　207

事業者免税点制度　578

事業分量配当金　559

事業を開始した日の属する課税期間　543、
　　610

自己株式　473

自己建設高額特定資産　620

事後設立　346、431、756

資産　187

資産等取引　637

資産に係る控除対象外消費税額等　803

施設設備費　271

下取り　431

実質的な輸入者　779

実地の調査　683

質問検査権の範囲　682

指定役務の提供　389

指定事業者　306

指定日（税率）　371

自動車重量税　330

自動車取得税　330

使途の特定　711

資本的支出　481

社会福祉事業　259

借地権　241

借家保証金　190

収益事業　270、696

収益認識に関する会計基準　351

収益補償金　343

重加算税　673

従業員団体　577

宗教法人　710

住所地　680

修正申告　662

修正申告の勧奨　687

住宅改修費　262

住宅の貸付け　273

収用　187、342

受益者　635

授業料　271

宿泊費　173

受託事業者　636

出向　437

出国する場合　658

出張旅費　173

償還差益　249、474

償還差損　474

償却済債権　569

賞金　193

譲渡　187

譲渡担保　337

承認免税手続事業者　311

消費者向け電気通信利用役務の提供　201、
　　213、216

商品券　254

商品先物取引　334

消滅時効　661、666

剰余金の配当　189

使用料　333

食料品小売業　534

助産　266

除算期間　677

所有権移転外ファイナンス・リース取引　386、
　　463

人格のない社団等　575、679、701

申告期限の延長　654

震災特例　10

信書便　615、659

829

新設分割　756

新設分割親法人　756、758

新設分割子法人　757

新設法人　596、599

親族等との取引　727

身体障害者用物品　268

信託　634

信託資産等　637

信託報酬　243

【す】

据付工事　334、378

【せ】

請求書等　127、155、157

請求書等積上げ計算　396

税込経理方式　794

清算中の法人　654

性質及び形状を変更しない範囲　533

税制改革法　55、327

成績証明　271

製造業　537

税抜経理方式　794、795、807

税負担の転嫁　238

税務調査　681

税率　64、368、778

税率引上げ時期の再延期　2

施行日（税率）　371

是認通知　687

セール・アンド・リースバック　386、463

全額控除　408

前段階税額控除　65

船舶運航事業者等　297

船舶の早出料　559

【そ】

総額表示　788

葬儀費用　268

相続　740

贈与した資産　429

組織変更　641

その他の事業　538

損害賠償金　190

た行

【た】

対価の額が確定していない場合の見積り　339、
　　432

対価補償金　187、343、344

退職金　345、434

代物弁済　187、345

代理交付　142

多段階一般消費税　52、327

立退料　189

立替金精算書　170

棚卸資産　187、457、487、784

短期事業年度　589

短期前払費用　459

【ち】

チケットショップ　252

地方消費税　786

仲介手数料　244

仲介料　342

中間申告　666

駐車場　242

長期割賦販売等　356、387

長期大規模工事　359

調整期間　445

調整税額　482、483

調整対象基準税額　484、485

調整対象固定資産　478、597、603、783

調整対象税額　456、482

調整割合　704

帳簿　154、563、717

帳簿積上げ計算　399

【つ】

通算課税売上割合　484、746

索引

通算課税期間　484

通算調整割合　714

通信販売　388

通知の義務（税率）　380、382

積上げ計算　394

【て】

低額譲渡　348

提示と提出　683

提出期限が休日である場合　659

提出した課税期間から適用する場合　542、
　　610

提出した期間から適用する場合　646

適格請求書等保存方式　105

適格請求書発行事業者　107

出来高検収　462

適用開始の時期　542、609、646

デジタルコンテンツの配信　201

転換社債　246

電気通信利用役務の提供　201、205

電子インボイス　125

電子申告　652、656

転貸　275

電柱使用料　244

店舗等併設住宅　277

転用　456、481

【と】

到着時免税店　7、777

登録国外事業者　42

登録事業者　105

登録番号　117

登録免許税　330

特殊関係法人　601、602

特定役務の提供　201、222

特定課税仕入れ　158、201、211

特定期間　588

特定期間における課税売上高　588、594

特定仕入れ　201

特定資産の譲渡等　201

特定収入　699、707、717

特定収入割合　704

特定商業施設　311

特定新規設立法人　598

特定新聞　388

特定非常災害　10、815

特定要件　599

特定用途免税　776

匿名組合　577

特例申告　772、773、780

特例輸出貨物　299

土地の貸付け（1か月未満）　241

土地の譲渡　240、423

留置き　683

取下げ　545、616

な行

【な】

内外判定　195

　——（考え方）　199

　——（輸出）　197

　——（輸入）　197

内国貨物　288、299、770、771

75％ルール　530

【に】

2年間の継続適用　427、545、612、647、
　　817、821、822

日本標準産業分類　532、535

入園料　271

入会金　191、430

入学金　271

入湯税　330

任意組合　575、576

任意の中間申告制度　671

【ね】

値引き　77、476、559

831

【の】

納期限の延長　772、780

納税義務者　62、574、771、787

納税地　678、774

ノウハウ　336

延払基準　356、747、766

は行

【は】

媒介者交付特例　142、143、144、148

廃業　728

配送料　91、333

売買目的有価証券　249

派遣料　437

パススルー課税　576

働き方改革　22

払戻手数料　190

判定対象者　600

販売奨励金　559

販売促進費　429

反復・継続・独立　726

【ひ】

非課税　63、236、285、775

非課税売上対応分　413

非居住者　301、303

引渡基準　358

引渡しの日　329、360

被災事業者　10、815

非支配特殊関係法人　601

必要経費　729

表示の義務　210

費用収益の期間対応　429

標準税率　368、393

【ふ】

ファイナンス・リース取引　386、462

賦課課税方式　772

付加価値税　65、327

福利厚生施設　339

付随費用　480、490

布施　268

負担金　192、193、430

負担付き贈与　187、345

物品切手等　254、331、460

不動産管理会社　144

不動産業　537

船荷証券　246、293

分割　752

分割控除　464

分割承継法人　756、761

分割法人　756、761

【へ】

別途収受する配送料　333

返品　340、559

【ほ】

報償金　437

法人課税信託　636

法人成り　587

法定果実　743

保険金　189

保険代理店報酬　250

保証金　276、333

補償金　342

保証債務の履行　339

保証料　248

補助金　711

保税地域　289、769

保存期間　126、157、563、570、781

本船甲板渡し価格（FOB価格）　470

ま行

【ま】

マイナンバー制度　5

前払　459

満期保有目的等有価証券　249

【み】

未成工事支出金　360、379、461

みなし仕入率　529

みなし譲渡　348、727

みなし承認　822

みなし申告　668

みなし登録　111

みなし引取り　770

未分割財産　743

民泊　274

【む】

無条件免税　776

無償の貸付け　350

無申告加算税　672

無体財産権等　301

無認可保育園　265

【め】

名義書換料　241

滅失した資産　430

免税　63、284、775

免税事業者　111、482、485、661

免税事業者の経理方式　582

免税手続カウンター　308、312

や行

【や】

役員　350

家賃　333

やむを得ない事情　157、563、570、782

やむを得ない理由　819

【ゆ】

有価証券等　244、471

有価証券の発行　244

有限責任事業組合（LLP）　576

郵送による提出　615、659

郵便切手類　251、459

輸出証明　306

輸出取引等　286、469

輸出物品販売場　308

輸入　96、769

輸徴法　7、775

【よ】

用途変更　277

予約販売　387

ら行

【り】

リース譲渡　358、386

リース取引　462

リバースチャージ方式　207

リベート　559

旅館業　273

【れ】

0％課税　64、69

レターパック　659

【ろ】

労働者派遣　437

わ行

【わ】

割戻し　559

割戻し計算　395、396

著者／**金井恵美子**（かない・えみこ）

平成４年、税理士試験合格。平成５年、税理士登録、金井恵美子税理士事務所開設。平成15年、第26回日税研究賞入選

［主な論文・著書］

「所得税における損失の取扱いに関する一考察」税法学566号

「税率構造〜軽減税率の法制化を踏まえて」日税論集第70号『消費税の研究』

「最低生活費への課税とユニバーサル定額給付〜消費税が奪った最低生活費をどう償うか〜」税法学581号

「所得税法56条の功罪」税法学586号

『十七訂版実務消費税ハンドブック』コントロール社

『演習消費税法』全国経理教育協会編、清文社　　他、多数。

令和6年11月改訂　プロフェッショナル　消費税の実務

2024年11月29日　発行

著　者　　金井恵美子 ⓒ

発行者　　小泉　定裕

発行所　　株式会社 清文社

東京都文京区小石川1丁目3－25(小石川大国ビル)
〒112－0002　電話 03(4332)1375　FAX 03(4332)1376
大阪市北区天神橋2丁目北2－6(大和南森町ビル)
〒530－0041　電話 06(6135)4050　FAX 06(6135)4059
URL https://www.skattsei.co.jp/

印刷：㈱広済堂ネクスト

■著作権法により無断複写複製は禁止されています。落丁本・乱丁本はお取り替えします。
■本書の内容に関するお問い合わせは編集部までFAX(06－6135－4056)又はメール(edit-w@skattsei.co.jp)でお願いします。
■本書の追録情報等は、当社ホームページ(https://www.skattsei.co.jp)をご覧ください。

ISBN978-4-433-71654-7